張瑞德 著

無聲的要角

蔣介石的侍從室與戰時中國

Silent but Significant:
the Role of Chiang Kai-shek's Personal Secretariat
in Wartime China

侍從室同仁（1944 年 12 月於重慶）

左二	左一	右三	右二	後排右一	左二	左一	中	右二	右一
陶希聖	羅時實	蕭贊育	蕭自誠	唐縱	陳果夫	俞濟時	張治中	錢大鈞	陳布雷

目　錄

楔子

1969 年 7 月 6 日，國民政府軍事委員會委員長侍從室（以下簡稱侍從室）第三處同仁五十餘人，聚集於台北近郊觀音山故主任陳果夫的墓前致敬，一位同仁有感而發，隨口吟出「青山存忠骸，黃土埋忠魂」的句子，引起許多同仁的共鳴。隨後，眾人並謁陳其業（陳果夫之父）與陳其美（陳果夫之叔）先生夫人墓，中午假墓側西雲寺茹素會餐。[1] 會後一個多月，由四十餘位同仁供稿的文集《花谿結緣三十年》出版，用以紀念三十年的同事之緣，花谿則為重慶市南郊侍三處所在地。[2]

侍從室第二處——侍從室的核心部門——在台同仁紀念其老長官陳布雷的方式，則有所不同。1949 年 11 月，為了紀念陳布雷逝世週年，國民黨總裁辦公室第五組副組長（原侍二處第五組祕書）蔣君章在台北草山（今陽明山）第二賓館設置了一個小小的禮堂，作小規模的紀念，僅發布一則極簡短的新聞，[3] 不料參加的來賓十分踴躍，連蔣介石都蒞臨行禮。[4] 會中有多人建議設置以陳氏為名的新聞獎學金，以資永久紀念，並公推蔣君章籌劃。國民黨中央改造委員會祕書長張其昀聞訊，十分支持，特別提議由中央黨部撥款十萬元，於陽明山警務處招待所（原總裁辦公室第二辦公處）設布雷新聞研究所，也要蔣君章負責籌備。由於蔣君章公務繁忙，此二項工作均未積極推動。1954 年，張其昀改任教育部長，恢復政治大學，即在政大設置新聞研究所。1962 年，中國文化研究所（中國文化大學前身）成立，除設新聞系及新聞研究所（名為布雷新聞研究所），並闢慈湖堂，以紀念陳布雷。[5]

至於新聞獎學金的籌募，經過幾次會議，確定以侍從室第二處在台同仁為中心，加上陳布雷在新聞界的幾位友人共 30 人，擔任發起人，推舉立法院長張道藩（原侍二處副主任）任指導工作，[6] 開始募款。由於陳布雷的個性一向不主鋪張，且對資本家印象不佳，[7] 因此在募款時，極力避免向資本家募捐，而只是小規模的接受個人捐款，其結果自然不如理想，最後僅募得二十餘萬元，於 1962 年設置獎學金管理委員會並逐年頒發獎學金，培育新聞評論人才。

關於陳布雷的紀念活動，1950 年代原為每年在陳的逝世紀念日舉行，後改為每年陳的生日（陰曆十一月十五日）舉行，並同時於紀念儀式中頒發獎學金。初期與會人士尚極踴躍，其後一以距陳逝世漸遠，記

憶漸淡，一以大家公務繁忙，參加者漸少。至 1970 年代中期，傳播界和政界的年輕人，已少有知道陳布雷之名者，[8] 新聞獎學金也由於基金用罄而無以為繼。[9] 1989 年 12 月，國民黨黨史會曾為陳布雷百年誕辰舉辦口述歷史座談會，[10] 民進黨主政時期，陳布雷的孫子陳師孟曾活躍於台灣政壇，[11] 祖孫二代均擔任政府要職，傳為佳話。 不過時至今日，台灣已很少有人知道陳布雷為何許人，遑論侍從室了。

此外，蔣介石自 1921 年起，即配有侍衛人員，追隨左右，侍從室成立後，隸屬於侍一處。1975 年 4 月 5 日，蔣去世後，當時負責警衛工作的聯合警衛安全指揮部（簡稱聯指部）為表彰歷任侍衛人員的辛勞，由國家安全局局長兼聯指部指揮官王永樹指示，成立《蔣公侍從人員史》編纂小組，根據侍衛室檔案、歷任侍從人員訪問紀錄等資料，花了一年多的時間，編成初稿，呈請行政院長蔣經國核閱，並密存備查。1996 年，侍衛官出身的國安局副局長陳宗璀惟恐時日一久人事變遷，稿件失落，有負為國犧牲奉獻一生的侍衛人員，乃復邀集相關人員，審查校正，報請國防部史政編譯局審查後出版，並印發歷任侍從人員及有關單位參考。[13]

2000 年民進黨首度取得政權後，積極推動各項「去蔣化」措施，[14] 引起曾任蔣介石侍衛人員的憤慨。翌（2001）年，侍衛官出身的胡炘、陳宗璀和徐耀庭三位退役將領，聯名發起邀請曾追隨蔣介石的侍衛人員撰文，並編為《感恩與懷德集》一書出版。[15] 編者曾於書末指出自費出版此書的動機：

> 台灣由於貧困步向富裕，自落後發展精進，皆因 蔣公之睿智卓越領導而能奠立厚實基礎，內修吏治，革新教育，發展經濟。經國先生暨諸多賢明先進，在既有堅實基礎上，賡續革新與建設，使台灣成為我國歷史上最繁榮之景況，迨 蔣公與經國先生先後逝世，近十年來台灣政治與社會出現變異，隨之政權輪替，並高倡本土化、分化族群，抹黑汙衊 蔣公一生為國為民之貢獻。同仁等莫不憤慨，乃有舊日長官胡侍衛長、陳副局長暨徐副指揮官聯名發起，期以當年追隨 蔣公左右時，體察所感之言行、所見之生活點滴與 蔣公平實、平凡與平常之微言大義，抒發為文，彙集成冊，除以回憶紀

念往事外，並期能匡正辯解今之謬誤傳言。[16]

侍從室的組織，始於 1933 年南昌行營的侍從高級參謀室，原編制為第一組警衛，第二組祕書，第三組調查及紀錄，第四組總務，另附設侍從參謀若干人。1935 年南昌行營結束，蔣介石乃將侍從室改組，分設第一、二兩處，第一處設第一（總務）、第二（參謀）、第三（警衛）三組，第二處設第四（祕書）、第五（研究）兩組，1939 年 2 月增加第六組，辦理情報事宜。1939 年 7 月侍從室又增加第三處，主管人事業務。[17] 以上所述原侍從室各部門工作人員在台所舉辦的各項活動，形式雖然不一，大致上均以紀念老長官為主要內容。現有的史料顯示，侍從室第一處在台工作人員僅有侍衛人員舉行紀念行動，其原因或許為侍一、侍二組參謀人員一般流動性較大，且任職期間均短，故對侍從室的認同感較弱所致。由於 1960、70 年代侍從室舊屬有不少擔任黨政軍要職，尚可運用個人的權力或影響力辦理一些紀念性活動，例如成立紀念機構和獎學金，出版紀念文集等，顯示大家對於侍從室的認同感均十分強烈，不過隨著蔣介石的過世，這批人逐漸的退出政治舞台，老成凋謝，尤其是國民黨失去政權後，僅剩蔣介石的侍衛人員，由於年紀較輕，至今仍不定期的自費出版紀念文集，[18] 不過侍從室的名稱在台灣則早已為社會大眾所遺忘。

至於在大陸，從中共建政至改革開放初期，侍從室的形象係與蔣介石的形象息息相關。在此時期，蔣介石的形象與魔鬼無異，國民黨即是反動派，蔣介石即是人民公敵、賣國賊和屠殺人民的劊子手。蔣介石利用侍從室，獨攬黨政軍大權，建立專制獨裁的蔣家王朝。隨著中華人民共和國的建立，侍從室也迅速消亡，退出了歷史的舞台。1952 年 9 月，一本專門描寫蔣介石侍衛人員生活的日記體小說《侍衛官雜記》在香港學文書店出版。出版後大為暢銷，初版 70,000 冊一售而空，幾年之內並曾多次再版，香港好幾家報紙也競相連載。[19] 1981 年並先後為大陸兩家出版社翻印，流傳極廣。[20]

《侍衛官雜記》一書係周榆瑞（筆名宋喬）所撰，主人翁為一位國軍營長，在其團長的推薦下進入侍從室擔任侍衛官。作品藉由此一侍衛官回憶蔣介石的逸聞瑣事，揭露蔣的凶狠殘暴及國統區軍政高層的貪污

腐化。作者並透過前述團長之口，傳達出對於侍從室人員的印象：

> 侍從室裏的一條狗都比人強。在裏面幹他三年五載，放出來起碼是個少將保安處長……一個侍衛官就等於從前的「御前帶刀侍衛」，算是「天子近臣」，不論甚麼部長、省主席，看見你都要另眼相待的。[21]

　　1979 年中共中央對台工作領導小組恢復運作，蔣介石的形象隨著兩岸關係的逐漸解凍日趨好轉，而侍從室的形象也有相近的變化。以電影為例，《開國大典》（1989）中侍一處主任錢大鈞（由劉德華飾演）的帥氣、《大決戰：淮海戰役》（1991）中侍二處主任陳布雷的苦諫、《一九四二》（2012）中陳布雷的西裝筆挺，均在觀眾的心目中留下正面的印象。[22] 抗戰時期侍從室的遺址，也被列入重慶抗戰遺址博物館，該館 2013 年被選為全國第七批重點文物保護單位，每年接待遊客逾 20 萬人。至於侍從室的靈魂人物陳布雷，2005 年（抗戰勝利六十週年）則獲中共中央頒發「中國人民抗日戰爭勝利六十週年紀念章」，並在陳的墓地立牌記載，是為中共首次公開給予陳正面的評價。[23]

　　至於學術界對於侍從室的研究，近二十年由於國民政府時期檔案史料及重要黨政人物日記的大量刊布，學者的目光逐漸開始注意到侍從室，不過也僅限於相關幕僚人員的研究，[24] 有關侍從室運作的研究，仍不多見，[25] 本書即擬帶領讀者揭開侍從室的神祕面紗，一窺其全貌。

1. 程世傑，〈回首三十年〉，收於：《花谿結緣三十年》（台北：自印，1969年），頁69；〈花谿同仁結緣三十年紀念啟事〉，收於：《花谿結緣三十年》，頁145。

2. 《花谿結緣三十年》，前言。

3. 〈陳布雷先生明日週年祭〉，《中央日報》，1949年11月12日，第1版。

4. 〈草山悼念陳布雷，蔣總統亦親臨致哀〉，《中央日報》，1949年11月14日，第1版。

5. 蔣君章，〈布雷先生獎學金之發起、籌募與運用——紀念布公逝世三十週年作〉，《傳記文學》，第32卷第4期，頁126-127；〈布雷新聞研究所今舉行成立典禮〉，《聯合報》，1964年12月14日，第2版。

6. 三十位發起人名單如下：沈昌煥、沈錡、李白虹、周宏濤、胡健中、洪蘭友、俞國華、唐縱、唐際清、馬星野、徐柏園、張道藩、張其昀、陶希聖、曹聖芬、陳方、陳漢平、陳勉修、陳訓悆、曾虛白、程滄波、黃少谷、黃國書、黃朝琴、葉溯中、趙志垚、蔣君章、謝東閔、謝然之、蕭自誠。參閱：蔣君章，前引文，頁127。

7. 國共內戰時期，陳布雷曾主持一宣傳小組，獲蔣介石特別指撥法幣100億元，分由國民黨中央黨部和中央政府負擔。1947年底經費撥下時，經濟已處於惡性通貨膨脹情況，有人建議將此筆經費購置黃金或美元，較為保值，陳布雷則以牴觸政府法令力辭，僅將錢以宣克成的名義，分別存入金城、興業、四明、大來等銀行，以及一家黨營事業樹華公司（此公司後來遷至台灣，併入裕台公司）。他以為這些金融機關的利率已高於法定利率甚多，雖仍與法不合，但為財政主管部內同意，因此尚可採行。不料至1947年秋，政府改革幣制，以金元券取代法幣，基金數目折合金元券，僅剩數千元。陳布雷十分感慨，認為大家規規矩矩替國家辦事，基金讓資本家運用獲利，尚需向資本家拿錢，好像還了他們的深恩厚誼，言下痛恨不已。參閱：蔣君章，〈布雷先生新聞獎學金之發起、籌集與運用〉，頁130；蔣君章，〈布雷先生最後主持的一個小機構——為紀念先生逝世二十週年而作〉，蔣君章，《傷逝集》（台北：德馨室出版社，1979年），頁96-97。

8. 蔣君章，〈布雷先生的風範——「寧靜致遠、澹泊明志」〉，蔣君章，《傷逝集》，頁82。

9. 陳布雷先生新聞獎學金每年發放時，《中央日報》均曾報導，該報最後一次報導此項活動為1980年。參閱：〈陳布雷獎學金已於昨天發放〉，《中央日報》，1980年12月16日，第5版。

10. 座談會內容可參閱：胡有瑞，〈陳布雷先生百年誕辰口述歷史座談會紀實〉，陳鵬仁主編，《百年憶述》，第4冊（台北：近代中國出版社，1996年），頁233-263。

11. 陳師孟，美國俄亥俄州立大學經濟學博士，曾任台灣大學經濟系教授，民主進步黨祕書長、台北市政府副市長、中央銀行副總裁、總統府祕書長、監察委員等職。參閱：〈陳

師孟〉，《維基百科》。

12. 〈與祖父陳布雷先後擔任總統重要幕僚，陳師孟撫今追昔感觸多〉，《中國時報》，2002年2月20日，第6版。

13. 蔣公侍從人員史編纂小組史編，《蔣公侍從見聞錄》（台北：國防部史政編譯局，1996年）。

14. Jeremy E. Taylor, "*QuJianghua*: Disposing of and Re-appraising the Remnants of Chiang Kai-shek's Reign on Taiwan," *Journal of Contemporary History* 45:1(Jan. 2010), pp.181-196.

15. 感恩與懷德集編輯小組編，《感恩與懷德集》（台北：應舜仁，2001年）。

16. 感恩與懷德集編輯小組編，《感恩與懷德集》，頁355。

17. 陳布雷，《陳布雷回憶錄》（台北：傳記文學出版社，1967年），頁98。

18. 感恩與懷德續集編輯小組編，《感恩與懷德續集》（台北：應舜仁，2006年）；感恩與懷德第三集編輯小組編，《感恩與懷德第三集》（台北：漢雅資訊，2011年）；魯炳炎等編，《感恩與懷德第四集：衛護蔣公七十年》（台北：漢雅資訊，2016年）。

19. 顏坤琰，〈《侍衛官雜記》作者與周公館的淵源〉，《紅岩春秋》，2015年第4期，頁62。

20. 直至1982年4月，《人民教育》刊出一篇署名為「雲南省一教師」的投書〈中小學圖書館需要整頓〉，其中甚至專門點名《侍衛官雜記》一書：「我校（從小學到中學一應俱全）的圖書館有點不大像話，小說佔60%以上，低格調的小說佔小說中的60%以上（如《侍衛官雜記》等），魯迅、茅盾等人的作品寥寥無幾，其他尚有少量科普書，一些連環畫等，甚至連一部馬恩選集、列寧選集都沒有。」參閱：雲南省一教師，〈中小學圖書館需要整頓〉，《人民教育》，1982年第4期，頁47。

21. 宋喬，《侍衛官雜記》（香港：學文書店，1952年），頁3。

22. 董國禮、蔣寧，〈社會記憶與蔣介石形象的塑造（1949-2014）〉，《華東理工大學學報（社會科學版）》，2014年第6期，頁8-22。

23. 虞亞梅，〈「文膽」陳布雷〉，《中國檔案》，2016年第8期，頁83。

24. 學界對於侍從室相關人員的主要研究成果，大致可分為以下幾類：(1) 有關蔣介石幕僚的研究：楊躍進，《蔣介石的幕僚》（北京：中國社會科學出版社，1997年）；楊躍進，《蔣介石幕僚思想的研究》（北京：華文出版社，2002年）。(2) 有關陳布雷的研究：王泰棟，《蔣介石的第一文膽陳布雷》（修訂版）（北京：作家出版社，2011年）；王泰棟，《尋找真實的陳布雷：陳布雷日記解讀》（北京：作家出版社，2011年）；沈建億，《蔣介石的幕僚長：陳布雷與民國政治（1927-1948）》，未刊碩士論文，2008年；鞠北平，〈陳布雷文獻資料研究〉，未刊博士論文，復旦大學，2009年；(3) 有關陶希聖的研究：李楊，《參政不知政：大時代中的陶希聖》（武漢：湖北人民出版社，2009年）；許瑩瑩，〈在學術與政治之間：陶希聖評傳〉，未刊博士論文，福建師範大學，2007年；楊君君，

〈近代中國民族主義潮流中的點滴：陶希聖政治思想探析（1928-1949）〉，未刊碩士論文，山東大學，2014 年（單篇論文由於數量過多，未予備載）。(4) 有關陳果夫的研究：馮啓宏，〈陳果夫與侍從室第三處的組建〉，《國史館學術集刊》，第 10 期（2006年 12 月），頁 63-95。(5) 有關錢大鈞的研究：邵銘煌，《錢大鈞隨從蔣介石的日子：解讀蔣介石抗戰前後之手札令諭》（台北：義之堂文化，2014 年）。

25. 里凡，〈國民政府軍事委員會委員長侍從室沿革和文檔處理述略〉，《軍事歷史研究》，2003 年第 9 期；孫武，〈蔣介石手令處理規程考略〉，《民國檔案》，2004 年第 2 期；張皓，《派系鬥爭與國民黨政府運轉關係研究》（北京：商務，2006 年），第 11 章；林美莉，〈蔣中正與抗戰後期的物價決策：以侍從室活動為中心〉，收於：黃自進編，《蔣中正與近代中日關係》（台北：稻鄉，2006 年），頁 285-312；馮啓宏，〈花谿論英雄：侍從室第三處的人事工作析探〉，《中央研究院近代史研究所集刊》，第 57 期（2007年 9 月），頁 119-164；秋浦，〈抗戰時期蔣介石手令制度解析〉，《南京大學學報（哲學人文科學社會科學版）》，2010 年第 5 期。

1933 年夏，一位中國留學生張彝鼎自美國哥倫比亞大學獲得博士學位。當時在美國取得博士學位前，論文尚需經過公開發行的程序。張彝鼎的博士論文〈條約之司法解釋〉（"The Interpretation of Treaties by Judicial Tribunals"）係交由哥倫比亞大學出版社出版，列為該校政治系所主編的《歷史、經濟學與公法》（Studies in History, Economics and Public Law）叢書第 389 種。[1] 在他之前，論文收入此叢書的中國留學生，有不少日後均在中國的舞台上扮演重要角色，例如曾任北京大學史學系主任的陳漢章（1911 年獲博士）、著名的外交家顧維鈞（1912 年獲博士）、曾任國府財政部長的黃漢樑（1918 年獲博士），以及著名的經濟學家李權時（1922 年獲博士）。[2] 張著 2016 年尚被當代著名的法學家柯博（Robert Kolb）所寫一本條約法的教科書列為參考書籍，[3] 因此是一種重要學術著作，殆無疑問。

張彝鼎在取得博士學位後，和當時大多數的留美博士一樣，束裝回國。在返國前，他參加了一個旅遊團，遍遊了歐、亞、非洲的許多國家，對於歐洲已工業化國家和亞、非國家發展程度的差距，留下了深刻的印象。

張抵達上海後不久，即在蔣介石侍從副官鄧文儀的引薦下，於 1933 年 10 月中旬的某一天，至南昌蔣介石官邸晉謁。當他走進蔣的辦公室，只見蔣身穿戎裝，神采奕奕，態度十分和藹，指點他坐在辦公桌對面的座椅上，對著面談話。蔣首先詢問張在美國五年的求學經歷、研習科目及心得等，接著又詢及張旅遊歐、亞、非洲的觀感。面對衷心嚮往的大人物，張彝鼎一時居然將鄧文儀先前所作談話勿超過五分鐘的叮嚀，忘得一乾二淨，滔滔不絕的將自己的感想對蔣講了近半小時。[4] 他晚年所自撰的回憶錄，曾對此次談話重點，有以下坦誠的描述：

第一：由歐洲到亞洲、非洲，彷彿經歷了兩個世界。西歐各國，社會秩序井然有序，人民謙恭有禮，勤奮自勵，辦事效率極高；但是亞洲和非洲的民情卻迥然不同。從義大利渡過地中海到埃及的塞得港，幾乎可以顯見野蠻與文明的截然分野。亞洲各地留給我的印象是懶惰、髒亂、怠慢、驕傲，社會秩序紊亂，民眾似乎普遍染有「不

「勞而獲」的惡習。

　　第二：西歐各國的民情風俗雖不相同，但均各有所長，而且可供我們借鏡之處極多，例如：英國人的沉著，荷蘭人的勤奮，法國人的熱情，瑞士人的恬靜，義大利人的積極，皆有可取之長。至於亞洲各地，則普遍缺乏朝氣和正義感。

　　第三：我在旅途中所見到的各處碼頭，與上海的碼頭作一比較，感覺到上海的碼頭竟較亞非各地更為紊亂，若再與西歐各國比較，簡直望塵莫及。[5]

　　以上充滿刻板印象（stereotypes）的自我東方主義論述（self-Orientalism），在二十世紀的中國留學生中，原本十分普遍，不過蔣介石自1931年起開始注意「民族復興」的問題，[7]因此對於張所講的內容，自然會「虛懷若谷地傾聽，並且頻頻頷首，同時以鉛筆在手冊上略作記載」。[8]晉謁結束後，張即獲發表為軍事委員會委員長南昌行營黨政軍調查設計委員會（以下簡稱行營設計會）委員，並一度兼任行營英文祕書。

　　11月14日，行營設計會正式成立，張彝鼎成為第一批加入的委員。蔣介石設立行營設計會的目的，乃是希望網羅一批年輕的學者、專家及國外的留學生，從事進剿地區的調查、設計、審議等工作，「改進各省的黨務、政治、軍事，以儘早完成剿匪及匪區收復以後一切應有的建設工作。」[9]行營設計會設立之初，採常務委員制，熊式輝、楊永泰、林蔚、程天放及梁穎文等五人為常委，楊永泰兼祕書長主持日常會務，祕書由鄧文儀（行營侍從祕書）兼任。1934年5月，行營設計會改制為主任制，由陳布雷任主任。隨著五次圍剿的順利完成，南昌行營於1935年2月16日結束，行營設計會也隨之撤銷，原有的業務及部分人員則併入軍事委員會委員長侍從室。

　　行營設計會的工作範圍十分寬廣，凡是剿共各省一切黨務、政治和軍事，均在調查、設計之列，同時蔣介石或常務委員有任何問題，也可交由設計會研擬具體的政策或工作設計。因此，行營設計會為南昌行營的高級幕僚機構，第五次圍剿期間行營的重要黨政措施，許多都出自此一機構的建議；其智囊團性質，可以說是侍從室的前身。此外，該會所

培育的人才，有不少也在後來的政治舞台上扮演過重要的角色。

　　行營設計會雖然在戰前國民政府時期的歷史上，占有重要地位，但是在過去一直未受到學界應有的重視。有關南昌行營的研究，甚少曾注意到此一機構；[10] 有關第五次圍剿的著作，對於此一機構也多是一筆帶過。[11] 較值得注意的是鄧元忠所寫的《國民黨核心組織真相：力行社、復興社暨所謂藍衣社的演變與成長》，[12] 對此一機構著墨較多。不過，鄧著主要是根據力行社社員的資料（包括回憶錄及口述訪問），因此頗受到這些資料的影響，有誇大力行社貢獻的傾向。本章擬根據國史館近年公布的檔案史料，[13] 以及此一時期各種不同派系人士的回憶錄性質史料，對此一機構的成立經過、組織架構、實際運作與重要設計，作一全面的探討，並對其組織效能作一評估。

成立經過與組織架構

　　學界傳統的說法，多認為行營設計會是由鄧文儀所建議創設，[14] 或是在力行社的影響下而創設，[15] 因為行營設計會委員中的重要分子不少係力行社員，有些後來也加入力行社，目的在擴張力行社的勢力和活動範圍。不過晚近公布的一些史料，則顯示行營設計會是由政學系所建議創設，目的在抵制 CC 系分子的活動。

　　根據王子壯的日記及一些 CC 系成員的回憶，蔣介石開始剿共後，楊永泰受到蔣的重用，引起 CC 系人物的反對。1932 年夏秋間，陳立夫、陳果夫等藉口加強反共力量，派出其「忠實同志會」成員至各地主持省市黨部工作，並選拔一些人分批輪流至蔣的左右任機要祕書。1933 年春，經蔣核准，指定吳開先（上海特別市黨部）、許紹棣（浙江省黨部）、王星舟（河南省黨部）、鄒漢元（天津特別市黨部）、龐鏡塘（北平特別市黨部）五人為南昌行營機要祕書，前往南昌行營工作。[16] 南昌行營祕書室原僅有鄧文儀、毛慶祥和梁穎文三位祕書，至此增加為八人。當時南昌行營為江西省政府主席熊式輝和楊永泰所掌握，一切政令均需通過他們二人才能下達，鄧文儀、毛慶祥等人，雖為蔣的多年親信，也不時受到熊、楊的壓制。吳開先等五人到達南昌行營後，僅和楊永泰見了一

面，從此在工作上即未來往，引起了楊的疑忌，設法要將他們調離蔣的左右。楊遂建議蔣增設一種政治設計委員會的機構。藉口吳等來自各省市黨部，代表各地的意見，宜派為該會委員，分負會內各部門的主要責任。[17] 另一份近年公布的檔案資料則顯示蔣介石於 1933 年 6 月 21 日致電熊式輝，表示行營擬根據劉百川（按：劉為政學系成員）的建議，設立一種政治設計委員會，一方面調集各省黨委中有能力者，輪流前來參加；一方面收容若干黨外有政治能力者，延為幕賓，不必常駐，每年或召其來會數次。蔣在電文中並要求熊式輝與楊永泰依此原則草擬組織章程及各種規程，並預定委員名單，委員人選則以教育與經濟人才為主。[18]

行營設計委員會於成立之初的組織架構，共分為黨務、政治和軍事三組，分別由程天放（CC 系）、梁穎文（力行社）和林蔚主持，設計委員共有一百餘人，主要者只有二十餘人，以力行社社員和 CC 系成員為主。[19] 三組中最重要者為政治組，工作重點有以下幾項：

（一）**外交**：研究各國外交現況、演變趨勢，以及因應之道。

（二）**經濟**：研究剿共各省的經濟設施。

（三）**文化**：研究如何從教育、學術和文化上，革新國民心理和社會風氣，以至變化民族的氣質和性能。[20]

黨務組的工作重點，則為人事的調整和工作的改革。對於各級黨部人事的實施，隨時加以調查，並作適當的調整和改革，使其無派別上的衝突，尤其是剿共各省，需使黨員均能在黨中央的領導之下，發揮力量，提高其工作效率，以協助剿共的進行。[21] 至於軍事組，成立較晚，於 11 月 14 日行營設計會召開第一次全體委員會議時尚未成立，實際工作情況，由於史料缺乏，不得而知。

翌（1934）年，蔣介石對行營設計會的組織架構略作調整，將原有的三個組改為股，各股職掌也予以明確限定——軍事股主管國防、兵工、訓練、編組與人事；政治股主管內政、財政、外交、教育、法律與經濟；黨務股主管人事、組織、調查與宣傳。[22] 1934 年 5 月，行營設計會又改組為主任制，由陳布雷主持。改制的原因，乃是由於蔣介石力邀陳布雷至南昌協助文字撰擬工作，不能無一名義，於是將行營改制為主任制，以主任一職屬陳。陳的主要工作為代蔣撰稿，並留心於文化宣傳與理論

研究,且備諮詢;每週到會三日,約各委員會談研究,至於會中日常各事,均由副主任徐慶譽辦理。[23]

行營設計會的性質有二:

第一,注重實際問題,反對空談理論。蔣介石對於當時一般研究與設計機構的表現,十分不滿意,認為這些機構所設計出來的方案,每多陳意過高,不切實際:

> 普通設了一個什麼研究和設計的機構,請了很多人來討論,但是只能紙上談兵,對於實際問題,並不能留心去徹底考察,切實調查,只憑書本上的知識,與自己腦子所想像的東西,擬訂出一些大而無當的方案,發表許多不切實際的議論。一講到土地問題,就要說如何照土匪的辦法一樣分田,實現新的經濟制度;一談到經濟設施,開口便說要如何統制,這些都是不切實際的理想,亦就是沒有用的理論,都不是目前我們所需要的。[24]

為了避免上述流弊,蔣介石乃特別將此機構名稱「設計委員會」上冠以「調查」二字,以示特重實際。

第二,不重宣傳,對外保守祕密。由於行營設計會為南昌行營內部的一個組織,屬於委員長的一個幕僚機構,因此不得對外行文,又由於行營設計會需作調查工作,負有情報的責任,因此除非經許可向外宣布的事情外,一律均需嚴守祕密。[25]

實際運作

行營設計會實際上的運作,大致說來有諮詢和建議兩種方式。諮詢是指由蔣介石或行營設計會的常務委員交下的問題,再由各委員研擬具體的計畫。建議則是由各委員將自己調查與研究的所得呈報蔣介石,再由蔣介石交下共同研究。

在諮詢方面,蔣介石一般是以函電、手令等方式交下問題,由行營設計會蒐集資料,甚至研擬方案;他有時也會利用對行營設計會訓話的機會,將其實施理念或構想提出,讓委員進行研究。現有史料顯示,蔣

對全體設計委員的談話，除了成立大會外，共有兩次。第一次是在 1934 年 3 月 7 日，講題為「黨政軍設計之基本原則」，他在談話中指出了兩項施政構想：

第一，在經濟上研究如何改善釐金制度，實行商品流通，以直接、間接阻止外國貨物的流入。蔣指出，數年前列強以廢除釐金制度為條件，承認中國關稅的相對自主，中國人以為是一項勝利。但是經過他數年觀察的結果，發現此舉實為不智。在關稅不能完全自主之前，即貿然將釐金廢除，無異是自撤藩籬。因此，不談國民經濟則已，否則應以廢除不平等條約為對象，尤其應將打破當前實際上保護洋貨的關稅制度與外人侵略策源地的租界，作為中心目標，而高築地方關稅壁壘，則應為最有效的辦法。但是此種措施涉及整個內政與外交，性質至為複雜，如何才可以行之有效，不致引起列強的干涉；如何才不致妨礙本國商品的運銷，甚至助長地方的割據，諸如此類專門的技術性問題，均有待行營設計會研究。

第二，在政制上應研究如何在邊疆實施「五族聯邦」制，在內地實行地方分權。蔣指出，今日的中國，一方面由於自身的實力不足，一方面由於列強的侵略，在最近若干年內想要維持舊有的版圖和單一國家的形式，恐不可能。東北和外蒙固然業已喪失，即使是新疆、西藏、青海和內蒙，也岌岌可危。又因地方經濟「封建化」的情況嚴重，在目前反而可用以抵制外國的經濟侵略。中國在目前不易絕對統一，不統一反可利用的兩種現況下，根本救治的方法，最好是能實施「五族聯邦」制，藉以維繫邊疆，待將來國家實力充足，再作徹底的解決。至於內地各省，雖然絕不能實施聯邦及所謂「聯省自治」的制度，但是也不妨在中央統制之下擴充省的經濟權力，以收抵制列強經濟侵略之效。

最後，蔣並指示黨政軍事務設計的重點。他認為世界大戰必將於最近爆發，中國目前由於時間迫促，人才、物力缺乏，國家尚未統一，因此準備工作的重點應包括兩項，一項是普遍的國民軍事訓練，另一項則是交通及基本工業的建設，因為交通為軍事、政治、經濟之母，基本工業則為一切工業，尤其是國防工作的基礎。[26]

蔣介石對全體設計委員的第二次談話，是在 1934 年 4 月 16 日，講

題則為收復區的施政原則。蔣指出，對於剿共收復區內的施政設計，應利用共區特殊的現況，與共區已有的一切設施，斟酌權變，因勢利導，使共區轉變為一個新的政治模範區。至於收復區各項施政，最重要者應為以下幾項：

第一，**經濟方面**。應推動合作制度。共區實施統制貿易，國軍收復後，也不可長期放任，應將合作社的組織隨軍推展，但是也不可操之過急。總要在軍隊到達後，予以暫時的放寬，以安人心；並進行各種調查，然後逐步推動；若是軍隊到達一地，立即要民眾組織合作社，推行新的經濟制度，必然會造成民眾恐慌，「以為第二個共產黨又來了」。

第二，**教育方面**。在精神上要效法共產黨，但是在做法上應該比他們更平易近人。現在共區民眾已有接受教育和訓練的習慣，國軍如能利用他們對於中共的專橫騷擾業已厭倦的心理，稍加宣傳，一定很受歡迎；不過對於共產黨強制民眾接受教育的措施，在經過稍作改良後，仍應繼續推動，務使收復區內沒有文盲的存在。

第三，**自衛方面**。收復區民眾對於抽壯丁，擔任運輸、通訊的工作已十分熟悉，不必再施予訓練，因此在收復區推動調查戶口、編組保甲，組織剿共義勇隊、壯丁隊、鐵肩隊等，一定要較非共區容易推行。

第四，**交通方面**。以道路為主，電信、郵政等通信網，也要特別設計一種方案，希望不到半年即可完成一個新的交通網，使收復區成為全國各地的模範。

第五，**衛生方面**。在一切破壞不堪的收復區，衛生教育不可不特別注意。

第六，**地圖**。國軍每到一處，即應設法測量土地，繪測地圖。現在有些縣長和高級官吏不知道地圖為何物、有何作用，實在不應該。

第七，**調查和統計**。新時代科學化的政治，即是要重視調查和統計，再根據這些資料施政，才不致有閉門造車的毛病。

第八，**政治訓練**。收復區內民眾對於開會的方式、議事的規則等，一定均已熟悉，因此易於接受新的訓練，但是注意不要因襲過去中共的名目，以免引起民眾的疑懼。[27]

蔣介石與設計委員之間的互動，除了以函電、手令、集體談話等方式

傳達其意旨外，尚有其他多種形式。在行營設計會成立之初，蔣介石曾規定各委員需定期擬具政治計畫，以及對政策、政綱、時局的意見。[28] 除週日外，每天上午十一時至十二時之間，各委員可以輪流推定一位或數位與蔣見面，報告調查所得或是個人的研究心得；另外每週舉行一次全體會議，由各委員或各組發表意見，報告調查及研究的結果，或是討論蔣介石交辦的專題或專案，大家決定辦法，呈候採擇。[29] 由於蔣的督促十分嚴厲，委員的工作極為繁重，根據一項資料顯示，政治組的委員每日工作常達十四小時。[30] 不過隨著蔣對於行營設計會的印象轉壞，工作也變得較不繁重，如全體會議不久即改為每半月舉行一次。[31]

重要設計成果

行營設計會所作調查與研究，最後能夠成為政策並且付諸實施者，主要包括新生活運動、中國文化學會、國民經濟建設運動、保甲制度、碉堡政策、民族文化建設運動、幣制統一實施方案、關稅出入平衡（含以貨易貨）實施方案、南昌市容重整計畫等。[32] 由於受到史料的限制，以下僅能對前三項活動中行營設計會所扮演的角色加以討論。

一、新生活運動

1934 年 2 月 19 日，蔣介石於南昌行營宣布發起新生活運動，並講述「新生活運動之要義」。此一運動，旨在使民族道德復興，國民生活丕變，以禮義廉恥為基本精神，以軍事化、生產化、藝術化為中心目標。[33] 事實上，新生活運動的許多元素，在此之前即早有跡可循。1931 年 10 月 10 日，蔣主持中央軍校政訓研究班第一期開學典禮。他在致詞時指出，政訓班的班訓為「禮義廉恥，國之四維，四維既張，國乃復興」，今天人心不古，世風日下，我們必須發揚中國舊道德，以挽救人心。[34] 此一研究班的班主任為三民主義力行社社員、軍事委員會政訓處處長兼中央軍校政治部主任劉健群，幹部則大多為力行社社員。[35] 1932 年 7 月，力行社為訓練幹部，特透過軍事委員會政訓處處長劉健群，於南京設立軍事委員會政訓研究班，招考黃埔軍校各期軍校畢業生及大專院校畢業生五百餘人，作為期

半年的訓練，蔣親題訓練綱要曰：「明禮儀，知廉恥，負責任，守紀律。」又親題訓練目標曰：「禮義廉恥，國之四維，四維既張，國乃復興。」[36] 凡此種種，加上自 1932 年春天起，蔣的演講即不斷強調復興民族看來，提倡新生活運動乃是勢在必行之事。當時注意聽講的人，也都有同樣的聯想，例如 1933 年 2 月《紐約時報》即曾刊登中國少壯軍官與國民黨員計畫組織社團反對道德墮落的報導。[37]

閩變時，蔣介石視察前方，看到一個三歲小孩吸煙大為感觸，於是興起發動新生活運動的念頭。[38] 1932 年起，力行社陸續派高級幹部出國考察。胡軌在 1933 年底的考察報告中指出，國人身體孱弱，精神萎靡，在體魄及精神方面均需要鍛鍊，反觀歐洲人之所以身體健康，精神抖擻，主要的原因在於他們經常和大自然中的太陽、空氣和水接觸。國人為使身體和精神得到改造，也必須徹底改變原有的生活方式。胡的報告，對於蔣的倡導新生活運動，具有引發作用。[39]

至於新生活運動的發動，晚近學者的研究雖然極多，[40] 但是甚少能注意到行營設計會在其中所扮演的角色。行營設計會政治組自成立後，由於蔣對此單位極為重視，因此督促十分嚴厲，大家工作十分勤奮。當蔣介石於閩變期間赴福建視察之際，設計會政治組的幾位委員鑑於蔣即將返回南昌，需有成績表現，乃想到發起新生活運動。張彝鼎認為環境衛生太髒，應予改善；社會秩序太亂，應以規則糾正。吳壽彭為首先提出「新生活」的總名稱者，其中包括各種改良的意見。鄧文儀也提出了許多社會改良的意見。[41]

1934 年 2 月 9 日，蔣介石由杭州飛返南昌，指揮第五次圍剿軍事。聽取行營設計會的報告後，指示黨政軍民各級領導人員，必須轉移風氣，改變習俗，且要從軍民生活方面革新起始，方可復興民族，達成安內攘外與剿匪抗日的救國任務。他並責成行營設計會擬發起一項類似國民生活改造的社會運動。[42] 2 月 12 日，蔣中正又於行營擴大總理紀念週的演講中指出，建設國家、復興民族的根本要務為「教」、「養」、「衛」。教的要義為「明禮義，知廉恥，負責任，守紀律」，養的要義為「食、衣、住、行」四項基本生活的整齊、清潔、簡單、樸實，衛的要義為「嚴守紀律，服從命令」。[43]

南昌行營在接受此項任務後，由行營辦公廳主任熊式輝及設計委員會祕書鄧文儀約集設計委員吳壽彭、韓志誠、高傳珠、張彝鼎、李煥之、邵華、劉伯川、范爭波、徐慶譽等人，經過多次研議，於2月15日晚間擬定名稱為新生活運動，草擬完成一份方案，並且通過熊式輝所擬定的四個基本標語—「禮是規規矩矩的態度，義是正正當當的行為，廉是清清楚楚的辨別，恥是切切實實的覺悟」，送呈蔣中正核閱。[44] 2月17日，行營舉行設計委員會議，由蔣任主席，通過新生活運動方案，[45]蔣並演講〈新生活運動發凡〉，指出革命之所以至今尚未成功，即在於全國國民的生活形態始終無所改進。今吾人既欲完成革命，非致力於此不為功，新生活運動即是先求國民於食衣住行四項實際基本生活能徹底改進的一種社會教育運動。[46]

十九日，蔣介石於南昌行營正式宣布發起新生活運動，並講述〈新生活運動之要義〉。指出此一運動的目的，在使民族道德復興，國民生活丕變，以禮義廉恥為基本精神，以軍事化、生產化、藝術化為中心指標。[47] 他並指示成立籌備會，擬訂詳細綱要，規定程序。2月21日，南昌新生活運動促進委員會成立。幹事會由鄧文儀、蕭純錦、李煥之、蔣志澄、邵華、賀衷寒、程時煃、劉百川、黃斗光九人組成，鄧文儀兼主任，蕭純錦兼副主任，李煥之兼書記，劉百川兼宣傳股長，蔣志澄兼指導股長，張彝鼎為糾察股長。[48]其中大多數為設計委員會政治組成員。會中由鄧文儀任召集人，與設計委員會政治組的張彝鼎、李煥之、蕭純錦、蔣志澄四人共同研擬辦法。最初，由鄧文儀擬訂〈新生活運動綱要（初稿）〉，倡議從「規矩運動」及「清潔運動」兩項運動開始推動，如施行有效，再進而推行禮、樂、射、御、書、數的「六藝運動」，過「太陽、空氣、水之生活」，最後使國民循序漸進於「勞動創造武力之習練與準備」。[49]經討論後，擬訂了運動綱領九十六條，但是蔣認為所擬項目過多，無法一下同時推行，[50]最後以「社會改造中，要培養出抗戰幹部；禮義廉恥中，應表現在衣食住行」作為中心思想。[51]鄧文儀等人乃再依此目標，擬定細則。其後又由行營參謀長兼江西省政府主席熊式輝召集編撰《新生活運動綱要》。這本小冊子係由行營設計委員會委員兼南昌《真實報》總編輯劉百川負責起草初稿，經設計委員會同仁討論後，呈報蔣

核閱。[52] 蔣閱後指示要點甚多，發交熊式輝等研究。熊曾多次約集中國國民黨組織部長陳立夫等研商，逐句逐條討論，每次討論後，連日趕繕，報請蔣核閱，往返計達五次以上，全部條文均係蔣所手訂。[53] 5月15日，《新生活運動綱要》（含〈新生活須知〉）於全國各大報紙同時發表。[54]

新生活運動的一個中心思想——「社會改造中，要培養出抗戰幹部；禮義廉恥中，應表現在衣食住行」中，只有後者為世人所熟知，許多批評新生活運動的中外人士，也只從此點作為衡量標準，而不知新生活運動的首要中心思想在以社會活動掩護培養抗日幹部。當時如何加強國民抗日的精神武裝，已是刻不容緩的事，但是又不能公開表示，以免得罪日本。於是在新生活運動中所提出的生活「軍事化」，對外需解釋為訓練國民生活迅速、敏捷的習慣；以文人，甚至外國教會人士出面主持新生活運動，也是出於此種苦衷。[55]

7月1日，南昌新生活運動促進委員會改組為新生活運動促進會，主持全國新運事宜。由蔣介石任會長，熊式輝、鄧文儀分任正、副主任幹事，閻寶航、李煥之分任書記、助理書記，李厚澂任調查股長，范爭波任設計股長，邵華任推行股長，[56] 全為行營設計會委員。同時擴大幹事會，由政學系和力行社分子組成。[57] 此時，鄧文儀涉及南昌機場遭焚事件，[58] 自行呈請撤銷副主任幹事職，助理書記隨即也辭職。總會重行改組，將調查、設計、推行三股，改組為第一、二、三股，第一股主持南昌市新運，第二股主持江西省新運，第三股主持全國各省市鐵路及海外僑胞新運，由范爭波、邵華及閻寶航分任一、二、三股股長。[59] 力行社勢力可說是全遭清除。[60]

在一般已工業化的國家，新生活運動之類的社會運動，大抵均由民間團體所發起，近代中國由於公民社會尚在萌芽階段，政府與民間團體如何合作也仍在摸索之中，新生活運動既選擇由政府發動，雖有民間團體所缺乏的大量資源可以投入，但是官場文化也無可避免的隨之而來。當時即有一位署名文淵的作者一針見血的指出：

　　本來社會運動應該由社會上許多先覺的領袖，就時勢之需，加以計畫與提倡，然後大家自然聞風響應，而成為普遍的要求。不幸

中國社會上現在沒有這樣的適才，於是我們的軍事領袖遂當其任，這也是無可如何的。普通政治或軍事首領所倡導的社會運動往往陷於強迫式的，流弊原多；而在今日的中國，官場尤多「逢迎」與「敷衍」的「公事行為」，居下位者無論自己對於某事有無真確認識並能否身體力行，只要它是長官所倡議或發動的，表面上無不奉行惟謹（或且矯枉過正，便是古所謂「上有好之，下必有甚焉者也」），結果便成了文章，成為官樣文章。但是十萬人的市民大會，和數百處的促進會，以至幾千、幾萬的執、兼委員，對於運動的本身究竟能有多少實在的好處，那卻是極大的疑問。[61]

不幸的是，新生活運動的前車之鑑，在日後幾十年的中國，似乎始終未能避免。

二、中國文化學會

新生活運動展開之後，江西隨即成為民族復興運動的基地，行營設計委員會政治組的成員，看到當時全國思想文化界的動向，隨即又設計出了一項文化復興運動。[62]此項構想獲得鄧文儀、賀衷寒、吳壽彭、蕭作霖等力行社高級幹部採用，由一些學者、專家發起中國文化學會。

中國文化學會於 1933 年 10 月開始籌備，初名宣傳研究會，繼稱中國文化勵進會，最後方定名為中國文化學會，於 12 月 24 日正式成立於南昌。[63]成立時有委員 15 人，包括高傳珠、劉健群、賀衷寒、鄧文儀、孫伯騫、梁穎文、張彝鼎、吳壽彭、蕭純錦、唐澤、孫慕迦、劉詠堯、張佛千、陳友生、任覺五，均為力行社成員。[64]

成立會奉蔣中正為名譽會長，推鄧文儀為理事長，蕭作霖為書記長。理事會下設總務、組織二股及編譯所，分別由柳漱風、李毓九及吳壽彭主持。[65]成立之初，即提出〈我們的主張〉，除了揭櫫「以三民主義為中國文化運動之最高原則，發揚中國固有文化，吸收各國進步文化，創設新中國文化」的主旨外，另列舉了十餘條綱目，內容主要在「引起全國人民對於革命領袖及革命集團之絕對信仰與擁護」，「根據三民主義指斥共產主義與資本主義之謬誤，廢除階級鬥爭與自由競爭之主義」。[66]

中國文化學會成立後，主要的活動在以下三項；第一、擴大學術、文化界人士的組織活動。根據一項資料顯示，至 1934 年 5 月時，該會已成立江西、安徽、南京、上海、浙江、福建、湖北、湖南、北平、寧夏、河南等十一個分會及保定直屬支會，會員計有 2,098 人。[67]在華北的平、津和華中的京、杭，成效較為顯著。[68]其次是募集基金，出版各種書刊，建立若干流動圖書館及文化會堂。該學會成立不到半年，即募集到近百萬元的基金。於南昌設立內外通訊社，由吳壽彭主持，編譯有關國內外大事和政治、經濟、文化、軍事動態的專論；又於上海設立中國文化書局，出版內外通訊社編譯的《內外類編》小冊子共四十餘種，及《青年叢書》、《軍事叢書》、《名著叢書》等約二十種。[69]第三是發起各類文化學習活動，與各地黨政軍機構合作，組織在學及在職青年，利用休閒時間參加文藝活動，討論時事。[70]

中國文化學會的成立，被 CC 系視為是力行社的一項攻勢，於是在 1934 年 3 月成立中國文化建設協會以為抵制。該會以陳立夫為理事長，出版《文化建設》月刊，雙方在教育、文化界展開爭奪戰。[71]中國文化學會由於擁有大批大專學生為會員，活動積極，聲勢超過中國文化建設協會。1934 年夏，鄧文儀因調查南昌機場案獲咎，陳立夫即乘機向蔣控訴，指鄧以學會名義大肆招搖撞騙，在文化界引起不良影響。於是蔣一面批准鄧的辭職，同時下令解散學會。[72]中國文化學會遂為中國文化建設協會所取代。

三、國民經濟建設運動

國民經濟建設運動為國民政府繼新生活運動後之又一重要運動。新生活運動的目的為奠立民族精神之基礎，而國民經濟建設運動則為充實民族物質之基礎，兩者實相輔相成。國民經濟建設運動的目標為「盡人力，闢地利，均供求，暢流通，以謀國民經濟之健全發展」，其實施要項則為振興農業、鼓勵墾牧、開發礦產、提倡徵工、促進工業、調節消費、流暢貨運、調整金融。[73]

此項運動雖係由蔣介石 1935 年 4 月 1 日於貴陽發表通電正式發起，[74]然其實際開始，則早在剿共時期的南昌行營。

剿共期間，國軍光復地區，人民因受赤禍及水患的雙重破壞，經濟復興工作包括土地問題的解決、合作社的提倡，以及農村金融救濟等三大項目。1933 年 9 月 24 日，南昌行營訂頒〈救濟民眾大綱〉，11 月 14日，蔣電令河南、湖北、安徽、江西、江蘇、浙江各省，切實整理田賦，並令核減田賦附加稅，[75] 目的均在改善人民生活，用以抵抗共黨活動蔓延。1934 年 3 月 10 日，蔣令對前受共黨分田的農民概不究問，並設「利用合作社」，提倡合夥均耕；9 月 12 日，南昌行營再制訂〈收復匪區土地處理辦法〉，但均非具強制性。以瑞金地區為例，當國軍收復瑞金後，受共黨分田的農民紛將土地交還原地主，因此迅速即恢復原有秩序。[76]1934 年 3 月 18 日，南昌行營召開省高級行政人員會議，會中通過〈剿匪軍救濟民眾辦法大綱〉，[77] 以軍隊力量救濟民眾。

在農村金融救濟方面，1933 年 4 月 1 日，南昌行營出資650,000 銀元，加上黃埔同學會撥出歷年會費剩餘公積金 350,000 銀元，合計 1,000,000元，成立豫、鄂、皖、贛四省農民銀行，業務包括經營存放款項、發行兌換券、辦理儲藏運輸，以及其他普通金融業務。其中對農民提供復耕、復業無息小額貸款，金額由四、五元至十餘元，至秋收期以收成作價償還。當時耕具除牛隻較貴，其餘如犁、耙、鋤、刀等，以一元或數角即可購得，對劫後災民甚具實惠。銀行業務也進展甚速。1935 年，以四省農行的營業範圍普及至十二省，與原有四省農民銀行的名稱已不相符，乃予擴充並改稱為中國農民銀行，並設合作金庫，總行設於南京，任陳果夫為董事長兼總經理，各省設分行分庫，旨在配合農行貸款業務，協助農產品的公私合作產銷。[78]

綜前所述，可以看出行營設計會在新生活運動、中國文化學會、國民經濟建設運動三項活動中所扮演的角色均不相同。在三項活動中，行營設計會介入新生活運動的程度甚深，從構想的提出到全國性的推廣，幾乎均見其積極的參與；不過由於設計會中存在有各種政治勢力的競爭，因此力行社並未能取得主導性的地位。至於中國文化學會，雖由設計會提出，實則可說是由力行社主導的產物，從成立學會到開書局賣書，均由其一手包辦。在此二項活動中，表面上看行營設計會雖然績效顯著，實則已與其設計機構的性質有違。至於設計會在國民經濟建設運動中所

扮演的角色，則是微不足道，與其成員所宣稱的重要性完全不同。

績效評估

行營設計會所設計的活動或措施，有一些確實曾付諸實行，對於協助進行「政治剿共」和「文化剿共」，[79] 也發生了一定的作用。不過如果以此一機構原訂「改進各省的黨務、政治、軍事，以儘早完成剿匪及匪區收復以後一切應有的建設工作」的目標加以衡量，則其表現似乎未盡理想，第五次圍剿期間重要的黨政措施，也未必全出自此一機構的建議或設計。以下試就其績效不彰的原因，加以分析。

第一，未受充分重視。一如本文前面所述，行營設計會本身即為派系競爭下的產物，是政學系為了抵制 CC 系的活動而倡設。成立之後，派系紛爭不但未減緩，反而日形嚴重。南昌行營成立不久，蔣介石即接受楊永泰「三分軍事、七分政治」的剿共主張，將行營的組織，由原來五個廳簡化為三個廳。第一廳主管軍事，廳長由賀國光擔任；第二廳主管政治，廳長由祕書長楊永泰兼任；辦公廳主任，則仍由熊式輝擔任。當時國民政府的統治勢力，僅及於江西、福建、浙江、湖南、湖北、安徽、河南、江蘇、山東和陝西十個省分及上海、南京、漢口三個特別市，而南昌行營擁有審核十個省分及三個特別市的人事和經費的權力，[80] 因此行營的第二廳便儼然成為實際上的行政院。[81] 第二廳的部門主管，如負責地方保甲事宜的第一組正、副組長王又庸和李為綸，負責經濟事宜的第二組正、副組長文群和羅經猷，均為政學系成員。[82] 政學系勢力的急遽擴張，自然引發了其他派系的對抗及抵制。1933 年冬，CC 系以南京、上海、浙江、江蘇、河南、北平等市黨部負責人的名義發函全國各省市、鐵路、學校特別黨部，指責楊永泰過去擁岑（春煊）排孫（文），現又勾結官僚（指張群、熊式輝、陳儀等），樹立小組織。此一訴求，獲得了熱烈的回響。共有廿四個單位的八十多名代表聚集南京，赴國民政府向蔣介石請願，要求將楊永泰撤職，造成轟動一時的社會事件。[83] 相對於南昌行營的其他部門，行營設計會既然非政學系所能完全掌控，楊、熊對此機構自然不會十分重視。[84] 由新生活運動初始時，二人態度冷漠，

至 1934 年三、四月間才開始熱心,即為一例。[85]

第二,**職權含混不清**。行營設計會所研究設計出來的活動或方案,每尚需負責去實際執行,致使此一機構的性質與業務範圍日益擴大,變成既是幕僚機構,又是執行機構。[86] 例如行營設計會的祕書鄧文儀,有一時期所兼各種職務竟多達十一項之多。[87] 重要主管外務過多無法兼顧的結果,自然會使此一機構的效能受到影響。蔣介石即曾在對行營設計會的一次談話中指出此項缺點。[88]

第三,**人員冗濫不精**。1934 年 5 月,蔣介石任命陳布雷為行營設計會主任,陳進行瞭解後,發現此一機構不但職權規定含混不清,而且「委員人數達二十人,頗為冗濫,其真有學問、見解,又能明識分際者,寥寥四、五人而已。」[89] 因此堅請蔣收回成命,經蔣再三勸說,並又加任徐慶譽為副主任,處理日常性事務,陳始願意就任。[90]

事實上,蔣介石早已對行營設計會人員的辦事能力不滿,並曾於 1934 年 4 月一次設計會的內部會議中,作過以下嚴厲批評:

> 各位委員差不多都是在外國留學回來的,對於政治、經濟各種學問,都有相當的研究,對於科學的方法,也一定很知道的。可是設計會所設計的許多東西,比方這次關於新生活運動的許多規條,還好像是百年前的東西一樣。我們擬訂的任何規條方案,都要分門別類、綱舉目張。現在無論任何法律,不管他幾十條或是幾百條都是分了章節,但是這一次設計會所規定的新生活運動須知九十六條,都籠統地編列,弄得雜亂無章。試問這種條規,如何可以使人看了拳拳服膺、發生效力呢?這樣無條無理、辦事沒有經驗,豈不貽人以笑柄嗎?[91]

陳布雷也認為中國的專門人才有限,有學問而又能以公心奉職,不植黨羽,不存個人誇耀觀念者更不多。智囊團延攬人才,必須要有適當的人主持推薦,如果以見聞不廣、審擇不周者擔任,則行營設計會即是前車之鑑。[92]

最後,擬將行營設計會與同一時期的另一所設計機構——國防設計委員會(以下簡稱國防設計會)作一比較。國防設計會成立於 1932 年

11月，隸屬於參謀本部，其職掌為擬制全國國防的具體方案，規劃以國防為中心的建設事業，籌擬關於國防的臨時處置。蔣介石自任委員長，翁文灝、錢昌照任正、副祕書長，設三處八組，三處是祕書、調查和統計處，八組包括軍事、國際、文化、經濟與財政、原料與製造、運輸、人口土地糧食、以及專門人才調查組。1933年初建立陝北油礦採勘處，年底又設立礦室、冶金室和電氣室三個實驗室。1935年，該會與兵工署資源司合併改組為資源委員會，直屬軍事委員會。

國防設計會與行營設計會，均屬於戰略問題的調查和設計機構，一為針對日本，一為針對中共。國防設計會係蔣介石採納教育部次長錢昌照的建議而設立，首批四十位委員絕大部分均為錢所指定，多為未曾於國民政府任職，但是在社會上具有崇高聲望的學者、專家和實業家，有些甚至是對國府持批評態度者。國防設計會提升了蔣介石的社會形象，同時也擴大了其統治的基礎。[93] 因此，第五次圍剿開始後，行營設計會的構想，或許即是來自於國防設計委員會。在行營設計會的籌備階段，蔣介石甚至曾致電錢昌照，試圖請翁文灝及王世杰代為敦聘丁文江和楊端六主持行營設計會的統計與審核兩部門，並強調行營設計會與國防設計會切實聯繫的重要性。[94] 不過行營設計會由於一開始即籠罩在派系競爭的氛圍下，在用人時自然無法作到審擇人選，所聘委員雖然也是以學者、專家為主，但是社會聲望則遠遜國防行營設計會。國防行營設計會由於位階高，深受蔣介石的重視，經費充裕（每月10萬元），得以經常派員赴國外蒐集資料及考察，[95] 並與各大學合作進行調查研究，[96] 出版大量的調查研究報告，成果豐碩。抗戰爆發後，國防設計會轉型為資源委員會，直接介入經濟活動，其影響所及，直至1950年代的海峽兩岸。[97] 相反的，行營設計會於設立之初，由於位階不高、職權含混不清，在先天上即不利於發展，加以人員冗濫不精，績效不彰，因此未能受到蔣的重視（甚至有人認為蔣在該會成立初期召見過行營設計會委員後，組織即無形解散），[98] 至第五次圍剿結束後，即隨著行營的撤銷而結束。

結論

　　行營設計會設立的目的，是在改進各省的黨務、政治、軍事，以儘早完成剿共及共區收復以後一切應有的建設工作。在一年多之內，此一機構設計了一些重要的措施和活動，其中有一些(例如新生活運動和中國文化學會)確實曾付諸實行，不過以其成績是否達到原設定的目標來衡量，此一機構的效能，似乎未盡理想，第五次圍剿期間的重要黨政措施，也未必全出自此一機構的建議或設計。檢討其功能未能充分發揮的原因，主要是由於此一機構為派系競爭下的產物，是政學系為了抵制 CC 系的活動而倡設，楊永泰、熊式輝等人對此機構自然即不會十分重視。此外，行營設計會的職務含混不清，人員冗濫不精，均影響其效能。

　　行營設計會雖然未達到預期的目標，不過蔣介石也從此次失敗的經驗中汲取到了教訓。在 1935 年 2 月 6 日，蔣介石召集行營設計會主任陳布雷和行營侍從室主任晏道剛，討論侍從室組織，[99] 14 日，侍從室重新編組，改名為軍事委員會委員長侍從室。分設第一、第二兩處，第一處設第一（總務）、第二（參謀）、第三（警衛）三組，第二處設第四（祕書）、第五（研究）兩組，自 3 月 1 日起依照新組織大綱與編制實行。任命原侍從室主任晏道剛為第一處主任，行營設計會主任陳布雷為第二處主任。[100] 蔣在改組侍從室時，將侍從室的第五（研究）組定位為政策設計部門，不負責實際執行，並精簡人事，其後更將此研究部門獨立於侍從室之外，另設立參事室。在行營設計會之前，國民政府雖然已有類似機構（國防設計會）存在，不過由於行營設計會的繼承者——侍從室後來成為國民政府最重要的幕僚機構，該會所培養的人才，有不少也在後來的歷史舞臺上扮演重要的角色，因此此一機構實居有承先啟後的地位，值得學界予以重視。

1. Yi-ting Chang, *The Interpretation of Treaties by Judicial Tribunals* (New York：Columbia University Press, 1933).

2. T'ung-li Yuan, *A Guide to Doctoral Dissertations by Chinese Students in America, 1905-1960* (Washington, D.C.: Sino-American Cultural Society, 1961).

3. Robert Kolb, *The Law of Treaties: An Introduction* (Cheltenham: Edward Elgar Publishing Inc., 2016), p.279.

4. 張彝鼎，《鑑秋憶往錄》（未註出版時地），頁 16-17。

5. 張彝鼎，前引書，頁 17。

6. Yung-chen Chiang, "Chinese Students Educated in the United States and the Emergence of Chinese Orientalism in the Early Twentieth Century," *Taiwan Journal of East Asian Studies* 1:2 (December 2004), pp.37-76.

7. 代表性的研究成果包括：鄭大華，〈「九一八」後的民族復興思潮〉，《學術月刊》，2006 年第 4 期；黃興濤、王峰，〈民國時期「中華民族復興」觀念之歷史考察〉，《中國人民大學學報》，2006 年第 3 期；〈中國近代民族復興思潮〉專輯，《近代史研究》，2014 年第 4 期；何卓恩、韓毅勇，〈高潮與高調：國民政府初期時論中的「民族復興運動」〉，《河北學刊》，第 35 卷第 2 期（2015 年 3 月）；何卓恩、季周峰，〈實處與窄處：民族復興運動時論中的新生活運動〉，《安徽史學》，2015 年第 2 期。

8. 張彝鼎，前引書，頁 18。

9. 蔣介石，〈革命成敗的機勢和建設工作的方法（1933 年 11 月 14 日）〉，收入秦孝儀編，《總統蔣公思想言論總集》(台北：中國國民黨中央委員會黨史委員會，1984)，卷 11，頁 602。

10. 重要者包括：Hung-mao Tien, *Government and Politics in Kuomintang China, 1927-1937* (Stanford: Stanford University Press, 1972), pp. 97-113; Hans van de Ven, "New States of War: Communist and Nationalist Warfare and State Building (1928-1934)," in Hans van de Ven, ed., *Warfare in Chinese History* (Leiden: Brill, 2000), pp. 350-371. 唯一的例外為史成雷，〈軍事委員會委員長南昌行營政治剿共研究〉，未刊碩士論文，2013 年。

11. 曹伯一，《江西蘇維埃之建立及其崩潰（1931-1934）》（台北：國立政治大學東亞研究所，1969），頁 625；William Wei, *Counterrevolution in China: The Nationalists in Jiangxi during the Soviet Period* (Ann Arbor: University of Michigan Press, 1985), p. 76.

12. （台北：聯經，2000）。

13. 主要是《蔣中正總統檔案》（大溪檔案）。南京中國第二歷史檔案館雖然收藏有南昌行營的檔案 200 餘卷，但是迄今尚未開放。參閱：施宣岑、趙銘忠主編，《中國第二歷史檔案館簡明指南》（北京：檔案出版社，1987），頁 356。

14. 蕭作霖，〈「復興社」述略〉，收入龐鏡塘等編，《蔣家天下陳家黨：CC 和復興社》（香港：中原出版社，1989），頁 197。魏裴德（Frederic Wakeman）受到這篇文章的影響，也主此説。參閱：Frederic Wakeman, *Spymaster: Dai Li and the Chinese Secret Service* (Berkeley: University of California Press, 2003), p. 40.

15. 例如：鄧元忠，《國民黨核心組織真相》，（台北：聯經，2000 年），頁 310-312。

16. 王子壯，《王子壯日記》（台北：中央研究院近代史研究所，2001 年），第 2 冊，頁 290-291；〈蔣介石電陳立夫推薦各省市優秀黨委來行營任祕書名單履歷先電告（1933 年 6 月 1 日）〉，《蔣中正總統文物》，國史館藏（以下同），檔號：籌筆／統一時期／06405。

17. 龐鏡塘，〈CC 系反對楊永泰的一幕〉，收入中國人民政治協商會議全國委員會文史資料委員會編，《文史資料存稿選編（政府・政黨）》（北京：中國文史出版社，2002），頁 152。

18. 〈蔣介石電熊式輝行營擬設政治設計委員會研究辦法延攬教育經濟人才（1933 年 6 月 21 日）〉，《蔣中正總統文物》，檔號：籌筆／統一時期／06497。

19. 鄧元忠，《國民黨核心組織真相》，頁 310-311。

20. 蔣介石，〈革命成敗的機勢和建設工作的方法（1933 年 11 月 14 日）〉，收入秦孝儀編，《總統蔣公思想言論總集》，卷 11，頁 604-605。

21. 蔣介石，〈革命成敗的機勢和建設工作的方法〉，頁 605-606。

22. 〈蔣介石指示行營設計委員會組織架構擬具政治計畫及專門人才聘任〉，《蔣中正總統文物》，檔號：籌筆／統一時期／08172。

23. 陳布雷，《陳布雷回憶錄》（台北：傳記文學出版社，1967），頁 95-96；胡有瑞，〈「陳布雷先生百年誕辰」口述歷史座談會紀實〉，《近代中國》，期 74(1989 年 12 月)，頁 167，蕭贊育發言。

24. 蔣介石，〈革命成敗的機勢和建設工作的方法〉，頁 606。

25. 蔣介石，〈革命成敗的機勢和建設工作的方法〉，頁 607。

26. 蔣介石，《日記》,1934 年 3 月 7 日；《蔣中正總統檔案・事略稿本》（以下簡稱《事略稿本》），1934 年 3 月 7 日。

27. 同前註。

28. 〈蔣介石指示行營設計委員會組織架構擬具政治計畫及專門人才聘任〉，《蔣中正總統文物》，檔號：籌筆／統一時期／08172。

29. 蔣介石，〈革命成敗的機勢和建設工作的方法〉，頁 605-607。演講活動的例子見 1934 年 2 月 27 日蔣的條諭：「本星期上午十一時，請張彝鼎專門委員遠東局面與外交人員訓練及邊疆問題，講時請各委員同往。」《蔣中正總統文物》，檔案：籌筆／統一時期／07913。

30. 鄧元忠，《國民黨核心組織真相》，頁315。

31. 鄧文儀，〈新生活運動綱要（初稿）〉，收入新生活運動促進會編，《民國二十三年新生活運動總報告》，頁340。

32. 鄧文儀，〈新生活運動綱要（初稿）〉，頁340；〈蔣中正電楊永泰開設計委員會研究經濟文化幣制關稅等問題〉，1934年月日不詳，《蔣中正總統文物》，檔號：籌筆／訓政時期／08171。

33. 秦孝儀編，《總統蔣公大事長編初稿》（台北：未註出版時間），卷3，頁16。

34. 魏尚武，〈中央軍校政訓研究班與復興社〉，收入中國人民政治協商會議全國委員會文史資料委員會編，《文史資料存稿選編（軍事機構下）》，頁539。

35. 魏尚武，〈中央軍校政訓研究班與復興社〉，頁539。

36. 干國勳，《三民主義力行社與民族復興運動》（台北：干苓苓，1986），頁140；康澤，《康澤自述及其下場》（台北：傳記文學出版社，1998）頁47，270；彭象賢，〈回憶南京政訓研究班〉，收入全國政協文史資料委員會編，《文史資料存稿選編·軍事機構（上）》（北京：中國文史出版社，2002），頁941-944。

37. 鄧元忠，《國民黨核心組織真相》，頁314。

38. 鄧元忠，《國民黨核心組織真相》，頁314-315。

39. 蔣京訪問、紀錄，《滕傑先生訪問紀錄》（台北：近代中國出版社，1993），頁34。事實上，蔣介石在1933年7月23日的一篇演講中即已強調日光、空氣和水三者對於現代人（尤其是現代軍人）的重要性。參閱：蔣介石，〈現代軍人須知〉，收入秦孝儀編，《總統蔣公思想言論總集》，卷11，頁311-324。

40. 代表性的著作包括：關志鋼，《新生活運動研究》（深圳：海天出版社，1999年）；溫波，《重建合法性：南昌市新生活運動研究（1934-1935）》（北京：學苑出版社，2006年）；段瑞聰，《蔣介石と新生活運動》（東京：慶應義塾大學出版會，2006年）；深町英夫，《身體を躾ける政治：中國國民黨の新生活運動》（東京：岩波書店，2013年）；Wen Zha, *Individual Choice and State-Led Mobilization in China: Self-Patriots* (Berlin: Springer, 2015), pp.41-67；Maggie Clinton, *Revolutionary Nativism: Fascism and Culture in China, 1925-1937* (Durham, N.C.: Duke University Press, 2017), pp.128-160.

41. 鄧元忠，《國民黨核心組織真相》，頁315。蕭作霖則宣稱新生活運動的構想，為其最先所提出。蕭認為當時的中國有必要全面開展一個新的文化運動，以轉移風氣，振作人心。此一運動應從革新生活做起，並由力行社社員示範作榜樣。蕭寫了十餘條意見和鄧文儀商量後，由鄧拿給蔣看，蔣大以為然，說此項運動不僅可行之於力行社內，同時應推行全國，於是遂有新生活運動的發生。參閱：蕭作霖，〈「復興社」述略〉，頁155。

42. 鄧文儀，〈新生活運動綱要（初稿）〉，頁354。

43. 秦孝儀，《總統蔣公大事長編初稿》，卷3，頁657。

44. 鄧文儀，〈新生活運動綱要（初稿）〉，頁354；熊式輝，《海桑集——熊式輝回憶錄》（香港：明鏡出版社，2008年），頁155-156。

45. 熊式輝，《海桑集》，頁156。

46. 蔣介石，〈新生活運動發凡（1934年2月17日）〉，收入秦孝儀編，《總統蔣公思想言論總集》，卷12，頁69。

47. 蔣介石，〈新生活運動之要義（1934年2月19日）〉，收入秦孝儀編，《總統蔣公思想言論總集》，卷12，頁70-80；卷3，頁14-16。

48. 新生活運動促進總會編，《民國二十三年新生活運動總報告》（南昌：編者印行，1935），頁112。

49. 鄧文儀，〈新生活運動綱要（初稿）〉，頁106-110。

50. 張彝鼎，《鑑秋憶往錄》，頁27。

51. 鄧元忠，《國民黨核心組織真相》，頁316。

52. 張彝鼎，《鑑秋憶往錄》，頁28；王又庸，〈關於「新政學系」及其主要人物〉，收入《中華文史資料文庫》，卷8（北京：中國文史出版社，1996），頁61。

53. 鄧文儀，〈新生活運動綱要（初稿）〉，頁354-355。蔣介石在手訂《新生活運動綱要》的過程中，曾致電熊式輝要求設計會或老儒代撰有關禮義廉恥的歷史典故：「天翼吾兄：對於禮義廉恥之解釋，請採歷史中如能禮之食、能禮之衣，不義之食、不義之住、不義之行，不廉之飲、不廉之食、不廉之衣，與無恥之食、之衣、之住、之行等史事證之，再將古人忠臣義士之尚廉知恥守禮盡義之史實，如不服夷狄、不朝異族之類，擇其最有光榮歷史二、三人以證之。先將上述各事令設計會或講漢學之老儒代撰之，能於此星期四以前交閱更好。中正。廿八日。」參閱：〈蔣介石電熊式輝令設計會或漢儒代撰歷史典故解釋禮義廉恥〉，1934年3月28日，《蔣中正總統檔案》，籌筆／統一時期／08139。

54. 新生活運動促進總會編，《民國二十三年新生活運動總報告》，頁121。

55. 鄧元忠，《國民黨核心組織真相》，頁419。

56. 新生活運動促進總會編，《民國二十三年新生活運動總報告》，頁139。

57. 孫彩霞，《新舊政學系》（北京：華夏文化出版社，1997），頁219。

58. 1934年南昌機場發生火災，造成航空署營房數十間焚燬，前航空署長徐培根遭解職處分，蔣介石的侍從祕書兼南昌行營祕書處調查課課長鄧文儀被疑為洩漏調查結果，自請本兼各職。參閱：《國民政府公報》，第1510號（1934年8月10日），頁1；第1529號（1934年9月3日），頁1；蔣介石，《日記》，1934年7月17，21日；鄧文儀，《冒險犯難記》（台北：學生書局，1923年），頁203-207。

59. 新生活運動促進總會編，《民國二十三年新生活運動總報告》，頁139。

60. 閻寶航雖為力行社員，但他是以張學良之四維會會員關係加入力行社，並與青年會有關，故與力行社關係反而較淺。參閱：鄧元忠，《國民黨核心組織真相》，頁 326。

61. 文淵，〈復興中華民族與新生活運動〉，《黑白半月刊》，第 1 卷第 10 期（1934 年），頁 3。轉引自：何卓恩、李周峰，〈實處與窄處：民族復興運動時論中的新生活運動〉，《安徽史學》，2015 年第 2 期，頁 20。

62. 鄧文儀，〈新生活運動綱要（初稿）〉，頁 361。

63. 〈中國文化學會〉，收於：莊文亞編，《全國文化機關一覽》（台北：中國出版社，重印本，1973），頁 88。

64. 鄧元忠，《國民黨核心組織真相》，頁 312。

65. 〈中國文化學會〉，頁 88-89。

66. 蕭作霖，〈「復興社」述略〉，頁 155-156。

67. 〈中國文化學會〉，頁 88-89。

68. 鄧文儀，〈新生活運動綱要（初稿）〉，頁 362。

69. 蕭作霖，〈「復興社」述略〉，頁 61。

70. 鄧文儀，〈新生活運動綱要（初稿）〉，頁 362。

71. 詳見：蔡淵契，〈抗戰前國民黨之中國本位的文化建設運動〉，未刊博士論文（台北：國立臺灣師範大學歷史研究所，1991)，頁 179-213。

72. 蕭作霖，〈「復興社」述略〉，頁 184-185。鄧文儀，〈新生活運動綱要（初稿）〉，頁 382-386。

73. 蔣介石，〈國民經濟建設運動之意義及其實施（1935 年 10 月 14 日）〉，收入秦孝儀編，《先總統蔣公思想言論總集》，第 5 冊，頁 39-40。

74. 蔣介石，〈發起國民經濟建設運動發表通電（1935 年 4 月 1 日）〉，收入秦孝儀編，《總統蔣公思想言論總集》，卷 37，別錄，頁 112。

75. 秦孝儀，《總統蔣公大事長編初稿》，卷 2，376-377。

76. 曹伯一，《江西蘇維埃之建立及其崩潰（1931-1934）》，頁 626-627。

77. 秦孝儀，《總統蔣公大事長編初稿》，卷 3，頁 23。

78. 干國勳，《三民主義力行社與民族復興運動》，頁 143-145；林和成，〈民元來我國農業金融〉，收入上海銀行學會編，《民國經濟史》（上海：編者印行，1947），頁 108-109。

79. 蕭作霖，〈「復興社」述略〉，頁 197。

80. 孫彩霞，《新舊政學系》，頁 210。

81. 王又庸，〈關於「新政學系」及其主要人物〉，頁 87。

82. 孫彩霞，《新舊政學系》，頁 210。

83. 龐鏡塘，〈CC 系反對楊永泰的一幕〉，頁 153。此次反楊運動至最激烈時，蔣介石甚

至致電江蘇省主席陳果夫，要求注意叛變。參閱：〈蔣中正電陳果夫各省黨部代表尚希留南京鎮江間另謀擴大組織盼速解決〉，1934 年 2 月 4 日，《蔣中正總統文物》，檔號：籌筆／統一時期／07778。

84. 蕭作霖，〈「復興社」述略〉，頁 197。

85. 鄧元忠，《國民黨核心組織真相》，頁 325。

86. 陳布雷，《陳布雷回憶錄》，頁 95-96。

87. 鄧文儀，《冒險犯難記》（台北：學生書局，1973 年），頁 160。

88.《事略稿本》，1934 年 4 月 16 日。

89. 陳布雷，《陳布雷回憶錄》，頁 95-96。

90. 陳布雷，《陳布雷回憶錄》，頁 96。

91.《事略稿本》，1934 年 4 月 16 日。

92. 陳布雷，《陳布雷回憶錄》，頁 127。另一項資料顯示，自陳布雷就任行營設計會主任後，設計會諸成員即紛紛向陳提出各種需索，或要座車，或要職位，陳不堪其擾，後來乃報請蔣介石裁撤設計會。參閱：俞國華口述，王駿紀錄，《財經巨擘——俞國華生涯行腳》(台北：商智文化，1999)，頁 89。

93. 錢昌照，《錢昌照回憶錄》（北京：中國文史出版社，1998），頁 36-41；王衛星，〈國防設計委員會活動評述〉，《學海》，1994 期 5，頁 78-83；申曉雲，〈留學歸國人才與國防設計委員會的創設〉，《近代史研究》，1996 年期 3，頁 241-258；William C. Kirby, *Germany and Republican China* (Stanford: Stanford University Press, 1984), pp. 85-101.

94.〈蔣介石電錢昌照請翁文灝等代聘丁文江楊端六主持行營設計審核兩處〉，1933 年 7 月 6 日，《蔣中正總統檔案》，檔號：籌筆／統一時期／16610；〈蔣介石電錢昌照聘丁文江楊端六任處長職並以特任職薪俸遇〉，1933 年 7 月 7 日，《蔣中正總統文物》：籌筆／統一時期／16620。

95. 李學通，《書生從政—翁文灝》（蘭州：蘭州大學出版社，1996），頁 109-113。

96.〈蔣介石電錢昌照國防設計委員會應與中央政校交通同濟等大學切實合作〉，1933 年 8 月 24 日，《蔣中正總統文物》，檔號：籌筆／統一時期／06861。

97. William C. Kirby, "The Chinese War Economy," in James C. Hsiung and Steven I. Levine, eds., *China's Bitter Victory: The War with Japan, 1937-1945* (Armonk, New York: M. E. Sharpe, Inc., 1992), pp. 192-206; Idem, "Continuity and Change in Modern China: Economic Planning on the Mainland and on Taiwan, 1943-58," *Australian Journal of Chinese Affairs* 24 (July 1990), pp. 121-141.

98. 汪日章，〈我在侍從室的點滴生活〉，《浙江文史資料選輯》，輯 16（1980 年 6 月），頁 175。

第二章

鳳凰池

1935 年初秋，居亦僑喜出望外的接到了侍從室的通知，說他的報告已呈委員長批准，獲任命為中校侍從副官，囑儘快前往報到。

居亦僑，江蘇吳縣人，1906 年生，東南大學商科肄業，黃埔軍校第六期步科畢業，曾任國民革命軍第三師、第九師營長、副團長、團長等職。[1] 居在第九師任副團長時，團長項傳遠、師長李延年均為黃埔一期畢業生。[2] 1934 年，項傳遠被蔣介石選為侍一處上校侍從室副官兼任第一組組長，李延年便任命居亦僑為代理團長，接替項傳遠的職務。當居得知項被蔣賞識，並可外調提升的消息後，對於這個被大家視為「鳳凰池」的機構，[3] 頗為嚮往。他將此想法告訴了他的師長李延年。

李當時正好得知自己即將升任軍長的消息，唯恐項有朝一日調離侍從室，自己將失去內侍耳目，因此也希望再有一個熟人在蔣左右，有事仍可先得風聲。1935 年 3 月，李延年趁在南京參加軍事會議的機會，和項傳遠商量，設法讓居進入侍從室。項告訴李：「在侍從室沒有自由，沒有休假，一接到任務，朝夕不分，非常辛苦。不知居亦僑願意否？要進入內侍，辦法倒是有一個，那就是找我一個一期同學蕭贊育談談，他在蔣介石身邊擔任侍從祕書，專管黃埔同學進退升降之事，同時審閱軍統機要文件摘要的簽擬匯報，找他試試，看看怎麼樣？」[4] 過後，李延年和項傳遠一起來到蕭贊育家中，同學久別重逢，暢敘舊誼，十分投機。接著李延年和項傳遠便談起保薦居亦僑入侍從室的事。此時正值侍從室成立不久，需要人手，蕭贊育即表示可讓居自己先打個報告，由蕭上報候批。

居亦僑終於接到了侍從室的報到通知。他於是在一個秋色斑斕的早晨來到南京。二十九歲的他，穿著一身嶄新的草綠色呢軍服，斜背著軍帶，腰間佩帶刻有「軍人魂」字樣的短劍，腳穿一雙烏黑雪亮的皮鞋，提前了半小時到達蔣介石官邸的接待室，懷著欣喜和激動的心情等候接見。居亦僑環顧四周，看見客廳正中牆上掛著一張大照片，照片中孫中山坐在籐椅上，而佩帶指揮刀全副武裝的蔣介石，則站在孫中山的右側。

蔣介石公館坐落在中央軍校校園內，是一幢紅磚紅瓦的兩層樓洋房，四周綠樹成蔭，露出洋房的紅色屋頂。

忽然，侍從室第一處第一組（主管總務）上校組長項傳遠走進接待

室，對他的舊屬居亦僑說：「亦僑弟，先生傳見。」居一驚，立即站起身來。項傳遠告訴居亦僑，他的同事侍從祕書蕭贊育已將居的簡歷給蔣看過，並說明居出身黃埔六期，和項原屬同一個團，還是個大學生，蔣遂命擇期傳見。項簡短的說完後，即進門通報，居則原地站定。

不多久，門口又傳出項傳遠的招呼聲：「居亦僑，請進。」居精神一振，步入蔣介石的辦公事，摘下軍帽，屏息立正敬禮，說：「報告校長，學生居亦僑前來報到！」

蔣介石辦公室的東、南壁是鏤花窗，窗前掛著綢簾；西北壁掛著軍事地圖，地圖上插著紅、白、黃三色的三角小旗。蔣介石穿著灰色嗶嘰中山裝，右手握著一支紅藍鉛筆，坐在一張碩大的寫字台前批閱公文。聽到報告聲，他抬起頭來，微微頷首，臉上露出一絲笑容，兩眼射出威嚴的目光，親切的對我說：「坐下說，不必講禮節，你坐下談。」

居亦僑在部隊裏聽說過，黃埔軍校出身的軍官，見校長時都不就坐，即使是陳誠就坐時，也是挺直胸脯，只用一半屁股坐在椅子上。他於是只走上幾步，不敢就坐，畢恭畢敬地挺直胸脯，站在桌旁。

蔣介石接著看了一下居亦僑的履歷資料，問了幾個問題，包括入伍時團長是誰？怎樣離開黃埔軍校的？畢業後分發到甚麼部隊？等等，居都小心回答。

「好！你到侍從室來很好，在這裏做事要細心，接待外客要有禮貌，同時也要聽主任、侍衛長的吩咐，有不懂的事情，多問問侍衛長和老的侍從副官。」

「是！」居亦僑響亮地答道。

「項副官，你領他到林主任那裏去報到，給他添個人手。」居亦僑隨即敬禮告退，跟隨項傳遠走到侍一處主任林蔚的辦公室。林蔚簡單的問了居亦僑的情況後，鄭重地說：「這裏工作要比部隊忙一點。我提醒你一句，同外人少接觸，最好是不接觸，這點你要加倍注意。不熟的地方，可多問問。」「你就在第一組工作，工作分早晚兩班，你聽他的安排。」林蔚指著項傳遠對居亦僑說。

簡短的談話結束後，居亦僑就住進了距蔣介石官邸不遠的侍從副官寢室。寢室裏陳設簡單，四張木床兩張桌子。當天居亦僑就領到一本藍

色封面的「侍從日記」，要求每天把自己的行動、做事、看書，閱報等情況都扼要記下。侍從日記每逢年終換新，從主任到衛士人手一冊，放在枕頭下面。蔣介石有時來到寢室，也會翻開枕頭，看看侍從日記。從這天起，居亦僑就開始了他的侍從生活。[5]

事隔八十多年，我們今天之所以能對居亦僑進入侍從室服務的經過，有如此巨細靡遺的瞭解，完全是由於他晚年曾接受口述歷史訪問，原汁原味的保存了當時的實況，至於侍從室其他工作人員所留下的史料，則十分殘缺不全，經過廣泛的收集與整理，我們得以對侍從室人員的全貌，有一粗淺的認識。

來源

侍從室人員的來源，共有以下數種：

第一，分發。陸軍大學為國軍軍事最高學府，畢業學員自然受到各單位重視。每年畢業前，侍從室、軍事委員會、軍令部、軍政部、各戰區長官、各軍師長，均紛紛致電陸大，要求分派畢業學員，[6]侍從室自然也不例外。蔣介石為了提高侍從室參謀人員的素質，自侍從室成立起，即逐漸挑選陸大各期畢業學員入室服務，[7]並將侍從室原有的少數參謀人員也陸續送入陸大深造。至抗戰中、後期，侍二組的參謀人員，幾乎全是出身陸大，只有少數英、美留學生擔任外事、翻譯或轉派侍從武官等項工作。[8]

1942年，蔣介石為了培養黨政軍高級幹部，除了於中央訓練團增設黨政高級班，[9]又於重慶復興關創立國防研究院。該院由蔣介石兼任院長，王東原任主任，學員係從陸軍大學畢業學員及海外留學生中，遴選43人調訓，為期一年，結業後大多以駐外武官名義派赴世界各國考察一年，也有3名係直接分發至侍從室服務。該院辦理一期後即由於國共內戰開始而停辦。[10]

至於侍從室內負責警衛工作的官兵，主要來源則為分發與招考。例如1933年8月，蔣介石於侍從室下增設警衛與偵查兩股，偵查股後改為特務股，其股員稱為特務員，與侍一組的特務員名同而實異。每股各設

股長一員，股員 10 員，擔任警衛及情報收集工作，其人選由軍統局擇優撥充。此一編組即為日後侍衛室警衛組的前身。[11] 至於基層的衛士，則常是公開招考而來。如追隨服務蔣介石逾半世紀的王祥法，即是於 1941 年在浙江投考軍事委員會委員長衛士隊獲錄取，離開奉化老家，趕至寧波入伍，經過半年始輾轉抵達重慶，進駐中樑山接受入伍教育，編入國民政府警衛團第一營第一連，後又獲選送遵義步兵學校受訓，結業後奉調派蔣介石桂林行館服務，自此展開其衛士生涯。[12]

第二，蔣介石親自挑選。

（一）**蔣的鄉親故舊及他們的子弟**。侍從室中與蔣有血緣關係者，大多為侍衛。侍從室第三組主管警衛和安全，成員多為蔣的鄉親故舊及他們的子弟，如非蔣氏宗族內的人，即為竺姓、毛姓的姻親後輩。如侍衛長俞濟時為交通部長俞飛鵬的侄兒，而俞飛鵬則為蔣介石的表兄弟；曾任副侍衛長兼侍三組組長的蔣孝先，為蔣的族孫輩；蔣孝先在西安事變中殉職後，繼任侍三組組長的王世和，也和蔣有親戚關係。其他的侍衛官，如蔣恒祥是蔣的遠房侄兒，蔣孝鎮是蔣的侄孫，竺培基、竺培風是蔣的外甥。[13] 至於侍從室歷任的侍衛長，則除錢大鈞外全為浙江人。[14] 蔣介石的歷任侍從祕書（或稱機要祕書、官邸祕書），則多為蔣的故舊子弟，如毛慶祥為蔣世交毛穎甫之子，又為蔣妻毛福梅的從姪；汪日章的堂母舅為蔣父繼室孫氏的堂弟；俞國華為蔣結拜兄弟之子；周宏濤為蔣老友周駿彥之孫，均為浙江奉化人。[15]

（二）**其他**。例如何廉原為南開大學經濟學院院長兼南開經濟研究所所長，1936 年 10 月在蔣邀請下，入侍從室。[16] 又如周佛海，自脫離中共後，與 CC 靠攏，1934 年出版《三民主義之理論的體系》一書，為蔣所賞識，獲任侍二處副主任兼第五組組長；[17] 至於沈昌煥，1942 年入侍從室任交際祕書（或稱外交祕書）前原為外交部專員，某一週日在部值班時朗誦英文名著，時值部長蔣介石（1942 年宋子文繼郭泰祺為外長，因在美治公未及返國就職，乃由蔣暫行兼理）因要公到部視察，聞聲走觀，沈突然驚覺，起立敬禮，蔣溫言嘉勉，次日沈即獲宋美齡召見，令其兼英文祕書，仍任外交部本職。[18] 蔣介石有時並提供侍從室以外的一項工作，供當事人選擇。如 1934 年春，三民主義力行社改組，蔣即曾要

該社要角蕭贊育在南昌行營政訓處副處長（處長為賀衷寒）及侍從室侍從祕書二職中作一選擇：[19] 1939年元月，湖南省政府主席兼保安司令張治中以長沙大火案遭革職留任後，獲蔣提供中國國民黨訓練委員會主任委員與侍從室主任二職位供選擇。[20] 另一個因故遭免職，被蔣指定降調侍從室，旋再被起用的例子是李良榮。李出身黃埔一期與陸大特三期，1938年在對日蘭封戰役時因作戰不力被免師長職，調侍從室任參謀，翌年即調軍政部第十三補訓處處長。[21] 此外，蔣有時也用侍從室的位子來安撫政敵，例如1944年10月蔣任盛世才為農林部部長，其弟盛世驥則被任命為侍從室侍從武官。[22]

第三，推薦。推薦人以侍從室人員和黨政軍各界領袖為主。

（一）侍從室人員。在侍從室成立之前，即已有此例。北伐時期，蔣介石曾在上海《商報》社長陳訓正[23]的推薦下，邀其堂弟陳布雷（上海《時事新報》總主筆）為其撰述文字。[24] 自從侍從室成立後，由侍從室主管介紹入侍從室者最多。例如1938年航空委員會改組，由侍一處主任錢大鈞接任，蔣介石原意屬軍事委員會辦公廳主任賀耀組兼代侍一處主任，最後接受錢大鈞的推薦，以軍令部次長林蔚繼任。[25] 侍二處主任陳布雷，更曾於日記中自記：「蓋數年以來，第二處用人，委座皆付與我以選擇之全權。」[26] 用能以保持單純與切實的兩項原則。在此兩項原則下，陳布雷婉拒了許多各方（甚至包括侍從室其他部門）推薦的人選，例如1943年7月，侍三處主任陳果夫擬將中央訓練團黨政高級訓練班第一期畢業學員分配一、二名至侍二組第六（情報）組工作，陳布雷即致函請其緩呈，容另選擇，並函侍二處副主任張厲生請其推薦適宜者三、四人備約談任用。[27]

大致來說，侍二處的正、副主管均為陳布雷所推薦，至於一般的祕書、參謀，陳的用人權更大。進入侍二處，一般係經由以下幾種方式：

1. 陳布雷自行選任者。如1939年9月推薦軍事委員會最高情報委員會國際組組長邵毓麟任侍從室第六組祕書；[28] 1942年元月，推薦浙江高等學堂的同學、上海《商報》同事裘友莘任侍六組祕書；[29] 同年4月，陶希聖任侍二處第五組主任，也是陳布雷所推薦。[30] 侍一處主任林蔚和錢大鈞也曾分別介紹其舊屬於達、劉

祖舜、張國疆和段仲宇進入侍從室工作。[31]

2. 各組組長所推薦者。例如侍五組組長陶希聖即曾於 1942 年推薦嚴振岳、曾資生入五組。[32] 侍六組組長唐縱曾於 1942、1943 年先後介紹駐巴黎總領事黃天邁及軍令部駐延安聯絡參謀徐佛觀（復觀）入侍從室。[33] 侍三處主任陳果夫則曾介紹其舊屬西康省黨部祕書長兼西康《國民日報》社社長高明任侍四組組長。[34] 蔣介石身邊的速記人員（稱為記錄祕書或言行祕書），照例也都由陳果夫在中央政治學校學生中挑選（陳曾任政校代理教育長），推薦給蔣。如蕭乃華、曹聖芬、周策縱等，均係由此關係進入侍從室。[35] 不過也有的速記人員係由離職人員推薦，如蕭乃華 1935 年因需出國留學，乃推薦政校同學蕭自誠接替其職務。[36] 侍從室用人，固然大多是由各主管推薦，但是由一般幕僚推薦者，也不乏其例。例如 1931 年侍從室幕僚裴復恆即曾擬推薦其好友、時任《中央日報》特約記者兼中央政治學校教授的高宗武至侍從室服務。蔣介石由於平日即欣賞高於《中央日報》所撰有關日本問題的文章，對其印象良好，故特予接見長談，並派其任侍從室上校祕書，為蔣處理對日問題。[37] 又如 1935 年一位團長居亦僑想進侍從室工作，請時任侍一組組長的侍從副官項傳遠及侍從祕書蕭贊育（負責黃埔同學進退升降及向委員長報告請示事宜）兩位黃埔一期同學協助，最後由居親自撰寫報告，向蔣表達入侍從室服務的強烈意願，由蕭呈蔣獲允後，才如願進入侍從室。[38]

侍三處工作人員的來源，則不如侍二處的多元，主要可分為幾類：(1) 陳果夫的舊屬：包括早年追隨他或其弟陳立夫從事黨務工作的部屬，及後來主蘇政時期的班底。(2) 陳果夫的門生：侍三處人員畢業於中央黨務學校、中央政治學校、江蘇醫政學校者頗多，這些學校均與陳果夫關係密切，稱得上和陳有師生之誼。(3) 侍三處各組組長的舊屬。侍三處由於陳果夫引用舊屬和門生的比率過高，難免被外界指為陳果夫和 CC 系的勢力範圍，並對該處人事業務的運作，產生不利的影響。[39]

侍二組主管軍事，一般參謀均以外放為目的，不願在侍從室久任，[40]因此人員流動性大，不過自戰前邵存誠（陸大十一期畢業）入侍二組後，

每有參謀外放，均推薦同期同學接任，造成侍二組十餘年間均為陸大十一期畢業生所掌控的現象。[41]

（二）**黨政軍界領袖**。也有一些人是在黨政軍界領袖介紹下進入侍從室。例如 1932 年，駐鄂綏靖公署主任何成濬曾推薦湖北省財政廳長吳國楨任蔣介石祕書；[42] 1938 年 5 月，戴笠曾向蔣介石保舉力行社舊屬、駐德大使館副武官唐縱入侍二組任參謀；[43] 長期負責蔣氏夫婦安全的侍三組特務股正、副股長黎鐵漢、陳善同，都是戴笠所推薦，[44] 其特務人員也多由戴所派。[45] 在黨政領袖推薦下進入侍從室的例子，則並不多見。資料顯示，抗戰初期，貴州省政府主席吳鼎昌，曾推薦其舊屬曹翼遠至侍三處任職。[46] 1944 年陸大十九期畢業生朱永堃，也曾在國民黨元老鈕永建及侍從室主任錢大鈞介紹下，進入侍從室任侍從武官。[47]

任用過程

侍從室人員的任用過程，十分嚴格，尤其是參謀、祕書和警衛人員的任用，均需經過蔣介石親自審核、考察和面試。

侍從室所任命的參謀人員，一般說來，年齡不宜過大，官階不宜過高，以便於指揮調遣。學、經歷方面，先決條件為黃埔軍校出身，具備作戰經驗，抗戰中期以後，為了提高參謀人員的素質，更逐漸挑選陸大各期畢業和曾留學英、美的軍官，任侍從參謀，並將侍從室原有少數參謀人員，先後送入陸大深造。因此，至抗戰中、後期時，侍二組的參謀人員，幾已全部出身於陸大，只配備少數英、美留學生，擔任外事、翻譯或轉派侍從武官等工作。雖然如此，蔣選用侍從參謀工作人員的前提，標準和任用程序，則從未改變過。[48] 例如 1941 年侍從室曾甄送一批參謀，即有以下的挑選標準：

一、挑選方法：
（一）陸軍軍官就陸軍大學十四期至十六期畢業生中選拔。
（二）空軍軍官以在陸大或參謀學校畢業者中選拔。
二、挑選標準：
（一）在校英語成績優良者。

（二）陸軍軍官在三十一歲以下，空軍軍官在三十歲以下者。

（三）陸軍軍官曾任隊職或軍以下幕僚，需身經激烈戰鬥，現仍在部隊任上校以下隊職或幕僚者。

（四）空軍軍官需嫻熟英語，現任校、尉官均可，但以曾經參加空戰者為合格。[49]

又如 1942 年 12 月侍二組組長於達欲增添一名參謀，擬自陸大教育長萬耀煌所呈該校青年教官出身中央軍校畢業者：王大鈞、王鎮二員中，擇一調任，簽報蔣介石，蔣則批示：「應選能懂外國語及陸大或國外陸大畢業最俊秀者，如有此等人，再添三人亦可。」[50] 由此可見，至此時陸大畢業已是進入侍從室的必要條件。

以上這些條件均具備了之後，除了由蔣的親信人士保薦之外，均需經過蔣本人的面試，通過後才能正式任用。1939 年，湖南省主席張治中於長沙大火後被調為侍一室主任，他帶了一名參謀和一名祕書到任。蔣見過參謀後，認為可用，但是召見那位祕書時，見此人面容憔悴，目光呆滯，乃在其履歷表上批了十個字：「此人精神萎靡，要用亦可。」後來張治中親自對蔣解釋，此人文筆甚佳，因在病中，故看來不好，蔣俯允所請，將「此人精神萎靡」六字用鉛筆刪去，於是此人便成了「要用亦可」的祕書。[51] 但是，也並不是所有的候選人均有此運氣。1945 年，侍從室錄用了三名陸大十九期的畢業生成其志（黃埔八期）、朱永堃（黃埔十期）和周菊村（黃埔十一期），經蔣召見後，最後圈選朱、周二人，成之所以落選，乃是由於他菸癮大，手指均被薰黃，晉見時又不能戴手套，無法隱藏，而蔣最不喜部屬吸菸，故未被錄用。[52]

值得注意的是，侍從室用人，除了幕僚人員個人的條件外，每尚需考慮到派系勢力的均衡。例如侍三處於 1939 年成立時，主任由 CC 系的陳果夫擔任，副主任則由力行社系統的蕭贊育擔任。蕭被調回侍三處工作，乃是出於陳果夫的安排，後獲得蔣介石的核准，其目的主要在「協和黨團與文武之間的感情與合作」，[53] 至於處內各組人事的安排，陳果夫基本上也是依照 CC 系與黃埔系合作的體制進行分配，而以 CC 系略占優勢。例如侍三處祕書羅時實，為陳果夫任江蘇省政府主席時的祕書長。侍三處設第七、八、九、十組。第七組稱對外調查組，組長為中統

出身的濮孟九，副組長即為黃埔一期畢業的侯鼎釣；第八組稱登記組，組長為 CC 系的姜超嶽；第九組稱考核組，組長由羅時實兼任，二位副組長由 CC 系梅嶧高和黃埔學生劉蘭陔擔任；第十組稱分配組，組長孫慕迦出身黃埔，副組長方少雲則是 CC 系。為求派系勢力的均衡，陳果夫不得不在處內引用部分黃埔系和力行社分子，但是他所引用的劉詠堯、侯鼎釣、劉蘭陔、孫慕迦等人，均為黃埔學生中的溫和派，且大多畢業於中央訓練團黨政幹部訓練班，與陳有師生關係，[54] 因此大家得以相處得頗為融洽。一位侍三處同仁對於該處人事的安排，曾有以下的回憶：

> 講到花谿〔按：指三處〕同仁，當年都是從有關黨政軍各機關中慎重遴選而來。其中有文有武，大約各占半數。最難得的，在文人之中，沒有各烘酸腐氣，而武人幾乎個個都是文質彬彬，恂恂儒雅，文武之間，都配合得井然有序，相處得融洽無間，做到了各得其所，人盡其才。這樣的人事安排，現在想想，真是罕有。[55]

至於侍二處，在周佛海叛逃後，即設有兩位副主任，一位是政學系出身，兼任第四組組長的陳方，另一位初為張厲生，後為張道藩，均為 CC 系，由此可見，陳布雷也很講究人事的平衡。侍從室人員以為，陳人緣之佳，和此種作風大有關係。[56]

專業能力與紀律

侍從室第一、二處幕僚人員的主要職責為通過文書處理來參與機要。在侍從室，文書處理有一套特定的制度，為楊永泰所創。幕僚於收到各種電文後，先作一審分析整理，摘取要點，提出擬辦意見，然後以端正的楷書填入一種特製的表格，分輕重緩急送蔣介石批閱。後來，這種表格又有了進一步的改進，即根據不同文件的內容，分為呈閱、呈核、報告、情報等不同表格，並且加強了前列程序的處理，在擬出初步意見的同時，按內容性質分為專案式或彙整式列於表上，俾便蔣介石審核批閱。如此的改革，自然有利於蔣處理公文，不過侍從室幕僚的工作量卻變得更為繁重。據一位幕僚的回憶，1936 年 1 月至 1948 年 4 月之間，侍從

室累積收藏的蔣介石手令，即達一百二十餘公文箱之多，而產生這些手令的文電有多少，可想而知。[57]

　　侍從室第二處人才濟濟，陣容堅強。1941 年 10 月底，侍二處辦理蔣介石致羅斯福及邱吉爾的電稿，原由外交部翻譯，但未能盡達原文的精神，尚需經宋美齡改譯，但因此修改而遲發三天，陳布雷曾於日記中表示後悔未將初稿由侍從室逕辦，[58] 顯示陳對侍二處同仁文字能力的自信。侍二處中，尤以侍五組負責宣傳工作的幕僚，特重文字能力。1942 年 3 月，侍三處主任陳果夫介紹《中美日報》總編輯詹文滸入侍二處。詹為浙江諸暨人，上海光華大學畢業，美國哈佛大學碩士，返國後曾任上海世界書局編譯主任及大學教授。[59] 陳布雷乃以中、英文各一件囑為試撰，以測驗其文字能力。最後陳認為詹的英文寫作能力尚不合要求，遂以侍從室一時無可安置為由勸其赴昆明《中央日報》服務。[60] 侍六組負責情報業務，蔣介石於該組籌備階段，即曾要求「凡審和情報者，必須要有邏輯學、分析統計、歸納、演繹法之學識，故對於邏輯學，侍從參謀應特別指定專書、聘請專家講授研究。」[61]

　　至於侍從室第三處，由於工作內容與一、二處不同，故所需的專業能力也有所不同。侍三處成立的目的有三：一為準備人事資料，供蔣委員長參考；二為獎勵優秀人才；三為推動全國人事行政。[62] 即以人才調查而言，所調查的對象包括黨、政、軍、民、財、建、教各界，調查的項目包括經驗、聲望、地區熟悉程度、號召力等。由於任務重大，三處本身即需具備各種人才，方能勝任，[63] 當時負責人事登記的工作人員共有三十餘人，其中出身專科以上者占三分之一，曾任科長以上主管者六、七人。[64] 陳布雷認為侍三處人員國學、詞章、公牘、書法在戰時重慶各政府機關中，均屬一流之選。一般以為，侍三處人員素質的整齊，乃是陳果夫精選的結果。[65]

　　侍從室對於幕僚人員的紀律，甚為重視。1933 年 11 月，蔣介石即曾召集侍從人員訓話，指示侍從人員應守紀律、明系統、知服從、盡職責、講條理、勤研究；各組組長則需注意作到訓練、考察和信賞必罰三件事。[66] 1934 年，蔣介石曾頒發《侍從人員守則》，詳載各項規定，人手一冊，要求大家遵守。[67] 此書目前已無法找到，所以內容為何，不得

而知。1939年9月，蔣又頒布〈侍從人員訓條〉如下：

　　侍從人員，應自知侍從工作與責任之重大，故應時接物，務須嚴守左列各條：

　　一、謙恭。　　二、言謹。　　三、慎行。　　四、廉潔。
　　五、細心。　　六、敏捷。　　七、切實。　　八、勤儉。
　　九、肅靜。　　十、自強。

　　以上十條，凡為人者皆應篤行，而侍從為其主管之左右，更應嚴守，缺一不可，其能守者必成，否則必敗。[68]

　　蔣自述其頒布十項訓條的動機，是有鑒於「近來侍從漸生驕傲、懶慢、誇妄、淺薄、招搖、依賴、輕浮、自私之心。對於人情世故與做人常識，皆不講求。古人教養子弟門人，先令其學習灑掃應對、進退、鞠躬，再進而講習養心修身，所謂禮義廉恥之道。今侍從人員即古之子弟門人也，若不自動自治刻苦耐勞，敏事慎言，則不惟其本身無成，即為其師長者，亦必受其影響，甚至左右不良，以致身敗名裂者，比比皆然。」[69]

　　侍從室各主管對於所屬在工作上和紀律上的要求，也多有所規定。例如侍一處主任張治中於1939年上任前，即曾寫了一個自我約束的準則，呈報鑒核，準則原文為：

　　頃奉鈞命，侍從服務，遵於本日就職。謹擬自律三端，及申明請訓五項，列呈鑒核。

　　一、嚴守機密：此為鈞座平素剴切所訓示，今侍從室居內府地位，嚴守機密，自屬更為重要。

　　二、明識大體：一切須站在領袖立場，對人對事，至公至正，不能有成見，更不能存私心。

　　三、寡言少主張：如有意見具申，祇可逕呈鈞核，若在公共場所或會議席上，祇可奉答對某一問題之解釋內容，或經過敘述，不可有肯定意見或主張之提出。

　　以上為自律三端。

　　一、和協各方：宣達領袖意旨，使大家悅服；而主要幹部相互

間之親愛精誠，亦應隨時從旁致力，但不可抹殺理智，徒重感情，尤其忠奸賢愚之辨，不可不嚴，並當以真知灼見，呈報鈞座，藉供參證。職生平處友，從無隙末凶終者，惟往往使感情蒙蔽理智，亦一短處，今後當益加戒慎。

二、分憂分勞：一般人皆認鈞座憂勞過甚，如對日常文牘與事務及會客諸事，似可由左右代分憂勞者。但所謂分憂者，乃為使領袖精神上、思想上減少無謂之煩擾，絕對非出蒙蔽；所謂分勞者，乃為使領袖腦力上、時間上減少無謂之耗費，絕對非出擅權；此中分際，當謹守勿渝。

三、善處請託：因在侍從左右，地位便於傳言，各方因公私問題，而有所請託，似屬難免，但必明其是非，審其輕重，斟酌而後轉呈，且當力避感情與意氣作用，以免陷入偏蔽，而不得其正也。

四、職字迹過劣，因禮貌及鄭重關係，往往簽呈報告，交由書記繕正，但職事必躬親，且皆必考慮周詳，從無假手他人，而稍存懈怠疏忽者。

五、職深感侍從責任，較之負一軍一省之責任，更為重大，自當持以勤慎，勉試三月，如不能勝，願請調換。

以上為申明請訓五項。[70]

以上各項雖然只是張治中「自我約束的準則」，不過由他自稱「在侍從室任內，幸免隕越，或者是屬行這一個準則的成效」，[71]可以看出這個準則絕非只是用以「自我約束」，而且也是約束其部屬的準則。

侍從室其他的主管，雖然未曾如張治中一樣，作如此鄭重的宣示，不過對於僚屬，也多有類似的要求。例如陳布雷即曾訓示其侍二處同仁：一個人要做二個人或三個人的事；對外要嚴守機密，個人最好斷絕社會關係；凡進侍二處工作的人，一律要較原來職級降兩級，以磨練心志；大家一定要抱定作無名英雄的決心。[72]林蔚對其新進僚屬，則特別要求「同外人少接觸，最好是不接觸」。[73]

侍從室各部門的新進人員，多半需要先經過實習的階段，尤其是侍從參謀的實習，更為重要。1942年蔣介石甚至特令侍從室設立侍從參謀

訓練班（後改稱國防建設研究班）訓練參謀，並使其實習侍從室各項業務。

對於侍從參謀的實習與訓練，該班有以下具體的要求：

第一，實習時間分為三個月或六個月，共分三組，輪流在第二組、第三組和第六組實習一至二個月。

第二，侍從參謀實習時，一切的生活和待遇，與參謀、侍衛官一致，由各組組長負責考察和指導。第二組應使其明瞭全國一般的軍事狀況與公文的處理。對於實際問題，試其立案擬辦，後由組長改正。第三組應使其親炙領袖言行，凡委員長出入、會客、開會時，均使隨從左右，隨時記錄。第六組應使明瞭國際及國內局勢，以及如何整理、判斷情報與處理文件，對於各種問題，試其立案擬辦，後由組長改正。

第三，工作日記由各組組長逐日批評，再呈主任查看，小組會議時，尤需使其發言，其他一切例會，亦需使其參加，不准缺席。

第四，委員長與主任於每星期召集每人談話各一次。

第五，每日上午，特設英語座談會，指定參謀中擅長英語者主持召集，並由組長輪流監督，每月終測驗一次，由委員長指派專員評分呈報。

第六，實習期滿後，由小組出具成績表，由主任復核後轉呈委員長。[74]

上述規定中的「工作日記」，指的是一本淡藍色封面的「侍從日記」。蔣介石要求侍從室人員每日將自己的行動、做事、看書閱報等情況，均扼要記錄下來。「侍從日記」每逢年終換新，從主任到衛士人手一冊，放在枕頭下。蔣如有需要，會派人收取日記查閱，有時來到寢室，也會翻開枕頭查看。[75] 對於實習人員的要求，自然更為嚴格。

新進的幕僚人員在實習結束，正式成為侍從室一員後，對於其專業能力和紀律的要求，並未稍減。例如蔣介石身邊的正式侍從祕書僅有一人，但是侍從祕書之下有助理一名。侍從祕書如外調，通常即由助理升任。負責蔣介石演講稿紀錄和整理的速記人員，也有類似的助理制度。蔣介石演講稿的紀錄和整理工作，黃埔時期係由一期學生賈伯濤、鄧文儀及三期的林春華負責。舉辦廬山和峨嵋訓練時，係由中央政校一期的蕭乃華負責。蕭於西安事變殉難後由蕭自誠接替，而以曹聖芬為助手；曹升任祕書後，先後以周策縱、唐振楚為助理。[76] 助理平日的工作包括

接電話、收發侍從室各組呈件及外來要件或急件、代蔣草擬手諭或傳達蔣的口頭命令，以及為蔣安排開會、接見賓客、部屬的時間表；有時尚需和侍衛官、侍從副官一起隨侍蔣外出。[77]

至於一般的幕僚人員，雖然沒有類似的「助理」制度，不過侍從室繁忙和機要的工作性質，也大大的增強了幕僚們的作業能力，尤其是對蔣介石個人處事方式、思維動態的揣摩，幾乎到了令人驚異的地步。例如，蔣介石在文件上批個「閱」字，侍從室的幕僚即能從其字迹與顏色，推測出蔣的心理狀態，因而作出適當的處理。如果「閱」字是用黑色鉛筆所批，字迹如蚯蚓，體小而呆，即證明蔣對此不甚重視，可以「留中」；如果是用藍色鉛筆所批，字迹如硬柴，最後一筆特重，即表示蔣十分憤怒，擬辦時即需「狠」；如果是用紅色鉛筆所批，字迹如一條龍或蜷蛇，大而舞，最後一筆在「門」外，則表示條陳所言之事甚合蔣的心意，擬辦時即不妨稍加誇張。[78]如果蔣在公文上用紅鉛筆加圈加點，多為擬辦不當；如圈上加圈，則有嘉許之意。[79]蔣有時在一件公文中，有幾種不同的批示，好惡對比，極為明顯，例如唐縱即曾在一篇日記中記載：

> 我的意見書，昨天晚上送上去，今天批下來。對於兵員補充問題，批交軍政部、政治部、三民主義青年團研究實施。對於西北、西南兩大戰場之籌劃，未批。但對於新疆問題，用紅鉛筆加圈加點，想係擬辦不當之故，未批。對於第三項，對於命令實行之實施檢查一項，奉批「此可實施」，並圈上加圈，特別注意。我很高興，一個意見，能得到上面的賞識，這是無尚的快樂。[80]

錢大鈞對於蔣介石的批示，則特別注重字迹的大小，他也曾在日記中記下其體會：

> 余昨呈意見今日均奉逐條批可，尤以第三條之「可」字更大而有力，可知對余建議之深表贊同也。[81]

有趣的是，每個幕僚人員對於蔣介石批示的字迹大小與顏色所代表的涵意，解讀並不完全相同，有些甚至並不正確，但是均為極力揣摩蔣意，則殆無疑問。

長官的一句嘉許，往往即可為部屬帶來成就感；相反的，如果做得不對，也往往會碰釘子，甚至受到責斥，久而久之，幕僚人員多被訓練成為善於揣摩迎合的高手。

至於侍衛人員的選拔和訓練，也十分嚴格，如 1937 年 5 月，蔣介石即曾電侍一處主任錢大鈞和軍統局第二處處長戴笠，要求衛士大隊的官兵，需重新覓有確實地址的保證人，其家眷所在需有確實地址，各官兵並需互相連保。對於衛士大隊的教育與訓練，蔣也要求應儘速挑選大隊附一名，及其各隊政訓指導員各一員，每日除學、術科之外，並需講授初中或高中的學科，及英文或德文，即使出勤期間，也不准間斷，尤應注重體育。軍官學校每年招考時，准由衛士大隊保送十名投考。保送方法，應舉行公開考試，可由全大隊平時成績最佳者選考。[82]

幾種幕僚典型

在侍從室中，陳布雷、林蔚、陳方等幾位，是公認的模範幕僚，以下僅將他們的事略以及為大家所推崇之處列舉如下：

一、陳布雷

陳布雷，浙江慈谿人，1890 年生，浙江高等學校畢業，曾任中學教員、上海《時事新報》主筆、浙江省政府委員兼教育廳長、教育部次長、國民黨中央宣傳部副部長、南昌行營設計委員會主任等職。1935 年 2 月，任侍從第二處主任兼第五組組長，直至抗戰勝利侍從室解散止。[83] 其事蹟為同事所稱道之處，有以下幾項：

（一）全心投入：陳布雷常訓示其部屬，要他們一個人要作一個人或二個人的事。他自己也以身作則的做到。他曾在寫給侍一處主任張治中的信中寫道：

> 弟自二十四、五年以來，給事於領袖左右，平日謝絕一切酬應，屏絕一切家事，區區愚忠，無非欲騰空此身，俾將全部時間，自早至午夜，全歸領袖之支配；……弟在西安事變以前，或尚有過分消

極之處，未將全部精力使用，然二十六年以來，觀念一變，已不復顧及自身之勞逸與榮辱，乃至於健康。[84]

據其部屬的觀察，陳布雷確實是每天無日無夜的工作。蔣介石無論何時均找得到他，他接到工作後，則依照時間的急迫性，分別緩急，正確的執行。[85]因此，任蔣介石機密幕僚長近二十年，始終得到最高的信任。

（二）淡薄名利：陳布雷雖長期身處政治核心，但是他並無政治上的野心，不想自成派系，也不偏祖任何派系，因此能夠獲得蔣的信任，久任其位。[86]他極少位置私人。[87]也從不擴張自己的權力。蔣介石為事實的需要，幾次要擴大他所主管業務的範圍，他總是如若不勝的推薦其他人來擔任。終其侍二處主管任內，工作人員始終只有二十餘人。[88]因此，即使是對他不滿的人，也未曾攻擊他恃寵弄權，這是任何權力核心人物最難作到的一件事。[89]

（三）待人寬厚：例如侍四組祕書李白虹生長於四川農村，深感當時基層政治的腐敗，影響戰時後方動員力量甚大，因此於公餘之暇撰寫有關改進縣地方自治的建議意見，大意為運用黨團力量爭取一般群眾，掌握地方選舉，以拔擢賢能之士，厚植民主基礎。此意見書經侍四組組長陳方轉呈陳布雷，不久即接陳布雷的函覆：

> 白虹兄大鑒：此意見書已加核閱，較之中央黨部在全會提出之案切實得多。兄於公務冗繁之中，仍能精心研究此一問題，無論如何，熱忱已可使人感佩。弟誦之，殊喜兄之負責盡瘁，能為黨國大計而用心也。然今日加強推行地方自治各種基礎條件，殊不具備，尤其縣以下之本黨基層組織毫無基礎可言，確無一個配得上『建國大綱』所稱完全自治之縣，亦確無一個能掌握黨員、收攬地方有力人士之縣黨部，芷町兄〔陳方〕所見確是實情，並非灰心短氣之談，尤其近來反對本黨建國程序之言論趨勢日強，此時欲徹底執行公職候選人考試檢覈，已不比兩三年以前，而為衝『逆流』以渡險灘，其事甚難，而其效甚少。至於運用黨團透過民意，以發生汰劣留良作用，更非咄嗟可望。故惟一希望即在首得優良而明主義之縣長以倡導之，第二步希望逐漸充實縣黨部而健全之。舍此以外，均將只

有希望而無著落。此非弟年事稍長勇氣不足，實因透視太明，反而
覺得逡巡不敢下斷語也。然兄之此作，亦並非高調，而且二之（一）
（二）（三）均為扣定實際之議，以此見兄之有心解決問題，彌可
喜也。披閱既竟，率書所見以告。惟心鑒之。

布雷上五、廿九夜一時[90]

　　陳布雷的信函，實際上是指李白虹所提建議意見，未能切合實際，
但是全篇措詞一再表現嘉慰與鼓勵之意，不僅展現陳布雷對部屬的厚愛，
同時也反映民國官場運作的一個側面。

　　（四）**生活儉樸**：陳布雷要求部屬不與外界接觸，他自己也以身作
則的作到。陳雖是蔣的「代言人」，但是一向潔身自好，軍政各界均知
其個性，故從不找他向蔣說話，他的門前也很少見到有乘轎車的賓客來
訪，和有些侍從室主管每天顯貴二盈門大不相同。[91] 至於他為官之清廉，
由其自殺身亡後所留遺產之少即可證明。

　　行政院政務處長何廉曾問陳布雷，何者為今日應提倡的倫理觀念，
陳答：「對己淡泊，對事負責，為人熱心，持此十二字，終身力行可
也。」[92] 他確實作到了這十二個字。

二、林蔚

　　林蔚，浙江黃巖人，江南陸軍學堂、陸軍大學畢業，曾任國民政府
陸海空軍司令部參謀處處長、軍令部次長、軍事委員會銓敘廳長等職。
1938 年任侍一處主任，1939 年任軍委會桂林行營副主任兼參謀長，1942
年率參謀團駐臘戍，協調盟軍作戰，事畢仍回任侍一處主任，1944 年任
軍政部政務次長。[93] 林氏之所以獲得器重，原因有以下幾項：

　　（一）**辦事精細，不辭勞苦**。林蔚自擔任侍從室主任後，即搬入曾
家岩侍從室二樓居住，全心投入工作。抗戰期間，他和蔣介石一樣晝夜
不停的聽接長途電話，詢問戰況和下達命令，從無怨言。[94]

　　（二）**擅於溝通協調**。林蔚的幕僚生涯是以侍從室為中心，但是如
果遇有重要的軍事情況，蔣介石又無法親自處理時，即會從侍從室抽調
林蔚，以蔣之代表的身分，前往主事。例如 1939 年日軍攻陷廣州，進犯

兩江，廣西危急，中央軍入桂增防，調林蔚為桂林行營副主任兼參謀長，參與指揮桂南會戰。又如 1942 年日軍登陸仰光，深入緬甸，英軍節節攻退，國府遣遠征軍馳援，任林蔚為參謀團團長，駐臘戍，協調盟軍作戰。[95] 均為具體的例證。

（三）**謙沖為懷**。林蔚性情平易近人，雖少言寡語，但辭言中肯精當，卻又自謙。1942 年中國遠征軍入緬作戰失利，原因複雜，並非參謀團長一人之責，林蔚卻上書蔣介石自請處分。[96] 林的此一特點，使蔣對其信任有加，林也因此能夠兩度調進侍從室，直接輔佐軍機要務，許多資料甚至認為林是「官邸派」領袖，[97] 可見林在幕僚中的地位。

三、陳方

陳方，江西石城人，1897 年生。歷任南昌行營祕書、湖北省政府主席辦公室祕書、侍從室祕書、組長，侍從室撤銷後任國民政府政務局長。[98]

陳方待人謙虛，心思縝密，深受陳布雷器重，[99] 所呈報告也屢獲蔣介石的重視，其原因有以下兩項：

（一）對蔣介石意旨的瞭解，較其他幕僚為透澈，所擬的辦法更接近蔣的思路，並且推行容易。

（二）文字言簡意賅，並且設想周到，能將可能會引起顧慮之處，一一預為說明，使蔣易於採納。[100] 他曾表示，撰擬呈蔣公文的祕訣，在於「簡」、「周」、「利」三字。[101] 俞國華在成為蔣介石的侍從祕書前，曾於南昌行營擔任同少校服務員（辦事員）。俞即自承其在南昌行營期間，曾接受過陳方的指導。[102]

幾位幕僚，均各有其特色，這些特色不僅反映出蔣用人的偏好，同時也成為侍從室一般幕僚人員效法的對象。

心態分析

侍從室幕僚人員的心態雖不盡相同，但大致而論，仍具有某些共同的特質，茲列舉如下：

一、忠於領袖黨國

忠於領袖黨國是侍從室人員的基本要求。然而這種信仰也不是與生俱來，而是逐漸發展的結果。陳布雷即曾自述其下定決心為蔣服務的經過。國民政府成立後不久，陳布雷曾針對中國未來的政黨問題，分別請教胡漢民、吳敬恆和蔣介石。胡的答覆為「依總理遺教所言，不應有各黨各派。」吳未作肯定答覆，只說：「此問題甚重要，但尚未深思，暫不能作答。」蔣則表示：「以我的想法，中國國情不同，不應取人家一黨專政的辦法，頂好將來要各黨各派共同負起建國的責任。」陳布雷覺得蔣的看法：「胸襟極遠大，於國家有利，故從那時起就死心塌地為他服務。」[103] 陳和蔣初次見面時，還不是國民黨員，蔣要他入黨，他當時沒有正面答覆，直到後來，陳布雷正式入幕，並要選為國民黨中央執行委員時，才辦了入黨手續。[104] 自入黨後，陳即竭盡全力為蔣及黨國服務，以致身體日益羸弱，他曾私下對唐縱表示，「昔年未入黨，社會上一切責難似與我無關，及入黨，覺黨內不健全處甚多，而人之責難，無法辯解，內心良苦是以憂鬱。」[105]

陳布雷的忠主愛黨，自然只是個特例。侍從室的幕僚當然不是每個人都像陳布雷一樣，有的對蔣不完全滿意，[106] 也有的對異黨中共主張採取寬容態度，[107] 但是整體而論，侍從室的幕僚人員大多忠於領袖黨國。

忠於領袖黨國的幕僚又可分為兩類，第一類是能將黨國利益置於領袖利益之上的幕僚。這類幕僚對於蔣的缺點，每多能忠言直諫，例如抗戰後期陳方即曾建議蔣改變領導方式，他在建議中暗示蔣的領導方式為「馬尾法」——如馬尾一般「一把抓」，既不合科學且危險，並引項羽以拔山蓋世之雄，連一范增而不能用；劉邦起家泗上亭長，以「三不如」終能勝楚的歷史，諷示蔣的不善用人，深恐此種作法，將對國家不利。蔣對陳方的建議一閱了之，並未嗔怪。[108]

像陳方這種幕僚畢竟是少數，[109] 大多數的幕僚並非是如此。抗戰時期侍五組的邵毓麟曾私下問陳布雷：「先生對領袖的貢獻，究竟在那裡？」陳表示這個問題很好，但不易回答，要想一想過一、兩天再答，一、兩天過後，陳答覆卻說：「委員長是全國領袖，繫國家安危於一身。譬

如說他是『火車頭』，牽拉著滿載全國軍民的長列火車前進，有時速度太快，路基不平，左右顛簸擺動太猛的話，就難免沒有危險。我的作用，就等於『剎車』，必要時可使速度稍減，保持平穩。你問我有什麼貢獻，如果這可算是貢獻的話，也就是我的一點微小貢獻。」[110] 曾任職於侍從室的曹聖芬，在一篇懷念陳布雷的文章中，曾對他有以下的贊詞：「領袖對他特別敬重，他對領袖絕對忠誠。無論任何場合，他可以說沒有自己的意見，沒有自己的得失，沒有自己的榮辱。他以領袖的意見為意見，以領袖的得失為得失，以領袖的榮辱為榮辱。」[111] 既然深獲蔣敬重的陳布雷對蔣這個「火車頭」，尚且只能使其「剎車」，而不能使其「轉向」，一般的低階幕僚對其長官，自然傾向於沒有自己的意見，而以長官的意見為意見。

二、拘謹守成，開展不足

侍從室的幕僚人員普遍存在有拘謹守成、開展不足的保守心態。蔣介石 1945 年在一次對侍從室人員訓話中，即指出侍從室工作守成有餘，開展不足，許多事不能積極推動，徒然謹慎，非開國的氣象。[112] 事實上，侍從室人員也普遍有此自覺，例如唐縱即曾在日記中評論陳布雷：「這是一個好人，顧慮周到，慮事周詳，不過求其無安，又安能有得，一嘆！」[113] 有趣的是，唐縱在一次小組會議中，曾要其部屬公開批評他。一位祕書也稱唐「沉靜有餘，精明有所不及，似嫌開展不足。」[114]

1945 年，陳布雷與唐縱曾在黃山有一次長談。在那一次長談中，唐縱指出抗戰八年發生許多嚴重的問題，而這些嚴重問題的來源，一則是由於歷史的積病，一則是由於人為不善。這許多問題均牽涉到基本問題，動動小處無濟於事，動到大處，則顧慮太多，危險過大，所以牽到基本問題便打消了。這些基本問題，如果沒有革命精神，是不會有決心改的，無論制度、人事、理論，均莫不如此。陳布雷聽了，則嘆息道：「我對不起領袖，這些事領袖多交給我做，可是我都打消了！我也知道這是一個錯誤，想改，可是改不過來，也許是身體的關係，也許是性格的關係！」[115] 侍從室幕僚人員拘謹守成的心態，對國事影響之大，由此可見一斑。

此種保守心態，在基層幕僚中更為普遍。1942 年，唐縱發現侍六組的祕書、參謀缺額雖然均已滿足，但是對他毫無助益，工作負擔並未因而減輕。如遇重大問題，非親自動手，事情便辦不好，甚至會出毛病。他認為原因在於基層幕僚多半缺乏三種修養：第一，識其大者。能從大處著眼，即可分出利害的輕重和需要的緩急。第二，不怕麻煩。凡事弄清其始末變遷的道理，如有不明，多查案卷，多打電話。第三，肯研究。凡事必研究其處置辦法，以鍛鍊自己的才能。由於缺乏這三種修養，所以處處出毛病，不僅第六組如此，他相信大多數的機構均是如此。[116]

三、缺乏團隊精神

侍從室幕僚人員的另一種心態為於單打獨鬥，而缺乏團隊精神。蔣介石即曾召集侍從室各組長，責備侍從室缺乏組織的訓練，僅能辦公事，而不能輔弼領袖，佐理政務。[117] 抗戰順利，侍從室結束後，陳布雷自己也承認沒有團結的觀念和團體的生活方式，因而失敗。[118]

流出

侍從室由於地位重要，故成為許多人熱衷進入的機構，但是工作忙碌、薪資不高、升遷不易，[119] 因此也有許多幕僚人員不願久留，而盼能外調。此外，離職自然還包括辭職的情形。

一、調往部隊

侍從室常主動將其幕僚人員調往地方部隊，協調中央與地方的關係。例如 1934 年 10 月國民政府設立西北剿匪總司令部，以張學良為總司令。又調保定行營主任錢大鈞為參謀長，但錢久不到差，於是張向蔣請求於賀國光（時任贛粵閩湘四省剿匪總部參謀長）、林蔚（時任軍令部次長）和晏道剛（時任侍從室主任）三人中派一人任他的參謀長。林、賀均不願就。晏雖然也不願去，但是更不願意留在侍從室，於是蔣將晏和錢的職位對調，由晏赴西安任參謀長。[120] 又如 1940 年 5 月軍事委員會桂林行營撤銷，改設軍事委員會桂林辦公廳，以李濟琛為主任，蔣對李不放

心，乃派林蔚為副主任。

　　至於侍從室人員一般性的外調，則大多也可以出任不錯的職務。下表顯示，侍從室第一處第二組歷任組長，除了李崑崗因屬代理性質不計外，其餘於卸任後均獲派重要軍職。

表一：侍從室第一處第二組歷任組長卸任後所派職務

姓　　名	卸職時間	新　　職
劉祖舜		中央軍校教育長辦公室主任
錢大鈞（兼）		
邵存誠		第三戰區
酆悌	1937 年 6 月	軍事委員會第六部廳長
劉進	1937 年 12 月	第四十五師師長
李崑崗（代）	1938 年 5 月	軍事委員會特務旅副旅長
於達	1944 年 3 月	第三集團軍副總司令
聶松溪	1945 年 2 月	第五十七軍軍長
趙桂森		軍務局副局長

資料來源：秋宗鼎，〈蔣介石的侍從室紀實〉；國民政府軍事委員會
　　1938 年 5 月 5 日 1930 號快郵代電，收於：《該部調往侍從室人
　　員任免報告表》，軍令部檔案，769/149；劉國銘編《中國國民黨
　　九千將領》；戚厚杰、劉順發、王楠，《國民革命軍沿革實錄》；
　　徐友春編，《民國人物大辭典》；於益抗，〈於達先生小傳〉，收
　　於：張朋園、林泉、張俊宏訪問，張俊宏紀錄，《於達先生訪問紀
　　錄》，頁 131。

　　至於一般參謀的出路，也都不差，例如 1938 年焦志堅於陸大十三期畢業，入侍從室一年後，調往二十六軍某師副師長。[121] 1939 年 8 月，余漢謀（時任第十二集團軍總司令）、葉肇（時任第九集團軍副總司令）、譚邃（時任六十六軍軍長）分別電蔣調侍二室參謀黎天榮任六十六軍參謀處長。[122] 1945 年，侍二組參謀段仲宇以長官錢大鈞外調上海市長，乃申請調往本行砲兵部隊，獲派砲兵獨立團團長。[123]

二、調往黨政界

　　侍從室各處主任如外調政界，多可擔任方面大員，如 1945 年侍從室改組，侍一處主任錢大鈞獲任上海市市長。[124] 1942 年賀耀組被調任重慶市長，賀以其曾任甘肅省代主席，被調此職，形同降調，尚十分不樂。[125] 蔣介石身邊的祕書，也多能外放重要行政職位，且多循固定模式──機要祕書出任財金要職、交際祕書投入外交領域、記錄祕書掌管文化事業。[126]

　　至於侍從室的一般幕僚人員外調，也每多可以獲得廳、處長的位置。例如侍五組的侍從祕書，先後外調者包括羅貢華任甘肅省民政廳長（省主席為賀耀組）、葛武棨任甘肅省教育廳長、徐道鄰任行政院簡任祕書、張彝鼎任第八戰區政治部主任、李惟果任外交部總務司長、沈昌煥任中宣部副部長等。[127] 1943 年，蔣介石為改善中央與西藏的關係，乃派侍從室出身的沈宗濂接替孔慶宗，任蒙藏委員會駐藏辦事處處長，[128] 並由侍從室機要組專門發給密碼本，凡遇重要機密事宜，可直接致電蔣請示，不必經由蒙藏委員會。[129] 翌（1944）年，蔣介石又任命侍三處副主任羅良鑒為蒙藏委員會代委員長，[130] 顯示蔣介石對西藏問題的重視。又如徐佛觀，1945 年春入侍從組，抗戰勝利後，任黨政軍聯席會報祕書處副祕書長。[131]

　　以上各人均為典型的例子，不過也有一些例外。1975 年蔣介石去世後，教育部曾公開徵求〈蔣公紀念歌〉，活動共分兩階段進行，第一階段徵求歌詞，計有海內外人士投稿一千八百餘首。徵選過程採匿名密封方式作業，中選作品挑出後方公布作者姓名。當時侍從室出身的中央銀行總裁俞國華辦理蔣介石身後諸事，因此也參與甄選工作。名單揭曉之後，俞發現中選者竟然為三十餘年前侍從室的老同事，大為驚愕。

　　此人為張齡（1910–1979），字劍芬，湖南湘潭人。原名劍芬，1928 年借其遠房族叔張齡的大學文憑，參加湖南省第一屆縣長考試，於三千餘名考生中得第 4 名，獲任該省郴縣縣長，時年十九歲，自此改名張齡。後由於長於文字，獲陳布雷推介，入侍從室第二處任祕書。不過仕途坎坷，一直未出任重要職務，[132] 1950 年，教育家張默君尚曾上書蔣

介石為之推介。[133] 國府遷台後，入台灣銀行任專員，仍從事文字應酬工作。由於張擅長對聯，被譽為「聯王」，台灣各大寺院的碑文、塔銘、對聯，出諸其手者，為數眾多，曾著有《微芬簃叢稿》（1963）等文集，所撰〈蔣公紀念歌〉，後經李中和作曲，收入中小學音樂課本，人人吟唱，影響至為深遠。[134]

此外，侍從室幕僚人員外調警界、電界者也甚多。抗戰時期成都、重慶兩地的警察局長，向由侍從室高級幕僚出任，其他系統人士甚難進入，即或能進入，通常也無法久任。例如侍從室高級副官徐中齊，曾任重慶市警察局局長；另一高級副官唐毅，任成都警察局局長。唐毅在成都不久，即調重慶市警察局局長，徐中齊則調成都市警察局長。抗戰八年之中，徐、唐二人每隔一段時間即對調一次，從未有第三人來充任兩地的警察局長。成都電報局局長張明篙、貴州省電政管理局局長余志銘，原均係侍四組祕書。侍三組的黎鐵漢，勝利後調充廣州市警察局長，陳善周充任南京首都警察廳東區警察局長，後又調充重慶市警察局長。[137] 後上海市警察局長和警備司令，也均出身侍從室。[138]

三、辭職

有一部分在侍從室工作的人行動極不自由，要經常隨侍蔣介石，日夜不能擅自離開，因此有些人受不了這種束縛而辭職。1932 年吳國楨卸任湖北省政府財政廳長職務，獲委為蔣介石祕書，做了三天即辭職求去，[134] 即為一例。又如周策縱 1942 年自中央政治學校畢業後，經陳果夫挑選進入侍從室工作，也是受不了工作上的約束而辭職，自費出國留學。除了辭職外，侍從室中、高級人員的出路大致說來均不錯，受到重用的機會也大，一直到了日後臺灣的政治舞臺上，這批人仍扮演重要的角色。至於中、下級人員，則大多久任，甚少有升遷和外派的機會。[139]

結論

綜前所述，侍從室幕僚人員的普遍心態與行為模式，有許多（如墨守成規、官僚作風、缺乏團隊精神等）並非為侍從室人員所獨有，而是

普遍存在於國民政府的各機構，甚至是古今中外的所有的官僚機構，只是程度輕重而已。[140] 相反的，和其他國民政府各機構相較，侍從室的人員精簡、[141] 效率較高，官僚機構的弊病也較不嚴重（例如未像其他政府機構般，喜好要求增加人員和預算），其原因固然是由於侍從室人員的素質較高，但是更重要的，則為最高統帥蔣介石的直接督導。[142]

侍從室除了效率較高，一般說來，紀律也相對的嚴明，幕僚人員每多能夠謹言慎行，循規蹈矩，其原因包括行為準則的頒布，各級主管的耳提面命、再三要求，並透過工作日記監督言行，加上幾位模範主管的潛移默化；更重要的，則是蔣本人的威權式領導，嚴以律下，經由口頭褒貶、升黜等人事手段的制約，相對成功的使其僚屬的行為不致逾距越權；雖然如此，此種領導風格也造成了幕僚拘謹守成、開展不足的性格，使他們無法扮演推動改革的角色。

侍從室除了是國民政府最重要的幕僚單位，無意中也成為蔣培養其個人班底的重要機構。侍從室的幕僚人員，均係經過精挑細選，一般說來，忠貞可靠，素質也高，加以年齡較輕，可塑性大。這些人在侍從室中，得以充分瞭解蔣的意圖和施政方向，以及政策執行時所面臨的各種問題；一旦外調，受到重用的機會也較一般人為大，久而久之，「侍從派」或是「官邸派」於是形成。和當時其他的派系相較，此一「核心團體」的領導人物陳布雷明顯的缺乏政治野心。對陳布雷的個性有深入瞭解的張道藩即曾說過：「如果布雷先生稍有政治野心，他真可以在二十年的時間中，布置一個完備周密的幹部網於全國各部門，成為一個有力的派系領袖。但是布雷先生不屑做這一類事情，他只知道愛國、愛黨、愛領袖。」[143]

張道藩對陳布雷的讚美，固屬事實，但是不容否認的是，隨著侍從室在戰時所扮演的角色日益重要，侍從室幕僚人員在政治上已隱然自成一系，即使是在侍從室 1945 年底解散歸入國民政府的軍務局和政務局後，依然引人矚目。1948 年，一位媒體記者金立，即曾對侍從系的崛起，做過以下的報導：

> 這個府邸派是中國政壇的一個新興派系，它的產生時期很短，
> 也不過是抗戰期間到現在略其雛形而已，不過它正像一個充滿了活

力的蓓蕾，未來的光輝燦爛，現在還是不可預料的呢？

　　蔣總統的幕僚，最早是黃埔系，後來的則是CC的二陳，他們這兩系都是從領袖的府邸出發走上政壇，在政治上起了極大的作用，現在這兩系在蔣氏的府邸中早已過了他們的黃金年代，代之而起的就是這個府邸系，這裏邊的人除了陳布老之外有陶希聖、李惟果、董顯光、陳方、曹聖芬、沈昌煥，毛慶祥等一班人，而陳布老則恰是他們這些人中間的領導人物。[144]

同年，上海《新聞雜誌》也曾刊出一篇署名「本刊記者」所寫的文章，介紹新近崛起的侍從系：

　　現在有一個新的派系，無形中正在形成與擴大之中，就是一般所稱的「官邸派」——「侍從派」。……這一派的要角，既非黨內大員，又非政治巨頭，更無經濟勢力，完全只是幾個人，幾支筆而已。這一派的領袖人物是陳布雷，政界人通稱之為「布老」。布老以下，次要的如陶希聖、李惟果、董顯光、陳方等，再年輕一些是曹聖芬、沈昌煥、毛慶祥等在總統府供職的人員，上下合計，這一派僅僅幾十人。

　　官邸派不是派系，只是他們忠於政府元首，在工作上建立關係。不是有意形成的，而是這一批人天天在官邸接觸，不論黨、政、軍與經濟等方面任何大事情，不管是院長或者是部長的意見，總要經過他們的手來辦理。在這當中，他們常常提供一些好的意見，久而久之，獲得當局的信任，於是一切要事，都先交給他們研究或審議一番。[145]

在文章最後一段，作者甚至預測這群人可能會成為中國政界的主流：

　　官邸派——也許他們尚不自覺，但別人已經這樣稱呼他們了——在中國政治上，現在已有很大的力量。在決策的時候，他們是謀士。在執行的時候，他們是幕僚。他們是總統周圍的人，所以黨、政、軍與經濟要政，皆有參與的機會。他們未來的地位與勢力，正在一天天的向上。他們可能成為中國政治舞台上第一個大主流，雖然他

們人數少。[146]

　　本書以下即擬分別從情報、黨政、軍事、外交、宣傳等方面觀察侍從室在戰時中國所扮演的角色。

1. 《國民政府軍事委員會委員長行營職員錄（1935 年 10 月 10 日）》（未註出版時地），頁 19；居亦僑，《跟隨蔣介石十二年》（長沙：湖南人民出版社，1998 年），頁 1。

2. 李延年（1904-1974），山東樂安人，黃埔軍校第一期畢業，抗戰時期歷任第二軍軍長、第十一軍團軍團長、第 34 集團總司令等職，國共內戰時期歷任第十一戰區副司令長官兼山東挺進軍總司令、京滬杭警備副司令兼第二兵團司令官等職。參閱：徐友春主編，《民國人物大辭典》（石家莊：河北人民出版社，1991 年），頁 274。項傳遠（1902-1968），山東廣饒人，黃埔軍校一期畢業，抗戰時期歷任黃埔同學會辦事處幹事、中央軍校學員調查處科長、侍從室上校侍衛官、副侍衛長，1945 年起任山東青濟警備司令部司令。

3. 朱永堃，〈我在侍從室及「總統府」的見聞〉，收於《中華文史資料文庫》（北京：中國文史出版社，1996 年），第 8 冊，頁 29。

4. 居亦僑，前引書，頁 9。

5. 居亦僑，前引書，頁 8-14。

6. 萬耀煌，《萬耀煌將軍日記》（臺北：湖北文獻社，1978 年），下冊，頁 215；張瑞德，〈抗戰時期國軍的參謀人員〉，《山河動：抗戰時期國民政府的軍隊戰力》（北京：社會科學文獻出版社，2015 年），頁 184。

7. 例如陸大 11 期的邵存誠、李崑崗，12 期的丁炎，以及 14 期的二名學員。參閱：秋宗鼎，前引文，頁 940；黎天榮，〈我在蔣介石侍從室工作的片斷回憶〉，收於：《中華文史資料文庫》，第 8 冊，頁 956。

8. 秋宗鼎，前引文，頁 939。

9. 馮啟宏，《從講習所到研究院：國民黨的幹部訓練 (1924-1953)》（高雄：麗文文化，2013）。

10. 魏汝霖，〈重慶國防研究院成立及辦理經過〉，收於：國父實業計畫研究學會編，《復興關懷念集》（台北：編者印行，1981 年），頁 1-20。

11. 蔣公侍從人員史編纂小組編，《蔣公侍從見聞錄》（台北：國防部史政編譯局，1996 年），頁 102-103。

12. 王祥法，〈我在官邸半世紀〉，收於：感恩與懷德編輯小組編，《感恩與懷德集：我們常在蔣公左右》（台北：應舜仁，2001 年），頁 216-217。

13. 楊躍進，《蔣介石的幕僚》（北京：中國社會科學出版社，1997 年），頁 26；夏繼誠，《打入蔣介石侍從室》（南京：南京出版社，2000 年），頁 24。

14. 歷任的侍衛長名單：樓景樾（浙江諸暨）、宣鐵吾（浙江諸暨）、何雲（浙江建德）、錢大鈞（江蘇吳縣）、何雲、王世和（浙江奉化）、俞濟時（浙江奉化）。參閱：《蔣公侍衛人員史》，頁 326。

15. 張令澳，《我在蔣介石侍從室的日子》（臺北：周知文化，1995 年），頁 19-21。

16. 徐振國，〈從何廉的口述歷史看「計劃自由經濟」概念在大陸時代的萌芽與發展〉，收於：國父建黨一百周年學術討論集編輯委員會編，《國父建黨一百週年學術討論集》，第4冊（臺北：近代中國出版社，1995年），頁66。1941年2月，農本局改組，蔣介石原擬派局長何廉為侍從室參事，陳布雷以侍從室向無參事名額，建議改派參事室，獲蔣同意。參閱：〈陳布雷為何廉任侍從室參事致王世杰函（1941年2月9日）〉，收於：陳謙平編，《翁文灝與抗戰檔案史料彙編》（北京：社會科學文獻出版社，2017年），頁632。

17. 黎天榮，前引文，頁959。

18. 馬樹禮，〈懷念外交戰友沈昌煥〉，收於：石之瑜編，《寧靜致遠・美麗人生──沈昌煥先生紀念文集》（台北：沈大川，2001年），頁4-5。沈昌煥入侍從室的另一種說法，則為1944年美國副總統華萊士（Henry Wallace, 1888-1965）訪華時，沈任譯員，由於表現優異，獲蔣氏夫婦讚許，被指名調為侍從室外文侍從秘書。參閱：張令澳，前引書，頁22；凌其翰，〈沈昌煥其人〉，收於中國人民政治協商會議全國委員會文史資料委員會編，《文史資料存稿選編・軍政人物（上）》（北京：中國文史出版社，2002年），頁478。

19. 蔣京，《蕭贊育先生訪問紀錄》（臺北：近代中國出版社，1992年），頁39。

20. 張治中，《張治中回憶錄》（臺北：未註出版時地），頁294。

21. 參閱：黎天榮，前引文，頁958。蘭封之役戰敗被撤職查辦，旋獲起用的將領尚有桂永清和黃杰，詳見：張瑞德，《抗戰時期的國軍人事》（臺北：中央研究院近代史研究所，1993年），頁83。

22. 盛世驥後未就任。詳見：盛世驥口述，歐播佳整理，《蔣介石的封疆大吏──我家大哥盛世才》（臺北：萬卷樓，2000年），頁203。

23. 陳訓正（1872-1943），浙江慈溪人，1903年舉人，曾任寧波教育會副會長、浙江高等學堂教師、浙江省諮議局議員，1920年與趙家藝在上海創辦《商報》，任社長兼經理。國民政府成立後，歷任浙江省政府常務委員、民政廳代理廳長、西湖博物館館長、國民政府參事、杭州市市長、浙江臨時參議會副會長等職，曾編纂《定海縣志》、《國民革命軍戰史初稿》等書。參閱：沈松平，《陳訓正評傳》（杭州：浙江大學出版社，2015年）。

24. 陳布雷，《陳布雷先生從政日記稿樣》（以下簡稱《日記》），1948年9月20日。

25. 錢大鈞，《日記》，1938年2月10日~28日。

26. 陳布雷，《日記》，1943年7月21日。

27. 陳布雷，《日記》，1943年7月21日。

28. 邵毓麟，〈布雷先生的無私與積極〉，《傳記文學》，第28卷第4期（1976年4月），頁18；〈陳布雷先生百年誕辰口述歷史座談會紀實〉，收於：《百年憶述》（四），

頁 246。

29. 唐縱，《唐縱失落在大陸的日記》（臺北：傳記文學出版社，1998 年），頁 224；〈陳布雷先生百年誕辰口述歷史座談會紀實〉，頁 247。

30. 陳布雷，《日記》，1942 年 4 月 4 日；陶希聖，〈記陳布雷先生（上）〉，《傳記文學》，第 4 卷第 5 期（1964 年第 5 期），頁 7。

31. 張朋園、林泉、張俊宏訪問，張俊宏紀錄，《於達先生訪問紀錄》（臺北：中央研究院近代史研究所，1989 年），頁 114；秋宗鼎，前引文，頁 939；劉國銘，前引書，頁 173；張國疆口述，郭冠英筆記，〈張國疆回憶錄〉，《傳記文學》，第 62 卷第 1 期，（1993 年 1 月），頁 62；夏繼誠，前引書，頁 32-38。

32. 陳布雷，《日記》，1943 年 4 月 30 日；5 月 18 日。

33. 黃天邁任巴黎總領事時，唐縱為駐德使館武官，二人因力行社關係，時常聯繫。黃後未入侍從室，而應戴笠之邀至軍統局任機要室秘書。詳見：黃天邁，〈魏道明、唐縱——民國風雲人物印象記之五〉，《中外雜誌》，第 32 卷第 2 期（1982 年 8 月），頁 12。至於徐佛觀，則係於 1943 年 11 月自延安返回重慶後，所撰考察報告獲蔣接見嘉許，並被印成單行本流傳，一時身價百倍，侍從室、參謀總長辦公室及軍令部均爭相邀請，徐以在侍從室、軍令部缺乏派系支持，乃至總長辦公室（何應欽為總長）聯合秘書處任職。1944 年何調職，由程潛繼任，徐始至侍六組任職。詳見：徐復觀，〈悼念唐乃建兄〉，收：《唐乃建先生紀念集》，頁 239-240；李春初，〈徐復觀的一生〉，《武漢文史資料》，第 2 輯（1990 年），頁 68-69；談瀛，〈我所知道的徐復觀〉，《武漢文史資料》，第 2 輯（1990 年），頁 82-83。

34. 〈陳果夫先生百年誕辰口述歷史座談會紀實〉，頁 310-311。

35. 秋宗鼎，前引文，頁 943；王掄楦，〈重慶蔣宋舊居〉，收於：《重慶抗戰紀事》（重慶：重慶出版社，1985 年），頁 129。

36. 蕭自誠，〈戰時回憶（一）〉，《傳記文學》，第 45 卷第 2 期（1984 年 8 月），頁 60。值得注意的是，速記人員幾全為湖南人。楚崧秋（湘籍）認為，或許是由於湖南人個性較為拙樸、耿直，加上蔣介石欽仰曾國藩所致。參閱：呂芳上、黃克武訪問，王景玲紀錄，《覽盡滄桑八十年——楚崧秋先生訪問紀錄》（台北：中央研究院近代史研究所，2001 年），頁 63。

37. 不過高宗武則以剛至《中央日報》上班，不便見異思遷，而未進侍從室。參閱：周谷，〈高宗武笑談當年事〉，《傳記文學》，第 66 卷第 4 期（1995 年第 4 期），頁 69；徐友春編，《民國人物大辭典》，頁 741。

38. 居亦僑，《跟隨蔣介石十二年》（長沙：湖南人民出版社，1988 年），頁 8-10。

39. 馮啟宏，〈花谿論英雄：侍從室第三處的人事工作析探〉，《中央研究院近代史研究所集刊》，第 57 期（2007 年 9 月），頁 126-129。

40. 右軍，〈整個華北變色的前因後果（二）〉，《春秋》（香港），第181期（1965年1月），頁5。

41. 劉勁持，〈陸軍大學第十一期內幕〉，收於：《文史資料存稿選編・軍事機構（下）》，頁286。

42. 當時侍從室尚未成立，故吳國楨常被稱為「公館秘書」。參閱：黃卓群，《吳國楨傳》（台北：自由時報，1995年），頁311。

43. 唐縱，《日記》，頁58；蔡孟堅，〈悼念知友唐縱先生〉，《大成》，第97期（1981年12月），頁24。

44. 秋宗鼎，前引文，頁945。

45. 張令澳，前引書，頁16。

46. 曹翼遠，〈懷雙谿〉，收於：《花谿結緣三十年》，頁84。

47. 朱永堃，〈我在侍從室及「總統府」的見聞〉，收於：《中華文史資料文庫》，第8冊，頁967。

48. 秋宗鼎，前引文，頁939。

49. 國民政府軍事委員會民國30年12月13日快郵代電，收於：《該部選送陸大第十四、十六期畢業生入侍從室參謀訓練班人員名冊、簡歷、「侍從參謀實習訓練辦法」》，中國第二歷史檔案館藏軍令部檔案，檔號769/82。

50. 〈中央軍事機關人事〉，國史館藏，蔣介石總統檔案，特交檔案，019卷，號次4。

51. 居亦僑，前引書，頁23，117。

52. 朱永堃，前引文，頁968。

53. 蔣京訪問、紀錄，《蕭贊育先生訪問紀錄》，頁64。

54. 楊者聖，《國民黨教父陳果夫》（成都：四川人民出版社，1996年），頁411。

55. 濮孟九，〈谿邊閒話〉，收於：《花谿結緣三十年》，頁9。

56. 蔣君章，前引文，頁12。

57. 秋宗鼎，前引文，頁95。

58. 陳布雷，《日記》，1941年11月2日。

59. 陳布雷，《日記》，1942年3月31日；徐友春編，《民國人物大辭典》，頁1295。

60. 陳布雷，《日記》，1942年3月31日，4月7日。

61. 〈蔣介石致賀耀組、陳布雷電（1939年1月13日）〉，《蔣中正總統文物》，典藏號：002-010300-00019-021。

62. 〈侍從室官佐簡歷及動態表〉，收於：中國第二歷史檔案館藏，軍事委員會委員長侍從室檔案，檔號762/874。

63. 程世傑，〈回首三十年〉，收於：《花谿結緣三十年》，頁71。

64. 姜超嶽，〈花谿述往〉，收於：《花谿結緣三十年》，頁26。

65. 羅時實，〈花谿憶語〉，收於：《花谿結緣三十年》，頁6。

66. 《蔣介石總統檔案·事略稿本》，國史館藏，1933年11月12日。

67. 蔣京訪問，《蕭贊育先生訪問紀錄》，頁40。

68. 蔣介石，〈侍從人員訓條〉，收於：感恩與懷德集編輯小組編，《感恩與懷德集：我們常在蔣公左右》，頁3。

69. 同前註。

70. 張治中，《張治中回憶錄》，頁295-296。

71. 張治中，前引書，頁296。

72. 蔣君章，〈布雷先生的風範－「寧靜致遠·澹泊明志」〉，《傳記文學》，第28卷第4期，頁10。

73. 居亦僑，前引書，頁14。

74. 〈該部選送陸大第十四、十六期畢業生入侍從參謀訓練班人員名冊、簡歷、「侍從參謀實習訓練辦法」〉，軍令部檔案，檔號769/82。

75. 居亦僑，前引書，頁14；蔣京訪問，《蕭贊育先生訪問紀錄》，頁42。

76. 曹聖芬，《懷恩感舊錄》（臺北：中央日報社，1981年），頁81-82。

77. 張令澳，前引書，頁19。

78. 李海生、完顏紹元，《幕僚政治》（上海：上海人民出版社，1993年），頁106。

79. 唐縱，《日記》，頁62。

80. 唐縱，《日記》，頁62。

81. 錢大鈞，《日記》，頁972，1945年4月24日。

82. 〈蔣介石致錢大鈞戴笠電（1937年5月20日）〉，《蔣中正總統文物》，典藏號：002-010200-00175-059。

83. 徐友春主編，《民國人物大辭典》，頁1017-1018；宋晞，〈寧靜致遠，淡泊明志——陳布雷先生〉，《近代中國》，第47期（1985年6月），頁212-225。

84. 張治中，《張治中回憶錄》，頁310。

85. 蔣君章，〈布雷先生的風範〉，頁10。

86. 蔣君章，〈布雷先生的風範〉，頁11；唐縱，〈從兩件往事看布雷先生〉。《傳記文學》，第28卷第4期，頁19；楊玉清，（我所知道的陳布雷），《文史資料選輯》，第81輯（1982年），頁170；趙毓麟，〈國民政府軍事委員會委員長侍從室人事內幕〉，收於：中國人民政治協商會議全國委員會文史資料委員會編，《文史資料存稿選編·軍事機構（上）》，頁1-2。

87. 陳布雷在侍從室的全班人馬，也只有寥寥數人，包括第四組的王學素、沙孟海（原名沙文若）、李白虹等，和第六組的裴由辛、邵毓麟、董希錦等。參閱：張令澳，〈侍從室回夢錄〉，《傳記文學》，第54卷第6期（1989年5月），頁99。其中獲得重

用的，只有邵毓麟一人。陳布雷和邵毓麟雖然誼屬同鄉，兩家也有若干交情，但是陳薦舉邵至侍從室任祕書，還是在 1938 年在張季鸞舉薦下，獲蔣介石召談，並內定為軍事委員會最高情報委員會國際組組長以後的事。參閱：邵毓麟，〈布雷先生的無私與積極〉，《傳記文學》，第 28 卷第 4 期，頁 18。

88. 曹聖芬，〈陳布雷先生的風格〉，《中國一周》，第 30 期（1950 年 11 月），頁 13。

89. 〈陳布雷先生百年誕辰口述歷史座談會紀實〉，收於：陳鵬仁主編：《百年憶述》（四），頁 249。

90. 李白虹，《歷史邊緣瑣記》（台北：聖文書局，2002 年），頁 6-7。

91. 王正元，頁 46。

92. 陳布雷，《日記》，1936 年 11 月 12 日

93. 徐友春編，《民國人物大辭典》，頁 459-460。

94. 王正元，前引書，頁 48。

95. 繆期姍，〈林蔚（1889-1955）〉，收於：劉紹唐主編，《民國人物小傳》，第 3 冊，頁 92；Charles F. Romanus and Riley Sunderland, *Stilwell's Mission to China*（Washington D.C.: Office of the Chief of Military History, Department of the Army, 1953），pp. 96-134.

96. 唐縱，《日記》，頁 252-253。

97. 楊躍進，前引書，頁 104。

98. 劉國銘主編，《中國國民黨九千將領》，頁 417-418；馬五先生，〈悼念故人陳芷町〉，收於：馬五先生，《人鑑及新官僚的嘴臉》（臺北：自由太平洋文化事業公司，1964 年），頁 73-77。

99. 陳布雷曾於日記中稱讚陳方，例如：「陳方來談處務，浩氣如雲，余殊愧不如。」參閱：陳布雷，《日記》，1945 年 2 月 10 日。

100. 唐縱，《日記》，頁 91-92。

101. 黃卓群，《吳國楨傳》頁 364-365。

102. 《國民政府軍事委員會委員長行營職員錄》（未註出版地點，1935 年），頁 12；王駿，《財經巨擘》，頁 74-75。

103. 楊玉清，〈我所知道的陳布雷〉，《文史資料選輯》，第 81 輯，頁 169。

104. 居亦僑，前引書，頁 207-208。

105. 唐縱，《日記》，頁 253。

106. 例如地方軍系出身的賀耀組。參閱：馬五先生，〈閒話賀耀組〉，收於：馬五先生，《人鑑及新官僚的嘴臉》，頁 213-214；夏繼誠，前引書，頁 145。

107. 戰後軍務局有些參謀甚至是中共的地下黨。參閱：夏繼誠，前引書，頁 132。

108. 秋宗鼎，前引文，頁 942。

109. 少數忠言直諫者的下場也未必如陳方一般幸運，例如 1946 年行政院政務處長徐道鄰

（曾任職於侍從室）曾勸蔣及時引退，結果被蔣調為江蘇省政府秘書長，參閱：居亦僑，前引書，頁 205-206。

110. 邵毓麟，〈布雷先生的無私與積極〉，頁 18。

111. 曹聖芬，〈陳布雷先生的風格〉，頁 13。

112. 唐縱，《日記》，頁 447。

113. 唐縱，《日記》，頁 90。

114. 唐縱，《日記》，頁 300。

115. 唐縱，《日記》，頁 487。

116. 唐縱，《日記》，頁 237。

117. 唐縱，《日記》，頁 45。

118. 唐縱，《日記》，頁 498。

119. 居亦僑，頁 217。

120. 晏道剛，〈國民黨軍隊對紅軍的「圍剿」〉。

121. 黎天榮，〈我在蔣介石侍從室工作的片段回憶〉，頁 958。

122. 黎天榮，前引文，頁 957。

123. 夏繼誠，前引書，頁 115，138。

124. 徐友春編，《民國人物大辭典》，頁 1525。

125. 賀被調職原因，有多種說法，參見：唐縱，《日記》，頁 293；張令澳，前引書，頁 216；馬五先生，〈閒話賀耀組〉，頁 214。

126. 俞國華口述、王駿紀錄，《財經巨擘——俞國華生涯行腳》（台北：商智文化，1999年），頁 84。

127. 秋宗鼎，前引文，頁 932；張令澳，頁 140；徐友春，《民國人物大辭典》。

128. 詳見本書第九章。

129. 張令澳，前引書，頁 142。

130. 〈第六七三次行政院會議羅良鑑代表蒙藏委員會金問泗兼挪比捷大使〉，《中央日報》，1944 年 9 月 13 日第 3 版。

131. 曹永洋，〈徐復觀教授年表〉，《中華雜誌》，227 期（1982 年 6 月）；黃兆強，〈偉大史家眼中的偉大歷史人物〉，《東吳歷史學報》，第 21 期（2009 年 6 月），頁 158。

132. 王駿，《財經巨擘：俞國華生涯行腳》，頁 86-87。

133. 〈中國國民黨中央監察委員張默君呈總裁蔣介石文 (1950 年 4 月 25 日)〉，中國國民黨黨史館藏，《大溪檔案黨務類》，典藏號：大黨 015/018。

134. 〈張齡〉，維基百科。2017 年二二八七十週年前夕，文化部長鄭麗君宣布修法推動中正紀念堂轉型，並且不再播放〈蔣公紀念歌〉。參閱：〈二二八七十週年前夕文化部

修法推動中正紀念堂轉型〉，《自由時報》，2017年2月25日。

135. 王正元，前引書，頁43-44。

136. 居亦僑，前引書，頁217。

137. 裴斐、韋慕庭訪問，吳修垣譯，《從上海市長到台灣省主席（1946-1953）：吳國楨口述回憶》（上海：人民出版社，1999年），頁16-17；黃卓群，《吳國楨傳》，頁196-200。另一項資料顯示，吳國楨除了不習慣侍從室的拘束工作性質，與侍從室資深同事也難以相處：加以中文不甚通達，安排他草擬中文文告，也無法交卷，只好請求調職。蔣介石囑其往見財政部長宋子文，宋重視留美資歷，派吳任江西榷運局長。參閱：蔡孟堅，《蔡孟堅傳真集續集》（台北：傳記文學出版社，1990年），頁52。

138. 1947年5月4日，上海《大公報》為了紀念五四運動二十八週年，刊出周策縱的一篇〈依新裝，評舊制——論五四運動的意義及其特質〉，同日並刊登有胡適、《大公報》主筆王芸生和中國農工黨領袖董時進紀念五四的文章。周策縱自認其文章已十分含蓄，尚未能盡意，卻引起當局的警告，遂一再堅決辭職，辭了半年多才辭准。參閱：周策縱，《棄園文粹》（上海：上海文藝出版社，1997年），自序；王摛楦，〈重慶蔣宋舊居〉，頁129。

139. 張令澳，前引書，頁27。

140. Ruth Hoogland DeHoog, "Bureaupathology," in Jay M. Shafritz, ed., *International Encyclopedia of Public Policy and Administration* (Boulder, Co.: Westview Press, 1998), pp. 312-333.

141. 根據軍事委員會1945年8月的統計，侍三處不計，侍一、二處（含侍衛人員）共有官佐231名、士兵382名。參閱：軍事委員會法制處編，《軍事委員會軍事機構調整計劃》（重慶：軍事委員會辦公聽，1945年），附表3。

142. 國軍各部隊在接到蔣委員長電報後，習慣上先看電尾署名，如為「中正手啟」，即需特別重視，如為「中正侍參」（代表本案為侍從室所主辦），亦需重視，但是如果是其他部門主辦的電報，則視情況來決定遵行的程度。因此，軍令部、軍政部，甚至後方勤務部，有時為求命令有效，也需用「中正手啟」名義發電，此種個人有權，機構無權的現象，在戰時雖有其功能，但是也造成許多流弊，有些人甚至認為是日後國軍軍事失敗的原因之一。參閱：張治中，《張治中回憶錄》，頁299。

143. 張道藩，〈布雷先生逝世三週年悼詞〉，《中央日報》，1951年11月13日，第2版。

144. 金立，〈陳布雷自殺的血淚文章〉，《內幕新聞》，第3期（1948年），頁4。

145. 本刊記者，〈「官邸派」與幣制改革〉，《新聞雜誌》，第8期（1948年），頁13。

146. 本刊記者，〈「官邸派」與幣制改革〉，頁13。

1943 年 11 月下旬，美國駐華大使高斯（Clearence E. Gauss）在開羅會議期間，發了一份報告給美國的國務卿，報告提及同盟國在中國境內至少有十五個情報組織（英國五個、美國四個、俄國四個、荷蘭一個、自由法國一個），這些組織「彼此之間，相互競爭」，不僅不願意分享情報，而且「完全不願意協調，這讓中國人十分高興」。報告中又指出，不過中國自己的各情報機構之間也並非能夠和睦相處。大多數的同盟國在華均與不同的中國情報機構合作，對於這些機構彼此之間的權力鬥爭僅能朦朧地感覺到。[1]

由於民國時期情報史的研究，目前仍在起步階段，[2] 晚近學者對於同盟國在華情報組織之間的競爭雖然略有所知，但是對於中國如何從中獲利，相關的研究幾乎仍是一片空白。至於中國本身情報機構之間的內鬥，蔣介石 1939 年於侍從室內成立第六（情報）組的目的之一，即在加強各情報機關之間的溝通與協調。

侍六組組長初由侍二組組長於達兼任，後由唐縱出任。該組在建置上屬於第二處，但是同時也受第一處主任的雙重指導。此外，抗戰後期侍從室又成立機要組，由蔣介石直接掌握，並受侍二處主任的指導，專門處理蔣的來往電報。此單位在技術上統一控制各地公私電台，在行政上隸屬於軍事委員會辦公廳。

侍從室每日收到的各方情報極多，最後真正呈請蔣介石核閱者十分有限。在情報篩選與運用的過程中，侍從室所扮演的角色極為重要。本章擬對侍從室在情報的取得、分析與運用，對各情報機構的管理、考核與聯繫，以及對軍政官員的監察工作等方面所扮演角色作一全面性探討，藉以明瞭此一神祕機構的性質。

侍從室第六組的組成

在侍從室成立之前，徐恩曾與戴笠兩系統每日呈給蔣的情報，係先經由蔣的侍從副官鄧文儀整理。[3] 1933 年侍從室成立後，情報整理的工作，改由侍三組負責（組長鄧文儀），侍三組成為侍從室負責情報業務最主要的單位。1936 年 1 月侍從室改組時，中統和軍統的情報，乃是依

其內容性質，分別由侍一、侍二處兩處處理，即中統局的情報係用徐恩曾的名義，直接封送給侍二處（第四組）處理，而軍統局的一般情報，如對國軍部隊長貪污腐化和私生活的密報，均用戴笠的名義分類列表，封送給侍一處（第二組）處理；其他涉及政治、經濟方面，如抗戰初期四川軍系內部矛盾和活動等情報，則由戴笠先送侍二處，經陳布雷、陳方等閱後，會同侍一處（第二組）研究處理。1938 年，國民政府撤退至武漢，成立了三民主義青年團，力行社的情報系統更為擴大。由於情報來源日趨複雜，蔣介石乃在侍從室內成立第六組，綜核一切情報組織的業務。[4]

1939 年 1 月 24 日，蔣介石手諭：侍從室一、二處情報，著合併整理。[5] 侍從室的承辦參謀唐縱於是寫了一個整理情報的辦法，根據蔣的意見，建議成立一組專辦情報整理工作，隸屬於兩個主任之下，受兩個主任的指導，進行工作，下設參謀、祕書，以為輔佐。辦法 2 月 8 日獲蔣批准。[6] 2 月 21 日，侍從室第二處第六組正式成立，辦理情報事宜，組長由侍一處第二組組長於達兼理，事務由唐縱負責。[7] 5 月 20 日，唐縱獲任命為第六組少將組長。[8]

第六組組長人選的決定，頗經過一番波折。侍一處主任賀耀組和侍二處主任陳布雷原先商議以唐縱、王芃生（時任國際問題研究所主任）、蕭贊育（侍從室侍從祕書）三人呈請候圈。[9] 隨即陳布雷又與賀耀組力保蕭贊育，[10] 但未獲得蔣同意，而是批交侍二處組長於達兼。[11] 1939 年 4 月，西昌成立補充訓練處，唐縱有意出任此項工作，其組長於達簽呈蔣，新上任的侍一處主任張治中也同意，不料蔣於發出委任令後，隨即又改變主意。第六組組長一缺，張治中保徐培根（時任兵工署軍械司司長）、蕭贊育、吳石（時任桂林行營參謀長）、滕傑四人，蔣對此四人均不滿意，乃批示：「唐縱不必外調，由唐擔任可也。」[12] 組長人選，至此才告確定。期間曲折的過程，充分反映出此一職位的重要性。

唐縱有鑒於六組業務需常與外界聯絡，尤其是有關敵情研究的軍令部第二廳，於是上任後即赴軍令部拜訪二廳廳長楊宣誠，[13] 不久又進一步與軍令部第一廳一、二兩處聯絡，獲軍令部同意日後凡接前方電話，均隨時通知侍六組。唐縱自己也認為此種聯絡，在工作上收效不小。[14]

在組內業務方面，唐縱以為情報的綜合與審核，尚未上軌道，每日送呈蔣的情報，雖編有目錄，但是仍無系統，也無條理，甚至有累積至五十餘件報告尚未奉批下的情形。唐乃設法補救整理，規定繕寫員繕寫報告的時限，以避免延誤；情報除有時間性者外，一律定期匯編。又恐每日呈蔣核閱者過少，乃規定編製〈次要情報目錄表〉，每日附呈，一方面可使蔣明瞭實際狀況，另一方面也可避免各情報機構負責人員懷疑侍六組留存不報。此外，唐縱為加強侍從室各部門之間的聯繫，主動將黨政有關情報，送第四組參閱，第四組也將有關外交的情報送唐參閱，以資交換。[15]

侍六組成立之初，僅由侍二組調去參謀盧集賢一人和繕寫員數人，後來增設祕書，由陳布雷派侍二處祕書王學素前往，[16] 擔任研究和對外各情報組織的聯繫。邵毓麟和王芃生均曾在該組擔任過祕書，辦理有關日本和韓國之方面的情報工作。王芃生經常在重慶《大公報》上發表有關戰時經濟的文章，也翻譯一些日文的論文，不過對外均不用其侍從室的身分。邵毓麟也是個「日本通」，曾負責與當時韓國政府在華流亡組織的聯絡工作。戰時日軍行動的情報，係由侍二組處理，中共和八路軍的情報，則是侍六組業務的一部分。抗戰後期，蔣介石甚為重視此方面的情報，曾調張國疆（軍校九期，陸大十八期）任該組參謀，專門負責這方面的工作。[17] 1945 年 8 月，侍從室的情報業務又曾作過一次調整。侍二處僅負責黨政情報的審閱擬議，第六組掌理事項（由侍一、二處共管）則包括：

1. 關於敵情（軍事及其他）、偽組織軍政狀況之綜合整理、研究判斷（含策反工作）。
2. 關於各黨派、社團活動之綜合研究、判斷處理。
3. 關於國際外事情報之綜合研究、判斷整理。
4. 關於邊疆問題，朝鮮、越南、緬甸、泰國問題之審核。
5. 關於貪污不法，軍風紀事項之審核。
6. 關於各情報機關之考核、聯繫與有關問題之處理。[18]

情報的取得、分析與運用

情報處理的定義，各家說法不一，主要的過程包括取得、分析與運用。本段即擬探討侍從室在情報取得、分析和運用上所扮演的角色。

一、情報的來源

侍從室每日收到的情報資料，數量眾多，以 1944 年度為例，共收到近 20,000 件情報，來源包括各情報機關（軍統、中統、技術研究室、國際問題研究所、軍令部第二廳、外交部情報司）、前方部隊，以及各方的舉報。

表一：侍從室第六組 1944 年情報分類統計表

類別 \ 機關 件數	軍委會調查統計局	中央調查統計局	技術研究室	國際問題研究所	軍令部第二廳	外交部情報司	前方各部隊	其他	合計
總數	7,865	1,069	4,486	766	749	960	689	3,155	19,739
小計	7,632	1,002	4,481	736	724	935	683	3,063	19,256
黨（團）務	12 -	11 1%					1	22	46 1%
政治	841 11%	161 16%	84	4 -	6 1%	119	111	821	2,147 11%
經濟	377 5%	46 5%	16			3	10	232	684 4%
軍事	609 8%	84 8%	43	18 3%	11 2%	36	208	408	1,417 7%
國際	774 10%	18 2%	1,036	103 14%	388 54%	690	19	241	3,269 17%
敵偽政治經濟	2,115 28%	34 3%	2,864	278 38%	22 3%	32	6	86	5,437 28%
敵偽軍情	1,156 15%	77 8%	105	287 39%	290 40%	21	38	100	2,074 11%
奸偽	738 10%	249 25%	183	29 4%	1	8	77	148	1,433 7%
黨派	227 3%	205 20%	2	4 -		6		26	470 2%

防諜	79 1%	9 1%	15	8 1%	3 -	3	15	41	173 1%
貪污不法	556 7%	91 9%					161	800	1,608 8%
其他	148 2%	17 2%	133	5 1%	3 -	17	37	138	498 3%
非情報	233	67	5	30	25	25	6	92	483

附註：1. 軍委會調查統計局及技術研究室之檢譯電，凡銷燬者，因未分類，故未列入。

2. 軍委會調查統計局所管泰、越、緬海外各地情報，國際問題研究所所管敵國國際關係，軍令部第二廳所管國際軍情，外交部情報司所管國際政治、經濟等，均列入國際欄內。

3. 各機關之人事組織、經費及工作計畫等報告，均列入「非情報」欄內。

4. 凡有外框加粗記號者，為其主管業務。

資料來源：侍從室檔案，藏於中國第二歷史檔案館。

　　上表顯示，1944年侍從室所收到的情報，除去業經銷燬者（軍統局及技術研究室所提供的檢譯電，經侍從室判定為無價值者）及「非情報」（各機關的人事、組織、經費及工作計畫等報告），共為19,256件，其中由軍統局提供者最多，約占40%，其次為技術研究室和中統局，至於「其他」類（主要為各方舉報的情報）也有多達3,000餘件。如依情報內容性質分類，以敵偽政治、經濟情報為最多（占28%），國際（17%）、政治（11%）和敵偽軍情類（11%）情報次之，貪污不法（8%）、奸偽（7%）和軍事（7%）類情報又次之。如作綜合觀察，可以發現軍統局的主管業務為軍事、敵偽、海外、經濟及防諜情報，但是所送呈的情報，卻以敵偽（43%）類情報為最多，政治（11%）、奸偽（10%）、軍事（8%）及貪污不法（7%）類情報次之，經濟（5%）和黨派（3%）類情報最少。顯示軍事、經濟和防諜類情報雖為其主管業務，但是所呈送的情報甚少（防諜類情報僅占1%），政治和奸偽類情報雖並非其主管業務，但是所呈送的情報卻頗多，反映出軍統局不務本業，是否有揣摩上意投其所好的現象，值得作進一步的研究。至於其他情報機關，則所呈送情報數量大致均與其主管業務相符。此外，由各方舉報的「其他」類情報，以政治和貪污不法類情報為最多，軍事類情報次之，國際、經濟、奸偽

類情報又次之，其中貪污不法類情報數量，幾乎與所有情報機關呈送情報數量相當；政治類情報數量，與軍統局呈送情報數量相差不遠；軍事類情報數量，約占軍統局呈送情報數量的三分之二；即使是防諜類情報，也約占軍統局呈送情報數量的一半，彌補了各情報機關的不足。

以下擬就各主要情報機關呈送侍從室的情報，簡略的加以介紹。

（一）軍統

軍統局的前身為北伐時期成立的國民革命軍總司令部密查組，1932年組織擴大為特務處。特務處時期，外勤各單位所收集到的情報，均分類編報總處，在總處則由情報科編審整理上報。這些情報分為報甲、報乙、報丙三種：報甲的情報係報給蔣介石者，報乙的情報係報給參謀本部和有關主管機關者，報丙的情報係報給戴笠核閱者。至軍統局時期，情報處所整理摘編而成的情報，則分為報甲、報乙、報丙、報丁、報戊5種。報甲、報乙、報丙三種，與特務處時期相同，新增的報丁，係送交處理機關，報戊則交由祕書室核閱存檔。[19]

根據一份軍統局的統計，1939年該局共摘呈各類情報 13,488 份，摘呈機關及各類情報分布情況如下表：

表二：軍事委員會調查統計局 1939 年摘呈情報分類統計表

類別 摘呈機關	共計	軍事	敵情	政治	黨派	敵偽	漢奸	不法	社情	經濟	國際
總計	13,488	1,207	9,494	303	178	764	480	543	66	64	389
領袖	3,945	521	1,700	299	136	332	357	135	43	62	360
本會辦公廳	536	38	8	-	37	8	53	392	-	-	-
軍令部	6,102	631	4,949	4	4	388	62	16	21	2	25
航委會	1,957	8	1,900	-	-	35	8	-	2	-	4
桂林行營	948	9	937	-	1	1	-	-	-	-	-

資料來源：〈軍事委員會調查統計局民國二十八年工作總報告〉，特交檔案，《蔣中正總統文物》，國史館藏，未開放檔案，轉引自蘇聖雄，〈1939 年的軍統局與抗日戰爭〉，《抗戰史料研究》，2014 年第 1 期。

軍統局所編製的情報資料，重要的包括有《每日情報》和《情報輯要》，次要的則有《市況週報》（週刊）。《市況週報》係由軍統局經濟研究室編輯，內容包括二個部分，第一部分為對過去一週物價變化的特點進行分析；第二部分則是將一週內淪陷區及大後方各大城市的重要商品價格，列成統計表。物價行情係根據軍統各地情報站發來的密碼電報整理統計而成。此一刊物後來改版成為《全國經濟行情月報》，每月僅抄整2份，一份送戴笠，另一份則送蔣介石。不過侍六組組長兼軍統局幫辦唐縱曾表示此一資料「報到委員長那裏，一直在桌子上放著，他連翻也沒有翻過。」[20]

（二）中統

中統局所編製的情報資料，主要有以下各種：

1. **《政治通報》**（週刊）：中統局第二處（黨派處）編輯。將每週中共在共區和大後方的重要活動，摘要以代電形式編成。分送對象，除蔣介石外，另包括少數軍政領袖，如何應欽、陳立夫、吳鐵城等。[21] 抗戰中期，此一刊物改版為《各黨各派要人行踪週報》，每週編送蔣一份。根據曾參與指導和編審此項情報之中統人員的回憶，此一監視情報係依蔣介石規定辦理，目的在於蔣(1)需要經常瞭解各黨各派要人的言行，以便必要時可以採取反制措施；(2)需要經常瞭解各黨各派領袖人物的交往對象，藉以擴大線索，必要時可以進行破壞。

   執行監視任務的單位，共包括有中統局重慶實驗區、軍統局重慶區、憲兵司令部特高組、重慶衛戍總部稽查處、重慶市警察總局、中央宣傳部等。監視的對象，以中共在重慶公開露面的人士為主，其次則為各黨各派的首腦人物、社會賢達等知名人士、國民黨內自由派人士、中外自由派記者、左傾文化人、自由派學者等。[22]

2. **《調查專報》**（不定期）：中統局第二處編輯。將情報匯總以一個專題或事件為中心內容編寫，如《十八集團軍駐渝辦事處活動調查專報》、《中共整風運動調查專報》、《民主政團同盟人事調查專報》、《中共外圍組織全國文藝界抗敵聯合會調查專報》、《國民參政會左傾分子活動專報》等。分送對象，與上述《政治

週報》相同。

在《專報》中，有些曾獲得蔣介石的重視，如 1938 年中統湖南調查統計室主任高謇收集到一份延安抗大的幹部教材《黨的建設》(1938)。全書 8 萬餘字，對中共歷史上的錯誤傾向，作了坦率的自我批評，對於日後的發展策略，也有具體的指示。此項文件被送至中統局時，第二組第五科科長萬大鋐認為頗具參考價值，乃將此殘缺不全的手抄本加以整理校正並簽署意見呈報蔣介石。蔣讀後十分重視，曾親作眉批多條，[23] 交由侍二處主任陳布雷閱讀並付印供幹部參考。[24] 中統局本身也曾將《專報》中具有價值者，交由該局的統一出版社，以小冊子的形式出版，其中影響最大者，首推《關於野百合花及其他》。[25] 1942 年，中統人員讀到王實味於《解放日報》所發表的〈野百合花〉一文，如獲至寶，經過研究，由劉光煜、吳慕風執筆摘介，另收集幾篇相關的文章，編成一書，由萬大鋐、王思誠核定後出版，印行了數千份，為中統局所印行的小冊子中最為暢銷的一種。[26]

3. 《黨派調查週報》：中統局第二處編輯。內容多為摘錄中共領導人毛澤東、周恩來、朱德的談話，《新華日報》、《群眾日報》的社論，陝甘寧邊區政府公布的政策、法令等。此刊物封面均註明「內密，閱後焚燬」字樣，每期印 500 份，分送對象除國民黨中央委員外，另包括中統局科、處長人員做內部參考之用。[27]

4. 《敵偽經濟匯報》（月刊）：中統局特種經濟調查處編輯。1939年創刊，至 1945 年止，為油印刊物。資料主要來自該處調查員的報告，部分來自香港和上海各地報紙上具有參考價值的消息。內容包括敵偽在各地收掠糧食、棉花、桐油、礦產、食鹽等物資的動態，敵偽漁業生產、工商生產、貿易、走私、財政、金融匯兌近況，敵偽鐵路、公路、水運、電訊情況報導等。

5. 《敵偽經濟參考資料》（週刊）：中統局特種經濟調查處編輯。1940 年創刊，至 1944 年止，為油印刊物，提供當時日、偽的經濟資料。[28]

6. 《民意》（週刊）：中統局第三組編輯。1941 年 3 月，蔣介石手

令中統局注意收集民間輿論。[29] 徐恩曾乃令該局進行民意調查，除了在重慶市區設立民意調查站外，另指示各省、市、路調統室派遣特工在街頭巷尾、茶坊酒肆，聽取民眾對國事的議論，擇出重要者，每週上報一次。第三組根據這些材料編成內部參考資料《民意》，每週向侍從室呈報，侍二處主任陳布雷和該處第六組組長唐縱審編後送呈蔣介石。

根據中統人員的觀察，承辦此項業務的單位最初尚根據匯報編輯，後來因為各省、市、路調統室不甚重視，匯報至中統局的《民意》幾成應付，最後甚至從各地報紙中抄寫幾則新聞編成。內容大多為反映物價高漲，法幣貶值，民眾叫苦連天等。有時也記載一些民眾對於政府官員的議論，如湖南省主席薛岳為了平抑物價，設立一個平價委員會，但是不「平」尚好，一「平」之後，物價反而更加上漲，因此湖南地方人士戲稱薛岳為「薛平貴」。[30]

（三）國際關係研究所

該所成立於 1937 年，全名為國民政府軍事委員會國際關係研究所（以下簡稱國關所），為與軍統、中統齊名的情報機構。在名義上雖隸屬於軍委會，但是實際上直接聽命於蔣介石的指揮。

國關所從名稱上應為專門研究國際關係的機構，但是實際上主要是收集日本情報並進行有關日本問題的研究。該所內勤人員不到 200 人，但是外勤人員龐大（約 300 人），遍布國內及歐、美、亞洲。人員特色為聘用許多日本反戰人士，以及在日本統治地區並且精通日本政情的韓籍與台籍人員，其中的台籍人員（如游彌堅、黃朝琴、黃國書、蔡培火、連震東等）許多在戰後均成為接收台灣的官員。[31] 該所又設有顧問室，負責中英情報交流，由羅堅白負責。[32] 國關所除了經常向蔣介石提交各種祕密情報外，並向極少數黨政要人提供幾種定期與不定期的敵情報導，包括不定期的《參考資料》和《研究報告》，以及定期的《情報摘要》和《歐戰要報》（週刊）。[33] 其中《研究報告》和《情報摘要》並經過批准，分送美、英、法各國駐重慶使館的武官。[34]《研究報告》的性質，偏重於研究，其材料多譯自日本的報章雜誌，情報價值不高。

根據侍六組的考核資料，國關所所呈繳情報的重要性，無法和軍統、

中統相比，甚至常作出錯誤的報告，例如王芃生曾在武漢戰役判斷日本不會在武漢登陸，結果日本奇襲廣州，1938—1939年之間曾多次密報日本財政經濟即將崩潰，汪政權成立後又預測此為中國事變之結束，結果均未應驗，[35] 相當程度的影響了蔣介石執意於前線持久消耗，反而對國軍戰力造成不小的損失。[36]

（四）軍委會技術研究室

抗日戰爭時期，軍委會密電檢譯所、軍政部、軍委會辦公廳機要室和軍統局等機構，均有自己的密電碼研究部門。1940年4月，蔣介石將各自為政的密電碼研譯單位合併，成立軍委會技術研究室。該室名義上隸屬於軍委會，但是實際上直承侍從室的指揮。成立後，曾先後派出十二個工作隊，其中負責破譯日本陸軍密電碼者，有宜昌（後撤至萬縣）、桂林、西安、上饒、長沙、陝壩等六個工作隊；負責汪政權密電碼者，有金華、衡陽兩個工作隊；負責陝甘寧邊區密電碼者，則有西安一個工作隊。1945年8月時，全室共有軍官佐347名，士兵210名。[37] 根據晚近的研究，毛慶祥每日彙整的情報，數量雖大，質卻未精。[38]

（五）軍令部第二廳

該廳所呈報的情報中，以國際情報和敵偽軍情為最多，但是最著名者，應為徐佛觀（1903–1982）所呈對於中共批評與觀察的報告。

徐佛觀，原名秉常，後更名復觀，曾留學日本士官學校，1942年任中央訓練團兵役班少將教官。1943年在康澤的推薦下，以軍令部高級聯絡參謀的名義派駐延安，[39] 歷時半年，返回重慶後，曾向蔣呈報一份對於中共動態的報告。報告中指出中共的祕訣，在於以農民黨員為發展組織的對象，故其組織能夠深入社會基層。黨的組織，深入基層後，先以各種方式變社會為一戰鬥體，由此戰鬥體中產生軍隊，於是軍隊遂能與社會結為一體。而國民政府則因黨未能在廣大的社會生根，因此軍事力量也無法在社會生根。中央有黨團，至省而實際效能已減，至縣則僅有虛名，縣以下更是無形無影，因此黨團的組織，乃半身不遂的組織；黨團的活動，也成為半身不遂的活動。故奸偽可以控制社會，會門可以控制社會，土劣可以控制社會，迷信團體可以控制社會，而國民黨團反不能獨力控制社會。原因在於國民黨員、團員的成分，僅以知識分子為對象，

於是黨團的組織，自然也僅以上層為對象。從歷史上看，必須書生與農民相結合，都市與農村相結合，始能發生真正的力量，造成鞏固的基礎。

報告最後指出，國民黨的長處為博大，短處則為缺乏核心，不易推動實際工作。今日為配合組織方向的轉向，首需簡拔十萬優秀黨員，假以三個半月或半年的訓練，再充以各級幹部，如蘇聯所謂的活動分子或積極分子，使其能真正工作，真正戰鬥，此乃黨內的核心。此外，當前國民黨的主義，領袖的意旨，政府的政策與法令，均已有明確的方向，但是在實行時則經常陷於各式土劣之手，於是一切良法美意，無一真正實行，無一不變質減量，而歸於廢紙。土劣的根源，在於土地制度的不合理，任何政策、法令必須以大力摧毀土劣的包圍，以直達於平民；並且需切實推行土地政策，解決土地問題，始能樹立政府的威信，增加行政的效能，造成社會的真正力量。[40]

蔣介石讀了此一報告後，大為讚賞，認為「實為吾黨中最正確、最有力之文字，可任其要務。」[41]並隨即派徐入侍從室第六組，主持對中共問題的研究。徐入侍六組後，研擬出一份戰後戰士授田的方案，獲得蔣的嘉獎，曾交付國民黨中常會反覆討論，計畫於戰後實施，[42]不料戰後局勢的發展迅速惡化，直至 1950 年代才在台行施。

（六）侍從室機要組

1943 年，侍從室成立機要組，為專門處理蔣介石往來電報和蔣直接指揮作戰的重要通訊機構，在此之前，蔣介石來往電報均由軍事委員會機要室負責翻譯。每逢蔣外出，其侍從祕書即帶著數名機要室的譯電員跟在身邊，負責收發電文。當時尚無專門收發報機，電報收發均需經由電報局。[43]如果情勢緊急，蔣介石臨時決定趕赴某地，匆忙之間無法帶足人手，或者蔣前往的地方為前線偏遠地區，機要室報務員未能跟著同行，侍從祕書尚需權充報務人員，查閱密碼本，將電報文字轉換為密碼數字拍發。[44]侍從室成立機要組以後，即由原侍從祕書兼軍委會機要室主任毛慶祥任組長。組內的祕書和譯電人員，均經過嚴格挑選。蔣至各地，也需由該組派出的譯電人員隨行。其他的任務尚包括編製並配發軍委會所屬各部門通用或專門的密碼電本；監聽並指揮各公私電台；收發和翻譯國內和盟國的密碼專電；破譯和研究敵方電台發出的密碼電文等。

軍委會辦公廳機要室、軍委會的技術研究室、軍用譯電業務管理處、譯電人員訓練班等機構，均歸其管理。[45]

此一單位與軍事委員會機要室均由蔣直接掌握，侍從室主任對其只有指導之責而無指揮之權。[46]有些電報（如蔣的私人電報和祕密情報），在軍委會機要室或侍從室機要組收譯後，並不經由侍一或侍二兩處，而直接由毛慶祥送呈蔣介石；凡是蔣發出的私人電報和祕密情報（尾上通常僅註一「機」字，或者不註字），也是交由毛慶祥直接譯發。例如1945年吳鼎昌建議蔣介石邀請毛澤東赴重慶共商國是，為蔣所接受。蔣致毛的三封電報，均係由吳所起草，經蔣核可後逕交機要組主任毛慶祥拍發，因此連侍二處主任陳布雷也不知道。[47]此類電報往往經過一段時間後，由於事件發展逐漸公開，或者與其他業務有關，才由毛慶祥處將電報底稿抄錄，送給侍一、侍二兩組，以便承辦。[48]

至於編製並配發軍委會所屬各部門通用或專門的密碼電本，也是侍從室機要組的業務。1943年，中國駐印度各機關密碼，均遭破譯，因事關國家機密，侍一處奉蔣介石諭，於6月15日召集有關機關商討各機關、各部隊所用密碼本改革辦法。會議結果，共獲以下幾項結論：

1. 新密碼本的編纂，由軍委會機要室擬訂編纂密碼本綱要，分發各機關，作為編纂密碼本的根據與參考。
2. 黨政軍各機關密碼的設計、審查和管理，由中央黨部、行政院、軍用譯電業務管理處，與侍從室四單位各派代表一人組成小組會，負責計畫，並推侍從室為召集人。
3. 各機關使用密碼本的保密狀況，由侍從室派員赴各機關審查，必要時得請有關機關協同前往審查。[49]

除了上述各情報機關所呈送的情報，另外值得一提的是中央通訊社所編製的《參考消息》。《參考消息》起源於1936年兩廣事變時，中央通訊社收集到許多消息和電訊，因各種原因不便公開發表，但對國府應對處理內外事務又具有重要的參考價值，乃將此類電訊複寫若干份，分送相關首長參考。兩廣事變結束後，中央通訊社仍然繼續提供此項服務。抗戰時期，《參考消息》所收錄的內容包括敵偽宣傳、反動言論、共產黨言論、各國報紙對中國不利的文章及其他一切不可公開的新聞，其中性質重要，

足以引起重大紛擾或其他不良影響者，則列入《特別參考消息》。至於資料的來源，敵偽宣傳與敵偽動態，主要來自日本同盟社、德國海通通訊社的報導；各國的文章，主要來自中央通訊社海外特派員及外國報刊；有關中共的消息，在 1945 年之後，許多來自新華社的報導；其他不可公開的新聞，不少係來自各單位不發表的電訊及採訪所得，[50] 包括重大事件（如群眾示威遊行、地方爆亂、搶米、金融風潮、農村災荒、敵機轟炸損失等）、政治暗流（如各派系、集團或人員間的傾軋、地方與中央的利益衝突、地方軍系的陰謀活動等），以及淪陷區內敵偽的各種情況等。[51] 抗戰時期的《參考消息》，中央通訊社每日早晚各編輯一次，分送對象為中央黨政軍各重要機構負責人及各研究機構與情報機構，每日約 200 份。《特別參考消息》則僅分送少數中央高級官員，不拘日次。[52]

　　《參考消息》雖非由情報機關所編製，但是由於具有情報性質，也廣受黨政軍高級主管的重視。例如抗戰時期副參謀總長兼軍訓部長白崇禧的祕書，每日即會將軍令部送來的情報和中央通訊社所編的《參考消息》摘要圈點，及時送呈部、次長核閱。[53] 國府其他黨政機構，對於《參考消息》應也有類似的處理流程。侍二處主任陳布雷和軍令部長徐永昌的日記，更顯示二人均有經常閱讀《參考消息》的習慣。[54]

二、情報的整理、分析與處理

　　經過侍六組審核過的情報資料，處置的方式大約有以下幾種：

　　（一）呈閱：凡情報經審核，具備真確、重要，而有機密與時效等要素者，原件呈閱；如同一問題各情報機構均有報告，而其內容略有不同者，則綜合整理彙編呈閱。凡有報告內容簡短或性質並不重要而有進呈之必要者，編為〈一週要報〉。

　　（二）逕辦：凡情報無重大、新穎、急要內容者，或經奉批而後續發生的事故無重大變化者，或係各主管機關業務範圍內的一般情況者，則逕交各機構主官參考辦理。凡以奉諭方式抄交各機關參考的文件，依事件內容、性質的輕重，分別以「室函」、「處函」或「組函」行之。凡截獲電文，如奉批交有關機關參考或研究者，辦稿時必須酌予改變原電文語氣，以免洩漏情報而保機密。凡蔣介石對外埠各機關、部隊長官的指示，其內

容係特別機密者，一律用有線電發出；不能用有線電的地區，而需迅速通知的事項，利用無線電發出，其餘一般文件則一律用代電行之。

（三）存查：凡情報無呈閱、交辦之必要，但有參考價值者，則分別存卷以供參考。

（四）銷毀：凡屬下列各類報告，經審核後即付焚燬，以免壅塞卷箱：

1. 已見諸報紙、雜誌者。
2. 不真確或重複，與已失時效的報告。
3. 瑣細無關宏旨的報告，如技術研究室所銷毀的情報，均為瑣細事務方面的材料。[55]

表三：侍從室第六組 1940 年度情報處理比較表

單位／種類	收文數量	呈　閱	遞　辦	存　查	焚　燬
軍委會調查統計局	7,118	32%	17%	50%	1%
中央調查統計局	691	50%	13%	56%	1%
國際問題研究所	3,102	23%	8%	69%	
技術研究室	7,856	3%	2%	91%	4%
施太乃斯	72	22%	35%	43%	
軍令部第二廳	346	55%	7%	38%	
特種情報室	130	65%	10%	25%	
總計	19,315	20%	9%	70%	1%

資料來源：侍從室檔案，中國第二歷史檔案館藏。

表四：侍從室第六組 1944 年度情報處理比較表

單位／種類	收文數量	呈　閱	遞　辦	存　查	焚　燬
軍委會調查統計局	9,942	16%	19%	44%	21%
中央調查統計局	1,069	28%	22%	50%	
國際問題研究所	766	22%	15%	63%	
技術研究室	14,989	6%	1%	23%	70%
軍令部第二廳	749	66%	2%	32%	
外交部情報司	960	38%	7%	55%	

前方各部隊	689	21%	33%	46%	
其他	3,155	23%	26%	51%	
合計	32,319	14%	11%	36%	39%

資料來源：侍從室檔案，中國第二歷史檔案館藏。

一般來說，情報呈閱比率較高的機關，即為較優異者。侍從室對各情報機構的情報品質，也定期進行考核。

表五：侍從室第六組各機關報告處理審核表

機關或姓名／類別	收文總計	呈閱	逕交各機關核辦	存查	工作考評
軍委會調查統計局	7,118	2,266	1,239	3,613	該局以敵偽軍事及我國軍政與貪污不法情形報告最多，而以敵軍調動情報較有價值，偽組織方面尤能深入。本年報告當中當以敵汪基本條約及副署文件為重要。
中央黨部調查統計局	691	346	94	251	該局情報以中共活動為主，對中共部隊調查頗為詳盡。
國際問題研究所	3,102	713	254	2,135	該所報告偏重於研究，對於敵國政治、經濟情形報告較少。其材料多譯自敵國報章雜誌者；其與敵偽有關之報告，則以敵外務省致阿部大使訓令案為最重要。
技術研究室	7,856	199	177	7,480	自八月份以後截獲敵電分量雖未減少，其中重要者已不如前之多見，惟敵方空中電訊及華文密電，間有足資參考者。
軍令部第二廳	346	191	24	131	該廳情報為敵軍情之研究，其判斷之主要參考資料多係根據敵方播音，故不免為敵方誇大兵力之影響。
特種情報所	130	85	13	32	情報來源甚少，其中報告多偏向敵情之研究，對於蘇、日之態度，亦間有可資參考之報告。

					報告多屬旅遊雜記，間有敵國政治、經濟之分析，但皆空泛無物。
施太乃斯	72	16	25	31	
其他	1,665	497	543	625	
合計	20,980	4,313	2,369	14,298	

資料來源：侍從室檔案，中國第二歷史檔案館藏。

在上表所列各情報機關中，當時及事後均罕見人提及者，即為施太乃斯（Walther Stennes）。施氏原為德國納粹黨突擊隊（SA）指揮官，1933年因參與反抗希特勒行動失敗，逃離德國。至中國後擔任侍從室飛機管理室主任兼蔣介石警衛顧問，[56]並曾建議國府仿照德國組織一突擊隊，獲蔣同意辦理。[57]1938年7月，希特勒下令召回駐華軍事顧問團，國府的德國顧問大多離華，只有施氏及其他少數人因恐納粹迫害，選擇留在中國，[58]施氏曾建議國府仿效德國組織一突擊隊。後來隨國府遷至重慶，除了仍擔任蔣的警衛顧問外，並為國府從事情報工作，上表顯示其「報告多屬旅行雜記，間有敵國政治、經濟之分析，但皆空泛無物。」不過學者近年的研究卻指出，他在重慶期間另祕密為德國在華情報機關工作，1940年曾提供美軍在重慶防空系統的相關情報給德方。[59]

在情報篩選的過程中，侍從室所扮演的角色極為重要，因為蔣介石看情報資料的時間有限，因此情報的數量自然也不能太多。蔣介石曾於1939年1月以工作繁重，不願多批公事，要求呈閱的情報每日不得超過10條。[60]又下令侍從室成立一組，派定有判斷識別力與常識，並最能守機密者二、三人，將各方情報綜合研究，每日將研究結果作一總判斷呈閱，以10件為限，[61]也就是希望侍從室能加強情報整理的功能。1941年2月，蔣又規定每星期看公事3次，每次限15-30件，每週六則專看情報。[62]由於規定呈閱的情報數量極少，因此侍從室即必須作嚴格的篩選。上列二表顯示侍從室過濾掉的情報數量高達70-75%，技術研究室呈送的破譯密電在侍從室被淘汰不用的比例，甚至高達93-95%，一位專門研判該室情報的參謀，每日需處理的密電，少則五、六通，多則有數十通之多。[63]陳布雷和唐縱兩位主管，由於個性小心謹慎，每日也需閱讀約相同數量的各種情報資料，[64]耗時不少。

唐縱由於長期擔任侍六組的組長,在篩選情報的過程中,地位尤其重要。唐與戴笠的關係頗深,因此中統的徐恩曾和顧建中等人即曾一再抱怨唐偏袒軍統局,兩機構相似的情報送至侍六組,唐每先將軍統局的情報摘由向蔣報告;顧建中甚至埋怨侍六組將中統局先報的情報壓下去,而將後呈的軍統局情報送上去,使蔣得到中統局工作表現不如軍統局的印象。[65] 在南昌行營時期,徐恩曾與戴笠兩情報系統每日呈送給蔣介石的報告,均係由侍從祕書鄧文儀整理後再呈閱,而鄧與戴關係密切,又同為力行社社員,因此有利於戴笠系統的發展。[66] 不過唐縱是否偏袒戴笠,仍有待進一步的研究。

有關情報篩選與運用的流程,此處擬以珍珠港事變前的情報偵測為例,加以說明。

近代日本所使用的各種密碼中,最易為外界(甚至包括本國的其他政府部門)破譯者,即為外交密碼。日本外交密碼,最常使用者為 LA 碼,其特點為以兩個英文字母代表一個假名字母,有時代表一個漢字,在極少情況下,也用來表示二個漢字以上的詞或詞組。此種密碼通常以 LA 開頭,故習慣上稱為 LA 碼。LA 碼通常用來譯發公開性質的資訊或是機密等級最低的情報,例如各駐在國重要報刊文章的摘要,及駐在國政府、黨派和輿論界的政治、軍事、經濟動態。1935 年為溫毓慶所主持的密電檢譯所所破譯,不過外務省仍繼續使用至抗戰結束。[67] 翌年,密電檢譯所又破譯了「オイテ」密碼(PA、K2)。此二種密碼在日本外務省與中國大使館、領事館之間的電報中廣泛使用,約占日本外交密碼的 70–80%,因此 1937 年盧溝橋事變發生時,中國所收集的日本外交省電報,約有 60-80% 能被破譯。盧溝橋事變後,中國自日方取得的一些有價值的情報,例如日本對解決中日問題的態度強硬,在給予中國軍隊毀滅性打擊前不考慮和平解決的情報,以及日本對於德國駐華大使陶德曼(Oskar Paul Trautmann)所推動中日調停工作的看法,對於蔣介石的對日和戰決定上,均扮演了一定的角色。[68]

在外務省的密碼中,尚有一種更難破譯被稱為「津」(美國稱之為 J 系列密碼)的密碼。此種密碼每四至六個月更換一次使用的密碼簿,而且每個月會更動 3 次的轉置模式,密碼鍵則是每日變動,內容多用於

兩國間外交交涉與外交交涉等重要資訊的傳遞。中國方面於 1940 年夏天成功的破解了「津」密碼，[69] 不過 1940 年 8 月日本外務省更新了「津」密碼，對中國破譯外務省系統的密電，造成很大的困難，破解能力由可以破解 60-70% 降至 40-50%，此種情況持續了一年之久。[70] 至珍珠港事變前，中國雖仍可破譯日方的「津」密碼，不過情報的解讀和研判則是另一個問題，茲舉數例加以說明。

1941 年秋，侍六組曾接到軍事委員會技術研究室所破譯的一份日本外務省發給駐美、蘇、德、義等國大使的密電，題為〈當前局勢和帝國國策綱要〉。電文開端註明「本綱要限大使本人閱悉，要點可告知陸、海軍官。注意保密。」〈綱要〉內容前一部分為帝國建設「大東亞共榮圈」的方針，後一部分則提及為了加緊促使蔣介石政權屈服，將進占法屬印度支那和泰國，並做好和英、美作戰的準備；對蘇戰爭暫不加入，待形勢有利時再作北進的考慮。此一密電僅說明了日本有南進的意向，但是並無具體進攻的時間、地點和行動計畫。[71]

珍珠港事變發生前幾天，技術研究室又偵收到一封密電，係用 LA 事務性密碼所發，為日本外務省 12 月 3 日發往香港、馬尼拉一帶日本使領館電稱：「電報密本○密、○密各留存一份，其他全部焚燬之，完畢後，立即以明電 Haruna 示知，又祕密及重要文件，全部焚燬之。以上係準備不測時而考慮者，仍希寧靜。」[72] 當時技術研究室負責密電研譯的魏大銘由於知識、經驗不足，誤以為此密電所載內容似非機要大事，而未能體察到此乃表示戰爭爆發前所進行的準備工作。[73]

技術研究室雖然未能研判出此一密電的重要性，不過仍將其呈報侍從室。侍六組接獲此類密電後，通常先由承辦參謀（包括張令澳等人）過濾後送請該組少將副組長邵毓麟（時並兼外交部情報司司長）審閱後擬辦。不料承辦參謀及邵毓麟均未察覺到此一情報的重要性，因此未將此電簽請送呈蔣介石或逕送有關機構參考，反而僅簽請留燬。[74] 侍六組組長唐縱見此情報後，驚覺「八一三」戰役前夕日本也有類似焚燬密本的行動，當下即判斷日、英、美已瀕臨戰爭邊緣，[75] 乃簽註意見：「速送外交部密告美國大使高斯，並電告我駐華盛頓武官郭德權轉達美國軍方。」蔣介石閱後批「可」。[76] 唐縱並於當天的日記中有如下的記載：

查此種電報,「八一三」前夕,日外相亦曾致電青島、濟南、廣州等地,著即焚燬密電本。今忽見此電文,其將臨於日、英、美戰爭,可想而知也。[77]

唐縱並且於當日預測:「日本如戰,必在英、美準備未完成之前,故其時間當在本月 6 日以後,明年以前發動。閱 Haruna 之電訊,則行動之期更近矣。」[78] 事隔兩年之後,唐縱回想此事,仍覺得侍六組同仁在工作時需謹小慎微,主管尤應如此:

> 每天的時間,實係分配不來。假如普通文卷和電文稿件可以不看,由一祕書代閱,我可以有許多時間來研究問題,但事實上無法辦到。今日我在普通卷裏,發現幾件重要的情報,如果不經目,便不能發現的。前年敵人在準備對英、美宣戰時,電令使、領館焚燬電碼本,即我於擬燬卷中找出的。我在那一個將廢的情報中,判斷敵人將有軍事行動,後來不幾日,便爆發珍珠港的事件。[79]

不料電文發出後,僅得美方回覆:「美日談判已陷入僵局,國務院已知道日本撤僑計畫,美國也準備同時撤僑。」顯示美國也尚未意識到日本對其突襲的意圖。[80]

近年公布的蔣介石日記,使我們對於此位最高統帥在珍珠港事件前後所能掌握的情報,及其對這些情報所作判斷,能有更進一步的瞭解。1941 年戴笠根據所獲情報,判斷日本可能採取南進政策,驅除盟國在南洋的勢力,掠奪物資,並與德國東進相呼應;於是一方面加強滇越、滇緬兩部情報部署,一面以滇緬鐵路為中國唯一國際路線,運輸狀況關係抗戰前途,乃於 9 月自渝前往考察,瞭解各方情況,並報請各有關方面,作必要的準備與改進。[81] 但是蔣直至 11 月 29 日的日記中依然認為日本「南進攻算至多十分之三」。[82] 唐縱雖然於 12 月 5 日根據日本外務省命令香港、馬尼拉一帶日本使領館焚燬密碼本的情報,判斷日本將於 6 日以後,明年之前發動軍事行動,[83] 蔣在 12 月 7 日(日本發動珍珠港事變攻擊前夕)的日記也曾有日本採取關閉美洲、非洲與南洋各地領事館及停航郵船等緊急措施的記載,但是在當天日記中仍有「美倭戰爭暫時或可避免,但不久必出於最後之一戰」的判斷。[84]

我們可以將珍珠港事變前美國情報工作及最高統帥的表現，與中國稍加比較。1941 年夏天，美國來自中南半島的情報顯示，日本將向西南發動攻擊。1941 年 10 月，來自中國軍事機構的情報，預測日軍即將攻擊蘇俄。10 月 15 日羅斯福（Franklin D. Roosevelt, 1882-1945）在寫給英國首相邱吉爾（Sir Winston Churchill, 1874-1965）的信中也認為日本將「北進」（"headed north"）[85] 至 11 月，有關日軍部隊於中南半島集結的廣泛情報，使得美國政府轉而認為日本將南進。美國陸、海軍於 11 月 24、27、28 日先後發布預警，預測日本將對菲律賓、泰國、馬來半島甚至婆羅洲（Borneo）發動突襲行動，但是未料到是對珍珠港。[86] 至於美國的最高統帥羅斯福總統，著名的情報史家 David Kahn 認為只有少數證據顯示羅斯福在二次大戰期間曾利用過電訊情報（signal intelligence），他雖然收過一些電訊情報資料，但是沒有證據顯示他曾根據這些情資採取任何行動。[87] 顯示中、美兩國對於日本突襲珍珠港一事，均無情報，即使能取得情報，最高統帥是否會採信並採取行動，均是問題。

　　經過侍從室審核過的情報資料，最重要者自然會呈蔣介石核閱，至於情報無重大、新穎、急要內容者，或經奉批而後續發生的事故無重大變化者；或係各主管機關業務範圍內的一般情況者，則逕交各機構主官參考辦理。至於侍六組情報分送給那些機構核辦，此處擬以 1940 及 1944 年兩年度資料為例，加以說明。

表六：侍從室第六組 1940 年度收發文件統計表

處理／月份	一月份	二月份	三月份	四月份	五月份	六月份	七月份	八月份	九月份	十月份	十一月份	十二月份	合計
總計	3,613	3,574	3,893	3,297	3,336	3,145	3,261	3,228	3,429	3,215	3,373	3,478	40,842
呈閱	201	236	299	326	319	364	338	324	437	426	398	533	4,201
何總長	20	22	55	20	18	20	33	13	24	16	19	39	299
軍令部	20	20	19	10	11	7	9	4	10	8	14	5	137
航空委員會	11	17	15	15	11	7	14	10	6	4	5	6	121
各戰區長官	14	15	45	18	15	31	27	21	19	10	8	7	230

遞交關係機關查辦	中宣部	10	10	12	15	8	6	9	5	8	6	8	9	106
	外交部	16	19	8	9	10	9	9	6	9	8	10	11	124
	財政部	7	14	9	9	14	8	14	7	11	8	9	10	120
	各行營、轅	7	10	11	8	7	7	9	5	7	5	9	8	93
	各省府	12	16	39	27	28	28	28	19	17	13	12	9	247
	其　他	64	58	71	56	59	79	89	71	64	61	88	89	849
	小　計	181	201	284	186	181	202	241	161	175	139	182	193	2,326
存查		1,243	1,174	1,512	1,153	1,184	931	1,140	994	1,386	1,217	1,322	1,197	14,453
戰報		1,987	1,963	1,798	1,632	1,652	1,648	1,542	1,749	1,431	1,433	1,471	1,555	19,862
發文		359	374	330	259	215	279	306	211	224	182	233	224	3,196

附註：查辦一欄之小計數目不符。

資料來源：中國第二歷史檔案館

表七：侍從室第六組 1944 年度情報處理統計表

處理／月份		一月份	二月份	三月份	四月份	五月份	六月份	七月份	八月份	九月份	十月份	十一月份	十二月份	合計
總計		2,500	2,595	2,644	2,648	2,958	3,006	2,628	2,542	2,583	3,066	3,044	2,790	33,004
呈閱		328	283	422	356	294	314	355	358	482	418	513	550	4,673
遞交關係機關查辦	小計	240	337	320	394	488	305	280	288	374	463	387	289	4,165
	何總長	14	25	20	28	36	14	18	14	19	29	18	11	246
	軍政部	6	10	13	13	15	17	21	14	32	23	24	16	204
	軍令部	51	63	50	86	134	61	48	52	65	106	86	26	828
	外交部	5	9	8	12	14	2	5	9	3	7	6	4	84
	財政部	8	16	8	9	14	10	8	8	12	8	15	23	139
	中央宣傳部	1	7	4	7	6	3	10	6	10	16	13	13	96

逕交關係機關查辦	軍法總監部	4	6	1	7	5	4	6	7	15	13	6	5	79
	重慶衛戍總部	4	4	6	5	1	4	2	5	6	7	6	3	53
	各戰區	31	31	49	40	53	33	24	40	56	49	33	29	468
	各省市	18	20	29	43	50	37	19	26	33	38	22	24	359
	各行轅、辦公廳	5	3	3	7	2	6	8	4	7	6	7	10	68
	航空委員會	21	25	11	25	37	17	19	18	31	49	40	31	324
	蒙藏委員會	1	5	4	9	9	8	6	3	3	4	8	3	63
	軍委會調統局	33	47	53	48	42	28	33	40	35	34	28	27	448
	中央調統局	7	11	10	6	13	10	16	5	8	20	9	10	125
	其他	31	55	51	49	57	51	37	37	39	54	66	54	581
存查		916	984	758	806	834	832	909	927	953	1,229	1,289	1,149	11,586
銷燬		1,016	991	1,144	1,092	1,342	1,555	1,084	969	774	956	855	802	12,580

附註：1. 本表係根據 1944 年 1 月至 12 月份情報處理統計表彙集統計。

2. 本表逕交各機關核辦，其總數未超過 50 件者，均併入其他欄。

3. 凡收文情報呈閱後，復分交各機關核辦者，計入呈閱欄。

4. 凡一件情報，逕交兩個以上機關核辦者，仍同時分別計入，故本表之總數，較收文之總數略大。

　　以上二表由於編製年代不同，分類方法也有所不同。1940 年度分送各機構核辦情報最多者為軍政部、各省府及各戰區司令長官，而 1944 年度分送各機構核辦情報最多者，則為軍令部、各戰區和軍統局，差異產生的主要原因或許是由於 1940 年度資料中將大量的戰報資料未列入統計所致。至於各機構收到這些情報後如何處理，則由於受到資料的限制，不得而知。

三、情報的運用：以蔣介石的川局對策為例

1935 年 9 月，蔣介石將武漢行營移渝，改稱為重慶行營，以顧祝同為主任，賀國光為參謀長，主持西南四省（川、滇、黔、康）的剿共軍事。重慶行營內的第三課，即負責收集軍事情報和軍事靜態調查，當時被稱為「渝三課」，課長由戴笠兼任，由副課長陳紹平實際負責，督察葉道信協助。陳紹平常駐成都，「渝三課」所轄何隆慶的「蓉組」，即附於行營成都辦事處內。當時四川高級軍事機關及各軍、師內，均隱附有特工負責收集前線紅軍情況與戰況變化的情報。「蓉組」接到此類情報後，乃運用復興社關係，分別就各軍事機關進行查證，然後上報「渝三課」。如遇情況嚴重，陳紹平尚用「巡查參謀」名義向剿匪總部等作戰部門進行覆查，然後立電戴笠特務處轉報蔣介石。

此項工作，包括對師、團以及在師、團中可發生重大作用的軍官進行調查。調查的內容包括各部隊的番號、編制、武器、兵種、馬匹、車輛、官兵素質、作戰能力、訓練成績、部隊歷史、官兵思想動態，以及主要幹部的姓名、年齡、籍貫、學經歷、政治背景、作戰與訓練方面的能力、個人品格（特別注重煙、賭、嫖與吃空缺）、思想傾向等。此項調查無論戰時或整訓時期均持續進行，至 1937 年川康整軍會議前，所有在川、康的中央、地方部隊（包括保安團），均已經過「渝三課」的靜態調查。[88]

西安事變結束後，國內暫時沒有用兵的需要，蔣介石於是開始籌劃召開川康整軍會議，解決四川問題。

蔣介石首先需要全盤掌握四川的軍事情勢。1937 年 2 月 11 日，蔣電令重慶行營參謀長賀國光：「四川各軍、師駐地，希即詳報，以後每月之一日，須將全川各部隊調防移動情形，列總表呈報為要。」[89] 3 月，蔣甚至派侍從室少將高參段鹿鳴，乘飛機專程送一密令給賀國光，要他將全川軍隊番號、主官姓名及關鍵時刻對中央的可能動向分析詳報。此類文件本應交由行營第一廳主辦，不過賀國光為求保密，特地與行營辦公室主任謝藻生閉門合撰。根據賀國光的報告，四川軍隊約有 50 萬人，其中劉湘的部隊約占 25.5 萬人。具體情形如下：

（一）劉湘的第二十一軍轄有第一師師長唐式遵、第二師師長王纘

緒、第三師師長許紹宗、第四師師長范紹增、第五師師長陳萬仞，另有七個獨立旅和五個獨立司令，其中周成虎和劉樹成二個獨立旅現改編為師，為劉湘武器較優良的部隊。王纘緒和范紹增原為楊森部下，後投劉湘，並非劉湘嫡系。此二人只講個人升官，可以運用，正由康澤通過王澤濬與他們聯繫。唐式遵與劉湘的矛盾甚深，可能見風轉舵，但他的三個旅長均忠於劉湘。劉湘最可靠的部隊為潘文華、郭勛祺、許紹宗、周成虎、劉樹成等部。

（二）第二十八軍軍長鄧錫侯，轄有三個師；第二十九軍軍長劉文輝，轄有兩個師。鄧、劉二人因於中原大戰時附閻錫山反蔣，與蔣芥蒂甚深，必要時可能與劉湘合作，與中央對抗。

（三）第四十一軍軍長孫震，轄有 3 個師。孫早已誠意歸依中央，與劉湘結怨甚深，經常派其代表黃駿來行營聯繫，表示如與劉湘作戰，願任前鋒。已令其率部駐德陽、綿陽一帶，維護川陝公路四川境內的交通。

（四）四川邊防軍總司令李家鈺，轄有四個旅。李與劉湘不合，經常派其代表王永模來行營，表示竭誠擁護中央，可以利用。

（五）第二十軍軍長楊森，轄有五個旅。楊過去想統一四川，為劉湘等聯合擊敗，現仍有野心，盼劉湘垮台後由中央扶植其領導四川，經常派代表李寰來，表示擁護中央之意。楊的態度目前尚不能確定，但可設法使其不投向劉湘。[90]

就在同年 7 月，戴笠根據駐川軍統人員所提供情報，也向蔣介石呈報〈川情機密報告與徹底安川建議〉。此一報告首先對劉湘的思想及身心狀態，作了深入的剖析：

> 甫澄〔按：劉湘〕為地方觀念、封建思想及英雄主義之參合結晶品，然頗刻苦自勵，富於責任心，重感情，尚穩健並知愛國家、愛領袖之道；而亦私心我見，自大自保，好思慮，多疑忌，以致其吐血、下血之痼疾日益沉重。據醫者密傳，恐其生命不過一、二年耳。當其二十三年冬到京以及二十四年春參謀團入川之際，彼確實具追隨鈞座之決心，並常以中央軍為榜樣。亟圖感格改善其部下。迨我中央助之剿平赤匪、打銷防區制、整理金融、統一財政，並縮

編四川各軍交其統率，更因委座溫語慰勉，予以四川軍政之全權，其感激向上之念，益形於言表，無如我中央一部分工作人員未明循循善誘、因勢力導之深意，求治過急，責望太嚴，尤其拉攏四川各軍及其內部過於顯露分化之作用，致甫澄以渠等之工作專以彼為對象，多疑自保之素質即此轉濃，加之兩廣與西安事變先後爆發，桂方又從而勾煽，彼雖與李、白問鼎中原之觀點不盡相同，而思趁機鞏固其軍政權、增高其地位，並夢想廣西組織民眾、訓練軍隊之法，亟欲仿效，則為事實。[91]

戴笠在報告中直接點明中央部分工作人員分化四川將領，手法過於粗糙，引起劉湘對中央的疑懼；加上兩廣事變與西安事變先後爆發，桂系又從中挑撥，才造成今日的局面，否則四川各軍的再度縮編，分批出川抗戰，或早已實行。報告接著對於劉湘最近的動向及企圖，作了以下的推測：

現聞其控制軍隊重點，以核心社網羅旅、團、營、連長，倚為股肱，而其軍、師長等則多不滿意，包含眾叛親離之矛盾。又縮減團隊百餘連，以所部約三旅改編填補，另撥一部作為禁烟緝私隊，均就各該原有經費移充餉項，以實地方武力，並短期集訓軍官及政工人員，其意不外改造部隊，重整保安、政訓與國民軍訓等工作而已。但其本身無白健生之銳利，且無有如李德鄰為之掩護彌縫之人，而部下更乏幹練人才，乃企圖效法廣西之三大弱點。故彼之志向，亦僅在自保四川，究與其他政治大野心家積極活動有所別也。[92]

報告中所提及的核心社，即為武德勵進會。1935 年，蔣介石於四川峨嵋山開辦軍官訓練團，調訓川、康各軍中、高級軍官，又於成都開辦中央軍校成都分校，召集川軍營、團以上軍官和編餘軍官，入高教班受訓，並招收川軍中軍士和部分青年入學，畢業後派入川軍部隊任帶兵官，逐漸改變川軍的成分。劉湘所採取的反制措施，則為成立一核心組織——武德學友會，與中央在川的復興社勢力對抗。西安事變後，劉湘鑒於武德學友會已成半公開團體，乃再於該會中成立武德勵進會，其組織與活

動均較武德學友會為嚴密。[93] 戴笠於武德勵進會成立不久即能掌握其動態，顯示其情報收集能力頗佳。

戴笠接著在報告中對劉湘所屬幹部的派系及素質、劉系以外四川其他各將領的態度，均作了詳細的分析。戴再三強調川軍將領多為自私自利，不能一致合作，實為川軍的慣性，也是以前北洋及滇、黔軍隊進川誤信致敗的最大原因。[94]

戴笠最後在報告中提出一些應付川局的具體建議：

（一）一面抬舉劉湘的地位與面子，感化其左右將領的思想；一方面保持川中其他各軍的生存與聯繫，並且慎言謹行，避免與人以任何口實，以待大局稍平再作決策。

（二）成都軍分校如繼續辦理，經費可由中央直接負擔，輪流調訓川、康、黔三省軍官，並調整教職、人事，另囑劉湘介紹人員加入，以消解彼此平日的隔閡。等到劉湘對中央的信任加深後，再逐步與其商議軍隊如何再度縮編、調整經理與人事，並分批抽派軍隊出川，漸漸納入國家體制。

（三）以至誠坦白的態度，向劉湘說明利害，以促其將軍政、軍令所屬經理、人事、訓練、調遣、軍實、編制等權，以及軍械、彈藥等廠與飛機，完全交給中央，由軍政部接收，以達中央化的目的。中央屆時再以嘉許語氣令其將該省所擬三年計畫送呈中央核准施行，賦予其法令上全權建設新四川，暗寓保障其地位之意；但若劉仍不能覺悟，則可運動四川其他各軍聯名通電擁護軍令、軍政權統一於中央之舉。[95]

從日後中央對劉湘所採取的行動與後續的歷史發展顯示，賀國光和戴笠的報告確曾在蔣介石應付川局的決策過程中，扮演了一定的角色。劉湘與中央的關係逐漸改善，並且願意配合中央主導的川康整軍會議。

七七事變爆發後，國民政府整編川軍的計畫被迫中止，川軍將領紛紛表明立場，支持中央抗戰。不過 10 月 24 日，中央所派四川省政府教育廳長蔣志澄致電侍二處主任陳布雷請轉呈蔣介石信函（被侍從室列為「政治情報」）一件，指出川軍將領心中仍存保存實力之念，致使出川部隊一直延遲其行。報告中並詳細分析劉湘當前心態及可能動向，要點如下：

1. 出川部隊遲遲其行，固然有交通與經費的因素在內，但是最重要的原因，乃是劉湘認為抗戰是中央消滅雜色部隊的方法；又以為抗戰三、五月之後，將無法支持，必然會放棄華北，與日本言和。因此最好是川軍到達前方時，正是談判議和之日，如此本身的實力無損，又可獲得出川抗敵之名。劉湘之所以請求擔當一方面責任的原因，則是在防止其部隊被中央消滅。

2. 政客、文人紛紛入川，大肆活動，劉湘不但默許，而且縱容其親信傅常、甘績鏞、陳炳光等，且引以自重；人民陣線分子，尤為活躍。現所謂抗敵後援會、文化救亡協會等已完全失其本義。這些人假藉抗敵救亡之名，煽惑教員、學生，受其愚者甚多，以致青年思想浮動，雖然百端設法防治，終覺收效甚微，後患堪慮。

3. 四川省政府戰時後方統制委員會，擬有後方建設計畫，目標為開發五大資源、創辦及擴充八大工業、完成三大交通建設，而呈請中央予以金融上的便利（意在由省銀行發行紙幣或公債）。劉湘並在會議席上公然非議中央統制金融的不當，並且表示若得不到中央的支持，一個月後，將以出川抗戰之便，親自到京陳述利害，一則曰：「若不如此，我就不能抗敵」，再則曰：「若不得請，我也能做。我一面抗敵，一面做；寧使到抗戰結束後，再向中央請罪。」此計畫書，將派傅常攜呈鈞長核示。

4. 已成立第七戰區政治工作委員會，委員 15 人，以郭春濤為主任。96

　　國民政府於 1937 年 12 月從南京撤退至武漢後，蔣介石即開始籌劃以四川為抗戰的基地，並設法催促川軍出兵，參加抗戰。蔣除了派張篤倫為西昌行轅主任外，仍是運用賀國光與川軍將領的私人關係，進行策劃；另一方面透過戴笠的軍統組織，收集川軍內部的情報，掌握川軍動態。

　　1938 年 1 月 20 日，四川省政府主席兼川康綏靖公署主任劉湘病故。四川各派系均急欲爭奪劉所遺下空缺。劉系將領潘文華、王纘緒等人固然是勢在必得，非劉系的將領如劉文輝、鄧錫侯等人，也不甘示弱，四川政局頓時陷入危機之中。蔣介石為了安定川局，乃先後發表張群接任四川省政府主席，鄧錫侯繼任川康綏靖主任。張群以四川內部政局複雜，

心存觀望，不敢貿然就職。此段時間，川局動盪不安，蔣介石極為關注。

3月中旬，侍從室第一、二兩處根據各方情報，彙整了一份調查材料，呈蔣參考。內容共分為四部分，重點如下：

（一）**劉湘系內部的分裂與鬥爭。**劉湘死後，核心社幹部潘文華、王纘緒、王陵基、唐式遵、鄧漢祥、傅常等，均爭欲繼劉湘掌握川局，其中尤以潘文華、王纘緒、王陵基，野心最大，活動也最力。劉系部屬現形成三派：1. 王陵基、張斯可派：政治方面有劉航琛等，軍事方面有周成虎、蔡軍識、羅忠信等。2. 潘文華派，有嚴嘯虎、周從化等。3. 王纘緒派，有周守民、蕭朗、劉兆藜、彭煥章、王澤濬等。不久潘（文華）、王（纘緒）因失望而合作，又形成王（陵基）、張（斯可）與潘（文華）、王（纘緒）之對峙與爭奪。

（二）**各派系的分析及其動向。**四川軍政派系原分為以下五派：1. 新派：以師長許紹宗、劉兆藜、潘左，旅長周成虎、嚴嘯虎及藍田玉、傅常、魏君藩等為代表，均為核心社中堅，劉系實力全在這些人之手。2. 舊甲派：以郭昌明、李根固、鍾體乾、稽祖佑等為代表，在軍事上與政治上均無力量。3. 舊乙派：以王陵基、劉航琛、何北衡等為代表，在政治上頗占優勢。4. 文治派：以鄧漢祥為代表，全省縣政人員均屬此派，頗遭舊派的嫉視與新派的不滿。5. 反對派：以王纘緒、范紹曾、陳蘭亭等為代表，均係中途投劉，其部隊歷經整編，實力已全被宰割。以上王派，除反對派外，均係劉湘親信，對中央無擁護誠意，其中尤以新派及文治派為甚。劉湘在世時，各派相互控制，死後則群龍無首。新派及文治派均認為中央將對川局大勢更張，前途、地位不保，故雖同床異夢，各具企圖，不過面對中央的威脅，又不能不合作與之對抗。[97]

此份報告除了分析劉湘死後四川各派系的變化，同時也對各重要將領對中央的態度與企圖，作了詳盡的描述：

1. **王陵基：**期盼能以鄧錫侯主軍，劉系主政，其本人則仍握保安實權，並擬指揮各獨立旅。近以中央對之頗表慰勞，態度漸趨緩和。

2. **王纘緒：**當劉湘逝世之日，留川部隊長官中，以王資望較高，核心社各旅長也屢次推王為首領。王認為大勢所趨，曾有綏、省兩署必占一席之語。至中央發表鄧錫侯主軍後，王極失望，怨

尤頗甚。

3. **潘文華**：核心社將領曾推其副綏署或主省政，但均未實現，也甚為懊喪。

4. **鄧漢祥**：劉湘舊部對其多不滿，核心社又一再聲言，主席需於川籍人士中選出，鄧覺絕望。[98]

報告最後對中央任命鄧錫侯任川康綏靖主任後各方的反應，進行了彙整：鄧錫侯在川軍中以保定關係頗孚眾望，同時劉系將領由於反對張群，也不得不擁鄧主軍，故鄧於3月3日飛蓉時，劉系將領也赴機場歡迎。鄧到蓉後，對王陵基等密切聯絡，曾有保王為綏靖副主任兼保安處長擬議，對潘文華、王纘緒，也表示好感，並動以利害。[99]

正如侍從室此份報告的預測，鄧錫侯返川後，調停過程頗為順利。不久鄧即與劉湘系將領商定，推薦王纘緒繼主川政、潘文華則為川康綏靖公署副主任，中央也陸續派劉系將領王纘緒、潘文華、王陵基為集團軍總司令，一場政治風暴得以逐漸平息。如王陵基雖未得任省主席，但出任集團軍總司令也聊堪告慰，與中央的關係反有更進一步的發展；王纘緒原與中央即有往來，此次出掌川政，與中央的關係更為緊密；鄧錫侯出任川康綏靖公署主任，除可平衡川軍生態外，也可抑制劉湘系的發展。至於中央則在風潮平息後。將王纘緒、潘文華、王陵基的三個集團軍均調出省外參與抗戰，不僅充實了抗戰兵力，同時由於劉湘系部隊幾已抽調一空，川政的中央化也得以有所進展。[100] 此次川省風潮之所以能夠平息，固然主要有賴中央的斡旋與妥協，而侍從室情報體系所提供的情報，及侍從室幕僚根據各方情報所做的分析與建議，有助於蔣介石清楚的全盤掌握川局，制定出妥善的對策，殆無疑問。

情報機構的管理與考核

在侍六組成立之前，各情報機構的管理與考核工作，係由侍一處負責。如1937年7月，戴笠奉命修訂軍統局〈特務處考績獎懲條例〉，將加薪與撫卹辦法列入獎懲條例，經蔣介石核准交侍一處主任林蔚及中統局局長陳立夫核辦。[101] 自1939年2月侍六組成立後，各情報機構的考

核與管理工作即由該組負責。1943 年侍六組內更增設考核股，負責考核各情報機構的業績，由賀楚強任組長。[102]

侍六組對各情報機構的考核工作，可以由該組於 1941 年 1 月一份〈1941 年工作總報告〉看出。茲將此份報告要點列舉如下：

1. 1941 年各情報機關報告最多者，為技術研究室 7,800 餘件，軍統局 6,400 餘件，各機關總共 19,000 餘件，其中呈閱者僅 4,600 餘件，約占總數的 24%，次要者逕交各主官核辦，或參考而存查者 12,400 餘件，約占總數的 65%，多屬不正確、不重要或重複與已失時效的報告。

2. 技術研究室所呈報的情報，件數雖然最多，不過大半屬於館務瑣事，故其存查者也最多。軍統局情報網較為普遍，故其報告也較為廣泛。中統局似乎僅對中共較有路線。國際問題研究所除情報外，並收集圖書、雜誌，加以研究。就全部情報而言，缺乏周密深入的布置，故對於全般情勢的判斷，深感材料殘缺不全之苦。

3. 對於行政機關與軍隊的貪污不法行為，查報常無結果，交辦幾成懸案。以今日的政治現況與環境，不得不稍遷事實，實非得已。[103]

對於個別情報機構的考核，固然是侍六組的業務，不過蔣介石有時也經由其他管道對個別情報機關進行考核。例如 1939 年，蔣即曾命毛慶祥考核軍統局。該年 12 月，毛慶祥完成〈軍事委員會調查統計局考核報告書〉一份，呈蔣核閱。

此一〈報告書〉全文約 3,000 字，共分為三部分，分別討論全局一般情況、局本部各單位情形，最後則為結論。首段檢討全局一般情況，指出該局經費不多，環境困難，但仍能刻苦負重，十分難得，其原因包括：(1) 負責人戴笠才幹、魄力均有特長；(2) 制度、法紀尚稱嚴密；(3) 一般工作人員對領袖的信仰尚稱忠實。至於其缺點則為：(1) 局長賀耀組掛名但不負實際責任，副局長戴笠每日到局本部辦公時間不多，未免有精神鬆懈之感。(2) 外勤工作人員對人、對事的態度，似欠和平，似有恃勢凌人之嫌。(3) 外勤人員因缺少掩護，或自詡為特務人員，常至暴露身分，妨礙工作。

〈報告書〉的第二部分，分別檢討局本部各單位的工作情形，重點

如下：

　　（一）**祕書室**：譯電部門工作頗為緊張，編印密本也能隨時變化，符合保密的要求，不過加碼表未能每日變換，尚需改進，而工作人員待遇太低，尤應稍予提高。

　　（二）**管理處**：幹部訓練，均以大規模集體訓練方式進行，以特務人事不發生橫的關係原則而言，殊不適當，且教官的品質、學生的程度和紀律，均尚有缺點，應予改良。

　　（三）**情報處**

1. 該處分為軍事、政治、外事三科，近擬添設考核科，關於情報的判斷、分類、摘呈等工作，尚稱迅速妥當，而整理與統計工作，則少進行，似應設改正。其在淪陷區域者，除南京、天津、青島外，各地尚能順利推行，其中以北平、漢口、濟南成績為最佳。

2. 關於敵情偵查，尚能達到任務，不過對敵諜偵查，甚不充分，如欲予制裁，頗非易事。

3. 至於國內軍事、政治偵查，除雲南、新疆外，其國內軍事偵查，尚有成績；政治偵查，也尚有把握，惟貪污一項，不甚注意；黨派、社會偵查，僅注意於共黨方面的活動，而國際情報偵查，最為缺乏。

　　（四）**電訊處**

1. 無線電台共有二百四十餘單位，雖在淪陷區域，也能照常通訊，其間雖曾被敵偽破壞多處，但均能迅即恢復工作，殊可佳慰。

2. 其第三科所轄的偵察電台，在重慶雖曾偵得漢奸電台多次，但至今仍無法破獲，此於技術方面，尚應積極研究者。

3. 敵電偵譯工作，已粗具規模，現在美國顧問指導下，正積極進行中，對敵方的航空密碼及普通密電，均已有相當結果，惟最重要的敵方陸軍密電，如師團或聯隊所用者，尚無眉目。[104]

對於局內一些行政支援單位，〈報告書〉也作了廣泛的檢討：

1. 會計室：會計制度未上軌道，為該局最大的缺點。預算與結算均未能依照中央所頒布的會計法施行。1934 年至 1935 年之間，曾由團體派會計、稽核各 1 人參加工作，現已無形取消。

2. 設計委員會：該會有名無實，現擬增加委員實行工作。查該會如能多物色忠實智能之士參加，對於工作的推進，必多助益。

3. 技術研究所：該所亦有名無實。此種工作對於特務工作的改進，極為重要，亟應充實內容，確切推進。[105]

〈報告書〉最後做了兩點結論：

1. 綜觀全部工作情形，優點上多於缺點，若再能振刷精神，力求革新，對部屬時時嚴施各種訓練；於辦事處處應用科學方法，則效果必更有可觀。

2. 目前局長既掛名而不務實，似可不必設此虛位，而副局長戴笠既為實際負責人，則尤宜常川駐本部辦公。[106]

〈報告書〉末，並付了一份〈軍事委員會調查統計局會計規程審查報告〉，強調歐美列強對於特務工作均極為重視。各情報機關的工作範圍，除屬於臨時性質外，於每年度開始之前，即由最高領袖指示綱要，各機關據以擬定全年工作計畫，呈候核定，然後量其需要，擬定全年經費預算，惟為保留預算的伸縮性起見，於經常預算之外，另規定追加預算及非常預算辦法，以收把握時機，調濟急需之效。〈報告書〉最後指出，「該局似應採行預算制度，至預算之編製方法，自應依據預算法之精神，斟酌行之。」[107]

此兩份報告在送呈蔣核閱前，曾先由侍二處主任陳布雷簽註意見：「謹按此項考核報告及會計規程審查報告，均極詳竅，可備鈞察，但其建議部分，如蒙採納，似以知會該局參酌改正為便，藉留原機關斟酌現況運用伸縮之餘地，謹附簽明。職布雷謹註。」[108]

從上面幾份報告看來，侍從室對於各情報機構的缺失均有所瞭解，例如他指出軍統國內軍事、政治偵查工作，雲南、新疆二地並不順利，乃確有其事。根據晚近學者的研究，軍統局在雲南雖早已收買龍雲身邊的機要祕書和收發，因此中央對龍的行蹤均能掌握，不過在大敵當前的情況下，中央除了繼續籠絡龍雲，只能要求當地軍統人員將工作放在防止汪政權與雲南接觸。[109] 至於軍統、中統局在新疆，也是一籌莫展。根據國府 1943 年與盛世才達成的協議，國民黨新疆省黨部不設中統分支機構，也不設專門電台。國府一直要到 1944 年將盛世才調離後，才得以在

新疆建立起中統和軍統的分支機構。[110] 至於毛慶祥所批評軍統的設計委員會，委員的人數不固定，大多是臨時安置一些高級特工或軍政人員，也確有其事，如抗戰末期不受戴笠重視的張國燾、曾任廣西省代理主席的俞作柏，以及曾任首都警察廳長的王固盤，均以中將設計委員名義坐領乾薪而不需做事。[111]

雖然如此，上述各項考核報告對於各情報機構的核心問題所在似乎仍僅是避重就輕，點到為止。即以機構最為龐大的軍統局為例，積弊甚深，久已為各界所詬病。一位軍統高級官員對於全盛時期軍統局在管理上的弊端，即曾做過以下生動的描述：

> 軍統所直接掌握和控制、運用的單位，大一點的有一百多，而由軍統打入進去的外圍組織和地方組織，則無法統計。當時戴笠常常罵軍統局局本部內勤各單位負責的大特務：「你們現在已經和張宗昌一樣，有多少人，多少單位都弄不清；有多少錢、多少財產也不知道，看你們怎麼得了！」……當時軍統有多少單位，有多少特務，主管組織、人事的人事處長龔仙舫的確不能隨時拿出一個正確的數字來，甚至連軍統局局本部一本花名冊也常常弄得錯誤百出。有幾次戴笠臨時集合點名，有的已調走了的人，名字還在冊上，有些新調進去的，名字卻未列上去，氣得他把名冊丟在地上，索性不點了。……至於主管經費與財產的經理處、總務處，更是一筆糊塗帳。[112]

對於軍統局的各種弊病，唐縱其實均有所了解，例如軍統局的財政問題，1944 年 8 月唐縱即曾於其日記提及「該局經費，據說每月虧空千餘萬，但他〔按：指戴笠〕並不以此而著急，他是生財有道。生財的方法有四：一是買賣外匯黑市；二是貨運局勻補；三是搶運物資彌補；四是偽鈔。」[113] 後來生財之道尚包括購置山林和土地。[114] 唐縱對於戴笠不改善員工福利反而浪費公帑的作風，也十分不以為然。1943 年唐縱即曾數度於其日記中表示不滿：

> 啟瑞、錫麟向我訴苦。錫麟堅決要辭職，而雨農不肯。啟瑞云中美合作所，三日一小宴，五日一大宴，竭同志、同事之膏血，而

擲於對美人之宴會中。職員無飯無衣，病者纍纍，而繅絲場〔按：軍統局鄉下辦事處所在地，戴笠在此有別墅。〕之宴會，一餐 10 萬元無客色。外間謠言戴先生出國，而忠實同志暗中有喜悅。啟瑞、錫麟要求我再作忠告，彼不知我已無言可告矣！[115]

近來羅家灣〔按：軍統局主要辦公地點。〕竊盜甚盛，有一軍令兵盜一褲為督察所緝，泣曰，來局工作八年，每月月薪僅 13 元，家有老母，病不能醫，故出此下策，良非得已。夜乘衛兵監視之疏忽，貽信而遁。書曰，窮困出此下策，無以對國家，自殺以謝老闆〔按：指戴笠〕。聞之不勝悽然！……聞羅家灣已二、三月未發餉，而彼個人則揮金如土，言之撫然長吁而已！[116]

唐縱對於軍統局的各項弊端雖然知之甚詳，但是未能善盡督導之責，固然難辭其咎，不過任何考核工作要想真正的收到效果，則必須與經費和人事結合。唐縱自接任侍六組組長後，蔣介石即多次要求他加強對各情報機關的考核業務。在各情報機構中，蔣尤其在意的，即為中統和軍統。1942 年 3 月，蔣介石在一次接見唐縱時，即曾吩咐唐對兩調統局人員要加考核，並囑其每日應前往兩局視察，協助指導，並接見其工作人員。蔣也瞭解到掌握此二機構並非易事，因此囑唐對其經理暫時不必過問，不過其人事必須由侍六組掌握。唐縱則認為此項任務甚難負擔而心存抗拒，原因是「他們決不願我考核他們的人事。做不通，委座以為我沒能力；做通了，我也不願做這工作。」[117]

1942 年 4 月，蔣介石以戴笠日漸坐大，任唐縱兼任軍統局幫辦，希望藉此對戴能夠有所控制。[118] 唐以過去和戴有些矛盾，恐戴懷疑他奪其位置，故不常至該局辦公，只有在戴離開重慶時，才每週到該局主持週會，並代戴決定該局的重要工作，至於該局的人事、經費均不過問，仍由毛人鳳負責處理。[119] 1943 年 2 月，蔣介石又手令侍一處主任林蔚，加強第六組組織，擔任對各情報機關及考核機關的考核業務。唐縱鑑於此事困難甚多，奉令之後雖然惶恐萬分，[120] 不過仍是採取拖延戰術。一星期後，蔣又催問各情報機關考核名冊有無送到。[121] 3 月，林蔚飭查各情報機關的經費，查明上年度（1942）各主要情報機關每月預算，軍統局

為 4,822,000 餘元，中統局為 407,000 餘元，國際問題研究所為 375,000 餘元。[122]

至 1944 年，侍從室開始編列如下列的〈各情報機關人員經費統計表〉，顯示至此時侍六組已能對各情報機關的人員與經費做全盤的瞭解。

表八：1944 年度各情報機關人員經費統計表

類別＼數額＼機關		軍委會調查統計局	軍委會中美特種技術合作所	中央調查統計局	軍令部第二廳	國際問題研究所	合計
人員	總計 官佐	15,731	3,939	2,313	636	285	22,904
	總計 士兵	3,045	1,879				4,924
	內勤 官佐	1,177		895		158	
	內勤 士兵	286					
	外勤 官佐	14,554		1,418	636	127	
	外勤 士兵	2,759					
全年經費		670,223,023	484,761,502	68,630,220	47,585,196（美金）199,596	14,500,380	1,285,700,321（美金）199,596

附註：1. 軍委會調查統計局 1944 年度下半年臨時費，尚未呈報，故未列入。

2. 軍委會中美特種技術合作所之內外勤人員名額，未曾分報，故未分列。

3. 中央調查統計局全部經費，曾函催列報，未復，本表數字係由侍六組向其他各有關機關查詢所得，至其所轄各省市及路局調統室經費，除該局預算中所列之津貼外，詳確數字，無從查列。

4. 國際問題研究所 1944 年度請求增設東北、日、韓等地外站之經費，業經奉准，已計入，其人員名冊尚未呈報，故未列入。

5. 軍令部第二廳內業費，由軍令部開支，故未列入。

資料來源：〈1944 年度各情報機關人員經費統計表〉，侍從室檔案，中國第二歷史檔案館藏。

侍六組既然掌握了各情報機關的人員與經費數目，自然可以開始作較為「科學的」考核工作。例如 1944 年 3 月，唐縱即根據軍統局所編制的一張統計表發現，該局人員數目漸有增加，自 1932 年的 145 人增至 1943 年的 24,575 人，但呈報蔣介石的情報數量，則自 1938 年後，漸次減少至 0.68%。該局 1942 年平均每 10 人僅有 2 至 3 件的報告，如以該

局 1943 年每月經常、臨時各費 14,876,000 餘元計，每一件情報政府需支付 13,000 餘元的代價。[123]

由於考核所需的各種統計數字和檔案均已完備，戴笠的坐大暫時受到了控制，[124] 軍統的缺失也受到嚴格的批判，[125] 顯示侍從室對於各情報機構的考核工作，開始進入了一個新的階段。1944 年 7 月 1 日，唐縱於其日記中即曾有以下的感想：

> 檔案已經整理好了，從七月份起，工作應轉向一個新的方向。
>
> 過去做處理工作，今後應作檢討、考核、研究工作。從過去的工作陳蹟中，檢討各情報機關之得失，各情報員之優劣，情報內容之價值如何。這是對於各機關之考核，同時也是對今後審查情報之經驗教訓與判斷張本，在個人自己也是一個很好的反省與學習的機會。可謂一舉而數得。
>
> 因此，審核股可由此而取得珍貴考核之材料，各祕書、參謀可由此而獲得寶貴之結論與新的工作經驗。所以檢討、考核與研究，是有連貫性的工作價值的。[126]

對各情報機構的聯繫

蔣介石為加強控制屬下組織，常偏好成立兩個性質類似的機構，彼此競爭，相互牽制，[127] 在情報工作上，尤其是如此。如何協調聯繫眾多的情報機構，交換情報，避免惡性競爭，即成為重要的課題。

南昌行營時期，行營祕書處設有調查課，由蔣介石的侍從祕書鄧文儀兼任課長，主要工作即為協調徐恩曾和戴笠兩情報機構。[128] 1935 年，蔣介石要軍事委員會調查統計局局長陳立夫主持一「調統會報」。陳立夫遂派該局第一處處長徐恩曾為該會報的第一組主任（注重中共在社會方面的活動），第二處處長戴笠為該會報的第二組主任（注重中共在軍事方面的活動），第三處處長丁默邨為該會報的第三組主任（負責會報方面總務事宜）。不過此一會報的成效並不佳，根據戴笠的觀察，「中央各機關在香港的情報機關即不下十個，效率之低，言之痛心，即如同一軍委會調統局之一、二處，關於交通器材之配備、調查工作之對象、

各方面人員之布置，無不疊床架屋、散漫重複，矛盾摩擦之現象，不一而足。」[129] 1937 年夏，調統局局長陳立夫請辭，戴笠乃建議蔣介石將全國情報工作集中於軍事委員會，以林蔚或賀耀組為調查統計局長，並任戴為副局長。至於中央黨部的調查統計局，則應純為考核黨員、整頓黨紀的機構，如此應可避免再有重複摩擦的流弊發生。[130] 王芃生則建議蔣介石設最高情報委員會，由蔣自兼主任委員，各情報機關首長為委員。

蔣最後採用了王的建議，成立了最高情報委員會。該會設會長一人，由蔣自兼，委員若干人，由會長指定，軍委會調統局及中央黨部調統局局長、副局長，侍從室主任，軍委會辦公廳主任，及中央黨部祕書長為當然委員。每週開會報一次，由會長主持。軍委會調統局及中央黨部調統局均直隸於此機構。此機構所執掌的業務，則分別交由兩局辦理。兩局工作，每月報告一次，由此機構直接審核。[131] 最高情報委員會下設辦公廳，蔣介石任王芃生為主任。不料各方對此機構的意見不一，王芃生以主任身分企圖凌駕於中、軍兩統之上，兩統對王則不買帳，王只好知難而退，武漢撤守，最高情報委員會即胎死腹中。[132] 因此，由陳立夫主持的「調統會報」，直至 1938 年 1 月蔣介石派陳立夫任教育部長才正式取消，會報的第一組改稱為中央黨部調查統計局，局長由朱家驊擔任，徐恩曾任副主任；第二組改稱為軍事委員會調查統計局，局長由賀耀組擔任，戴笠任副主任；第三組則予以取消。原第三組主任丁默邨後來即跟隨汪精衛去擔任偽政府的調統工作，對一、二兩處在淪陷區的工作不無打擊。[133] 有趣的是，同一個機構內兩個部門的溝通與協調，居然需要另外成立一個會報的組織來進行，一方面顯示兩個部門各自成為山頭對立的情況嚴重；另一方面也顯示會報制度對於不同部門之間的溝通與協調，確有其必要性。

1939 年 2 月，侍從室第六組成立後，加強各情報機關之間溝通與協調的責任，自然即由其負擔。而期間施行時間最長的機制，即為特種會報。

一、特種會報

特種會報制度始於 1940 年，全名為黨政軍聯席會報，抗戰勝利後改名為黨政軍幹部聯席會報。特種會報分為甲、乙、丙三種，召集人和參

加者各不相同，各級會報定期舉辦或臨時召集，會後的日常事務由黨政軍聯席會報聯合祕書處（簡稱聯祕處）負責處理。

甲種會報由於每次均在蔣介石住處舉行，故又稱為「官邸會報」。會報由蔣介石親自主持，出席人員包括參謀總長、行政院長、中央黨部祕書長、中央組織部長、教育部部長、社會部部長、軍事委員會政治部部長、軍令部部長等，並指定中統、軍統負責人列席。[134] 每次會議並無一定的討論範圍，不過經常討論共產黨的活動情況、反共重大案件，以及如何防制共產黨活動。會報程序一般先由徐恩曾和戴笠作全面的工作匯報，然後由出席人員發表意見，最後由蔣做出決定，指示如何進行。[135] 甲種會報不定期召開，每年約開兩至三次，會報一旦召集，每多即有重要問題決定。例如 1944 年 11 月 10 日召開的一次甲種會報，討論對各黨派的態度，即有以下重要結論：(1) 對共黨以外的各黨派，應採寬放政策；(2) 對民主同盟，分合不加干涉，順其自然發展；(3) 民主同盟如成為第三大黨時，需派人參加，譚平山為適當人選；(4) 各黨派要求合法地位時，可在事實上承認，如不與共黨合作，並可允許其公開活動；(5) 對各黨派均可合作，對青年黨更可首先表示，本（國民）黨即可通飭各級黨部不必與青年黨發生衝突；(6) 對共產黨為唯一有敵性之黨，本黨應即採取宣傳攻勢，從側面、反面進行攻擊；(7) 對教會可多聯絡；(8) 國際人士應多方聯繫。[136] 會中蔣介石並曾作個別的指示。[137]

乙種會報又稱中央黨政軍聯席會報，最初係由侍從室主導，會議的地點在蔣介石的官邸，開會通知也是以侍從室的名義發出。[138] 隨即改由軍事委員會參謀總長何應欽主持，開會地點也改為軍事委員會。[139] 1943年 9 月所召開的一次乙種會報會議紀錄顯示，會議由主管情報業務的侍六組組長唐縱主持，開會地點為侍從室，出席人員包括軍令部、中統局、軍統局、技術研究室、國際問題研究所與外交部情報司的代表。[140] 何應欽卸任參謀總長職務後，改由中央黨部祕書長吳鐵城主持，吳缺席時則由中央組織部部長谷正鼎，[141] 或是侍六組組長唐縱主持。1944 年以後，此一會報的業務移由中央組織部負責。[142] 乙種會報的會期不定，成立之初約每週一次，[143] 後期則較少，正式的會報約每年一次。[144]

由於乙種會報乃定期舉行，若不在開會期間發生事故，即不能及時處理；再則會報的日常事務及決定事項，均需有人處理，因此至抗戰後期即在會報之下設立了一個常設的幕僚機構，名為黨政軍聯席會報祕書處，簡稱聯祕處。聯祕處成員包括中央黨政軍各部會，如黨方面的中央祕書處、中央組織部、中央宣傳部、中統局，政方面的教育部、社會部、外交部，以及軍方面的軍政部、軍統局等機關，各機構除指派一名高級人員任聯絡祕書，每週集會一次外，其首長也按期集會，共同商決有關問題，可以說是一個交換情報、制定方案、統一對策的決策機構，共分為軍事、黨政、宣傳三組及總務科。[145] 會報主席下設正、副祕書長各一名，先後擔任正、副祕書長者包括蕭毅肅、阮肇昌、蕭贊育、谷正鼎、潘公展、徐佛觀等。

乙種會報的進行方式，一般為先由軍令部的劉斐報告八路軍、新四軍情況，中統、軍統報告共產黨活動情形，各機關也間或有報告。曾研究過的重要問題，包括以下幾項：

1. 中央第一次提示案（關於新四軍北移問題）。
2. 中央第二次提示案（關於八路軍編為十二個軍的問題）。
3. 處理異黨辦法實施方案。[146]

除了中共問題，乙種會報偶爾也會對國民黨本身進行檢討，如侍三處副主任蕭贊育於兼任聯祕處祕書長時，覺得國民黨一方面對抗中共，但是自己不重視思想，不注意研究，不統一行動；自身力量，不能集中團結。凡此本身缺點亟需根本改正，方足以發揮力量，阻止共產主義思想入侵，才是治本之道。經過多次與來自各單位的聯祕處同仁商議後，乃提出革新計畫，共謀救亡圖存。此一構想獲會報主席吳鐵城的贊同，囑蕭於會報時提出，向蔣報告。同時對於黨內同志不能仰體領袖意旨，力求團結進步，而或存門戶派系之見，故步自封，引為深憾。蕭受此鼓勵，乃於一次正式會報中，提出國民黨必須革新進步，加強組織動員，方足以制勝共黨的意見，向蔣報告。由於此一意見所發起的革新運動，當時雖未能從上到下，普遍展開，但是在黨內仍發生相當的影響。如張道藩、余井塘、劉健群、唐縱等，或參加發起，或參加集會，由重慶而勝利回京，直至大陸易幟，此一運動持續了一段時間。[147]

整體而論，乙種會報由於蔣介石甚少參加，因此討論的氣氛較為熱烈，不過也因此效率較差，加以蔣介石既甚少參加，各機構首長也就較常缺席，如中宣部長王世杰即不大出席而常由副部長許孝炎代理，軍統局副局長戴笠有時由鄭介民代表出席，[148] 侍二處主任陳布雷也經常缺席。[149] 導致一些重大問題無法迅速的做出決定，侍一處主任賀耀組即認為會報「並無重大意義」；[150] 王世杰則由於對中共的立場較為溫和，在會報中常感孤立，因而認為對中共問題的處置，如完全付諸黨政軍會報，頗為危險。[151] 唐縱身為情報主管，因此經常出席，並且在他的日記中留下許多有關會報的記載，例如 1941 年 3 月 20 日：

> 下午黨政軍聯席會議，關於對中共不法行為之宣傳問題，多數人對王部長〔按：指王世杰〕不滿。歸與陳主任〔按：陳布雷〕言及，陳主任謂王雪艇顧慮英、美援華態度，不願多所披露。陳主任亦贊成採用宣傳政策。賀主任〔按：指賀耀組〕則表示同情於王部長，認為時機尚未成熟，徒然暴露弱點於國際上，影響友邦之友情。賀主任對於我防治共黨之積極辦法甚表同情，他認為現在之會報，並無重大意義。共黨對於離間何、白之策略，頗有相當影響，如白氏最近不發表意見。[152]

1943 年 5 月 27 日：

> 下午在軍委會黨政軍聯席會報，討論第三國際解散後本黨對中共之態度。有主張解散共產黨而許共產黨員個別參加國民黨者，有主張統一軍令、政令後而承認共產黨者。發言盈庭，莫衷一是。結果另由何總長召集一小組會議討論。[153]

1943 年 7 月 22 日：

> 今日黨政軍聯席會報，討論對付共產黨之宣傳攻勢。袞袞諸公，發言盈庭，毫無結果。在會議時，陳主任〔按：陳布雷〕宣讀委員長之指示如下：……。[154]

抗戰後期，由於國共兩黨摩擦事件日益頻繁，國府既要維持團結抗日的

局面，又要應付中共的擴張行動，出席會報首長均感責任重大，應由蔣介石親自主持，方能即決即行，發揮應有功能。會報改由蔣主持後，會議地點也再度改至官邸。此一官邸會報至遷都南京後，仍按期舉行，其重要性也隨著局勢的惡化，益漸突出。[155]

丙種會報為省、市、級的聯席會報，其職責為：(1) 商討對特種問題的策略；(2) 交換情報；(3) 分配任務於所屬黨政軍各機關並監督其執行。惟省（戰區）已有類似的組織（如特種會報）且著成效者，可准以原有組織執行是項任務，不必更改名稱；其尚未成立組織的地區，均應成立。[156] 參加單位及人員包括：(1) 各地最高軍事長官及參謀長、政治部主任；(2) 省黨部主任委員及書記長及調查統計室主任；(3) 省政府主席、祕書長及民政、教育兩廳廳長；(4) 警備司令及參謀長與三青團部主任或書記；(5) 軍委會調統局駐當地負責人；(6) 其他由會報主席指定的必要參加人員。所有參加會報人員，均須親自出席，不得派人代表。主席以省政府主席為會報主席，如派在地有戰區司令長官，則以司令長官為會報主席。[157] 丙種會報也設有祕書處，組織形式如中央級會報相同，會報的祕書由於可以優先取得情報，此一職位遂成為中統和軍統角逐的重要場域，許多省、市的會報祕書一職，長期係由中統人員擔任。1943 年以後，由於黨務機關不得補人，中統乃竭力利用丙種會報的名義執行其行動，如 1945 年昆明的「一二一事件」、成都的搶米風潮，以及重慶的反蘇大遊行，均曾在當地的丙種會報有所討論。[158] 各情報機關首長通常也會出席一些重要城市的丙種會報，如 1944 年重慶地區一些文藝界人士發起魯迅逝世八週年紀念活動，唐縱即曾參加 10 月 19 日於當地召開的丙種會報，會後並於其日記有以下的記載：「晚上丙種會報，對於魯迅紀念會事，介民主張發布新聞，指出魯迅曾受日本浪人內山完造之津貼以破壞之。歸與布雷先生談，布雷先生認為不應由中央社發布此項消息。布雷先生乃一極端慎重之人，所見亦遠！」[159]

至於各戰區（省）轄內一般的縣、市、部隊、學校、社團及工廠等，依規定也需祕密指定一、二可靠人員，專辦此項特種業務。[160] 不過實際運作情形與成效，由於資料的限制，不得而知。

二、年度會報、月度會報與不定期會議

抗戰後期，蔣介石為了加強對各情報機關業務的掌控，在特種會報之外，又建立了年度會報。年度會報係於官邸舉行，並由蔣親自舉行，會議中蔣每有重要指示，因此也被稱為「最高情報會議」。例如 1944 年 5 月 3 日於官邸舉行的一次最高情報會議，在各機關報告完畢後，由蔣介石訓話，他首先指出各機關的缺點，包括缺乏聯繫，工作技術太差，而且不應隨便逮捕人。他並指示以後對於情報宣傳需充分利用，並需利用情報為主動的宣傳與破壞的宣傳，以打擊敵人的造謠作用。[161] 兩個月以後，中美合作所即將心理作戰計畫一份送呈侍六組組長唐縱核閱，內容包括：(1) 造謠：散布謠言以引起敵方的疑慮、紛擾和恐怖；(2) 神祕廣播：偽造播音以擾亂敵方的聽聞；(3) 印刷：偽造文件、情報或書刊等，以引起敵方的滋擾並錯誤其判斷。總之是從心理上打擊別人，使敵人不知武器在何處，而受嚴重無形的打擊。[162] 此一會議的重要性，由此可見。

在年度會報建立以後，蔣又要求各情報機關首長每月應集會一次，稱為「月度會報」。月度會報係由戴笠負責安排，開會地點在漱廬（軍統局對外公開會客場所），會議由侍六組組長唐縱主持，他一般是首先發言，傳達蔣介石對各情報機關所呈送情報的看法及指示，說完通常是由戴笠接著發言，進行工作報告，接著是葉秀峯、鄭介民、張鎮等陸續發言，宣鐵吾則甚少說話。此一會報至抗戰勝利國府遷回南京後，依舊持續進行。[163] 特種會報由於出席人員來自黨政軍各界，人數較多，又非經常集會；年度會報及月度會報則開會時間固定，如遇突發事件，常顯得緩不濟急。於是侍從室又定期召集各情報機關首長參加的情報會議，以加強各機關間的溝通和協調，會議通常是由侍二處主任陳布雷或侍一處主任林蔚主持。[164] 蔣介石有時也不定期透過侍從室召集各情報機關首長在官邸開會，唐縱曾在其日記中留下一些會議討論的內容，例如 1943 年 2 月 24 日：

> 八時三十分，委座召集各情報機關首長開會。……委座對於廖承志案，責備徐恩曾要功，並責備兼交通部次長未發生作用。對於民意調查，不能放送於我有利之空氣以影響社會，極為不滿！對於

政治上貪污無報告，亦不滿意！最後囑我報告主任，最近召集一次會議，照今晚所表示者調整組織與工作。[165]

1945 年 1 月 25 日：

上午十一時在委座官邸舉行情報會議，……討論提案由余宣讀並說明。委座訓示二點：一、各機關分工不清，應詳加研究；二、戶口調查、身分證調查，應限期完成。[166]

三、業務分工

加強各情報機關的溝通與協調，避免惡性競爭除了召開各種類型的會議，蔣介石另外採取的方法則是經常調整各機構的業務，使其分工明確，並進行混合編組。例如蔣介石有鑒於中統、軍統內鬥嚴重，曾於 1941 年調整兩機構的業務，指定中統擔任黨派調查、貪污調查（包括役政舞弊）、民意調查三項任務；軍統擔任軍事情報、策反狙擊、經濟調查三項任務，並指派徐恩曾、戴笠和康澤成立三人小組，每週舉行匯報一次，以改善彼此關係。

兩機構之間也進行相互合作，如軍統局的特種問題研究所，係由軍統、中統聯合組成，由張國燾主持；國家總動員會議的經濟檢查機構，及中統局的特種調查處，均為軍統、中統混合組成。[167]

唐縱也曾於 1943 年春，向蔣介石建議各情報機構，應作如下的分工：

1. 軍統局與軍令部第二廳，以對日軍事情報為主，其次為收集中共活動的情報；再次為其他黨派的活動、海外、經濟、社會、學運等情報工作。
2. 中統局以收集中共活動的情報為主，其次為其他黨派的活動，文化、教育（包括學運）等情報，再次為社會、經濟等情報。
3. 特種情報所以收集蘇聯方面的情報為主，其次為收集中共活動的情報，再次為一般情報。
4. 國際問題研究所以對日情報為主，其次為其他的國際情報及中共活動的情報，再次為一般情報。
5. 憲兵司令部以收集中共活動的情報為主，其次為其他黨派的活

動、各地社情的情報，再次為一般情報。[168]

1944 年 9 月，唐縱更依據蔣介石的指示，草擬〈情報機關聯繫辦法〉，組織謀略會議與行動會議，分別由各情報機關負責人與其重要幹部組成。[169] 不過實施與否，由於史料的限制，不得而知。

對黨政官員的監察工作

一、對軍政官員不法行為的調查

侍從室平日經常會接到各情報機關或個人對於軍政官員不法行為的舉報。例如軍統局對國軍軍官貪污腐化及私生活等項的密報，一般均用戴笠的名義分類列表，封送給侍一處或侍二處處理。[170] 侍從室人員對於此類舉報，通常會先進行審核。凡匿名無地址的舉報，均不受理，如情節重大者，得交情報機關覆查再核。[171] 各方面舉報的資料經過侍從室案核後，定期彙整為〈公務人員不法行為調查冊〉與〈各部隊不法行為調查冊〉送呈蔣核閱。[172] 蔣通常則視情節輕重及涉案人員地位高低，或批示分別查辦，或直接派侍從室人員密查。

侍從室所經辦的軍政人員貪污不法案件，均由侍六組負責追蹤考核。根據一項統計，侍六組 1944 年度經辦軍政人員各種貪污不法案件，共有 832 件，違法人員服務機關以前方部隊（237 件）為最多，省市縣黨政機關（140 件）；後方部隊（108 件）與中央軍事機關（103 件）次之，中央黨政機關（75 件）、保甲人員（70 件）與憲警（58 件）又次之，教育機關（19 件）與駐外人員（14 件）最少。違法案件類別則以敲詐受賄（170 件）為最多，盜賣公物（94 件）、兵役舞弊（94 件）、經商營私（92 件）、浮報剋扣（79 件）、走私販毒（63 件）次之，浮徵濫派（50 件）、劫財害命（46 件）又次之，糧政舞弊（16 件）最少。如綜合觀察，前方部隊以敲詐受賄問題最為嚴重，走私販毒、盜賣公物、經商營私和浮徵濫派問題次之；地方黨政機關以敲詐受賄問題最為嚴重，盜賣公物和經商營私問題次之；中央黨政機關則以敲詐受賄、盜賣公物和浮報剋扣問題較為嚴重。至於違法案件處理結果，除續查偵訊（156 件）的案件外，

大多為查無實據（59件），只有極少數的案件或行政處分（26件）和刑事處分（3件）。

表九：侍從室第六組 1944 年度經辦軍政人員貪污不法案件統計表

類別	處理\案數\違法機關			中央軍事機關	中央黨政機關	省市縣黨政機關	教育機關	前方部隊	後方部隊	憲警	駐外人員	保甲人員	其他	合計	刑事處分	行政處分	續查偵訊	查無實據
總計	呈閱			1	1	1		4	3					10	3	26	156	59
	交辦	未復		55	24	75	10	125	54	29	6	40	7	425				
		已復	有結果	3	6	4	2	6	2	4	2			9				
			無結果	24	36	33	7	41	26	16	6	25	2	215				
	存查			20	8	27		61	23	9		5		153				
	小計			103	75	140	19	237	108	58	14	70	8	832				
兵役舞弊	呈閱													0		1	18	14
	交辦	未復				1		3	18			25	4	51				
		已復	有結果						1					1				
			無結果	2				3	11			16		32				
	存查								5	1		4		10				
	小計			2		1		6	35	1		45	4	94				
糧政舞弊	呈閱													0		2	6	
	交辦	未復			4	3						1		8				
		已復	有結果				2							2				
			無結果	1	5									6				
	存查													0				
	小計			1	11	3						1		16				
浮報剋扣	呈閱				1									1		4	11	2
	交辦	未復		14	8	9	5	8	5	3				52				
		已復	有結果				2	1					1	4				
			無結果				2		3	4	3			13				
	存查			2					3	4				9				
	小計			16	13	10	8	15	12	3	1		1	79				

類別	交辦	細目											小計				
盜賣公物		呈閱	1										1		2	1	18	8
	交辦	未復	10	7	13		15	4	2		2	1	54					
		已復 有結果	2				1						3					
		復 無結果	5	6	6	1	3	2	1	1		1	26					
	存查			2	3		4		1				10					
	小計		18	15	22	1	23	6	4	1	2	2	94					
敲詐受賄		呈閱			1								1			6	34	7
	交辦	未復	9	4	25	1	34	8	12	2	1		96					
		已復 有結果	1		3		1		1				6					
		復 無結果	3	10	8		8	2	6		4		41					
	存查		2	3	4		11	5	1				26					
	小計		15	17	41	1	54	15	20	2	5		170					
浮徵濫派		呈閱											0			2	14	2
	交辦	未復	1	1	4		9	2					17					
		已復 有結果						1	1				2					
		復 無結果		4	5	1	4	1	1				16					
	存查		2		4		7	2					15					
	小計		3	5	13	1	20	6	2				50					
劫財害命		呈閱					3						3				4	3
	交辦	未復		1		1		11	2	1		5							
		已復 有結果																	
		復 無結果			2	1	1		3										
	存查		4		3		8						15					
	小計		7	1	5		25	2	1		5		46					
經商營私		呈閱											0			3	14	10
	交辦	未復	7		8	1	11	7	3	3			40					
		已復 有結果		1			1	1					3					
		復 無結果	2	7	4	2	2	1	1	4	1		24					
	存查		6	2	5		7	3	2				25					
	小計		15	10	17	4	21	11	6	7	1		92					
走私販毒		呈閱					1	3					4		1	1	11	5
	交辦	未復	5		8		8		3		3	1	28					
		已復 有結果		1			1						2					
		復 無結果			4	1	3		4		2	1	1					
	存查		1		2		9		1				13					
	小計		10	2	13		23	3	6	1	4	1	63					

其他	交辦														6	26	8
		呈閱											0				
		未復	8		3	3	26	8	5	1	3	1	58				
		已復	有結果			1	2		2	1			6				
			無結果	5		6		10	6	5		2		34			
		存查	3	1	6		12	4	3		1		30				
		小計	16	1	15	4	50	18	15	2	6	1	128				

附註：1. 本表係根據貪污不法案件檢查登記簿，彙集統計。

2. 本表「案數」係以每一案件為單位，如同一案件，而有數個報告者，仍作一件計，故本表之總計數字，較收文總計數字為小。

3. 凡交各機關查辦之案件，尚未據其呈復者，列入「未復」欄，已據其呈復，而有結果者，列入「有結果」欄，又雖已呈復，而無實據，或尚在偵訊中者，列入「無結果」欄。

4. 凡案情不實，或事蹟細微者，存查。

5. 本表中未復案件，以三十三年十一、十二兩月份占大半數。

資料來源：中國第二歷史檔案館藏。

　　另一項統計資料則指出，侍六組 1945 年度 1 至 9 月經辦貪污不法案件，共有 529 件，違法人員服務機關以前方部隊（137 件）和省市縣黨政機關（125 件）為最多，後方部隊（93 件）與中央軍事機關（56 件）次之，中央黨政機關（28 件）、保甲人員（24 件）與憲警（16 件）又次之，顯示機關分布與 1944 年相同。違法案件則以浮報剋扣（109 件）與敲詐受賄（91 件）為最多，盜賣公物（58 件）、經商營利（51 件）、浮徵濫派（41 件）、劫財害命（38 件）、兵役舞弊（36 件）、走私販毒（33 件）次之，糧政舞弊（22 件）最少。如作綜合觀察，前方部隊以敲詐受賄（28 件）、浮報剋扣（25 件）、劫財害命（24 件）較為嚴重，浮徵濫派（18 件）、走私販毒（13 件）次之；中央黨政機關則以浮報剋扣 (12 件) 問題較為嚴重。顯示違法案件的類別與各機關違法案件的類別與 1944 年相較，均無太大的差異。至於違法案件處理結果，除續查偵訊（112 件）的案件外，大多為查無實據（98 件），獲得行政處分（48 件）和刑事處分（34 件）案件的數量，雖較 1944 年有所成長，但是在所有案件中所占比例仍低，顯示監察的功能似未能充分發揮，而僅能對各機構主管產生警示效果而已。

表十：侍從室第六組 1945 年度 1 至 9 月份經辦貪污不法案件統計表

區分	案數		類別	兵役舞弊	糧政舞弊	浮報剋扣	盜賣公物	敲詐受賄	浮徵濫派	劫財害命	經商營利	走私販毒	其他	合計
總 計				36	22	109	58	91	41	38	51	33	50	529
處理	交辦	已復	小計	24	14	71	44	42	18	18	22	19	20	292
			刑事處分	5	1	4	8	5		3	2	5	1	34
			行政處分	4	3	16	4	4	2	2	4		9	48
			續查偵訊	10	5	27	23	19	6	9	4	6	3	112
			查無實據	5	5	24	9	14	10	4	12	8	7	98
		未復		7	7	30	10	42	14	13	17	7	22	169
	存 查			5	1	8	4	7	9	7	12	7	8	68
違法機關	中央黨政機關				1	12	3	6			3	2	1	28
	中央軍事機關			1		13	13	6	1	1	12	2		56
	省市縣黨政機關			6	16	29	15	21	13	4	13	4	4	125
	前 方 部 隊			3	1	25	8	28	18	24	7	13	10	137
	後 方 部 隊			19	1	17	10	11	7	5	5	6	12	93
	憲 警					2				1	3	2		16
	保 甲 人 員			6	2	2	2	4	1	3	1	2	1	24
	其 他			1		1	9	6	10	1		7	13	50

附註：1. 本表係根據貪污不法檢查登記簿，彙集統計。

2. 本表「案數」，係以每一案件為單位，如同一案件，而有數個報告者，仍作一件計，故總計數字，較收文總計數字為小。

3. 交各機關查辦之案件，有呈閱後交辦者，有逕交查辦者，其中尚未撥其呈復者以九月份較多。

4. 凡案情不實，或事蹟細微者，存查。

資料來源：中國第二歷史檔案館藏。

二、參事室：監察中的監察

或許是由於中統和軍統的貪腐和坐大，令蔣介石忍無可忍，1943 年 6 月起，蔣即曾構想成立一「特務之特務」的組織與人選，甚至訂名為特務室。[173] 1944 年元月 7 日蔣介石手諭侍一處主任林蔚及侍六組組長唐縱：「為加強對各機關監察計，現應設計建立一黨政軍各機關監察網，

以及各對特務與緝私機關之監察機構。所謂特務與緝私機關之監察機構，即指特設一機構（但須簡單切實），以考核監察各特務與緝私機關，包括中央與軍委會兩調統局、憲兵司令部及緝私機關與部隊，使其成為監察之監察，希即照此研究具體辦法與組織呈報為要。」[174] 次日，唐縱往見侍二處主任陳布雷，報告此事。陳對於監察之監察工作，表示困難，但蔣一再手令，似又不便推卸。[175] 果然蔣於 17 日又以手令催促：「對於建立監察之監察一案，應迅即依照前令指示之方針策畫進行外，希密令俞侍衛長、宣署長、張副司令（鎮）參與工作，並會同研擬業務之分工合作辦法，於半月內呈報，商討之初，余可出席指導。」[176] 唐縱以此事恐勢在必行，乃草擬方案，擬在主任室設一參事，派視察若干人出外訪查，但唐由於怕不能達成蔣的期望，不願由侍六組主持。[177] 22 日，林蔚約集俞濟時、宣鐵吾、張鎮，商討此案。商議既畢，唐縱乃草擬簽呈呈覆蔣介石。此組織陳布雷想設於侍六組，唐縱陳明兩點困難：(1) 因唐與軍統局有關係，恐引起其他機關的疑慮；(2) 設在侍六組找人不易，設在主任室，較容易物色人選。不料陳布雷不以為然，幸好林蔚諒解此中情形，請侍一處副主任俞濟時擔任。[178] 獲蔣同意。

　　侍一處設立參事室後，俞濟時以其親信張曉崧任主任、項昌權任主任祕書，其餘三十餘名視察，也均為其舊部。任務主要為分派至各戰區視察中統、軍統人員和國軍部隊主要將領的活動，掌握中共駐渝辦事處的活動情況，隨時彙整為情報，交由俞濟時直接呈送蔣介石。[179] 如遇重大貪汙舞弊案件或特工人員行動踰矩遭地方投訴事件，蔣介石每多批交參事室簽辦，因此該室在當時被視為「特工之特工」，[180] 或是「監察之監察」。[181] 戰時侍從室參事室所經辦的舞弊案，重要者有程澤潤案與軍需署舞弊案。此二案晚近學者雖已有若干討論，[182] 但是並未注意到侍從室在其中所扮演的角色，茲分別加以補充。

（一）程澤潤案

　　抗戰後期，役政弊端日益嚴重。1944 年春，陳誠即曾在中央訓練團演講時，公開指責徵兵為抓兵，將新兵視為囚犯，剋扣兵餉，沒有醫藥，造成新兵大量死亡；送到部隊的新兵，均為病兵，如何作戰。8 月，兵役署長程澤潤被迫辭職，[183] 調為軍事委員會點驗委員會主任。此時適值

四川運輸第二十九團將新兵送往湖北恩施，交第六戰區補充前線部隊。部隊途經重慶，在朝天門碼頭等候差船。由於船期不定，只要接到通知，即需立即上船，否則改調其他軍事用途，因此部隊不能遠離。但是在碼頭附近，既無兵營，也無廟宇或其他較大的公共場所，只得自行尋找住所，臨時借住。小樑子為市區熱鬧街道，一棟大樓遭日機炸毀後，重新興建，尚未完全竣工，遂遭部隊占用，因怕新兵逃亡，乃將四面守衛，只留一道小門進出，燒火造飯、解大、小便，均在室內，形同臨時牢房。天候正熱，臭氣薰天。夜間又以私刑毒打逃兵，逃兵慘叫，聲聞四鄰，且有被打死者，停屍於廁所。事經特勤人員密報侍從室，侍一處參事室張曉崧據以簽報蔣介石請求嚴查撤辦。蔣29日見此簽呈，至為震怒，立命其子蔣緯國及侍衛長兼代侍一處主任俞濟時親自前往勘查，回報確有此等事實，停屍尚未收殮。蔣立囑俞當夜發出緊急通知，召集相關部門首長於次日至黃山謁見。30日凌晨6時，俞濟時臨時以電話通知軍政部次長錢大鈞（曾任侍一處主任）謂：奉蔣命改令參謀總長兼軍政部長何應欽、後勤部長俞飛鵬、軍政部次長錢大鈞、兵役署長程澤潤、副署長陳鳳韶及運輸第二十九團團長、第一連連長、排長等，改於上午9時在軍委會等候。8時許，何應欽即到，查詢詳情。9時蔣蒞臨，即率全體驅車往雞房街，現場視察。[184]

蔣介石突然而至，該部隊毫無準備，只有一個排長值日，倉促集合隊伍迎接。屋內糞便堆積，病員哀嚎，內務雜亂。蔣先後召被打士兵及病兵詢問，程澤潤上前意圖申辯，蔣不等程開口，即舉起手杖擊程，不下十餘下，程面狀等均受傷，後將程及團長、連長、排長及毆打士兵的班長兩人，均予扣押，軍政部長和後勤部長俞飛鵬等均驚慌失色。蔣返回軍委會後，與何應欽談，謂可將兵役成立專部，並謂新任的兵役署長徐思平也不適宜，當由張定璠擬定兵役部組織條例草案呈核。次日，蔣介石又派人傳兵役署副署長陳鳳韶、何志浩至侍從室訊問，經陳、何二人詳細解釋，兵役署係中央主管兵役的幕僚機構，主辦新兵的徵集、撥補、復員等業務，至於部隊強占民房、虐待新兵，則罪在部隊長官，並非兵役署的直接責任。蔣乃派侍一處主任俞濟時點驗該團新兵，當場宣布，如有不是依法徵集的新兵，應即舉手出列。當時大多數新兵紛紛舉

手喊冤，點驗員乃一一記錄，叫他們加蓋指紋，上報蔣介石，作為懲辦程澤潤的證據。經軍法執行總監何成濬簽報，將程解交軍法會審，以張治中為審判長，又經代參謀總長程潛加註意見，報蔣批准。經軍法會審，程獲判有期徒刑三年，報蔣批示，蔣批「從嚴懲辦」。此案批下後，張治中等不知所措，只得將原案改判九年，但程潛不滿原判三年，忽改為九年，直視軍法為兒戲，乃拒絕蓋章，此案形同擱置。程妻此時則四處求人向蔣說情，不過由於求情的人過多，蔣甚至聽說有人要找魏德邁講情，更加生氣，於是親下手令，槍斃程澤潤，並派一少將侍衛官，持其手令，監督立即執行。[185]

　　此案發生後不久，蔣介石即令侍從室研究成立徵兵密查組和部隊經理密查組，侍一處主任林蔚交六組組長唐縱。唐以為侍從室如果無限制擴充，也不是運用組織之道，因此主張利用原有情報機關加強其工作指導，而由第六組主持辦理，如果另立系統，將來恐怕治絲愈紛，難收其效。[186] 9 月 6 日，蔣介石於整軍會議中交議設立兵役部問題，除馮玉祥外，其餘與會人士多期以為不可，但是蔣仍決定設立。[187] 一般以為蔣此舉係在表示對軍政部長何應欽的不滿。[188]

（二）軍需署舞弊案

　　1944 年，一次國民參政會開會，寧夏省主席馬鴻逵上台報告，攜來數套軍服，當場表現試穿。馬身軀碩大，而布質粗劣，一穿便告裂破，他指責軍需部內主管應拿出良心辦事，衣服此種品質，絕非戰時物資缺乏所致，而是有人揩油。當時蔣介石也在場，深感痛心，事後即指示參事室立派專機，分赴重要被服工廠作突擊檢查，分別在倉庫抽取布皮、成衣作為樣品，攜回檢驗。經張曉崧主持檢查結果，發現至少有三分之一的經緯線遭偷工減料，即一次五百萬套軍衣，約有近二百萬套的價值，落入私人腰包；惟參事室所掌握各情報機構所呈報的情報顯示，軍需署長陳良清廉自持，對家屬約束，並未引用任何私人，所有廠長、庫長，站、所主任，均為參謀總長兼軍政部長何應欽交下照派。飭查事項雖有若干措施失宜，均為忠於主官而有所偏頗。由於張曉崧在報告中為陳剖白，陳得以在此事件中全身而退，僅遭撤職留任，觀察三個月，但仍導致何應欽自行請辭本兼各職，及軍政部的全面改組。[189]

侍一處參事室雖然發揮了一定的監察功能，不過也因此與中統、軍統經常發生矛盾，尤其是引起前方將領的不滿，認為俞濟時的參事室有如明末的宦官監軍制度，對上蒙騙最高統帥，對下渙散軍心，於是紛紛向蔣介石告狀，蔣基於全盤考量，乃對於參事室的活動加以限制。[190]

抗戰勝利後，侍從室撤銷，俞濟時被任命為軍務局局長，掌握原侍一處業務。1947 年，由於國防部所屬機關、部隊及各地兵站機構，貪污舞弊事件層出不窮，影響部隊軍心，俞濟時乃重施故技，向蔣介石建議組織視察組，派赴各地監督檢查各機關、部隊的工作，規定他們直接向軍務局密報，令祕密派遣一批視察官，派赴各地對軍統在各地的分支機構進行調查。[191]

三、侍從室經濟情報組

為了從經費開支上掌握國民政府高級官員或地方高級將領的政治動向，侍從室第二處第四組（主管財經事務）曾設立經濟情報組，利用查帳的方式，對侍從室視為不甚可靠的軍政領袖進行監控。

經濟情報組並無固定的編制與人員，由侍二處主任陳布雷指定該處第四組組長陳方負責。其中一般性的經濟資料，係由陳方指定第四組一至二名祕書負責整理；較重要的經濟情報，則由陳方、李惟果和陳良（軍需署署長）共同分析、研判，最後交由陳布雷審閱。他們在業務上並進行分工：軍需方面經濟情報的分析與研判，由陳良負責；黨政方面經濟情報的分析與研判，則由陳方、李惟果負責。由於有關經濟情報組如何運作的檔案史料，極為有限，此處僅以對張治中的監控活動為例，加以說明。

1941 年，三民主義青年團中央幹事會書記長張治中面囑陳良，代表物色人選，充任三青團中央團部財務組組長，陳遂將軍需署設計委員魏錫熙介紹給張。由於張治中與陳良之間的關係密切（張任中央軍校教育長時，曾任陳為該校經理處處長，後來又經張的支持，先後擔任軍政部會計長及軍需署長），因此張對魏錫熙也深信不疑，將所有團部的財務業務，均交魏負責處理。

張治中由於政治態度較為開明，曾多次訪問延安，與中共領導人較為接近，因此被陳布雷視為「不放心的人物」，必須加以提防，以免發

生不利於蔣介石的行動。1943 年初，魏錫熙經由陳良和李惟果的介紹，與陳布雷見面，接受了從經濟上監控張治中的任務。6 月，陳布雷祕密指示魏錫熙，要求將張在三青團的政治性經費開支，與各項專款和私人機密費等項情報，及時報送經濟情報組。魏接受任務後，乃先後將發展三青團組織、建立各級團部及各地青年營、舉辦各地青年夏令營、召開三青團全國代表大會、成立三青團中央幹部學校等經費預算、工作計畫、開支情況，與張治中個人的特支費等情報，密送經濟情報組，以供陳從經費開支上瞭解張在三青團的政治動向。

抗戰勝利後，侍從室改組，由於經濟情報組的工作係由陳布雷所直接經管，不僅人事一仍其舊，業務與活動也一直未曾中斷。[192] 1946 年 3 月，蔣介石任張治中為西北行營主任兼新疆省政府主席，以授其以處理新疆問題的全權。[193] 魏錫熙不久也被任命為新疆省政府會計長，兼西北行營迪化辦公廳第六組（財務）組長。陳布雷密囑魏一如既往，隨時報送有關張治中在新疆的經濟情報。魏錫熙乃先後將張治中統一新疆全省幣制，撥給伊犁、塔城、阿山三區改善郵電、公路運輸的經費，「三區」少數民族軍糧餉，召開新疆省參議會經費，視察伊犁及南疆的開支，新疆軍墾計畫及經費預算，修築迪（化）哈（密）機場經費，西北民生實業公司資金，西北文化建設協會基金，張治中致贈各少數民族領袖的犒賞，民族運動費，以及張治中個人機密費等，均向經濟情報組呈報了詳細的情報。1947 年，張治中以強硬態度對付「三區」，陳布雷見其行動符合國民政府在新疆統治的利益，才命令魏暫時停止監控工作。魏錫熙自從為侍從室經濟情報組工作，由於送繳情報有功，曾先後收到陳布雷以年節津貼名義致贈款項，約合黃金 10 兩左右，直至 1948 年陳布雷逝世以後停止。[194]

結論

綜前所述，可以得到以下幾點結論：

第一，侍從室以極為精簡的人力，處理各方送呈的大量情報資料，使其成為有價值的情報，有利於蔣介石及相關機構參考運用，如戰前及

抗戰初期蔣介石對於川局的成功因應，固然有賴於中央的斡旋與妥協，而侍從室情報體系所提供的情報，及侍從室幕僚根據各方情報所做的分析與建議，有助於蔣介石清楚的全盤掌握川局，制定出妥善的對策，殆無疑問。不過在情報處理的過程中，所牽涉的環節甚多，不論是情報的取得、分析與運用，其中任何一個環節稍有失誤，即可能前功盡棄，如西安事變及珍珠港事件前的情報系統失靈，未能事先產生預警作用，均為具體例證。此外，侍從室對於各方舉報的材料，能夠經由適當的追蹤查核，整編成為有用的情報，彌補了正式情報機構的不足，貢獻甚大。

第二，侍六組在成立初期，由於唐縱個人的職位低微，面對強勢的各大情報機構，實無法作實質有效的管理與考核。不過在戴笠的坐大引起蔣介石的疑忌，而對其做出有效的控制後，唐縱也得以開始建立各種檔案及統計數字，以「科學化」的方式，對各情報機關進行考核與管理，不過侍從室考核的盲點，在於不重視各情報機關的反情報能力，洩密的情況嚴重，始終未能改善，[195] 導致英、美均不願意和中國分享高階情報。[196]

第三，侍從室試圖經由各種會報制度，加強各情報機關之間的溝通與協調，並且擴大了情報的分享範圍，同時也減少了惡性競爭。不過其成效似乎與侍從室本身地位的強弱有關。

第四，侍從室對於黨政官員貪污不法行為的調查，侵犯了正規司法機關的職權，而且調查結果每多未做進一步的處分，因此其功能似如同監察院，並未能充分的發揮，而只能對機構及個人產生嚇阻的作用。

第五，侍從室所建立的一套情報監督管理體制及運作方式，一直延續至戰後台灣，侍從室處理情報業務的相關人員，日後也都在戰後台灣安全體系中長期扮演重要的角色，[197] 因此侍從室的重要性，實不容忽視。

1. James McHugh, "Notes on General Aspects of Military Intelligence in China", enclosed in Gauss to Secretary of State No. 1849, 23 November 1943, 893.20/798, LM65, Reel 17, RG59, USNA. cited in Richard J. Aldrich, *Intelligence and the War against Japan: Britain, America and the Politics of Secret Service* (Cambridge: Cambridge University Press, 2000), p.296.

2. David Ian Chambers, "The Past and Present State of Chinese Intelligence Historiography," *Studies in Intelligence* 56:3(September 2012), pp.31-46.

3. 鄧文儀，《冒險犯難記》（台北：學生書局，1973 年），頁 159。

4. 秋宗鼎，〈蔣介石的侍從室紀實〉，《文史資料選輯》，第 81 輯（1982 年 7 月）頁 128-129。

5. 唐縱，《在蔣介石身邊八年——侍從室高級幕僚唐縱日記》（以下簡稱《日記》）（北京：群眾出版社，1991 年），1939 年 1 月 24 日。

6. 唐縱，《日記》，1939 年 2 月 8 日。

7. 唐縱，《日記》，1939 年 2 月 21 日。

8. 唐縱，《日記》，1939 年 5 月 20 日。

9. 唐縱，《日記》，1939 年 2 月 8 日。

10. 陳布雷，《陳布雷先生從政日記稿樣》（以下簡稱《日記》）（台北：東南印務出版社，出版年不詳），1939 年 2 月 12 日。

11. 唐縱，《日記》，1939 年 2 月 14 日。

12. 唐縱，《日記》，1939 年 5 月 10 日。

13. 唐縱，《日記》，1939 年 5 月 26 日。

14. 唐縱，《日記》，1939 年 6 月 16 日、24 日。

15. 唐縱，《日記》，1939 年 7 月 14 日。

16. 陳布雷，《日記》，1939 年 2 月 15 日。

17. 秋宗鼎，〈蔣介石的侍從室紀實〉，頁 129。

18. 〈錢大鈞、陳布雷呈今後辦公辦法與侍從室工作辦法（1945 年 8 月 31 日）〉，〈國民政府組織編制〉，《國民政府檔案》，國史館藏，檔號 0421/0077.01-01。

19. 黃康永，〈軍統特務組織的發展和演變〉，收於：中國人民政治協商會議全國委員會文史資料委員會編，《文史資料存稿選編‧特工組織（上）》（北京：中國文史出版社，2002 年），頁 667。

20. 秦豐川，〈軍統局的經濟情報機構〉，收於：文聞編，《我所知道的軍統》（北京：中國文史出版社，2004 年），頁 238；陳盛智，〈在軍統特務組之中的一般經歷〉，收於：《文史資料存稿選編‧特工組織（下）》，頁 194。

21. 李英，〈中統在成都的「秘宣」內情〉，收於：《文史資料存稿選編‧特工組織（上）》，

頁 163；張文，〈中統二十年〉，《江蘇文史資料選輯》，第 23 輯（1987 年 8 月），頁 73。

22. 中共人士在重慶遭監控者，包括周恩來、鄧穎超、董必武、潘梓年、王炳南、王若飛、陳家康、胡喬木、徐冰、張曉梅、韓幽桐、李卓然等。被監視的重要場所則包括曾家岩 50 號（十八集團軍辦事處）、重慶市上清寺桂園（周恩來公館）、重慶市紅岩子新華日報社、重慶市中一支路新華日報宿舍、重慶市枇杷山蘇聯大使館、重慶市青木關車站（中共人物往來重慶與延安的總關口）等。當時在新華日報社附近設有茶館，在曾家岩 50 號附近設有紙煙攤販，在蘇聯大使館收買有卒役內探，對上列人物，每日均有詳細的行蹤報告，匯報上級。參閱：胡性階，〈中統特務機構在重慶的活動〉，收於：《文史資料存稿選編 · 特工組織（上）》，頁 133。

23. 政協江蘇省委員會文史資料研究委員會編，《中統內幕》（南京：江蘇古籍出版社，1987 年），頁 75-76。

24. 陳布雷，《日記》，1938 年 12 月 2 日。

25. （重慶：統一出版社，1942 年）。

26. 《中統內幕》，頁 75。

27. 李英，〈在重慶期間的中統局本部〉，收於：《文史資料存稿選編 · 特工組織（上）》頁 120；李英，〈中統在成都的「秘宣」內情〉，頁 163。

28. 伍杰編，《中國期刊大詞典》（北京：北京大學出版社，2000 年），頁 206。

29. 唐縱，《日記》，1941 年 3 月 5 日。

30. 李英，〈在重慶期間的中統局本部〉，頁 129。

31. 劉曉鵬，〈敵前養士：「國際關係研究中心」前傳（1937-1945）〉，《中央研究院近代史研究所集刊》，第 82 期（2013 年 12 月），頁 145-174。

32. 馬振犢、邱錦，〈抗戰時期國民黨中統特工的對英合作〉，《抗日戰爭研究》，2006 年第 3 期，頁 191；Maochun Yu, *The Dragon's War: Allied Operations and the Fate of China, 1937-1947* (Annapolis, Maryland: Naval Institute Press, 2006).

33. 潘世憲，〈回憶王芃生與國際問題研究所〉，收於：陳爾靖編，《王芃生與台灣抗日志士》（台北：海峽學術出版社，2005 年），頁 120。

34. 潘世憲，前引文，頁 47。

35. 〈王芃生情報摘要（1938 年 3 月 17 日）〉，《蔣中正總統文物》，典藏號：002-080200-00282-015；〈王芃生情報摘要（1938 年 4 月 17 日）〉，《蔣中正總統文物》，典藏號：002-080200-00510-047；唐縱，《日記》，1939 年 10 月 3 日。

36. 何智霖、蘇聖雄，〈後期重要戰役〉，收於：呂芳上主編，《中國抗日戰爭史新編》（台北：國史館，2016 年），第 2 編，頁 293。

37. 軍事委員會法制處編，《軍事委員會軍事機構調整計劃》（重慶：軍事委員會辦公聽，

1945 年），附表 3；邱沈鈞，〈國防第二廳的前身——軍令部第二廳〉，《文史資料選輯》，第 141 輯，頁 72-73。

38. 蘇聖雄，〈國軍統帥部與抗日作戰〉，未刊博士論文，台灣大學歷史研究所，2016 年，頁 170。

39. 徐友春編，《民國人物大辭典》，頁 720。

40. 徐復觀，〈中共最近動態〉，收於：黎漢超、李明輝合編，《徐復觀雜文補編》，第 5 冊，頁 24-38。

41. 蔣介石，《日記》，1944 年 1 月 20 日。

42. 張令澳，《蔣介石侍從室見聞》（上海：中國人民政治協商會議上海市虹口區委員會，1994 年），頁 234。

43. 汪日章，〈我隨蔣介石在杭州的一段回憶〉，收於：《杭州文史叢編 · 政治軍事卷（上）》，頁 333。

44. 《財經巨擘》，頁 170。

45. 〈錢大鈞、陳布雷呈今後辦公辦法與侍從室工作辦法（1945 年 8 月 31 日）〉。

46. 張令澳，《蔣介石侍從室見聞》，頁 10-11。

47. 程思遠，《政壇回憶》（南寧：廣西人民出版社，1983 年），頁 171-172。

48. 秋宗鼎，〈蔣介石的侍從室紀實〉，頁 149。

49. 〈軍事委員會委員長侍從室第一處召集有關機關商討改革密本會議記錄（1943 年 6 月 15 日）〉，中國第二歷史檔案館藏，經濟部檔案，全宗號：4，案卷號：14524。

50. 中國第二歷史檔案館、海峽兩岸出版交流中心編，《中央通訊社參考消息匯編》（北京：九州出版社，2010 年），頁 1-3。

51. 左東樞，〈我所知道的國民黨中央通訊社〉，收於：《文史資料存稿選編 · 文化》，頁 238-239。

52. 中國第二歷史檔案館、海峽兩岸出版交流中心編，《中央通訊社參考消息匯編》，頁 2-3。

53. 何作柏，〈白崇禧當參謀總長兼軍訓部長〉，《廣西文史資料》，第 30 輯，頁 419。

54. 陳布雷甚至曾於日記中自記「《參考消息》已數日未閱。」徐永昌也曾於日記中抄錄《參考消息》全文。參閱：陳布雷，《日記》，1941 年 1 月 8 日；徐永昌，《日記》，1940 年 9 月 21 日。

55. 〈1940 年各情報機關報告本室處理結果比較圖〉，侍從室檔案，藏於中國第二歷史檔案館；〈第六組 1944 年度情報處理比較表〉，侍從室檔案，藏於中國第二歷史檔案館；〈侍從室第六組辦事規程（1943 年 9 月 23 日）〉，侍從室檔案，藏於中國第二歷史檔案館。

56. 施太乃斯曾草擬長達三十三頁有關侍從室警衛勤務組織的建議書呈蔣介石。參閱：

施太乃斯，〈侍從室警衛勤務組織〉，《蔣中正總統文物》，典藏號：001-011321-0001。

57. 〈蔣介石電宋子文前施太乃斯顧問擬定組織游擊隊照原計劃經辦 (1939 年 1 月 19 日)〉，《蔣中正總統文物》，典藏號：002-070200-00008-021-001。

58. Hsi-huey Liang, *The Sino-German Connection: Alexander von Falkenhausen between China and Germany* (Assen: Van Gorcum, 1978), p. 134.

59. 陳郴，〈德國在華軍事情報機關 (1941-1945)〉，《台大歷史學報》，第 44 期（2009 年 12 月），頁 173-174。

60. 唐縱，《日記》，1939 年 1 月 10 日。

61. 〈蔣中正電令賀耀組等關於戴笠、王芃生、王季弼等情報應派專人研究統計〉，《蔣中正總統檔案》，國史館藏，典藏號 002-010300-00019-041；唐縱，《日記》，1939 年 2 月 8 日。

62. 唐縱，《日記》，1941 年 2 月 6 日。

63. 張令澳，前引書，頁 81。

64. 係根據筆者閱讀二人日記所得印象。

65. 戴笠對唐縱一直極力拉攏。在 1945 年國民黨第七屆中央委員會改選時，戴雖為參選，但積極為唐活動，請客拉票，經於將唐選為中央委員，因此有些人即認為徐恩曾與顧建中的埋怨，並非毫無根據。參閱：趙毓麟，〈國民政府軍事委員會委員長侍從室人事內幕〉，《文史資料存稿選編‧軍事機構（上）》，頁 4。

66. 金以林，〈蔣介石的用人與選才〉，收於：呂芳上編，《蔣介石的親情、愛情與友情》（台北：時報出版社，2011 年），頁 243。

67. 霍實子、丁緒曾，〈國民政府軍事委員會密電檢譯所〉，收於：《文史資料存稿選編‧特工組織（下）》，頁 807-808。

68. 岩谷將，〈蔣介石、共產黨、日本軍：二十世紀前半葉中國國民黨情報組織的成立與展開〉，收於：黃自進、潘光哲編，《蔣介石與現代中國形塑》（台北：中央研究院近代史研究所，2013 年），頁 20-21。

69. 岩谷將，前引文，頁 21。

70. 霍實子、丁緒曾，前引文，頁 812。

71. 張令澳，前引書，頁 81-82。

72. 唐縱，《日記》，1941 年 12 月 5 日。

73. 魏大銘，〈珍珠港事變之研究（一）〉，《傳記文學》，第 39 卷第 6 期（1981 年 12 月），頁 66。

74. 唐縱，《日記》，1941 年 12 月 6 日；魏大銘，〈珍珠港事變之研究（一）〉，頁 66。

75. 唐縱，《日記》，1941 年 12 月 5 日。

76. 張令澳，前引書，頁 82。

77. 唐縱，《日記》，1941 年 12 月 5 日。

78. 唐縱，《日記》，1941 年 12 月 5 日「上星期反省錄」。

79. 唐縱，《日記》，1943 年 12 月 16 日。

80. 張令澳，前引書，頁 82。

81. 國防部情報局編，《戴雨農先生年譜》（台北：編者印行，1966 年），頁 116-117。

82. 蔣介石，《日記》，1941 年 11 月 29 日。

83. 唐縱，《日記》，1941 年 12 月 5 日「上星期反省錄」。

84. 蔣介石，《日記》，1941 年 12 月 7 日。郝柏村，《郝柏村解讀蔣公八年抗戰日記：1937-1945（下）》（台北：遠見天下文化，2013 年），頁 849；岩谷將，前引文，頁 21-22。

85. Waldo Heinrichs, *Threshold of War: Franklin D. Roosevelt and American Entry into World War II* (New York: Oxford University Press, 1989), p. 191.

86. Roberta Wohlstetter, *Pearl Harbor: Warning and Decision* (Stanford: Stanford University Press, 1962), pp.44-46.

87. David Kahn, "Roosevelt, Magic, and Ultra," in Cipher ADeavours, et al. eds, *Selections from Cryptologia: History, People, and Technology* (Boston: Artech House, 1998), pp.123-153. 晚近的研究也指出羅斯福對破譯密碼不感興趣，即使是在珍珠港事變後，他仍只願採用加派間諜的方式，增強情報能力。參閱：Erik J. Dahl, *Intelligence and Surprise Attack: Failure and Success from Pearl Harbor to 9/11 and Beyond* (Washington, D.C.: Georgetown University Press, 2013), p. 64.

88. 周震東，〈戴笠特務「渝三課」、「蓉組」及「西康組」在軍事方面的活動（1935 年～1936 年），《四川文史資料選輯》，第 22 輯，頁 280-282。

89. 王正華編，《蔣中正總統檔案‧事略稿本》，第 40 冊（台北：國史館，2010 年），頁 124。

90. 謝藻生，〈蔣介石與劉湘的勾心鬥角〉，《湖北文史》，2007 年第 1 期，頁 54-55。

91. 戴笠，〈川情機密報告與徹底安川建議〉，《蔣中正總統文物》，典藏號 002-080101-00038-010。

92. 戴笠，〈川情機密報告與徹底安川建議〉。

93 田一平，〈以劉湘為中心的反蔣秘密組織——武德勵進會〉，《四川文史資料選輯》，第 33 輯（1985 年），頁 1-11。

94. 戴笠，〈川情機密報告與徹底安川建議〉。

95. 戴笠，〈川情機密報告與徹底安川建議〉。彭宗誠，〈劉湘的崛起及其與國民政府的關係〉，未刊碩士論文，國立政治大學歷史系，1999 年，頁 253-267。

96. 〈蔣志澄報告劉湘以為抗戰是中央消滅雜色部隊方法並縱容政客文人入川活動〉，侍從室檔案，藏於中國第二歷史檔案館，檔號 762/1576。

97. 秋宗鼎，〈抗戰初期蔣介石侍從室對四川軍閥的調查材料〉，《文史資料選輯》，第33 輯，頁 135-137。

98. 秋宗鼎，前引文，頁 138-139。

99. 秋宗鼎，前引文，頁 139。

100. 楊維真，〈1938 年四川省政府改組風潮始末〉，《國史館學術集刊》，第 4 期（2004年 9 月），頁 115-131。

101. 修訂後的條例詳列考績評比及獎懲的標準，其中獎勵分為 5 級，包括嘉獎、記功、休假、獎金及加原薪 15%；懲處則分為 6 級，包括申誡、記過、罰原薪（一次）20%、減原薪 15%、停職查辦及處死刑。參閱：〈戴笠呈蔣中正報告（1937 年）〉，〈特種情報——軍統（一）〉，《蔣中正總統檔案》，國史館典藏，典藏號 002-080102-00034-006。關於軍統局對於工作人員紀律的要求，詳見：蕭李居，〈戴笠與特務處情報工作組織的開展〉，收於：吳淑鳳、張世瑛、蕭李居編，《不可忽視的戰場：抗戰時期的軍統局》（台北：國史館，2012 年），頁 20-32。

102. 據一位侍六組人員的觀察，侍六組設立考核股的目的乃是為了平衡軍統與中統的勢力。賀楚強係由陳果夫所推荐，1943 年 8 月進入侍六組後，為唐縱所收編，在考核工作上完全聽命於唐，失去了 CC 派他入侍從室的用意。抗戰勝利後侍從室撤銷，成立軍務局，由俞濟時任局長，唐縱尚曾向蔣介石推荐賀楚強任副局長，分管原來侍六組的情報業務。參閱：張令澳，前引書，頁 233；陳布雷，《日記》，1943 年，8 月 3 日。

103. 唐縱，〈第六組三十年度工作總報告〉，《國民政府檔案》，國史館藏，〈蔣中正手令及批示（六）〉，典藏號 001-016142-0013。

104. 〈軍事委員會調查統計局考核報告書〉，《蔣中正總統文物》，國史館藏，典藏號002-080102-00034-009。

105. 〈軍事委員會調查統計局考核報告書〉。

106. 〈軍事委員會調查統計局考核報告書〉。

107. 〈軍事委員會調查統計局會計規程審查報告〉，〈特種情報——軍統（一）〉，《蔣中正總統文物》，國史館藏，典藏號 002-080102-00034-009。

108. 〈戴笠呈蔣中正調查統計局考核報告書及會計章程〉，〈特種情報——軍統（一）〉，《蔣中正總統文物》，國史館藏，典藏號 002-080102-00034-009。

109. 楊維真，《從合作到決裂——論龍雲與中央的關係（1927-1949）》（台北：國史館，2000 年），頁 190。

110. 黃建華，《國民黨政府統治新疆的政策》，（北京：民族出版社，2003 年），頁 100。

111. 沈醉，〈我所知道的戴笠〉，《文史資料選輯》，第 22 輯，頁 93。

112. 沈醉、文強，《戴笠其人》（北京：文史資料出版社，修訂本，1984年），頁101-102。

113. 唐縱，《日記》，1944年8月18日「上星期反省錄」。

114. 1945年3月30日唐縱曾於其日記中記載：「據雨農向委座報告，軍統局組有協濟合作社，在福建浦城以北之仙陽鄉官後地方，至山林一處，有松山10餘萬株，並將進行購置田產800餘石；貴州息峰置有田產400老石；重慶鄉下繰絲廠置有田601畝，地622畝又2,716萬丈，林山300畝，荒山1,602畝。」參閱：唐縱，《日記》，1945年3月30日。

115. 唐縱，《日記》，1943年9月8日。

116. 唐縱，《日記》，1943年1月18日。

117. 唐縱，《日記》，1943年3月26日。唐縱夾在蔣介石與戴笠之間左右為難的處境，另可參閱：羅久蓉，〈從軍統局到保密局〉，收於：吳淑鳳、張世瑛、蕭李居編，《不可忽視的戰場》，頁266。

118. 唐縱，《日記》，1942年4月4日。

119. 郭旭，〈我所知道的戴笠〉，頁411；唐縱，《日記》，1942年4月4日。

120. 唐縱，《日記》，1943年2月24日。

121. 唐縱，《日記》，1943年2月24日。

122. 唐縱，《日記》，1943年3月10日。

123. 唐縱，《日記》，1944年3月2日。

124. 1943年6月，蔣介石下手令解除戴笠所兼財政部緝私署長職務，改由宣鐵吾接任。7月，又對侍一處主任林蔚表示，要戴專負特務責任，不要帶兵，忠義救國軍和別働隊也要整理。參閱：蔣介石，《日記》，1943年6月27日；唐縱，《日記》，1943年7月21日。

125. 1944年6月5日唐縱曾於其日記記載戴笠對上年軍統局工作總報告的批示，對唐非常不滿意。參閱：唐縱，《日記》，1944年6月5日。

126. 唐縱，《日記》，1944年7月1日。

127. 金以林，〈蔣介石的用人與選才〉，收於：呂芳上編，《蔣介石的親情、愛情與友情》（台北：時報出版社，2011年），頁238-239。

128. 鄧文儀，《冒險犯難記》，頁159。

129. 〈戴笠呈蔣中正請於林蔚、賀耀組擇一任調查統計局長並予職為副局長等人事調動及組織工作、經費運用等關於特務組織建議〉，《蔣中正總統文物》，〈特種情報——軍統（一）〉，國史館藏，典藏號002-080102-00034-003。

130. 同前註。

131. 〈最高調查委員會組織規程及最高調查委員會處務通則草案〉，《蔣中正總統文物》，

〈特種情報──軍統(一)〉，典藏號 002-080102-00034-004。

132. 邵毓麟，〈追念一個大平凡的國民黨員〉，收於：陳爾靖編，《王芃生與台灣抗日志士》，頁 99-100。

133. 陳立夫，《成敗之鑒：陳立夫回憶錄》（台北：正中書局，1994 年），頁 106-107。

134. 李約勒，〈難產的中央黨員通訊局〉，《江蘇文史資料選輯》，第 23 輯（1987 年 8 月），頁 268。

135. 張文，〈中統二十年〉，頁 68-69。

136. 唐縱，《日記》，1944 年 11 月 10 日。

137. 陳布雷，《日記》，1944 年 11 月 10 日。

138. 張文，〈中統二十年〉，頁 69。

139. 陳布雷，《日記》，1941 年 2 月 6 日。

140. 〈乙種會報第三次會議紀錄(1943 年 9 月 8 日)〉，中國國民黨黨史館藏，《特種檔案》，典藏號：特 5/3.15。

141. 蕭贊育，〈懷鐵老‧談革新〉，收於：蕭贊育，《梅園文存》（台北：黎明文化，1985 年），頁 202。

142. 張文，〈中統二十年〉，頁 70。

143. 唐縱，《日記》，1941 年 1 月至 4 月。

144. 張文，〈中統二十年〉，頁 69。

145. 〈中央黨政軍聯席會報秘書處組織規程(1945 年 11 月 15 日)〉，國民黨中宣部檔案，中國第二歷史檔案館藏，全宗號 718，案卷號：967；〈中央黨政軍聯席會報秘書處編制表〉，國民黨中宣部檔案，中國第二歷史檔案館藏，全宗號 718，案卷號：967；蕭贊育，〈懷鐵老‧談革新〉，頁 202-203。聯秘處對外行文均不用機構名稱，而用「重慶郵政信箱第三三七號」。參閱：〈全面調整特種宣傳方案(1944 年 8 月)〉，中國國民黨檔史館藏，《特種檔案》，館藏號：特 5/30.35。

146. 康澤，〈獄中自白〉，頁 672-673。

147. 蕭贊育，〈懷鐵老‧談革新〉，頁 203-204。關於抗戰時期及戰後的國民黨各次革新運動，可參閱：王良卿，《改造的誕生》（台北：國立政治大學歷史系，2010 年），第 1-2 章。

148. 康澤，〈獄中自白〉，頁 672。

149. 陳布雷，《日記》，1941 年 3 月 20 日。

150. 唐縱，《日記》，1941 年 3 月 20 日。

151. 王世杰，《日記》，1941 年 5 月 29 日。

152. 唐縱，《日記》，1941 年 3 月 20 日。

153. 唐縱，《日記》，1943 年 5 月 27 日。

154. 唐縱，《日記》，1943 年 7 月 23 日。

155. 萬亞剛，〈從平江事件到昆明事件——「聯秘處」成立的經過〉。

156. 〈軍事委員會電韓德勤等防制奸偽事宜為求步驟統一應即組織該省及戰區黨政軍聯席會報其職權為商討特種問題對策交換情報並分配任務等請查照〉，《蔣中正總統文物》，〈領袖指示補編（二）〉，國史館藏，典藏號 002-090106-00002-060。

157. 〈軍事委員會電馬鴻逵各省黨政軍聯席會報組織辦法請查照〉，《蔣中正總統文物》，〈領袖指示補編（二）〉，國史館藏，典藏號 002-090106-00002-059。

158. 張文，〈中統二十年〉，頁 70；李約勒，〈難產的中央黨員通訊局〉，頁 268-269。

159. 唐縱，《日記》，1944 年 10 月 19 日。

160. 〈軍事委員會電蔣鼎文為處理中共問題各省應訪中央成立黨政軍聯席會報以商討問題交換並分配業務此會議對外絕對秘密除不得以聯席會議名義行文外所有文書往返應妥審處理以免洩露等〉，《蔣中正總統文物》，〈領袖指示補編（二）〉，國史館藏，典藏號 002-090106-00002-065。

161. 唐縱，《日記》，1944 年 5 月 3 日。

162. 唐縱，《日記》，1944 年 7 月 2 日。

163. 沈醉，〈我所知道的戴笠〉，頁 105-106。

164. 例如：〈各情報機關第五次甲種會報決議案 (1943 年 6 月 23 日)〉，中國國民黨黨史館藏，《特種檔案》，典藏號：特 5/3.13。會議的紀錄通常是由侍二處秘書張令澳擔任。參閱：張令澳，前引書，頁 82。

165. 唐縱，《日記》，1943 年 2 月 24 日。

166. 唐縱，《日記》，1945 年 1 月 25 日。

167. 徐遠舉等，〈軍統局、保密局、中美合作特種技術合作所內幕〉，收於：《文史資料存稿選編 · 特工組織（上）》，頁 541。

168. 郭旭，〈我所知道的戴笠〉，頁 409-410。

169. 唐縱，《日記》，1944 年 9 月 4 日。

170. 秋宗鼎，〈蔣介石的侍從室紀實〉

171. 〈侍從室第六組辦事規程 (1943 年 9 月 23 日)〉，侍從室檔案，中國第二歷史檔案館藏。

172. 〈蔣中正電戴笠查辦五、六月份公務員及部隊不法行為等事 (1935 年 7 月 19 日)〉，國民政府檔案，國史館藏，檔號 0510/2770.01-01，縮影號 408/1641-1642。

173. 蔣介石，《日記》，1943 年 6 月 23 日~7 月 25 日。

174. 唐縱，《日記》，1944 年 1 月 8 日，「上星期反省錄」。

175. 唐縱，《日記》，1944 年 1 月 8 日。

176. 唐縱，《日記》，1944 年 1 月 8 日，「上星期反省錄」。

177. 唐縱，《日記》，1944 年 1 月 17 日。

178. 唐縱，《日記》，1944 年 1 月 22 日。

179. 張令澳，前引書，頁 245；項德頤，〈蔣介石在大陸的最後一個侍衛官往事漫憶〉，《檔案春秋》，2005 年第 1 期，頁 38-39。

180. 裘軫，《軌跡尋痕錄》（台北：嵊訊雜誌社，1993 年），頁 228。

181. 張令澳，前引書，頁 245；項德頤，前引文，頁 39。

182. 陳永發，〈關鍵的一年——蔣中正與豫湘桂大潰敗〉，收於：劉翠溶主編：《中國歷史的再思考》（台北：聯經，2015 年），頁 416-421。

183. 劉國銘編，《民國人物大辭典》（石家莊：河北人民出版社，2007 年），頁 2289。

184. 錢大鈞，《日記》，1944 年 8 月 29 日；陳布雷，《日記》，1944 年 8 月 30 日；唐縱，《日記》，1942 年 8 月 30 日；裘軫，前引書，頁 229；徐文山，〈國民黨兵役署中將署長程沛民之死〉，收於：《文史資料存稿選編·軍政人物（上）》，頁 885-886。值得注意的是，此時的蔣介石正由於與史迪威關係的惡化，面臨美方強大的壓力，而有辭職的打算。詳見：王建朗，〈信任的流失：從蔣介石日記看抗戰後期的中美關係〉，收於：中國社會科學院近代史研究所編，《民國人物與民國政治》（北京：社會科學文獻出版社，2009 年），頁 231-232。

185. 蔣介石，《日記》，1944 年 9 月 2 日，上星期反省錄；錢大鈞，《日記》，1944 年 8 月 30 日－9 月 1 日；徐文山，前引文，頁 886-887。根據軍法總監何成濬 1944 年 10 月 4 日日記所載：「晨奉委座申感四侍秦代電，據報程澤潤兼任兵役班主任時，曾派總務組長葉克勳赴涪陵買木材二十萬元，建築該班營房，後因價漲，該署乃以半數木材建築營房，報銷二十萬元，其餘半數木材，移建該署長私室等情；又申感五侍秦代電：唐仲儒陳訴兵役署人事科科員江接天，利用職權，索取賄賂報告一件，希迅辦具報。兵役署前此弊端百出，盡人皆知，軍隊不能相當補充，民間受其擾害特烈，物議沸騰，當局者殊若聽而不聞。今幸委座略有所悉，赫然震怒，即時加以整飭，但事實內幕，委座仍絲毫無從窺見也。電示各件，可見為興薪中之一葉。」侍從室對此二封電報的內容，或許也促成蔣介石作出槍斃程澤潤的決定。參閱：何成濬，《何成濬將軍戰時日記》（台北：傳記文學出版社，1986 年），頁 484。

186. 唐縱，《日記》，1944 年 9 月 5 日。

187. 唐縱，《日記》，1944 年 9 月 6 日。

188. 方秋葦，〈抗戰時期的兵役法和兵役署〉，《民國檔案》，1996 年第 1 期，頁 13。有些學者甚至指出蔣介石扣程當天，即告訴何應欽，兵役署需自軍政部獨立，另成立一部。何應欽見蔣如此不信任自己，乃萌生辭意。參閱：李仲明，《何應欽大傳》（北京：團結出版社，2008 年），頁 233。

189. 裘軫，前引書，頁 168~169、185、228、299~300；陳永發，〈關鍵的一年：蔣中正與豫湘桂大潰敗〉，頁 416-417。

190. 張令澳，前引書，頁 245。

191. 秋宗鼎，前引文。

192. 魏錫熙，〈我通過經濟情報活動監視張治中之內幕〉，《文史資料選輯》，第 81 輯，頁 175-176。

193. 葉健青編，《蔣中正總統檔案‧事略稿本》，第 65 冊，頁 189。

194. 魏錫熙，前引文，頁 177-179。

195. 例如情報界人士指出，蔣介石任用其親戚毛慶祥主持機要室近二十年之久，取其親信可靠。不過毛既不懂技術性的保密，又不知特務性的保防，為禍甚大。參閱：魏大銘、黃遠峰，《魏大銘自傳》（台北：學生書局，2016），頁 109，關於軍統內部的中共地下黨活動情況，可參閱：馬振犢，《國民黨特務活動史》（北京：九州出版社，2008 年），頁 163-166。

196. Eunan O'Halpin, "British Cryptanalysis and China, 1937-1945: An Underused Source for Recent Chinese History," *Tweutieth-Century China* 42:2(May 2017), pp.198-212.

197. 有關 1950 年代台灣情報體系的建立，可參閱：劉熙明，〈蔣中正與蔣經國在戒嚴時期「不當審判」中的角色〉，《台灣史研究》，第 6 卷第 2 期（1990 年 10 月），頁 146-148。

2016 年 8 月，筆者在台北國史館的《蔣中正總統文物》（俗稱「蔣檔」）中，發現一封寫給蔣介石的匿名信，全文長達 1,000 餘字，內容主要為對蔣正在籌劃中的人事調整，提供建議。信中首先推薦一批包括王世杰、潘公展、陳儀、甘乃光、劉健群、程天放等人在內的人才，內容如下：

密呈

委座鈞鑒：日內鈞座必已考慮人事之調整，下列數事，謹密陳所見，以備鈞察。

一、王雪艇（世杰）同志：近日似稍有消極之意態，據其表示，願以參事室主任之地位，常備諮詢，並藉此研究與和會有關及戰後復員之問題（因此對軍委會參事室之單位，雖經何總長（應欽）擬呈撤銷（已奉批可），職意擬請鈞座特予保留）。彼對設計局職務不感興趣，屢試擺脫，如有相當之人，似不必定以相強；至於司法行政部，千萬請鈞座勿囑其擔任，因其與居先生歷來感情不佳，積怨甚深，即使任命，亦必堅辭。

二、潘公展同志：為較能苦幹實幹之人，在宣傳部調協內外，甚見苦心。其人宜於作副祕書長一類之職務；以之辦中央日報，固亦相宜，但陶百川已奉派定，似可毋須易人。職意若甘乃光同志另有任用，則以公展補中央黨部副祕書長之缺，而令其兼任中央周刊（陶百川恐難兼辦二事），否則或畀公展以教育專門委員會主任委員（職可相讓），而使其主中央周刊，並以餘時致力於文化運動。

三、陳公洽（儀）先生：宜於擔任考核委員會之祕書長。如（張）厲生不更動，可令其任政務組長，或主持中訓團高教班（彼自謂對訓練亦頗願致力），如另有外放職務，則為另一問題。中訓團高教班如一時無人，而厲生須專任要職，最好以段錫朋兼任之。

四、甘乃光同志：擔任考核委員會祕書長或設計局祕書長，均屬相宜，且必願自效。

五、劉健群同志：其興趣似在經濟管制方面（並願隨時貢獻黨政意

見），如用在經濟作戰部方面，或更踴躍自效。否則或令其擔任計畫鄉村基層建設事宜，似可任為組織部副部長。

六、**宣傳部副部長之人選**：如公展決定更調，則羅家倫同志最為相宜（可兼任文化運動工作）。

七、**程天放同志之任用方法**：令之繼任中央政校教育長（如此必須另兼教育專門委員會主任專員，俾得領取公費（職現在放棄未領）以維生計），或使擔任行政院祕書長，亦甚相宜（如此則中央政校教育長可令余井塘同志擔任，而另簡一人以任教育部次長（許□□、朱經農可供教育次長人選之考慮）。[1]

此信接著提出了八項具體的建議方案：

一、若院長出缺，則以王雪艇擔任國防委員會之祕書長，以之綜持推動行政三聯制，最為理想。

中央設計局之祕書長：以彭學沛或甘乃光（或仍以王雪艇）為最宜。

中央考核委員會之祕書長：或張厲生仍舊，或陳公洽或甘乃光。

中央考核委員會政務組長：最好應更動（雨岩先生原任行政院顧問有固定收入），以陳公洽或李宗黃（升任）。

二、若院長不出缺，則亮疇（王寵惠）先生自不可更動，可否添設一副祕書長（或職以相讓），以甘乃光任之，俾專心推動三聯制，如此則設計局之祕書長仍為王雪艇或彭學沛。

考核委員會之祕書長：為陳公洽或張厲生仍舊。

考核委員會政務組長：或暫仍其舊，或以李宗黃升任（其副組長或即任李基鴻，而主任祕書以孫希文或楊綿仲（其人實長於祕書與綜核，可以備用）擔任之）。

三、可供行政院祕書長之人選：邵力子、程天放、蔣廷黻。

四、行政院政務處長之人遠：羅家倫或彭學沛。

五、宣傳部副部長：如必須中委，則羅家倫為適宜，若不限於中委，則指調胡健中擔任，但係特例。

六、外交部次長人選：宋部長當已面商。據彼面告：係贊成俞鴻鈞而絕不贊成蔣廷黻，其另一次長，最好由一革命意識稍微濃厚

而了解鈞座意旨者擔任，請恕職大膽冒昧，職意鈞座何妨逾格
拔擢，即以李惟果同志任常次（吳國楨革命意識稍差，然於外
交舊派系無關，實亦可勝任，如吳任外次，則其繼任人選有兩說：
(1) 岳軍（張群）先生主張谷正綱任重慶市（另一調較老成者任
社會部長，然其人不易求得）。(2) 果夫先生主張調沈鴻烈任重
慶市，而以陳濟棠復任農林部。職意劉紀文，不知適宜否？

七、中央海外部：請與果夫先生一商。陳慶雲之副部長擬請保留，
因有航空建設協會對外捐款之關係。

八、其他中央各部內，惟內政部最好更換一次長，以為配合設計黨
政基層組織之人員，然其人選殊難。

——再陳濟棠似宜酌予位置或安慰。[2]

信尾則為客套語，為冒昧推薦致歉：「其他不敢妄議，上所陳述，亦有
不能自信者，請恕其冒昧與草率，並恕其不具名。」[3]

根據檔案收藏機構的分類，此信被列入〈陳布雷報告銓敘部及黨職
等重要人事案〉卷，因此作者被判定為陳布雷。經查 1942 年 11 月 24 日
蔣介石日記中，曾列舉一批預定人事調整名單，包括外交部次長：吳國
楨、胡世偉；行政院祕書長：張厲生；經濟部長：沈鴻烈或陳儀；交通
部長：曾養甫、杜鎮遠；農林部長：陳儀、王懋功；社會部長：張道藩、
邵華；宣傳部長：羅家倫、程天放、劉健群；組織部副部長：張強；陝
西省政府主席：陳毅或方策。[4] 次（25）日陳布雷曾於其日記中記載：「夜
委員長又約往談話，將〔十中全會〕宣言核改交下，並詢人事，略陳所
見歸寓……事畢後為條陳人事意見作一長函，就睡在十時後矣。」[5] 因此，
此封匿名信應可判定為侍二處主任陳布雷於 1942 年 11 月 25 日所寫。

12 月 7 日上午，陳布雷至蔣介石官邸，以人事提案請核簽，奉命往
國府，謁主席林森請示，林完全同意。九時舉行總理紀念週，接著開中央
常會，通過以張道藩任中央宣傳部部長，程滄波為副部長；張強為中央組
織部副部長；狄膺為中央執行委員會副祕書長。[6] 十一時接開國防最高委
員會常務會議，通過：(1) 黨政工作考核委員會祕書長張厲生另有任用，
遺缺以陳儀繼任，並以雷殷為該會政務組主任，李基鴻為副主任。(2) 行
政院祕書長陳儀另有任用，遺缺以張厲生繼任。(3) 交通部部長張嘉璈呈

請辭職，擬予照准，遺缺以曾養甫繼任。(4) 內政部常務次長雷殷另有任用，遺缺以李宗黃繼任。(5) 外交部政務次長傅秉常、常務次長錢泰呈請辭職，擬予照准，任命吳國楨為外交部政務次長，胡世澤為常務次長。(6) 重慶市市長吳國楨另有任用，遺缺以賀耀組繼任。[7] 21 日，國防最高委員會通過增設副祕書長一人，以甘乃光充任。[8] 此波人事調整，至此告一段落。蔣介石曾於其日記中記載其心情：「數月來所繫念未決者，至此方告一段落。關於此次人事之調動與調整，似較往昔皆有進步，乃多為事擇人，而非如往昔之為人擇事，於此亦可見個人與政府皆有進步。」[9]

如將國防最高委員會所通過的人事調整名單，與蔣介石 11 月 24 日所擬名單及 25 日陳布雷所推薦名單相較，可以發現至少 (1) 國防最高委員會添設副祕書長一人，由甘乃光充任；(2) 陳儀任黨政工作考核委員會祕書長；(3) 李基鴻任黨政工作考核委員會政務組副主任三項人事任命，蔣介石係採納陳布雷的建議。比例雖然不高，但是他在蔣介石黨政人事決策過程中所扮演的重要角色，仍然展現無遺。無怪他的條陳必須匿名，因為一旦曝光，勢必引發政治風暴。陳布雷所以能在蔣的黨政人士安排上有如此大的影響力，除了他無政治野心，無明顯的派系立場，深獲蔣的信任外，和他長期擔任侍二處主任，主管黨政業務，得以接觸各方情報、各機構（包括侍從室本身）所作各種人事考核報告，應有絕對的關係。因此侍從室在黨政決策中，實扮演極為重要的角色。

侍從室由於性質特殊，因此一直充滿神祕色彩。根據侍從室的組織章程，掌管黨政事務的侍二處，職責僅包括（1）關於黨（團）務、行政各部門（交通運輸屬第一處）文件承轉審核及人事聯繫；（2）關於蔣介石言論事功的紀錄編纂；（3）關於特交文件的撰擬及方案計畫的審擬，與黨政情報的審閱擬議。[10] 不過根據 1949 年以後兩岸侍從室幕僚人員的回憶，有人將侍從室比喻為「中央政府的『鳳凰池』」、[11]「清代軍機處」，[12] 也有人稱之為「直接秉持蔣介石獨裁統治的實際權力的機構」。[13] 學者對於侍從室的評價，也是各家不一。軍人出身的史家劉馥，稱之為「政府中的政府」（the government within the government）、[14] 汪榮祖和李敖所著的《蔣介石評傳》中，則認為侍從室地位的顯赫，「猶似超過清朝的軍機處」。[15] 此一機構的權力大小及真實屬性，或仍有爭議，惟其在國民政府決策過程中

占有重要角色，則毋庸置疑。

　　本章擬探討侍從室協助黨國考察及選拔人才，參與五五憲草的審議、西安事變的危機處理、國民黨六全大會政綱的研擬、受降與接收的規劃、理論與政策的研究等黨政活動的經過，並盼能經由這些案例略窺侍從室於戰時中國黨政決策過程中所扮演的角色。

為黨國考察及選拔人才

　　1939 年成立的侍從室第三處，主管全國重要人事業務。在此之前，國府高級行政人員的儲備、考核、選拔和任用，係由侍二處第五組負責主管。由於業務所涉及的範圍較廣，而且需要調查和研究，蔣介石乃在陳果夫的建議下，於侍從室之下成立第三處。侍三處自成立後，即擬定了三項工作目標：一為準備人事資料，供委員長需用時的參考；二為獎勵優秀人才；三為推動全國人事行政。為了達成此三項目標，侍三處共分為侍七組（主管人事調查）、侍八組（主管人事登記）、侍九組（主管人事考核）和侍十組（主管工作分配）四組。此一通訊聯絡小組在 1941 年 3 月擴編為一個組，稱為新侍十組（主管通訊聯絡），原主管分配的侍十組改為侍十一組。[16]

　　根據侍三處的一份工作報告顯示，至 1942 年底，侍七組的人事調查工作進行得頗為順利。在中央直屬機關方面，行政部門科長以上、軍事機關上校以上人員，已全部調查完畢。各省市地方部分，川、黔、粵、桂、湘、豫等十餘省已調查完畢。調查對象以中央訓練團黨政班畢業學員為主，旁及該省薦任以上官員和地方駐軍高級官員。至於專門人才的調查方面，大專院校教授已完成大部分，部分省市地方中學校長已開始調查；新聞、警政兩類人才，也已分別進行訪問。此外，蔣介石所交侍七組調查的人事案件，如國民參政會參政員、水利交通人員、年老公務員、適任婦運工作的女性，以及複查中央各機關部門呈報工作最努力或績優人員等，侍七組也照進度分別完成。[17]

　　依照侍三處的工作程序，侍七組的調查工作完成後，需將調查資料轉交侍九組，進行考核。舉凡定期或不定期辦理的「中央黨政軍各機關

工作成績總檢閱最優人員」、「中央及地方各黨政機關年終考績優良人員」、「中央黨政機關密報副部長次長以下、科長以上優良人員」、「各省市黨部主任委員密報所屬優良黨工人員」、「各省政府主席密報優良專員、縣長」，均需經侍九組覆核後，擬定等第。覆核的參考依據，即為侍七組的調查報告。以 1940 年為例，該年中央行政機關所報工作最努力人員共 76 人，但經覆核後，僅有 47 人可列為甲等，23 人列乙等，有 6 人被列為丙等；軍事委員會所屬各部、院、會、廳成績或功績特優人員共 65 人，經覆核後，僅有 47 人可列為甲等，17 人列乙等，1 人被列為丙等。中央黨部密報成績最優人員共 10 人，經覆核後，僅有 2 人列甲等，7 人列乙等，1 人列為丙等。至於行政院各部會密報成績最優人員共 87 人，經覆核後僅 39 人列甲等，41 人列乙等，7 人列為丙等。[18] 顯示侍三處對於人事考核，頗為嚴謹。

　　侍九組另一項引人矚目的業務，為遴選中央訓練團黨政高級班受訓人員。黨政高級班係蔣介石為黨國儲備未來棟梁之材而開辦，學員係由侍九組自歷屆黨政班畢業學員中，挑選成績優良、品格純正、資歷相當者，由黨政高級班籌備委員會（由黨政領袖 15 人所組成）審核，需經全體委員認為無異議後始可提名，侍三處雖未擁有完全的主導權，但是擁有初步篩選的權力，自然引起黨內各方勢力的側目。中央研究院所收藏的朱家驊檔案中存有一份黨政高級班第二期（1944 年 1 月 9 日開學，6 月 25 日結業）的學員簡歷冊，時任中央組織部部長的朱家驊，即曾用毛筆在學員名字下方分別註記「西」（即 CC 系）、「黃、軍、青」（黃埔系和青年團）、「孔」（孔祥熙）、「政」（政學系）、「段」（段錫朋）、「地、無」（意指為顧及省籍分布所調訓的地方人士或無派系背景者），及「高」（顯為高層直接指名調訓）及「留」（應為具留學背景者）等代號，並自行估算扣掉「地」及「無」背景的 51 人不計外，「西」類所占人數最多（40 人）。[19] CC 系的內涵實為一「想像的共同體」（"imagined community"），具有高度想像的特質。朱家驊此時已擺脫 CC，自成一系。由於他早年與 CC 關係密切，所作估算雖係他個人所作想像，但是應具有相當的可信度。此項資料充分顯示侍三處濃厚的 CC 色彩，以及組織部長對侍三處的不信任。

至於侍八組的業務，主要為人事登記。凡侍九組所作人事考核完畢後，即將調查及考核的結果移至侍八組進行登記和分類。分類時，將被登記人的資料，分為黨、政、軍、學、實、別六類，四百五十餘目，並製定各種索引片，包括姓名索引片、籍貫索引片、出身（畢業學校與科系）索引片、職業索引片、專長索引片、特種（婦女或回教徒等特種身分）索引片，俾便迅速檢索，供需要的部門運用。更有侍十一組專門負責介紹工作。[20] 蔣介石曾於 1941 年 7 月 24 日令侍三處主任陳果夫，「黨政軍中央各機關人事機構之人事，應設法由銓敘部、銓敘廳以及第三處會商統一管制。具體方案及實施步驟，總使中央各部會人事管理先上軌道，並限一個月內擬定呈報。」[21] 1943 年又令侍三處甄選 30 名土木工程人員出任陝、甘、寧各省建設機構的主管，以防止這些科技人才為中共所爭取。根據蔣所開列的條件，所甄選的對象為陝、甘、寧籍人士，專科以上學校畢業，具有實務經驗，曾入中央訓練團受訓結業，目前失業或任閒職者。侍十一組即依侍八組所掌握的人才檔案，加上陳立夫所創建的國父實業計畫研究會組織，完成此項甄選工作。[22]

侍三處的制度設計立意良善，人員也十分積極努力，但是功能似乎十分有限。在人事考核方面，侍三處雖然拉下了一些「特優人員」，維持了考績制度的公正性，但是這些辛苦建立起的人事檔案資料並未充分發揮作用。重要人事任命案在決定的過程中，似乎甚少先請侍三處提供意見。在工作分配方面，成效也十分有限。據侍三處的統計，至 1942 年底為止，呈請該處分配工作者共有 902 人，經侍十一處考核後，認為無需調派工作者計 294 人，其餘 608 人經分別為之介紹後，有結果者僅有 118 人，工作性質大多為黨務工作。[23] 主要原因在於各單位每多存有門戶之見，如有職位出缺，大多自行補充，而不願報請侍三處推薦。

1941 年底，蔣介石兼任外交部長，[24] 侍二處第五組祕書李惟果在侍二處主任陳布雷的力薦下，出任外交部總務司長，[25] 李到任後，設置人事處，由侍三處簽派鄭震宇任處長，如此才使得中央政校外交系的畢業生和外交官高等考試及格人員可以大量獲得任用，進入外交部服務，而不再受到排斥。[26] 直至 1944 年考試院銓敘部於各省政府分設考銓處（通常每二、三個省設一考銓處），作為分支機關，[27] 陳果夫陸續推薦 CC

分子擔任各地銓敘處處長，才使得侍三處逐漸的掌握了考銓權，進而影響各省的人事任命。[28] 如張群任四川省政府主席，侍三處派胡次威為民政廳長；黃紹竑任浙江省政府主席，侍三處派阮毅成為民政廳長；薛岳任湖南省政府主席，侍三處派胡善恒為財政廳長。[29]

侍三處於設立之初，侍二處主任陳布雷即不贊成，但並未堅持己見。[30] 事後證明侍三處的功能確實未能充分發揮，其原因有以下幾項：

一、蔣介石多元化的求才方式

以文官而論，蔣介石的求才方式主要有以下幾種：

（一）**業務主管機關推薦**。這是蔣最為常見的求才方式，例如1938年9月，他指示參事室主任王世杰調查特殊人才，並需按月推薦若干人；[31] 1939年3月，他指示國防最高委員會祕書長張群，研究人才的調查與徵集辦法，並選定人員溝通中央與地方。[32] 又如1944年9月，他手諭行政院祕書長張厲生，對於戰後北平、天津、青島、上海、南京、廣州等特別市市長人選，希與有關黨政首長先行預擬。[33] 如果人才的運用屬於跨部會性質，蔣介石通常會要相關機構研議，如1939年12月，他電示國防最高委員會祕書長張群、教育部長陳立夫、經濟部長翁文灝，儘速製定技術人才統制分配具體辦法。[34] 又如1943年元月蔣手諭侍三處主任陳果夫和中宣部部長張道藩，對於進行中的文化運動和宣傳工作，應多作研究發表，並加強工作與收羅人才。[35]

（二）**派系領袖的推薦**。關於蔣的用人政策，王子壯在抗戰前即已有如下的觀察：「蔣為軍事家，一切部署，概依軍法。如彼在黨信賴二陳，政則依楊永泰，軍事則以黃埔為中心，是對各部均有一定領導之實力。」[36]「然各自之主張又各不相同，以余所測，蔣之作法頗類用兵。黨、政、軍、財各以一路人馬為主力，且又可以收相互牽制之效，殆鑒於歷來中央政權時有旁落之虞，乃有此發現歟。」[37] 蔣介石求才，除了業務主管機關，最常諮詢的對象即為政學系。[38]

早在政學系形成的過程中，蔣介石的盟兄黃郛即為蔣推薦了一批包括政務（楊永泰）、財經（吳鼎昌、張嘉璈等）、外交（顏惠慶、顧維鈞等）、教育（翁文灝、蔣廷黻等）各方面的人才，而為蔣所重用。[39]

1936年楊永泰遇刺身亡，黃郛病故後，張群成為政學系重要人物。張歷任黨政要職，在蔣人事布局中的重要性自是無庸置疑。[40] 至於張嘉璈、吳鼎昌和張季鸞，也都是蔣介石求才時經常諮詢的對象。例如1932年蔣曾要時任中國銀行總經理的張嘉璈密保經濟建設人才。[41] 又要錢昌照請《大公報》社長吳鼎昌起草經濟財政計畫。[42] 1934年，吳並曾先後代約清華大學教授蔣廷黻、《大公報》編輯王芸生、美籍教育家福開森（John Calvin Ferguson,1866-1945）等人面蔣。[43] 6月，蔣又電實業部長吳鼎昌、交通部長張嘉璈，要兩人推薦人才，凡在政府與社會已有能力與成績表現者，尤其是設計與管理專才，請兩人物色密保。[44] 當時與經濟建設有關的政府部會頗多，蔣何以僅挑此二部，似乎僅能從派系角度解釋。長期主持《大公報》筆政的張季鸞，也是蔣介石經常請益的對象。1940年，蔣即曾要張推薦陝西行政人才（張為陝籍）。[45] 1943年8月1日，國民政府主席林森逝世，蔣介石與各方研究繼任人選，曾電詢吳鼎昌（時任貴州省主席）的意見。[46]

其次，所謂的CC系，早期主要是透過中宣部，自1939年侍三處成立後，則是透過侍三處發揮其影響力。作為國民黨內最大派系，CC在理論上應是人才濟濟，但是事實上根據近年公布的檔案資料顯示，反而極少成為蔣介石求才時主動諮詢的對象。其原因或許是如王子壯所作的觀察——蔣雖然肯定二陳具有「組織天才，而不欲其有過分之發展」。[47] 尤其是黨務文宣之外的專業領域，蔣傾向於仰賴專家學者。例如戰前陳立夫曾介紹若干重要省市黨部的委員，為蔣的機要祕書，以備其諮詢，不料不久蔣即在楊永泰的建議下，改於南昌行營設立設計委員會予以收納，此批「設計委員」大多均不得志，紛紛告歸。[48]

至於一些重要或具敏感性的職位出缺，蔣介石每多廣泛徵求黨政大老的意見，1937年廣東省政府主席的更替即為一例。1936年兩廣事變後，國民政府中央才恢復對於廣東的控制。7月，蔣介石電原廣東省主席林雲陔，告以中央同志均望其來中央共事，便能增加效率，故先調其為蒙藏委員會委員長，暫與黃慕松對調，並將任林為審計部長。[49] 1937年3月，黃慕松病逝，侍二處主任陳布雷聞訊，即去軍委會辦發弔唁電，並報告蔣介石。蔣對於繼任人選，屬意上海市市長吳鐵城和審計部部長

林雲陔（曾任粵省主席）兩位粵籍人士接任。蔣除了命陳布雷徵求中央政治委員會主席汪兆銘同意外，並電廣東綏靖公署余漢謀詢其意見。陳思慮縝密，鑒於逐鹿此職者甚多，乃又拜訪了黨國元老戴季陶，並與 CC 派領袖陳果夫通電話，均贊成以吳鐵城繼任。當夜陳再見蔣報告接洽經過，遂決以吳繼任。十時訪行政院政務處長何廉，即託中央通訊社發布消息，[50] 24 日，國民政府公布此一人事任命，[51] 此案乃告底定。

（三）蔣介石有意栽培的對象。最明顯的例子即為陳誠。1940 年元月，陳誠獲蔣任命為武漢衛戍總司令，旋兼軍事委員會政治部長；4 月再兼三青團臨時幹事會書記長，6 月又兼湖北省政府主席，顯示蔣刻意對此位年僅四十歲的愛將，進行黨政軍全方位的培養。[52] 1943 年，蔣介石又要陳草擬國家建設詳細計畫並遴選推薦人才。[53] 顯示蔣對陳的器重。

在文官方面，則可以舉孫越崎為例。孫越崎，原名毓麒，1893 年生，1921 年北京大學採礦系畢業，1923 年，創辦吉林省中俄官商合辦穆棱煤礦。1929 年，赴美國留學，先後就讀於斯坦福大學及哥倫比亞大學，1932 年返國，於國防設計委員會任礦務專員。1933 年，任陝北油礦探勘處處長。1934 年，任河南焦作中福煤礦總工程師，使該企業轉虧為盈，煤礦產量位居全國第三。1938 年 5 月，與人合辦天府、嘉陽、威遠、石燕四個煤礦，任總工程師。1940 年 1 月，兼任經濟部資源委員會甘肅油礦局玉門縣老君廟礦場（簡稱玉門油礦）總經理。1942 年 8 月，獲中國工程師學會頒發榮譽獎章。[54]

1942 年 8 月 26 日，蔣介石親臨玉門油礦視察，一行尚包括第一戰區司令長官胡宗南、軍事委員會副參謀長白崇禧、甘肅省政府主席谷正倫、寧夏省政府主席馬鴻逵及其弟馬鴻賓等人。孫越崎陪同蔣和馬氏兄弟坐一輛車，赴礦區參觀，並於途中進行簡報。[55] 甘肅油礦局為抗戰期間國府投資企業中規模最大者，[56] 每年所耗資金占資委會所有事業總預算一半以上。蔣眼見國土境內發現如此豐富的油田，黑亮亮的原油，不斷自井中噴出，十分高興。[57]

三天之後，蔣介石致電孫越崎，除感謝對其接待外，並要孫隨時詳告建設鋼鐵、電工器材等專業之計畫並推薦各種人才。[58] 蔣並寄給孫一本專用密電碼本，供聯繫之用。11 月孫返回重慶後，獲蔣召見。蔣首先

詢問其戰後經濟建設計畫問題。孫表示經請示經濟部長翁文灝，獲知翁和教育部長陳立夫已奉蔣令共同擬定戰後經濟建設計畫，並於1940年成立國父實業計畫研究會，翁要孫加入此一社團並在其中提供意見即可。蔣表示同意，不過仍要孫保舉人才。[59] 孫於是另外寫信向蔣推薦採礦、銅鐵機器電工等項建設人才共10人。[60] 其中主要為經濟和工程技術方面的人才。蔣收到孫的推薦信後，再度召見孫表示孫所推薦者均已有要職，他所需要者則為目前無要職，但在經濟建設方面有真才實學，可至侍從室協助蔣者。孫經過仔細思考，認為「這有點像過去所謂『舉逸才』或『孝廉方正』一類性質，我沒有這樣的人。從此我沒有再去信，他也沒來催我，此事就不了了之。」[61]

蔣介石近年公布的日記顯示，孫越崎實對蔣介石有所誤解，蔣確有誠意請孫推薦人才。他在視察玉門油礦後，曾於日記記下其感想：「來往途中承孫毓崎總經理之招待與各種說明，尤其對國內各種礦產分布數量足有五小時之久，令余發生人才並不缺乏之感也。乃令其對鋼鐵事業及機器製造與電工器材各事業，研究五年計畫也。」[62]

值得注意的是，陳誠和孫越崎這兩位獲蔣刻意栽培的人才，日後均確曾分別在台海兩岸的軍政和科技領域，扮演重要的角色。[63]

（四）侍從室推薦。在侍二處主任陳布雷的日記中，經常會出現與蔣介石研商人事案的記載，在蔣檔中也有許多侍從室對各方呈請蔣核示之人事案簽註審閱意見的史料，不過蔣介石主動請侍從室推舉人才的例子，在蔣檔中卻不多見，茲舉一例說明。1943年12月，蔣介石曾向陳布雷打聽楊幼炯、諶小岑二人，並要陳列舉國民黨內能文字而在報刊撰述較有成就者。陳奉諭後即與侍五組組長陶希聖商議，開列了一張如下的名單。

楊幼炯	立法委員 中山文化教育館編譯	近來致力於民族主義及政治與憲法之研究，惟發表文字不多。
諶小岑	立法委員 中山文化教育館編譯	對黨義研究，側重於民生方面，見解深刻，有獨到見解。
王冠青	中宣部指導處處長 《中央日報》附刊《正論》主編	

劉光炎	前《中央日報》總編輯 《時論月刊》主編	
張鐵君	中宣部編審 《三民主義半月刊》特約編輯	好學深思，文字嚴謹，願以理論研究為終身事業。
印維廉	圖書雜誌審查委員會副主任委員 《勝利叢書》主編	對黨義認識精確，長於識別著作、收集稿件，見解明晰，文字亦佳。
毛起鵁	曾任《民意週刊》及《時代精神》主編	曾佐助葉溯中同志有年，寫作頗努力，如有人領導，亦為後起可造之才。
周子亞	中央政校外交系畢業，現任該系教授 《新評論》主編	編輯刊物，堪稱能手，文字亦顯豁條暢。
楊玉清	中央團部宣傳處副處長 《三民主義半月刊》社長	曾留學日本及法國研究政治，現在主持《三民主義半月刊》編輯，對於徵稿頗見努力，間亦發表論文。
張九如	《時代精神月刊》主編	熟悉總理遺教，長於舊體文字，惟現代知識稍遜。
胡秋原	國防最高委員會秘書 《祖國月刊》社社長	文字敏捷，技術甚佳，常在各報刊發表論文。
姜季辛	中央政校教授	頗有見解並能寫作，陶希聖同志與之較熟。

此外主持期刊較有成就者：

齊世英	擔任《時與潮》月刊社社長，內容異常充實，當有極幹練之助手，容再調查。
向理潤	主編政治部出版之《軍事與政治》，內容水準尚高，聞亦自撰文字。
盧逮曾	先後主編《文史雜誌》及《中國青年》，對教育界熟人較多，故徵稿有辦法。
陶滌亞	主編《文摘月刊》，對出版事業甚有興趣。
李辰冬	主編《文化先鋒》，道藩同志知之較詳。

　　蔣介石對於此份名單，曾批示約見。由於受到史料的限制，約見後的後續發展不得而知。[64] 不過名單上面所列人才，許多在戰後台灣國民黨的文宣領域及三民主義教學研究領域，占有重要地位。

（二）陳果夫的派系色彩過於濃厚

　　侍三處號稱為全國人事調查、登記、考核、分配等工作的最高幕僚機構，地位重要，1939 年由 CC 系大將陳果夫出掌，自然會引起各方的側目。由於政學系的人數甚少，對於 CC 系來說，多年來最大的競爭對手即為黃埔系，自從有三民主義力行社及三民主義青年團以後，雙方的壁壘成見日漸加深。[65] 陳果夫為求侍三處的業務能順利推動，特別延攬了一批黃埔系統的軍職人員進入侍從室，以平衡文武，甚至主動邀請原任侍從室侍從祕書的蕭贊育至侍三處任中將副主任，並對蕭十分禮遇。[66] 雖然如此，由於陳果夫長期擔任侍三處主任，CC 系的色彩過於濃厚，自然無法寄望其他派系會與其積極合作。例如侍三處辦理遴選各機關人員保送中央政治學校人事行政人員訓練班受訓，公文送至軍統局，戴笠即直指此係侍三處試圖掌握各政府機關人事，認為軍統局的職責特殊，不必保送，至於人事業務的改進，應由實際工作經驗中研究。[67] 又如 1944 年侍十組擴編為黨政訓練班畢業學員通訊處，加強對於黨政班畢業學員的通訊與聯繫，仿傚黨、團的作法，將原有的通訊小組組織與以嚴密化。此舉曾引起政學系王世杰和黃埔系張治中的疑慮，甚至當蔣介石的面質疑通訊處為變相的特務機關。[68] 至於被視為「夫人系」的吳國楨，晚年也曾表示他在外交部政務次長任內，對於侍三處派人至外交部服務的公文，從未理睬過。[69] 即便是素以公正聞名的陳布雷，在用人時也儘量避免透過第三處，以免被人貼上標籤。例如 1943 年 7 月陳果夫聞侍二處將擴編，即擬將中訓團黨政高級班畢業學員分配一、二人至侍六（情報）組工作。陳布雷當即致函陳果夫，請其緩呈，容另選擇。又致函侍二處副主任張厲生，請其推薦適宜者三、四人，備約談任用。陳曾於日記中自記此舉用意：「蓋數年以來，第二處用人委座皆付予我以選擇之全權，用能保持單純與切實之二原則。至今一、二處同仁甚鮮對外活動而被視為多事者。今委座欲充實人事，他人或恐不免懷挾某種之錯誤判斷，而希望加入工作，則本室之作風不能確保其一貫矣。」[70] 防堵陳果夫之心，至為明顯。

五五憲草的審議

　　1932 年 12 月，國民黨第 4 屆 3 中全會於南京舉行，通過中委孫科等 27 人所提〈集中國力挽救危亡案〉，決議擬定 1935 年 3 月召開國民大會，議決憲法，並決定憲法頒布日期；立法院應從速起草憲法草案，並將之發表，以供民眾研討。1933 年 1 月，孫科就任立法院院長職，遵照中央決議，積極進行憲法起草工作，於 1 月下旬組織憲法草案起草委員會，委員長由孫科兼任，副委員長為吳經熊、張知本。委員會成立後，一方面登報並徵求國人對於制憲的意見，一方面由立法院編譯處翻譯各國憲法，以供起草憲法的參考。該委員會經過十二次會議，共議決起草原則二十五項，重點如下：

1. 設總統及副總統，由國民大會選舉，軍人非退職後不得當選總統。
2. 總統為國家元首，不直接負行政責任。
3. 行政院長由總統經立法院之同意任命。
4. 總統任期六年，不得連任。
5. 省應採取省長制。省長以民選為原則，但在一省全數之縣未完成自治之前，暫由中央任命。[71]

　　關於憲法的起草，孫兼委員長先後指定副委員長張知本、吳經熊，委員傅秉常、馬寅初等 7 人為初稿主稿委員，依據委員會所決定的起草原則從事起草。主稿委員當即開會，推定吳經熊擔任初步起草工作。吳於 6 月初將初稿擬成，於 6 月 8 日由吳以 7 人之名義在報紙發表。在吳稿發表前後，立法院共收到各方意見 200 餘件，而委員張知本、陳長蘅等，也各擬有初稿條文。主編委員乃以吳稿為底本，參酌各方意見及張、陳各委員所擬稿件，進行審查。經過 18 次會議，擬成〈中華民國憲法草案初稿草案〉，提交憲法草案起草委員會討論。該委員會經過 11 次會議，修訂通過〈中華民國憲法草案初稿〉。1934 年 3 月 1 日，立法院將全稿公開，正式徵求國人意見。[72] 消息一出，《大公報》對憲法草案初稿發起一系列的社評抨擊，認為此一初稿新舊雜湊，條理紛亂，既非議會政治的規模，又無強而有力的組織，加上一些學者的附和，使得王子壯感

覺到全國輿論「頗有趨向中央集權之主張」。[73]

憲法草案初稿完成後，憲法草案委員會令即行結束。3 月 22 日，孫科迫於輿論壓力，另派傅秉常、馬寅初、吳經熊等 30 人為憲法草案初稿審查委員，整理各方之意見，將草案初稿重加修訂，經過 9 次會議，擬成〈憲法草案初稿審查修正案〉，於 7 月 9 日在報紙披露。[74] 修正稿規定總統為行政首領，行政院長、政務委員及各部部長均由總統任命，行政院長成為總統的幕僚長；修正稿並規定省長由中央任命，省為中央的行政區，而非自治區域。初稿中的內閣制精神，已變為總統制。[75]

立法院自 9 月 21 日起審議憲法草案初稿修正案，經過七次會議，將全案重加修正，三讀通過。全文共有 12 章 178 條，為立法院首次議定的中華民國憲法草案，於 1934 年 11 月 9 日呈報國民政府。1934 年 12 月，國民黨召開第四屆五中全會，會中決議「中華民國憲法草案，應遵奉總理之三民主義，以期建立民有、民治、民享之國家。同時應審察中華民族於目前所處之環境及其危險，斟酌實際的政治經驗，以造成運用靈敏，能集中國力之制度。本草案應交常會依照的原則鄭重核議。」[76]

1935 年 8 月，侍二處主任陳布雷受蔣介石之命與黃郛研究憲法草案，陳乃訪黃於莫干山，暢遊山中，並與黃談三小時而歸。[77] 26 日，蔣致陳指示憲法草案，應託程天放找專家、學者研究起草，並應多採用戴季陶的意見。在中央政制方面，似以責任內閣為宜，並略採美國上議院為重的性質。上議院議員為大多由國民黨與總統推選，但議會要多帶經濟色彩，如議會中有議員以經濟界人士或學者充任，以經濟立場而定國計。或於下議院外，另組經濟會議，與議會並立。不過蔣也強調自己對此並未有深刻的研究，不過是貢獻意見而已。[78] 29 日，蔣再電陳，補充對於憲法的意見：

1. 議會之權注重上議院，而眾議員則注重經濟方面。
2. 政府為內閣制。
3. 總統有緊急命令之特權，總統有解散議會之權。
4. 五院簡單化，例如審計部、銓敘部、司法行政部應改隸行政院。
5. 立法院之立法權與監察院之監察權，對於議會之立法與監察權及其職權之分別，應特別詳明。

6. 各省改省長制。

7. 各縣府組織制度不必劃一。

8. 地方應設三級制，及省與縣之間有一道或區的機關，但交通發達之省，可減少其數目，而此中級機關多注重於經濟事件，例於各區之土地糧食及徵工勞動等管理與分配。

9. 社會方面禁止罷工與罷學。

10. 各縣自治之推行時期不必一律。

11. 五族聯邦與自治之範圍，此可參考蘇俄聯邦之憲法。

12. 設元勳院，凡有特殊功勳於民國，以及曾任國民政府之五院院長以上之文武各職者任之。[79]

次日，蔣介石草擬完成憲法要旨，兩度電陳布雷再作補充：

1. 上議院議員，由各省、市、區政府各推一人，其資格以職業團體中素有聲望曾任會長，或大學畢業年在四十歲以上者居半數，其餘半數由總統在全國經濟學術界中，有專門技能上經驗者，以及有功於民國者選任。

2. 下議院議員，由國民大會代表每25人中推選1人組成。

3. 總統對於上、下議院的決議案，得提覆議案。

4. 總統對於議會負責任。

5. 各院院長對總統負責任。

6. 總統率全國陸海空軍，為陸海空軍大元帥。

7. 五院院長應皆由總統提出國會通過，不必由國會選舉。總統並有解散國會之權。總統任期定為六年。

8. 關於中央與地方的權限，可參考去年的感電擬訂。

以上各項與以前各電，請代整理一有系統之稿，再與各同志協商之可也。[80]

9月1日，蔣研究總統制與內閣制及五權的運用，又電陳布雷補充對憲法意見如下：

1. 總統職權包括：(1) 有緊急命令權。(2) 有解散國會權。(3) 有任命特任官之權。(4) 有媾和、宣戰與訂立條約權。但 (3)、(4) 二項必須徵求上議院的同意。

2. 上議院職權包括：(1) 彈劾案的審判權。(2) 任免官吏同意權。(3) 訂立條約同意權。(4) 預算案。至於眾議院職權，中無甚意見。

3. 其餘教育、經濟及人民義務、權利等各章，可參考約法。又上議院或改稱為中央政治會議，下議院或改稱為國民政治會議亦可。下議院每年召集一次，期限為三星期。總統任期以六年為一任，又總統制與內閣制不必在憲法中明白規定。[81]

總計蔣介石於8月26日至9月1日之間，共發了五封電報給陳布雷，陳述其憲法意見。對於政府體制，蔣初則主張責任內閣制，後則相繼提出「各院院長對總統負責任」、「總統對議會負責任」與「五院院長應皆由總統提出國會通過」等看法，加上五封電報中曾對總統的緊急命令權提及二次、議會解散權提及四次，對總統任期六年也提了三次，顯示蔣介石所屬意的政府體制，在實質上應為總統制。[82]

陳布雷的日記，詳細的記載了他與程天放及程所推薦的薩孟武、梅思平共同根據立法院的憲法初稿，另擬一修正案的經過，以及蔣介石與戴季陶在其中所扮演的角色。以下茲將相關活動列表如下：

日期	相關活動
8月27日	午後又接蔣先生宥電，促余即入京，與天放、季陶先生商憲法，事畢後再赴川。
8月30日	續接蔣先生來電對憲法是有所商榷。 作函數緘：(1) 致天放；(2) 致薩孟武；(3) 致梅思平。
9月6日	今日先派（王）學素去南京，帶去致季陶、……孟武、思平各一函。又發天放函。
9月8日	11時，薩孟武君攜彼及思平會商之草案來談，約一小時去。
9月9日	7時30分赴首都飯店訪天放，將孟武等所擬之意見面交天放商酌，9時30分偕天放同訪季陶於其寓，詳談關於憲草之意見，即在彼宅午餐，餐畢續談，至2時許歸寢。季陶對於憲草之主要意見：（一）須以建國大綱、訓政綱領及約法為根據；（二）須保持其永久性與獨立性；（三）內容上應注意三點：甲、須為積極的建國綱領，不可視為消極的制裁工具；乙、以總理之主張為絕對根據，重要名詞不可別撰，一切制度不可與建國大綱相背；丙、法文應簡單明暸，條款愈少愈好；不可能不必要之事不必訂詳，（憲法之要旨要規定政權治權之所屬，不在其應用之組織內容。）；丙、不可忘中國為大國，不可忘民族自由為世界大勢及

民國之建國精神，不可過分以己所對世界力爭者施之於國內各小族，不可忘中國為古文明而今退步之國家，背乎制定禮之精神，（治定而後定禮。今日之事，則治未定也。）（四）本黨重要幹部及領袖必須知法律並無絕對力量，憲法並非必為祥物，而注意於實際之知行，與知行力之普及；（五）憲法發布後，事實上不能即行，實施亦不能無限制的，同時實行於全國，故其時、地、人、事皆須順建國大綱之意，用憲法或等於憲法之法律制定之，並與憲法同時頒定云云。此點意見，在彼寓反覆說明，約歷三四小時，而於根據一層，尤殷殷注意焉。

4 時思平、孟武、天放三君來，即在余室開始第一次會談，交互研究原則，即蔣先生來電之意見。經決定大綱，先託孟武起草條文，定 11 日上午再會談，三君均在余寓吃晚餐。餐畢續商，至 10 時 10 分散。

9 月 11 日	4 時許，天放、孟武來，旋思平亦至，孟武已草成修正案 107 條，逐條討論，第 2 章畢，天放有事先行，余等繼續審查，直至 11 時 10 分始將國民大會章決定，約明日續會，遂散。
9 月 12 日	午後 1 時 30 分，天放、孟武、思平來，仍在余室會談，思平對中央政制一章，別擬一草案，多半採用薩案，但較簡單。余等逐條討論，對國民大會及總統兩章，費時甚多；關於創制、複決兩權之行使，尤感規定之不易，至 7 時 30 分始將中央一章改畢。今日為中秋，諸君皆欲回家，遂約定明日續談。
9 月 13 日	午後 1 時 30 分，天放、思平、孟武來續商草案，將中央制度地方政制審查畢事。孟武尚有關於經濟、教育兩章之草案，約明日續談；6 時許散。
9 月 14 日	思平、孟武、天放三君仍集余室會談憲草案，先確定國民經濟、教育及財政三章，繼討論附則各條，大抵均採用原則為多；最後就各條再審閱一遍，將全案決定，另其說明，託思平執筆，6 時畢事。原案共為 128 條，較前減少 50 條。
9 月 15 日	午後 2 時 30 分往戴宅訪季公……將余等連日所談結果與彼詳商。彼意尚可簡單，並指示二點：(1) 省之地位不宜列入地方，道尹為察吏之官，直屬於中央；(2) 經濟與財政可合為一章。談至 5 時始別。
9 月 16 日	12 時，經戴宅訪季陶，即在彼寓午餐……飯後談憲草，彼對於中央政制及地方政治、立法需再從長研究。3 時許，始辭出。……4 時往訪（葉）楚傖，留草案一冊，5 時歸寓。接思平遣專人送來之說明書。天放來訪別，攜去草案一冊，別留一冊，託其轉交孟武。

資料來源：陳布雷，《日記》，1935 年 8 月 27 日–9 月 16 日。

9 月 25 日，陳布雷將草案面呈蔣介石，並作討論。[83] 呈 10 月 17 日，中央常務委員會第 192 次會議，始將草案審查完畢，並議決五項原則：

1. 為尊重革命之歷史基礎，應以三民主義、建國大綱、及訓政時期約法之精神，為憲法草案之所本。

2. 政府之組織，應斟酌實際政治經驗，以造成運用靈敏能集中國力之制度。行政權行使之限制，不宜有剛性之規定。

3. 中央政府及地方制度，在憲法草案內應為職權上為大體規定，其組織以法律定之。

4. 憲法草案中有必須規定之條文，而事實上不能即行實施，或不能同時施行於全國者，其實施程序，應以法律定之。

5. 憲法條款不宜繁多，文字務求簡明。

中央將此項決議案送回立法院後，立法院長孫科，即指派傅秉常、吳經熊、馬寅初、吳尚鷹、何遂、梁寒操、林彬等 72 人為審查委員，遵照中央原則，將草案重加審查。各委員於一星期完成審查，並擬成修正草案，立法為遂於 10 月 25 日三讀修正通過。全文分總綱、人民之權利義務、國民大會、中央政府、地方制度、國民經濟、教育及附則 8 章，共 150 條，是為立法院第二次議定的中華民國憲法草案。[84] 主要修正之處包括：(1) 原案第 47 條「軍人非辭職不得當選總統」一條予以刪除。(2) 司法、考試兩院院長，改為由總統單獨任命，而無需經立法院的同意。(3) 立法院對總統提交複議的案件，經三分之二的決議維持原案時，總統不必公布施行，仍得留交下屆國民大會複決，此種規定無異授總統以取消立法院任何決議之權。(4) 總統增加有權發布緊急命令及緊急處分之權。(5) 立委、監委原定全部由國大選出，改為半數選舉，半數由總統指派。至此，修正案中的集權傾向，業已確立。

侍從室在推動總統集權制的過程中，聯繫媒體與學界，充分貫徹蔣介石的意旨，所扮演的重要角色，實不容忽略。

西安事變時的危機處理

1936 年 12 月，蔣介石由洛陽入陝，視察陝北剿共軍事。蔣以西北

天寒，侍二處主任陳布雷有病不宜隨行，囑其返京留守。[85] 由於蔣對於張學良、楊虎城的信任，隨行人員僅有祕書數人，侍衛一個班及衛士一個區隊。侍衛官由組長蔣孝先率領，衛士二十餘人由區隊長毛裕禮率領，統受侍一處主任兼任侍衛長錢大鈞指揮，擔任臨潼華清池行轅侍從及內衛任務，行轅外的警衛工作，則分別由中央駐陝憲兵團及張學良的衛隊負責。[86] 12 月 12 日清晨，張學良衛隊第二營，由營長孫銘九指揮，對華清池行轅發動包圍攻擊，並劫持蔣等一行，要求改組國民政府，停止內戰，史稱西安事變。[87]

12 日午後，陳布雷得知兵變消息，立即要侍五組祕書張彝鼎，聯繫山西省政府主席徐永昌，商議是否能電請軍委會副委員長閻錫山代表晉綏前方將士，向西安方面勸阻此事，獲閻同意，電告張、楊，並將副本寄往南京。[88]

次日，陳布雷撰寫一短函，託與張學良有師友之誼的澳大利亞籍記者端納（William H. Donald）帶往西安交給蔣，信函內容如下：

> 委座鈞鑒：此次職未及隨侍，疚戾實深，昨日聞悉後，遙念鈞座起居，寢饋難安。職恐錢來不便，暫留京，如有鈞命，乞略示數言，草草起恕，敬候鈞安。職陳布雷敬上。十二月十三日。[89]

17 日，陳布雷於國民黨中常會臨時會及中央政治委員會開會後，前往青年黨中央執行委員會左舜生寓所拜訪，對事變發展表示憂慮，尤其對明令討伐、轟炸一案，不敢苟同，對宋美齡要去西安一點，也是十分不妥，不過力阻無效。左舜生則表示一切需得端納歸來，才可下確定之判斷。目前大體上看來，宣布張、楊罪狀加以明令討伐，在政府體制上卻有其必要。宋美齡前往西安探視，可緩和緊張情勢，只有好處，絕無危險。因為張、楊此舉，目的在恐嚇，宋去及足以導張、楊之魄。此外，宋子文與張學良關係不差，宋能一行，當更可迎刃而解。不過陳布雷臨走前的臉色，似乎仍半信半疑。[90]

另一方面，軍政部長何應欽此時的處境也十分困難。當時兩廣、山東、四川、雲南、西康等省，仍為半割據的局面，其中李濟深、李宗仁、白崇禧、劉湘等，主張政治解決，加上孔祥熙、宋子文、宋美齡等主和

派的赴陝努力，使得何應欽雖被任命為討逆軍總司令，也不能單純以武力迫使張、楊放蔣，而必須加強與各地方軍系領袖的聯繫，互通情報，並借助他們斡旋國民政府與西安方面的關係；所有黨政重大決定，也大多找黨內元老協商，而不親自做出任何決定。[91]

在群龍無首的狀況下，陳布雷由於身兼侍二處主任和中央政治委員會副祕書長二職，工作自是十分繁鉅。其中中央政治委員會副祕書長一職，平日本為閒差，不料代祕書長朱家驊[92]此時已赴浙任主席一職，會議各事不得不由副祕書長處理。陳布雷要協調各持己見的黨政大老，實非易事。陳事後在其回憶錄中，對此時的心情曾有以下生動的記載：

> 此後十數日間，余在京之繁忙痛苦，徬徨焦憤，直不可以言語形容。蓋中政會應為最高權力發動機關，朱代祕書長已赴浙任事，會議各事不得不以副祕書長處理之。然中政會正、副主席均不在京，開會與否須取決於四位院長，往往甲是乙否，莫知適從。其時戴院長（季陶）則憤激失常，居（正）、于（右任）二院長不甚問事，而孫院長（科）之意見每與戴院長出入，余所能相與商榷者，楚公（葉楚傖）而外，只有果（陳果夫）、立（陳立夫）、養甫（曾養甫）諸人而已。且余身居侍從職員，而獨不得與前方諸同人共患難，念蔣公之近狀，憂前路之茫茫，每日常惘惘如有所失。[93]

陳布雷曾在其回憶錄中，將其在此期間所作之事，歸納為以下各項：(1) 力勸張季鸞在報上擁護中央討逆立場，獲其同意；(2) 與陳立夫、曾養甫聯合勸誡張學良；(3) 代黃埔同學擬發警告電；(4) 協同宣傳部策動全國輿論；(5) 聽取西北剿匪前敵總司令蔣鼎文自洛陽飛回時的報告；(6) 勸慰宋美齡並解釋其對中樞的誤會。[94] 可以發現上列各事，多為侍二處主任職掌範圍內的工作。而其中尤以策動全國輿論，最為重要。《大公報》的總主筆張季鸞，連續為《大公報》寫了三篇社評，其中一篇名為〈給西安軍界的公開信〉，呼籲叛變者：「要知道，全國公論不容你們！要知道，你們的舉動，充其量，要斷送祖國的運命，而你們沒有一點出路。最要緊的，你們要信仰蔣先生是你們的救星，只有他能救這個危機，只有他能瞭解能原諒你們！你們趕緊去見蔣先生謝罪吧！」[95] 國民政府

將此封公開信加印了幾十萬份，派飛機帶至西安附近散發，張、楊部隊軍心開始動搖，幾位東北軍的將領即曾表示：「一看見《大公報》的公開信，才知道這件事『砸鍋』了。同時見《大公報》不支持這種行動，頓感失敗之命運在眼前。所以即使張學良仍蠻幹下去，我們也要掉轉槍把子⋯⋯。」[96]

25 日晚間，陳布雷得知蔣正返抵洛陽，並將於次日返京，立即派定侍從室工作人員。26 日中午，陳布雷前往機場迎接蔣，隨至官邸，蔣交陳一份草稿，命陳與宋美齡詳談，當場整理記錄，即為對張、楊的訓詞。[97] 26 日至 31 日，由於蔣介石腰背受傷，起坐困難，侍一室主任錢大鈞因胸部槍傷，在家養病，因此陳布雷每日清晨已至辦公室，往往深夜始歸。期間為蔣草擬重要文件包括辭呈二首，又準備發表軍法審判結果並擬請求特赦呈文。軍法審判張學良之日，蔣恐有人為張說情，增加煩擾，於是至陳寓中小住半日，即使是軍政部長何應欽詢問蔣的行蹤，陳也不說。[98]

1937 年初，陝西局勢仍然極為動盪，張學良部要求釋放張，蔣不同意，幾乎不免用兵，而楊虎城操縱其間，尤其是頑強不講情理，蔣曾手電數次，並作長信二封教導楊。不過陳布雷建議蔣不將此二封信交媒體刊布，以保全其顏面。[99]

2 月，蔣介石命陳布雷草擬《西安半月記》一書。[100] 此書採日記形式，紀錄了事變的經過及感想。陳布雷雖未曾隨行，卻在蔣的堅持下，代為撰寫，[101] 作為蔣於 1937 年 2 月國民黨五屆三中全會報告之用，[102] 並未公開發行，故流傳不廣，但宣傳效果頗佳。[103] 此書正式出版時，易名為《蔣委員長西安半月記（附蔣夫人西安事變回憶錄）》，[104] 另有英、德文本發行。

1944 年度政府總預算編製疏失案之調查

1943 年 12 月 20 日，國防最高委員會召開常會，討論總預算案審議委員會所編訂的 1944 年國家總預算草案，由蔣介石親自主持。會中蔣對預算編製過程草率，頗為不滿，最後會議決議總預算案通過，送國民政

府先予執行，仍交立法院完成立法程序，毋須公布，並由委員長指定若干委員切實考核各費，分別緩急先後，盡量撙節，並提留一部分備用。[105] 會後，蔣介石並指定五院院長、軍事委員會參謀總長、國防最高委員會祕書長、國民黨中央執行委員會、國民政府主計長、財政部部長、行政院祕書長、財政專門委員會主任委員、中央設計局祕書長、黨政工作考核委員會祕書長等人負責審核。[106]

20 日的常會結束後，陳布雷研究總概算件，覺得可斟酌處尚多。[107] 當日，蔣也於日記中記載：「審核各部總預算案，多有重複舞弄情事。編審預算者不負責任，可惡。」[108] 25 日，陳布雷接到預算案報告四件，顯然係應陳之命作準備。[109] 27 日，蔣介石手諭陳布雷：「此次編審三十三年總預算之主管者敷衍了事，不負責任，希將其姓名查報為妥。」[110] 1944年 1 月 12 日，蔣介石再度細核預算，研究預算編列方式，發現各部舞弊，大嘆黨國無人。[111] 乃於官邸召開國民黨特別小組會議中指責預算編製凌亂、不當，並將預算書一冊面交國防最高委員會祕書長王寵惠，請其照批註辦理。[112]

陳布雷於接受蔣介石手諭後，即命侍二處同仁展開調查，並於 1944年 1 月中旬完成調查報告。報告中指出總預算編審依據法定程序，約可分為三個階段，在每個階段中，均有負責的機關。

第一階段為總預算編審原則與國家歲出各類概數的編定。

（一）**1944 年總預算編審原則**：係財政專門委員會根據主計處所擬送的編審總概算意見及行政院所擬送的國家概算編審標準擬訂而成，該項編審原則共計 10 條，其內容最重要者，即黨政軍各機關 1944 年度經常費，只准比照 1943 年年度增加 30 名為限，其於何種機關應予裁併，何種事業應予緊縮，均分項有所規定。

（二）**1944 年度國家歲出各類總概數**：係財政專門委員會根據主計處與行政院所提供的意見與資料核擬而成。就此項概數原擬者 649 億元（較各機關請列原始概數 1,200 餘億元，核減及半數），即依此規定各類總概數，分交各機關照規定範圍編擬預算。

故在此階段中應負責者，自為行政院、主計處及財政專門委員會三個機關，但觀察此三機關對於各機關原列概數核減數字之大，顯示其尚能認真處理。

第二階段為各一級機關（即五院與國民黨中央黨部）將二級機關（一級機關所屬各部會）所編呈的預算彙總，初步審核後轉送主計處。

（一）行政院所屬各部會的預算與各省市的預算，及建設專款的預算，由行政院彙總初步審核，通過院會後轉送主計處。

（二）其他四院所屬的預算，由各院分別彙總初步審核後，轉送主計處。

（三）黨務方面的預算，由各部會編列之後，經過財務委員會及常會初步審查後，分送主計處與財政專門委員會。

此第二階段為預算具體數字的初步核定，與總預算的成立關係最大，而負責任最大者，首推行政院（因經行政院審定者占總預算的最多部門與最大數額），其次為主計處，均握有初步審核各機關所編預算之權，而主計處且需負編成總預算的專責。

第三階段為財政專門委員會審核主計處所提出的總預算案。財政專門委員會對總預算草案的審核，應依以下兩種原則進行：

（一）根據各院與中央黨部所屬各部會所編預算的核擬意見，加以審查、研究其所列數目或事業是否必須及有無奉准根據。

（二）根據上述第一階段所頒布的總預算編審原則各條規定加以勾稽，其不合原則規定者，予以刪除或核減。

在此階段中，財政專門委員會主任委員徐堪及該會審查召集人主計長陳其采、國庫署長李儻，以及審查人歲計局長楊汝梅，行政院會計長胡善恆均為直接負責者。[113]

調查報告最後指出，1944 年度總預算案的編審機關與負責人員，大至如上，但是在此三階段之外，尚有兩種會議，也應負相當責任，即第二階段中的行政院會議與第三階段後，提呈國防最高委員會前的總預算審議委員會（由五院院長、參謀總長、國防委員會及中央黨務祕書長組成）。因此兩種會議，均為各階段中最後的審訂會議。[114]

蔣介石讀了侍從室所作的調查報告後，作了兩項批示，要點如下：

第一、預算不能核實，行政院院會應負其責。為何行政院會議如此不負責任。第二、間後每一科目的經費必須附計畫與說明。[115] 侍從室接獲蔣的批示後，發函國防最高委員會祕書長王寵惠，令即分令有關機關改善遵辦。[116] 不過並未懲處任何人員，此案遂告結束。

六全大會政綱的研擬

1945 年 5 月，國民黨召開六全大會。早在 3 月 19 日，蔣介石即手諭國民黨祕書長吳鐵城和侍二處主任陳布雷：

> 對於本黨今後之政綱政策與組織方案，應即研究。本黨之經濟建設部分應特別注重提高農民之生活，清丈土地、鄉村造產、發展合作事業，實現民生主義等。希即召集有關及其研究之人員共同商擬整個方案，於一個月內呈報為要。[117]

陳布雷接獲手令後，即飭祕書陶希聖辦理。陶希聖參考了美國總統羅斯福（Franklin D. Roosevelt, 1880-1945）1941 年所提出的「四大自由」（Four Freedoms）[118]，以及英國 1943 年的貝佛里奇報告書（Beveridge Report）[119] 中有關社會安全的內容，起草三份內容類似的政綱，各為 18 條、24 條及 32 條，結果蔣採用了 24 條的版本，提交六全大會審議。

5 月 16 日，大會討論政綱，蔣介石交議的政綱草案，係由戴季陶代為說明。戴說至最後，要求大會照章通過，引起會中普遍的反感。有些代表反對政綱中「在國家建設計畫中，人民有經濟自由」一條，張治中等三青團代表則另提一個政綱草案，除了主張實施社會安全制度和土地改革，其中並有勞工管理工廠之條例。蔣介石聽說政綱草案發生問題，乃於 18 日親自到會說明：「左傾應該有個標準，我們若以蘇聯為標準，左傾也不該比蘇聯更左吧！」[120] 大會這才通過蔣交議的政綱。

政綱中有關農工政策的部分，則在會議期間引起了輿論討論。政綱中主張發展農民組織，保障農民權益，改善不良農民生活，推行集體農場，並促進農業的工業化；又主張發展勞工組織，改善勞動條件，促進勞資合作，增進勞動政治，尤須保護童工與女工。[121]《大公報》的社評

認為推行民生主義應從提高生產力著手，才是正途：

> 在這次大會中很可看出民生主義的新傾向，這實在象徵國民黨
> 的一種新覺悟。我們讀了大會有關民生主義的各項決議，願意加重
> 說明一點，就是：民生主義的推行應該單純的注意民生問題。消極
> 的應解除人民生活的痛苦，積極的應提高人民生活水準。由此而論，
> 則糾正不良的地方政治與經濟的設施，進而鼓勵農工政策，是正途
> 大道。在這方面，六全代會很注重農工政策，其趨向是正確的，但
> 不必太注重農工組訓，而從事農會工會的運動。(1) 一不從改善人民
> 生活的大前提上著手，而先從事組訓運動，反易招致糾紛。(2) 二若
> 以往那樣，以「職業黨人」從事農業運動，那一定會有隔靴搔癢以
> 至鑿柄不入的現象。[122]

由侍從室草擬六全大會通過的國民黨政綱政策，可以看出其中將三
民主義做了彈性的解釋，並試圖順引當時流行的各種思潮（包括自由主
義、保守主義和社會主義），顯示其政綱、政策實為黨內各派勢力角力
下的結果。[123] 會議期間，蔣介石曾召見陳布雷，詢問大會情形，陳即明
白將此現象指出，並於其當日日記留下以下的紀錄：

> 委座約往從談，詢大會情形。余直陳所見，謂此後中央三種人
> 雜糅一起（甲、俄德思想合併者；乙、英美思想潤浸者；丙、固守
> 主義立場而不達實變者）。一切設施倍感困難，余甚以為懼。竊謂
> 下屆全會各事，非即速準備不可。委座以為然。[124]

由於政綱、政策在草擬時，企圖讓黨內各派均能接受，因此自初稿完
成後在黨內的政綱審查過程中，即曾不斷修改，直至大會討論此案的前二
天，蔣介石仍召見陳布雷，研究政綱並增列黨綱，[125] 因此已無暇顧及其中
各派意見的矛盾之處。也無怪大會通過政綱、政策案後，陳布雷還要交代
屬下仔細檢查大會通過的政綱案與其他各項政策綱領之間，有無自相矛盾
之處，[126] 以免鬧出笑話。雖然如此，侍從室草擬政綱的過程中，綜合各方
意見，尋求共識，將國民黨的經濟體制由統制經濟（計畫經濟）向計畫自
由經濟調整，並且嘗試建立社會安全體系，對於戰後中國甚至 1945 年以

後的經濟發展與社會福利建設，均產生了重大的影響。[127]

戰後受降與接收的規劃

一、初期的規劃

1945 年 8 月 10 日夜間，日本宣布無條件投降。侍從室立即需要面對接踵而來的復員與接收各項問題。當晚侍二處主任陳布雷與中宣部副部長許孝炎即晉見蔣介石，商議宣傳事務。[128] 蔣當即決定飭廣播電台要求淪陷區地下軍與偽軍靜候命令，准許給予偽軍贖罪的機會，不過不得接受非經委員長核准的任何收編。[129] 又督促各省復員工作與具體實施方案的研擬。[130] 8 月 11 日，侍六組組長唐縱完成〈日本投降後我處置之意見具申〉報告並於次日呈蔣，並令抄送陳布雷核閱。報告內容重點有以下各點：

1. 飭復員委員會於一週內提出計畫綱領，並即核定實施，以免臨時倉促陷於無計畫、無組織、無秩序的行動。
2. 在復員期間最重要者為交通與治安，除交通部分由復員委員會統一籌劃外，對治安問題似應加強。
3. 飭中央黨部研擬中央委員與各級黨部對於復員工作應全體動員參加，各中央委員應回到地方，深入農村指導地方秩序的恢復。
4. 對管制日本與賠償損失及戰罪責任的審判等，中央應即指定國防最高委員會、中央設計局、外交部、軍令部，各派得力人員，研究具體辦法，以備日後與同盟國洽商的基礎。
5. 對於附逆者的處置，應即指定小組、委員會，研究具體辦法。此項組織宜博採民意，最佳以下列方式組成：
   (1) 中央黨部 1 人
   (2) 行政院 1 人
   (3) 司法院 1 人
   (4) 軍令部 1 人
   (5) 參政會 2 人

6. 宣傳部應積極從事以下工作：

    (1) 宣傳國民政府艱苦抗戰事蹟，使民眾瞭解政府的艱難與勝利的不易。

    (2) 對於戰後復員、治安、秩序的重要性，宜廣事宣傳，以歇阻野心者的陰謀。

    (3) 戰後復員需有長期的和平建設，指陳軍令、政令統一的重要與制止武力割據為全民一致的要求。

7. 中央表示統一團結致力戰後建設的願望，並重申召集國民大會實施憲政的諾言，同時表示希望中共領袖來渝共商進行。如毛澤東果來，可使其就範；如其不來，則中央可以昭示寬大於天下，而中共將負破壞統一之責。[131]

13 日，中央舉行總理紀念週，主席蔣介石致詞，首先指陳同心一德的重要性，希望各同志堅強自信心，並對敵人投降後政府應注意事項有所昭示。其指示各點，即大多為前日唐縱所呈的意見具申。[132]

15 日，蔣介石對全國軍民及世界人士發表廣播演說。播講畢，返回寓所，即發電邀毛澤東至重慶共商大計，並手擬接收各省及招降各人員姓名。[133]

對於偽軍，早在 8 月 10 日日本宣布無條件投降當夜，蔣介石即決定飭廣播電台要求淪陷區地下軍與偽軍靜候命令，准許給予偽軍贖罪的機會，不過不得接受非經委員長核准的任何收編。不久，侍從室在審議國民黨中央黨部所呈淪陷區域政策綱要草案時，曾簽註以下三點意見：(1) 凡附逆的漢奸，均應受特別審判，並褫奪公權，其曾受有任務參加祕密工作者，經審查確實，准予另案辦理；(2) 敵產、逆產由政府組織特種委員會調查處理；(3) 偽軍的處理方針，當視其對國軍之協助與貢獻的成績，本寬大的原則分別處理。蔣批示：「如擬，但不可發寄」。[134] 以此三點作為決定的方針，通飭實施。唐縱當時認為「此事關係重大，苟我不予糾正，中央將蒙莫大之羞」。[135]

事後看來，唐縱的此項建議確實是正確的。抗戰勝利之初，由於國軍多數遠在大後方，至淪陷接收，面臨中共的競爭，若不利用日偽力量先穩定收復區，勢必讓附近的共軍捷足先登。

為了爭取在華日軍的合作，蔣介石乃於 8 月 15 日對全國軍民及世界人士發表廣播演說，呼籲國人發揮「不念舊惡」及「與人為善」的傳統德行，不以日本的人民為敵。[136] 國民政府也於 9 月 11 日宣布，將日本派遣軍總司令部改稱「中國戰區日本官兵善後總聯絡部」。對於已辦理投降宣誓手續的日本軍隊，不稱戰俘而稱徒手官兵，並維持其原有的部隊指揮體系與通信系統，甚至享有國軍官兵相同的物資和補給。日軍也全力配合蔣介石的要求，不僅不接受中共任何要求，且以武力抵抗來犯的共軍。[137]

除了對在華日軍採取寬大政策，國府更以大量委任偽軍領袖的方式，重用與拉攏偽軍，不但使大部偽軍投向國府，也使國府順利接收國內各大、中城市。尤其是長江以南，因共軍力量小，主動撤退，國府得以在 11 月之前恢復該地區交通。共軍實力較強地區，尤其是華北，地方型偽軍則多主動棄城而逃，或被共軍所擊敗。至於偽軍的大量投向國府，則與他們認為國府居正統地位、實力較中共為佳，又有著國際援助的利益取向有關。[138]

正由於國民政府利用了日、偽軍的力量，才得以完成收復區的接收，而未落入中共之手。據一項統計，國軍共接收日軍步槍 685,897 支，手槍 56,698 支，輕、重機槍 30,961 挺，各種火砲 12,446 門，步、機槍彈 10,899 萬發，砲彈 2,070,000 發，裝甲戰車 456 輛，卡車 14,964 輛，馬匹 73,886 匹，各種飛機 1,068 架，機動船舶 514 艘 7.7 萬噸。國府接收的日偽資產，估價為 3.5 億至 8 億美元。[139] 此時的物資可以說是國府成立以後，所取得的最大一筆物資，其軍事、經濟實力得以大幅增長。另一方面，由於日偽為國府維持地方，中共借日本投降機會取得收復區部分大城市的計畫未能實現，對於國府在戰後國共鬥爭中取得實力優勢具有重要影響。[140]

二、「欽差大臣」的協助與視察

1945 年 8 月 15 日，侍從室祕書邵毓麟自美返國，17 日獲蔣介石召見，報告隨政府代表團出席聯合國創立會議經過，並獲示：正式受降工作係由陸軍總司令部負責，另以邵協助總司令何應欽從事側面政治工作，

必須設法儘速與日軍駐華最高指揮官岡村寧次接觸，說服其負責約束所屬官兵，不得有違法背紀行動，更不得任意繳出武器，造成中國混亂。當晚，邵毓麟即晉見何應欽，獲何指示，除保留侍從室少將祕書職銜外，另賦以中國陸軍總司令部參議職銜，並且立即開始工作，協同軍委會高參楊宣誠，著手翻譯盟軍總帥麥克阿瑟的〈第一號命令〉，於次日完成。19 日，邵隨同何、陸總部參謀長蕭毅肅等一行多人由渝飛芷江。[141]

何應欽甫抵芷江陸軍總部，即接麥克魯電稱：奉魏德邁電，略稱岡村寧次簽字地點，宜在南京，詢問何對此項改變意見。何認為蔣如指定必須在南京受降，他自當遵命前往，不過在未簽字前，廖耀湘的新六軍尚不得開始空運，如何前往，在日軍勢力之下，諸事進行必感困難，經研究結果，似仍以在芷江簽字較為妥當。何據此電蔣請示。侍從室接何電報後，認為何過於膽小，即簽註擬辦意見：「經洽詢據魏德邁稱：麥克阿瑟既可赴東京灣受降，則何總長赴南京受降絕無危險，新六軍是否到達，似可不必顧慮等語。擬復何總長，可在芷江與日代表會商各條款，簽字地點決改在南京。」獲蔣批示：「如擬。」[142] 何接電後只得遵辦。

20 日，行政院各部會的代表谷正綱、賀衷寒、刁作謙、顧毓琇、張茲闓、龔德柏、陳伯莊等位，均陸續抵達。當日，邵毓麟向何應欽建議徵調日本士官學校出身的中國軍官，前來總部服務，獲何採納下令辦理。21 日，岡村寧次派遣之代表今井武夫一行，依限飛抵芷江，接洽投降事宜，翌日離去。23 日至 26 日，何應欽召開軍事會議，各戰區司令長官及方面軍司令官顧祝同、張發奎、湯恩伯、盧漢、李延年等，均前來芷江出席，邵毓麟則為列席人員。會中通過對於各戰區偽軍的受降綱領，係由邵毓麟所草擬。[143]

27 日，陸總副參謀長冷欣奉派為前進指揮所主任，率所屬飛往南京部署，邵也搭機同往。抵南京機場時，今井率領參謀人員在場迎接。今井私下向邵表示岡村隨時有切腹自盡之虞，邵當晚與岡村略談時，除傳達蔣介石的二點指示外，並說服其積極合作，打消自盡念頭。

28 日，邵毓麟與岡村進行第二次會談，廣泛討論以下問題：(1) 中國政府應以何種方式責成岡村約束所屬官兵問題。約定中方於正式受降後，即令日方撤銷「中國派遣軍」名義，另行成立「中國戰區日本官兵

善後總聯絡部」。何總司令為了便利與日方聯絡善後，且曾調集若干日本士官學校出身的中國軍官至總部服務，結果良好。(2) 陳公博等漢奸已被日方自作聰明專機送往日本的問題，邵表示國府將來如何處置陳等，尚不明確，不過日方將來或因此舉而負「我不殺伯仁」之責。[144] 8月29日同盟社發布電訊：「南京政府代理主席陳公博昨（28日）自殺受傷，本日已因傷斃命。」侍從室聞訊後建議蔣先發布新聞並廣播，說明陳公博等假借自殺為名，確已逃往日本，一面由何總司令向日軍追繳究辦。獲蔣批示：「如擬。」9月1日，侍一處主任周至柔與侍二處主任陳布雷聯名彙呈情報稱：「（一）陳逆公博等由日方保護下，已於25日正午潛抵日本米子。（二）陳逆公博一行由日方保護下飛日，故同盟社故意發布陳逆自殺消息。據此電更足證明日本宣傳之陰謀。此事擬由我方中央社揭穿其事實真相，並由當局警告日方應負其責。」獲蔣批示：「如擬。」[145]（三）日本技術人員留華服務問題。（四）日本僑民的處理問題。國府對日僑的待遇，優於對日軍官兵。

　　8月31日，邵毓麟單獨飛返芷江，向何應欽報告請示，隨即奉何命飛往重慶覆命，並請示一切。[146] 9月7日，蔣介石接見邵毓麟與侍從室另一祕書張廷孟（將赴臺灣視察），授以對日軍的方針與意旨。[147] 8日，邵再度銜命隨同何應欽飛往南京，參加9月9日的正式受降典禮。後續一切均由陸軍總司令部指令日本官兵善後總聯絡部辦理，進行得頗為順利，而與俄軍接受東北地區日本關東軍的投降，將收繳武器大量轉運中共，違反中蘇條約的情況相比，可說完全不同。[148]

三、接收

　　邵毓麟在協助何應欽軍事受降工作告一段落後，開始專心考察軍事受降以外的政治、經濟、金融各方情況，他親眼目睹了京滬地區的混亂情勢。日軍在華曾逐步實施有系統的經濟侵略，在華北以華北開發會社為母公司，下設十八個子公司，例如華北交通、北支棉花、華北電業、蒙疆電業、華北電信電話、龍烟鐵礦、興電公司等。在華中則以華中振興公司為母公司，下設華中礦業、華中交通、華中水產、華中電氣通信、華中鐵道、上海恆產等十三個子公司。日本投降後，華北開發會社的副

總裁和華中振興公司的總裁，均曾先後在京、滬兩地向邵毓麟報告日本在中國各地原有經濟、交通、工礦的有機體系和組織，由於中方接收人員的缺乏計畫，而陷於支離破碎。邵毓麟乃將如此嚴重情況向何應欽反映。[149] 何應欽以此二機構已電請行政院派員接收在案，不過事不宜遲，乃與在京各部次長研商後，先派經濟部特派員張茲闓主持接收華中振興公司、楊公兆主持接受華北開發會社，及其所屬各項機構事業、資材等，並派有關各部特派員協同辦理接收後，候中央主管機關接管處理。[150] 邵毓麟飛返重慶。在出發前一日，他先致電蔣報告經濟接收問題：

渝，侍從室機要組。四七一六九密。唐組長轉呈委座：軍事接收以團體為對手，正面側面相機配合，並運用其原有組織逐步接收，除有少數日軍部隊有不法行動，大致成績尚佳。但行政經濟接收情形極壞，其原因：（一）中央原規定陸軍總部統一指揮行政經濟接收工作，其後行政院又下令新設中央及地方黨政接收委員會，與陸軍總部原定辦法先後不同，職權亦有變更，總部既不願負責，行政院迄未派定中央接收委員會名單，負責之人延遲未進行。（二）行政院各部會派來接收人員，對淪陷區敵偽政治經濟毫無認識，不知從何著手。（三）經濟接收工作原極微妙難辦，華中日方有振興公司，統制分公司十六個，掌握華中整個經濟，我方應先以振興公司為對手，先行接收總公司，再及於子公司。就其原有建築逐步著手，始能確保戰後經建基礎。但觀現狀，扦腳分頸割接收頭部，棄基礎不顧，我方迄未接收華中振興總公司，其所屬子公司，除華中水電、華中電信、上海都市交通與上海生產等公司已分割接收，其他如華中礦業、上海恆產、華中鐵道、華中水產、淮南煤礦、中華輪船、華中運輸、華中火柴、中華蠶絲、中華柳泉煤礦等公司，尚未接收。由於上列原因，除公用事業已飭日方主管負責繼續維持外，其餘生產事業均已停頓，並聞華中振興公司總裁高島面告該公司所屬事業，截至八月底共計純損七百億，其中以鐵道公司為損失最多者，占百分之五十以上，其他並無適當處理辦法。即現在勉強維持之公用事業，亦將陷於極端混亂。[151]

邵毓麟同時也建議蔣對於整個華中地區的經濟應有以下的對策：
（甲）應即加強維持治安，安定各方，俾得貨暢其流。（乙）嚴格取締
煽動工廠員工的罷工、怠工，並強迫臨時要求獎金及離職津貼，以免將
來復工產生障礙；滬市黨部總工會要求日方重、輕工業五十一廠應即繳
付員工維持津貼共計一千另卅億，再加其他五百個大小工廠，估計約需
一千萬偽幣，此事內幕有中共策動，極應注意。（丙）法幣與偽幣之比率，
僅在目前係一比二百，比率既嫌過大，也無法令規定，金融因此混亂，
應即法定比率安定金融。（丁）華中現有存煤僅八萬八千噸，而各公用
事業動力所需煤量每月為七萬五千噸，應即設法掌握煤產，恢復運輸，
如此事業不致停頓，治安也得維持。（戊）食糧價格飛漲，工資因此增加，
各工廠成本不克維持，應即設法平抑糧價，調整工資，以為工廠復工的
必備條件。（己）日本技術員工在目前之狀態下，應設法保證生命及私
人財產的安全，俾更安心為我服務。以上除甲項已請湯司令官設法辦理，
丙項另電續呈含彙意見，丁項已呈請總長迅即派人前往接收淮南、柳泉
煤礦，並設法運送連雲港及中興煤礦公司存煤共三十五萬噸，以應急需
外，現正在繼續研究具體對策。最後並建議對開發公司整個經濟的接收，
預先特飭考慮，並嚴定人選，以免重蹈覆轍。[152]

　　24日，蔣介石召見邵毓麟垂詢詳情。邵再度強調接收問題的嚴重性，
認為如此下去，「雖已恢復了國土，但我們將喪失了民心！」在旁陪坐
的一名侍從室祕書，在邵離去時悄悄地向邵表示，魏德邁在邵晉見蔣的
前幾分鐘，也曾根據美軍顧問的情報，向蔣提出了類似的報告。翌晨，
邵毓麟趕赴財政部請見部長俞鴻鈞，向他提出了有關金融情勢的報告，
並建議政府迅速公布法幣與「中儲券」的兌換比率為 1：100，以免造成
通貨膨脹。不料俞鴻鈞向邵表示四聯總處已奉行政院核定法幣與「中儲
券」的兌換比率為 1：200，且已於前一日發出電令。[153]

　　財政部的此一措施，主要是基於收兌淪陷區貨幣需要大量法幣，在法
幣印刷及運送作業不及的情況下，希望以最少的法幣收兌淪陷區貨幣；另
一方面則希望在最短時間內，採用最低兌換比率兌換以減輕財政負擔，將
大部分偽政權銀行的發行準備金充公，作為戰後復員基金。[154] 結果，在一
紙命令之下，攜來大批法幣的接收人員立成暴富，而收復區的許多民眾則

頓成赤貧。「二十幾天時間，幾乎把京滬一帶的人心丟光了。」[155]

　　邵毓麟向蔣彙報京滬地區情勢後不多久，即奉派前往京滬西北協調肅奸與治安工作及督導情報機關的紀律問題。同日，邵應交通部長俞飛鵬之邀前往拜訪，得見蔣早已於 9 月 20 日所致俞飛鵬電文，派俞負責主持華北開發與華中振興二公司事業接收事宜，而以邵協助之。[156] 邵看了電文，大吃一驚。協調肅奸、治安與督導情報機關的工作，已非本行，正感棘手，至於負責全國接收事宜，更是不敢碰的燙手山芋。他在十餘年後的回憶，對此時心態曾有以下生動的描述：

> 　　至於負責全國接收事宜，我以親眼看到黑漆一團糟的情形，雖說上面有俞部長主持，我只須從旁協助，但像這樣龐大而複雜重大的工作，不僅力不從心，難免貽誤國家。而且初期的情勢，已顯得混亂，正如一股洪流漩渦，如果投身其間，勢必身敗名裂，萬一流年不利，還可能性命難保而至於人頭落地。[157]

　　邵最後決定先執行第一項任務，於 10 月初飛南京。抵達南京後，立即召集了幾次治安情報會議，參加人員包括首都警察廳長韓文煥、南京地區憲兵司令林錫鈞、軍統局南京負責人李人士、中統局南京負責人張濟京，以及軍事委員會國際問題研究所南京負責人郭劍華等，就南京地區的治安與肅奸工作，協議分工合作，避免重複衝突。以邵毓麟個人的地位，既無權力，又係臨時「客串」性質，此時也只能做到協調合作。南京一地，已是吃力不討好，上海的情形更是混亂複雜，加上有戴笠直接負責，因此邵只到上海視察一次，即未曾也不敢過問。根據他的觀察，國府情治機關，在當時忙於治安維持與肅奸工作，難免會引起機構之間的摩擦衝突，因此對於中共的地下活動和挑撥離間，反而未能提高警覺。[158]

　　至於第二項任務，邵毓麟至上海後發現當地敵偽經濟生產事業的接收，持續在進行，困難和弊端也不斷在擴大。華中振興會社這個日本經濟侵華的「首腦」在邵離開的二星期之間，仍是無人接收，不過其「手足」機構，則大多已被支解分割。上海最重要的輕工業被接收後多半停工，最嚴重的是鐘淵紡織公司許多附屬工廠的停工，不僅紡織工廠庫存的周轉現款被坐吃一空，庫存的棉花庫料不翼而飛，即便是若干紡織機器的

零件，也都於這期間損失殆盡。而最大的問題，為數萬名男、女工人的失業問題，影響治安甚鉅。邵毓麟好不容易說服了負責上海地區接收的留日同學湯恩伯（時任第三方面軍司令），要他領銜召集了一次相關機構負責人的會議，希望未停工的工廠繼續生產，已停工的工廠儘速復工。會議的結果，雖有若干成效，不過也僅限於若干工廠而已。使接收更增困難的是日益嚴重的通貨膨脹，使邵感覺到絕非枝枝節節由局部的負責人員所能有效解決。

此時，行政院已決定成立全國性事業接收委員會，負責全國接收事宜，由經濟部長翁文灝兼任主任委員，[159] 翁致電邵，盼其立即飛回重慶擔任副主任委員。邵返渝後，獲蔣介石召見並奉派駐土耳其大使，乃婉辭副主任委員一職，不過一再建議行政院的重心應立即移往收復地區，正、副院長應速即至京滬坐鎮，主持一切，獲二人同意。邵並陪同翁前往上海，從旁協助。據邵的觀察，翁並非有膽識能當機立斷的政治人物，在上海那幾天，只見他匆匆指示經濟部和資源委員會的駐滬人員如何籌款，如何找原料，如何恢復工廠生產，也不等結果，即專機返渝。既有的錯誤既未能糾正，大家也沒有看到任何一套新的辦法和新的方針。留在收復區的，依舊是經濟混亂、物價飛漲和政治失序。[160]

理論與政策的研究

侍從室的研究工作，主要是由侍五組負責。侍五組的前身為南昌行營的黨政軍調查設計委員會。蔣介石設立此一機構的目的，乃是希望網羅一批年輕的學者、專家及留學生，從事進剿地區的調查、設計、審議等工作。設立之初，採常務委員制，由楊永泰任祕書長主持日常會務。1937 年 4 月，改為主任制，由陳布雷任主任。

1935 年南昌行營結束，改設剿匪總部於武昌，陳布雷所擔任的設計委員會職務，以該會撤銷而解除。在牯嶺時，蔣介石決定修改侍從室的組織，第一處設立第一（總務）、第二（參謀）、第三（警衛）三組，第二處設第四（祕書）、第五（研究）兩組，命原侍從室主任晏道剛為第一處主任，陳布雷為第二處主任。研究組設祕書 8–12 人，以設計委

員會原任設計委員徐慶譽、張彝鼎、李毓九、高傳珠、徐道鄰、羅貢華、傅銳、何方理 8 人出任。2 月，陳布雷赴漢口，就侍從室第二處主任職，兼第五組組長。

一、小型智囊團

侍五組的研究工作分為內政、法制、文化教育、國際時事、中日關係及經濟等各類，各祕書每人任一類為主，並認一類為副。[161] 陳布雷並要求每個人於三個月內提出研究報告兩件為限。又分配翻譯工作如下：(1) 英文：張彝鼎、徐慶譽；(2) 法文：何方理、徐道鄰；(3) 德文：徐道鄰、李毓九；(4) 俄文：高傳珠、李毓九；(5) 日文：傅銳、羅貢華。各以一人為主，一人為輔。並規定凡翻譯報紙、雜誌材料，每週彙送一次，緊急者隨時呈送。陳又撰〈剪報要目〉三十項與〈剪報須知〉二十條，油印後發交剪報員開始剪貼。[162]

1937 年 6 月，蔣介石也曾指示陳布雷，將侍五組研究祕書依研究領域及研究區域分為黨務、政治、外交、經濟及各省、市、區各股，接洽公文及研究，並囑陳物色人才以充實侍五組陣容。陳布雷則認為此事委員長期望已久，不過由於侍從室的性質與組織特殊，甚難實行，原因有三項：(1) 文書與研究工作不易打通；(2) 人才難得，甄用進退更易牽涉到不易解決的困難；(3) 現有祕書中，急功自見，好出主張者多，而平情虛心肯研究者少。因此本案只能徐徐策劃。[163] 不久，抗戰爆發，此事遂不了了之。

自從參事室成立後，侍從室的規模縮小，主要業務變成為蔣介石整理文告和文稿，不過政策方面的研究仍持續進行。此一時期，侍從室最重要的祕書為李惟果。李畢業於清華大學，公費留美，獲柏克萊加州大學碩士，哥倫比亞大學國際關係博士，1937 年 9 月入侍從室任五組祕書，[164] 周佛海追隨汪兆銘出走後，接任周侍五組組長的職務。初期陳布雷曾要其研究志願兵問題。[165] 1938 年 4 月曾撰寫〈日本對蘇俄開戰之可能及我國對策〉研究報告。[166] 1939 年 1 月，李撰寫的〈中日抗戰與國際形勢〉報告，文長約 10,000 字，文字流暢而不沉悶，陳布雷讀後覺得「此才可造，為之心喜。」[167] 1940 年，蔣介石決定辦一個《三民主義月刊》，以

弘揚三民主義，領導青年思想為宗旨。此事本屬中宣部業務，不過或許是由於中宣部長王世杰是個自由派學者，蔣不願碰釘子，於是想讓陳布雷負責此事，不料陳不願接，[168] 於是找了何浩若、潘公展、李惟果、林桂圃等人來討論編輯方針、取材標準及負責人選等問題。最後決定以李惟果為社長、李泰華、傅築夫分任主編及常務編輯、林桂圃任經理。[169] 不久，陳布雷又要李惟果兼經理職。[170] 顯示陳對他的器重。12 月，李惟果獲派外交部總務司長離職，[171] 陳布雷對此十分不捨。此時陶希聖由香港至重慶，陳布雷多次找陶長談，認為他「具識精卓，誠益友也」。[172] 1942 年 3 月 28 日，蔣介石下令侍從室應設理論研究宣傳設計組。陳布雷則約見陶希聖，希望他能留在重慶擔任宣傳指導設計的工作。[173] 六天之後，陶持理論研究宣傳設計的計畫來見，陳讀後甚感快慰，認為陶能留渝相助，將為一得力的益友。[174] 4 月 4 日，陳布雷獲蔣同意侍五組業務增加理論研究及宣傳設計兩項，不另成立新組。並核准第五組組長以陶希聖擔任。陳當日曾於日記記載「余之工作固不因此減少，然第二處陣容加強矣。」[175] 陳對陶寄望之深，由此可見。

陶希聖上任後，首先即感到研究所需資料的不足。[176] 於是經常以該組所擁有的一些外匯委託在英國的葉公超和在美的陳之邁購買外文書刊，以空運寄回，所以戰時日本雖然實施海上封鎖，但是侍五組還是自海外進口了一些書刊，仍能從事國際政治及軍事方面的研究。例如陶希聖本人，即曾於侍五組任職期間將過去所著《中國政治思想史》修訂出版，並翻譯克勞塞維茨（Carl von Clausewitz, 1780-1831）的《戰爭原理》（*Principles of War*）及《拿破崙兵法語錄》（*Military Maxims of Napoleon*）等。[177] 在政治方面，則以《中國之命運》和《中國經濟學說》二書的擬撰，影響較大。

侍五組雖然是侍從室主要的研究部門，不過其他各處也經常會進行一些政策性的研究。例如侍三處即曾於 1939 年奉蔣介石之命，找專家研究三民主義經濟制度及經濟政策。侍三處主任陳果夫當時找了中央政治學校財經教授劉振東、趙蘭坪、王世穎、壽勉成、胡善恒、蕭錚、黃通等人負責研究，每星期開會一次，寫成報告，由陳果夫自任主席，侍三處專員吳鑄人為承辦人，擔任記錄。開會若干次後，始推趙蘭坪起草報

告，繼推劉振東重擬，不料陳果夫均不滿意，乃命吳鑄人一試。吳為北京大學畢業，牛津大學農業經濟學碩士，曾任教於中央政治學校蒙藏學校。他花了三個月的時間完成了一篇約 20,000 字的〈三民主義的經濟制度及經濟政策〉，經陳果夫修改，再經開會討論後，送呈蔣介石，奉批交財、經二部制定政策時作為主要參考資料，隨後並由侍三處印成小冊子形式發行，分送相關機構及首長參考。[178] 侍三處的此項政策性研究，在當時的學界尚無類似的作品，[179] 因此應具相當價值，不過完成後對於財經政策的制定到底產生多大的影響，由於受到史料的限制，不得而知。

侍三處又曾於 1941 年 9 月呈准蔣介石，針對戰後收復淪陷區所可能立即面臨的重要問題，進行研究。該處曾請內政部、社會部、司法行政部各指派代表一人，另聘請中央政治學校政治系主任薩孟武等對於此項工作素有研究的人員共 10 名，各自從治安、救濟、經濟、文化等方面，找出在淪陷區收復後可能立即發生而急需解決的問題，擬定「淪陷區收復後之重要問題」二十則，分發中央訓練團黨政班各期畢業學員，進行研討。一年後，陸續收到各學員及各地學員通訊小組的研究報告共三百餘件，經侍三處彙整後，完成《淪陷區收復後之重要問題暨其解決辦法》一冊。蔣介石對此份研究報告十分重視，曾仔細閱讀並加批註。侍三處於奉蔣核閱後付印，[180] 供政府相關部門參考。侍三處人員認為國府戰後處理漢奸和偽軍問題，如能依此小冊子去做，中共或許不至於成功得如此迅速。[181]

二、《中國經濟學說》的擬撰

《中國經濟學說》一書原為陶希聖在侍五組所完成的一項〈中國經濟學〉的研究報告，說明中國如何在不平等條約下，淪為次殖民地的問題。指出中國歷代經濟建設均有計畫，如漢、唐時期，國家建設以長安、洛陽為中心，由首都向四方發展交通幹道，同時有計畫的發展水利、運河等。至近代以後，由於不平等條約，全國交通則由通商口岸、租借地向內地發展，如東三省是由旅順、大連向內部發展，華北是由天津、北京向內部發展，華中是由上海、南京向內部發展，而華南則是由香港、廣州向內部發展，無法作全國性整體的規劃。

蔣介石讀完此一報告後，甚為滿意，遂要陶撰寫《中國經濟學說》一書，一方面批判共產主義的統治，一方面批判自由主義的經濟。書稿完成後，分別寄請西南聯大、西北聯大的經濟系教授提供意見，經過多次修改後，最後由蔣介石修訂定稿，[182] 於 1943 年出版。[183]

《中國經濟學說》全書兩萬餘字，重點如下：

中國經濟學的定義與範圍。此書開宗明義即指出近百年來西方經濟學說的輸入，以正統派經濟學說與馬克思經濟學說為最盛，中國自己的經濟原理反而沒有人講究。社會上一般的經濟學者，之所以無法遠承中國歷代經濟學說的淵源，解釋中國經濟近代經濟變遷的實施，預測中國經濟發展的前途，並樹立經濟的理想，以為經濟建設的歸趨，原因在於中國近百年來處於不平等條約下，一般學術界均養成了捨己轉人，重外輕內的傾向，而經濟思想界更是直接受了次殖民地經濟現況的影響，因而喪失了獨立自主的精神，缺乏創造發明的魄力。

蔣介石接著對中國經濟學下了定義。他認為從人與物的關係來說，中國稱經濟學為「經世濟物之學」。簡單的說，經濟學即是致國家於富強之學，「建國」之學。因此中國經濟學的範圍要較西洋經濟學的範圍寬廣許多。中國的經濟學認為國家的任務，一方面是養民，一方面是保民。就養民而論，國計就是民生；就保民而論，民生就是國計，簡單的說即是國防。他批評，「西洋的經濟學，只不過是一種私企業學，或是平均交易之學。我們中國的經濟學的對象不止於私企業或市場上的交易過程，而是民生與國防的統一體。」[184]

作者在第二章中分別對中西歷代的經濟學說作了評述。中國方面，他從周公談到了張居正，認為這些偉大的經濟學家「都不以人類的慾望為出發點，尤其不以個人之小己的私慾為出發點。他們的學說都本於人性，他們的目的都是國計民生，都是為國計民生而致力於經濟的規劃與統制。」[185] 對於西洋的經濟學說，作者則介紹了亞當斯密（Adam Smith, 1723-1790）、李斯特（Georg Friedrich List, 1789-1846）、斯盤（Othmar Spann, 1878-1950）、李嘉圖（David Ricardo, 1772-1823）、霍布孫（John A. Hobson, 1858-1940）、馬克思（Karl Marx, 1818-1883）、克拉克（J. B. Clark, 1847-1938）、韋布倫（Thorstein Veblen, 1857-1929）等人的學說，

並認為最新的趨勢是在人類的慾望之上，認識人的人性；且於個人的小己之上，認識社會的有機體。作者甚至斷定「此次大戰之後，西洋經濟學必將廢棄個人自利主義與唯利論，而以人性為本源，以民生為目的，和我中國固有的經濟學說將殊途同歸。」[186]

在評介了中西經濟學說後，作者在第三章則試圖從養民和保民兩方面討論中國歷代實際的經濟建設。在養民方面，歷代政府在田制、水利、倉儲、交通、氣象與土壤各方面的扮演角色。由於「不患寡而患不均」，歷代政府又透過均產、均賦、均輸、專賣、農貸等方式達到均富的目標。在保民方面，作者強調國防與民生的一貫性，從歷史的深度觀察，凡兩者合則國強，兩者分則國弱。由於現代的戰爭是全民的戰爭，因此必須恢復兵農合一的制度，才能有廣大的兵源和豐富的餉源，才可以使人民各為其田園而戰，戰爭才可以普遍而持久。

蔣介石在第四章中，將歷代相傳的經濟道理，歸納為以下三點：(1)經濟以養民為本位；(2) 經濟以計畫為必要；(3) 民生與國防之合一。以上三點即為民生主義的基本原則，必須根據此三項原則，中國的經濟建設才會成功。對於中國的經濟建設，有些人根據西洋的經濟學說，提出各種不適合時代和中國實施的主張，其最大的缺點如下：

1. 自由主義經濟學。中國的工業落後，不能夠與工業發達的各國競爭，因此在國際貿易方面必須採取保護主義，在工業建設方面，必須採取計畫經濟制度。

2. 馬克思主義經濟學派。中國由於工業不發達，國民的生活只有大貧與小貧之分，並沒有真正的階級存在。

作者認為根據民生主義基本原則所建構的實業計畫，體大精深，其中要點有以下四項：(1) 中國的經濟建設應以廣大的內陸為基地，以繁榮的海港為出口；(2) 工業化應以交通和農礦為根本事業；(3) 注重人口的地域分布。中國近百年人口有集中東南的趨勢，應將人口移至西北和西南，作為抗戰建國的基地。(4) 工業化必須分散於農村，避免近百年來上海都市生活與西北、西南農村生活相差一、二世紀的偏枯景象。

蔣介石最後在結論中指出，民生本位和計畫經濟的原則，為達到大同世界的唯一正確道路。

《中國經濟學說》一書出版後，在學術界並未引起多大的討論，在政界的影響較大，孫科認為此二書批評了共產主義和自由主義，但是未批評法西斯主義，中共則直指此二書為法西斯思想。同盟國中印緬戰區總參謀長史迪威的助手謝志偉（John Service）在致美國國務院的備忘錄中稱「國民黨目前的意識形態，一如蔣介石的兩本著作——《中國之命運》和《中國經濟學說》所顯示的，不論在政治上或經濟上，均為排外與反民主的。」[187]當時在華的另一位美國外交人員John F. Melby也指出，「對西方人來說此二書具有強烈的反左翼民族主義、排外及軍事極權思想。」[188]

由於《中國經濟學說》的內容十分含混，因此戰後各種不同立場的學者對此書的解讀也就頗不相同。例如自由派學者費正清（John K. Fairbank）認為此書反對自由企業，提倡一種反馬克思的儒家極權主義（anti-Marxist Confucian totalitarianism）。[189]政治學者A. James Gregor認為此書繼承了孫文《實業計畫》，主張要解決土地問題，從而可以終止商人的炒作與兼併，最後可以有助於工業化；本土產業可經由進口關稅予以保護，本土產業發展後可為經濟與工業的發展奠下基礎。[190]經濟學者Paul B. Trescott則認為蔣介石的兩本書支持由一個精英的威權政府（an elite authoritarian government）扮演重要的（但是又未能界定清楚）經濟角色。[191]

筆者以為，此書的特點有以下幾處：第一，強烈的民族主義。一方面不滿於將西方理論簡單地套用於中國，而試圖建立起中國人自己經濟理論；另一方面則強調政府在經濟發展過程中應扮演積極角色，如以進口關稅方式保護本土產業，以進口替代（import substitution）方式發展本土工業。第二，試圖在計畫經濟與自由經濟之間取得平衡。強調中國日後經濟發展，應採民生本位和計畫經濟的原則。顯示此時國民黨的經濟思想與政策，似有由傾向統制經濟轉為計畫經濟的趨勢。

三、贊助復性書院與中國哲學會

蔣介石曾經由侍從室贊助過一些學術機構和社團，其中以復性書院和中國哲學會最為重要，以下擬分別予以討論。

（一）復性書院

　　復性書院的創辦人馬浮為民國時期重要思想家。與熊十力、梁漱溟、張君勱合稱為中國當代四大儒。1936 年，蔣介石曾約見馬浮，請示行己為政、修身治國之道。馬提出一個「誠」字，強調「誠即為內聖外王之始基」，並推崇張載的〈西銘〉氣象磅礴，包羅宏廣。於是蔣指示，全國黨政人員研讀〈西銘〉，不久高中國文課本也選入〈西銘〉作為教材。[192]

　　抗戰軍興，馬浮隨浙江大學西遷，暫住於泰和宜山。由於他不願在大學任教，乃接受弟子壽景偉（毅成）、劉百閔等人的建議，在一山水勝地創辦一所書院，繼續講學。壽、劉等人又透過陳布雷，將復性書院的建院計畫呈報蔣介石。[193] 馬本人也於 1939 年 3 月 1 日在陳布雷的陪同下晉見蔣介石，[194] 當面拜託。獲蔣特准創辦，並捐專款 30,000 元作為建院基金，命中央賑濟委員會副委員長、浙籍大老屈映光主持事，[195] 並指示教育部主動與馬浮商洽創設。於是教育部隨即成立書院籌備委員會，聘屈映光等 15 人為籌備委員，展開籌備工作。6 月 1 日，教育部公布〈私人講學機關設立辦法〉，使書院的設立有了法令的依據。復性書院隨即以「講明經術，注重文理，欲使學者知類通達，深造自得，養成剛大貞固之才」為宗旨開始招生。[196]

　　初次徵選共有七百餘人報名，由於國學基礎普遍不佳，僅錄取二十餘人。入院研習以三年為期，期間享有公費。為了擴大入學範圍，又設「參學人」，凡好學之士願來參問，或有職業而未能長期住院者，由主講、知友介紹，得為參學人，在院問學不超過半年，且為自費。

　　9 月，書院正式於四川樂山開講。書院課程分為「通治」與「別治」二門。前者為共同修習，以孝經、論語為一類，孟、荀、董、鄭、周、程、張、朱、陸、王諸子附之。後者相當於選修，以尚書、三禮為一類，名、法、墨三家附之；易、春秋又一類，道家附之。[197] 師資除了主講馬浮及馬所聘的特設講座熊十力，另設不定期來院短期講學的「學友」（相當於大學的客座教授），曾邀請趙熙、謝无量等人擔任；1940 年籌備委員會即組為董事會，邵力子、陳布雷、屈映光、劉百閔、壽景偉、陳其采、周惺甫、謝无量、沈尹默、沈敬仲等先後擔任董事，屈映光為董事長，陳其采為基金保管委員會主任委員、副董事長，董事會聘馬浮為主講，

主持教事，劉百閔為董事兼總幹事。[198] 劉百閔時任中央政治學校教授；兼國民黨中宣部中國文化服務社社長，因此凡董事會一切業務及書院應辦事項，均由中國文化服務社義務兼辦。

　　書院員生膏火及一切開支，均依賴基金利息及政府補助。籌備階段時，行政院長孔祥熙曾撥款 100,000 元作為基金；教育部每月撥給經常費，開始時為 4,000 元，[199] 1940 年 9 月以後增為每月 6,000 元，但是往往不能及時匯到。書院經費不濟時，常有賴董事壽景偉從其主管的中國茶業公司借支墊款。經武漢大學教授張頤（真如）1941 年 1 月於四川省參議會上提議，獲省政府同意每年補助書院經費 10,000 元，由財政廳分四期支付。[200]

　　書院自 1939 年秋天開講，肄業學生及參學人員尚不滿 50 人。有些人震於馬浮及熊十力大名，前來瞻仰，並非有決心研習，日久難安枯淡，乃逐漸離去。熊十力由於一次日機襲樂山時被炸受傷，且認為書院當眾說並陳，由學生擇善而從，多方吸收，並習用世之術，以謀出路，主張仿效一般大學改革書院制度，與馬發生衝突，不多久即離院。[201] 歷史學者賀昌群，也因理念與馬不同而離開。[202] 至於 1941 年以後，物價上漲，書院經費難以維持，馬浮打算輟講，為董事會所慰留，1941 年終，馬又提出維持書院辦法，以刻書為主，講學為副。董事會經過討論後，決定呈請蔣介石報告院務，為刻書事請求特別捐助。此件呈文經董事陳布雷代呈後，獲蔣同意一次補助刻書費 100,000 元。[203] 戰後由於經費缺乏，曾一度成立基金勸募委員會，推舉陳果夫為主任委員，對外募款，[204] 不過最後仍於 1950 年停辦。

（二）中國哲學會

　　近代中國第一個以研究哲學為宗旨的學術團體，為南京高等師範學校的哲學研究會。此團體於 1917 年所創刊的《哲學會刊》（半年刊），為近代中國第一份哲學研究刊物，主要刊登哲學研究論文、譯著，以及會務報導。[205] 不過此一團體性質屬於校內社團，故影響有限。至於第一個哲學研究的社會團體，應為傅銅、吳康等人於 1921 年在北京所創辦的哲學社。此一社團的職員並不多，其機關刊物《哲學》雜誌存在的時間不長，因此影響也不大。真正影響大的，為 1927 年於北平所創辦的《哲

學評論》，以及由《哲學評論》聚餐會醞釀而生的中國哲學會。

1927 年 4 月，由瞿世英、張東蓀、黃子通、林宰平等人主辦的《哲學評論》（月刊）創刊。在創刊之初，該社曾約請了金岳霖、馮友蘭、張申府、許地山等三十多位哲學學者撰稿，在當時發揮了相當大的影響。至 30 年代初，在《哲學評論》周圍，逐漸以北大、清華、燕京三校的哲學系教師為主幹，積聚了一批以介紹西方哲學和研究中西哲學為共同志趣的學者，每 1 至 2 月，採「沙龍」性質舉行聚餐會，間亦宣讀論文。1934 年 10 月，始有人提議舉行哲學年會，推舉賀麟、馮友蘭、金岳霖、黃子通負責籌劃。1935 年 4 月，中國哲學會第一屆年會於北京大學召開，會中決議擴大組織全國性質的中國哲學會，並推舉賀麟等 11 人組織籌委會，由首屆年會原有籌備委員賀麟、金岳霖、黃子通三人負責召集。[206] 1936 年 4 月，中國哲學會第二屆年會於北京大學召開，會中正式通過中國哲學會會章並選舉理事 15 人組成理事會，其中馮友蘭、金岳霖、祝百英、宗白華、湯用彤為常務理事，同時編輯出版會刊《哲學評論》。1937 年元月，第三屆年會於南京中央大學召開，此時已有北京、南京和廣州三個分會。會中決議:(1)請教育部增加哲學課程，令教育部一律增設哲學系；(2) 編纂《哲學大辭典》；(3) 請中央研究院增設哲學研究所。[207] 會議並決定第四屆年會於廣州召開。不久，抗戰爆發，學者四散，年會與《哲學評論》均無法維持而告中斷。

蔣介石年輕時即對宗教、哲學問題感興趣，1938 年起更對哲學著上了迷，甚至曾因研究黑格爾哲學而致失眠。[208] 他對《哲學評論》十分懷念，於是接受陶希聖的建議，恢復中國哲學會與《哲學評論》，經陶與西南聯大哲學系商議後，決定合作。[209] 由於中國哲學會依會章並未設會長，當時的教育部長陳立夫被視為是國民黨官方哲學的代表人物，如果中國哲學會設會長，勢必選陳擔任，此為大家所不樂見之事。[210] 而馮友蘭當時為西南聯大文學院院長、中國哲學會常務理事兼《哲學評論》的主編，遂被指定負責此事。

1941 年 8 月 29 日，中國哲學會第四屆年會在侍從室的資助下，於昆明雲南大學順利召開，會期三天。[211] 本屆年會雖因抗戰未能按三屆年會決定在廣州中山大學召開，但與會會員除在滇會員外，以廣州占多數，

而在滇者大多來自北平。在首日的會議中，通過了向國民政府主席林森、軍事委員會委員長蔣介石、雲南省政府主席龍雲致敬電，以及向前方將士致敬電，隨即展開三天的論文宣讀及討論。大會結束前，曾召開中國哲學會的會務會議，由馮友蘭報告編輯委員會會務，要點為《哲學評論》復刊，在上海排印，仍由開明書局發行。又聽取各分會報告會務。會議中通過設立西洋哲學名著編譯委員會，由賀麟任主任委員，馮友蘭、湯用彤、宗白華、張頤為委員；設立中國哲學研究委員會，由馮友蘭任主任委員，湯用彤、賀麟、宗白華、黃建中為委員。

事實上，此二委員會均由侍從室提供經費援助，蔣介石且指定陶希聖為侍從室與兩委員會之間的聯絡員，[212]不過二委員會的緣起並不相同，茲分別予以討論。

西洋哲學名著編譯委員會的緣起，乃是由於 1941 年 1 月 15 日，蔣介石約見賀麟（是為二人首次見面），雙方討論黑格爾哲學。[213]在蔣、賀見面前，賀曾先於 1 月 7 日拜訪陳布雷，談其研究知難行易學說的心得及哲學研究的方法。[214]當蔣問賀有無需要協助之處，賀則表示需要一些錢辦一個編譯委員會，學嚴復介紹西方古典哲學，以貫通中西思想、發揚三民主義的精神，[215]獲蔣同意。

西洋哲學名著編譯委員會成立初期所出版的書，計有賀麟譯斯賓諾莎（Baruch Spinoza）的《致知編》（*Treatise on the Correction of the Understanding*）、陳康譯柏拉圖（Plato）的《巴曼尼得斯篇》（*Parmenides*）、謝幼偉譯魯一士（Josiah Royce）的《忠之哲學》（*The Philosophy of Loyalty*），以及樊星南譯魯一士的《近代哲學的精神》（*The Spirit of Modern Philosophy*）等。以上各書由於原著均為著名思想家的經典作品，譯者也均為著名學者，每種譯本前並由譯者撰寫長序介紹該書內容，因此甚獲學界好評。其中《忠的哲學》一書，對社會影響尤大，被視為是呼應蔣介石的效忠主義，與其抗戰建國的想法直接相關。[216]

至於中國哲學研究委員會，則是蔣介石希望恢復中國哲學會與《哲學評論》，要陶希聖去辦此事，陶經由西南聯大哲學系找上了馮友蘭，要馮成立一個中國哲學研究委員會，並由馮擔任主任委員。[217]不過所提供的經費甚少，每月只有 18,000 元。當時通貨膨脹已十分嚴重，這個數

目實際上也辦不了什麼事。[218] 馮友蘭才想到將中國哲學研究委員會作為中國哲學會的一個附屬組織，接收哲學方面的稿件，由委員會致贈稿費。短篇論文，刊登於《哲學評論》，長篇著作，則以專書形式出版。[219]

據現有的資料顯示，由中國哲學研究會主編的《中國哲學叢書》共出版了以下各書：

甲集：

1. 熊十力著，《新唯識論》，1944 年 3 月重慶初版，1947 年 3 月上海初版。

2. 黃建中著，《比較倫理學》，1945 年 4 月重慶初版。

3. 熊十力著，《讀經示要》，1945 年 12 月初版。

4. 馮友蘭著，《新知言》，1946 年 12 月初版。

乙集：

1. 稽文甫著，《晚明思想史論》，1944 年重慶初版。

2. 馮友蘭著，《新原道》，1945 年 4 月重慶初版，12 月上海初版，1946 年 5 月上海再版，10 月上海 3 版。[220]

值得注意的是，隨著通貨膨脹的日益嚴重，蔣介石曾試圖將補助中國哲學會的辦法予以擴大，以便能夠接濟更多的大學教授。1942 年 6 月，他致電侍二處主任陳布雷，指示擬定兩種辦法：(1) 參考當前補助哲學會辦法，組織政治、經濟、社會以及自然科學等研究會，或資助雜誌、刊物譯書、舉辦徵文等活動；(2) 針對各大學教授生活最困難者，予以信用貸款，不收利息或收最低利息。並要求他與教育部長陳立夫妥籌辦法，限當年暑假前發表施行。[221]

結論

抗戰期間，侍從室的一位祕書曾私下問陳布雷：「先生對領袖的貢獻，究竟在哪裡？」陳表示這個問題很好，但不易回答，要想一想過一、兩天再答，一、兩天過後，陳答覆卻說：「委員長是全國領袖，繫國家安危於一身，譬如說他是『火車頭』，牽拉著全國軍民的長列火車前進，有時速度太快，路基不平，左右顛簸的擺動太猛的話，就難免沒有危險。

我的作用，就等於『剎車』，必要時可使速度稍減，保持平穩。你問我有什麼貢獻，如果這可以算是貢獻的話，也是我一點微小貢獻。」[222] 本文研究的結果發現，陳布雷對於侍從室功能的評估，雖然十分中肯，但是也略嫌簡略。如果能將侍從室與之前的南昌行營黨政軍調查設計委員會作一比較，當更能凸顯侍從室的特色與貢獻。

　　蔣介石 1933 年於南昌行營內部設立黨政軍調查設計委員會（以下簡稱行營設計會）的目的，乃是希望網羅一批年輕的學者、專家及留學生，從事剿共地區的調查、設計、審議工作。行營設計會設立之初，採常務委員制，熊式輝、楊永泰、林蔚、程天放及梁穎文等五人為常委，楊永泰兼祕書長主持日常會務，祕書由鄧文儀（行營侍從祕書）兼任。1934年 5 月，行營設計會改制為主任制，由陳布雷任主任。隨著五次圍剿的順利完成，南昌行營於 1935 年 2 月 16 日結束，行營設計會也隨之撤銷，原有的業務及部分人員則併入軍事委員會委員長侍從室。行營設計會的工作範圍十分寬廣，凡是剿共各省一切黨務、政治和軍事，均在調查、設計之列，同時蔣介石或常務委員有任何問題，也可交由設計會研擬具體的政策或工作設計。因此，行營設計會為南昌行營的高級幕僚機構，第五次圍剿期間行營的重要黨政措施，許多都出自此一機構建議；其智囊團性質，可以說是侍從室的前身。一年多之內，此一機構設計了一些重要的措施和活動，其中有一些（例如新生活運動和中國文化學會）確實曾付諸實行，不過以其成績是否達到原設定的目標來衡量，此一機構的效能，似乎未盡理想，第五次圍剿期間的重要黨政措施，也未必全出自此一機構的建議或設計。檢討其功能未能充分發揮的原因，主要是由於此機構為派系競爭下的產物，是政學系為了抵制 CC 系的活動而倡設，楊永泰、熊式輝等人對此機構自然即不會十分重視。此外，行營設計會的職務含混不清，人員冗濫不精，均影響其效能。行營設計會雖然未達到預期的目標，不過蔣介石也從此失敗的經驗中汲取到了教訓，在 1935年改組侍從室時，他將侍從室定位為單純的幕僚機構，不負責實際執行，是為與當時行營設計會最大的不同之處。[223]

　　由於國民政府的決策機構眾多，包括行政院、國民黨中常會、國防最高委員會等，各自均參與部分的決策制定過程，而侍從室在其中往往

扮演最後「把關者」的角色。例如在戰前「五五憲草」審查的過程中，貫徹蔣介石的意旨，將內閣制的憲法草案轉換為大權集中於總統的憲法草案；又如在年度政府預算案的審查過程中，協助蔣執行最後把關的工作。至於政策研究方面，侍從室最重要的成果，即為國民黨六全大會政綱的研擬。侍從室彙整黨內各派立場各異的政策意見，整合為大多數人均能接受的政綱，將國民黨的經濟政策，由統制經濟（計畫經濟）轉型為計畫自由經濟，並且嘗試建立社會安全體系，對於日後台灣的經濟發展與社會福利建設，產生深遠的影響。此外侍從室雖然不負責政策的實際執行，不過卻加強與學者的合作，例如利用學者的力量調整「五五憲草」的精神，贊助學界創辦復性書院、恢復中國哲學會，不僅擴大了知識分子的參與，同時也強化了國民政府政權的合法性。

侍從室在戰時中國黨政決策制定的過程中，雖然發揮了一定的功能，不過由於以下幾項因素，使得其功能的發揮，仍具有侷限性：

第一，黨國機器推動不易。蔣介石在其日記中即曾多次對此感歎，其原因在於政策制定機構過多（包括行政院、中央政治會議、國防最高委員會），政策制定過程分散。各機構均享有一部分權力，不過職責不清。1945年政府總預算編製疏失的產生，即為一例。各機構之間又缺乏聯繫，一遇危機，即難以應付，西安事件時所出現的群龍無首局面，即為最佳例證。除了行政體系的鬆懈，監督系統也未能發揮作用。不僅以黨領政、以黨領軍的原始設計完全落空，連職司風紀的調統機構，也因內部貪腐而失靈。或許就是內部黨國機器推動不易，蔣介石才會對侍從室寄予厚望。不過侍從室雖為蔣的幕僚單位，擁有一定的權威和影響力，卻無指揮各部會的實質權力，因此要想賴以推動黨國機器，實非易事。以戰後接受工作為例，日本於1945年8月10日宣布投降，侍從室於次日即完成〈日本投降後我方處置之意見具申〉報告，並且大部分建議均為蔣所採用，不過報告的內容僅為簡單的一些原則，細部的接收方案仍需由各部會自行研擬及執行。而各部會缺乏有效聯繫等問題，[224] 導致接收工作一團混亂。等到9月底侍從室的邵毓麟發現事態嚴重向蔣報告，蔣才命其前往京滬二地協調肅奸與治安工作，並督導情報相關的紀律問題，等到這位「欽差大臣」趕到京滬地區，一方面為時已晚，人心早已

喪失，另一方面又無「尚方寶劍」可以運用，因此面對經濟混亂、物價飛漲和政治失序的局面，根本無能為力。對於侍從室所面臨的此種困境，陳布雷早已有察覺，事實上就在日本投降後的第一天，陳即在其日記中記載到：「念及日本投降以後之各種問題，甚覺我國方面事前準備之不夠充分，此因黨政中樞近年散漫遲緩而不切實際之結果，然余身在統帥之左右，不能事前考慮研究協助推動，甚至本年以來，身體日衰，對委座面示與其希望之件，在余工作範圍內以內者，亦多未能迅速確實做到，則此後之匆忙繁複，以加領袖之勞，余實亦應負其大部之責任。」[225] 次日，他又於日記中記載：「上午閱昨日中常會聯席會議之決議稿，殊感復員工作頭緒紛雜，而中樞各部內均不能聯繫密切。余給事統帥左右，今後事益繁，體益弱，必將大大貽誤，為之奈何！」[226] 陳布雷在兩天的日記中，充分流露出對於黨國機器推動不易的無力感。

第二，侍從室本身的缺陷。侍從室成立之初，由於進出公文量少，成員極為精簡，隨著蔣介石的地位穩固，權力逐漸集中，侍從室的業務也就日益繁重，不過其職員仍然不多，職司黨政事務的第二處，包括祕書、書記和辦事員在內，最多也只有 10 人左右。抗戰爆發後，蔣介石希望侍從室能加強與黨政機關以及各政黨、社團、意見領袖的聯繫，屢次要求擴大其編制，均因陳布雷的反對而未成。導致與各方聯繫的工作，無法全面而有系統地進行。以美國為例，在二次大戰前美國總統的幕僚人員均十分的少，至 1939 年羅斯福才在國會同意下，設立總統辦公室（White House Office）並大幅增加幕僚人員。[227] 蔣介石侍從室的幕僚人員，一般說來雖然素質整齊、效率高，對黨國忠誠，不過人員不足，流動極大（尤其抗戰以後，通貨膨脹嚴重，有些祕書甚至需要典當衣物來補貼家用，因此離職率高），而且性格普遍拘謹保守，開展不足，無法擔任推動改革的角色。[228] 陳布雷也認為他自己的缺點之一為「身居繁要之地，而不悟責任之重，遷延因循，只以勤慎二字自畫，好靜惡動，畏難就易。」[229]

1. 〈陳布雷報告銓敍部及黨職等重要人事案〉,《蔣中正總統文物》,典藏號:002-080101-000009-007。

2. 〈陳布雷報告銓敍部及黨職等重要人事案〉。

3. 〈陳布雷報告銓敍部及黨職等重要人事案〉。

4. 蔣介石,《日記》,1942 年 11 月 24 日。

5. 陳布雷,《日記》,1942 年 11 月 25 日。

6. 陳布雷,《日記》,1942 年 12 月 7 日。

7. 〈國防最高委員會第九十八次常務會議記錄 (1942 年 12 月 7 日)〉,中國國民黨中央委員會黨史委員會編,《國防最高委員會常務會議記錄》(台北:近代中國出版社,1995 年),第 4 冊,頁 1038-1039。《事略稿本》載 12 月 7 日國民黨中常會與國防最高委員會舉行聯席會議,不確。參閱:高素蘭編輯,《蔣中正總統檔案──事略稿本》,第 52 冊(台北:國史館,2011 年),頁 36-37。

8. 〈國防最高委員會第九十九次常務會議 (1942 年 12 月 21 日)〉,《國防最高委員會常務會議記錄》,第 4 冊,頁 1064。

9. 蔣介石,《日記》,1942 年 12 月 7 日。

10. 〈錢大鈞陳布雷呈今後辦公方式與侍從室工作辦法(1945 年 8 月 31 日)〉,《國民政府檔案》,檔號:0421/6077.01-01。

11. 朱永堃,〈我在侍從室及「總統府」的見聞〉,收於:《中華文史資料文庫》,第 8 卷,政治軍事篇(北京:中國文史出版社,1996 年),頁 967。

12. 蔣君章,〈布雷先生的風範 ──「寧靜致遠・淡泊明志」〉,《傳記文學》,第 28 卷第 4 期(1976 年 4 月),頁 10。

13. 秋宗鼎,〈蔣介石的侍從室紀實〉,收於:《中華文史資料文庫》,第 8 卷,政治軍事篇,頁 931。

14. F. F. Liu, *A Military History of Modern China, 1924-1949* (Princeton: Princeton University Press), 1956.

15. 汪榮祖、李敖,《蔣介石評傳》(台北:商周文化,1995 年)。

16. 馮啟宏,〈花谿論英雄:侍從室第三處的人事工作析探〉,《中央研究院近代史研究所集刊》,第 57 期,頁 130-131。

17. 〈陳果夫呈蔣中正請鑒核侍從室第三處三年半工作簡報及三十一年度檢討報告(1942 年 12 月 31 日)〉,《蔣中正總統文物》,典藏號:002-080102-00019-010。

18. 馮啟宏,前引文,頁 145-146。

19. 〈中央訓練團黨政訓練班(一):教職學員名冊〉,朱家驊檔案,中央研究院近代史研究所藏,編號:123-(1);馮啟宏,〈陳果夫與侍從室第三處的組建〉,《國史館學術

集刊》，第 10 期，頁 88-89。關於黨政高級班各期學員的遴選、訓練與任用，詳見：馮啟宏，《從講習所到研究院：國民黨的幹部訓練》（台北：金琅學術出版社，2015 年），頁 204-216。

20. 馮啟宏，〈陳果夫與侍從室第三處的組建〉，頁 63-95。

21. 〈蔣介石 1941 年 7 月 24 日致陳果夫機密第（甲）第 4699 號函〉，原文未見，轉引自：趙廣青，〈民國軍政、政要們的來往書信〉，《收藏拍賣》，2015 年第 8 期，頁 60。

22. 居亦僑，前引書，頁 204-205。國父實業計劃研究會，係陳立夫 1940 年於中國工程師學會會長任內，有鑒於孫文的《實業計畫》對戰後建設至為重要，倡議建立，並獲推選為會長。參閱：陳立夫，《成敗之鑑》（台北：正中書局，1994 年），頁 233-234。

23. 〈陳果夫呈蔣中正請鑒核侍從室第三處三年半工作簡報及三十一年度檢討報告〉。

24. 《事略稿本》，第 47 冊，頁 737。1941 年 12 月 27 日。

25. 張朋園、沈懷玉，《國民政府職官年表》，第 1 冊（台北：中央研究院近代史研究所，1987 年），頁 102。

26. 張令澳，《侍從室迴夢錄》（上海：上海書店出版社，1998 年），頁 25；趙毓麟，〈國民政府軍事委員會委員長侍從室人事內幕〉，收於：《文史資料存稿匯編‧軍事機構（上）》（北京：中國文史出版社，2002 年），頁 3。

27. 〈各省政府分設考銓處案 (1944 年)〉，《行政院檔案》，典藏號：014-000101-0034。

28. 居亦僑，前引書，頁 205。

29. 根據一項估計，抗戰時期國民政府統制地區的地方行政人員，除黨務人員不計外，約有三分之一以上係為 CC 系所占據。參閱：趙毓麟，前引文，頁 3。不過可影響的職位均不高。

30. 汪日章，〈追隨蔣介石夫婦六年瑣憶（上）〉，《傳記文學》，第 53 卷第 2 期，頁 87。

31. 王世杰奉令後，請張忠紱和杭立武二人負責此事。參閱：王世杰，《王世杰日記》（台北：中央研究院近代史研究所，1990 年），第 1 冊，頁 358-359。

32. 〈蔣介石致張群電（1939 年 3 月 23 日）〉，《蔣中正總統文物》，典藏號：002-010300-00021-046。5 月，蔣介石又手諭張群人才調查辦理進度。參閱：《事略稿本》，1939 年 5 月 2 日。

33. 《事略稿本》，1944 年 9 月 5 日。

34. 〈蔣中正電示張群、陳立夫、翁文灝速制定技術人才統制分配具體辦法（1939 年 12 月 12 日）〉，《蔣中正總統文物》，典藏號：002-010300-00030-002。

35. 《事略稿本》，1943 年 1 月 1 日。

36. 王子壯，《日記》，1936 年 1 月 4 日。

37. 王子壯，《日記》，1936 年 5 月 4 日。

38. 孫彩霞，《新舊政學系》（北京：華夏文化出版社，1997 年）；林緒武，《由政學

會到新政學系——國民黨體制內的資產階級自由派研究》（天津：天津人民出版社，2009年）；金以林，〈蔣介石與政學系〉，《近代史研究》，2014年第6期，頁43-60；李宜春，《新政學系述論》（北京：社會科學文獻出版社，2015年）。

39. 金以林，〈蔣介石與政學系〉。

40. 李雲漢，〈張岳軍與抗戰初期之政府決策（1937-1940）〉，中華民國史料研究中心編，《中國現代史專題研究報告》，第15輯（1993年4月）；劉維開，〈張群與蔣中正的人事布局〉，吳景平編，《民國人物的再研究與再評價》（上海：復旦大學出版社，2013年），頁162-185。

41. 〈張嘉璈呈蔣中正密保經濟建設人才顧振等二十三員，專門人才周仁等現職能力附摺〉，《蔣中正總統文物》，典藏號：002-080101-00008-004。

42. 《事略稿本》，1932年8月31日。

43. 俞凡、孫曉麗，〈再論新記《大公報》與蔣政府之關係——以吳鼎昌與蔣介石的交往為中心的考察〉，《新聞與傳播研究》，2015年第1期，頁93。

44. 〈蔣中正電吳鼎昌、張嘉璈經濟建設人才凡在政府與社會已有能力與成績表現者而於設計與管理專才更為重要請物色密保（1937年6月1日）〉，《蔣中正總統文物》，典藏號：002-080200-00279-027。

45. 〈張季鸞函蔣中正遵舉雷寶華等陝西行政人才〉，《蔣中正總統文物》，典藏號：002-080101-00009-002。

46. 〈蔣中正電詢吳鼎昌林森逝世後國民政府主席人選（1943年8月2日）〉，《蔣中正總統文物》，典藏號：002-010300-00052-001。蔣後來決定自兼國府主席一職，並於日記中記下其理由：「林主席逝世以後，國府主席不得不自兼此職，否則內部又生意見，以不能互讓與互尊是為今日社會與國風最大之惡習，如何使之改正，以期共同救國也。決心明年雙十節召集國民大會，頒布憲法，結束訓政時期。」參閱，蔣介石，《日記》，1943年8月1日。

47. 王子壯，《日記》，第10冊，頁186，1945年5月30日。根據吳國楨晚年的回憶，二陳僅在蔣介石謀求掌權的初期擁有較大的影響力，但是一旦蔣大權在握，二陳的影響力即大為下降，並未如外界所想像的大：「CC系在政府中的影響幾乎為零，只有教育部差不多一直由CC系的人來掌握。」在任命黨內次要職位方面，陳氏兄弟確有影響力，但對任命黨的高級幹部，他們並無影響力。1945年吳國楨在CC系的反對下仍獲任命為中宣部長，即為一例。參閱：吳國楨著，吳修垣譯，《從上海市長到台灣省主席：吳國楨口述回憶》（上海：上海人民出版社，1999年），頁244。

48. 王子壯，《日記》，第2冊，頁290-291，1935年4月12日；另可參閱：本書第一、第二兩章。

49. 〈蔣介石致林雲陔電（1936年7月28日）〉，《蔣中正總統文物》，典藏號：002-

020200-00028-055。

50.〈蔣中正致余漢謀電（1937年3月20日）〉，《蔣中正總統文物》，典藏號：002-010200-00173-036；陳布雷，《日記》，1937年3月21日。

51.《國民政府公報》，第2311期（1937年3月25日），頁1。

52. 蕭如平，〈蔣介石對黃埔嫡系陳誠的培植〉，《近代史研究》，2013年第2期，頁30-45。

53. 蔣介石，《日記》，1943年3月3日；〈蔣介石致陳誠〉，《蔣中正總統文物》，典藏號：002-010300-00051-010。

54. 翁文灝，《日記》，頁799，1942年8月7日；薛毅，《工礦泰斗——孫越崎》（北京：中國文史出版社，1997年），頁100。

55. 薛毅，《工礦泰斗——孫越崎》，頁100-102。

56. Hsien-chun Wang, "From Seepages to Oilfields: Technology, Institution Building, and China's Petroleum Enterprises, 1914-1945," *Tsing Hua Journal* 46:2(June 2016), pp.223-231.

57. 蔣介石，《日記》，1942年8月29日；《蔣中正總統五記——遊記》，頁145；董蔚翹，〈玉門油礦的發現與開採〉，《傳記文學》，第21卷第2期，頁72-73。

58.〈蔣中正電孫越崎隨時詳告建設鋼鐵電工器材等專業之計畫及各種人才之物色（1942年9月21日）〉，《蔣中正總統文物》，典藏號：002-070200-00015-081。

59. 孫越崎，〈回憶我與蔣介石接觸二三事〉，收於：《孫越崎文選》（北京：團結出版社，1992年），頁140。孫越崎確實也參加了國父實業計劃學會，1943年並曾與翁文灝、曾養甫、葉秀峯、邵逸周四人共同以中國礦冶工程學會代表的名義，被列名為國父實業計劃研究會委員。參閱：國父實業計劃研究會編，《國父實業計劃研究報告》（重慶：編者印行，1943年），附錄〈研究人員名錄〉，頁1。

60.〈孫越崎呈蔣介石遵諭推舉採礦鋼鐵機器電工等項建設人才湯子珍等十人（1942年12月30日）〉，《蔣中正總統文物》，典藏號：002-080108-00009-005。

61. 孫越崎，前引文，頁140-141。

62. 蔣介石，《日記》，1942年8月30日。

63. 陳誠自1940年代起，歷任軍政部長、參謀總長、東北行轅主任、台灣省政府主席、行政院長、副總統等要職。孫越崎自1940年代起，則歷任行政院資源委員會委員、經濟部長、中央財經委員會計劃局副局長、開灤煤礦總管理處副主任、煤炭工業部顧問等職。參閱：徐有春編，《民國人物大辭典》。

64.〈侍從室第二處主任陳布雷簽呈委員長蔣中正前奉諭詢楊幼炯諶小岑並列舉中國國民黨內能文字而在報刊撰述較有成就者與陶希聖開列名單（1943年12月12日）〉，《蔣中正總統文物》，典藏號：002-080300-00013-005-010。

65. 蕭贊育，〈侍三處與聯祕處〉，收於：蕭贊育，《梅園文存》（台北：黎明文化公司，

1975 年），頁 142。

66. 當蕭贊育接到調職侍三處的命令後，陳果夫首先透過在侍三處任職的黃埔同學，致函敦促蕭早日到職，表示辦公室及住所均已備妥，蕭除攜帶副官一人外，並可選擇上、中、少校職員四、五人同來三處工作。這種工作安排，可見陳用心之細。參閱：蕭贊育，前引文，頁 142-143。

67. 〈戴笠關於遴選工作人員保送中央政校人事行政訓練班受訓之事批示此係侍從室第三處圖掌握各公開機關之人事本局職責特殊不必保送對人事處理辦法之改進應於實際工作之經驗中研究〉，戴笠史料，典藏號：144-010107-0003-050。

68. 吳鑄人，〈花谿六年〉，收於：《花谿結緣三十年》（未註明出版時地），頁 12。

69. 吳國楨著，吳修垣譯，《從上海市長到台灣省主席：吳國楨口述回憶》，頁 244；何鳳山，《外交生涯四十年》（香港：中文大學出版社，1990 年），頁 182。

70. 陳布雷，《日記》，1943 年 7 月 21 日。

71. 傅秉常，〈中華民國憲法草案起草經過〉，收於：立法院中華民國憲法草案宣傳委員會編，《中華民國憲法草案說明書》（未註明出版地點，1940 年），頁 4-6。

72. 傅秉常，前引文，頁 7-8。

73. 王子壯，《日記》，第 2 冊，頁 16。

74. 傅秉常，前引文，頁 7-9。

75. 瑞昇（錢端升），〈評立憲運動及憲草修正案〉，《東方雜誌》，第 31 卷第 19 期（1934 年 10 月），頁 9。陳之邁則認為修正稿所規定者，既非單純的內閣制，也不是單純的總統制，而是混合兩者的一種行政體制。參閱：陳之邁，〈評憲草修正稿的行政立法體制〉，《東方雜誌》，第 31 卷第 19 期（1934 年 10 月），頁 19。

76. 周美華編註，《蔣中正總統檔案：事略稿本》，第 28 冊（台北：國史館，2007 年），頁 574-575。

77. 陳布雷，《回憶錄》，頁 106。

78. 陳布雷，《陳布雷先生從政日記稿樣》（以下簡稱《日記》）（台北：東南印務出版社，未註出版時間），1935 年 8 月 27 日；《事略稿本》，第 32 冊，頁 355-356。

79. 《事略稿本》，第 32 冊，頁 365-367。1935 年 8 月 29 日；蔣介石，《日記》，1935 年 8 月 28~29 日。

80. 《事略稿本》，第 32 冊，頁 369-370。1935 年 8 月 30 日。

81. 《事略稿本》，第 32 冊，頁 397-398。1935 年 9 月 1 日。

82. 蕭李居，〈由「五五憲草」的制定看戰前蔣中正對民主憲政的理解〉，稿本，2014 年。

83. 《事略稿本》，第 33 冊，頁 464-465。1935 年 9 月 25 日。

84. 傅秉常，前引文，頁 10。

85. 與陳布雷同時回京者尚有魏伯楨、張彝鼎、洪陸東等侍從室人員。參閱：陳布雷，《回

憶錄》，頁116；陳布雷，《日記》，1935年12月3日。

86. 「蔣公侍從人員史」編纂小組編，前引書，頁114。根據隨同蔣介石赴西安之侍從祕書蕭贊育的回憶，12月11日蕭尚約集西安當地黨政軍相關人士會談，交換意見，大家均認為張學良、楊虎城左右某些分子大有問題，亟需提高警覺。蕭乃即寫成報告，繕正後當夜不及呈閱，翌晨事變即已爆發。參閱：蕭贊育，〈與陳布雷先生在侍從室共事的印象〉，收於：蕭贊育，《梅園文存》，頁193。關於西安事變期間隨同蔣介石在西安的侍從室人員，尚可參閱：邵銘煌，〈錢大鈞西安事變生死劫〉，稿本，2015年。

87. 李雲漢，《西安事變始末之研究》（台北：近代中國出版社，1982年）；傅虹霖著，王海晨等譯，《張學良與西安事變》（台北：時報文化，1989年）；楊奎松，《西安事變新探：張學良與中共關係之研究》（台北：東大，1995年）。羅玉明，《西安事變新論》（北京：中央文獻出版社，2000年）；汪新、王相坤，《1936：歷史在這裏拐彎——西安事變始末紀實》（北京：華文出版社，2007年）；宋連生，《蔣介石與西安事變》（北京：團結出版社，2008年）；劉方富，《西安事變實錄》（桂林：廣西師範大學出版社，2009年。）；李文翔，《真相辨微：西安事變的台前幕後》（北京：九州出版社，2012年）；Tien-wei Wu, *The Sian Incident: A Pivotal Point in Modern Chinese History* (Ann Arbor, MI: University of Michigan Press, 1976); Parks Coble, *Facing Japan: Chinese Politics and Janpanese Imperialism* (Cambridge, Mass.: Harvard University Press, 1990), pp.342-370; Aron Shai, *Zhang Xueliang: The General Who Never Fought* (Basingstoke: Palgrave Macmillam, 2012), pp.54-67.

88. 張彝鼎，《鑑秋憶往錄》（未註出版時地），頁38-39。

89. 〈陳布雷函蔣中正職未及隨侍疚戾實深等語〉，1930年12月13日，《蔣中正總統檔案》，〈革命文獻〉，檔號：002020200031004。

90. 左舜生，《近三十年見聞雜記》（未註出版時地），頁56-57。

91. 謝伯元，〈我所了解的何應欽〉，收於：《文史資料存稿選編・軍政人物（上）》，頁797；李仲明，《何應欽大傳》（北京：團結出版社，2008年），頁161-167。有關何應欽在西安事變中所扮演的角色，近年的研究成果尚包括：左雙文，〈西安事變後的南京討伐派——以戴季陶、何應欽為中心的再探討〉，《近代史研究》，2006年第6期，頁58-69；熊宗仁，〈西安事變研究中的重大缺失——論何應欽主「討伐」之動機及「親日派」問題〉，《貴州社會科學》，第220期（2008年4月），頁118-123；楊煥鵬、王潤虎，〈西安事變期間何應欽「武力討伐」策略簡析〉，《西北第二民族學院學報（哲學社會科學報）》，第83期（2008年第5期），頁84-89；Peter Worthing, *General He Yingqin, The Rise and Fall of Nationalist China* (Cambridge: Cambridge University Press, 2016), pp.167-176.

92. 1935年國民黨五全大會後，選定胡漢民為中常會主席，汪兆銘為中政會主席，蔣介石

為兩會副主席兼行政院長，以顧孟餘為中政會祕書長，陳布雷為副祕書長。不料顧孟餘不願就任。蔣乃與汪商談，以朱家驊暫代。參閱：陳布雷，《回憶錄》，頁107；《事略稿本》，第35冊，頁92。1936年1月13日。

93. 陳布雷，《回憶錄》，頁117。西安事變結束後，陳布雷曾對其部屬描述事變期間商議討伐籌劃營救諸事的緊張心情：「古人常有『寒心』及『腹痛』二詞語，往者雖知其義，但非臨實境，終於體驗不到。今經西安事件之役以後，方恍悟古人用字之真且切矣。」並以手捫心及腹說：「所謂寒心，此方寸地真有寒意；所謂腹痛，腹腔全部為之瘁摩，真有此境，絕非虛語也。」參閱：希遷，〈布雷先生之馨欬〉，《申報》，1948年12月10日。

94. 陳布雷，《回憶錄》，頁117-118。

95. 張季鸞，〈給西安軍界的公開信〉，《大公報》（上海），1936年12月18日。

96. 陳紀瀅，《報人張季鸞》（臺北：重光文藝出版社，1957年），頁19。關於西安事變期間民間輿論的反應，可參閱：李雲漢，《西安事變始末之研究》，頁180-194。

97. 陳布雷，《日記》，1936年12月25日-26日；陳布雷，《回憶錄》，頁118。

98. 陳布雷，《回憶錄》，頁118。

99. 陳布雷，《回憶錄》，頁119。

100. 陳布雷，《日記》，1937年2月7日－14日。

101. 根據陳布雷外甥翁澤永的回憶，陳心中極不願意接受此項任務，但又不敢違抗，因此在寫作的過程中曾戳斷幾枝毛筆的筆頭，甚至戳斷一枝筆桿，以洩其心中的不滿。參閱：翁澤永，〈我的舅父陳布雷〉。

102. 〈蔣中正向五屆三中全會報告陝變情形及張學良妄提八項主張被拒經過（1937年2月18日）〉，《蔣中正總統文物》，典藏號：002-020200-00031-049；〈第五屆三中全會對蔣中正提報陝變經過情形之決議案（1937年2月19日）〉，《蔣中正總統文物》，典藏號：002-020200-00031-050。

103. 例如陳克文讀後「對蔣先生人格之偉大，得作更深之認識。蔣先生魄力之偉，膽量之大，眼光之遠，處事之鎮定精細，當世真無與匹。此書不當為歷史看，直可作處事立身之寶鑑，惜尚未普遍傳播耳。」參閱：陳克文，《陳克文日記(1937-1952)》（台北：中央研究院近代史研究所，2012年），頁39。

104. （南京：正中書局，1937年）。

105. 〈國防最高委員會第126次常務會議紀錄〉，收於：《國防最高委員常務會議紀錄》，第5冊，頁827-828。

106. 〈國防最高委員會第126次常務會議紀錄〉，收於：《國防最高委員常務會議紀錄》，第6冊，頁37。

107. 陳布雷，《日記》，1943年12月20日。

108. 蔣介石，《日記》，1943 年 12 月 20 日。

109. 陳布雷，《日記》，1943 年 12 月 25 日。

110. 〈國家總預算軍事委員會侍從室主任陳布雷呈 33 年度總預算編審經過及負責主管姓名〉，國民政府檔案。檔號：0210/603003_01，總卷號：416/1828-1847。

111. 蔣介石，《日記》，1944 年 1 月 12 日。

112. 陳布雷，《日記》，1944 年 1 月 12 日。

113. 〈國家總預算軍事委員會侍從室主任陳布雷呈 33 年度總預算編審經過及負責主管姓名〉。

114. 〈國家總預算軍事委員會侍從室主任陳布雷呈 33 年度總預算編審經過及負責主管姓名〉。

115. 〈國家總預算軍事委員會侍從室主任陳布雷呈 33 年度總預算編審經過及負責主管姓名〉。

116. 〈國家總預算軍事委員會侍從室主任陳布雷呈 33 年度總預算編審經過及負責主管姓名〉。

117. 《事略稿本》，第 60 冊，頁 117。1945 年 3 月 19 日。

118. 四大自由為羅斯福於 1941 年 1 月 6 日的一次演講中所提出，主張全世界的人類應享有四種基本自由：言論自由、信仰自由，無虞匱乏的自由以及免於恐懼的自由。

119. 全 名 為 *The Report of the Inter-Departmental Committee on Social Insurance and Allied Services*，為英國經濟學家 William Beveridge（1879-1963）於 1942 年所提出，成為戰後工黨政府施政的基礎。此一報告書對全球的影響，可參閱 John Hills, John Ditch, and Howard Glennerster, eds., *Beveridge and Social Security: An International Retrospective* (Oxford: Oxford University Press, 1994). 貝佛里奇報告書的中文節譯本，1943 年於重慶出版。參閱：蔡之華譯，《英國社會安全計畫綱要》（重慶：交通銀行總管理處，1943 年）。此書係節譯自 William Beveridge, *Social Insurance and Allies Services: the Beveridge Report in Brief* (London: H.M.S.O., 1942).

120. 陳存恭等訪問，《陶希聖先生訪問紀錄》（台北：國防部史政編譯局，1994 年），頁 209-210；陶希聖，〈記陳布雷先生〉，收於：陳布雷，《回憶錄》，頁 189-190。蔣介石，《日記》，1945 年 5 月 18 日；黃宇人，《我的小故事》（多倫多：作者自印，1982 年），頁 348；王良卿，《三民主義青年團與中國國民黨關係研究（1938-1949）》（台北：近代中國出版社，1998 年），頁 235-236。

121. 〈六全代會重要決議・制定政綱政策〉，《大公報》，1945 年 5 月 19 日，第 1 版。

122. 〈社評：六全會之觀感〉，《大公報》，1945 年 5 月 19 日，第 2 版。

123. 關於六全大會中央執、監委員選舉的派系之爭，可參閱：王良卿，〈派系政治與國民黨第六次全國代表大會——以第六屆中央執行、監察委員選舉為中心的探討〉，《國史館館刊》，復刊第 21 期（1996 年 12 月）；邵銘煌，〈為抗戰勝利而綢繆：中國國民黨第六次全國代表大會之召開與時代意義〉，收於：中國社會科學院近代史研究所編《劃時代的歷史轉折——1949 年的中國國際學術討論會論文集》（成都：四川人民出版社，2002 年）；王奇生〈國民黨中央委員的權力嬗蛻與派系競逐〉，《近代史

研究》，2003 年第 5 期。

124. 陳布雷，《日記》，1945 年 5 月 19 日。

125. 陳布雷，《日記》，1945 年 5 月 14 日。

126. 陳布雷，《日記》，1945 年 5 月 23 日。

127. 晚近歐美學界開始有學者注意到 1940 年代國民政府在英國《貝佛里報告》影響下，
所制定的社會福利政策，不過這些研究均忽略了侍從室在其中所扮演的角色。參閱：
Tehyun Ma,"A Chinese Beveridge Plan: The Discourse of Social Security and the Post-War
Reconstruction of China." *European Journal of East Asian Studies* 11(2012),pp.329-349;
Idem,""The Common Aim of the Allied Powers': Social Policy and International Legitimacy
in Wartime China, 1940-47."*Journal of Global History* 9:2(2014),pp.254-275; Nara Dillon,
Radical Inequalities: China's Revolutionary We;fare State in Comparative Perspective
(Cambridge, Mass.: Harvard University Press, 2015), pp.59-60; Aigun Hu, *China's Social
Insurance in the Twentieth Century: A Global Historical Perspective* (Leiden: Brill, 2015),
p.40. 大陸學界近年對於《貝佛里報告》的討論，可參閱：戴建兵、王建云，〈從貝弗
里報告看我國社會保障制度的統一〉，《北京交通大學學報（社會科學報）》，第 12
卷第 3 期（2013 年 7 月），頁 73-79。

128. 陳布雷，《日記》，1945 年 8 月 10 日。

129. 唐縱，《在蔣介石身邊八年──侍從室高級幕僚唐縱日記》（以下簡稱《日記》）（北
京：群眾出版社，1991 年），1945 年 8 月 10 日。

130. 蔣介石，《日記》，1945 年 8 月 10 日。

131. 唐縱，〈日本投降後我方處置意見具申〉，收於：唐縱，《日記》，頁 686-688。

132. 唐縱，《日記》，1945 年 8 月 13 日。

133. 《事略稿本》，第 62 冊，頁 189-190，蔣介石，《日記》，1945 年 8 月 15 日。

134. 唐縱，《日記》，1945 年 9 月 15 日。

135. 唐縱，《日記》，1945 年 9 月 15 日。

136. 《事略稿本》，第 62 冊，頁 186；蔣介石，《日記》，1945 年 8 月 15 日。

137. 袁成毅，〈戰後蔣介石對日「以德抱怨」政策的幾個問題〉，《抗日戰爭研究》，
2006 年第 1 期；黃自進，《蔣介石與日本》（台北：中央研究院近代史研究所，2012
年），第六章；汪朝光，〈抗戰勝利後的喜悅與對日處置的糾結──蔣介石日記觀其
戰後對日處置的兩面性〉，《抗日戰爭研究》，2013 年第 3 期；吳淑鳳，〈抗戰勝利
前後國民政府處置日本態度的轉變〉，《國史館館刊》第 38 期（2013 年 12 月）。

138. 劉熙明，《偽軍：強權競逐下的卒子（1937-1949）》（台北：稻鄉出版社，2002 年），
頁 378-379。

139. 何應欽，《日軍侵華八年抗戰史》（台北：國防部史政編譯局，1982 年），頁 375-

376。

140. 汪朝光，《1945-1949：國共政爭與中國命運》（北京：社會科學文獻出版社，2010年），頁18。

141. 邵毓麟，《勝利前後》（台北：傳記文學出版社，1967年），頁60-61。

142. 《事略稿本》，第62冊，頁270-277。1945年8月20日。

143. 邵毓麟，前引書，頁61-62。

144. 邵毓麟，前揭書，頁67。

145. 參閱：《事略稿本》，第62冊，頁374、419-420，1945年8月28日、9月1日。

146. 邵毓麟，前引書，頁68。

147. 《事略稿本》，第62冊，頁484，1945年9月7日；蔣介石，《日記》，1945年9月7日。

148. 邵毓麟，前引書，頁67-68。

149. 邵毓麟，前引書，頁72、86。

150. 〈何應欽總司令呈蔣委員長報告派員先行接收日華中振興、華北開發企業機構電（1945年9月19日）〉，收於：中國國民黨中央委員會黨史委員會編，《中華民國重要史料初編——對日抗戰時期》（台北：編者印行，1981年），第7編，頁30。

151. 〈邵毓麟為經濟接收問題呈蔣委員長電（1945年9月22日）〉，收於：《中華民國重要史料初編——對日抗戰時期》，第7編，頁31-32。

152. 同前註，頁32。

153. 邵毓麟，前引書，頁88。

154. 林美莉，〈抗戰勝利後國民政府收兌汪偽中儲券問題〉，收於：《一九四九年：中國的關鍵年代學術討論會論文集》（台北：國史館，2000年），頁392-393。

155. 〈社評：收復失土不要失去人心〉，《大公報》，1945年9月14日、27日。

156. 《事略稿本》，第62冊，頁622-623。1945年9月20日。

157. 邵毓麟，前引書，頁90。

158. 邵毓麟，前引書，頁91-92。

159. 翁文灝，〈翁文灝呈奉宋院長諭飛京主持全國性接收委員會事宜（1945年10月5日）〉，收於：陳謙平，《翁文灝與抗戰檔案史料匯編》（北京：社會科學文獻出版社，2017年），頁796。

160. 邵毓麟，前引書，頁94-98。

161. 陳布雷，《回憶錄》，頁98。

162. 陳布雷，《日記》，1935年3月11日。

163. 陳布雷，《日記》，1937年6月16日；蔣介石，《日記》，1937年6月16日–19日。

164. 陳布雷，《回憶錄》，頁122。

165. 陳布雷，《日記》，1937年10月7日。

166. 陳布雷，《日記》，1938 年 4 月 24 日。

167. 陳布雷，《日記》，1939 年 1 月 25 日。

168. 楊玉清，〈我所知道的陳布雷〉，《文史資料選輯》，第 81 輯，頁 163。

169. 陳布雷，《日記》，1941 年 2 月 1 日。

170. 陳布雷，《日記》，1941 年 4 月 18 日。

171. 李惟果本不願就此職，在蔣介石的堅持下，他才赴任。參閱：陳布雷，《日記》，
    1941 年 12 月 24 日、26 日。

172. 陳布雷，《日記》，1942 年 3 月 14 日。陳布雷與陶希聖結識於 1929 年。1931 年，
    陶任教於南京中央大學，因講課時言論過於尖刻煽動，遭國民黨上海市黨部檢舉為反
    動分子，中大校長朱家驊不勝壓力，乃向黨政高層徵詢意見。陳布雷當時為教育部次
    長（部長由行政院長蔣介石兼），為陶辯護：「我見過此人，他沒有別的，只是鋒芒
    太露。」此事後來在中央組織部長陳果夫的協調下，終得消弭。同年夏天，陶返回母
    校北大任教。此後六年，每到南京，必往拜訪陳。抗戰爆發後，陶積極參與「低調俱
    樂部」活動，並與陳接觸頻繁。陳對陶十分欣賞，認為他「主張明澈，觀察精當，殊
    可佩服。」參閱：陶希聖，〈記陳布雷先生〉；陳布雷，《日記》，1937 年 11 月 13 日。

173. 陳布雷，《日記》，1942 年 3 月 28 日。

174. 陳布雷，《日記》，1942 年 4 月 3 日。

175. 陳布雷，《日記》，1942 年 4 月 4 日。

176. 侍從室本身收藏資料十分有限。1938 年 4 月，蔣介石命陳布雷收集黃帝所作有關兵制、
    兵法類書籍。陳乃分交張劍鋒、徐道鄰兩位祕書搜訪，自己也到坊間購買歸震川評點
    的《陰符經》及《握奇經》呈閱。參閱：陳布雷，《日記》，1938 年 4 月 20 日。

177. 陳存恭等訪問，《陶希聖先生口述訪問紀錄》，頁 160；陶希聖，《中國政治思想史》
    （重慶：南方印書館，1942-1944 年）；克勞塞維茨（Carl von Clausewitz）著，陶希聖、
    杜衡譯，《克勞塞維茨戰爭原理》（重慶：南方印書館，1945 年）；陶希聖輯譯，《拿
    破崙兵法語錄》（重慶：南方印書館，1945 年）。不過上述兩種譯著剛出版，抗戰即
    結束，故未能行銷。參閱：陶泰來、陶晉生，《陶希聖年表》（台北：聯經，2017 年），
    頁 238。

178. 吳鑄人，〈花谿六年〉，收於：《花谿結緣三十年》，頁 13-14。

179. 關於此一課題的研究，均出版於 1940 年之後。例如：范苑聲，《民生主義經濟政策
    之理論體系》（重慶：正中書局，1940 年）；方覺慧、祝世康，《民生主義經濟制度
    之研究》（出版地點不詳，1941 年）；程孝剛，《三民主義計劃經濟》（出版地點不
    詳，1941 年）。

180. 陳果夫，〈序（一）〉，收於：國民政府軍事委員會委員長侍從室第三處編，《淪陷
    區收復後之重要問題暨其解決辦法》（重慶：編者印行，1945 年），頁 1。

181. 吳鑄人，〈花谿六年〉，頁14。

182. 陳存恭等訪問，《陶希聖先生口述訪問紀錄》，頁160-161；《事略稿本》，第49冊，頁595。1942年6月11日；蔣介石，《日記》，1942年4月20日－6月11日。

183. 蔣中正，《中國經濟學說》（重慶：國民政府軍事委員會委員長侍從室，1943年）。

184. 蔣介石，《中國經濟學說》，收於：秦孝儀編，《總統蔣公思想言論總集》（台北：中國國民黨中央委員會黨史委員會，1984年），第5卷，頁7。

185. 蔣介石，前引書，頁12。

186. 蔣介石，前引書，頁16。

187. U. S. Department of State, *Foreign Relations of the United States: Diplomatic Papers, 1944,* Vol. VI, China (Washington, D. C.: Government Printing Office, 1967), p. 710.

188. John F. Melby, *Mandate of Heaven: Record of a Civil War, China 1945-49* (Toronto: Toronto University Press, 1968), p. 186.

189. John K. Fairbank, *The United States and China* (Cambridge, Mass.: Harvard University Press, 1948), p. 192.

190. A. James Gregor, *Ideology and Development: Sun Yat-sen and the Economic History of Taiwan* (Berkeley: Institute of East Asian Studies, University of California, 1981), p. 27.

191. Paul B. Trescott, *Jingji Xue: The History of the Introduction of Western Economic Ideas into China, 1850-1950* (Hong Kong: Chinese University Press, 2007), p. 286.

192. 劉又銘，〈馬浮生平與成學歷程考述〉，《中華學苑》，第31期（1985年6月），頁276。

193. 熊復光，〈馬浮先生與復性書院〉，《傳記文學》，第24卷第3期（1974年3月），頁24。學者朱維錚認為復性書院「乃是蔣介石獨裁權力干預教育的直接產物」，不確。參閱：朱維錚，〈馬一浮在一九三九：葉聖陶所見復性書院創業史〉，《書城》，2009年4月，頁33。

194. 蔣介石，《日記》，1939年3月1日；陳布雷，《日記》，1939年3月1日。

195. 熊復光，前引文，頁24。《中央日報》3月2日即刊出蔣介石創設復性書院的新聞。參閱：〈蔣委員長創設復性書院〉，《中央日報》，1939年3月2日，第2版。

196. 劉又銘，前引文，頁278-279。

197. 熊十力，《十力語要》（台北：廣文，1985年），頁287-290。

198. 《復性書院募集刻書基金（附冊捐）》，鉛印本，1934年，收於：《市政評論社及其他社團補助費》，重慶市政府檔案，重慶市檔案館藏，全宗號：0053，目錄號19，卷號3096。

199. 熊復光，前引文，頁25；商金林編，《葉聖陶年譜長編》（北京：人民教育出版社，2004年），頁101。

200. 龔曉，〈馬一浮主持復性書院始末〉，《樂山師範學院學報》，第 22 卷第 2 期（2007年 2 月），頁 99。

201. 熊復光，前引文，頁 28-29。

202. 參閱：〈賀昌群（藏雲）生平及著述年表〉，收於：賀昌群，《賀昌群文集》（北京：商務，2003 年），第 3 卷，頁 658-659。

203. 熊復光，前引文，頁 28-30。

204. 〈復性書院籌募基金〉，《中央日報》，1947 年 3 月 25 日。

205. 伍杰編，《中國期刊大詞典》（北京：北京大學出版社，2000 年），頁 2087。

206. 左玉河，〈中國哲學會成立緣由及其首次年會〉，《北京科技大學學報（社會科學版）》，第 18 卷第 3 期（2002 年 9 月），頁 45-50。

207. 蔡仲德編，《馮友蘭先生年譜初編》（鄭州：河南人民出版社，2001 年），頁 231；中國哲學會官方網頁 http://www.cap.twmail.net/。

208. 王奇生，〈蔣介石的閱讀史〉，《中國圖書評論》，2001 年第 4 期，頁 28。

209. 〈陶希聖對蔣介石關於孔子正統思想問題之手諭的理解致陳布雷函及蔣介石在孔學會上的演講稿〉，中國第二歷史檔案館藏，侍從室檔案，檔號：762/1610；陳存恭等，前引書，頁 160。

210. 參閱：馮友蘭，《三松堂自序》（北京：三聯書店，1984 年），頁 231。

211. 蔡仲德編將中國哲學會第四屆年會開會日期繫於 1940 年 8 月 29 日。參閱：蔡仲德編，前引書，頁 237。其後的學者，大多遵循此說。最早提出質疑的學者是翟志成，他認為侍從室的資助應在 1940 年之後。不過由於缺乏證據，他仍採用蔡說。參閱：翟志成，《馮友蘭學思生命前傳》（台北：中央研究院近代史研究所，2007 年），頁 158。筆者以為所有回憶性質史料均指出蔣介石資助賀麟在前，資助馮友蘭在後，而陳布雷日記確切記載蔣介石與賀麟初次見面日期為 1941 年 1 月 15 日，因此中國哲學會第四屆年會不可能在 1940 年舉行。

212. 蔡仲德，前引書，頁 253-254。

213. 陳布雷，《日記》，1941 年 1 月 15 日。

214. 陳布雷，《日記》，1941 年 1 月 7 日。

215. 宋祖良、范進編，《會通集：賀麟生平與學術》（北京：三聯書局，1993 年），頁 12、70。

216. 黃克武，〈蔣介石與賀麟〉，《中央研究院近代史研究所集刊》，第 67 期（2010 年 3 月），頁 26-29。

217. 馮友蘭，《自序》，頁 107。蔡仲德則持另一種看法：「先是，賀麟已在侍從室支持下成立西洋哲學編譯委員會，先生得知後，通過賀與蔣介石聯繫，希望在中國哲學史研究方面得到資助。不久，蔣即以快郵代電，要先生在中國哲學會中設立中國哲學研

究委員會。」參閱：蔡仲德，前引書，頁 254。

218. 蔣介石曾應馮友蘭之請，自 1943 年起將經費每月追加 12000 元。參閱：蔡仲德，前引書，頁 267。

219. 馮友蘭，《自序》，頁 107。

220. 上海圖書館編，《中國近代叢書綜錄》（上海：編者印行，1979 年），頁 244-245。

221. 〈蔣中正致陳布雷電（1942 年 6 月 20）〉，《蔣中正總統文物》，典藏號：002-010300-00049-015。

222. 邵毓麟，〈布雷先生的無私與積極〉，《傳記文學》，第 28 卷第 4 期（1976 年 4 月），頁 18。

223. 參閱本書第一章。

224. 林桶法，〈抗戰期間國民政府的復員工作——以京滬地區為例〉，收於：《紀念七七抗戰六十週年學術研討會論文集》（台北：中國近代史學會，1997 年），頁 1033-1038。

225. 陳布雷，《日記》，1945 年 8 月 11 日。

226. 陳布雷，《日記》，1945 年 8 月 12 日。

227. Harold C. Relyea, *The Executive Office of the President: An Historical Overview* (Washington D. C.: Congressional Research Service, 2008).

228. 唐縱，《日記》，頁 447。

229. 陳布雷，《日記》，1945 年 7 月 29 日。

1944 年 6 月衡陽戰役期間，第六十二軍（軍長黃濤）奉命於 20 日於廣東省英德縣境內出發，行軍至曲江後即乘火車赴衡陽支援，23 日抵達衡陽之西集結待命。在待命期間，第六十二軍受到多頭指揮。一方面受到侍從室主任林蔚的指揮。林要求第六十二軍後撤至祁陽附近集結待命。其作戰指導思想為使衡陽與祁陽之間留出較大空間（兩地相距約 70 公里），引誘日軍包圍守備衡陽城的第十軍方先覺部，再以六十二軍包圍日軍之後，使日軍腹背受攻。一方面，方先覺部由衡陽城內死力向外衝出；另一方面，第六十二軍則全力向包圍方部的日軍衝擊，如此可收夾擊之效。不過此項計畫，只是紙上談兵，並未得到實現。除了林蔚外，第九戰區司令長官薛岳當時正率其部隊向湘南撤退，也曾直接電令六十二軍軍長黃濤抽調第一五一師至湘江東岸歸其指揮，企圖將六十二軍分割使用。黃濤以六十二軍（建制上隸屬第七戰區）係奉蔣介石命令赴衡陽參加作戰，任務重大，如果分割使用，需先得軍事委員會同意為由拒絕。第三方面，桂林行營主任李濟深，副參謀總長白崇禧主張第六十二軍應作機動使用，既可策應方先覺部隊作戰，也可協助防守廣西，二人的意見六十二軍也需尊重。此外，第二十七集團軍副總司令李玉堂則主張第六十二軍越接近衡陽城越好，便於直接策應方先覺部作戰，使第十軍與第六十二軍聯成一系，互為犄角，以增強方先覺部守備衡陽的力量，必要時則可以衝入衡陽城與方先覺部共同守城。如此多頭指揮下，彼此之間的命令相互矛盾，使得第六十二軍疲於奔命。軍長黃濤在不得已的情況下，多以蔣介石的命令為行動依據，經常直接與侍從室主任林蔚密切聯繫。[1]

　　黃濤在衡陽戰役所面對上述多重指揮的窘境，並非只是單一的案例，而是戰時中國常見的場景，只不過每次面臨窘境的國軍將領不一，而侍從室則經常是不變的要角。

　　侍從室掌理軍事業務者為第一處，錢大鈞、林蔚、張治中、賀耀組、商震等先後任主任。侍一處共分為三組，第一組負責接待、傳令和隨從行動，第三組負責警衛和安全，第二組（簡稱侍二組）負責軍事參謀業務，與侍二處的第四組綜綰軍政機要，同屬侍從室組織的核心，地位至為重要。侍二組主管的業務，幾乎涵蓋了軍事委員會所屬的各重要部門，

甚至包括其他的一些行政部門，從作戰指揮、部隊訓練、國防裝備到交通運輸、後勤補給以及人事、經理等。凡是參謀總長所不能決定或不敢決定的一些報告或請示的文件，來自全國各地軍政大員請示、報告的文電（其中大多屬於人事和經理的問題）均經過侍二組，由參謀人員研究審核、簽註意見後送呈蔣介石裁示。[2]

侍二組的地位重要，但是人員極為精簡。1938 年 10 月時，該組僅有參謀 6 員，但是已超過編制定額。[3] 1939 年，蔣介石將侍二組所掌管的情報業務，獨立成為侍六組，此後侍二組便僅剩作戰兼人事參謀 2 人，與交通、後勤參謀 2 人。[4]

本章擬對侍從室在國民政府時期軍事活動中所扮演的角色，作一全面的分析，並對其效能略作檢討。

侍從室與軍令系統

一、侍從室與最高統帥

抗戰期間，前線將領對於戰地的意見或情報，有時直接電告蔣介石，有時則致電軍令部。呈送給蔣介石的軍事電文，一般均先由侍從室審閱，視情況摘呈蔣介石，或同時抄交軍令部辦理，軍令部辦理後再視情況函覆發文單位，或經由會報、轉呈、「週報表」等方式呈蔣介石核閱。[5] 侍從室對於各方呈文或情報，如認為重要或補充意見，常以聯名方式呈蔣介石核閱。例如 1938 年 10 月，侍一處主任賀耀組和軍統局副局長戴笠即曾聯名電呈蔣介石，報告江西九江失陷前，由於未能貫徹政府堅壁清野、焦土抗戰的政策，致使大批物資資敵用於籠絡九江市民：

> 九江自淪陷後，暴敵除姦淫燒殺外，並將有歷史性及珍貴之物品悉數搬運回國。近將各商店、居戶中搜出之日用品及我軍遺棄之大米萬餘包，分發漢奸與難民以示小惠，或賤價售於苦工以收人心。現市民頗感敵軍之來反獲利益，寧肯冒險亦不遠離。查此實因由我黨政軍警，對政府堅壁清野、焦土抗戰之政策，未能貫徹施行，以致資敵利用也。[6]

晚近學者認為，或許由於此項缺失，1938 年 10 月下旬廣州、武漢相繼撤守時，國府即均曾嚴令實施焦土政策。[7]

侍從室除了被動接受各方所提供有關戰況的情報或意見，本身也會派出聯絡督戰參謀，至前線擔任聯絡或督戰工作。例如 1940 年桂南會戰期間，即曾先後派出曾應龍、汪逢杞、高文修、宓熙等十餘名聯絡督戰參謀。[8]

侍二組的參謀，每天根據各戰區所呈送的戰報，將敵我雙方戰線，分別用紅、藍色小旗，在蔣介石官邸的地圖室內軍用地圖上標出。1939 年 2 月，蔣介石並指示侍一組主任林蔚，在中國全圖上將陝北中共 1937 年 8 月宣言前所占領的各縣區域，以一種顏色標識，其後逐漸擴充的範圍，則藉另一種顏色，用中、英文略加說明，可以使外籍人士一覽即知共黨活動範圍，實僅占全國極小一部分。[9]

侍一組的參謀，每日並且仔細審閱重要來文，用紅、藍筆分別包標出文內重點，俾便抄寫人員據以抄入「呈表」（內容分為來文名稱、單位、摘由、擬辦和批示四欄），經組長轉呈處、室主任核閱後，送呈蔣介石過目。為求保密起見，侍二組的參謀每天晚上須將即時造好的呈表鎖在一只鉛皮箱內，送交專管呈表的機要祕書（歷任的機要祕書包括俞國華、周宏濤等），由其整理後於次日上午送呈蔣介石核閱。這只鉛皮箱的鎖有兩把鑰匙，由侍二組組長和機要祕書各執一把。次日下午兩、三點時，蔣介石的批表發回，改由參謀擬稿，由侍二組送請侍一處主任審核劃行。[10]

戰況危急時，戰地指揮官每多不依正常指揮層級，直接向蔣介石請示。如豫湘桂戰役期間第五戰區司令長官李宗仁一次深夜拍來急電表示，南陽情況危急，侍二組的參謀立即以特急公文用的紅色卷夾呈報蔣介石，蔣介石閱後即命其至官邸地圖室等候，時為上午 7 時。不多久，蔣介石即偕侍一處主任錢大鈞和美國飛虎隊隊長陳納德（Claire Lee Chennault）抵達，接過侍二組參謀的指示棒，將南陽地區的形勢地圖仔細的研究了一下，當即命令陳納德派飛機轟炸其所指出的日軍陣地。事後空軍回報，已於當日上午 11 時完成任務，南陽地區已經轉危為安。[11]

蔣介石的此種決策模式，固然是迅速明確，但是他所使用的地圖精確與否，關係頗大。當時歐洲各國指揮大軍所用地圖，一般均為八萬分

之一或十萬分之一。此種地圖繪製精確，將各種兵力描繪其上，呈請最高指揮官閱覽時即可一目瞭然，如到實地，根據情況下達判斷、決心、處置及命令等，也不致發生錯誤，但是中國的地圖往往與實地錯誤甚多，且比例尺甚小，所用地圖有在百萬分之一以上者。此種地圖若依戰鬥序列將各種兵力描繪其上，無法醒目，往往驟然一看，似乎敵人已在我包圍之中；究諸實地，誤差極大，最易貽誤戎機。1938 年德國駐華軍事總顧問法肯豪森（Alexander von Falkenhausen）於返國前夕，即曾指出國軍此項缺失，認為應極力改正。[12] 不過效果似乎有限，上述成功的案例僅為少數的例外。

在戰爭期間，隨著戰況需要，蔣介石會不定期於官邸召開會報，於會中決定軍政事宜或軍事部署。此一會報，在戰前便已存在，自 1938 年9 月起，定於每星期一、三、五舉行。抗戰期間參與會報的人員，大致上包括軍事委員會各部會正、副首長、辦公廳主任、侍一處主任及侍二組組長、自外地向蔣介石覆命的戰區司令長官或總司令、官邸所在部隊的首長、總司令、外國軍事總顧問等。會報通常由軍令部第一廳成員擔任紀錄，自 1938 年 9 月後，官邸軍事會報設祕書處，由軍令部次長負責承辦祕書業務。[13]

會報時，如正值戰事進行，每多由軍令部先報告戰況，然後提出對策，經與會將領討論後，由蔣介石裁示。如抗戰初期先後擔任第一部作戰組長和軍令部第一廳廳長的劉斐，即曾經常代表軍令部門在官邸會報中做戰況簡報。劉斐頗具心機，每逢戰局變化，即令作戰參謀預擬數份不同的方案，攜往作戰會報，揣摩蔣介石的心意，然後提出略同的方案，因此蔣介石頗重其才。[14] 會報中，蔣介石所作軍事決策，交軍令部後，由該部參謀擬訂命令，以蔣介石的名義，依軍事系統發電至前線。

蔣介石在軍事領導上的強勢作風，自然造成軍令系統在決策制定過程中的弱化。以盧溝橋事變爆發後成立的作戰部為例，成立之初，內部頗不健全，僅有黃紹紘和副部長王俊、劉斐（劉為李宗仁、白崇禧所推薦），以及幾個高級參謀而已。淞滬會戰期間，實際作戰並非是由作戰部長所指揮，而係由蔣介石直接對張治中、顧祝同、張發奎等人下達作戰命令。[15] 蔣介石對黃紹紘所發電文，則大多為指示京滬地區防禦的部署，[16] 及長江

沿岸要塞工事的構築。[17] 黃紹竑對此極表不滿，曾有以下的批評：

> 蔣介石從來就是自己直接指揮作戰慣了的，我這個作戰部長不過是把他的面諭或手諭擬成命令發布下去，或匯集各方面的情報向他報告，可以說我的作戰部長不負什麼責任。[18]

黃紹竑擔任作戰部長上不到兩個月即轉任第二戰區副司令長官（司令長官閻錫山），繼任者為徐永昌。徐永昌向以個性溫和著稱，雖然在軍事上有些看法和蔣介石相左，但是言必忠懇，因此與蔣介石相處愉快。[19] 1938 年 1 月，第一部改組為軍令部，徐永昌續任部長，[20] 直至抗戰勝利。

在制度上，軍令部如同其前身第一部，為國軍最高作戰指導機構，[21] 但是實際上並非如此。根據戰時軍界人士的分析，蔣介石之所以任命徐永昌為第一部（以及後來的軍令部）部長，固然有拉攏閻錫山的一面（徐永昌為閻系要角），但是主要原因還是出於徐永昌的平庸溫馴，凡事聽從蔣介石的意旨。軍令部的重大決策，均由蔣介石親自決定；軍令部的重要人事（如廳長、處長職位），也均由蔣介石親自選派，可以直接向蔣介石請示。徐永昌在主管軍令系統期間，不僅重大的軍令問題從不自作主張，一切均上報蔣介石親自處理，一些次要的問題，則交由次長處理。例如在劉斐擔任軍令部次長期間，凡有關作戰的方案，大多均由劉斐負責處理。[22]

軍令部在重大戰役進行期間，每日均須舉行作戰簡報。如 1941 年底的第三次長沙會戰期間，雙方戰鬥攻防十分激烈，戰局持續達三週之久，軍令部第一廳的參謀人員即須日以繼夜在兵棋室處理戰報。作戰簡報通常係於每日清晨 5 時在兵棋室舉行。當蔣介石進入兵棋室，眾人行禮如儀後，簡報即開始。先由參謀一人或由主管祕書提出口頭報告，隨即進行討論，最後蔣介石或採用參謀群所提報的行動方案，或對其行動方案略加修正，或另設想新戰機的可能性，指示參謀群試擬新的行動方案。此項簡報大約在早餐以前即舉行完畢。[23]

除了通過會報，蔣介石對前線如隨時有指示，通常會透過侍從室轉告軍令部，再由軍令部命令前線。在戰況危急時，蔣介石會不透過軍令部，直接打電話或電令前線，此一非常規方式，每需透過侍從室。如為

打電話，可能由蔣介石親電，或由侍從室第一處主任以電話轉達蔣介石之意，而中央主管軍令和作戰的部門，卻一無所知。事後，再由侍從室主任通知軍令部。加上蔣介石經常以電話越級指揮，弄得中央作戰部門和前線高級指揮官嚴重脫節，怨聲載道。[24] 例如 1940 年桂林行營主任白崇禧即曾公開指出，侍從室直隸於最高統帥，但其業務以不與各部廳重複衝突為原則。[25]

侍從室和軍令部由於各有其情報來源，因此有時即可能針對同一戰場，各自提出報告，供蔣介石參考。例如 1943 年底常德會戰期間，日軍於 11 月 25 日包圍常德，與守軍五十七師（師長余程萬）激戰八晝夜，至 12 月 3 日城陷，余程萬部 15,000 人僅餘 300 人，其壯烈為抗戰以來所僅有。

3 日，為常德失陷之日。蔣介石接到兩件戰場報告，一件為侍一處主任林蔚根據前方報告及敵件所做研究，指出常德「至二十五日已陷於四面包圍，雙方惡戰以迄於今，因常德城內我軍之堅強反擊，敵無法進展，即將陷於總崩潰」。[26] 另一件則為軍令部長徐永昌所呈，報告中研判日軍行動不外有三種可能：(1) 以進犯湘西的現有兵力，於奪取常德後即行退卻；(2) 於中國戰場再抽調三、四個聯隊於湘西，企圖予以較大的打擊；(3) 於中國戰場及其他方面再抽調六、七個聯隊使用於湘北，進犯長沙。報告最後建議發動攻勢：「綜合全般情況，敵如不增援，則我軍攻勢可保障常德會戰之勝利，且可望收復若干要地；敵縱可增援，我之攻勢，亦不致大敗，因敵人似無增援大軍之可能也，故我軍似以發動攻勢為宜。」[27]

林蔚、徐永昌二人送呈報告的 12 月 3 日，恰巧即為常德失陷之日，顯示侍從室與軍令部的情報有誤。更嚴重的是，國軍始終未能察覺日軍的戰略企圖，日軍發動常德會戰主要是考量常德的戰略地位，盼能藉此牽制國軍主力增援緬甸戰場，但最高統帥部的蔣介石、徐永昌、林蔚等人，則判斷日軍此舉的目的在聲東擊西，將國軍主力牽制在常德，實則有襲擊長沙、衡陽的企圖。當日軍第十一軍退出常德後，統帥部及第六、九戰區均判斷日軍傷亡過重，且缺乏增援部隊，不得已退出常德，但實情則為在會戰中在華美軍襲擊日軍新竹空軍基地，日軍大本營和派遣軍

總司令部決定發動「一號作戰」，企圖打通粵漢、湘桂交通線，並解除美國在華空軍基地的威脅。但是國軍並未能預測到日軍的此項企圖，致使在不到半年後的「一號作戰」中傷亡慘重。[28]

抗戰期間，國軍一般的作戰決策過程，大抵如上所述，至於重要的軍事決策過程，則參與者每多增加黨政與外交部門首長。例如七七事變爆發後，蔣介石雖於廬山表示犧牲已至最後關頭，但仍未放棄由宋哲元出面與日方周旋，至日方進犯平、津，蔣介石始於 8 月 7 日召開為期一整天的會議，為決定抗戰凝聚共識。是日上午 8 時，於國府大禮堂召開國防會議，汪精衛、張群、軍事各部會首長及由各省應召至京的地方軍系領袖閻錫山、白崇禧、余漢謀、何鍵、劉湘等均出席，主要為聽取國防相關單位的工作報告。晚間於勵志社召開國防會議與國防委員會聯席會議（或稱「國防聯席會議」、「國防黨政聯席會議」），除上午到會人士外，另有林森、四院院長、中央常務委員及行政院各部首長等出席。蔣介石在會末曾做四點結論：第一，在未正式宣戰前，與日交涉，仍不放棄和平。第二，今後軍事、外交上各方的態度，均聽從中央的指揮與處置。並表示大家如決定抗戰，請各自起立，以資決定，並示決心。說畢全體起立無異議贊成此決議，抗戰大計乃正式確定。[29]

又如淞滬會戰期間，10 月下旬國軍撤守蘇州河南岸，戰況十分不利，蔣介石乃於 10 月 28 日至松江召開軍事會議，出席者包括宋子文、白崇禧、陳誠、張發奎等軍政領袖，大家均主張向後撤退，以利以後的長期作戰。此時宋美齡自上海抵達會場，提及其對上海各國將領介紹閘北國軍孤軍奮戰事蹟，英國司令聞之聲淚俱下，敬仰國軍不止。宋美齡建議死守上海，以爭取國際同情與支持。蔣介石最後裁示繼續堅守。[30]

中國由於幅員廣闊，交通不便，蔣介石為了便利指揮作戰，乃有參謀團組織的設計。戰前軍事委員會即曾於重要地點設置行營。行營主任代理委員長行使職權，遇必要時委員長也可親自行使。[31] 行營得設參謀團，如 1934 年底入川參謀團的成立即為蔣介石追堵紅軍的主要部署之一，也是中央勢力進入四川的開始。其組建工作，即由南昌行營負責。[32]

作戰時，蔣介石確保其決策能夠貫徹執行的一項重要機制，即為參謀團。例如 1942 年 1 月，中國遠征軍司令長官部進入緬甸，軍委會駐滇參

謀團也從雲南昆明推進至緬甸臘戍。參謀團名義上為遠征軍長官部的諮詢機關，實際上是代表重慶軍令部指揮遠征軍。參謀團團長林蔚曾任侍從室第一處主任、軍令部次長，1941 年 12 月任軍令部次長兼參謀團團長。在軍令部中，部長徐永昌為閻錫山舊部，另一位次長劉斐為桂系李宗仁、白崇禧的幕僚，只有林蔚是蔣介石的親信，為軍令部的實權人物。[33]

蔣介石和軍令部給入緬國軍部隊的電報，均先發至參謀團後再轉發；[34] 遠征軍長官部的情報和戰報，也是先送參謀團，再由參謀團轉報給重慶。[35] 遠征軍正面第五軍與日軍接戰後，緬甸軍事即由蔣介石在侍從室親自直接指揮。侍從室第一處主任錢大鈞每日由重慶派飛機至緬甸臘戍參謀團收送公文一次，包括繪製的戰況要圖等，有時尚由重慶攜送蔣介石的親筆手令。參謀團和遠征軍長官部之間，有電話及無線電報聯絡，對左、右翼部隊，有無線電報、電臺聯絡，對重慶有 1,000 瓦大型電臺，為當時功率最大的一座軍用電臺。此外尚用有線電臺、長途電話聯絡；對昆明則用有線、無線電雙重聯絡。此一通信網在當時的物資條件下，已堪稱完備。參謀團對遠征軍長官部及昆明行營，除傳達重慶方面的命令和指示外，也做一些方針性的作戰指導或建議，對於具體的軍事部署，則通常並不干預。[36]

參謀團制度的設計，在用兵時固有其必要性，但是如果溝通與協調不良，極易產生弊端。戰前侍從室第一處主任錢大鈞對此即有深刻的觀察。1935 年 9 月 17 日他在其日記中有以下的記載：

> 現委員長在峨嵋，而成都參謀團亦可以委員長名義發命令，西安張主任〔治中〕亦可以委員長名義發命令。名義一而處置不同者屢屢有之，如東北軍之部署，委員長寒〔14〕日手啟命令與刪〔15〕日成都電則大相逕庭，而西安所擬者又不同，誠令屬下無法服從也。又聞擬調湯恩伯赴鄂西，故余今日電委員長請勿調動，而傍晚適陳辭修〔誠〕來電詢問是否可調，余即以殘匪未清，如不留若干部隊，恐匪集零成股，無法剿滅也覆之，大約不致調動矣。[37]

蔣介石如以電報等形式發布命令，共分以下幾類，電尾蔣介石署名之下的代號各有不同：

1. 由蔣介石親筆或口述發令者，稱為「手令」，由侍從室發出。
2. 由侍從室主辦（擬稿發令）者，用「中正（日韵）侍參」。最重要的文件稱為「判行」，係由蔣介石親自簽字，次要者由侍從室主任簽字發出。
3. 由軍令部各廳、各特種兵指揮部擬稿發令者，用「中正（日韵）令一元」。「元」代表軍令部第一廳第一處，第二處用「亨」，餘類推。如用「中正（日韵）令信（工）指」，及代表軍令部通信兵指揮部或工兵指揮部。此類命令均由軍令部部長或次長簽字後發出。軍委會其他各部（軍政部、軍訓部、兵站總監部）均用部長名義發文。
4. 由軍事委員會參謀團擬稿發令者，用「中正（日韵）川行參」，係由入川參謀團主任簽字後發出；用「中正（日韵）滇參」，則係由經滇參謀團團長簽字後發出。[38]

由於有幾種單位均以蔣介石名義發命令，其重要性均不一致，因此受令單位常先由代號上辨別此一令命係由何單位所發出，[39]然後決定以何種態度及速度執行此一命令。曾任侍從室主任的張治中，對國軍部隊指揮官此種普遍的心態，即有過深刻的觀察：

> 蔣對軍隊的統率，向來採集權於一身的辦法，養成習慣已久，所以部隊將領就有一種反映：部隊接到蔣委員長電報，先看電尾是那一機關主辦的，如「中正手啟」，是要特別注意的，如是「中正侍參」（即侍從室主辦的），也還重視，但如是其他部門主辦的電報，就要看情形來決定遵行的程度了。所以軍令部、軍政部甚至後方勤務部，有時為求命令有效，也要用「中正手啟」名義發電。這種個人集權、機構無權的特殊現象，壞處甚多，決難持久。……我認為這是以後軍事失敗的種種原因之一。[40]

二、侍從室與國軍高級將領

蔣介石的個性剛強，一般高級文武官員均有所認識。在軍事方面的決策，蔣介石經常是獨排眾議，參謀本部所擬訂的作戰指導，也可能隨

時遭到否決。如八一三上海作戰前夕，副參謀總長白崇禧主張封鎖吳淞的長江口岸，以制止日本海軍進入，但未獲蔣介石同意。[41] 又如抗戰開始時的保衛上海、堅守南京，許多高級將領主張不做徒然的犧牲，蔣介石卻一定要硬拚到底。[42]

　　蔣介石在制定軍事決策時，最為倚重的國軍將領，各時期有所不同。軍委會南昌行營時期，行營辦公廳主任為江西省政府主席熊式輝兼任，第一廳主管作戰，廳長為賀國光，副廳長為晏道剛；第二廳廳長為行營祕書長楊永泰兼任。此一時期蔣介石的軍事決策，主要為賀國光和晏道剛歸納各方建議，制定「穩紮穩打，步步為營，修碉築路，逐步推進」的戰術，輔以楊永泰所建議的保甲團練政策，企圖構成包圍圈，斷絕蘇區物資來源，迫使紅軍進行陣地戰來比力量拚消耗。[43] 侍從室成立後，侍一處主任即成為蔣介石制定軍事決策過程中的要角之一，如 1934 年 10 月 3 日，蔣介石即與江西省政府主席熊式輝、陳誠（時任剿匪軍北路前敵總指揮）、侍一處主任晏道剛等商議整軍計畫與剿共封鎖政策。[44]

　　抗戰前及抗戰期間，對蔣介石制定軍事決策影響最大的國軍將領，應為陳誠。根據陳誠自己的說法，1936 年 10 月，因西北風雲日緊，陳誠奉蔣介石電由廬山隨節進駐洛陽策畫抗日大計，持久戰、消耗戰、以空間換取時間等基本決策，即均於此時策定。至於如何制敵而不為敵所制問題，也曾初步議及。即日軍入侵，利於由北向南打，而國軍為保持西北、西南基地，利在上海作戰，誘敵自東而西仰攻。關於戰鬥序列，應依戰事發展不斷調整部署，以期適合機宜；至於最後國防線，應北自秦嶺，經豫西、鄂西、湘西以達黔、滇，以為退無可退的界線，也均在此時做大體的決定。[45] 陳誠的說法，或許有誇大之處，不過抗戰時期的兵力部署，蔣介石最常商決的對象為陳誠，殆無疑問。[46]

　　淞滬戰役期間，陳誠確實為蔣介石最器重的國軍將領。[47] 8 月 15 日，蔣介石以電話催時任軍政部次長的陳誠即回南京。17 日，陳誠抵南京，接蔣介石三項指示：（1）即擬整個戰鬥序列；（2）調整華北部隊的部署；（3）至上海一行，計畫解決日租界之敵。[48] 19 日，陳誠自上海返京，向蔣介石報告赴滬經過並送呈蔣介石所囑擬的戰鬥序列。[49] 蔣介石當即發表陳誠為第三戰區前敵總指揮兼第十五集團軍總司令，並增調部隊赴

上海參戰。[50]

23 日，日軍在獅子嶺、川沙鎮等處登陸，國軍逐漸轉入被動地位，[51]傷亡甚大。29 日，陳誠於日記中檢討戰事，曾有以下的評論：

> 此次組織之不健全，系統之不清楚，各級因人設位，而應負責者僅掛名而已，而實際負責者則無名義。以余個人而言，前方部隊之指揮固須負責，同時後方勤務，如交通、衛生、給養等均集余一人之身，而又無名義與組織，其困難可想而知矣。而委座來電話，促余請馮玉祥來蘇主持，而馮僅在無錫之南橋通過一次電話，僅及虛偽之套語而去，戰事殊可嘆也。[52]

陳誠的評論，可以做進一步探討之處有以下幾項：

第一，國軍的指揮系統不健全，名實不符的情形十分嚴重。

淞滬戰役爆發前，蔣介石成立第三戰區，以馮玉祥為司令長官，而以淞滬警備司令張治中所轄地八十七、八十八及第三十六師，編為第九集團軍，並以張治中為總司令，另在第九集團軍左翼，成立第十五集團軍，以陳誠為總司令，並兼前敵總司令。依規定，前敵總司令可以指揮集團軍，但為與陳誠不睦的張治中所不願；而馮玉祥與中央將領素少淵源，指揮調度也不靈活。[53] 加上馮玉祥畏懼空襲，與前方指揮聯絡，均不方便。

8 月 15 日，相關高級將領在上海南翔商議戰事時，日機臨空，警報突至。馮玉祥雖然身材魁武，練兵有方，但是極為膽小，居然當場奪門而出，向外直奔，不料一不小心，滑跤跌入稻田。[54]馮玉祥由於害怕空襲，遲遲不至蘇主持戰事，連蔣介石也無可奈何，還要陳誠去請。好不容易上任了，馮玉祥白天均不敢至長官部上班，只偶爾在夜間去。自己住在距上海約 150 里的宜興山洞中，將印章交給副司令長官顧祝同。公事由顧祝同全權處理。[55]

蔣介石看到指揮體系無法有效運作，乃於 8 月 20 日自兼第一戰區司令長官，[56] 24 日偕宋美齡、白崇禧及顧祝同，乘車至上海安亭車站附近，召集陳誠、張治中等前線將領，指示作戰機宜，並發表任命顧祝同為第三戰區副司令長官，成立副司令長官部，負實際指揮第九及第十五兩集

團軍作戰的責任。[57]

至 9 月初，日軍續有增援，國軍被迫處於被動地位，戰鬥更為艱苦，但張治中等將領表現又欠佳，蔣介石乃直接指揮顧祝同，馮玉祥的司令長官部乃形同虛設。[58] 11 日，軍事委員會將第一戰區劃分為四個戰區，平漢線仍為第一戰區，津浦線為第六戰區，調馮玉祥為第六戰區司令長官，[59] 自此第一戰區指揮體系方才名實相符。

至於馮玉祥至第六戰區後，由於已失去蔣介石的信任，因此有職而無權，馮玉祥在日記中抱怨，蔣介石「既不予之錢，復不予之權，復不予之兵、械」。[60] 10 月，第六戰區所轄地域淪陷，該戰區撤銷，所轄各部隊轉隸其他各戰區，[61] 馮玉祥又去其職。

事實上，蔣介石明知其不行，但又不能不用的人，又豈僅是馮玉祥一人而已。[62]

第二，實際負責者則無名義。以陳誠本人為例，抗戰前其實際上直轄的部隊曾多達十三個師單位之多（其中包括兩個騎兵師），但是名義上卻始終未任高位，自閩變後僅先後擔任前敵總指揮、宜昌行轅參謀長、武漢行營副主任等，名實頗不相稱。[63] 直至 1937 年 9 月 1 日正式就第十五集團軍職後，[64] 雖然陳誠有了正式的名義，但是名實仍未完全相符，與第三戰區的權限劃分也不清楚。陳誠對此曾向顧祝同抱怨：「月來每以權限不清，諸多困難，尤其委座無一不問此間，同時各部亦均向此間請示，在余精神實來不及，在人以為余越權。」[65]

抗戰初期，蔣介石最親信的將領，除陳誠以外，或許即是侍一處主任錢大鈞。七七事變爆發後，蔣介石即準備全面抗戰，但一面仍由外交途徑爭取國際間的同情與援助。當時外交部重要公文，多以電話請示，錢大鈞不敢假手他人，每多親自錄稿呈閱，而各種軍機文電，尤其是紛至杳來，應接不暇。8 月 13 日滬戰爆發，軍隊的部署調遣，戰事的指揮計畫，敵情的判斷，戰訊的蒐集，凡有請示或報告委員長者，均須經過侍從室，錢大鈞工作之繁重，可以想見。[66] 無怪蔣介石於 11 月離開南京前撥發特別費犒賞有功人員，錢大鈞獲頒二萬元，而軍令部長徐永昌僅獲頒一萬元，[67] 顯示錢大鈞在蔣介石心目中的重要性。1943 年錢大鈞批閱他在抗戰爆發後所登記的蔣介石手令，發現「當時對余之手令最多，

蓋是時各機關之組織，未臻健全，一切戰令均交侍從室辦理」。[68]

值得注意的是，陳誠雖然由於受到蔣介石的寵信，因而作風強勢，[69]有時連何應欽（軍政部長兼參謀總長）、白崇禧（副參謀總長）等人也不太放在眼裡，不過他在侍從室主管面前，則是謹守分寸，不敢造次。例如抗戰進入相持階段後，戰區、集團軍久居一地，逐漸有「防區化」的趨勢，對於軍隊的紀律、士氣與民心，均有不良的影響。陳誠有鑑於此，一直想要有所改革，曾多次提出改良方案。1942 年 1 月，陳誠呈請蔣介石在戰區之上設置方面軍，以打破此種以防守性為主的戰鬥序列，[70] 未獲回應。4 月，陳誠乃致函侍一處主任張治中，詳細闡述其對調整戰鬥序列的看法及其對於國是的意見，並望其「向委座及總長多所建議」。[71]

陳誠的改革方案，後來未獲通過。12 月，侍一處主任張治中卸任，由陳誠系統的林蔚繼任。陳誠乃再度致電林蔚，稱戰區「完全為一防守性之措置，相沿日久，養成一變相防區之觀念」，而今日即將反攻，自應依照反攻目標，重訂適合要求的戰鬥序列。[72] 侍從室的重要性，由此可見一斑。[73]

1943 年 2 月 4 日，適逢舊曆前夕，當晚對於蔣介石來說，則是個寂寞的大年夜。宋美齡赴美訪問，蔣經國和蔣緯國不在身邊，他感到「孤身獨對，蕭條寂寞極矣」。[74] 擬臨時約宋子文、陳誠來會，不料二人均有事外出，只有約侍一處主任林蔚來共餐解寂。[75]

至於侍二組的參謀，由於人員精簡（通常僅有 3 至 4 人），因此工作繁重，經常需要夜間加班或值班，尤其是「伴君如伴虎」，每天均得提心吊膽謹慎從事，精神緊張，此中辛苦並非局外人所能瞭解。[76]

侍從室與軍政系統

在南昌行營時期，國軍重要人事案件，均先由行營侍從室負責審核，並簽註意見後，呈蔣介石核定。不過承辦單位並非是主管軍事業務的侍一處，而是侍從祕書鄧文儀。據一項資料顯示，1932 年至 1933 年間，蔣介石所任用的師長和軍、師參謀長，均係由鄧文儀負責審核簽報，1933 年至 1934 年初，軍長的任命也均係由鄧文儀經手。[77] 1936 年軍委

會侍從室成立後，各軍、師長以上重要軍職升遷任免，多由戰區司令官或總司令直接電蔣介石批示。侍從室接到此類電報，一般均簽交由軍政部長何應欽核辦，但是至少自1938年起，蔣介石規定西北、西南地區軍、師長以上人事更動，分別交由胡宗南和陳誠核辦。

1938年時，陳誠為政治部長，胡宗南則為第三十一集團軍副總司令，二人何以被賦予如此大的人事權？根據一位侍一處人事參謀的觀察，此舉顯示蔣介石刻意扶植胡宗南、陳誠二人，俾便蔣介石掌控西北地區的中共和西南地區的兩廣部隊。蔣介石甚至特許胡宗南成立集團軍副總司令部，其編制較一般總司令部龐大。他的權力早已超過總司令，即使是不歸他隸屬的軍、師長升遷調動，只要有胡宗南的親筆函電（電文有一「親」字即表示為其親筆電）呈蔣介石，他必批准；胡宗南所要求調用的人，也是有求必應。[78] 至於一般非主管職的重要軍職人員的任用，則由侍一處審核後簽報蔣介石親自裁決。[79] 侍一處在審核一般人事案件並簽註意見時，大多重視各人的功績、資歷與能力，而不重視個人的出身。蔣介石對各人資料如有疑問，也會要求侍一處向有關部門（如軍委會銓敘廳）查詢其過去任職和作戰紀錄，並不特別重視其學歷。[80] 只有至抗戰中、後期時，各軍、師的參謀長以及侍從室參謀、駐外武官等等專業職位，在任命時才會考慮其是否具有陸軍大學的學歷。[81]

張治中擔任侍一處主任期間，認為凡團長以上、特種兵營長以上的任命，如均須蔣介石核准方可正式任命，蔣介石在時間和精力上將不勝其煩，乃與軍政部長何應欽商量，凡由軍委會銓敘廳所呈報的人事案，僅將少將以上的任免呈蔣介石親批，其餘均由張治中簽名，批上「奉諭照准」即可，此舉減輕了蔣介石的負擔。[82]

至陳誠任參謀總長，掌握軍中人事權，不過他和軍務局（由侍一處改組而成）局長俞濟時不睦，[83] 有關人事的簽呈或報告，至軍務局時，俞濟時大多已授意，有些是承辦參謀自己瞭解他們彼此之間的關係，均依俞濟時的意思借題改簽，或重新製表呈報。因此，俞濟時當時的外號為「太上總長」，因其能改變參謀總長所做決定。[84] 俞濟時如此強勢的作風，或為特例，但是也顯示出侍從室在軍中人事案件中所扮演的角色。

蔣介石為了掌控軍隊，除了親自任免重要將領，並且要求侍從室與

部隊高級將領經常保持聯絡。例如 1943 年 6 月 15 日,蔣介石即手諭侍一處主任林蔚,對於前方集團軍總司令以上各主官,每月初應用蔣介石的名義去電,詢問 (1) 軍中上月經費有無困難。(2) 部隊訓練進度。(3) 紀律整飭情形,各軍各師逃兵、病兵與缺額數目。蔣介石要求此事應形成定制,於每月月初或月終照發一次並帶慰問,另將各主官的覆電整理呈閱。[85]

至 1944 年 12 月,蔣介石更手諭侍一處主任錢大鈞,指示各戰區司令長官及各集團軍總司令、軍長等,用電報聯絡辦法:「侍一處對於各戰區司令長官應每週用電報聯絡一次,各集團軍總司令、軍長等每月用電報聯絡一次,詢問對於兵員、經費、訓練,及其有否困難等情事,分別按期整理報核,希即照此擬定實施辦法呈核為要。」[86] 蔣介石同日也要求侍二處對各省府、省黨部的首長應每半月用電報聯絡一次。[87] 由於侍從室的人員精簡,對於此項業務實無力進行。蔣介石乃再度手諭錢大鈞、陳布雷,指示加緊辦理此項重點工作,侍一、二處業務也應一併統加檢討:

> 前曾迭令侍從室第一、二兩處應特別注重對黨、政、軍各界人士取得密切聯繫,惟辦理以來,尚鮮成效,今年應加緊實施對於此項工作,應指派專人辦理,以專責任。又平日隨侍出席中央各重要會議及接待賓客等事項,可添置侍從祕書一員,此外侍從室所有之業務與工作人員之分配等,望統加檢討,舉凡應興革、應簡汰者,分別研擬改進意見呈核,以上各點,希即遵照辦理為要。[88]

蔣介石雖然再三要求侍一處加強與部隊各高級將領的聯絡,不過成效如何,受限於史料的不足,不得而知。

侍從室除了在重要軍職人員任命的過程中擁有簽註意見的權力,對於重要的獎懲案件也常是承辦的幕僚單位。現試以桂南會戰後的懲戒案為例加以說明。

1940 年 2 月,桂南會戰結束。在此次會戰中,國軍集中三個戰區的兵力,以十八個師對日軍採取攻勢作戰,結果由於部署不當,將領作戰不力而失敗。蔣介石對此極為震怒,認為如不明令嚴懲,將無以整肅軍紀。

2月21日，蔣介石自重慶搭機赴桂林，侍一處主任張治中與侍二組組長於達同行。[89] 次日抵達柳州桂林行營，召集行營主任白崇禧、第四戰區司令長官張發奎、第四戰區第十二集團軍總司令余漢謀、廣東省主席李漢魂、第九戰區司令長官兼政治部長陳誠、代理司令長官薛岳等高級將領，講評桂南戰事失敗原因，指出半由高級將領驕矜疏忽，未做精密研究所致；半由部隊素質太差，且無獨立作戰的精神。凡此種種缺失，均可作為爾後良好的教訓。[90]

　　會後，侍一處主任張治中約集白崇禧、陳誠、林蔚（桂林行營副主任兼參謀長）等人，開了一個小型會議，說服白崇禧、陳誠以身作則，厲行賞罰。首先從行營主任、政治部部長自請降級起，依次處分一大批將領，其中有的交軍法審判，有的革職，有的記過。眾人商討之後，將處分擬妥，由張治中面呈蔣介石核示，蔣介石大為動容，表示同意。[91] 並於日記記載：「決定處罰令如期發表，此次處置必於抗戰前途勝利之關鍵為最大也。」[92]

　　22日至25日召開軍事會議，蔣介石每日均出席講評此次作戰二、三次，[93] 會議閉幕前，全體肅立，蔣介石當場宣布張治中等人所草擬的處罰令如下：

1. 桂林行營主任白崇禧，督戰不力，應予降級。
2. 政治部長陳誠，指揮無方，應予降級。
3. 第四戰區司令長官張發奎，督率不力，應負重責，惟接事伊始，情有可原，應予記過。
4. 第三十七集團軍司令葉肇，違令避戰，貽誤全局，該集團軍番號取銷，該總司令撤職查辦，交軍法審判。
5. 第三十八集團軍總司令徐庭瑤，處置無方，決心不堅，未能挽回戰局，該集團軍番號取銷，該總司令撤職查辦。
   同時受到處分者，尚有軍、師長等共7人。[94]

　　蔣介石對於此次軍事會議的結果，十分滿意，曾於日記中記載：「柳州會議結果完善，處罰明令徹底執行，對於冬季攻勢各戰區訓斥明令，亦為開戰以來所罕見，自覺此後軍事，必有一劃時代之進步也。」[95] 軍界人士也普遍認為，如此戰爭情形，不懲辦足無軍紀，自此項命令頒布

後，士氣為之一振。[96]

在此一期間，侍一處主任張治中除了策畫懲處名單的擬定，且積極建議撤銷桂林、天水二行營，獲蔣介石採行。

桂林與天水二行營，係軍事委員會於 1938 年所設，分別由白崇禧和程潛擔任主任，負責西南、西北各站區的作戰指導。行營成立後，問題逐漸浮現。依照行營體制，各戰區在人事及軍事行動上，係受行營指導而非指揮，如第四戰區司令長官張發奎即曾回憶他僅向桂林行營提交報告，但是遇事不必向行營請示，反而多直接和軍委會發生聯繫。而白崇禧由於本身兼職甚多，因此除了憑藉私人關係指揮桂系夏威的第十六集團軍外，也很少指導各戰區，因此也並無實權。[97] 而實際上指揮桂林行營所轄各戰區的陳誠，卻無任何名義，但其本身原有各項職務，則無法兼顧，如陳誠自 1939 年夏接任第六戰區司令長官，但是過了半年仍未到過司令部。[98] 此外，桂南戰場本屬第四戰區張發奎指揮，但桂林行營設立後則歸白崇禧指揮，兩人管轄區域有重疊現象，也亟待釐清。[99]

張治中有鑑於此，原以何應欽、白崇禧及陳誠 3 人為中心，建議蔣介石調整中央機構與人事，[100] 後則有取消行營的建議，獲蔣介石同意。[101]不料蔣介石向白崇禧提出之後，白崇禧表示不願取消行營，甚至連原應出席的國軍參謀長會議也表示不想參加，[102] 讓蔣介石十分為難，一度在取消或改組與縮小之間猶豫不決。[103] 經過再三考慮，蔣介石最後決定不考慮白崇禧的心理，取消桂林行營。[104]

4 月 19 日，蔣介石於官邸召開最高幕僚會議，與會者包括參謀總長何應欽、副參謀總長白崇禧、軍令部長徐永昌、政治部長陳誠、軍令部第一廳廳長兼代次長劉斐，商討撤銷桂林、天水兩行營，歸併戰區，戰區長官不兼省主席等議題，會中決議撤銷兩行營，及第六、十兩戰區，嗣後各戰區均歸軍事委員會直轄指揮。另在桂林、西安設立軍委會辦公處，派一參謀長及極少數人員，僅辦交通、通信與前後方聯繫事務。[105] 蔣介石曾在其日記中記載：「對行營與戰區重新改組，其事甚大也。」桂系人士也認為白崇禧失去了桂林行營的地位後，乃改變其政治立場。[107]

侍從室除了在國軍重要人事案件的核定過程中扮有重要角色，對於武器、彈藥、裝備的補充，也具有一定的影響力。

最高統帥部名義上為軍事委員會，何應欽以最高統帥部參謀總長兼任軍政部長，但是武器、彈藥、裝備器材的補充，均須由蔣介石親自核定。根據軍界人士的回憶，抗戰期間蔣介石對於陳誠、胡宗南等嫡系部隊的兵員、軍費、武器、裝備等補充，一般均要比其他非嫡系部隊為優越。即使陳誠、胡宗南所部作戰不力，但每一潰敗即獲補充擴大一次。他們的各種補充又經常不通過軍政部，而由陳誠、胡宗南直接呈請蔣介石批准。[108] 陳誠、胡宗南以下的將領，有些也不循正常程序，而透過侍從室向蔣介石呈請補充經費及武器、裝備，蔣介石同意後即令軍政部頒發。例如 1938 年武漢會戰期間，第九戰區第一兵團總司令薛岳即曾於 9 月 14 日致電蔣介石，抱怨其部自成立後，事務紛繁，原定編制人員不敷使用，不能不稍事增加，每月原有經費 2 萬元已感不敷，自 9 月起又奉軍政部令減為 13,590 餘元，更難維持。因此懇請蔣介石飭仍照前規定發給，俾維持現狀。電文經侍一處主任林蔚簽註意見：「擬交軍政部核辦並復。」蔣介石閱後則批示「如擬」，並將林蔚所簽意見中的「核」字改為「照」字。[109] 又如武漢失守後，蔣介石於衡山召集軍長以上將領召開軍事會議，隸屬於余漢謀部的第十二集團軍副總司令葉肇，於會議期間至侍從室探視其舊屬黎天榮，黎天榮乃指點葉肇，如其部隊有困難，可直接寫信給蔣介石，請求補助。葉肇返回部隊後，即寫一親筆函，寄黎天榮轉呈蔣介石，蔣介石閱後即批發補助費 5 萬元，並覆電慰問。[110]

至於「雜牌」部隊，其中也有等級之分，如廣西部隊雖被視為「雜牌」，但是由於抗戰初期的戰果輝煌，使得中央也不得不另眼看待，加上桂系領袖李宗仁任第五戰區司令長官，白崇禧任副參謀總長嗣兼軍訓部長，所以桂系自己也承認廣西部隊「總算是承蒙中央禮遇有加了」。[111] 白崇禧擔任桂林行營主任期間，甚至被檢舉利用職權，以向長江以南供給補充為由，將軍需物資大部分提供給桂系部隊。[112] 如陳儀的部隊雖屬「雜牌」，但是由於與中央關係尚佳，所以多少也受到一些優待。

至於龐炳勛、高樹勳、孫殿英等人的部隊，馮玉祥所統馭過的西北軍、張學良統馭過的東北軍、陳濟棠統馭過的粵軍、唐生智統馭過的湘軍，以及川、滇、黔、陝、甘等省的部隊，既不願被「中央化」，自然無法自中央取得充分的糧餉。[113] 對於中共軍隊的軍餉，中央的態度全視

國共關係而定。新四軍事件後，國府乃停發其軍餉。因此抗日軍餉直有如溫度計，充分反映出兩黨關係的變化。[114] 根據軍政部人員的回憶，該部每次簽請分配補給的報告，大多均能照顧到全面，但是甚難得到蔣介石的完全批准，為此何應欽對蔣介石頗有意見。[115]

至抗戰後期，有些地方軍系部隊因無補充，部隊長官不得已向蔣介石面訴衷曲，蔣介石常親自接見，溫語有加，並下手令囑兵站補充，然後視部隊的系統，親自以電話或令侍從室主任吩咐，照手令上的數目撥給，或者打個折扣。若無電話預先交代，軍政部與兵站即以庫存已盡來塘塞。[116] 有些部隊長官乃勾結侍從室和兵站官員，實行賄賂，則武器彈藥又可源源而來。例如徐源泉為何成濬的舊部，即利用何成濬去疏通侍從室。侍從室的路線一旦打通，凡不利於徐源泉的報告均被扣押不報，徐源泉軍因此即可獲得補充，然後再利用此補充款項的一部分去作活動經費，因而形成了一個貪污和行賄的循環。[117]

侍從室的祕密軍事行動

一、聯繫余漢謀化解兩廣事變

1936 年 6 月 1 日，國民政府西南政務委員會和中國國民黨西南執行部召開會議，議決籲請國民政府及國民黨中央領導抗日，同時派兵北上。2 日，西南兩機關將呈文內容通電全國。4 日，西南將領數十人，由廣州綏靖主任陳濟棠、李宗仁、白崇禧領銜通電響應，並請西南兩機關改頒軍號，准其北上抗日。陳濟棠所部粵軍即改稱國民革命抗日救國第一集團軍，李宗仁、白崇禧部桂軍改稱國民革命抗日救國第四集團軍，隨即分道出兵，並以重兵進入湘南，志在取得衡陽，進窺武漢，是為兩廣事變。[118]

事變發生前，陳濟棠係以其胞兄陳維周為代表和寧方聯繫，寧方對話的窗口即為侍二處主任陳布雷。1936 年 3 月底，陳維周即曾奉陳濟棠之命入京，與蔣介石進行交涉。[119] 4 月 2 日，陳維周拜訪陳布雷，翌（3）日蔣介石即宴請陳維周，並透過陳維周向粵方交涉：(1) 即將通車的粵漢鐵路總局設置地點（中央主設於衡陽，而西南方面則力爭設於廣

州）；(2) 粵閩名義；(3) 調林雲陔；(4) 西南方面軍令統一；(5) 廣東外購飛機需經中央發給護照等事宜。[120] 6 日，蔣介石託陳維周帶交陳濟棠信，[121] 陳布雷也交陳維周密碼本供直接聯繫之用。[122]

事變發生後，蔣介石一方面宣布召開國民黨五屆二中全會，討論對日政策，並邀請西南派代表參加；另一方面則積極進行軍事部署，其處理方針乃「以和平為宗旨，用政治方式解決之，但態度不能不嚴正，責其服從中央命令統一禦侮也」。[123] 7 月 2 日，廣東空軍黃志剛等十餘名飛行員及 7 架飛機，經南昌北上，投誠中央。[124]

當時粵軍第一軍軍長余漢謀正駐軍贛州剿赤，尚未回防，聞事變發生，大為不滿，以為外侮方興，不可更有內爭，隱然不直陳濟棠所為。由於侍一處主任錢大鈞與余漢謀為陸軍第二預備學校及保定軍官學校同學，並曾於粵軍第一師共事，蔣介石乃命錢大鈞邀余漢謀入京。余漢謀果於 7 月 8 日到京，獲蔣介石接見。[125] 蔣介石告以大體，責以大義，並決定廣東軍事全交余漢謀負責，告以粵省必須為服從命令、擁護統一的模範省。[126] 次日，余漢謀通電粵中各將領擁護中央。[127] 10 日，蔣介石稱此舉「使余（漢謀）為革命根據地之柱石，並成其偉大人格」。[128] 粵軍第一集團軍第二軍副軍長李漢魂，於 6 日出走香港，通電責陳濟棠，並將官印、公款等一切返還。[129]

陳濟棠見所部眾叛親離，大勢已去，乃於 18 日派代表陳漢光攜函請見蔣介石，表示為避免無謂犧牲，決遵命下野，以免掀起內戰。[130] 蔣介石除撰電慰勉外，並命其將所部交余漢謀統率。[131] 又命錢大鈞先入粵部署一切。19 日，蔣介石電軍政部長何應欽轉軍事委員會辦公廳主任朱培德，令其派教導總隊一團赴廣州備變。到粵後，也歸錢大鈞指揮。[132] 錢大鈞奉命後即過韶關與余漢謀晤商，二人並同機飛廣州，隨行有飛機二十餘架。[133]

8 月 11 日，李宗仁、白崇禧致蔣介石電，告以國人所迫切要求者在抗日。「人謂中央勇於對內、怯於對外，想鈞座早有所聞，不知將何以解釋於國人之前？」蔣介石閱後感慨道：「李、白語氣凌凌迫人，余能受之，惟廣西為將來抗日之要區，非歸中央統制不可。」乃令軍事委員會副委員長馮玉祥覆電，邀請李宗仁、白崇禧二人赴廣州與蔣介石共商國事。[134] 蔣

介石同日赴廣州，親自督導解決桂局。是夜，與廣州行轅參謀長陳誠、侍從室第一處主任錢大鈞、廣東綏靖公署主任兼第四路軍總指揮余漢謀、廣東省政府主席黃慕松等商討解決桂局方針：(1) 政治解決；(2) 軍事解決惟萬不得已採用之，但為防範起見，不得不充實監視力量。[135] 20 日，軍事委員會成立黃埔行營侍從室，委錢大鈞為主任，分為 2 組：第一組錢大鈞兼，第二組陳布雷，開始辦公。此外，衛士總隊黃惠龍也籌設總隊部，分三中隊，負責警衛。[136]

8 月底，蔣介石決定以空軍解決廣西問題，先後電航空委員會主任周至柔，令其進行對廣西轟炸的準備。[137] 另一方面，蔣介石又於 9 月 2 日，請司法院長居正、程潛、軍事委員會辦公廳主任朱培德，攜手書致李宗仁、白崇禧，商洽和平解決桂局辦法。4 日，居正、朱培德二人返粵，並偕同桂方代表劉斐同來。李宗仁、白崇禧表示服從中央。[138] 6 日，國民政府明令軍事委員會常務委員李宗仁調任為廣西綏靖主任；浙江省主席白崇禧調任為軍事委員會常務委員；廣西綏靖主任黃紹竑調任為浙江省政府主席。[139]

9 月 17 日，廣西綏靖公署主任李宗仁、廣西省政府主席黃旭初由桂乘機飛抵廣州。蔣介石喜曰：「德鄰（李宗仁）此次來粵，一般人士必相慶，以為此係民國成立以來，最重大及最愉快事件之一。因廣西為最後歸附中央政府之省分，李氏之來粵，可表示全國之整個統一也。」[140] 並派侍一處主任錢大鈞至機場迎接，館舍既定，蔣介石次日即偕錢大鈞往訪，以免引起其歸降之感。[141] 雙方晤談甚歡，誤會冰釋。至此所謂兩廣事變，不費一兵一陣而告和平解決。翌年，抗戰軍興，白崇禧首先入京，兩粵部隊也絡繹東來作戰。蔣介石於兩廣事變初起，即主和平解決，保全軍力實多，京滬淪陷後，武漢能守至一年以上者，與此關係甚大。

二、拏問韓復榘

1937 年 12 月，日軍渡黃河南下，27 日下濟南，31 日陷泰安。1938 年元月，日軍又連下蒙陰、鄒縣、濟南、大汶口等地。日軍之所以能長驅直入，與韓復榘的避戰，有直接的關係。

韓復榘以第五戰區副司令長官兼第三集團軍總司令、山東省政府主

席等職，為保全實力，令所部放棄濟南，擅離作戰地境，退至魯西單縣、城武、曹縣一帶，僅留少數部隊於黃河沿岸與日軍相峙。軍事委員會原已要求各戰區守土有責，不得退入其他戰區，[142] 待韓復榘部退出泰安，蔣介石又於 12 月 31 日電第五戰區司令長官李宗仁、副司令長官韓復榘，要求韓復榘重入泰山，並以泰山為根據地指揮地方團隊游擊敵人。[143] 不料韓復榘接到命令後，仍將公私輜重物品由津浦、隴海路轉平漢路停於漯河。李宗仁勸其重入泰安，且不可違背軍委會的命令擅入第一戰區的防地，韓復榘非獨不理，竟覆電云：「南京失守，何有於泰安？」又說：「全面抗戰，何分彼此？」[144] 言下之意以為退入第一戰區的防地為理所當然。李宗仁見其執迷不悟，將其態度轉報軍委會。蔣介石接獲此項報告甚為重視，曾在武漢召集參謀總長何應欽、副參謀長白崇禧及政治部長陳誠三人會商，均認為如容許韓部自由進退不加制裁，則軍紀蕩然，民心喪失，故一致主張嚴辦，以振紀綱。

然而當時韓復榘仍保有武力，決不會輕易就範，蔣介石為此苦思不得妥全之策，最後採納了侍一處主任林蔚所提出的「請君入甕」之計，由蔣介石主持一次軍事會議，召集前線將領參加，並由蔣介石親自以電話邀請韓復榘出席，再於會場予以逮捕。[145]

不久，韓復榘接到中央通知其至開封出席軍事會議的命令。韓復榘乃帶了最精銳的手槍旅一團人，掛專車由隴海路西上開封。當韓復榘的專車到達開封，戴笠已在第九十五師師長羅奇（負責鄭州與開封之間防務）的協助下，布下了網羅，由軍統局幹員王兆槐負責指揮。正當準備開會時，突然拉起防空警報，車站人員動了手腳，以躲警報為由，將韓復榘衛隊所乘列車，加速駛至事先已埋伏好之處停下，在四面機槍包圍下，韓復榘的隨身侍衛 20 人被繳械帶往指定的防空洞看管，韓復榘本人則在休息室內被王兆槐逮捕，押上事先備好的專車，直開漢口，解送軍法審判。[146]

元月 11 日在開封召開的軍事會戰，出席成員包括第一、第五兩戰區團長以上將校。蔣介石在會中指出，國軍過去幾個月的失敗，並不是由於日軍力量如何強大，也不是由於國軍一般下級長官不勇敢、不犧牲，而完全是由於國軍高級將領缺乏學問的研究，沒有攻擊精神所致。甚至

還有一些高級將領，懷著一種保存實力的卑劣心理，不顧國家的存亡，不顧民族的生死，只是望風退卻，帶了部隊步步後撤。蔣介石認為，為了改進抗戰部隊，今後要從教育與訓練著手。最後，並頒布〈作戰懲罰辦法〉和〈作戰獎勵辦法〉。[147]

會後，蔣介石下令將韓復榘革除本兼各職，拿交軍法執行總監依法懲治。[148] 24日高等軍法會審審理終結，韓復榘以不奉命令，無故放棄濟南及其應守之要地，致陷軍事之重大損失，處死刑，褫奪公權終身。[149]

韓復榘既正法，中央統一之勢更為鞏固。[150]在此之前，黃河以北作戰部隊輕於進退，軍事委員會的命令甚難貫徹，經此整肅，效果顯著，即韓復榘的原部第三集團軍，在孫桐萱的指揮下，也多能奮勇作戰。軍隊命脈，得以維繫。[151]

三、策劃空軍出征日本「人道飛行」行動

1938年中國空軍遠征日本散發反戰傳單，為侍從室所策劃的一項軍事行動，其中扮演關鍵性角色者為侍一處主任兼航委會主任錢大鈞。

1938年2月，蔣介石改組航空委員會，以宋子文、孔祥熙、何應欽、白崇禧、陳誠、賀耀組、徐永昌、宋美齡、錢大鈞、周至柔為委員，蔣介石自兼委員長，而任錢大鈞為主任，負實際責任。[152] 3月初，航委會在蘇聯顧問的協助下，制定〈空軍對敵國內地襲擊計畫〉，擬對日本佐世保西部海軍工廠及機關，與八幡市北部鋼鐵工業區進行轟炸。第一次轟炸後，第二次單獨投擲宣傳品，以達擾亂的目的。[153]

計畫到了侍從室第一處，有些參謀主張轟炸日本本土，以此報復日機在華的轟炸，有些參謀則認為日本本土過於遙遠，中國空軍力量不足，不宜作此冒險行動。侍一處最後建議，此次遠征主要任務為在敵境內散發傳單和小冊子，以喚起日本民眾的覺悟，反對侵略戰爭。反戰宣傳品，由大本營政治部第三廳廳長郭沫若與日籍反戰人士鹿地亘負責撰寫和翻譯。[154]獲蔣介石同意，開始執行。[155]

此時空軍第十四隊隊長徐煥昇（曾任侍從室空軍武官）聞訊，乃請見蔣介石，表示自願承擔此一任務。僅要將臨近東海的麗水機場跑道加長，即可供馬丁號（Martin B10）轟炸機起落。蔣介石同意後隨即發出

搶修麗水機場的命令。[156]

　　當時中國空軍空中與地面無線電通訊方在萌芽，而遠程作戰，無論在航行、指揮、氣象及站場聯絡，非藉建全的無線電通信，不足奏效，乃著手裝設飛機及地面的無線電，遠征用的飛機，均裝以定向儀（direction-finders）及短波通報機；各地面電臺，均配以長短波無線電機，自漢口至海口一帶，共架設對空電臺7座，期使遠征隊與空軍總部及站場之間，均能確實聯繫。

　　通訊設備完成後，乃專待有利時機出而一擊。惟5月天氣變幻頗劇，經常在半小時內陰晴互易。最重要的敵境天氣，無法測知，僅能逐日抄取東亞各國天氣，以作判測。[157] 5月8日，蔣介石指示：「空軍飛倭示威宣傳，須早實施，使倭人民知所儆惕，蓋倭人夜郎自大，自以為三島神州斷不被人侵入，此等迷夢，吾必促之覺醒也。」[158] 此時遠征隊長徐煥昇，已先期至寧波待命，5月19日14時，天氣已有轉機，可勉一試，徐煥昇乃電漢口請命。

　　23時48分，空軍第十四隊隊長徐煥昇領隊，偕同第八大隊第十九隊副隊長佟彥博，分駕兩架馬丁轟炸機，自寧波出發，飛往日本長崎、福岡、久留米等處散發傳單，並偵察其軍港及機場的情況。20日凌晨2時45分，抵達長崎上空，日方未實施燈火管制，乃投下照明彈1枚，地面燈火遽息，此時傳單業已散畢，乃向福岡飛去。3時25分，至福岡上空，見燈火明亮，乃散發傳單後投下照明彈，始見燈火熄滅，由此折返。自2時50分至3時32分，兩機分途飛遍九州各地，沿途散發傳單，所經各處城市，未見高射砲火光及日機攔截，4時許始離境。7時12分，抵三內灣，遭該處日艦數艘射擊，由於距離尚遠，故未損傷。8時30分至9時30分之間，兩機分別降落浙江玉山及江西南昌，各經加油後再起飛，11時13分兩機於武漢附近上空集合後，降落漢口機場，[159] 受到行政院長孔祥熙、軍政部長何應欽等政府官員及大批民眾的歡迎。

　　次日，各大媒體紛紛對此作大幅報導。《大公報》刊出〈空軍夜襲日本九州〉社論指出，此為日本本國境內受外國飛機襲擊之首次，具有重大歷史意義：

中國空軍，不帶炸彈，所帶者，只是和平正義的福音篇。這件事，尤其有特別意義。固然，一隊飛機，縱是放炸彈，其所給日本的損害，也不及敵機在中國肆虐行凶之萬分之一或千分之一的程度。但我空軍在可以若干洩憤復仇之時，而不肯投擲炸彈，殺害日本平民，只是代表中國政府及人民的公意，曉諭他們，警告他們，喚醒他們，只是陳述日本軍閥侵略的罪惡，叫他們覺悟。[160]

中國電影製片廠則將此次遠征行動拍攝成影片，通宵趕製完成，於21日在漢口兩大電影院公開放映，票價 5 分。[161]

由於媒體的大幅報導，此次軍事行動對於中國國內民心士氣的提振與國際宣傳，確實產生一定的效果，具有相當大的象徵及宣傳價值。[162]不過對於日本產生了多大的影響，則尚有爭議。根據晚近日本學者的一項研究，此一行動在軍事上對日本，並無任何軍事價值。[163]至於在心理上，由於日本當時正值對華作戰之初，民心士氣高昂，至日本空投傳單到底能產生多大影響，也有待進一步的探討。

四、1938 年花園口決堤

1938 年 6 月徐州陷落後，國軍為了阻止日軍西進，於河南鄭州附近花園口實施戰略性決堤，史稱花園口決堤事件。

關於此一事件，根據晚近學者的研究，並非是偶然的權變之計，而是經過一番醞釀和準備的過程。[164]早在 1935 年 8 月，德國軍事顧問團總顧問法肯豪森對蔣介石提出應付日本侵華的建議，其中即有利用黃河阻敵的方案。建議書中指出，黃河為「最後的戰線……宜作有計畫之人工氾濫，增厚其防禦力」。[165]

1938 年國軍台兒莊大捷後，對水利問題素有研究的 CC 系大將陳果夫，即於 4 月 13 日以簽呈向蔣介石建議：「台兒莊大捷舉國歡騰，抗戰前途或可從此轉入佳境。惟黃河南岸千里頗不易守，大汛時且恐敵以決堤制我。我如能取得武涉等縣死守，則隨時皆可以水反攻制敵。蓋沁河口附近黃河北岸地勢低下，故在下游南岸任何地點決堤，只須將沁口北岸決開，全部黃水即可北趨漳、衛，則我之大厄可解，而敵反居危地。」[166]侍

從室第二處接到陳果夫的簽呈後，將其繪成藍圖呈蔣介石，他閱後批示交第一戰區司令長官程潛核辦。[167]

徐州會戰期間，尚有許多其他類似的建議，如第一戰區司令長程潛的一位高級幕僚何遂，即曾向第二十集團軍總司令兼第三十二軍軍長商震提出決黃河阻日軍的構想，並撰寫〈確保西北交通線，阻止日寇於平漢線以東〉的書面建議，請侍從室第一處主任林蔚轉呈蔣介石。[168] 5月，國軍二十餘萬人於蘭封戰役中為日軍土肥原賢二師團的兩萬餘人所消滅，蘭封失陷。第八十八師師長龍慕韓以不遵守命令，失守蘭封，經軍法執行總監部審訊，判處死刑。[169] 5月底，蔣介石有鑒於日軍前鋒西進開封，戰局險惡，有意掘開黃河大堤。[170] 6月1日蔣介石為此在武漢召集了最高軍事會議，商討阻止日軍南下武漢的戰略。面對日軍凌厲的攻勢，與會將領莫衷一是，難以想出一個萬全的對策。此時侍一處林蔚又提出在花園口一帶決開黃河大堤以阻擋日軍前進的方案，[171] 獲蔣介石同意，並指定由第20集團軍總司令商震負責執行。6月4日蔣介石核定作戰方案，將隴海沿路國軍撤退並於中牟掘堤，[172] 6日，日軍攻陷開封，7日再陷中牟，鄭州告急。8日夜間，國軍於花園口以西實施炸堤，9日清晨工竣，黃河氾濫，日軍各部停止西進。

9日，第一戰區司令長官程潛致電蔣介石，報告黃河決口情形及該部所草擬的宣傳方案。宣傳內容大意為日軍占據開封後繼續西犯，連日在中牟附近血戰，因國軍誓死抵抗，且陣地堅固，日軍終未得逞，遂在中牟以北，將黃河南岸大堤掘口，以圖沖毀國軍陣地，淹斃我方大軍。[173] 11日，蔣介石電覆程潛，指示需向民眾宣傳敵機炸燬黃河堤。[174] 12日，各大報均根據中央社所發布新聞稿刊出日機炸燬黃河大堤國府辦理急賑的消息。13日，軍事委員會政治部長陳誠招待各國駐武漢記者，介紹日軍炸燬黃河堤經過。[175] 19日，河南各界甚至發起反日決堤運動。[176]

雖然國府的宣傳將花園口決堤事件定調為日機轟炸所致，但是仍有一些媒體未採用官方的說法。例如6月7日《申報》（漢口版）的報導即為「連日大雨，黃水突漲，蘭封西北，河口潰決，聞淹斃敵軍頗多」。[177] 6月16日的《盛京時報》更是直接表示黃河決堤係國軍有計畫的作為。[178] 1948年行政院善後救濟總署所出版的《黃泛區的損害與善後救濟》一書中，曾

表示國府「對此『功在國家害在地方』的浩劫深抱歉仄」。[179] 是為國府首度對此一事件道歉。不過軍方在 1949 年之前的出版品，仍始終堅稱黃河決堤係日軍所為。例如 1946 年間國防部出版的何應欽所著《八年抗戰之經過》一書，對此事件的記載即為一例。[180] 軍方所修戰史，直至 1960 年代始承認黃河決堤係國軍所為，並視此一行動為戰略上的重大成就。[181]

花園口決堤事件所造成的傷亡慘重，根據行政院 1948 年所公布的數字，河南、安徽和江蘇三省死亡人數為 844,489 人，難民人數為 480 萬餘人。晚近一些研究所作估計雖然略低，但是死亡人數仍有 50 萬人左右，難民人數約為 300 至 500 萬人。[182] 花園口決堤造成黃河歷史上第一次人為的改道。黃河挾帶大量泥沙肆意漫決，造成了範圍廣大的黃泛區，幾達九年，直至 1947 年 3 月花園口堵口工程竣工後，黃河始歸故道，嚴重的破壞了原有的生態環境。其次，廣闊的土地被水淹沒，各種生態災害頻發，導致農作物減產。最後，河水摧毀房屋和村落，破壞防洪、排澇和灌溉系統。[183]

國軍黃河決堤的軍事行動固然付出了巨大的成本，但是其軍事價值的大小，卻有爭議性。根據國府官修的《抗日戰史》，此一軍事行動換取了五個月的珍貴時間，對穩定戰局貢獻極大：

> 我軍憑汛區障礙，北連黃河天然地障，與敵對峙達六年之久。而通往武漢之最佳路線——平漢路，在隨後之武漢會戰中，未為敵所用，反而須繞崎嶇難行、道路稀少之大別山區……換得最珍貴之五個月時間，……對穩定時局，挽救國家危亡，確具有至高之貢獻。[184]

不過，學者馬仲廉利用日文史料，發現國軍黃河決堤行動的軍事價值甚小，理由如下：

1. 花園口決堤並未阻止日軍西進。日軍停止西進係於花園口出水之前三日即已決定，與花園口決堤行動無關。
2. 花園口決堤並未延遲日軍進攻武漢時間。日軍完全依照計畫中決定的時間，完成進攻武漢的作戰準備和實施進攻，並未受到花園口決堤事件的影響。
3. 花園口決堤並未改變日軍進攻武漢路線。1938 年春天，日本大本

營陸軍部在研究進攻武漢的作戰計畫時，曾擬以一個軍沿平漢路南下，一個軍沿長江西上發動進攻。後來發現如主力由平漢路南下，需要較大兵力。由於華北地區有八路軍的騷擾，鐵路、公路線經常受到八路軍的破壞，軍隊的輸送和作戰物資的供應，均將遭遇極大的問題，日軍因此決定了將主力沿淮河及長江進攻武漢的方案，與花園口決堤無關。

4. 中、日雙方軍隊在黃泛區對峙的主要原因為日軍兵力不足。花園口決堤確實造成了日後中日軍隊在黃泛區對峙的局勢，但是此線保持了六年之久的主要原因為日軍占領武漢後，由於兵力不足，已無力再發動進攻所致，一如華北至華中中日軍隊之間的對峙線，也維持了六年之久。

總而言之，馬仲廉認為花園口決堤雖然使日軍造成一定損失，並使日軍將原定之主力沿淮河進攻的作戰部署，改為主力沿長江進攻武漢。但是與豫、皖、蘇地區人民所受到的災難相比，其軍事價值實在不足稱道。[185]

以上兩種看法對於黃河決堤軍事價值的評估，雖然大不相同，但是卻有共同之處，即均採一種回溯性的研究取向（a retrospective approach）。如果我們回到 1938 年夏天的情境，可以發現蔣介石當時在面臨國家生死存亡關頭之際，他所擁有的選擇並不多，除了阻擋日軍，以空間賺取時間，作長期抗戰，並以拖待變，爭取外援，似乎也沒有其他更好的選擇。無怪在決堤的過程中，國軍各高級將領（不論係何派系），幾乎均無異議的接受了蔣介石的決策，即是說縱使最高統帥換了他人，似乎除了放任日軍前進，也會作相同的決定。更有進者，美國記者白修德（Theodore H. White）早在戰時評論此一事件時即曾說過，沒有任何的戰略價值可以值得 50 萬條中國人的性命。在今日，或許很少人會反對此種說法，但是在八十年前面臨亡國滅種危機時的中國，並非如此。根據 1938 年 6 月 17 日美國《紐約時報》（*New York Times*）刊出一則發自上海的報導，上海民眾在討論黃河決堤所造成的災情時，均認為只要能阻止日軍前進，任何犧牲在所不惜。該報記者發現，沒有任何一人為黃河決堤所可能帶來的傷亡和損害感到不安。[186] 此項資料顯示，上海民眾均知道決堤行動

係國軍所為，而且此一行動在當時是獲得大多數民意（當然不包括受災區民眾的民意）支持的。

6 月 21 日英國《泰晤士報》（*The Times*）也指出黃河決堤「在中國當前情勢下，乃是不足為怪，並且以任何東方的標準來看，也不會感到可恥」"a gesture typical of China in her present position, and not by any Oriental standards, discreditable"。[187] 不過，蔣介石在他的日記中，對決堤的決策過程隻字未提，似乎顯示蔣介石也認為此一行動並不光采。因此，《泰晤士報》記者所稱「以任何東方的標準來看，也不會感到可恥」，實為一種典型的東方主義式論述（Orientalist discourse）。

五、1943 年突襲延安的軍事行動

1943 年夏季，國共之間爆發了一次嚴重的政治危機，此一危機中共稱「第三次反共高潮」。關於此一課題，晚近雖已有一些研究，[188] 但是大多未注意到侍從室在此次活動中所扮演的角色，以下擬略作補充。

1943 年年初，蔣介石將「共部受制」列為當年軍事工作的預定目標。[189] 2 月，第八戰區司令長官朱紹良向副司令長官胡宗南及該戰區所屬駐寧夏的馬鴻逵、駐青海的馬步芳等軍事將領，下達蔣介石親自審定的〈對陝北奸區作戰計畫〉，指示有關部隊「於現地掩蔽，作工事防禦」，伺機轉取攻勢，「先迅速收復囊形地帶，進而收復陝北地區。胡宗南即按照此項命令動員部隊，準備對陝北進攻。」[190] 朱紹良為了讓胡宗南在陝西能夠靈活指揮，甚至建議蔣介石准予第八戰區增設副司令長官部（在此之前並未有前例），而蔣介石居然也同意即由西安辦公廳改組充實而成，[191] 顯示蔣介石對胡宗南寄望甚深。

5 月 22 日，蘇聯宣布解散共產國際，蔣介石認為此舉使得共產主義精神和信用產生了根本上的動搖，對於中國內部有極大的影響，日後應付中共的方針與計畫應重加研討。[192] 蔣介石因此密電胡宗南，要求胡宗南趁此機會閃擊延安，一舉攻占陝甘寧邊區，限 6 月底完成部署，行動需絕對保密，並對共產國際解散一事，不公開置評。[193] 胡宗南接到蔣介石的命令後，即於 6 月 18 日在洛川召開軍事會議，部署軍事。[194] 1943 年 6 月 25 日，胡宗南決定以第 8、第 165、第 167、第 28、第 78 各師，

於 7 月 10 日攻取囊形地帶。[195] 26 日，與陶峙岳、李崑崗、蔡棨詳細討論收復囊形地帶兵力使用問題。[196]

不過根據 6 月 29 日的唐縱日記，胡宗南預定發動攻擊的日期則為 7 月 28 日：

> 胡副長官〔宗南〕覆委座手啟條機電稱：對邊區作戰，決先收復囊形地帶，對囊形地帶使用兵力，除現任碉堡部隊外，另以三師為攻擊部隊，先奪馬欄鎮，再向北進，閉鎖囊口。預期主攻在宜君、同官間，攻擊開始時間，預定七月勘〔28〕日，並預定一星期完結戰局。[197]

此一來電，獲蔣介石批示，可「切實準備，但須俟有命令，方可開始進攻，否則切勿行動，並應極端祕匿，毋得聲張」。[198]

為了保密起見，此項軍事行動即便是主管作戰的軍令部部長徐永昌和次長劉斐，也未能參與。徐永昌直至 8 月 13 日才從侍一處主任林蔚處得知此一行動，[199] 而劉斐知道的更晚。劉斐對於軍令部及其本人被排斥於此項行動之外，甚為不滿，曾對徐永昌表示：「委員長自恃過甚……觀其上月自囑胡宗南準備進攻延安，即其一證。既乏軍事識見，又不信人。」[200]

此次突襲行動若能保守祕密，成功發動，中共或將措手不及。

6 月 16 日，毛澤東主持中共中央政治局會議時尚說：「對國民黨不採用決裂態度。國民黨內部弱了，沒有力量向我們大量進攻。」[201] 20 日，毛澤東設宴款待鄧寶珊，席間毛澤東甚至表示，胡宗南以重兵包圍陝甘寧邊區，「不過是挑了兩筐雞蛋叫賣而已，我們給他丟兩石塊，就全部砸爛了。」[202]

7 月初，胡宗南調動部隊，進入邊區地境，修築工事，引起了毛澤東的警覺。7 月 3 日，毛澤東、周恩來與林彪，提出胡宗南部 53 師到洛川接替馬祿防務後，已有一部侵入邊區地境，修築工事，似有逐步侵占企圖。請就近向胡宗南提出交涉，退出侵占地區。電文中顯示此時毛澤東對胡宗南部的真正意圖，仍無法完全掌握：「數月以來，迭據西安情報，蔣嚴令胡宗南準備進攻邊區，已巧（6 月 18 日）胡曾到洛川召集軍官會

議，部署軍事，此事請在西安加以探詢，並向胡商談軍事衝突對抗戰團結之利害。」[203] 次日，情況逐漸明朗，戰事確有在數日內爆發的可能。毛澤東大為緊張。立即致電周恩來與林彪：「近日邊區周圍國方部隊紛紛調動增加，準備進攻，有數日內爆發戰爭可能，內戰危機，空前嚴重。請向胡交涉，一切問題均可於你們回延時討論解決。」[204] 又急電董必武，指出蔣介石調集大軍包圍陝甘寧邊區，戰事有在數日內爆發的可能，形勢極度緊張。請立即將上述情形向外傳播，發動制止內戰運動，特別通知英、美有關人員，同時找張治中、劉斐交涉制止，愈快愈好。[205] 朱德奉命後，於 4 日致電胡宗南，6 日致電蔣介石、何應欽等，抗議胡宗南部進犯陝甘寧邊區的挑釁行為，要求制止內戰，呼籲團結。[206]

7 月 5 日，侍二處主任陳布雷審閱新聞檢查所送呈〈中共中央為抗戰六週年紀念宣言〉文稿，發現其措詞荒謬，公然與國策相違背，且宣稱其敵後作戰牽制敵軍半數以上，讀後甚感痛憤。[207] 是日，國府即查禁此文，夜間並派軍隊包圍報館。次日，駐渝外國記者即紛紛質問中宣部長張道藩，美、英、蘇各國大使也向國府施壓，警告其如發動內戰，即停止援助。[208]

7 月 7 日，毛澤東主持中共中央政治局會議，商討如何對付國民黨發動的反共宣傳與準備進攻陝甘寧邊區問題。會議決議：

1. 在擁護國民黨政府和蔣介石的原則下，集中力量痛斥國民黨反共分子的反對政策與挑起內戰，破壞抗日團結的「第五縱隊」的行為。立即公布朱德總司令致蔣介石、胡宗南的電報。延安各機關、學校、部隊，應配合學習「七七」宣言，舉行熱烈的討論。

2. 7 月 9 日召開延安各界群眾大會，紀念抗戰六週年。在群眾大會上表示堅持抗戰，反對內戰，並用大會名義發表通電。

3. 進行軍事上的作戰準備，但後方機關不到必要時不要移動。

同日，毛澤東致電周恩來、林彪，請二人努力在西安設法轉圜，力求避免戰事。[209] 次日，毛澤東為中共中央書記處起草致各中央局、中央分局電，指出中共中央決定發動宣傳反擊，同時準備軍事力量粉碎其可能的進攻。各地應響應延安的宣傳，在七日內先後動員當地輿論，並召集民眾會議，通過要求國民政府制止內戰，懲辦挑撥內戰分子的通電。[210]

而對中共強勁的宣傳攻勢，蔣介石只得將空襲延安的行動暫緩。7月9日，蔣介石以電話通知胡宗南：「對陝北暫不動作。」[211] 11日胡宗南在西安與周恩來、林彪談話時，並建議中共將其軍校交諸黃埔學生，以建立互信。[212] 7月22日，中央舉行黨政軍聯席會議，討論對中共的宣傳方針。侍二處主任陳布雷轉達蔣介石指示，對外發言時「不必說決不致有內戰」。[213] 顯示蔣介石此時並未放棄攻擊延安。24日蔣介石更在日記中指出動武的不可避免：「共匪既非仁義所能感化，則除武力之外，再無其他方法可循，如此只待其時而已；但時間未到，惟有十分隱忍。」[214]

8月6日，莫斯科出版的《戰爭與工人階級》（*War and the Working Class*）刊出〈中國內部發生嚴重問題〉一文，對國民政府的反共政策提出強烈的批評，認為國府內部有若干人不積極對日作戰，以要求解散共黨、共軍等方式煽動內部糾紛，可能導致內戰發生。[215]

此文出版的涵義，實非比尋常。自1941年6月德蘇戰爭爆發後，蘇俄媒體對於中國的報導，大致侷限於對日作戰的報導，和紀念中國歷史事件的文章。這些文章幾乎均讚揚中國的抗日，並表現出對中國人的友善，而避免對中共的報導或是對國民黨的負面評論。[216] 至1943年，由於蘇聯接連於 Stalingrad 和 Kursk 獲勝，乃再度開始對遠東事務發生興趣，加上此時中蘇關係緊繃，促使蘇聯開始對重慶逐漸施加壓力。8月6日刊出的〈中國內部發生嚴重問題〉一文，乃是蘇聯媒體自德蘇戰爭爆發後首度對重慶國民政府的批判。此文刊出後，蘇聯媒體對國府批評的言論開始增加。不過蘇聯的媒體攻勢，與其說是與國共關係有關，不如說是與戰後的中蘇關係有關。莫斯科確實不願國共關係惡化，並且希望中國能繼續對日作戰。[217] 蔣介石則認為蘇聯此波媒體攻勢的目的，在於破壞美國對他的支持。

8月8日，美軍駐歐總司令部派員將美參謀總長馬歇爾致正在倫敦訪問的外交部長宋子文急電，面遞給他。內稱：「中國政府與共黨摩擦日烈，據最近消息，雖未確實證明，但顯示已限共黨於8月15日以前歸順國民政府，否則採取對付辦法。查現值我同盟國正應全力應付日本之時，如所報屬實，誠可焦慮，能否即設法避免此類情事。」[218] 宋子文不

明究竟，將原電轉呈蔣介石，並研判來電雖係馬歇爾出面，當得羅斯福本人授意，至於是否係由蘇聯密告，一時尚無從查悉。[219] 11 日蔣介石接電後，十分驚異。他認為俄國的陰謀和宣傳已深中美國當局。因此他要陳布雷詳覆馬歇爾以釋其疑，並消其毒。[220] 是日，陳布雷日記有以下的記載：「到官邸時，委座……以宋部長庚（8）日來電相示，乃美參謀長以聞國府有武力制裁共黨之消息，而電英相詢也。委座口授要旨，命即擬覆電稿，記之而歸。念中共，無中生有，播造謠言，結果乃使盟邦出而相詢，不勝慨憤之至。開始寫覆電，幾不能下筆。」[221]

蘇、美兩國對於國共關係的介入，非但未能影響蔣介石的計畫，反而強化了他的決心。8 月 13 日，蔣介石甚至在日記中表示對中共的制裁，「非在歐戰未了之前解決，則後患更大也。」[222] 次日，蔣介石作出兩項決定：

1. 對羅斯福總統說明，如中共猖獗，則抗戰失敗，中國與亞洲皆淪為赤化，太平洋即無和平之日。應使其知中共的陰謀及其背景。總之，有中共即無中國。

2. 中共破壞抗戰的罪狀應在國民參政會宣布，並由參政會判決，警告其速歸中央，以完成統一。[223]

8 月 17 日，蔣介石開始研究陝北地形與剿共計畫。[224] 他要侍一處主任林蔚呈報陝甘寧綏邊區的兵要地志、地圖，以及各據點之間的距離里程，並要求嚴守祕密。又手諭航空委員會主任周至柔，令派員勘定綏西伊克昭盟與榆林附近臨時機場的地點，準備開始興築，並期能至遲於半個月內完成。[225] 侍六組組長唐縱在接到林蔚所轉下蔣介石的手令後，即判斷蔣介石將對中共用兵。[226]

8 月 19 日，蔣介石命侍二處主任陳布雷準備對國民參政會關於中共問題的報告，並指示此報告以政治部名義提出亦可。陳布雷將蔣介石面諭要點略加研究後，發現收集資料和協助撰寫的人不易找到，乃約侍六組組長唐縱共商。[227] 唐縱對於中共問題，提出三點建議：(1) 政治攻勢；(2) 經濟封鎖；(3) 軍事準備。使中共在兩條路中做一選擇：一是統一於中央政府，一是決於武力的高下。具體的作法則為正式派員向延安提出：(1) 請中共要員參加中央工作；(2) 邊區行政遵守中央法令；(3) 十八集團

軍整編六師，軍令、軍政統一中央。使國內外各界明瞭本黨的寬大公正，不將一切責任歸於本黨，而應由中共負責。陳布雷對於唐縱的建議甚為贊同，並出示外交部長宋子文轉達馬歇爾關心國共問題，不希望發生國共內戰的電文。[228]

21 日，侍一處主任林蔚召見唐縱，商討邊區兵要地志事。雙方攤開共軍態勢圖，研究共軍動向。唐縱以為共軍將北守而南攻，如共軍衝至咸陽，截斷陝甘公路，占領隴山、六磐山，其將奈何。林蔚聽了，頗以為然。唐又建議在政治上緩和局勢，林蔚也同意。大方向既告確定，唐縱於是開始草擬〈對共產黨問題之研究〉計畫。

8 月 25 日，蔣介石研究如何因應國際與中共問題，獲得具體結論約 2,400 字，蔣介石自稱「此革命過程中希有之大事也」。[229]有關中共部分，要點如下：

（一）中共問題並無根本消滅的方法，但不能沒有解決的方案。如始終要用十個軍以上的兵力防制陝北共區，則不如先搗毀其延安巢穴，使之變為流寇無法立足之地為上策。肅清陝北共區後，可抽出十個軍的兵力，在後方各地，一而防範，一而搜剿，較為得計，以期各個擊破，分別肅清，乃為對中共唯一的計畫。

（二）對中共的步驟：

1. 宣傳重於軍事。當先以堅實的態度宣布中共在抗戰期間的罪行，以澄清國際視聽，務使國內外人士均能瞭解中央不得已剿共的苦心。

2. 對共軍的步驟。第一步應注重其內部的動搖與分化，故應先散布傳單，說明中央對中共一貫政策，只要其服從命令，放棄割據，即可承認其軍隊與地位，使之內部分化，增強其歸順中央的心理，然後再用軍事壓迫，期收事半功倍之效。

3. 對共軍的軍事行動。在此三個月內，為積極準備時期。於此時期內，非不得已，不加實剿，乃以威脅與壓迫的態度，造成其內部的恐怖狀態。必須以宣傳與政治手段為主，而以軍事力量為輔。

4. 時間的注重。

   (1) 日俄關係。即其和戰未決之前，中共必不敢對榆林進攻及對

中央決裂，故此時中央可明白準備軍事，無所顧忌。

(2) 德俄戰爭未決以前，俄國也不願指使中共對國府進攻，故此時實為我方有利時機，而且英、美對俄態度正在轉變，英、美也不致於中俄共宣傳之毒，而當同情於我方。總之，中共根據地延安，必須於德俄戰爭未結束之前與日俄未確切妥協之時，更須於我方對日總反攻之前肅清為要，過此則無此良機。有中共即無中國，有中國即無中共，其理固甚明。[230]

8月31日，蔣介石召見侍一處主任林蔚，指示對中共軍事行動要旨。[231]

9月1日，蔣介石在一次會議中指示軍令部長徐永昌，令其準備進攻延安邊區中共。[232] 至此時徐永昌才首度知道此項任務。徐永昌認為此項行動發動的時間尚可商榷。他指出胡宗南的突襲延安，將造成關中地區兵力空虛，日軍必會乘機騷擾關中，而中共也必然會向甘肅轉移，不僅擾亂整個中國戰時態勢，英、美也或許會因不滿而停頓其對國府的援助，因此他建議發動時間應延至日軍不能大舉進攻時較妥。[233] 9月5日，蔣介石召見來渝參加國民黨五屆十一中全會的胡宗南，問對延安作戰意見。胡宗南答以主力由宜川、洛川間，直取膚施，以一部攻取三邊，然後包圍而殲滅。蔣介石認為現時進攻，不甚相宜，因其有備也。[234] 顯示此時蔣介石已採納徐永昌的建議，修改其對中共的方略。

9月6日，國民黨五屆十一全會開幕。蔣介石仍約陳布雷往談，命重擬對中共問題決議案並補充指示。[235] 9月8日，蔣介石為了草擬對中共宣傳要旨，自己整理出對中共不用武力討伐，而改採法紀制裁的幾項理由：

1. 中共幹部之間及其上下已離心離德，只要我持之以久，中共必不得我攻而自潰，若我討伐反促其團結；

2. 對中共用兵，無異殺雞而用牛刀，若持久不能解決，徒長其焰，而與日軍以復活之機；

3. 今日中共腐化專制，驕侈偷安，已不如江西時代的中共可比，絕無再擾竄的勇氣，故封鎖共區，使之自縛陽乾為唯一方略；

4. 中共的強項在宣傳，在希望美國干涉，此為最應注意之處。[236]

上列的對中共宣傳要旨，顯示蔣介石改變對中共方略的主要原因在於避免日軍乘虛而入和避免美國介入。另一方面，也顯示出蔣介石低估了中共在戰時的發展，而認為無法和江西時代相比。

　　9日，蔣介石致電宋子文，表示對中共不得不用紀律處治，以明功罪，而整紀綱，但決不以武力討伐，以免其藉口於中國內亂，而達成其訴諸國際的陰謀。蔣介石並指示宋子文將此項決議轉覆美方。[237] 不過同日中午，侍一處主任林蔚約集第八戰區司令長官朱紹良、副司令長官胡宗南、寧夏省政府主席馬鴻逵、綏遠省政府主席傅作義，以及西北來的各將領，研討對中共軍事行動計畫。[238]

　　各項資料顯示此項軍事行動，係侍一處主辦，侍二處僅為協辦性質，由侍六組負責兵要地志資料的蒐整與繪圖，但是計畫的草擬，唐縱並未參加，林蔚也未要唐參加意見。雖然如此，唐縱仍自行研究對中共的整個態度。他不同意侍一處所擬的軍事解決方案，認為從軍事上無法徹底解決中共問題，而應從政治上著眼，由自我強化做起。[239]

　　9日晚間，蔣介石於官邸召集黨政軍領袖，商討由唐縱所草擬的十一中全會對中共問題決議案文字。草案的內容，主要為揭露中共的種種罪行，宣布取消第十八集團軍番號，並以封鎖方式防範共黨的叛亂。會中，王世杰的發言最多。[240] 他不贊成草案的內容，理由有二：(1) 此一文告的發布，必然會造成內戰即將發生的印象；(2) 國際局勢正在激劇變化中，英、美、蘇關係乃至中、英、美、蘇關係在二、三個月內將明朗化，國民黨與國民政府如於此時造成一種上述現象，將對國府地位及盟邦均不利。行政院副院長孔祥熙指出決議案文字已呈現出必打之勢，英、美恐以中國內戰為由，停止援助。會議最後採用一折衷方案——仍發表此一譴責中共的決議，不過將草案中取消共軍番號及封鎖共黨一段刪去。對於此項折衷方案，最後僅有徐永昌和王世杰二人未贊同。[241]

　　10日，徐永昌對決議文向蔣介石提出建議，「此時中共如竄甘寧，敵人尚有乘亂窺我關中的可能，所以決議文以輕緩為佳」。[242] 徐永昌的建議對蔣介石似乎產生了一定的影響。11日上午蔣介石召侍二處主任陳布雷往談話，對全會關於中共問題的應付，作明確的指示。蔣介石以為盱衡世局，應使緬甸反攻以前，國際盟邦對中國的視聽無所淆惑。陳布雷聞此

指示後，自覺「日來所憂慮不解者，渙然冰釋」。[243] 中午，陳布雷並前往全會會場，和戴季陶、孫科、何應欽、吳鐵城等大老溝通，傳達蔣介石上午所作指示。不料戴季陶、孫科二人仍堅持發表決議案，陳布雷雖再三溝通，仍不得要領，只得折回向蔣介石報告。晚間，蔣介石又緊急於官邸召開談話會，會議的規模較9日更大，共有五院院長及黨國元老、高級將領近30人出席。蔣介石再度說明其對中共決議案的立場。[244] 侍六組組長唐縱主張報告可盡情提出，但是決議案不宜嚴詞厲色，因為中央的行動，並不受此決議案的拘束。[245] 蔣介石當夜曾於日記中記載：「無論勝與不勝，而一經用兵進剿，則彼之目的達成。故對匪決策仍取守勢，圍而不剿，必須用側面與非正式方法以制之，萬不宜公開或正面的方式應付也。」[246]

12日，蔣介石於官邸召開例行的軍事會報，檢討對中共決議文與發表方式。會中張治中主張對中共問題仍實有明確立場發表，不可一字不提，不過蔣介石仍堅持昨日觀點。徐永昌則提出二點折衷意見：(1) 此次中央如默然無有表示，或不免引起國際間的揣測，而中共方面恐更易多所淆惑；(2) 似宜列舉中共歷次非法自私的事實，責其應履行1937年共赴國難宣言中的四項承諾。[247]

當天蔣介石曾於日記中記載：

> 對共匪處置案考慮研討之結果，決定辦法，先以余個人對全會之指示，一本對內寬容之主旨進行，並認清此案為一政治問題，應用政治方式求得解決，復宣明本黨對共匪之方針，以及對共匪今後之期望，然後全會本此指示制定決議案，正式發表，作為宣傳之要旨。以對共匪之急務乃為對美國之宣傳戰與神經戰為成敗之關鍵，而非軍事強弱之關鍵也，核定對共匪軍事計畫準備案。[248]

顯示蔣介石採納了徐永昌的折衷方案。此案方針先後變動三次，至此時方真正定案。[249]

13日，國民黨第五屆中央委員會第十一次全體會議開幕，除了推選蔣介石任國民政府主席，另外通過了中共破壞抗戰危害國家案件總報告的決議案。首先聽取中央祕書處所作〈中國共產黨破壞抗戰危害國家案件總報告〉，並作討論。蔣介石接著發表談話指出全會對於此案的處理

方針，需認清此為一政治問題，應用政治方式解決，並應宣明中央對中共別無任何其他要求，只望其放棄武力割據及停止其過去在各地襲擊國軍，破壞抗戰的行為，並望其實踐 1937 年共赴國難宣言，履行該宣言中所列舉四項承諾。會議最後順利通過了由侍六組組長唐縱所起草的決議案。[250]

14日，陳布雷在其日記中曾對此次中央全會作了以下的回顧與檢討：

> 此次召開十一次中全會，所欲討論者，除經濟建設、獎勵外資案以外，就預訂者有：(1)修改國府組織法案；(2)選任國府主席案；(3)確定（頒）制憲日期案。在此大會之前，義大利投降，蘇境戰事順利，歐局好轉，而南太平洋之攻勢加強，而抗戰形勢上日趨光明而順利，乃因中國共產黨積數年來牽掣抗戰危害國家之陰謀，至本年七七起，更復揭露其倡亂禍國之面目。在延安誓眾屬兵，欲與內亂；對國外又多方散播謠言，中傷中央，冀以阻撓盟軍會攻緬甸，且妨礙四國會議之召集，故群情憤激，不能不有：(4)中共禍國罪行之報告與決議。……委座對憲法案、國府組織法案，均遲遲核定，至對於中共之報告及決議，亦再三修正。甫經核定，旋又重作。此八日間，除斟酌宣言而外，幾全為此兩事而忙碌，扶病工作，疲勞實不可喻。……季陶屢來長談，耗余時間不少。且其主張常不免與委座相出入，而又不肯直言，卒以委座之截斷，乃有昨日嚴正寬容之決議，今且視中共之反應何如耳？任何國家，當六年苦戰之餘，對內決無如此複雜難理者，亦決無中樞薄弱至此者。[251]

當天夜間，陳布雷與唐縱晤談時也表示，蔣介石於全會討論中共問題決議案前所發表談話，宣示對中共以政治方式解決，而避免武力。此項宣示使中共出乎意料之外，使其在宣傳上撲了一個空，而在國際上爭取極大的同情。[252]

中美聯合參謀會報與中美軍事交流

1944 年 10 月 19 日，美國總統羅斯福應蔣介石之請，下令將中國戰

區參謀長及在華美軍指揮官史迪威召回，並任命魏德邁接替。

　　10月31日，魏德邁率隨員抵達重慶。次日，魏德邁在赫爾利陪同下晉見蔣介石。蔣介石、魏德邁二人自此展開了頻繁的互動。剛開始時，彼此間的印象並不佳。蔣介石認為魏德邁的心態一如其他美國人，總以為中國需要美國的援助，因此對中國人表現出輕視的態度；而魏德邁上任後對蔣介石的印象也不佳。他認為蔣介石在重慶直接指揮前線作戰，經常改變作戰計畫和決策，並且完全不考慮運輸和後勤的重要性。不過，魏德邁工作勤奮，上任後即爭取與蔣介石每日會面，討論中國戰區內各種軍事問題，如指揮系統、作戰、訓練、駝峰運輸、廣西防務、戰區重新劃分，甚至包括建立一支新軍等，每次會談經常超過一小時。他的勇於任事和態度誠懇，贏得了中國人的好評，也改變了蔣介石對他的印象。[253] 就在魏德邁上任的半個月之後，蔣介石在日記中寫下了他對魏德邁的讚美之詞：「此人直諒勤敏，可說毫無城府。與史迪威之奸詐劣性，完全相反也。其辦事緊張積極，我國軍人應效法之。」[254]

　　雖然魏德邁對於中國軍隊缺點的批評，恐較史迪威更為直接而詳盡，不過由於他的態度熱忱，因此蔣介石對其批評也不以為意，而虛心反省。12月9日上午10時，魏德邁偕同赫爾利及宋子文，請見蔣介石。魏德邁出示一份備忘錄，指謫蔣介石調動軍隊不先通知，任意變更命令有礙保衛昆明計畫侍一處主任之執行。魏德邁表達抗議時雖然立場堅定，不過出言謹慎，態度甚佳，且事先請侍一處主任錢大鈞和朱世明、皮宗敢等侍從人員退去，充分考慮到蔣介石的地位。蔣介石對於魏德邁的抗議各點，則一一予以回答，說明其理由及誤會各點，魏德邁表示理解，雙方並約定加強溝通辦法，以減少誤會。[255] 至於加強雙方溝通的方法，蔣介石原提議立即設置「聯合參謀部」（combined staff），由中美雙方的參謀整合而成，不過魏德邁反對，因為他當前缺乏人手。因此，蔣介石又提議由陳誠、劉斐、俞大維、錢大鈞加入，與魏德邁及其助手共同組成一中美參謀會報（Chinese-American Staff Conference, 簡稱中美會報），以解決協調不足的問題。蔣介石主張任何問題應先在會報中作出初步決定，再呈其核示。此一提議獲魏德邁同意。[256]

　　同日中午，蔣介石召開官邸會議，決定中美會報每週一、三、五舉

行，要錢大鈞、陳誠、劉斐、端木傑等出席，俾可先商討一切，再行請示，以免遲援或變更。[257] 當天魏德邁曾對一位美國蒙他納州（Montana）的代表表示，他正面臨與中國人打交道的問題。魏德邁已理解到他在工作上應同時扮演軍人和政客兩種角色。[258]

關於中美會報的實際內容，晚近學者的著作多半語焉不詳。[259] 本文根據錢大鈞的日記及其他史料，將此段史實予以重現。

12 月 11 日，中美會報於美軍總部召開首次會議，會報室陳設極為簡單，人員到齊後，由魏德邁宣布開會，先詢狀況，由軍令部第二廳廳長鄭介民一一作答，接著詢問軍隊部署，最後則討論後勤補給事項。錢大鈞因陳誠與蔣介石談話，故先告退。是日，美方對錢大鈞出席會報深表滿意；錢大鈞也曾於日記中記下其對首次會報之感想：「對美一切，如說真話，確實做到，彼必滿意」。[260] 12 月 13 日，中美會報舉行第二次會議。錢大鈞於會中指出，中美會報業已加強，其與軍令部次長劉斐、後勤副部長端木傑等均已出席，大體事務，均可解決，因此凡魏德邁參謀長向蔣介石委員長所提出的備忘錄，最好先交本會報討論，然後呈請蔣介石核示，可減少不少手續。是日下午，魏德邁等與蔣介石談話時，即曾提出上午日後瑣碎事可不再向蔣介石提出的共識。錢大鈞對魏德邁的表現頗為滿意，認為其十分容易溝通。[261]

中美會報所要討論的首要課題為國軍部隊的整編。魏德邁上任時中國共有三百五十個師，每個師依編裝表應有約 10,000 人，中美聯合參謀部瞭解到不論是美國或中國，均無法維持如此龐大的軍隊，因此雙方達成協議，僅集中訓練並裝備八十九個師。魏德邁告訴蔣介石，這八十九個師在經過良好的訓練後，在逐漸強化的空中優勢配合下，應可擊退日軍。[262] 魏德邁隨後又從美國調來一批高素質的參謀人員，成立了他自己的作戰計畫處（War Planning Division）。此一單位所草擬好的各種作戰計畫，每次提報至中美聯合會報，幾乎均照原案通過，中美雙方溝通順利，至 1945 年 8 月日本宣布投降時，中美雙方正準備執行其收復廣州及香港的計畫。[263]

參謀長所扮演的角色，乃是視主管而定。由於魏德邁和蔣介石的關係日佳，獲得蔣介石的信任，後來甚至連一些軍事以外的內政事務，如

日光節約時間的實施、交通規則的變更（由靠左行改為靠右行）、對漢奸的處理、對上海外人財產的處理等，均提出建議供蔣介石參考。[264] 他甚至主動提供當時尚為絕對機密的原子彈資料。

1945 年 7 月，美國在新墨西哥（New Mexico）試爆原子彈成功。不久，軍政部次長兼兵工署長俞大維即在中美會報上看到相關的極機密油印文件——《士邁士報告》（*Smyth Report*）。他只看了大概，尚不及詳閱，美方即將文件收回。魏德邁並問俞大維：「你們要不要派人到美國學造原子彈？」[265]

《士邁士報告》為美國普林斯頓大學物理系教授士邁士（Henry DeWolf Smyth）所撰，全名為《原子彈的軍事應用發展報告》（*A General Account of the Development of Methods of Using Atomic Energy for Military Purposes*），全書記載二次大戰期間盟軍發展原子彈的經過。完成後曾由五角大廈自行印刷 1,000 部密存於華盛頓的戰爭部（Department of War）。1945 年 8 月 6 日美軍於廣島投擲第一枚原子彈，三天之後美國總統杜魯門（Harry S. Truman）在白宮的一次會議中同意將此報告立即向社會大眾公開。[266] 此書由普林斯頓大學出版社正式出版後立即造成轟動，進入《紐約時報》暢銷書排行榜達五週之久，並曾被譯成四十餘種文字。[267] 當時中國遠征軍所需要的輕武器，大多為兵工署所供應，兵工署也長期遴派兵工科技人員赴美國馬利蘭州亞伯丁的陸軍兵工訓練中心（U. S. Army Ordnance Training Center at Aberdeen, Maryland）受訓，因此俞大維和魏德邁經常有業務上的來往，加以兩人均有留德背景，於是逐漸成為好友，俞大維因此才得以拿到尚未正式出版的《士邁士報告》。

日本投降後，俞大維首先找了他的妹婿曾昭掄（西南聯大化學系教授，曾任中國化學會會長）商議此事。曾不僅同意赴美學習原子彈有關的科技，並且推薦了西南聯大的物理系教授吳大猷和數學系教授華羅庚參與此事。[268] 軍政部長陳誠和俞大維，乃在曾昭掄的建議下，邀請吳大猷和華羅庚為軍政部規劃一有助於國防的科學研究機構。

吳大猷經過數日長考，認為國防高級科技絕非一蹴可幾，只能由培育人才來著手。於是草擬一建議書，建議成立一研究機構，培植各項基本工作人才。初步可派物理、數學、化學人員出國，考察近年科學發展

情況，擬一具體建議，籌建一研究機構，並及時選送優秀青年數人出國，學習物理、數學等基本科學。此項建議雖是基本做法，但緩不濟急，因此頗使陳誠失望。後陳誠、俞大維 2 人決採此議，向西南聯大借聘吳大猷、曾昭掄、華羅庚 3 人，遴選並率領物理、化學、數學優秀青年學生數人出國研習，以兩年為期。[269] 計畫獲通過後，隨即開始推舉優秀青年出國。物理學方面，吳大猷推薦了李政道和朱光亞；數學方面，華羅庚推選了孫本旺和徐賢修（業已在美）；化學方面曾昭掄推選了王瑞駪和唐敖慶。人選決定後，吳大猷一方面立即開始為他們加速講授近代物理，一方面將《士邁士報告》一書分作五份，由李政道等 5 位年輕學人譯為中文，再由吳大猷總其成校閱修訂，最後將譯稿送呈軍政部，不料譯稿未及出版，即為該部所遺失。[270]

　　1946 年，吳大猷、曾昭掄、華羅庚和 5 位青年學者，陸續赴美研究原子能及火箭，所需經費係由兵工署墊撥。[271] 吳大猷等人抵美後發現，美方對原子彈保密甚嚴，考察之事暫難進行，乃分赴各大學或研究機構任教或攻讀博士學位。在美考察期間，吳大猷、曾昭掄和華羅庚 3 人，曾合寫過兩次報告給俞大維，說明在美學習情形與原子能研究的最新進展。他們在報告中並估計，中國若使用加速器，其費用約為 100 萬美元。獲兵工署覆函，因經費困難暫不考慮。

　　此項計畫最後雖遭放棄，但是卻培育了一批傑出的科技人才，在日後海峽兩岸的科技發展過程中，扮演極其重要的角色。詳下表：

表：1946 年國府派赴美國研究國防高科技人才一覽表

姓名	簡歷
吳大猷	中央研究院院士、加拿大國家研究院（National Research Council of Canada）理論物理組組長、加拿大皇家學會會員、美國普林斯頓高等研究院研究員、中華教育文化基金會董事長、美國紐約州立大學水牛城校區物理系主任、中央研究院物理研究所所長，國家安全會議科學發展指導委員會主任委員、行政院國家科學委員會主任委員、教育部教育委員會主任委員、中央研究院院長、總統府資政。
曾昭掄	中央研究院院士、中共中央人民政府教育部副部長兼高教司司長、高等教育部副部長兼中國科學技術協會副主席、中國科學院化學研究所所長、中國科學院學部委員。

華羅庚	中央研究院院士、中國科學院數學所所長、中國科技大學副校長兼數學系主任。
李政道	美國哥倫比亞大學教授、諾貝爾獎（物理學）得主、中央研究院院士、美國國家科學院院士、中國高等科學技術中心主任、北京大學高能物理研究中心主任。
朱光亞	中國人民大學教授、中國科學院學部委員、中國工程院院長、中國科協主席、全國政協副主席。
孫本旺	武漢大學教授、軍事工程學院教授、國防科技大學系統工程系主任、數學系主任、副校長。
徐賢修	清華大學教授兼數學系主任、清華大學校長、行政院國家科學委員會主任委員、工業技術研究院董事長。
王端騏	美國耶魯大學化學系教授、中央研究院院士、美國藝術與科學院院士、紐約州立大學水牛城分校教授。
唐敖慶	北京大學化學系教授、吉林大學校長、國家自然科學基金委員會主任、國家自然科學獎勵委員會主任、中國科學院學部委員、國際量子分子科學研究院院士。

資料來源：劉國銘編，《中國國民黨百年人物全書》（北京：團結出版社，2005）；徐友春編，《民國人物大辭典》（石家莊：河北人民出版社，2002）。

蔣介石對於中美會報的運作，十分滿意。他甚至於 2 月 14 日，親自出席一次中美會報。錢大鈞曾於當天日記中對會議經過有以下詳細的記載：

上午 10 時，隨委座赴美軍總部。先至魏德邁將軍辦公室，魏介紹參加三巨頭會議歸來之幕僚七人，介紹後即赴地圖室，開始作計畫之報告。據報共有六個計畫，今日所報告者為第一個計畫。在地圖室內，如學生上課然。參加者就坐，然後由兩人說明，一人為陸軍人員，一人為空軍人員。先述敘論，次按各個時期，陸軍如何使用，空軍如何使用，需若干兵力等一一說明，最後則說明結論。結論分優點、劣點，我方參加者，祇 委座辭修與余而已。余以不諳紀錄，故祇記大略，修正呈送委座。下午五時魏德邁與新到人員於官邸再見，未述有關要事，惟去後我等決定對其計畫提出三點：1. 兵力太小，2. 時期太早，3. 運輸工具不足。[272]

幾天之後，蔣介石乘魏德邁返美之便，託其攜函致候美總統羅斯福，並對魏德邁奉派來華後協助中國軍事所作貢獻，表示慰感。[273]

中美會報的另一項成果，為戰時運輸管理局的設立。現代戰時運輸，乃一個整體，不宜分割。縱的方面，包括國際路線、後方幹線、兵站管區、作戰境地。橫的方面，則有公路、鐵路、水路、驛運、空運，以須通盤籌劃，統一調度，然後命令方能貫徹，指揮方能靈活。不過抗戰時期的運輸機構，擔負軍運重任，卻經常有貽誤戎機之虞，雖經多次改革，仍無成效，其原因在於統一管理之作，未能徹底執行。

1944 年 10 月，史迪威即曾以備忘錄方式建議蔣介石統一運輸機構。蔣介石將此案批交軍政、交通、後勤部各部及運輸會議，擬訂具體辦法。經各部會商議後，提出整頓軍運三案：(1) 西南進口物資督運委員會改為軍事委員會督運委員會；(2) 設軍事委員會戰時運輸管理局；(3) 設軍事委員會中印緬軍運總局。

11 月 8 日，蔣介石批示照第二案辦理，並著擬具〈軍事委員會戰時運輸管理局組織條例〉及工作計畫要點，復奉批交軍政部長陳誠、交通部長曾養甫、兵役部長鹿鍾麟、農林部長盛世才、副參謀總長程潛、後方勤務部副部長端木傑、軍政部次長錢大鈞、軍令部次長熊斌及龔學遂等詳細研究。不料部分機構對此案持不同看法，旋復開會研討，擬訂變通辦法：(1) 不設戰時運輸管理局；(2) 交通司由後方勤務部撥還軍政部；(3) 公路總局仍隸屬交通部，而交通部在戰時應受軍委會指揮；(4) 交通司及公路總局，在戰時均受後勤部指揮；(5) 指定交通部負責向美軍接洽。[274]

美方立場為中國運輸管理紊亂，支持設立戰時運輸管理局，見該局遲遲無法成立，乃於 12 月 15 日上午中美會報時表示深感遺憾。下午美軍副參謀長麥格魯（Robert B. McClure）與侍從室主任錢大鈞談話時，又提詢此案。錢大鈞認為美方任何軍運，均為十萬火急，而中方則經常轉轉折折，不能解決。要想補給無阻，該局應隸屬於後勤部，方能使運輸與補給聯成一氣，局長一職似以新任交通部長俞飛鵬兼任，或逕以龔學遂充任為妥。[275] 錢大鈞向蔣介石建議，獲蔣介石批示：戰時運輸管理局仍需成立，並派新任交通部長俞飛鵬兼局長，調龔學遂及美軍副參謀長麥格魯為副局長。並通令各部會，所有公路運輸機構，一律移隸該局，

裁撤驛運總管理處，其業務由該局接辦，例如水運、空運、鐵道及各省公路運輸，統受該局指揮監督，於 1945 年元月成立。[276]

根據現有的史料顯示，中美會談所討論的內容，大多為魏德邁向蔣介石所提出的備忘錄，不過也有少數提案係由中方所提出。例如國軍首支傘兵部隊——陸軍傘兵第一團，係在美軍第十四航空隊司令陳納德建議下，於 1944 年元月在雲南昆明市近郊成立，體制上直屬於軍政部。但因人事補給、訓練等均由第五集團軍（總司令杜聿明）掌理，故實質上為第五集團軍的直屬部隊。

傘兵團成立後，由於美方遲遲未提供裝備，致使跳傘訓練無法展開。軍政部長陳誠乃於 1945 年元月呈請蔣介石，將該團裁撤，撥補他部。獲蔣介石同意，並於中美會報中提出。不料魏德邁以突擊隊訓練科目中有跳傘一項，故可暫緩裁撤。[277] 1945 年 4 月，德國戰敗投降，美軍東移，開始配合國軍反攻計畫作各種部署，經過測試後，正式裝備訓練國軍傘兵部隊。

魏德邁的工作表現，不僅蔣介石十分滿意，當時在華的美國政界人士也都稱讚有加。例如 5 月 21 日美國駐華大使赫爾利（Patrick J. Hurley）在呈交總統杜魯門的報告中即列舉魏德邁的各項優點包括決定正確、知人專任、執行計畫迅速有效、精準運用中、美兩國資源，阻止日軍繼續向昆明和重慶進攻。赫爾利並且稱讚魏德邁能和蔣介石精誠合作，改善兩國參謀人員的工作關係。魏德邁對中國軍隊整編、訓練計畫，全部獲得蔣介石的同意實施，而且成效顯著。[278] 四天之後，美國外交官員莊萊德（Everett F. Drumright）和蔣介石私人顧問 Dr. Frank Price 晤談。次日，莊萊德將兩人談話重點呈報美國國務院，報告中對於魏德邁的工作表現，也有以下正面的評價：

> 魏德邁將軍除了擁有了不起的軍事能力，也取得了蔣委員長和陳誠將軍的充分信任和喜歡（liking），結果美國和中國軍方高層，目前取得了充分的合作。……其具體成果即為中國軍隊的整編成功，形成了一支打擊部隊，可供未來對在華日軍等發動攻擊行動之用。……[279]

與史迪威在華期間的工作表現相較，魏德邁在華期間中美雙方之所以能夠取得充分的軍事合作，固然是由於魏德邁個人的溝通能力和執行能力所致，而兩國參謀人員工作關係的改善，則應與中美會報機制的建立有密切的關係。

結論

　　綜前所述，可以得到以下幾點結論：

　　第一，在作戰決策上，侍從室審閱各方面呈送給蔣介石的電文，並對蔣介石提出建議。蔣介石在決策過程中，除了參考侍從室的建議，另外透過官邸會報、軍令部作戰會報等機制，聽取幕僚所作戰況報告及建議。由於蔣介石的個性剛毅、作風強勢，自然造成軍令機構（如第一部和後來的軍令部）的弱化。蔣介石每多透過侍從室直接指揮作戰，而軍令系統卻一無所知，加上蔣介石又經常越級指揮，使得中央作戰部門和前線嚴重脫節，怨聲載道。蔣介石在制定軍事決策時，最為倚重的國軍將領，各時期有所不同。侍從室成立後，侍一處主任即成為蔣介石制定軍事決策過程中的要角之一。不過戰前及抗戰期間，對蔣介石制定軍事決策影響最大的將領，應為陳誠。值得注意的是，陳誠雖然由於受到蔣介石的寵信，因而作風強勢，連何應欽、白崇禧等人也不太放在眼裡，不過他在侍從室主管面前則是謹守分寸，不敢造次。

　　第二，戰前國軍重要人事案件，均由侍從室負責審核並簽註意見後，呈請蔣介石核定。侍從室在審核一般人事案件並簽註意見時，大多重視各人的功績、資歷與能力，而不重視個人的出身。張治中在擔任侍一處主任期間，認為凡團長以上、特種兵營長以上的任命，如均要蔣介石的核准方可正式任命，蔣介石在時間上和精力上將不勝其煩，乃與何應欽商量，凡由軍委會銓敘廳所呈報的人事案，僅將少將以上的任免呈蔣介石親批，其餘均由張治中簽名，批上「奉諭照准」即可，此舉使得蔣介石的負擔得以減輕。侍從室除了負責審核國軍重要人事任命，在平日尚需要定期與各部隊高級將領聯繫，瞭解各部隊的兵力、經費、訓練情形，及其所遭遇的各項困難，對於軍中一些重要的獎懲案件，也常是承辦的

幕僚單位，需要負責草擬獎懲建議。1940年桂南會戰結束後，侍從室甚至積極建議撤銷桂林、天水二行營，獲蔣介石採行。

侍從室除了在國軍人事案件的核定過程中，扮有重要角色，在武器裝備的補充上，也具有一定的影響力。抗戰期間，何應欽雖為最高統帥部參謀總長兼任軍政部長，但是各部隊武器、彈藥、裝備器材的補充，均須由蔣介石親自核定。各地方部隊由於不願被「中央化」，自然無法取得充分的武器彈藥。至抗戰後期，有些地方部隊因久無補充，乃出現賄賂侍從室和兵站官員，以期獲得武器彈藥的情事。

第三，侍從室由於深獲蔣介石的信任，因此經常負責策畫一些祕密的軍事行動，例如1936年的聯繫余漢謀化解兩廣事變、拏問韓復榘，1938年的策畫空軍出征日本（所謂的「人道飛行」行動）及建議於花園口決堤阻絕日軍，1943年的策畫突擊延安行動。這些祕密軍事行動的成效不一，功過一時也難有定論，不過侍從室在其中所扮演的角色不容忽視，則殆無疑問。1944年起，侍從室負責中美聯合參謀業務，改善了史迪威在華時期中美兩國參謀人員的工作關係，則有助於戰時中美雙方的軍事交流。

1. 黃濤、林偉鑄、張大華，〈第六十二軍參加衡陽戰役的經過〉，收於：《湖南四大會戰——原國民黨將領抗日戰爭親歷記》，頁574-575；侯梅，〈第一五七師參加衡陽戰役紀實〉，收於：前引書，頁590-591。

2. 秋宗鼎，〈蔣介石的侍從室紀實〉，收於全國政協文史資料委員會編，《中華文史資料文庫》，卷8：政治軍事篇（北京：中國文史出版社，1996），頁955。

3. 〈賀耀組等呈蔣中正查侍從室第二組參謀已超過編制定額請示是否改請委段鹿鳴為上校侍從參謀等文電日報表〉（1938年1月20日），《蔣中正總統文物》，典藏號：002-080200-00513-072，原件。

4. 黎天榮，〈我在蔣介石侍從室工作的片段回憶〉，收於全國政協文史資料委員會編，《中華文史資料文庫》，卷8：政治軍事篇，頁958。

5. 蘇聖雄，〈國軍統帥部與抗日作戰：以徐州會戰為中心〉（臺北：國立台灣大學歷史學系博士論文，2016），頁44-48。作戰系統在此種方式運作下，各單位發送的函電，難免會有重複的現象，如軍令部所呈蔣介石函電，經侍從室處理後，即常出現「已摘列」、「過時」、「已見」、「已登錄戰績」等字樣。〈侍從室督戰參謀有關桂南會戰文電〉（1940年2-3月），戰史編纂委員會檔案，中國第二歷史檔案館藏，檔號787／8868。

6. 〈賀耀組戴笠呈蔣中正由於堅壁清野焦土抗戰政策未能貫徹以致資敵利用於籠絡九江市民〉（1938年10月13日），《蔣中正總統文物》，典藏號：002-080200-00285-045，原件。

7. 楊維真，〈1938年長沙大火事件的調查與檢討〉，收於吳淑鳳等編，《不可忽視的戰場：抗戰時期的軍統局》（臺北：國史館，2012），頁69-70。

8. 這些參謀在前線所發文電，呈送對象為蔣介石、軍令部長徐永昌、軍令部第一廳廳長劉斐、第二廳廳長楊宣誠。〈侍從室督戰參謀有關桂南會戰文電〉（1940年2-3月），戰史編纂委員會檔案，中國第二歷史檔案館藏，檔號787／8868。

9. 〈蔣介石致林蔚手諭〉（1939年2月28日），《蔣中正總統文物》，典藏號：002-010300-00020-064，原件。

10. 朱永堃，〈我在侍從室及「總統府」的見聞〉，收於中國人民政治協商會議重慶市委員會文史資料委員會編，《重慶文史資料》，輯40（重慶：西南師範大學出版社，1993年），頁32-33。秋宗鼎，〈蔣介石的侍從室紀實〉，頁933-939。

11. 朱永堃，〈我在侍從室及「總統府」的見聞〉，頁35-36。

12. 戚厚杰、徐志敏選輯，〈德國軍事總顧問法肯豪森演講紀要（上）〉，《民國檔案》，2005年1期，頁38。

13. 蘇聖雄，〈國軍統帥部與抗日作戰：以徐州會戰為中心〉，頁41-42。

14. 沈雲龍、謝文孫訪問，謝文孫紀錄，〈征戰西北：陝西省主席熊斌將軍訪問記錄〉，《口述歷史》，期2（1991年2月），頁45-100。

15. 呂芳上編，《蔣中正先生年譜長編》，冊5（臺北：國史館，2014），頁376-428；林桶法，〈淞滬會戰期間的決策與指揮之問題〉，《國立政治大學歷史學報》，期45（2016年5月），頁179-181。

16. 〈蔣介石致黃紹紘電〉（1937年8月18日），《蔣中正總統文物》，典藏號：002-010300-00003-031，原件；〈蔣介石致黃紹紘電〉（1937年8月19日），《蔣中正總統文物》，典藏號：002-010300-00009-041，原件。

17. 〈蔣介石致黃紹紘電〉（1937年8月22日），《蔣中正總統文物》，典藏號：002-010300-00003-001；〈蔣介石致黃紹紘電〉（1937年8月31日），《蔣中正總統文物》，典藏號：002-010300-00009-066，原件。

18. 黃紹紘，《五十回憶》（杭州：雲風出版社，1945），頁83。

19. 陳存恭，〈現代專業軍人的典範——徐永昌〉，收於中央研究院近代史研究所編，《近代中國歷史人物論文集》（臺北：中央研究院近代史研究所，1993），頁453-457。

20. 趙正楷，《徐永昌傳》（臺北：山西文獻社，1989），頁248-261。

21. 〈國防最高委員會函國民政府通過軍事委員會組織修正案請密令飭遵〉（1940年6月8日），收於周美華編，《國民政府軍政組織史料》，冊1（臺北：國史館，1996），頁84。

22. 邱沈鈞，〈國防部第二廳的前身——軍令部第二廳〉，《文史資料選輯》，輯141，頁70。

23. 許承璽，《帷幄長才許朗軒》（臺北：黎明文化，2007），頁47-49。

24. 王正元著，中國人民政治協商會議江蘇省委員會文史資料委員會編，《為蔣介石接電話12年見聞》（南京：江蘇文史資料編輯部，1991），頁30。

25. 《國民政府軍事委員會委員長桂林行營業務紀要》（出版者不詳，1940），頁192。

26. 高素蘭編，《蔣中正總統檔案：事略稿本》，冊55：民國三十二年十月至十二月（臺北：國史館，2011），頁542-543（1943年12月3日）。

27. 〈軍令部長徐永昌呈蔣中正中戰場策應常德會戰意見〉（1943年12月3日），《蔣中正總統文物》，典藏號：002-010300-00014-077，原件。

28. 張世瑛，〈從常德會戰看國軍統帥部的政略與戰略〉，《中華軍史學會會刊》，期18（2013年8月），頁249-280。

29. 戚厚杰，〈抗戰爆發後南京國民政府國防聯席會議記錄〉，《民國檔案》，1996年1期，頁27-33；劉維開，〈國防會議與國防聯席會議之召開與影響〉，《近代中國》，期163（2005年12月），頁32-52。

30. 〈蔣介石日記〉，1937年10月28日；張發奎，《蔣介石與我——張發奎上將回憶錄》（香港：香港文化藝術出版社，2008），頁248-253。

31. 沈乘龍，《中國現行政治制度》（重慶：正中書局，1943），頁109。

32. 賀國光，《八十自述》（台北：警察畫報，1964），頁 18；〈國民政府軍事委員會委員長行營參謀團組織大綱〉（1934 年 12 月 23 日），《中華民國史檔案資料匯編：軍事》（南京：中國第二歷史檔案館，1999），頁 2。

33. 沈定，〈軍委會參謀團與滇緬抗戰〉，收於杜聿明、宋希濂等著，《遠征印緬抗戰——原國民黨將領抗日戰爭親歷記》（北京：中國文史出版社，1990），頁 154-155。

34. 部分電文全文收於呂芳上主編，《蔣中正先生年譜長編》，冊 6（臺北：國史館，2014），頁 676-694。

35. 例如：〈蔡文治電林蔚轉呈蔣中正報告入緬作戰之英軍兵力分析〉，《蔣中正總統文物》，典藏號：002-090105-00006-058；〈宋希濂電林蔚轉呈蔣中正告以調整作戰部署建議三點〉，《蔣中正總統文物》，典藏號：002-090105-00009-064。

36. 沈定，〈軍委會參謀團與滇緬抗戰〉，頁 155。

37. 錢世澤編，《千鈞重負——錢大鈞將軍民國日記摘要》（臺北：中華出版公司，2015），頁 356，1935 年 9 月 17 日。

38. 沈定，〈軍委會參謀團與滇緬抗戰〉，頁 154；胡羽高，《共匪西竄記》（貴陽：羽高書店，1946），頁 381-382。

39. 沈定，〈軍委會參謀團與滇緬抗戰〉，頁 154。

40. 張治中，《張治中回憶錄》（北京：中國文史出版社，1985），頁 298-300。

41. 士心，〈侍從室生活記往補遺之二〉，《春秋》，期 133（1963 年 1 月），頁 7-8。

42. 李君山，《為政略殉——論抗戰初期京滬地區作戰》（臺北：臺灣大學文學院，1992）。

43. 晏道剛，〈蔣介石追堵長征紅軍的部署及其失敗〉，《文史資料選輯》，期 62（1979），頁 305。

44. 呂芳上主編，《蔣中正先生年譜長編》，冊 4（臺北：國史館，2014），頁 447。

45. 何智霖編，《陳誠先生回憶錄：抗日戰爭》（臺北：國史館，2004），頁 23。

46. 華覺明，〈我對何成濬的回顧〉，《湖北文史資料》，輯 25（1998），頁 15。

47. 蔣介石曾在其 8 月 4 日日記中記載：「軍事能代研究者，辭修（陳誠）也；外交能代謀略者，岳軍（張群）也」。〈蔣介石日記〉，1937 年 8 月 4 日。

48. 陳誠著，林秋敏、葉惠芬、蘇聖雄編輯校訂，《陳誠先生日記》，（臺北市：國史館：中央研究院近代史研究所，2015），頁 150-151，1937 年 8 月 15 日至 17 日。

49. 陳誠著，林秋敏、葉惠芬、蘇聖雄編輯校訂，《陳誠先生日記》，頁 151-152，1937 年 8 月 19 日至 21 日。

50. 何智霖編，《陳誠先生回憶錄：抗日戰爭》，頁 52。

51.〈蔣介石日記〉，1937 年 8 月 31 日。

52. 陳誠著，林秋敏、葉惠芬、蘇聖雄編輯校訂，《陳誠先生日記》，頁 155，1937 年 8

月29日。

53. 顧祝同，《墨三九十自述》（臺北：國防部史政編譯局，1981），頁169-170。

54. 張發奎，《蔣介石與我——張發奎上將回憶錄》，頁7。

55. 賈廷詩等訪問紀錄，郭廷以校閱，《白崇禧先生訪問紀錄》（臺北：中央研究院近代史研究所，1984），頁146-148。

56. 郭廷以，《中華民國史事日誌》，冊3（臺北：中央研究院近代史研究所，1984），頁717。

57. 黃自進、潘光哲編，《蔣中正總統五記：困勉記》，冊下（臺北：國史館，2011），頁574；顧祝同，《墨三九十自述》，頁170。

58. 〈蔣介石日記〉，1937年9月1日；顧祝同，《墨三九十自述》，頁172。

59. 郭廷以，《中華民國史事日誌》，冊3，頁721。李君山，《為政略殉——論抗戰初期京滬地區作戰》，頁48-50。

60. 中國第二歷史檔案館編，《馮玉祥日記》（南京：江蘇古籍出版社，1992年），頁297。

61. 戚厚杰等編，《國民革命軍沿革實錄》（石家莊：河北人民出版社，2011），頁404-405。

62. 陳誠著，林秋敏、葉惠芬、蘇聖雄編輯校訂，《陳誠先生日記》，頁189，1939年1月12日。

63. 〈陳誠的兩個知己長官〉，《中國內幕》，期5（1948年），頁27。手稿註記，無作者與月份

64. 陳誠著，林秋敏、葉惠芬、蘇聖雄編輯校訂，《陳誠先生日記》，頁155，1937年9月1日。

65. 陳誠著，林秋敏、葉惠芬、蘇聖雄編輯校訂，《陳誠先生日記》，頁164，1937年9月27日。

66. 錢世澤編，《千鈞重負——錢大鈞將軍民國日記摘要》，頁34-35，缺日期。淞滬戰役期間，錢大鈞呈蔣介石文電，可參閱：〈軍委會侍從室關於淞滬戰場的情報與部署文電〉（1937年8月），戰史編纂委員會檔案，檔號：787／7457。

67. 錢世澤編，《千鈞重負——錢大鈞將軍民國日記摘要》，頁568，1937年11月27日。

68. 錢世澤編，《千鈞重負——錢大鈞將軍民國日記摘要》，頁789，1943年3月27日。

69. 例如1945年3月陳誠由於不願支付新列於軍費項下的祕密費（包括宣傳與情報等費）且不先報告蔣介石即擅自停付，又對外宣告以辭職相爭，引起蔣介石的暴怒。〈蔣介石日記〉，1945年3月2日。關於蔣介石、陳誠關係，另可參見何智霖，〈抗戰時期蔣中正痛斥陳誠請辭遠征軍司令官書函解析〉，《國史研究通訊》，期3（2012年12月），頁120-123；蘇聖雄，〈陳誠離任遠征軍司令長官之謎——以《陳誠先生日記》

為中心的探討〉，《國史研究通訊》，期 8（2015 年 6 月），頁 191-199；孫宅巍，〈論抗日戰爭時期的陳誠〉，《民國檔案》，2015 年 4 期，頁 125-132。

70. 陳誠，〈函呈請調整陣容一新耳目〉（1942 年 1 月 4 日），收於何智霖編，《陳誠先生書信集——與蔣中正先生往來函電》（臺北：國史館，2007），冊下，頁 521。

71. 陳誠，〈函張治中略陳戰鬥序列及一般生活意見〉（1942 年 4 月 15 日），收於何智霖編，《陳誠先生書信集——與友人書》，冊下，頁 207。陳誠著，林秋敏、葉惠芬、蘇聖雄編輯校訂，《陳誠先生日記》，頁 368，1942 年 4 月 15 日。

72. 陳誠，〈電林蔚對於調整戰鬥序列及整軍意見〉（1942 年 12 月 18 日），收於何智霖編，《陳誠先生書信集——與友人書》，冊上，頁 229。

73. 關於陳誠對戰區及集團軍體制的改革方案，詳見陳默，〈抗戰時期國軍的戰區／集團軍體系研究〉（北京：北京大學博士論文，2012），頁 42-44。

74. 〈蔣介石日記〉，1943 年 2 月 4 日。

75. 〈蔣介石日記〉，1943 年 2 月 4 日。

76. 朱永堃，〈我在侍從室及「總統府」的見聞〉，頁 32-33；秋宗鼎，〈蔣介石的侍從室紀實〉，頁 933-939。

77. 鄧元忠，《國民黨核心組織真相——力行社、復興社暨所謂「藍衣社」的演變與成長》（臺北：聯經，2000），頁 181。

78. 黎天榮，〈我在蔣介石侍從室工作的片段回憶〉，頁 963。

79. 長期擔任參謀總長兼軍政部長的何應欽對此雖然極為不滿，但是也無可奈何。謝伯元，〈我所了解的何應欽〉，《中華文史資料存稿選編·軍政人物（上）》（北京：中國文史出版社，2002 年），頁 798-799。

80. 士心，〈侍從室生活記往補遺之二〉，頁 7。

81. 張瑞德，〈抗戰時期國軍的參謀人員〉，《山河動：抗戰時期國民政府的軍隊戰力》，（北京：社會科學文獻出版社，2015），頁 165-200。

82. 張治中，《張治中回憶錄》，頁 303。

83. 根據一位侍從室參謀的觀察，俞濟時無個人意見，總是投蔣介石所好，且不吃他人部隊，故甚得蔣喜好，而陳誠常替蔣背黑鍋，將一些「雜牌」部隊吃掉，蔣介石在表面上做好人，而由陳做惡人。劉鳳翰訪問，劉海若紀錄，《尹國祥先生訪問記錄》（臺北：中央研究院近代史研究所，1993），頁 54、60。

84. 劉鳳翰訪問，劉海若紀錄，《尹國祥先生訪問記錄》，頁 54-55、60。

85. 〈蔣介石致林蔚手諭〉（1943 年 6 月 15 日），《蔣中正總統文物》，典藏號：002-070200-00018-053，原件。

86. 葉惠芬編，《蔣中正總統檔案：事略稿本》，冊 59：民國三十三年十一月至三十四年二月，頁 339（1944 年 12 月 8 日）。

87. 葉惠芬編，《蔣中正總統檔案：事略稿本》，冊59：民國三十三年十一月至三十四年二月，頁339-340（1944年12月8日）。

88. 葉惠芬編，《蔣中正總統檔案：事略稿本》，冊59：民國三十三年十一月至三十四年二月，頁440-441（1945年1月10日）。

89. 唐縱著，公安部檔案館編注，《在蔣介石身邊八年——侍從室高級幕僚唐縱日記》（北京：群眾出版社，1991），頁114，1940年2月21日。

90. 〈蔣中正訓示高級幹部切實檢討此次桂南作戰失敗原因〉（1940年2月22日），《蔣中正總統文物》，典藏號：002-020300-00012-116，原件。

91. 張治中，《張治中回憶錄》，頁296-297。

92. 「自記上星期反省錄」，〈蔣介石日記〉，1940年2月24日。

93. 〈蔣介石日記〉，1940年2月24日，「自記上星期反省錄」。

94. 〈蔣中正電各戰區司令長官及各將領分別處罰桂南作戰不力高級將領〉（1940年2月27日），《蔣中正總統文物》，典藏號：002-020300-00012-117，原件。

95. 〈蔣介石日記〉，1940年2月29日，「本月反省錄」。

96. 陳誠，〈函呈桂南戰役失敗請乘機樹立建軍建國基礎〉（1940年3月4日），收於《陳誠先生書信集——與蔣中正先生往來函電》，頁430；唐縱著，公安部檔案館編注，《在蔣介石身邊八年——侍從室高級幕僚唐縱日記》，頁115，1940年2月28日；張治中，《張治中回憶錄》，頁297。不過值得注意的是徐庭瑤和葉肇雖被撤職查辦，不過隨即均再獲起用。張瑞德，《抗戰時期的國軍人事》（臺北：中央研究院近代史研究所，1993），頁83-84。

97. 張發奎，《蔣介石與我——張發奎上將回憶錄》，頁281-282。

98. 陳誠著，林秋敏、葉惠芬、蘇聖雄編輯校訂，《陳誠先生日記》，頁326-328，1940年1月11日、15日。

99. 張發奎，《張發奎將軍抗日戰爭回憶記》（香港：蔡國楨，1981），頁33；郝柏村，《郝柏村解讀蔣公八年抗戰日記（1937-1945）》，冊上，頁519。桂林行營的矛盾，尚可參見倪仲濤，〈軍事委員會桂林行營的矛盾〉，《廣西文史資料》，輯30（1990年7月），頁41-48。

100. 陳誠著，林秋敏、葉惠芬、蘇聖雄編輯校訂，《陳誠先生日記》，頁327-328，1940年1月15日。

101. 桂南戰役，國軍高級將領多主張廢止行營。藤井元博著，姚以丹譯，〈重慶國民政府在廣西的強化控制和軍事機構——以桂南會戰為中心〉，《抗戰史料研究》，2015年1期，頁157。

102. 〈蔣介石日記〉，1940年2月26日至3月13日。

103. 〈蔣介石日記〉，1940年3月30日。

104.〈蔣介石日記〉，1940年4月19日；張治中，《張治中回憶錄》，頁207；郝柏村，《郝柏村解讀蔣公八年抗戰日記（1937-1945）》，冊上，頁540。

105.〈蔣中正致程潛電〉（1940年4月21日），《蔣中正總統文物》，典藏號：002-020300-00006-094，原件。〈蔣介石日記〉，1940年4月19日。徐永昌，《徐永昌日記》（臺北：中央研究院近代史研究所，1991），1940年4月19日。〈軍事委員會呈國民政府撤銷天水、桂林兩行營備案〉（1940年4月30日），收於周美華編，《國民政府軍政組織史料》，冊2，頁391-392。

106.「自記上星期反省錄」，〈蔣介石日記〉，1940年4月19日。

107.程思遠，《政壇回憶》。

108.謝伯元，〈我所了解的何應欽〉，頁798-799；何幸之，〈二十餘年來叱咤風雲滄桑多變：黃埔系軍人的今昔觀〉，《合眾新聞》，輯2（1949年2月），頁6。

109.〈薛岳等呈蔣中正請飭軍政部仍照前規每月發給二萬元以維持現狀等文電日報表〉（1938年9月14日），《蔣中正總統文物》，典藏號：002-080200-00502-104，原件。

110.〈蔣中正電何應欽請軍政部頒發葉肇、李漢魂二部經費〉（1938年11月1日），《蔣中正總統文物》，典藏號：002-010300-00018-001，原件；黎天榮，〈我在蔣介石侍從室工作的片段回憶〉，《廣州文史資料選輯》，輯26，頁115。

111.李宗仁，《李宗仁回憶錄》，頁545-546。

112.徐永昌，《徐永昌日記》，1939年11月30日。

113.李宗仁，《李宗仁回憶錄》，頁546。

114.孫艷玲，〈抗日軍餉與國共關係（1937-1941）〉，《中共黨史研究》，2015年1期，頁47-61。

115.宋思一，〈我所了解的何應欽〉，《中華文史資料存稿選編·軍政人物（上）》，頁789-799。

116.根據軍界人士的回憶，蔣介石在核發各部隊的彈械、臨時費時，簽名有簽「中」、「中正」、「蔣中正」，和蓋名章、不蓋名章之分，均為蔣介石與兵工、軍需等機關主管所訂暗號。凡簽正楷「蔣中正」三字和月、日，並蓋有名者，最不算數，主管機關可以拒絕不發，而僅簽「中」或「中正」者，則須遵照指示發給。吳思瀛〈國民黨時期的軍需雜談〉，《文史資料存稿選編》·軍事機構（下）（北京：中國文史出版社），2002年，頁115。

117.李宗仁，《李宗仁回憶錄》，頁545-546。

118.施家順，《兩廣事變之研究》（高雄：復文圖書出版社，1992），頁131-132。；羅卓安，《陳濟棠》（廣州：廣東省地圖出版社，1999）；呂芳上，〈抗戰前的中央與地方以蔣介石先生與廣東陳濟棠關係為例（一九二九─一九三六）〉，《近代中國》，期144（2001年8月），頁170-198。

119. 羅敏，《走向統一：西南與中央關係研究（1931-1936）》（北京：社會科學文獻出版社，2014），頁 206。

120. 〈蔣介石日記〉，1936 年 4 月 3 日。

121. 〈蔣介石日記〉，1936 年 4 月 6 日。

122. 陳布雷，《陳布雷先生從政日記稿樣》（臺北：東南印務出版社，出版年不明），頁 119，1936 年 4 月 5 日。

123. 〈蔣介石日記〉，1936 年 7 月 1 日。

124. 〈蔣中正致蔣鼎文、毛邦初電〉（1936 年 7 月 2 日），《蔣中正總統文物》，典藏號 002-020200-00028-026，原件。敖倫，〈我參加廣東空軍倒陳投蔣〉，收於廣州市政府政協文史資料研究委員會編，《南天歲月：陳濟棠主粵時期見聞實錄》（廣州：廣東人民出版社，1987），頁 531-532。

125. 錢大鈞，《錢大鈞上將八十自傳》（臺北：國防部史政編譯局，1979），頁 29。侍二組參謀邵存誠和余漢謀的參謀處長陳勉吾為陸大十一期同學，在兩廣事變時，暗中進行聯繫，也發揮了相當的作用。事後蔣介石飛往廣州，邵存誠又承辦重要業務，殊見信任。抗戰爆發後，邵出任砲兵第三團團長。劉勁持，〈陸軍大學第十一期內幕〉，《文史資料存稿選編・軍事機構（下）》（北京：中國文史出版社，2002 年），頁 286。

126. 〈蔣介石日記〉，1936 年 7 月 8 日。

127. 〈余漢謀致粵中各將領電〉（1936 年 7 月 9 日），《蔣中正總統文物》，典藏號：002-020200-00028-027，原件。

128. 〈蔣介石日記〉，1936 年 7 月 10 日。

129. 張發奎，《蔣介石與我——張發奎上將回憶錄》，頁 224。黃光銳也於 15 日率廣東空軍投誠中央。

130. 葉健青編，《蔣中正總統檔案：事略稿本》，冊 37：民國二十五年五月（下）至七月，頁 517。

131. 葉健青編，《蔣中正總統檔案：事略稿本》，冊 37：民國二十五年五月（下）至七月，頁 521。

132. 〈蔣中正致何應欽、朱培德電〉（1936 年 7 月 19 日）、〈蔣中正致桂永清電（1936 年 7 月 22 日）〉，《蔣中正總統文物》，典藏號：002-020200-00028-042、002-080200-00267-075，原件。

133. 錢大鈞，《錢大鈞上將八十自傳》，頁 30；〈余漢謀抵粵辦善後〉，《申報》，1936 年 7 月 28 日。

134. 高素蘭編，《蔣中正總統檔案：事略稿本》，冊 38：民國二十五年八月至十月（上），頁 60-64、70-71。

135. 高素蘭編，《蔣中正總統檔案：事略稿本》，冊 38：民國二十五年八月至十月（上），

頁 72。

136. 〈再辭綏靖主任〉，《申報》，1936 年 8 月 22 日；邵銘煌，《錢大鈞隨從蔣介石的日子：解讀蔣介石抗戰前後之密令手諭》（台北：義之堂文化，2014），頁 24-25。

137. 呂芳上主編，《蔣中正先生年譜長編》，冊 5，頁 137-138。

138. 秦孝儀主編，《總統蔣公大事長編初稿》（臺北：中國國民黨中央委員會黨史委員會，1978 年），卷 3，頁 323-324。

139. 《國民政府公報》，1936 年 9 月 7 日，號 2145，頁 4。

140. 高素蘭編，《蔣中正總統檔案：事略稿本》，冊 38：民國二十五年八月至十月（上），頁 482。

141. 〈蔣介石日記〉，1936 年 9 月 18 日；錢大鈞，《錢大鈞上將八十自傳》，頁 30。

142. 賈廷詩等訪問紀錄，郭廷以校閱，《白崇禧先生訪問記錄》，頁 164。

143. 電文全文為「第三路軍向方（韓復榘）兄所部，務希遵照前令，其主力須分布於泰安至臨沂一帶泰山山脈地區之各縣，以為收復失土之根據，萬勿使倭寇垂手而定全魯也」。〈蔣中正致李宗仁、韓復榘電〉（1937 年 12 月 31 日），《蔣中正總統文物》，典藏號 002-020300-00010-002，原件。

144. 賈廷詩等訪問紀錄，郭廷以校閱，《白崇禧先生訪問記錄》，頁 16-17。

145. 張令澳，《蔣介石侍從室見聞》（上海：中國人民政治協商會議上海市虹口區委員會文史資料委員會，1994），頁 172-173。

146. 國防部情報局編，《國防部情報局史要彙編》（臺北：編者印行，1962），頁 262；國防部情報局編，《戴雨農先生全集》（臺北：編者印行，1979），頁 75。

147. 演講全文，見蔣介石，〈抗戰檢討與必勝要訣〉（1938 年 1 月 11 日），收於秦孝儀編，《先總統蔣公思想言論總集》（臺北：中國國民黨中央委員會黨史委員會，1984 年），卷 15，頁 1-52。

148. 葉健青編，《蔣中正總統檔案：事略稿本》，冊 41：民國二十七年一月至六月，頁 36，1938 年元月 11 日。手令全文見〈領袖手令〉，收於國防部情報局編，《國防部情報局史要彙編》，頁 263。

149. 葉健青編，《蔣中正總統檔案：事略稿本》，冊 41：民國二十七年一月至六月，頁 86，1938 年 1 月 24 日；《大公報》（漢口），1938 年 1 月 25 日，版 2。

150. 陳克文著，陳方正編校，《陳克文日記 1937-1952》（臺北：中央研究院近代史研究所，2012），頁 174，1938 年 1 月 21 日。

151. 賈廷詩等訪問紀錄，郭廷以校閱，《白崇禧先生訪問紀錄》，頁 166。當時在華的美國官員也認為韓復榘被判死刑，不僅顯示複雜的山東問題已完全解決，同時也是對少數華北軍閥的一個警告。Franed David Macri, *Clash of Empire in South China: The Allied Nations' Proxy War with Japan, 1935-1941* (Lawrence: University Press of Kansas, 2012), p. 99.

152. 錢大鈞，《錢大鈞上將八十自傳》，頁 35-36。

153. 〈空軍對敵國內地襲擊計劃〉，收於空軍總司令部情報署編，《空軍抗日戰史》（臺北：編者印行，1950），冊 2，頁 393-396。

154. 居亦僑，《跟隨蔣介石十二年》（長沙：湖南人民出版社，1988），頁 176。

155. 〈航空委員會主任錢大鈞報告空軍遠征日本安然歸來電〉（1938 年 5 月 21 日），收於秦孝儀主編，《中華民國重要史料初編——對日抗戰時期》，編 2（臺北：中國國民黨中央委員會黨史委員會，1981），頁 77。

156. 居亦僑，《跟隨蔣介石十二年》，頁 166。

157. 空軍總司令情報署編，《空軍抗日戰史》，冊 2，頁 118-119。

158. 葉健青編，《蔣中正總統檔案：事略稿本》，冊 41：民國二十七年一月至六月，頁 485。

159. 空軍總司令部情報署編，《空軍抗日戰史》，冊 2，頁 119-120；V. I. Achkasov and M. F. Iur'ev, "China's War of National Liberation and the Defeat of Imperialist Japan: the Soviet Role," *Soviet Studies in History* 24:3(1985), pp.39-68.

160. 〈社評：空軍夜襲日本九州〉，《大公報》，1938 年 5 月 21 日，版 2。

161. 〈空軍襲日攝成影片〉，《大公報》，1938 年 5 月 21 日，版 2。

162. 家近亮子，《蔣介石の外交戰略と日中戰爭》（東京：岩波書店，2012），頁 163-181。

163. Hagiwara Mitsuru, "The Japanese Air Campaigns in China, 1937-1945," in Mark Peattie, Edward Drea, and Hans Van de Ven, eds., *The Battle for China: Essays on the Military History of the Sino-Japanese War of 1937-1945* (Stanford: Stanford University Press, 2011), p. 245.

164. 渠長根，〈1938 年花園口決堤的決策過程述評〉，《江海學刊》，2005 年 3 期，頁 156-160。

165. 戚厚杰編選，〈德國總顧問法肯豪森呈於中國抗日戰備之兩份建議書〉，《民國檔案》，1991 年 2 期，頁 26。Hsi-huey Liang, *The Sino-German Connection: Alexander von Falkenhausen between China and Germany, 1900-1941*(Amsterdam: Van Gorcum& Company, 1977), p. 103.

166. 〈陳果夫建議在武涉掘堤（1938 年 4 月 13 日）〉，《鄭州文史資料》，輯 2（1986 年 10 月），頁 2。

167. 蔣介石並於簽呈上批註「隨時可以決口反攻」字句，不過又用筆刪掉。參閱：〈陳果夫建議在武涉掘堤（1938 年 4 月 13 日）〉，《鄭州文史資料》，輯 2（1986 年 10 月），頁 3。

168. 何世庸口述，何達整理，〈花園口決堤見聞〉，《百年潮》，2002 年 10 期，頁 50-52。

169. 葉健青編，《蔣中正總統檔案：事略稿本》，冊 41：民國二十七年一月至六月，頁 651。與龍慕韓同時被移送軍法處分者，尚有第二十七軍軍長桂永清，不過桂後來未 受處分。〈蔣介石日記〉，1938 年 5 月 24 日。

170. 陳慰儒，〈黃河花園口掘堤經過〉，《河南文史資料》，輯 4，頁 84；晏勛甫，〈紀 錄東戰役及黃河決堤〉，《文史資料選輯》，輯 54（缺出版項），頁 69-70。

171. 張令澳，《蔣介石侍從室見聞》，頁 173；渠長根，〈1938 年花園口決堤的決策過程 述評〉，頁 60。

172. 蔣介石曾於當日日記記載：「隴海路敵軍，其果停頓乎？中牟掘堤，氾濫至周家口， 其效果如何？此次我軍撤退愈速，敵進將更遲緩，或不敢進逼洛陽矣」。《蔣中正總 統五記：困勉記》，冊下，頁 615。

173. 〈程潛電蔣中正黃河決口情形及預擬宣傳方案〉（1938 年 6 月 10 日），《總統副總 統文物》，典藏號 002-080200-00283-022。

174. 〈蔣介石先於黃河決堤後指示需向民眾宣傳敵飛機炸毀黃河堤等情密電〉（1938 年 6 月 11 日），《鄭州文史資料》，輯 2（1986 年 10 月），頁 25-26。

175. 陳誠，〈對外記者講述日寇炸毀黃河堤經過〉（1938 年 6 月 13 日），《總統副總統 文物》，典藏號 008-010301-00083-034。

176. 渠長根，《功罪千秋》，頁 116-121。

177. 〈開封車站激戰中〉，《申報》，1938 年 6 月 7 日。

178. 〈決潰黃河堤防為黨軍計劃的行為〉，《盛京時報》，1938 年 6 月 16 日。

179. 韓啟桐，《黃泛區的損害與善後救濟》，（出版地不詳：行政院善後救濟總署， 1948），頁 36。

180. 何應欽，《八年抗戰的經過》（南京：國防部，1946）。

181. 國防部史政編譯局編，《抗日戰史》，冊 12（臺北：編者印刷，1962）。

182. Diane Lary, "Drowned Earth: The Strategic Breaching of the Yellow River Dyke,1938," *War in History* 8:2(2001), pp. 205-206.

183. 徐有禮、朱蘭蘭，〈略論花園口決堤與泛區生態環境的惡化〉，《抗日戰爭研究》， 期 2（2005 年），頁 147-165；奚慶慶，〈抗戰時期黃河南泛與豫東黃泛區生態環境 的變遷〉，《河南大學學報（社會系學報版）》，卷 51 期 2（2011 年 3 月），頁 66- 75；Steven I. Dutch, "The Longest Act of Environmental Warfare in History," *Environment and Engineering Geoscience* 15:4 (2009), pp. 287-297；Micch S. Muscolino, *The Ecology of War in China: Henan Province, the Yellow River, and Beyond, 1938-1950* (New York: Cambridge University Press, 2015), chapter 1.

184. 國防部史政編譯局編，《抗日戰史》，冊 12（臺北：編者印行，1967）。

185. 馬仲廉，〈花園口決堤的軍事意義〉，《抗日戰爭研究》，1999 年 4 期，頁 203-

213。其他類似的觀點，可參見李敖、汪榮祖合著，《蔣介石評傳》（臺北：商周文化，1995），頁 445-457；Lary, pp. 201-202.

186. "Chinese Resigned to Flood Sacrifice to Check Invaders," *New York Times*, 17 June 1938, p. 1.

187. "Prospects in China", *The Times*, June 21, 1938, p. 16.

188. 鄧野，〈日蘇關係與國共的戰略利益——1943 年蔣介石制裁中共的策劃與取消〉，《近代史研究》期 6（2007 年）；金冲及〈抗戰期間國共合作中的聯合與鬥爭〉，《中共黨史研究》期 7-9（2015）；金以林，〈流產的毛蔣會晤：1942-1943 年國共關係在考察〉，《抗日戰爭研究》，期 2（2015 年）；賀江楓，〈蔣介石、胡宗南與 1943 年閃擊延安計劃〉《抗日戰爭研究》期 3（2016 年）。

189. 高素蘭編《蔣中正總統檔案：事略稿本》，冊 52，頁 315（1943 年 1 月 15 日）。

190. 熊向暉，《我的情報與外交生涯（增訂本）》（北京；中共黨史出版社，1999），頁 14。

191. 高素蘭編《蔣中正總統檔案：事略稿本》，冊 52：民國三十一年十二月至三十二年三月（上），頁 626-627（1943 年 3 月 1 日）。

192. 高素蘭編《蔣中正總統檔案：事略稿本》，冊 53，頁 497，（1943 年 5 月 24 日）。

193. 熊向暉，《我的情報與外交生涯（增訂本）》，頁 15。

194. 中共中央文獻研究室編，《毛澤東年譜》（北京：中央文獻出版社，2002），頁 449（1943 年 7 月 3 日）。

195. 胡宗南，《胡宗南先生日記》（臺北：國史館，2015），頁 227，1943 年 6 月 25 日。

196. 胡宗南，《胡宗南先生日記》，頁 227，1943 年 6 月 26 日。

197. 唐縱著，公安部檔案館編注，《在蔣介石身邊八年——侍從室高級幕僚唐縱日記》（北京：群眾出版社，1991），頁 366，1943 年 6 月 29 日。

198. 唐縱著，公安部檔案館編注，《在蔣介石身邊八年——侍從室高級幕僚唐縱日記》，頁 366，1943 年 6 月 29 日。

199. 徐永昌，《徐永昌日記》，頁 143，1943 年 8 月 13 日。

200. 徐永昌，《徐永昌日記》，頁 155，1943 年 8 月 28 日。

201. 中共中央文獻研究室編，《毛澤東年譜》，頁 446。

202. 中共中央文獻研究室編，《毛澤東年譜》，頁 446-447。

203. 中共中央文獻研究室編，《毛澤東年譜》，頁 449。

204. 中共中央文獻研究室編，《毛澤東年譜》，頁 449。

205. 中共中央文獻研究室編，《毛澤東年譜》，頁 449。

206. 中共中央文獻研究室編，《朱德年譜》（北京：人民出版社，1986），頁 1136-1137。

207. 陳布雷，《陳布雷先生從政日記稿樣》，頁 629，1943 年 7 月 5 日。

208. 胡喬木，《胡喬木回憶毛澤東》（北京：人民出版社，1994），頁173。

209. 中共中央文獻研究室編，《毛澤東年譜》，頁541-542。

210. 中共中央文獻研究室編，《毛澤東年譜》，頁452。

211. 胡宗南，《胡宗南先生日記》，頁233，1943年7月9日。

212. 胡宗南，《胡宗南先生日記》，頁233，1943年7月11日。

213 唐縱著，公安部檔案館編注，《在蔣介石身邊八年——侍從室高級幕僚唐縱日記》，頁369，1943年7月22日。

214.〈蔣介石日記〉，1943年7月24日。

215. Hollington K. Tong, *China and the World Press* (n. p., 1948), p. 220; Lyman P. van Slyke, *The Chinese Communist Movement: A Report of the United State War Department, July 1945* (Stanford: Stanford University Press, 1968) pp. 228-229.

216. Harriet L. Moore, *Soviet For Eastern Policy, 1931-1045* (Princeton: Princeton University Press, 1945), p.133; van Slyke, p. 229.

217. John W. Garver, *Chinese-Soviet Relations, 1937-1945: the Diplomacy of Chinese Nationalism* (New York: Oxford University Press, 1988), p. 249.

218. 高素蘭編，《蔣中正總統檔案：事略稿本》，冊54，頁276-277（1943年8月11日）。

219. 高素蘭編，《蔣中正總統檔案：事略稿本》，冊54：民國三十二年七月至九月，頁277。

220.〈蔣介石日記〉，1943年8月11日。

221. 陳布雷，《陳布雷先生從政日記稿樣》，頁638，1943年8月11日。

222.〈蔣介石日記〉，1943年8月13日。

223.〈蔣介石日記〉，1943年8月14日。

224.〈蔣介石日記〉，1943年8月17日。

225. 高素蘭編，《蔣中正總統檔案：事略稿本》，冊54：民國三十二年七月至九月，頁319-320（1943年8月17日）。

226. 唐縱著，公安部檔案館編注，《在蔣介石身邊八年——侍從室高級幕僚唐縱日記》，頁374，1943年8月17日。

227. 陳布雷，《陳布雷先生從政日記稿樣》，頁639，1943年8月19日。

228. 唐縱著，公安部檔案館編注，《在蔣介石身邊八年——侍從室高級幕僚唐縱日記》，頁374，1943年8月19日。

229. 高素蘭編，《蔣中正總統檔案：事略稿本》，冊54：民國三十二年七月至九月，頁376（1943年8月25日）。

230. 高素蘭編，《蔣中正總統檔案：事略稿本》，冊54：民國三十二年七月至九月，頁378-389（1943年8月25日）。

231. 高素蘭編，《蔣中正總統檔案：事略稿本》，冊 54，頁 426（1943 年 8 月 31 日）。

232. 徐永昌，《徐永昌日記》，頁 422，1943 年 9 月 1 日。

233. 徐永昌，《徐永昌日記》，頁 422，1943 年 9 月 1 日。

234. 胡宗南，《胡宗南先生日記》，頁 258-259，1943 年 9 月 5 日。

235. 陳布雷，《陳布雷先生從政日記稿樣》，頁 644，1943 年 9 月 6 日。

236. 〈蔣介石日記〉，1943 年 9 月 8 日。

237. 秦孝儀主編，《總統蔣公大事長編初稿》，卷 5（上），頁 273-274。

238. 唐縱著，公安部檔案館編注，《在蔣介石身邊八年——侍從室高級幕僚唐縱日記》，頁 378，1943 年 9 月 9 日；胡宗南，《胡宗南先生日記》，頁 260，1943 年 9 月 9 日。

239. 唐縱著，公安部檔案館編注，《在蔣介石身邊八年——侍從室高級幕僚唐縱日記》，頁 378，1943 年 9 月 9 日。

240. 陳布雷，《陳布雷先生從政日記稿樣》，頁 644，1943 年 9 月 9 日；唐縱著，公安部檔案館編注，《在蔣介石身邊八年——侍從室高級幕僚唐縱日記》，頁 378，1943 年 9 月 9 日；王世杰著，林美莉編校，《王世杰日記》（臺北：中央研究院近代史研究所，2012），頁 534-535，1943 年 9 月 9 日。

241. 王世杰著，林美莉編校，《王世杰日記》，頁 534，1943 年 9 月 9 日；徐永昌，《徐永昌日記》，頁 162-163，1943 年 9 月 9 日。

242. 徐永昌，《徐永昌日記》，頁 163-164，1943 年 9 月 10 日。

243. 陳布雷，《陳布雷先生從政日記稿樣》，頁 645，1943 年 9 月 11 日。

244. 〈蔣介石日記〉，1943 年 9 月 11 日；陳布雷，《陳布雷先生從政日記稿樣》，頁 645，1943 年 9 月 11 日；徐永昌，《徐永昌日記》，頁 148，1943 年 8 月 19 日。

245. 唐縱著，公安部檔案館編注，《在蔣介石身邊八年——侍從室高級幕僚唐縱日記》，頁 380，1943 年 9 月 12 日。

246. 〈蔣介石日記〉，1943 年 9 月 11 日。

247. 徐永昌，《徐永昌日記》，頁 166，1943 年 9 月 12 日。1937 年中共共赴國難宣言的四項承諾內容包括：（1）為實現三民主義而奮鬥；（2）取消一切推翻國民黨政權的暴動政策及赤化運動，停止以暴力沒收地主土地的政策；（3）取消現在的蘇維埃政府，實行民主政治，以期全國之統一；（4）取消紅軍名義及番號，改編為國民革命軍，受國民政府軍事委員會之統轄，並待命出動，擔任抗日前線之職責。

248. 〈蔣介石日記〉，1943 年 9 月 12 日。

249. 蔣介石，〈上星期反省錄〉，《日記》，1943 年 9 月 12 日。

250. 中國國民黨中央委員會黨史委員會編，《中國國民黨歷屆歷次中全會重要決議案彙編——革命文獻》，輯 80（臺北：編者印行，1979）。

251. 陳布雷，〈大會補述〉，《陳布雷先生從政日記稿樣》，頁 645，1943 年 9 月 13 日。

252. 唐縱著，公安部檔案館編注，《在蔣介石身邊八年——侍從室高級幕僚唐縱日記》，頁 380，1943 年 9 月 14 日。

253. 齊錫生，《劍拔弩張的盟友：太平洋戰爭期間的中美軍事合作關係（1941-1945）》（臺北：聯經，2011），頁 574-577。

254. 〈蔣介石日記〉，1944 年 11 月 16 日。

255. 〈蔣介石日記〉，1944 年 12 月 9 日；錢世澤編，《千鈞重負——錢大鈞將軍民國日記摘要》，頁 924，1944 年 12 月 19 日。

256. Charles Romanus & Riley Sunderland, *Time Runs Out in CBI* (Washington: Office of the Chief of Military History, Department of the Army, 1959), pp. 152-153.

257. 錢世澤編，《千鈞重負——錢大鈞將軍民國日記摘要》，頁 924，1944 年 12 月 9 日。

258. Representative Michael J. Mansfield, of Montana, to President Roosevelt, Washington, Jan 3, 1945. In *Foreign Relations of the United States: Diplomatic Papers 1945, vol. VII, The Far East* (Washington D. C.: United States Government Printing Office, 1969), p. 14.

259. 例如，魏良才，〈國民黨最後的美國諍友——魏德邁將軍與中美關係〉，《歐美研究》，卷 32 期 2（2002 年 6 月），頁 341-386；王成勉，〈魏德邁與戰時中國（1944 年 10 月~1945 年 8 月）——魏德邁與蔣介石關係之研究〉，《中華軍史學會會刊》，期 13（2008 年 9 月），頁 141；齊錫生，《劍拔弩張的盟友：太平洋戰爭期間的中美軍事合作關係（1941-1945）》，頁 578。

260. 錢世澤編，《千鈞重負——錢大鈞將軍民國日記摘要》，頁 925，1944 年 12 月 11 日。

261. 錢世澤編，《千鈞重負——錢大鈞將軍民國日記摘要》，頁 928，1944 年 12 月 13 日。

262. Albert C. Wedemeyer, *Wedmeyer Report* (New York: Henry Holt and Co., 1958), p. 297.

263. Wedemeyer, pp. 297-298.

264. Ronamus & Sunderland, *Time Runs Out in CBI*, p. 16.

265. 李元平，《俞大維傳》，頁 67。

266. Vincent Jones, *Manhattan : The Army and the Atomic Bomb* (Washington, D. C.: United States Army Center of Military History, 1985), pp. 560-610.

267. Datus C. Smith, "The Publishing History of the 'Smyth Report'," *The Princeton University Library Chronicle* 37 : 3(Spring 1976), pp. 191-203.

268. 戴美政，《曾昭掄評傳》（昆明：雲南人民出版社，2010），頁 350-351。

269. 吳大猷，〈華羅庚係軍政部遴派赴美研究〉，《傳記文學》，卷 47 期 3（1985 年 9 月），頁 20。1945 年秋，中央研究院代院長朱家驊也有意發展原子能研究，曾邀集物理學家吳友訓，行政院副院長翁文顥和軍政部次長俞大維等，商量籌設原子物理所，並邀請吳大猷至中研院主持原子能研究，但是吳由於已經答應為軍政部規劃國防科學發展計劃而未答應。中研院其後也曾向國防部接洽合作，但該部堅持要自己單獨進行，加

之經費無著，以致籌設近代物理研究所的計劃無法完全實現。朱家驊〈國立中央研究院簡說（1953 年 12 月 23 日）〉，收於中國國民黨中央委員會黨史委員會編，《革命文獻》，輯 59（台北：中央黨史會編印，1988），頁 60；中央研究院八十年院史編纂委員會主編，《追求卓越：中央研究院八十年》（台北：中央研究院，2008 年），冊 1，頁 43、205。

270. 吳大猷，〈抗戰期中之回憶〉，《傳記文學》，卷 5 期 3（1968 年 12 月），頁 9，《士邁士報告》的第一個中譯本，係由章康直翻譯，1946 年 8 月由上海中國科學社的中國科學圖書儀器公司出版。Henry D. Smyth 原著，章康道譯，《軍用原子能》（上海：中國科學圖書儀器公司，1946）。

271. 錢昌祚，《浮生百記》（臺北：傳記文學出版社，1975），頁 81。

272. 錢世澤編，《千鈞重負——錢大鈞將軍民國日記摘要》，頁 949，1945 年 2 月 14 日。

273. 〈蔣委員長自重慶致美國總統羅斯福為委員魏德邁將軍回美託攜函致候並對其奉派來華後協助中國軍事之改進表示感慰函〉（1945 年 2 月 17 日），《中華民國重要史料初編——對日抗戰時期》，編 3《戰時外交（三）》，頁 312。

274. 龔學遂，《中國戰時交通史》（上海：商務印書館，1947），頁 51-55。

275. 錢世澤編，《千鈞重負——錢大鈞將軍民國日記摘要》，頁 930，1944 年 12 月 15 日。

276. 龔學遂，《中國戰時交通史》，頁 55；葉惠芬編，《蔣中正總統檔案：事略稿本》，冊 59：民國三十三年十一月至三十四年二月，頁 399（1945 年 1 月 1 日）。

277. 〈整軍參考資料（六）〉，《總統副總統文物》，典藏號：008-010704-00012-007。

278. 齊錫生，《劍拔弩張的盟友：太平洋戰爭期間的中美軍事合作關係（1941-1945）》，頁 597。

279. "Memorandum of Conversation, by Mr. Everett F. Drumright of the Division of Chinese Affairs," May 26, 1945, in *FRUS, 1945* Vol. VII, p. 393.

第六章

外交

1944 年 9 月，蔣介石與史迪威（Joseph W. Stilwell）之間為了中國戰區統帥權的爭執，至最後攤牌階段。9 月 19 日，史迪威將一封美國總統羅斯福（Franklin D. Roosevelt）致蔣介石的電報遞交給蔣，要求他立即委任史，授以全權指揮所有中國的軍隊。[1] 蔣曾於當日日記中記下其感想：「實為我平生最大之污辱，亦為最近之國恥也。」[2] 為了思考如何因應羅斯福的來電，蔣自 21 日起嚴重失眠，他最後決定到黃山官邸與世隔絕數日，摒除所有幕僚，單獨思考對策。[3]

　　大約自 9 月 22 日起，蔣介石開始起草對羅斯福的覆電。23 日，蔣下定決心，史迪威必須離開中國，但是歡迎美國另派一名軍官來華接任。[4] 24 日蔣將最後決定告訴外交部長宋子文，並與宋商議以何種外交方式，處理史迪威撤職的相關事宜。[5] 是日，蔣召見美國駐華大使赫爾利（Patrick G. Hurley），要求美國召回史迪威，並邀請美國另派一名軍官來華以為替代。[6] 根據晚近學者的研究，蔣介石在作出此項決定之前，完全沒有和任何人商量，甚至沒有讓文武官員知道此事，連參與史迪威指揮權許多細節討論的何應欽，也不例外。[7]

　　10 月 5 日，羅斯福致電蔣介石，同意撤換史迪威，解除其聯軍參謀長職務，並不令其處理有關租借法案物資的事宜。不過在電報結尾以威脅口吻表示：「余覺吾等設使將史迪威自緬甸戰事方面予以撤換，其結果之嚴重，將遠甚於閣下所意料者也。」[8] 蔣介石收到羅斯福電報後，再度親擬覆電。7 日，完成初稿數千字。[9] 8 日上午，蔣認為前稿尚有未妥，於是重擬。重擬完成讀後頗為滿意，乃約軍事委員會委員長侍從室第二處主任陳布雷前來研討。陳意以為應接受羅斯福來電的主張，何況羅斯福已不堅持由史迪威指揮全部華軍，且願解除其參謀長職務，可謂已作出讓步，不應以要求撤回史迪威為唯一目的。下午 1 時，蔣介石與赫爾利、宋子文共進午餐，餐後蔣將第二次所擬電稿交閱，赫爾利與宋子文均欣然同意，稱道不已，遂由宋攜回譯成英文。[10] 王世杰、張治中等聞訊，認為此電發出後，中美關係恐將惡化，乃晉謁勸蔣接受羅斯福的妥協方案。蔣則認為他們不知道國家存亡安危之道，[11] 依然堅持將史迪威撤換。

　　上述史迪威遭撤換經過，近年來由於原始檔案及相關人士日記的大量公布，真相得以大白。[12] 不過長期擔任侍從室第二處主任陳布雷的日

記，對此段史實，仍可作以下若干補充：

第一，9 月 22 日上午 10 時，蔣介石曾約陳布雷往談，以羅斯福來電相示，並有所指示，命將來件抄錄一份進行研究。下午，陳布雷與王世杰晤談 30 分鐘。由於陳布雷自 21 日起患痢疾，至 22 日下午起加劇，約一小時腹瀉一次，因此蔣介石命其去黃山也無法去。[13] 顯示蔣在草擬致羅斯福覆電時，曾先命陳布雷對此事進行研究，只因陳患病無法及時完成使命，提出建議。

第二，10 月 8 日，陳布雷往謁蔣介石，蔣出示羅斯福來電與蔣所擬覆電稿，徵詢陳的意見。陳再四勸諫，請蔣極度容忍。蔣認為此乃大是大非，不容含糊隱忍。陳再就對方心理剖析，蔣則表示其意已決，將交宋外長以英文譯發，不必多慮。[14] 值得注意的是，蔣介石原係於 10 月 7 日約談陳布雷，陳是日因失眠症發作身體疲勞請假，才改為 8 日應召。[15] 因此陳布雷應為蔣介石所撰改羅斯福覆電的第一位讀者，殆無疑問。

由以上述數則陳布雷日記資料可以看出，蔣介石 1944 年兩度親撰改羅斯福覆電稿，或命陳布雷進行研究，提出建議；或讓其作為覆電稿的第一位讀者，徵詢其意見，均顯示陳布雷及侍從室在蔣介石外交決策的制定過程中，似占有一定的重要性，值得探討。

國際問題研究

1935 年，侍從室首次進行改組。分設第一、第二兩處，其中第二處設第四（祕書）、第五（研究）兩組。[16] 研究組設祕書 8 至 12 人，以南昌行營黨政軍調查設計委員會原任設計委員徐慶譽、張彝鼎、李毓九、高傳珠、徐道鄰、羅貢華、傅銳、何方理 8 人出任。2 月，陳布雷赴漢口，就侍從室第二處主任職，兼第五組組長。

侍五組的研究工作分為內政、法制、文化教育、國際時事、中日關係及經濟等各類，各祕書每人任一類為主，並認一類為副。[17] 業務分工，並會視需要而作調整。資料顯示，1936 年 2 月，分工即曾作過以下的調整，並決定每週四開組會一次。

（一）資料收集與研究：

政　　治：羅貢華
法　　制：徐道鄰
對日問題：李毓九
蘇俄問題：高傳珠
英美問題：張彝鼎
文　　化：徐慶譽

（二）翻譯：

德文：徐道鄰
法文：何方理
日文：李毓九、傅銳、羅貢華協助
英文：張彝鼎、徐慶譽[18.]

　　陳布雷除了指揮幕僚作研究，有時自己也收集資料，作一些研究。例如1936年底他即曾利用空閒的時間，收集有關國際形勢變遷的資料進行研究。[19]在研究的過程中，他甚至發現「近時之研究國際問題者，十有其九皆懷成見，以附和社會主義為取悅讀者計，其真能就事論事者，不多覯也。」[20]他廣泛閱讀各雜誌中討論歐洲兩大陣線的論文，以及有關巴爾幹半島各國形勢的分析。[21]最後他起草了論文大綱，[22]不過由於西安事變的發生，他的論文也就沒有寫成。

　　侍五組成立初期所進行的研究課題，有些係蔣介石所指定，如羅貢華所作關於庚款研究；[23]有些係陳布雷所指定，如1936年6月，陳布雷要徐慶譽、張彝鼎研究蘇俄憲法，張彝鼎、高傳珠研究對義撤銷制裁問題，並囑李毓九留意英國政府首席經濟顧問李滋羅斯爵士（Sir Frederick Leith-Ross, 1887-1968）赴日後日本輿論的反應。[24]不到二星期的時間，各祕書即繳交報告八件，由陳布雷核轉蔣介石，其中高傳珠的〈蘇俄新憲草研究〉、張彝鼎的〈蒙特婁會議與土耳其〉、李毓九的〈羅斯福談話與英日關係〉、陳認為「均尚精確可誦」，徐慶譽的報告則內容較為空泛。[25]

侍五組的祕書均為留學各國的青年才俊，各具特長，他們所提供的專業建議，應對蔣介石外交決策的形成，產生一定的影響。一位侍從室幕僚人員對於侍五組的成員以及他們與蔣介石之間的互動，曾有以下生動的描述：

> 第五組有研究祕書8人，都是留學各國的專家和學者，有留日的羅貢華，他儀表堂堂，回國後當過民政廳長；留英的徐慶譽，研究法律有一定造詣，戴一副金邊眼鏡，和顏悅色，一派學者風度；留蘇的高傳珠，山東人，研究蘇聯歷史頗有見解；留法的何方理，浙江人，家庭生活簡單樸素，夫人是法國人，常吃西菜；留日的傅銳，浙江人，口才尤佳，議論日本問題侃侃而談，頭頭是道，後因洩露軍事機密，成為令人唾棄的漢奸，終歸逮捕法辦；留德的徐道鄰，江蘇蕭縣人，民國初年皖系軍閥段祺瑞的幕僚長徐樹錚的次子，法學博士，是號稱「八大祕書」的佼佼者，夫人德國人，大陸解放後，夫婦倆才離開中國定居德國；留美的張彝鼎，湖南人，有真才實學，智慧超群；留日的李毓九，個子雖然又高又胖，卻也風度翩翩，喜歡談天說地，知識廣博。他們各具特長，沒有奴顏婢膝的氣味；他們專供蔣介石關於國際問題的諮詢，類似外交智囊團。蔣介石召見他們，提出問題後，只是洗耳恭聽，不插話，不表態，聽他們講述後，從中分析利弊。[26]

侍五組的祕書固然多為學歷高、外語能力強的青年才俊，不過陳布雷逐漸發現這批人多不明瞭其職務的性質，常思越位言事，或請求調查各機關狀況，或喜捕風捉影攻訐主管人員，或條陳意見而未能詳參法令或事實，令陳十分困擾，[27] 有一次陳召集五組祕書開談話會，討論五組工作事項，會中公開告誡各祕書，說明第五組的主要目的，在收集資料，備委員長索閱或呈送參考，我等決不可自視為有若干經綸；要知祕書屬於輔佐地位，故工作不在上陳意見，而在留心收集各種問題的相關材料，選擇歸納，附具結論，以貢獻於委員長。不料當天五組祕書又集體向陳對待遇有所請求，為陳所拒。[28] 陳布雷認為這批祕書行事超越本分，屢勸不聽，[29] 乃於 1937 年 9 月對侍五組進行改組，將原任祕書 8 人及書記、

司書 2 人均予解職，改編至軍委會祕書處內。[30] 並引用李惟果、陳方、羅君強三人任五組祕書（陳方旋調侍四組組長），侍二處副主任周佛海兼任侍五組組長。[31]

隨著抗戰戰事範圍的日漸擴大，各種專門問題均有待收集材料，分類研究，以供統帥參考；各方面的條陳或請示裁決的案件，有時也非經簽擬則統帥無從加以審擇決定；加上各界有志之士願自效者甚多，蔣介石既已不兼行政院長，也宜有一直屬的機關以資延攬，凡此種種，均已非侍從室原有的架構所能應付。陳布雷乃建議蔣於軍事委員會內增設一智囊團性質的參事室，獲蔣同意，命陳草擬組織以呈。1938 年 3 月，參事室正式成立於武漢，由朱家驊任主任。[32]

自從參事室成立後，侍從室的規模縮小，主要業務變成為蔣介石整理文告和文稿，不過政策方面的研究仍持續進行。此一時期，侍從室最重要的祕書為李惟果。李畢業於清華大學，公費留美，獲柏克萊加州大學碩士、哥倫比亞大學國際關係博士，1937 年 9 月入侍從室任五組祕書。[33、34] 1938 年 4 月，曾撰寫〈日本對蘇俄開戰之可能性及我國對策〉研究報告。[35]

1938 年 3 月，侍五組由汪日章兼任，開始主管一些黨政高級官員（省府委員、廳局長、行政督察專員等簡任官）之調查、考核和任用的業務。5 月 9 日，汪日章調任行政院簡任祕書，由李惟果繼任組長。李任組長期間，對於政策方面的研究仍未間斷。1939 年 1 月，李所撰寫的〈中日抗戰與國際形勢〉報告，文長約 10,000 字，文字流暢而不沉悶，陳布雷讀者覺得「此才可造，為之心喜。」[36] 1941 年 12 月，李獲派外交部總務司長離職。李惟果本不願就此職，在蔣介石的堅持下，他才赴任。[37] 陳布雷對此十分不捨。

1942 年 3 月 28 日，蔣介石下令侍從室應設理論研究宣傳設計組，4 月 4 日，陳布雷獲蔣同意侍五組增加理論研究與宣傳設計兩項，不另成立新組，並核准第五組組長以陶希聖擔任。[38] 陶希聖為學者出身，抗戰爆發後，在侍從室資助下，與周佛海創辦藝文研究會於武漢，自此開始撰文分析國際問題，以評論表明抗戰建國的立場與政策。其文字受到陳布雷的讚賞。1940 年 11 月 11 日，陳布雷將陶的一份研究報告抄呈給蔣

介石，並稱此份報告「綜論世界大勢，以經濟觀點推斷國際變化與中國前途，目光四射，洵佳著也。」[39] 1942 年 3 月，陶希聖由香港至重慶，陳多次找陶長談，認為他「具識精卓，誠益友也。」[40] 由他出任第五組組長，將使侍二處的陣容大為加強。[41]

陶希聖上任後，首先即感到研究所需資料的不足，於是經常以該組所擁有的一些外匯，委託在英國的葉公超和在美的陳之邁購買外文書刊，以空運寄回，所以戰時日本雖然實施海上封鎖，但是侍五組還是自海外進口了一些書刊，仍能從事國際政治及軍事方面的研究。[42]

侍從室人員，除了從事本單位的政策研究，有時並且參與其他政府部門的研究計畫，例如邵毓麟即曾於抗戰後期參與國防最高委員會祕書長王寵惠所領導之戰後國際和平組織及戰後外交對策的研究。同時參與研究的專家、學者尚包括王化成、浦薛鳳、吳景超、張忠紱、楊雲竹，以及若干外交界人員。[43]

外交決策

戰前國府外交決策的制定過程，除了中德、中蘇關係蔣介石介入較深外，一般說來係依照行政體系的作業程序，外交部擁有相當程度自由裁量的空間。如遇重大事件需要蔣介石親自關注時，他每多親自諮詢高層領袖，然後作出決策。在抗戰爆發前的幾週，蔣介石甚至將諮詢範圍擴大，邀請大批學者、教育界人士、軍事領袖、各黨派負責人，聽取他們的意見。

抗戰爆發後，蔣介石由於極需爭取國際支持與援助，對外交部的缺乏效率和積極性深感不滿，開始積極介入外交事務，參事室和侍從室的外交角色也日形重要。如胡適在王世杰的大力奔走下出任駐美大使，在美期間與侍二處主任陳布雷之間的書信往來，有時會將副本抄送外交部，有時則外交部完全不知情。胡適失去蔣的信任後，其地位為宋子文所取代。胡和外長每每發現他們對於中美之間的重大事務茫然無知，重大決策常由蔣介石和宋子文決定，參事室和侍從室也每有參與。至太平洋戰爭時期，蔣介石甚至幾乎完全取代了外交部。[44]

侍從室在戰時國府外交決策過程中所扮演的角色，由 1941 年 7 月對德、義斷交以及同年 12 月珍珠港事件後的外交因應即可看出。

　　7 月 1 日上午陳布雷先後接獲駐德大使陳介的三封電報及駐德武官桂永清的兩封電報，報告德、義兩國將即日承認南京汪兆銘政權，當即迅速送呈蔣。又接到中央社電告相同的消息，乃函轉宣傳部長王世杰促作準備。

　　晚間 6 時，陳布雷往訪王寵惠（外交部長甫卸任，國防最高委員會祕書長尚未就職），隨即至嘉陵賓館約中宣部長王世杰與新上任的外交部長郭泰祺，同至軍委會與蔣介石商談，[45] 蔣當夜即作出與德、義斷交的決定，蔣的日記中曾記載其當時的心情：「德國不顧國際間法律與正義，悍然承認汪偽組織，太無理性，應斷然與之絕交也。」[46]

　　7 月 2 日上午 11 時 30 分，陳布雷到嘉陵賓館訪郭泰祺，同至蔣寓所晉謁。正午約五院院長、中央黨部祕書長吳鐵城、王世杰、參謀總長何應欽、副參謀總長白崇禧，吳敬恆、馮玉祥兩大老，共同商討德、義承認汪政權問題。結果決定由外長發絕交聲明。[47]

　　下午 2 時餐畢，陳布雷與王寵惠、王世杰同至侍四組商酌宣言文字。[48]

　　晚間 8 時，外交部邀集在重慶的中外記者，宣布與德、義斷絕外交關係。[49]

　　7 月 3 日，陳布雷至國府訪文官長魏懷，將對德、義絕交事請轉呈林森。[50]

　　由此次外交事件國府的因應過程中，可以看出侍從室所扮演的角色，除了幕僚性質的工作外，也參與了外交的決策。

　　1941 年 12 月 8 日重慶時間凌晨 1 時，日軍突襲珍珠港。凌晨 3 時半中宣部長王世杰接獲副部長董顯光電話，得知此一消息，當即通知《中央日報》，告以此係日本「切腹」行動的開始。[51]

　　上午 8 時，國民黨中央黨部舉行例行的中樞紀念週，立法院長孫科發表演說，認為中國已處於一種有利的國際形勢下，主張迅速對日、德、義宣戰。[52]

　　上午 10 時，國民黨中央常委召開特別會議，討論對策。[53] 會中孫科、郭泰祺主張立即宣戰，但朱家驊等不主張立即對德、義宣戰，戴季陶認

為對日宣戰一事，應慎重考慮措詞。王世杰則發言最多，他主張對日、德、義宣戰，並由蔣召集蘇、美、英三使，告以反侵略國應一致對軸心集團各國宣戰。[54] 最後蔣介石折衷眾議，作成對日宣戰的決議。不過在對日宣戰前，必須將中國對於此次戰爭所採取的政策，事先通知英、美、蘇各友邦，並徵詢其態度與主張。中國的政策可歸納為以下三點：(1) 太平洋反侵略各國應即成立正式同盟，由美國領導，並推舉同盟國聯軍總司令。(2) 要求英、美、蘇與中國一致實行對德、義、日宣戰。(3) 聯盟各國應相互約定，在太平洋戰爭勝利結束以前，不對日軍單獨媾和。對於蘇聯，目前即應正式照會，要求其實行對日宣戰，免使日本仍得集中力量侵略中國。[55] 蔣並囑王寵惠、王世杰、郭泰祺起草文件。陳布雷當天則是 9 時 15 分起床後，接董顯光電話，才得知消息，於中央常會將結束時才抵達，也奉命參加研擬文件的起草。午餐過後，前往外交部，與王寵惠、王世杰、郭泰祺，及外交部次長、司長等商談。下午 3 時至官邸謁蔣。[56]

是日下午，蔣介石擬與美國駐華大使高斯（Clarence Edward Gauss）、英國駐華大使卡爾（Archibald Clark Kerr）與蘇俄駐華大使潘友新（Aleksandr Semyonovich Panyushkin）談話，特囑外交部草擬說帖，不料蔣對外交部起草的文件大為不滿。[57] 3 時 30 分，蔣接見蘇、美大使，手交說帖；4 時英大使來見，即由郭泰祺代見。[58] 蔣當日並於其日記中記載：「外交部之不得力，郭泰祺之無常識，與其官僚成性，毫無活氣，區區說帖擬稿至五小時尚雜亂不清，令人為之腦痛氣悶，此為從來所未有也。」[59]

12 月 9 日，上午 9 時，陳布雷向外交部次長傅秉常索得對日、德、義宣戰布告稿，加以研究，[60] 並作大幅修改。下午 5 時，至官邸參加由蔣介石臨時召集的國防最高委員會常務會議，國府主席林森以次黨政軍首長均到，決議由國民政府發布文告，正式對日宣戰，又德、義與日同惡相濟，英同時宣布對德、義立於戰爭地位，所有一切條約、協定、合同有涉及中日、中德及中義之關係者，一律廢止。會中並通過由侍從室所準備的對日及對德、義宣戰的兩份布告文。[61]

晚間 7 時，外交部長郭泰祺接見中外記者，宣讀國民政府對日本與

對德、義宣戰布告。[62]

蔣介石對於外交部所草擬的宣戰文告，十分不滿意，並於當天日記中大嘆人才之難：「外交人員之無能無學，與郭部長（泰祺）之官僚習氣，以及王雪艇（世杰）之小見私心，更令人煩悶痛苦，故腦筋刺激之烈，實為從來所罕有。甚矣！人才之難與習俗之惡。想念國家前途，不寒而慄矣。」[63]

由國府以上兩次對於外交事件的因應案例可以看出，國府的外交事件應變機制，至此時似仍未建立起一套統一的標準作業程序，不過在兩次應變過程中，共同之處則為侍從室所扮演的角色，絕非僅是一般的幕僚作業，在某些方面甚至取代了外交部的功能。

中日祕密外交

戰時中日之間的祕密接觸，共有多起，其中有些活動蔣介石並不知情，有些活動蔣透過情報管道有所掌握，還有一些則是由蔣直接指揮。侍從室介入最深者，應為1940年夏天由張季鸞擔任密使的一次和談行動。

該年8月，和知鷹二透過一位希臘商人傳達願意撤兵議和的訊息。其內容無異乞降，為前所未見。蔣介石認為日本急於求和，已迫不及待。[64] 似可乘其急於南進之際，謀求對己有利的媾和。

蔣於是命張群、陳布雷，張季鸞等人研究和談的基本條件，作為進行和談活動的依據、至8月下旬，共完成〈處理敵我關係之基本綱領〉、〈中日兩國恢復和平基本辦法〉、〈對敵策略的幾個疑點〉等文件。

〈處理敵我關係之基本綱領〉一文，包括建國原則、對敵策略、和平條件等內容。該文開宗明義即指出將來敵我關係的處理需絕對與建國原則相符。中國建國的指導原理為三民主義，其共同目的為達到全境以內實行民族主義、民權主義、民生主義，內而自主、自治、自給、自足，外而以平等談判的方法，交涉廢止舊時代的不平等條約，如辛丑條約及一般含有不平等條款的商約，務期達到國家行政、司法、軍事、稅制等統治大權，完全得以施行於版圖之內。

根據民族主義，中國應外而與各有約國家締結平等互惠的關係，內

而扶助邊疆各少數民族平等發展。其最著者,應對於外蒙政府開始交涉,對於西藏當局,繼續密切接觸,期「建成中蒙、中藏之新團結,而最後達到使外蒙、西藏以聯邦之形式,完全復歸於中國統治之下。」[65]

至於滿洲國,與蒙、藏不同,其地本為普通行省,其人民大多與各省人民屬於同一民族系統,故其解決的方法,應不同於外蒙與西藏。該地被日本侵占已久,中國在不能以武力收回的過渡期間,應視為與外蒙、西藏相似的懸案,扶助溥儀的偽政府,第一步使其取得滿洲內政上自治的政權,使該地人民先脫離被占領地人民的境遇。第二步,與溥儀直接協商,先取得一過渡的解決辦法,而最後與外蒙、西藏,同為聯邦的一部分,完全復歸於中國。

最後,〈基本綱領〉對於日本可能提出的條件與中國政府應有的立場,也都有所討論。

1. 如日本提出承認滿洲國,中國應聲明不能承認,理由如下:

    (1) 此次議和的精神,應為真實解決兩國的糾紛,一掃兩國人民的惡感,以期建設兩國間真正的和平。若承認滿洲國,是僅為中國的屈服,斷非問題的解決,禍根依然存在。

    (2) 若滿洲國為真實獨立的獨立國,其獨立確出於人民的公意,則中國可另作考慮,無奈滿洲現況只為日本的軍事占領,溥儀況且無自由,遑論其一般農民。故在現況下如中國答應日本的要求,不僅喪失領土,而且違背道義。

2. 如日本提出東亞聯盟或中日同盟,中國應聲明其不同,理由如下:

    (1) 對於東亞同盟,應告以問題重大,毫無基礎,而且事關東亞各民族,不容倉促發起。

    (2) 對中日同盟,應告以凡同盟皆應必要而產生,而現時無此必要,且同盟的成立與有效推行,必須以國民的情感及認識,與兩國必須有獨立平等的精神與地位為基礎,如今兩國大戰三年餘,中國人民飽受日軍轟炸,第一步宜恢復和平,消解戰時情緒。今如突然訂立同盟,徒使人民駭怪,實在無以保證同盟的效果。

    (3) 惟對日方此類提議,在原則上均不予拒絕,而許以戰後從容

協商，但反對作為兩國互和的條件。

3. 如日本提出共同防共，中國應聲明拒絕，其理由為中國與蘇聯訂有互不侵犯條約，不容有違背信義的行動，而且日本既以南進為國策，實際上也無刺激蘇聯的必要。[66]

〈對敵策略的幾個疑點〉一文也對一些日本可能的要求或詢問作了研判。其中部分問題與〈基本綱領〉重複，另有以下兩個問題值得注意：

1. 如日本提出「大東亞新秩序」，中國持何態度？日本與歐美國家發生戰爭時，中國是何立場？

中國因應的原則，應為使日本感到合作有望而實際上不上鉤。中國應具體表示：

(1) 若日本定期廢止不平等條約，則中國願與日本訂立純粹守勢的軍事互助條約，在日本受侵略而陷入戰爭時，中國依約予以協助。

(2) 在同一前提下，而日本從事攻勢戰爭時，中國願守「好意中立」。

(3) 若日本不能交還東北與廢止不平等條約，則進行守勢戰爭時，中國「好意中立」；在進行攻勢戰爭時，中國守「嚴正中立」。

中國同時應聲明與日本訂立互不侵犯條約，先鞏固兩國之間的和平基礎，蓋此為將來在國際上一切可能之共同行動的必要前提。

2. 如日本提出南洋問題，則中國應作以下答覆：

(1) 對於與中國領土接壤的區域，如安南、緬甸，由於與中國在經濟上、軍事上均有重要關係，故應要求日本如有事於該區域，需先通知中國，中國保留在該區域運輸自由的權利。日本如希望與中國合作，則視日本方針為主，如確為扶助當地人民的獨立解放，則中國可依當地人民的需要，而與日本共同給予協助；如日本以征服該地為目的，則中國不能贊同。

(2) 對於非與中國領土接壤的區域，則以一般國際問題論，中國所要求日本者，唯有勿損害中國各地僑民的利益，此外中國不干涉也無力援助。

〈基本綱領〉起草期間，蔣介石與張群、張季鸞、陳布雷三人接觸

頻繁。根據陳布雷日記所載,至少即有以下十餘次:

時間	會談經過
8月7日	九時與岳軍（張群）先生同赴黃山謁委座,旋季鸞亦來謁談。委員長命研究某君來函,與季鸞等退至余室談論久之。二時送季鸞歸汪家花園,即在彼寓午餐。……食畢,偕岳軍同歸。
8月8日	七時以岳軍約赴其寓晚餐,季鸞亦來會,談至十時,送季鸞歸報館,即歸。
8月13日	五時,委員長召往談話,示余以報告一件,命攜往與季鸞研究之。七時自季鸞處歸,九時再謁委座,略談。
8月18日	十一時往山舍參加委員長約見岳軍、季鸞之談話。
8月25日	五時偕岳軍、季鸞兩君謁委員長,在山舍內談二小時。退至余室晚餐後別去。
8月26日	八時以車往接季鸞來黃山撰擬文字。余利用此時間,將前次岳軍等所擬各件錄存一份。……三時季鸞之文脫稿,尚有後段,彼回寓續撰,約明日再商。……季鸞去後,小睡至四時卅分起,繼續抄錄各件,並校對之。
8月27日	八時以車迓季鸞來,繼續商擬文件,而余為校繕之。……午刻約岳軍先生來談,午後將季鸞起草件共商後繕正一份,先呈委員長閱覽。五時委員長約余等三人往談,詳示國際形勢,談一小時餘。
8月29日	四時以車迓季鸞來談。四時卅分到山舍,同謁委員長,談日本政治新體制及其所謂大東亞新秩序。委員長論日人性格,有極精闢之言論,季鸞傾服不已。談一小時餘,仍歸余室,留共晚餐。餐畢別去,囑俞祕書國華繕寫季鸞研究之件。
8月30日	午餐後二時約季鸞同赴渝,以車往迓,遇之於途,遂同歸。四時同謁委員長。
8月31日	十二時到岳軍家午餐,季鸞亦來。……一時送季鸞出門上飛機赴港。……五時接委員長電話後,發香港電。

資料來源:陳布雷,《日記》,1940年8月7日～8月31日。

參與韓國獨立運動

　　1910年日本併吞韓國,大批韓國愛國人士流亡中國,組織政黨,成立臨時政府,展開抗日、復國運動,史稱韓國獨立運動。蔣介石本著扶助弱小民族的原則,促進各派流亡人士的團結,支持韓國義勇隊和光復軍在中國境內的活動,促成韓國臨時政府改組,並極力爭取在開羅會議中確立「保證韓國戰後獨立」的基本原則。侍從室則負責與各黨派聯繫,對國府援韓決策提供建議,並出席各項重要國際會議支持韓國獨立運動。

一、聯繫各黨派

九一八事變後，國民政府開始積極準備抗日，也開始重視與韓國在華抗日力量的聯繫。此時韓國流亡中國人士的派系眾多，內訌頻繁。勢力較大者有兩派，一派領導人為金九，另一派領導人為金若山。1932 年，蔣介石命國民黨中國組織部長陳果夫與三民主義力行社書記滕傑分別對兩派展開援助工作。[67]

陳果夫透過中央組織部及中統局，對金九一派的援助包括：(1) 掩護金九等人的安全，以便逃避日人的追緝；(2) 協助金九一派培養各類幹部；(3) 對金九為首的韓國臨時政府經費援助。陳果夫之所以支持金九一派，主要是由於雙方均屬民族主義，意識形態接近。

至於力行社支持金若山一派，則有其歷史淵源。早在 1924 年廣州黃埔軍校第 4 期學生中，招收有一批朝鮮青年，此批青年軍官日後成為韓國獨立運動中的少壯派，而金若山即為其中重要人物。他們畢業後組織了朝鮮義烈團，在中國東北與韓國境內進行抗日活動，一度活躍於平、津一帶。九一八事變後，東北及華北落入日人之手，金若山等遂南下南京，在力行社成員滕傑的引介下，以黃埔畢業生的身分面謁蔣介石，提出中韓合作的反日倒滿的建議。蔣介石當時惟恐引起外交糾紛，乃將協助韓國革命青年的任務交付力行社成員滕傑、賀衷寒、康澤、蕭贊育、桂永清、干國勛等人祕密進行。力行社對於金若山一派的支持，除了經費上的援助外，另外協助培養了數百名的韓籍軍事幹部，後來成為朝鮮義勇隊的主要成員，隸屬於國民政府軍事委員會政治部，在抗戰初期有不錯的表現。力行社之所以積極支持金若山一派，主要是由於雙方均出身黃埔軍校，擁有同學情誼；加以均持抗日理念所致。

侍從室內與韓國事務關係最密切的人物，為侍六組的邵毓麟。邵毓麟，浙江鄞縣人，1909 年生，早年赴日留學，入九州帝國大學獲學士學位，後入東京帝國大學院研究。回國後，1934 年任四川大學教授，在校執教期曾結識韓國獨立運動領袖之一的金奎植。1935 年，邵任外交部日俄科科長，開始在外交界發展。1938 年，在漢口與朝鮮民族革命黨領袖、朝鮮義勇隊隊長金若山有過接觸。1939 年獲蔣介石由外交部調任侍從室

祕書，負責國際外交（包括韓國獨立運動）的業務。1941年初，邵奉命兼任外交部情報司長，上任後成立日韓問題研究室，由張令澳主持。[68]

當時重慶的韓國臨時政府，因尚未獲得各國（含中國）的外交承認，凡涉及與韓國臨時政府有關國際事務的接洽事項，大多非正式的交由情報司出面處理，因此邵與韓方各黨派人士常有接觸。他並努力促成韓國革命陣營內部的統一。1941年10月，蔣介石指示參謀總長何應欽，應將韓國光復軍及朝鮮義勇隊改隸軍事委員會直轄，由參謀總長改編後統一掌握運用。於是國民黨、軍方及韓國臨時政府，分別一再與金若山談判，擬將其朝鮮義勇隊與韓國光復軍合併。金最後勉予同意，屈居光復軍副總司令，不過仍悻悻不平。邵毓麟則再三慰以團結為要，復國至上。[69]或許是由於邵的本職仍在侍從室第六組，而蔣介石自1941年12月起又兼代外交部長，邵有關韓國問題的公文遂經常不經外交部，而逕由侍二處主任陳布雷，直接向蔣請示，致使韓國問題無形中歸侍六組主管。[70]

1943年7月，邵毓麟辭情報司兼職，專任侍從室工作，[71]不過仍與韓國獨立運動各派人士保持聯繫。1944年元月中旬，邵毓麟在與韓國臨時政府主席金九、財務部長李始榮、外交部長趙素昂、內務部長趙琬九等交談時，再次強調韓國臨時政府要想確保戰後的獨立，除了爭取外交承認的外交工作外，團結韓國臨時政府內外各黨派的內政工作，也極為重要。邵甚至對他們直截了當的勸告：

> 事實上我以朋友資格，向金奎植、金若山提出應該加強團結合作的若干愚見，他們亦已較前更能接納。各位都是韓國臨時政府的負責當局，只有各位以大事小，耐心地伸出雙手，低聲下氣去尋求反對黨的合作才行。如果韓國朋友自己都不能團結合作，那就不能怪國際間無情無義了。[72]

1945年太平洋學會的國際會議結束後，邵毓麟在華盛頓繼續停留，在國務院遠東局中國司司長范宣德之助理莊萊德（Everett F. Drumright）的安排下，曾和代理國務卿格魯（Joseph C. Crew）和國務院遠東局長也是主管遠東事務的助理國務卿巴靈頓（Joseph W. Ballantine）交換對於遠東局勢，包括日本、韓國問題的看法。所得結論為美國目前不願承認

韓國臨時政府。如韓人團結一致對日作戰,可予考慮,並允以私人資格,促其各派合作。[73] 邵毓麟於是在美國的同意下,在美從事促進各派韓人的工作,其中最重要者,即為協調李承晚與重慶韓國臨時政府,以及李承晚與旅美韓國其他派系之間的關係。邵在太平洋學會會議時,已發現李承晚所領導的韓國代表公署(Korean Commission)與韓始大及田景武所領導的韓國聯合委員會(United Korean Committee)之間的對立,在邵的勸說下,雙方勉強在會議中彼此合作,可是會議結束後,雙方關係又轉為惡化。

至於李承晚與韓國臨時政府的關係,也是貌合神離。1919 年韓國「三一革命」後,許多韓國革命志士流亡中國,曾在上海祕密建立韓國臨時政府,李承晚被選為第一任大總統。不料此一政府在日本的壓迫和北洋政府的遺棄下,有如曇花一現而消逝,李也流亡美國。在他看來,金九是革命後輩,而重慶的韓國臨時政府,只是中國國民政府庇護下的一個革命團體,並未獲得任何國家的承認,因此他名義上是韓國臨時政府駐美代表,但是在華府他卻自稱「韓國代表」;他的機構也不稱韓國臨時政府駐美代表公署,而稱韓國代表公署。邵毓麟只能小心謹慎的在韓國臨時政府與李承晚、李承晚與韓國旅美各派之間周旋協調,苦心勸說。[74]

二、參與國府援韓決策制定

抗戰爆發後,國民政府得已不再顧忌日本,公開的支持韓人的獨立運動。1938 年 3 月,朱家驊任國民黨祕書長兼中統局長。1939 年 3 月,朱奉蔣之命調和韓國的黨派之爭,[75] 他約集各團體負責人會談多次,並派中統局副局長徐恩曾,三青團組織處處長康澤與李超英三人,實際負責接洽。[76] 徐恩曾為 CC 系要角,康澤為力行社創社成員,李超英則為朱家驊親信,因此朱家驊在安排此項人事時,試圖兼顧 CC 系與力行社兩方的立場,至為明顯。在朱的協調下,1939 年 8 月 27 日,與韓國革命運動有關的七個團體,於四川綦江集會,不過整合的工作並未成功,金九領導的「光復陣線」和金若山領導的「民族戰線聯盟」仍互不相讓。

自此次會議失敗後,國民黨內部對於如何扶助朝鮮革命運動,開始

出現應扶植一黨或兩黨分別運用的爭議。1942 年 9 月，國民黨中央常會推定戴季陶、何應欽、王寵惠、陳立夫、朱家驊、王世杰、吳鐵城等委員詳加研究，第二次會議並請孔祥熙、孫科、陳布雷諸委員參加，商定扶助一個團體，並對韓國臨時政府（主席金九）貸款 100 萬元，以扶助其發展。[77]

9 月 12 日，朱家驊向蔣提出關於韓國問題處理意見的書面報告，主張扶持以金九領導的韓國獨立黨，理由如下：

> 韓國各黨派，原不必強求其統一，但宜擇優扶植，使能領導獨立運動。查韓國各黨派中，自以金九領導之韓國獨立黨為最優。該黨係合併韓國國民黨、韓國獨立黨及朝鮮革命黨而成，範圍最廣，歷史最久。無論今昔，其黨綱所揭櫫者均富於民族主義色彩，與本黨革命旨趣相同，且幹部人員多曾參加本黨革命，或同情本黨，並有早年即已加入同盟會者（如濮純等）。故本黨扶植該黨乃極自然之事。至於金若山領導之朝鮮民族革命黨，其黨綱標榜「土地革命」、「縮短勞動時間」、「言論集會自由」、「聯合反侵略國家」等等，是其政治色彩、國際路線已灼然可見。該黨朝鮮義勇隊前次赴陝北各地投效奸偽達一百二十餘人，餘數十人又多屬「朝鮮戰鬥同盟」跨黨分子。此種人數甚少，信仰各殊，思想複雜之黨派，正宜防範其為共黨所利用，不應助長其發展也。[78]

朱家驊在報告中建議適時承認韓國臨時政府，以消弭內部政爭；調整光復軍以李青天負責領導，此後不再援助金若山。[79]

此一呈蔣的報告，到了侍從室第六組，組長唐縱和祕書兼外交部情報司司長邵毓麟均不同意，簽請仍以 1941 年 10 月陷川侍六電指示方針為原則，不必固執於單一黨派的運用政策，如不能統一，則分別運用。政府指導此案時，不可將黨、政、軍分別運用，而宜由委員長指定二、三人統一辦理。唐縱並曾自述其堅持不固定扶助一黨的理由如下：

> 蓋現在金九、金若山兩派均無顯著希望，金九一派固執、腐化，革命難忘有成；如拋棄金若山而扶助金九，萬一金九失敗，金若山

成功，則有重蹈中日甲午戰之前軌，朝鮮將不為我所友，故此時宜活用之。且金若山在美國亦有其團體活動，對蘇聯及中國共產黨尤為接近，我若拋棄，勢必更將促其投入中共陣營，為患更深。[80]

侍六組所簽註的意見，侍二處主任陳布雷最初並不同意，後經邵毓麟說明後，陳始簽字。並將侍從室意見、吳鐵城的報告及朱家驊的建議三者併呈。最後蔣對侍六組的意見批示「如擬」，對朱的報告僅批一「閱」字。[81]

不過此時國民黨內反共的聲音日高，金若山的部下又有不少共產黨員，因此黨內支持金九、反對金若山者頗多，負責韓國問題的朱家驊乃於 1943 年 3 月再上簽呈，主張政應以臨時政府為輔助對象，黨應以韓國獨立黨為輔助對象，軍則應以李青天的光復軍為輔助對象。結果獲蔣批示：「此後照此方針進行，不得再有變更。」[82]

事後朱家驊並約見侍六組組長唐縱，當面溝通，說明蔣介石將朝鮮問題交其辦理的經過，並將其所以維護金九而不支持金若山的原因各舉三種。維護金九的原因：(1) 金九在美國尚有韓僑擁護，韓僑有接濟；(2) 金九與國民黨有歷史關係；(3) 金九在韓國有革命歷史。不贊成金若山的原因：(1) 與共黨有關係，曾奉總裁代電；(2) 政治部曾解散義勇隊，可見對其不信任；(3) 郭泰祺任外交部長時準備承認韓國政府，金若山曾寫信反對。朱家驊最後希望唐縱能瞭解其意見，並貫徹其主張。[83] 侍從室所提的方案最後雖未獲蔣採納，但是在援韓政策的制定過程中確曾扮演重要角色，則殆無疑問。

出席國際會議

侍從室人員除了隨侍蔣介石出國訪問或出席國際會議，有時也奉派出國參加國際會議，扮演一定角色。以下僅以 1945 年的太平洋學會國際會議和聯合國制憲會議為例，加以說明。

一、太平洋學會國際會議

太平洋學會創立於 1925 年，為一國際性的非政府組織，成立的宗旨在提供一論壇討論太平洋周邊各國之間的問題，以強化彼此之間的關係。經費大多來自企業界與慈善機構，尤其是 Rockfeller Foundation，國際總部原設於檀香山，1930 年代初期遷至紐約市。依照學會組織章程，此一學會每 2 年召開國際會議一次（輪流於太平洋沿岸各會員國舉行），並資助研究計畫及出版。1932 年起並出版 *Pacific Affairs* 季刊。[84]

二次大戰期間，太平洋學會共舉行過 2 次國際會議，第一次係於 1942 年在加拿大的魁北克召開，有一重大改變，除企業界與學界代表外，也邀請政界人士出席。第二次係於 1945 年在美國維基尼亞州的溫泉市（Hot Springs, Virginia）舉行。[85]

太平洋學會 1944 年 1 月 10 日至 16 日在美國大西洋城召集理事會，討論翌年國際會議議程與工作方針，參與者包括美、英、中、荷、法、菲、加、澳、紐各國分會，每一會員國以 5 人為限。中國分會會長蔣夢麟接到邀請函後，於 1943 年 11 月 15 日在中宣部召集在渝執行委員會商，並邀請外交部及中宣部高級官員參加，會中決定電請曾任駐美大使的外交界元老施肇基率領李幹、夏晉麟、桂質延前往，復以行政院祕書長蔣廷黻因公赴美，也請特別協助。所有籌商經過及供與會代表參考的備忘錄，均曾簽報外交部長宋子文同意。[86] 自 1941 年 7 月起，宋子文曾多次向蔣介石建議以施肇基替換胡適出任駐美大使，顯示宋、施二人關係非淺，因此施率團赴美一事，筆者推測恐係宋所指派。[87]

根據侍從室祕書朱世明（曾出席 1942 年太平洋學會國際會議）的研判，此次會議性質較過去歷次會議為重要，乃草擬報告呈蔣，建議指定軍委會參事室負責籌備。報告重點如下：

（一）太平洋國際學會在英、美因其與政府關係密切，故其左右政府外交政策的力量，也異常重大，如前年開會時，英代表團除議員及專家外，尚有空軍上將一員；美國代表團除教授、名流外，也有國會議員、政府要人及九一八事變後參與國聯調查團的麥考爾將軍（Major General Frank R. McCoy）等，可見英、美政府對該會的重視。

（二）該會下次會議，議題為戰後太平洋區的安全與繁榮問題，內容包括聯合國太平洋作戰聯繫機構問題、戰敗日本如何處置、集體安全、國際警察及海空軍根據地分配問題等，不啻為一太平洋作戰會議的縮影及和平會議的預行演習，其重要性較之以前歷次會議，自尤過之。

（三）查歷屆會議各國代表團均有長時間準備，我國則每於開會前數週始派定出席人員，為免相形見絀。現太平洋學會我國分會主持人有見及此，已在重慶組織研究會，職也被邀列席。惟太平洋學會會議提案既攸關國策，似不宜完全由社會團體主持。職愚見以為由軍委會參事室擔任此項準備工作最為相宜。惟參事室現有組織似稍嫌簡單，如能略加擴大，充實人員，則不特對於太平洋學會會議可有充分準備，即對於和平會議也可未雨綢繆。

蔣介石看了朱世明的報告後批示：「照准，並派熊天翼（式輝）祕書長參加研究。」[88] 對於擴大參事室組織，增加人員的建議則未置可否。

會議事宜開始籌備後，各方推薦出席代表的信函即接踵而來，如熊式輝即直接向蔣介石推薦國民參政會參政員張君勱，[89] 國民參政會參政員莫德惠託侍三處主任陳果夫推薦東北籍專家甯恩承，[90] 此類信函均由侍二處簽註意見，例如：「謹按甯恩承君為遼寧人，資歷尚屬相當，太平洋學會國際會議似應有一東北同志參加，如蒙准轉王（世杰）主任，可否？以上意見併請其參酌，乞核示。」[91]

關於代表人選，經蔣夢麟與王世杰於 10 月 23 日會商後，擬定名單一份如下，並於 25 日呈蔣核定。

1. 現在國內者。擬選 4 人或 5 人，前 4 人請予核定，後 3 人中並請指定 1 人。

   葉公超　宣傳部駐英代表

   錢瑞升　西南聯大教授、國民參政員

   吳文藻　國防最高委員會參事

   張君勱　國民參政員

   以下 3 名備參考

   梅汝璈　立法委員（聞王世杰、甘乃光君言，其學問甚好）

   甯恩承　中國農民銀行主任稽核（東北人，曾出席太平洋學會兩

次）

陳　總　西南聯大經濟學教授

2. 現在美國者。應有名額 10 名，茲暫擬推選 7 人。

胡　適　前駐美大使

周鯁生　軍事委員會參事

張忠紱　軍事委員會參事、外交部美洲司司長

浦薛鳳　國防最高委員會參事

李卓敏　南開經濟研究所教授

吳景超　經濟部祕書

王　徵　中央設計局副祕書長

以上諸人，因行止及職務關係，將來或需稍有更動，或因特種專題之需要，需在美臨時物色一、二人參加。

備考 4 名

施肇基

毛邦初

夏晉麟　中宣部駐美代表

陳序經　西南聯大經濟學教授

蔣夢麟 25 日並致函侍二處主任陳布雷，說明何以簽呈中所擬名單位列己名，乃是因為已接陳轉之蔣命令囑其參加。至於首席代表一席，照例如會長親往，即為首席，此節請陳代為說明。[92] 另一項資料顯示，蔣夢麟 10 月 23 日在與王世杰協商出席代表人選，曾表示自己有意擔任中國代表團團長，王頗覺其不勝任，不過也並未提其他適當人選。[93]

侍二處主任陳布雷收到呈文後，10 月 26 日擬辦：

1. 所擬名單

(1) 由國內前往者，請圈定 5 人。

(2) 現在美國者，似可如擬確定為前列之 7 人，其餘 3 人囑其將來擇宜選定再行呈報。

2. 蔣夢麟現為太平洋學會中國分會會長，此次決定親自參加，已面報委座，照例分會會長親往時，即任首席代表，如赴時可加一語「即由兄任總代表可也。」

獲蔣批示：

1. 甯恩承先覆。

2. 如施肇基能參加，則可將王徵或李卓敏刪一人。[94]

11 月 14 日，王世杰又以太平洋學會將以處置日本問題為主要議題，中國似應有一、二熟悉日本問題的專家參加，推薦外交部亞東司長楊雲竹和侍從室祕書邵毓麟兩人，建議蔣交由太平洋學會中國分會在其名額許可範圍內酌予添一或二人。陳布雷接到此簽呈後，簽註意見：「此件王主任雪艇因恐名額有限，故簽請酌添一人或二人，實際上前次蔣會長業奉核定由國內赴美者 5 人（甯恩承在內），在美國就近參加者 7 人，原尚留有餘額 3 人，故若添派 2 人，應無問題，擬請 (1) 以楊雲竹、邵毓麟 2 人，併交太平洋學會，加約為代表。(2) 需增加之旅費，囑該會擬具數目，撥予加撥。」獲蔣批示：「如擬。」[95]

中國代表團在出發前，參事室主任王世杰曾奉蔣介石的指示，詳加研究，參照國防最高委員會祕書長王寵惠等所擬〈解決中日問題基本原則案〉、參事室參事周鯁生所擬意見，及其他專家意見，擬就方略上及政策上的指示各若干條，獲蔣核可後，密交太平洋學會中國分會注意，俾為準備。[96]

蔣夢麟最後並於 1943 年 12 月 3 日簽請蔣介石撥發美金 5,000 元作為施肇基等赴會之用，供與會代表參考的備忘錄也一併呈閱。[97] 簽呈至侍二處主任陳布雷處，陳草擬擬辦意見二點：(1) 備忘錄大體尚屬妥適，惟其中「總而言之，和平機構不論為整個世界的，或為太平洋局部的，如英、美、蘇三國全體參加，吾國亦決定加入；倘該機構為武裝保持世界和平起見，需組織『國際軍警』時，在平等互惠原則之下，吾國願意允許在台灣、香港或其他國境設立海、空軍根據地，以應需要。」一段，關於設置海、空軍根據地一節，對台灣、香港兩地名稱不必提出，僅需說明在普遍設立原則之下，中國願意參加，其地點之選定，應得主權國的同意。擬照此囑令修改。(2) 所請撥給美金 5,000 元為施代表等出席費用一節，擬交孔副院長照發。獲蔣批示：「如擬。」[98]

1945 年元月，中國代表團成員陸續抵達會議地點，報到後取得會議資料，才得以知道各國代表團的成員名單。在美國代表團中正式成員

包括有國務院中國司司長范宣德（John Carter Vincent. Chief, Division of Chinese Affairs）、戰時新聞局顧問拉鐵摩爾（Owen Lattimore. Consultant, Office of War Information）與若干學者、專家，祕書中有著名作家羅生吉（Lawrence K. Rosinger）等人。[99]

在中國代表團成員中，與對日本、韓國工作有關者，僅有楊雲竹和邵毓麟2人，其中楊為現職外交部亞洲司長，故甚少發言，邵在出席人員名單中所列身分為軍事委員會祕書（Secretary, National Military Council），[100] 發言較為自由，[101] 他在會中的重要發言如下：

第一，對於戰後日本天皇制存續與否的問題。各國與會代表對於如何處置天皇制度，並無一致的見解。[102] 大致來說，美國代表中的中國問題專家（China specialists）如范宣德（John Carter Vincent）、拉鐵摩爾（Owen Lattimore）、畢生（T. A. Bisson）等人，由於認同中國，同情中國人在日本侵略下的遭遇，希望日本戰敗後能懲罰日本，因此主張廢除天皇制。相對的，美國代表中的日本問題專家（Japan specialists），由於熟悉日本事務，同情日本人民，在情感上反對對日本採取懲罰性措施，因此主張保留天皇制。[103] 不過與會代表一般均認為日本需無條件投降。[104]

邵毓麟則提出以下幾項論點，極力維持天皇制度：

1. 我們盟國作戰的目標，是日本軍國主義，是日本侵略的、集權的軍閥政權，而非日本的一般國民，或已大權旁落的日本天皇個人。

2. 盟國領袖業已在〈開羅宣言〉中昭告世界，戰後日本的政體，應由日本人民自行決定。

3. 只要日本天皇不妨礙戰後日本民主政治的發展，我們大家不應違反〈開羅宣言〉的決議，尤不應在此戰事尚未結束之時，主張以日皇為戰犯而予懲處或流謫而給日本軍閥以煽惑日人繼續作戰的口實。[105]

第二，國民政府集權不民主，壓迫中共，而中共為「土地改革者」的問題。美國的「中國通」自重慶所發出的新聞報導和評論，均持此種論點，在太平洋學會的會場，也是如此。邵毓麟雖曾一再起立發言，為國民政府辯護，並且指出中共違反軍政、軍令的事實，由於與會各國代

表均知邵的官方身分，故其言論缺乏說服力。邵見勢不妙靈機一動，請張君勱幫忙，同時並起立說：「我是在中國政府服務的官員，或許各位認為我的立場，難免偏袒政府，所幸這裡有一位中國反對黨——民社黨的領袖張君勱在座，他的發言，或許會幫助各位得到一個更公正、更客觀的答案。」[106] 接著張君勱起立，為國府說了不少話。張向各國代表介紹中國的國民參政會和各黨派的活動，他並以納粹德國和共產俄國為例，指出中國如果是極權國家，中國政府也絕不會容忍如他所領導的民社黨，更不會准許中國共產黨的存在。張君勱的發言贏得了滿堂的掌聲，同時也使邵毓麟如釋重負。[107]

　　第三，韓國獨立問題。由於邵毓麟是重慶韓國臨時政府的「華籍顧問」，在離開重慶前，即曾和韓國臨時政府主席金九數度討論如何團結旅美韓國各派，集中力量支持韓國臨時政府，以取得國際承認。邵一到場，即和韓國代表團取得聯繫。韓國代表團主要成員一位名為鄭景翰（Henry Deyoung），是李承晚所領導之韓國代表公署（Korean Commission）的祕書長，另一位為和李承晚對立的韓始大（Sidai Hann）所領導之韓國聯合委員會（United Korean Committee）的負責人，名為田景武（Jacob Dunn）；第三位則為在兩派間採取中立之韓國經濟學社（Korean Economic Society）的負責人劉一亨（IJhan New）。邵毓麟將韓國臨時政府在華奮鬥經過，以及當前任務乃在確保韓國戰後獨立和爭取對韓國臨時政府的外交承認兩點，簡要的向他們說明，並希望他們團結一致。中國代表團將全力支持韓國，因為這是中國政府的一貫政策。

　　在會場中，英美代表團對戰後韓國獨立問題，均認為〈開羅宣言〉雖曾保證戰後韓國獨立，但是必須先經過一段「相當時期」（"in due course"）。在此「相當時期」，韓國應由盟國國際共管五年，然後再予獨立。[108] 英美代表團在會中並公開說明其理由，一是韓國業已亡國多年，缺乏足夠的行政管理幹部，一時無法建立有效的政府；二是因為韓國人不能團結合作，在短時期內難以建立一個統一的獨立國家，因此應由盟國國際託管五年，先對韓人進行一番教育訓練的工作，邵毓麟和三位韓國代表，乃不約而同，分別在小組委員中反駁英美代表的主張：第一，此種說法違反盟國共同作戰的目標，以及〈開羅宣言〉保證戰後韓國獨

立的精神。其次，英、美所提出的國際共管韓國辦法，事實上只是由一個日本帝國主義者的單獨統治韓國，改為幾個強國共同統治韓國。第三，誰也不能相信三千萬韓國人中，會找不出二、三千個行政幹部，這種說法真是侮辱韓國人的聰明才智。

一些太平洋學會的官員認為，此次國際會議實際上為同年 4 月的聯合國制憲會議揭開了序幕。此次國際會議所討論的議題涵蓋了許多聯合國制憲會議所要決定的事項；此次國際會議的成員，並非以決策者的身分與會，而是以平民或專家的非官方身分出席。他們表達了太平洋周邊會員國的輿論和專家意見，其中有許多意見或曾對政策制定者產生影響。[109]

二、聯合國制憲會議

4 月 25 日聯合國創立會議（the United Nations Conference on International Organization）在舊金山舉行，共有五十個同盟國的國家參加。在會議中，各國代表審查並重擬了敦巴頓橡樹園協議（the Dumbarton Oaks Agreements）。會議的結果促成了聯合國憲章，[110] 通常稱為「制憲會議」。

中國代表團共有正式代表 10 人（首席代表為外交部長宋子文），另有高級顧問 1 人（施肇基），祕書長 1 人（胡世澤），顧問、專門委員二十餘人。祕書、隨員十餘人，抵美後又增加祕書、隨員、諮議等四十餘人。[111] 侍從室交派邵毓麟與李惟果二人，以專門委員身分參加。[112] 邵毓麟被指派的任務包括參加有關戰後英、美殖民地託管制度的小組委員會，以及聯繫韓國旅美各黨派。[113]

結論

國民政府成立初期，蔣介石對於北洋政府時期的職業外交官依然重用，例如顧維鈞於九一八事變後歷任外交部長，駐法公使、大使，中國出席國聯大會首席代表等職；[114] 顏惠慶則於九一八事變後歷任對日特種委員會委員、駐美公使、駐蘇聯大使等職。[115] 至於金問泗、錢泰、胡世

澤等人，國民政府時期也曾擔任過駐外使節。這些北洋時期的職業外交官雖然在國民政府依然受到重用，但是並不代表他們可以參與外交決策的制定，主要原因有以下兩項：

第一，此一時期國民政府的外交方針具高度複雜性，[116] 有時且需進行祕密外交，因此除非是能夠得到蔣的充分信任，否則難以參與。例如1932年「一二八」事件發生後，學生反日運動高漲。其時國民政府雖然在江蘇太倉一帶建築防禦工事，但是並非能阻止日本進犯淞滬。國府對日應和或戰，各方意見不一。此時蔣介石指定何應欽、孫科、程潛、唐生智四人經常集會，商談和戰問題，由國防設計委員會副祕書長錢昌照代表蔣列席。有時黃紹竑、黃琪翔也參加。會議地點在南京鼓樓何應欽家中。每次均由情報機構代表先做報告，待情報機構代表退出後才開始會談。當時這些人的對日態度各不相同，錢昌照曾有以下的回憶：

> 何應欽對抗日表態不堅定，強調積蓄力量。孫科主張非打不可，不打，老百姓會起來造反，他常常作激昂慷慨的發言。程潛是比較積極而穩健的，主張抗日，步步為營，打不過就退，即使退到西康也打，寧為玉碎，也要打到底，國際上也不會允許日本為所欲為。我的思想是和孫科、程潛一路的。唐生智不大表態，一度又自告奮勇守南京，事實上敵兵剛到鎮江他就走了。程潛不同，作戰比較出力。歷次會議的結果，由何應欽面向蔣介石匯報，我有時進行些補充。[117]

此類會議對蔣外交政策的制定究竟產生何種影響，不得而知，不過在此類會議中找不到職業外交官的身影，則絲毫不令人意外。無怪顧維鈞曾抱怨中國的外交難辦，因為無法摸清政府高層的真實意圖。政府經常不將事情的真貌全盤告訴國外代表，有時甚至只說些表面上正確，而實質上不真實的話，因而常對國外代表的工作造成不必要的困難。[118]

第二，蔣介石對職業外交官的人格特質與行事風格缺乏好感。許多關心外交的黨政要員，均認為蔣在辦外交時，過於堅守原則。例如政治態度素以保守著稱的戴季陶，九一八事變後曾出任國民政府特種外交委員會委員長，1945年即曾對顧維鈞表示，理想主義者的原則，只應在

用得著時標榜它一下，處理具體問題時則不宜過多堅持。如果中國因為堅持原則而引起英、美、蘇的誤解，那就不聰明了，其結果甚至可能導致對中國的意向產生不必要的疑慮。戴確信中國應該承認自己還很軟弱無力，與其堅持理想主義的原則而一事無成，不如不堅持，全力增強國力，方為明智之舉。[119] 同樣的，蔣介石對於一般職業外交官的行事風格與人格特質，也缺乏好感。他曾於一次演講中公開指出：「中國從前的外交人員，尤其甲午以來的外交人員，就是抱著這自居卑下，甚至委屈求全的心理，以為外交無法轉變國家的形勢。……因為外交人員懷了這種錯誤的心理，所以行動就缺乏勇氣，處事就沒有剛毅的精神，不能發揚國家的威信，達成政府的使命。」這些外交人員「總還脫不了舊官僚與政客的習氣，生活不能緊張，心理不能改革，辦事鬆懈因循，不切實際。」[120]

蔣介石既然對職業外交官不信任，他本人又與當時的大國元首相同，喜好進行「元首外交」（summit diplomacy）活動，侍從室所扮演的角色自然變得重要，侍五組和國防設計委員會成為戰前最重要的外交諮詢機構。1938年軍事委員會參事室在陳布雷的建議下成立，侍從室外交政策的諮詢功能，大半為參事室取代。[121] 1941年蔣又命陳布雷和國防最高委員會祕書長王寵惠在該會內設置國際問題討論會，專門研究戰後國際問題，由王寵惠兼主任一職；而王世杰所主持的參事室，則專門研究當前的一般外交問題。由陳布雷所催生的此二機構，實為抗戰後期蔣介石最重視的外交諮詢機構。

侍從室外交政策諮詢的功能，雖然在以上兩個機構出現後有所收縮，但是此一機構仍在國民政府的外交活動中扮演相當重要的角色，如參與外交決策、中日祕密外交、韓國獨立運動等活動、出席國際會議等，輔佐蔣介石進行「元首外交」。

一般認為蔣介石在外交事務上最倚重的諮詢對象，在對美關係上有宋美齡、宋子文和商震，對英關係上有王世杰與杭立武，對蘇關係上有孫科和楊杰，對德關係上有李石曾、蔣百里和朱家驊。至於外交決策圈中真正重要的關鍵人物，則為黃郛、張群、王世杰、王寵惠、陳布雷、孔祥熙和宋子文。此七人中未曾擔任過外交部長者，除了孔祥熙，僅有

1. 電文全文見〈羅斯福致蔣中正電 (1944 年 9 月 18 日)〉，收於：秦孝儀主編，《中華民國重要史料初編：對日抗戰時期：第 3 編戰時外交》（以下簡稱《戰時外交》）（台北：中央文物供應社，1981 年），頁 658-659。

2. 蔣介石，《日記》，1944 年 9 月 19 日。

3. 蔣介石，《日記》，1944 年 9 月 22 日。

4. 蔣介石，《日記》，1944 年 9 月 22 日~23 日。

5. 蔣介石，《日記》，1944 年 9 月 24 日。

6. 〈蔣介石與赫爾利會談記錄 (1944 年 9 月 24 日)〉，收於：《戰時外交》（三），頁 663-671。

7. 齊錫生，《劍拔弩張的盟友：太平洋戰爭期間的中美軍事合作關係 (1941-1945)》（台北：中央研究院‧聯經出版公司，修訂版，2012 年），頁 400。

8. 《戰時外交》（三），頁 677-678。

9. 《事略稿本》，1944 年 10 月 7 日。

10. 《事略稿本》，1944 年 10 月 8 日。

11. 《事略稿本》，1944 年 10 月 9 日。

12. 最具代表性的權威著作，應為註 7 齊錫生教授著作。

13. 陳布雷，《陳布雷先生從政日記稿樣》（以下簡稱《日記》），1944 年 9 月 22 日。

14. 陳布雷，《日記》，1944 年 10 月 8 日。

15. 陳布雷，《日記》，1944 年 10 月 8 日。

16. 《事略稿本》，第 29 冊，頁 381-382。

17. 陳布雷，《陳布雷回憶錄》（台北：傳記文學出版社，1967 年），頁 98。

18. 陳布雷，《日記》，1936 年 2 月 28 日。

19. 陳布雷，《日記》，1936 年 12 月 9 日。

20. 陳布雷，《日記》，1936 年 12 月 10 日。

21. 陳布雷，《日記》，1936 年 12 月 11 日。

22. 陳布雷，《日記》，1936 年 12 月 12 日。

23. 陳布雷，《日記》，1935 年 3 月 3 日。

24. 陳布雷，《日記》，1936 年 6 月 18 日。

25. 陳布雷，《日記》，1936 年 6 月 30 日。

26. 居亦僑，《跟隨蔣介石十二年》（長沙：湖南人民出版社，1988 年），頁 20-21。

27. 陳布雷，《回憶錄》，頁 108-109。

28. 陳布雷，《日記》，1936 年 2 月 25 日。

29. 陳布雷，《回憶錄》，頁 108-109。

30. 陳布雷，《回憶錄》，頁 122；蔣公侍從人員史編纂小組編，《蔣公侍從見聞錄》，（台北：國防部史政編譯局，1997 年），頁 130。

31. 陳布雷，《回憶錄》，頁 122-127。

32. 關於參事室，詳見：熊婧娟，〈略論國民政府軍事委員會參事室〉，《中國礦業大學學報 (社會科學版)》，2008 年第 3 期（2008 年 9 月），頁 93-97；劉傳暘，〈王世杰與中國外交——學人從政個案研究〉。未刊博士論文，中國文化大學史學研究所，2006 年，頁 33-38；薛毅，《王世杰傳》（武漢：武漢大學出版社，2010 年），第 6 章。

33. 陳布雷，《回憶錄》，頁 122。

34. 陳布雷，《日記》，1937 年 10 月 7 日。

35. 陳布雷，《日記》，1938 年 4 月 24 日。

36. 陳布雷，《日記》，1939 年 1 月 25 日。

37. 參閱：陳布雷，《日記》，1941 年 12 月 24-26 日。

38. 陳布雷，《日記》，1942 年 4 月 4 日。

39. 陳布雷，《日記》，1940 年 11 月 11 日。

40. 陳布雷，《日記》，1942 年 3 月 14 日。

41. 陳布雷，《日記》，1942 年 4 月 4 日。

42. 陳存恭等訪問，《陶希聖先生訪問記錄》（台北：國防部史政編譯局，1994 年），頁 160。

43. 邵毓麟，《勝利前後》（台北：傳記文學出版社，1967 年），頁 2，42。

44. 詳見：齊錫生，《從舞台邊緣走向中央：美國在中國抗戰初期外交視野中的轉變》（台北：聯經，2017 年），頁 345-407。

45. 陳布雷，《日記》，1941 年 7 月 1 日；王世杰，《日記》，1941 年 7 月 1 日。

46. 蔣介石，《日記》，1941 年 7 月 1 日。

47. 陳布雷，《日記》，1941 年 7 月 2 日。

48. 陳布雷，《日記》，1941 年 7 月 2 日。

49. 《事略稿本》，1941 年 7 月 2 日。

50. 陳布雷，《日記》，1941 年 7 月 3 日。

51. 王世杰，《日記》，1941 年 12 月 8 日。

52. 中國廣播公司國際台節目部主任彭樂善於 12 月 8 日上午 1 時於重慶聽得短波報導。彭恐傳聞失真，故等到 3 時 30 分始報告中宣部副部長董顯光。參閱：彭樂善，〈回憶珍珠港被偷襲那一天〉，《傳記文學》，第 39 卷第 6 期 (1981 年 12 月)，頁 70。

53. 《事略稿本》所載開會時間為上午 8 時，不確。參閱：《事略稿本》，1941 年 12 月 8 日。

54. 王世杰，《日記》，1941 年 12 月 8 日。

55. 《事略稿本》，1941 年 12 月 8 日；蔣介石，《日記》，1941 年 12 月 8 日。

56. 陳布雷，《日記》，1941 年 12 月 8 日。

57. 《事略稿本》，1941 年 12 月 8 日。

58. 陳布雷，《日記》，1941 年 12 月 8 日。

59. 蔣介石，《日記》，1941 年 12 月 8 日。

60. 陳布雷，《日記》，1941 年 12 月 9 日。

61. 〈國防最高委員會第七十三次常務會議記錄〉，收於《國防最高委員會常務會議記錄》
（台北：近代中國出版社，1995 年），第 3 冊，頁 1264；陳布雷，《日記》，1941 年
12 月 9 日。

62. 兩份布告全文，詳見：《事略稿本》，1941 年 12 月 9 日。

63. 蔣介石，《日記》，1941 年 12 月 10 日。

64. 蔣介石，《日記》，1940 年 8 月 10 日。

65. 〈處理敵我關係之基本綱領〉，《蔣中正總統特交檔案》，國史館藏，檔號
00208010300030002。

66. 〈處理敵我關係之基本綱領〉。

67. 楊天石，〈蔣介石與韓國獨立運動〉，《抗日戰爭研究》，2000 年，第 4 期，頁 3。

68. 邵毓麟，《使韓回憶錄》（台北：傳記文學出版社，1980 年），頁 1-5、41-43。

69. 邵毓麟，《使韓回憶錄》，頁 33。

70. 陳布雷也曾在其日記中記載此一現象：「閱六組呈件甚繁瑣，朝鮮問題無形中歸六組
主管，亦一奇事。」參閱：陳布雷，《日記》，1942 年 9 月 14 日。

71. 邵毓麟，《勝利前後》，頁 2。

72. 邵毓麟，《使韓回憶錄》，頁 45-46。

73. 邵毓麟，《勝利前後》，頁 24-25；邵毓麟，《使韓回憶錄》，頁 66。Xiaoyuan Liu,
*A Partnership for Disorder: China, the United States, and their Policies for the Postwar
Disposition of the Japanese Empire, 1941-1945* (Cambridge: Cambridge University Press,
1996), pp.224-225.

74. 邵毓麟，《勝利前後》，頁 25-30。

75. 中央研究院近代史研究編，《國民政府與韓國獨立運動史料》（台北：編者印行，
1988 年），頁 407。

76. 蕭作霖，〈復興社述略〉，《文史資料選輯》，第 11 輯（1981 年），頁 55。

77. 唐縱，《在蔣介石身邊八年：侍從室高級幕僚唐縱日記》（以下簡稱《日記》）（北京：
群眾出版社，1991 年），1942 年 9 月〈上星期反省錄〉，頁 307-308。

78. 中央研究院近代史研究所編，《國民政府與韓國獨立運動史料》（台北：編者印行，
1988 年），頁 408-409。

79. 中央研究院近代史研究所編，《國民政府與韓國獨立運動史料》，頁 409；唐縱，《日

記》，1942 年 9 月〈上星期反省錄〉，頁 308。

80. 唐縱，《日記》，1942 年 9 月 26 日〈上星期反省錄〉，頁 308。

81. 唐縱，《日記》，1942 年 9 月 26 日〈上星期反省錄〉，頁 308。

82. 林能士，〈國民黨派系政治與韓國獨立運動〉，《韓國研究論叢》，第 4 輯，頁 118-119。

83. 唐縱，《日記》，1944 年 4 月 22 日。

84. Tomoko Akami, *Internationalizing the Pacific: The United States, Japan, and the Institute of Pacific Relations in War and Peace, 1919-45* (London& New York: Routledge, 2002).

85. 朱世明，〈太平洋學會會議性質重要似宜指定軍委會參事室負責籌備由 (1944 年 3 月 26 日)〉，《太平洋國際學會會議》，國民政府檔案，檔號 055/0582。

86. 〈蔣夢麟致蔣介石簽呈 (1943 年 12 月 3 日)〉，《太平洋國際學會會議》，國民政府檔案，典藏號 001-060200-0007。

87. 參閱：王世杰，《日記》，1941 年 7 月 11 日。

88. 朱世明，〈太平洋學會會議性質重要似宜指定軍委會參事室負責籌備由 (1944 年 3 月 26 日)〉，《太平洋國際學會會議》，國民政府檔案，檔號 001060200007034。

89. 〈熊式輝致蔣介石函 (1944 年 10 月 11 日)〉，檔號 001060200007045。

90. 〈莫德惠致陳果夫函 (1944 年 9 月 24 日)〉，檔號 001060200007049。

91. 〈莫德惠請派甯恩承同志充任太平洋學會代表〉，檔號 001060200007048。

92. 〈蔣夢麟致陳布雷函 (1944 年 10 月 25 日)〉，檔號 001060200007070。

93. 參閱：王世杰，《日記》，1944 年 10 月 24 日。

94. 〈蔣夢麟呈文〉，檔號 001060200007061。

95. 陳布雷、王世杰，〈為擬請以楊雲竹、邵毓麟參加太平洋學會之裁核由 (1944 年 11 月 14 日)〉，檔號 001060200007064。

96. 王世杰，〈為擬具關於太平洋學會會議事件之指示祈鑒核〉，檔號 001060200007083。

97. 〈蔣夢麟致蔣介石簽呈 (1943 年 12 月 3 日)〉。

98. 〈蔣夢麟致蔣介石簽呈 (1943 年 12 月 6 日)〉。

99. 美國代表團成員名單，詳見：Institute of Pacific Relations, *Security in the Pacific: A Preliminary Report of Ninth Conference of the Institute of Pacific Relations* (New York: Institute of Pacific Relations, 1945), pp.157-160.

100. Institute of Pacific Relations, *Security in the Pacific*, p.151.

101. 邵毓麟，《使韓回憶錄》，頁 51-52。

102. Institute of Pacific Relations, *Security in the Pacific*, p.xi.；〈魏道明致蔣介石電 (1945 年 1 月 16 日)〉，《蔣中正總統文物》，〈一般資料——民國 34 年 (一)〉，檔號 00208020000301005；吳淑鳳，〈抗戰勝利前後國民政府處置日本態度的轉變〉，《國

史館館刊》，第 38 期，頁 48。

103. 兩派的區別，詳見：Howard B. Schonberger, *Aftermath of War: Americans and the Remaking of Japan, 1945-1952* (Kent: The Kent University Press, 1989), pp. 296-297. 最近的研究則指出兩派其實也有共同之處——在本質上均抱持以歐洲為中心的現代化理論（Eurocentric modernization theorists）和自由的世界主義（liberal internationalists）；兩派人士均期盼日本能夠民主化，並且在美國的領導下建立起亞太地區的新秩序。參閱：Masami Kimura, "American Asia Experts, Liberal Internationalism, and the Occupation of Japan," *Journal of American- East Asian Relations* 21 (2014), pp.246-277.

104. Institute of Pacific Relations, *Security in the Pacific*, p.xi.

105. 邵毓麟，《勝利前後》，頁 12-13。

106. 邵毓麟，《勝利前後》，頁 14。

107. 邵毓麟，《勝利前後》，頁 14-15。

108. 裴京漢，〈抗戰後期的「中韓互助」——以國際共管問題為中心〉，收於：呂芳上編，《戰爭的歷史與記憶》（台北：國史館，2016 年），頁 165-189。

109. Institute of Pacific Relations, *Security in the Pacific*, p.xii.

110. Stephen E. Schlesinger, *Act of Creation: the Founding of the United Nations: A Story of Superpowers, Secret Agents, Wartime Allies and Enemies, and Their Quest for a Peaceful World* (Cambridge, Mass.: Westview, 2004).

111. 洪小夏，〈出席舊金山聯合國制憲會議的中國代表團組成情況述略〉，《武漢大學學報（人文科學報）》，第 55 卷第 3 期 (2002 年 5 月)，頁 316。

112. 邵毓麟，《勝利前後》，頁 38-39。

113. 邵毓麟，《勝利前後》，頁 47。

114. 徐友春主編，《民國人物大辭典》，（石家莊：河北人民出版社，2007 年），頁 1679。

115. 徐友春主編，《民國人物大辭典》，頁 1616-1617。

116. 戰時長沙曾流行一對聯：「對國罵共，對共罵國，對不黨者，國共皆罵。見馮言戰，見汪言和，見委員長，和戰並言。」此對聯雖在譏諷善觀風向的知識分子，但也生動地描述了蔣介石的外交方針。參閱：浦薛鳳，《太虛空裏一遊塵》（台北：商務印書館，1979 年），頁 171。

117. 錢昌照，《錢昌照回憶錄》，（北京：中國文史出版社，1998 年），頁 34。

118. 顧維鈞，《顧維鈞回憶錄》，第 2 冊（北京：中華書局，1985 年），頁 195-196。

119. 中國社會科學院近代史研究所譯，《顧維鈞回憶錄》，第 5 冊（北京：中華書局，1987 年），頁 474。

120. 蔣介石，〈外交人員的修養〉，收於：秦孝儀主編，《先總統蔣公思想言論總集》（台

北：中央文物供應社，1984年），第18冊，頁467-469。

121. 顧維鈞在晚年的回憶錄中，甚至不敢肯定參事室主任王世杰還是外交部長王寵惠，在外交上對蔣介石的影響更大。參閱：顧維鈞，《顧維鈞回憶錄》，第5冊，頁483。

1935 年底，青年黨領袖李璜和左舜生，一次在與蔣介石的侍從祕書蕭贊育餐敘中，談及上海《晨報》經常批評孔、宋財經措施。李、左認為安內攘外為現今政府政策，《晨報》既為國民黨高級幹部所辦報紙（社長潘公展曾任上海市黨部執行委員），即不應對政府政策做過分的批評，蕭乃根據李、左談話，將《晨報》不當社論附簽呈蔣介石，不料次日《晨報》即遭自動停刊處分，令蕭大吃一驚。[1]

潘公展，浙江吳興人，1895 年生，上海聖約翰大學外文系畢業，初任中學教員，1920 年任上海《商報》編輯，編輯主任即為陳布雷。1926年轉入《申報》，但仍與陳布雷維持良好友誼；年終《商報》休刊，陳布雷在陳果夫的介紹下，偕潘公展同赴南昌，往見蔣介石。二人並於1927 年 2 月 1 日加入國民黨（蔣介石和陳果夫為介紹人），自此進入政壇。潘返回上海發展，歷任上海特別市黨部常務委員、上海特別市農工商局局長、教育局長。1923 年 4 月創辦《晨報》，自任董事長兼任社長，以陶百川任總主筆，王新命任主筆兼本埠新聞編輯，並陸續增辦《晨報晚刊》及《兒童晨報》，至 1935 年，《晨報》每日銷路已逾 3 萬份，超過《時報》，《時事新報》，僅次於《申報》。[2] 不料因言論不慎，遭自動停刊。1936 年元月，潘公展召開董事會，會商結束辦法。

此時的陳布雷，已是侍二處主任兼中央政治會議副祕書長，本可對《晨報》施予援手，不料陳自 1935 年 12 月中旬起至翌年 2 月請假，在杭州養病。[3] 至元月 25 日接到潘公展的電報及快函，才得知此事。陳細讀信中所附《晨報》評論十餘篇後，覺得各文雖然措詞不無過當之處，但是停刊之處分也似嫌太過。[4] 根據他在日記中所作的分析，《晨報》遭停刊的原因在於潘身任市黨部及教育部職務，事務太多，因此不能一意經營，外界不滿之聲，時有所聞。如能專心於此，其成就必有可觀；「以此知身兼數職，終必致一事無成，自國民政府成立以來，此例甚多，不堪枚舉，其為戕賊人才，滋可痛國也。」[5] 陳原想抱病赴滬參加董事會，後在家人勸阻下，改為致函慰問。[6]

事隔六年，1942 年 7 月 6 日的上午，潘公展打電話給侍二處主任陳布雷，表示考試院長孫科有一篇紀念七七抗戰五週年的文章，最後一段關係甚為重大，但已逕送各新聞機構，而各報也有已付排製版者，囑陳

即轉呈總裁蔣介石請示。陳布雷於是約了軍事委員會新聞檢查局局長李中襄來談。陳細讀全文，發現文末有一段論及抗戰勝利後的對日休戰議和條件，除歸還甲午以來的侵地外，尚有極為具體的十二項條件，包括五十年內中美兩國駐兵日本境內等各條款，不僅言之過早，而且會給日本反宣傳的機會，實在有斟酌的必要。陳布雷於是和李中襄同赴國府，請蔣介石親閱後，約中宣部長王世杰來商，最後由蔣將有問題的一段約680字全數刪除。[7]次日，孫科所撰〈我們的最後勝利就在前面〉一文，於《大公報》刊出者為全文三千二百多字；[8]於《中央日報》刊出者，則為二千六百多字的刪節版。[9]

以上有關潘公展的兩次新聞風波，均涉及到侍從室。一次是一位國民黨高級黨工所辦的報紙，由於一位侍從室祕書的一紙簽呈，即遭停刊，即使是侍二處主任有意相助，也無法挽回；另一次則是此位高級黨工出任宣傳機構要職後，一次對於黨國大老所撰不妥文字不敢擅自刊出，遂請示總裁，而由侍從室先行審閱，提供意見供蔣參考。此二事件均顯示出侍從室在國府宣傳工作中，扮有重要角色。

戰前國民黨的最高新聞決策機構為中央執行委員會宣傳部。該部於1924年國民黨改組時成立，首任部長戴傳賢，初期規模甚小，僅負責黨部對外文告的工作。1928年國民政府成立後，中宣部的組織正式確立，分為編撰、徵集、出版、指導、總務、國防宣傳等科，附屬單位包括中央通訊社、中央無線電台、中央日報社與各直轄黨報、中央圖書館、中央印刷所等。此後經過多次組織修正，規模日益擴大。因當時處於以黨領政的訓政時期，中宣部不僅是黨的最高新聞決策機關，同時也是掌管全國新聞事業的中心。

抗戰爆發後，為了因應戰時體制，國民政府的新聞管理機構進行了大幅的調整，共分為戰時新聞檢查局、圖書雜誌審查委員會、國民黨中宣部三個系統。戰時新聞管制嚴格，管制權由黨部移至軍方，範圍並且擴大許多。戰時新聞檢查局由1935成立的中央檢查新聞處蛻變而來，隸屬於軍事委員會，負責中央層級的新聞檢查，加上各省市所設的新聞檢查所，以及各重要縣市的新聞檢查室，形成一張戰時新聞檢查網，即便是黨營的中央社稿件，也必須送檢。圖書雜誌審查委員會由國民黨的中

宣部和社會部、軍委會政治部、行政院的內政部和教育部，以及三青團中央團部等機構共同組織，負責時效性較低的圖書雜誌。戰前位居全國新聞管理樞紐的中宣部，此時因檢查業務分給了上述兩個系統，已退居二線，僅負責指導全國新聞政策及管理黨營新聞機構的工作。[10]

以上所述，為抗戰前及抗戰時期國民政府宣傳系統的概況。不過，另有一個神祕的機構雖然不屬於上述的宣傳系統，卻在宣傳活動中扮有重要的角色，即是侍從室。在侍從室中，與宣傳工作最密切者，為侍二處。侍二處設第四組與第五組。侍從室成立初期，第四組負責批閱一般文件與起草一般文件。第五組則負責研究及條陳方案等工作，研究的範圍包括內政、法制、文化、教育、國際時事、中日關係及經濟等。1935年2月，陳布雷出任侍二處主任時，奉命兼第五組組長。1938年，陳布雷以工作繁劇，呈准蔣介石不再兼任五組組長，薦舉李唯果繼任。1940年，第五組的業務性質改變，成為專事整理、編纂及保管蔣介石自北伐以來的言論、文告、信札、日記、實錄等工作，[11] 而原來研究諮詢的功能則劃出侍從室，另行設立參事室取代。[12] 由於陳布雷長期在蔣身邊，受蔣信任，除代蔣撰擬文稿外，常奉蔣之命研擬宣傳方案，協調各宣傳機構及傳達蔣的意旨，1945年時侍五組所掌理的業務包括：(1) 關於宣傳之研究與宣傳業務之協助及傳達意旨；(2) 關於蔣個人言論的記錄與軍功的編纂；(3) 關於外界出版有關蔣言論事功書刊的審核；(4) 關於侍二處所需資料及圖書的收集與整理。[13] 不過實際上其職掌遠大於此。

本章擬根據近年公布的檔案史料及回憶錄性質史料，對侍從室在戰時國民政府宣傳工作中所扮演的角色，作一詳盡的分析，並對其效能略做檢討。

文稿撰擬

蔣介石從主持黃埔軍校開始，至掌握全國軍政大權，一直都有一些文人為其效勞，協助草擬公私文稿。黃埔北伐時期重用的文人有郭沫若、邵力子、羅家倫、邵元沖、葉楚傖；國民政府至抗戰結束，蔣重用的文人，則有楊永泰、陳布雷、董顯光、潘公展、程滄波和陶希聖，甚至包括《大

公報》的主筆張季鸞。[14]一般來說，如有重要文字，蔣常請學者專家代寫，例如 1931 年國民會議的開會詞係由羅家倫所撰，[15]〈新生活運動綱要〉係由楊永泰所撰，[16]七七事變後所發表的〈對於盧溝橋事件之嚴正表示〉係由程滄波所撰，其中「如果戰端一開，那就是地無分南北，年無分老幼，無論何人，皆有守土抗戰之責任，皆應抱定犧牲一切之決心。」至今已成為經典名句。[17]程滄波係根據蔣介石 7 月 17 日的一篇演講稿草擬為告民眾書，並經陳布雷修飾，蔣介石核定。18 日蔣又邀集汪兆銘、張群、熊式輝及陳布雷等人至官邸，再三斟酌，方才定稿，並囑陳以宣言方式發表。[18]〈抗戰建國一週年告全國軍民書〉和〈國民精神總動員綱領〉的一部分，係由張季鸞所起草。[19]又如國民參政會通過的〈抗戰建國綱領〉，是由譚平山等人根據蔣的底稿所合寫，交給陳布雷後，陳再找陶希聖和周佛海共同修訂而成。[20]至於國民黨第五次全國代表大會後再召集的「臨全大會」宣言，則是由蔣先寫下重點，交陳布雷，經陳推薦汪兆銘撰擬。[21]不過蔣最重要的「文膽」，仍非陳布雷莫屬。

陳布雷自 1927 年 2 月至南昌追隨蔣介石開始，直至 1948 年 11 月自殺止，其間二十二年，蔣介石及中央發布的重要演講、宣言、指示、電令及私人文電，大多為陳所起草。陳布雷首次擬撰的重要文字，應為 1928 年 2 月國民黨二屆四中全會。當時國民革命軍北伐之師已底定河溯，寧漢合作，氣象一新。全會閉幕宣言原推于右任、戴季陶、丁惟芬三人起草，適值陳布雷以《時事新報》總主筆之身遊京，戴因陳係《天鐸報》同事，乃邀其同赴湯山度假並請其撰文。陳同意並於次日完稿，戴即急攜帶入城向于交卷。于讀後連連稱好，一字未予增刪，即於閉幕式中宣讀，全場為之歎服。自此以後，每逢全會宣言大多推交陳起草。[22]例如 1935 年 11 月五全大會宣言，即是戴季陶草定要點，而由陳布雷連綴成文。大會舉行十日，蔣介石所作外交報告，其中「和平未至絕望時期，決不放棄和平；犧牲未至最後關頭，絕不輕言犧牲」，日後且成為膾炙人口的經典名句。[23]

陳布雷為蔣介石所草擬的文字中，最為特殊的一篇，應為 1934 年以徐道鄰名義發表的〈敵乎？友乎？——中日關係的檢討〉一文。此文的目的在於暗示日本，只要戰端一起，中國絕不可能屈服，日本戰勝固然

非中國之福，戰敗也非中國及東亞之福。過去中日關係的緊張，中國方面只有十分之四的責任，日本方面至少應有十分之六的責任。兩國政治家如果有博遠胸襟和深切的識見，即應不顧一切的排除障礙，相互提攜合作，以打開今日的僵局。[24] 文章完成之後，由於當時政治關係，不便以陳布雷的名義發表，乃託徐道鄰刊布於《外交評論》。[25] 刊出後，《大公報》、《申報》、《中央日報》等報均全文轉載或刊登摘要，甚至印成單行本出版，[26] 日本的《中央公論》等刊物也轉譯刊載，頗引起一時的注意。[27]

　　直至 1950 年 9 月，蔣介石仍有鑒於此文的重要性，曾於革命實踐研究院的紀念週中，派學員代誦，期使幹部了解國民黨傳統的東亞政策。[28]

　　陳布雷為蔣介石所草擬的書告中，最具爭議性的一件，或許即為《西安半月記》。此書係西安事變後蔣介石命陳布雷所草擬，逐日記錄了事變的經過及感想，但是省略了周恩來在事變中所扮演的角色並美化了蔣在事變中的角色。陳布雷雖未曾隨行，卻在蔣的堅持下，參考蔣的日記、邵元沖的口述資料及其他資料，代蔣撰擬了此一小冊子，作為蔣於 1937 年 2 月 18 日國民黨五屆三中全會報告之用，[29] 並未公開發行，故流傳不廣，但是宣傳效果頗佳，如陳克文讀後即曾於日記中記下其感想：「對蔣先生人格之偉大，得作更深之認識。蔣先生魄力之偉，膽量之大，眼光之遠，處事之鎮定精細，當世真無與匹。此書不當為歷史看，直可作為處世立身之寶鑒，惜尚未普遍傳播耳。」[30] 不過陳布雷寫完此書後，曾淒苦的對他侍從室的同事表示，自己已是身不由己：「我在這裏，不過是一名記錄生罷了，最大也不過是一個書記生。」[31]

　　此書正式出版時，另名為《蔣委員長西安半月記（附蔣夫人西安事變回憶錄）》，[32] 另有蒙文及英、德文本發行。出版後，中宣部曾發函各黨政機關，要求擬定通俗演講大綱，以備民眾教育館、民眾學校及各小學採用；要求學校擬定辦法，以閱讀本書做為學生暑假作業之一，並令各繳閱讀此書報告；各種訓練班、講習會等，以本書作為精神教育必讀書籍；各級公務員及黨員一律閱讀。1937 年 7 月 6 日，江蘇省普通檢定考試，甚至以「讀蔣委員長西安半月記書感」作為國文科試題。[33]

　　蔣介石安返南京後，受到民眾熱烈的歡迎，全民擁戴的領袖地位已然

確立。[34] 此書的及時出版，原本即已刺激民眾的購買慾望，加上各種宣傳造勢活動，致使此書發行後的第一個月，全國發行量即已達 43 萬冊，[35] 成功的塑造了蔣介石人格高尚、正氣凜然、寧折不屈的英雄形象。此一形象於戰後台灣並且透過中、小學教科書的方式傳遞，影響至為深遠。

由於蔣介石對於文字的要求極嚴，一些重要書告的撰擬，最後常出於眾人之手，茲舉數例予以說明。

1938 年，蔣命陳布雷撰擬〈國民精神總動員綱領〉，陳以為精神總動員為日本所倡的名詞，中國似無沿用的必要，蔣則謂不然，總理教導國人革命救國，即以軍人精神教育為最要典範，所謂精神力量居其九，物質力量居其一也，敵人雖用此名詞，並不妨礙吾人也用。而且吾人正宜提倡精神制勝的重要，發揮固有的道德與民族精神，以建立精神國防，目前也應以倡導愛惜物質，集中精神力量，克服物質困難為先務，故此一運動必須提倡，如有疑問，可和中宣部長邵力子商議。陳布雷即請邵先擬辦法及說明文字。過了一個月，邵力子送來初稿，係中宣部宣傳指導處長王冠青所起草，陳呈閱後，蔣命再與張季鸞研究。張陳述意見頗多，陳乃堅請張另擬一稿，後將二稿併呈，蔣仍不滿意，遲遲未決定。至初夏，又命陳合併兩稿的要點，另為一文，陳寫完後又另撰一篇〈告國民書〉，此事方告一段落。[36] 又如 1938 年 5 月至 7 月，蔣介石籌組三民主義青年團，[37] 陳布雷承命準備文字並參加討論章則規制，頗費心力。蔣介石設置此組織，起意於 1937 年在南京時，當時侍二處副主任周佛海及復興社書記劉健群曾擬有〈宣言〉、〈政治綱領〉及〈告青年書〉稿，但蔣不滿意，要陳布雷改撰。陳自南京至漢口，對於此文，凡五易其稿，仍不滿意，最後發表者，乃潘公展所起草而陳布雷稍加潤飾，並經蔣親自核改而成。[38]

如果遇到一些重要節日，蔣介石需要發表多篇書告，陳布雷也會找一些人協助。例如 1938 年 7 月的七七抗戰週年紀念活動，國府即十分重視，特定 7 月 7 日為抗戰建國紀念日，[39] 蔣介石也發表四篇書告：(1) 告全國軍民書，係蔣命陳布雷擬撰，[40] 蔣未及口授大意，僅指示必須將武漢保衛戰的必要性加入此文。[41] 書告中曾提出「國家至上，民族至上；軍事第一，勝利第一」的口號，[42] 次（1939）年，陳布雷又在為蔣草擬的〈為實施國民精神總動員告全國同胞書〉一文中增加了「意志集中，

力量集中」，[43] 成為抗戰期間重要的宣傳口號。[44] (2) 告全國將士書及告日本國民書，係由政治部第三廳負責草擬，[45] 第三廳廳長郭沫若則責成廳內同仁傅抱石、田漢及陽翰笙等人同時執筆，蔣最後採用傅抱石所草擬的初稿，[46] 又命陳布雷再做修改，方告竣事。[47] (3) 告世界友邦書，係由參事室參事張忠紱負責草擬。[48] 蔣對於張所擬文稿並不滿意，乃命陳布雷研究，陳於是將文稿寄參事室周鯁生、張忠紱兩參事斟酌，[49] 再參考二人意見改正。[50] 除了四篇書告，蔣另曾致電慰問抗戰陣亡將士家屬、各殉職行政人員家屬、各死難同胞家屬。[51] 此一電文則係侍二處祕書陳方所草擬，經陳布雷修改而成。[52]

隨著國際局勢的變化，「七七」紀念文告的撰擬過程也會有所不同。以 1942 年為例，由於該年為太平洋戰爭爆發後的首次七七紀念，陳布雷特於 6 月初即分別致函王芸生、陳博生、張忠紱、王芃生、胡秋原等人，徵詢對於七七文告的意見，並請各擬要略見示。[53] 蔣介石本人也親自三度指示七七文告要旨，[54] 並對陳布雷所草擬文告，四度修改，修改完成後曾於日記自記：「今年告書重心在促進同盟國認識中國地位與民族權威之崇高；又警告美國本身之迫切，非先解決日本不可一點，而與往年之文章完全不同矣。」[55] 不料陳布雷看了之後，對於部分內容不以為然，乃於 5 日上午約王寵惠及王世杰至寓所共同研究。眾人對於文告中論及太平洋戰略及美國應採取的行動，均認為語意太過急直，於是刪節補充修改部分內容後，繕清送核。下午，蔣介石約陳布雷往談，交下核定稿，並諭將重要部分摘要先交翻譯，拍發外電。陳即著人親送國際宣傳處處長曾虛白辦理，[56] 完成了一件蔣所交付的任務。他的思慮縝密，為蔣的文字把關，由此可見一斑。

至於一些不重要的應酬性書告，通常處理起來較為簡單，不過也有例外。1936 年 2 月 19 日為新生活運動二週年紀念，新運總會請蔣介石以會長名義發表文字，陳布雷奉命撰擬。由於新運總會已擬有草稿，陳只需就該稿增刪修改，並加前言及結論即可。[57] 不料蔣介石對新運總會的工作表現不滿已久，於是要陳改以語體文重擬，文稿且應提及新運工作進步遲緩，[58] 陳遵示修改。2 月 19 日，蔣書告發表，重點如下：(1) 新運實行三年，在都市甚少成效。(2) 我國民習性有兩大缺點：1. 缺乏真誠；

2. 缺乏熱烈。(3) 新生活運動是救亡圖存、昨死今生的運動。[59] 同日，蔣並手令侍一處主任錢大鈞、新運總會書記閻寶航：「我對於新生活運動總會之工作只講形式、毫無精神，而閻書記個人時時表現出其風頭、重虛榮之心理，更為不可。此種指導有損無益，而總會之虛偽腐敗，適為新運惟一之障礙，若再不徹底痛改，不但要將此總會機關封閉，而為書記、負實際責任者亦將不齒於社會矣。」[60]

又如 1940 年蔣介石為「八一三」三週年紀念所發表的〈告淪陷區民眾書〉[61] 蔣介石對陳布雷所擬初稿不滿意，命陳修改。[62] 陳訪張季鸞商討文字，張於是當即另撰一篇，不料蔣介石審酌後，認為國民不易理解，仍用前稿為宜。[63]

蔣介石對於陳布雷所擬文稿，常反覆修改。有一次一篇文字竟修改了十八次仍未定稿，陳忍不住，問蔣是否可不改了，蔣則答稱：「這是以我的名義發表的。」[64] 有些文字需譯為英、日文發表，宋美齡對英文稿極為重視，也常作修改。如此輾轉修正，至為繁瑣，[65] 蔣介石的演講稿，一般雖有速記人員先作整理，但是仍需陳布雷加以修改潤飾，如遇素質不佳的速記稿，有時甚至需要徹底重寫，[66] 常弄得陳布雷苦不堪言。陳布雷原本體質即羸弱，在長期撰稿的工作壓力下，最後得了神經衰弱症（neurasthenia），經常失眠，需以藥物控制。[67] 抗戰期間，常因症狀嚴重無法執筆，而由程滄波代筆或請張季鸞參加起草。[68]

對於蔣介石的書告，陳布雷以為蔣應將精力置於政務，而勿多用於講演與文字，蔣又每多不論官、民，均將書告演講的對象視作其學生，「作之師」的色彩過濃。[69] 曾任侍一處主任的張治中則認為蔣的各種文告與訓示，「多偏重於抽象之說教，絕少關於具體之現實政策，與其他國家元首對國民宣示政見之態度迥異。歷時愈久，此類抽象之道德觀點，一般人民尤其知識分子，甚至黨內之若干同志，咸認為老生常談，不能得到預期之政治效果與良好反應。」[70] 有些學者曾將蔣介石和毛澤東的書告加以比較，指出二人均善用精簡的語句來傳達他們的思想和政策，但是表達的方式大為不同。蔣用字較為典雅，而毛好用通俗的文字表現，他能寫出來的，別人即能說出來，故毛書告傳播的效果，要較蔣為佳。[71] 但是更值得討論的是，蔣介石的幕僚在為其撰擬各種書告文字的過程

中，雖然均能準確的將蔣的思想和政策表達清楚，並能符合蔣各種嚴格的要求，撰述的過程堪稱嚴謹，不過一旦將文字發表，似乎即已大功告成，而甚少關心讀者的反應。

陳布雷長期為蔣介石撰文，其重要性自不容忽視。陳本人曾說過：「平生於國事少所補益，獨以文字弭禍亂，時有微長。」這當然是自謙之詞。根據一位侍從室重要幕僚的觀察，陳布雷歷年為蔣所撰文字，「內容雖授意於蔣，但也摻入了個人意見，雖不全是言聽計從，但也多有採納。即使不採納也很客氣地重申蔣自己的意思，所以陳也算得上是一個有影響力的決策者。」[72] 此一觀察，清楚的描繪出陳布雷所扮演的角色。

與傳統中國的統治者相較，蔣介石的文稿撰擬工作具有兩項特色：第一，每多邀請民間人士協助，甚至採集體方式進行，與日後中共文宣工作所常見的「寫作班子」有何關係，值得作進一步的探討。第二，為蔣起草文稿者的自我認同，也不同於傳統的「文案」，而更接近「智囊」，對於為蔣撰文，多視為畏途。

《中國之命運》

1942 年 10 月 10 日，蔣介石於重慶夫子祠慶祝國慶會場宣布英、美放棄在華的不平等條約，並發表文告。會後蔣召見侍從室第五組組長陶希聖，要他寫一本書，指出百年以來中國飽受不平等條約的束縛，如今廢約，國人均應以獨立自由國家的公民地位與世界各國國民平等相處，自立自強致力國家建設，使中國成為真正獨立自主的國家。除了作為國民的歷史教材，蔣介石也看到當時許多青年基於民族主義而加入中共，希望能藉此書爭取到年輕人的認同。[73]

過去學界討論此段史實，大致上均仰賴陶希聖本人的回憶錄或口述歷史資料，但是近年公開的一些史料，得以使我們對於侍從室在《中國之命運》一書撰寫過程中所扮演的角色，有更清楚的瞭解。蔣介石早在1942 年 10 月 24 日生日那天，即已有意撰寫一書，將近百年歷史作一回顧與展望，以激勵青年與國民，書名原訂為《國民革命風》。[74] 他當天曾指示侍二處主任陳布雷研究撰寫此一小冊子。[75] 次日，繼續草擬小冊

子的大綱並約陳布雷討論。[76] 28 日，陳布雷將蔣 26 日所示之意加以貫穿發揮，並招侍五組組長陶希聖來談，囑其先草擬小冊子的要目，再找適當的人選撰稿。陶以為最好由羅家倫來寫，陳也有同感。[77] 10 月底至 11 月初，蔣仍不斷研究《國民革命風》的要點，認為此書「應敘述我民族光榮之歷史與高尚之德性，以及優秀文化，應為世界被壓迫民族共同負解放之責，而不計其權利。」[78] 撰寫時可以〈精神總動員綱領〉、〈新運綱領〉、〈經濟建設運動綱領〉、〈抗戰建國綱領〉、〈勞動服務綱領〉、以三民主義施行程序中之武力三要素，與心理、倫理、社會、建設等為革命精神與行動建立和指導之參考書。[79]

11 月 7 日，蔣決定將小冊子的名稱，由原來的《國民革命風》改為《中國之命運》，並手諭陳布雷指示小冊子的目錄及其內容要旨。[80] 陳接了蔣的手諭後，即送陶希聖辦理。[81] 9 日，蔣召見陶，討論《中國之命運》要旨，[82] 蔣正式邀陶撰寫此一小冊子，或許即在此日。陶於受命後，即根據蔣口述的內容要旨整理出近三萬字的初稿呈蔣，[83] 不料蔣看了之後覺得不能用，需重加手著，於是在黃山住了將近有五十天之久，工作竟比平日還要忙碌。[84] 經蔣近二十次的修改後，增補至 100,000 字，由正中書局印製，於 1943 年 3 月 10 日出版。[85]

陶晚年回憶接受此一工作的過程時曾表示：「希聖一心感激委員長不殺之恩，殊未料委員長知我之深，甚至畀我代大匠斲。我明知其有傷手之虞，亦唯有盡心悉力捉刀以為之。」[86] 加上陶於 1924 年至 1926 年任上海商務印書館編輯時，曾對不平等條約作過研究，並著有《對華門戶開放》一書，故接受此一工作。[87]

《中國之命運》一書，首先以血統論解釋中華民族的成長與發展。認為中華民族是由多數宗族融合而成。這些多數的宗族，本是同一個種族的分支。四海之內，各地的宗族，若同非源於一個始祖，即是相結以累世的婚姻。而之所以有「五族」的名稱，並不是由於人種、血統的不同，而是由於宗教與地理環境的差異。中國五千年歷史，即為各宗族共同命運的記錄。此書接著以大量的篇幅敘述不平等條約對近代中國的禍害，認為「我們中國百年來國勢的陵夷、民氣的消沉，大概以不平等條約為造因」，因此廢除不平等條約是國民政府的主要任務。如今不平等

條約廢除，日後中國的命運將由外交轉至內政。蔣介石指出今後建國必須從事五項建設：(1) 心理建設。鼓吹力行哲學，而誠是行的原動力。(2) 倫理建設。宣揚四維八德，認為四維八德是中華民族的固有德性，也是立國的根本。(3) 社會建設。主張強化保甲制度，繼續推行新生活運動，使國民現代化。(4) 政治建設。中國人不是沒有自由，而是自由太多，成為一盤散沙，因此今後「決不以歐美十九世紀個人主義與階級觀念的民生制度為模型」。(5) 經濟建設。實施工業化以提升民眾生活水準。此書並且宣揚「一個主義、一個黨、一個領袖」的觀念，主張國人應「共同集中於三民主義的信仰之下，一致團結於中國國民黨的組織之中」。對於中共，則認為是「變相軍閥與新式封建」，「如果這樣武力割據和封建軍閥的反革命勢力存留一日，國家政治就一日不能上軌道，軍政時期亦就一日不能終結。」[88]

《中國之命運》出版後，軍事委員會辦公廳曾通知該會各部次長以上人員於 4 月 8 日至 9 日，假該會會議室研討此書，並將研討所得於 11 日以前送交辦公廳主任商震；[89] 國防最高委員會則發通電要求中央各機關次長以上官員，一律於 4 月 15 日以前繳交閱讀《中國之命運》一書的報告，於是軍政首長均需閱讀此書，不過各機構的辦理方式，有極大的差異，如參謀總長何應欽即於 4 月 8 日至 9 日在軍委會召集會議，逐段研討《中國之命運》。據與會之軍令部長徐永昌的觀察，會場中除了軍令部次長劉斐外，均表示此書第三章（討論不平等條約的影響）不僅過於刺激各友邦，也令英國極為難堪。在今日而言此殊嫌不智。[90] 翌（9）日的會議，發表意見者依然頗多，根據軍法總監何成濬當日日記所載，大半以為此書既為最高領袖所撰述，對外關係不能不審慎顧慮，以免外人有所批評，喪失尊嚴。[91]

不過要求各機關次長以上人員閱讀《中國之命運》並繳交報告的通電，到了蔣介石親兼院長的行政院，各部會首長對此事的態度即大為不同。副院長孔祥熙和祕書長張厲生均將撰寫心得報告的工作，批交編譯組主任羅敦偉辦理，讓該院參事陳克文極不以為然，曾於日記中自記：「孔副院長此舉尚有可說，惟張殊屬不當。張平日對於委員長固以服膺自期許，對於做事亦以切實不敷衍為標榜，獨對於此書乃竟以敷衍出

之。不只在張個人為不誠，且予僚屬以不良之印象。張常勉勵僚屬，對於小組會議、學術會議，讀書報告等委員長所屬意辦理之事，必須認真，何以自己對於委員長手著之重要著作奉命研讀，竟完全以敷衍態度出之耶？無論以何種理由解釋均不可通。使委員長知之，以最高行政機關之幕僚長尚不免以虛偽之態度相對，不知委員長作何感慨也。」[92] 依照國防最高委員會的通電，所有的讀書心得報告均需於 4 月 15 日前送至該會轉呈蔣介石，[93] 不料全院次長以上人員如期交卷者，不過 3 人，其餘係遲交或拖延不交，不得而知，不過大家對此事的態度可以想見。[94] 在繳交報告截止的前二天，陳克文應邀赴國防最高委員會副祕書長甘乃光住處餐敘，得以在甘寓看到許多各部會次長以上人員研讀《中國之命運》的報告，他翻閱之下發現，「十之八九係敷衍了事的文章。其中有厚至數十頁等，亦有簡單至六、七句者。惟糧食部部長徐堪及次長龐松舟、劉航琛三人聯名之一本頗有見解，敢採批評的態度。其餘均是滿紙肉麻的恭維語，或抄錄原書句，或複述原書大意，絕無一看之價值。」[95]

　　對於《中國之命運》一書，除了國防最高委員會祕書廳於 3 月 27 日通令全國各級政府機關、各級黨部、各大中學，各戰區、各級政治部，及全體官兵，均應切實研究與批評，並限於六月底以前呈報中央外，蔣介石也於 4 月 5 日手諭教育部長陳立夫，要求各中心小學至少需預備有此書三冊，各中學校每級至少需預備此書二冊，而各大學應於學期考試時，令每位學生撰寫論文一篇，由教育部擇各校中前五名，從優予以獎勵，並將其姓名與論文一併呈閱。又全國各中、小學教員，亦應各撰寫論文一篇，准其盡量批評，並擇其優者予以獎勵；[96] 6 月 9 日再度手諭陳立夫，要求中等以上學校學生入學、畢業考試時，國文一科應依據《中國之命運》內容命題。[97] 同時，國民黨中宣部呈准將《中國之命運》一書的版權開放，制定〈各機關團體仿印《中國之命運》辦法〉，任由各機關團體仿印發行。[98] 據一項估計，《中國之命運》一書第一版即印了20 萬冊，至五月已行銷 130 萬冊以上，正中書局印刷了 130 版，至年底時重印已達兩百餘次。[99] 蔣介石曾於 1943 年年終日記中，對過去一年作一反省，認為「本年心理建設方面收效頗多，尤以《中國之命運》出版以後，青年思想漸收統一之效，青年團代表大會之召集與訓話，發生心

字登在社論地位，其餘皆登第四版，一天登完，以兩天或三天廣播之，並請廣播二次。另印小冊子，亦請在日內印出，印 15,000 份。」[108] 21 日陳文發表後，毛即致電各中央局，要求全體幹部均需細讀，加以討論；所有學校訂為必修的教本。[109]

延安和重慶、各根據地，於是根據中共中央的統一部署，開始對《中國之命運》一書展開嚴厲的批判。從 7 月 21 日持續兩個多月，中共的報刊以延安的《解放日報》、重慶的《新華日報》和《群眾》週刊為主，莫斯科的《紅星報》和《戰爭與工人階級》、美國共產黨的機關報《每日工人報》等，則遙相呼應。[110] 根據一項統計，至 10 月 12 日止，僅《解放日報》一報，即刊出多達百萬字的批判文字和資料，除中共領袖外，延安的一些重要學者如范文瀾、呂振羽、艾思奇等，均有專文發表，分別批判《中國之命運》的歷史觀、哲學思想和法西斯主義。[111]

中共對於《中國之命運》的強烈反應，令蔣介石十分意外，他曾於 10 月 7 日的日記中自記：《中國之命運》出版後，反應最為強烈者，一為英國，二為中共，「此乃預想所及，然未料其反感有如此大也。凡事利害不能完全避免，自信此書對於國家與民族之影響將愈久而愈大，聖人復起，必從吾言矣！」[112] 陶希聖也曾回憶蔣介石對各方批評的回應：「《中國之命運》出版之後，中共及其同路人的批評與攻擊，紛至沓來。黨中與政府領導同志向委員長陳述一種意見，以為本書引起激烈的批評，殊非始料所及。又有一種意見，以為本書從此即不應出版。委員長答道：『我寫了一本書，若是沒有強烈的反響，那才是失敗。』」[113] 由此可見，蔣介石對於此書的立場始終未變。

值得注意的是，毛澤東對於《中國之命運》提倡「一個領袖、一個主義和一個政黨」的主張。毛澤東極力抨擊蔣介石的此種作法，但是他也利用莫斯科無暇東顧時，在中共黨內掀起同樣的個人崇拜，並實現相同之「一個領袖、一個主義和一個政黨」的目標，只是毛的作法巧妙，所用的措詞不同，從表面上看，只是大談黨一元化的領導而已。首先毛透過國際派大將王稼祥提出「毛澤東思想」此一概念，隨後又透過劉少奇的文章和會議報告，將自己說成是中共的「史達林」，乃中共革命智慧的泉源，不但將馬克思主義和中國的具體狀況結合，而且始終代表中

國共產黨的正確路線，不斷和錯誤的政治路線鬥爭。在王、劉二人登高一呼下，中共內部也立即出現一股類似國民黨「一個領袖、一個主義和一個政黨」的輿論，[114] 和蔣介石的自我宣傳，形成強烈的對比。

《中國之命運》出版後，成都的一份英文刊物《華西教會新聞》（*West China Missionary News*）曾刊出此書的部分篇章。美國的國務院雖然翻譯了全書，卻將此書稿列為最高機密封存。1946 年 1 月，六位美國國會議員要求借閱，但國務院以公開此書的適當時機尚未達為由，予以拒絕。[115]

3 月 30 日，蔣介石問及中宣部長王世杰《中國之命運》英譯事，王深以此書對友邦人士多所刺激為慮，乃力言如需譯成英文，應摘要意譯，刪除一切刺激外人的言論，因為此書出版的目的是供國內青年閱讀，並非在對外。[116] 4 月 8 日，王世杰又在中央黨部祕書處，約王寵惠、何應欽、吳鐵城、朱家驊等人，共商《中國之命運》一書應如何譯為外文。與會人士群感憂慮。[117]《中國之命運》的官方英譯本，係由外交部與國際宣傳處選派八位成員擔任初譯，再請溫源寧、吳經熊、張沅長等學者核稿，[118] 最後由國防最高委員會祕書長王寵惠主持審訂，該會參事浦薛鳳協助。[119] 王、浦二人對此書的出版，均不以為然，但又不得不做。浦晚年於其回憶錄中對於審訂此書時的心情曾有以下的描述：

> 委員長對外交有關案件，平素殊審慎，大抵均密商亮公〔王寵惠〕。此書之刊行則並未垂詢。即布雷先生時在成都養目疾，事後承認曾將付印樣本寄彼，但彼既未細閱，更未發表任何意見。……當時若干高級文武官長對實際執筆人，殊頗不滿。……不平等條約固是國恥，但政治、經濟、社會、道德、文化一切一切之墮落，皆歸罪於不平等條約，客觀研究殊有問題。質言之，殊難折服盟邦在朝執政人士之心。此在平時猶需酌量，況在戰時，又何況在需求協助合作之關頭。予一面協譯，一面坦白吐露，此時刊行恐不慎適當之意見。亮公亦頻頻首肯，但云且俟完成，徐圖設法。[120]

《中國之命運》一書的強烈民族主義思想，註定了此書在西方世界的命運。《中國之命運》出版後，美國國務院一位遠東事務顧問 Stanley

Hornbeck 即曾指出，重慶高層瀰漫著濃厚的民族主義情緒，美國為了獲得中國的信任和合作，必須容忍中國革命所帶來的這些「令人不快及不幸的愚蠢和過火行為」（"disagreeable and unfortunate follies and excesses"），但是國務院遠東部內的其他人則並非如此寬容。他們對此書所反映的「反動型民族主義」（"reactionary type of nationalism"）對中國內政及外交所可能帶來的負面影響，表示關切，並認為此種民族主義並無益於中國與其他大國之間的合作。[121] 至於在民間方面，《中國之命運》一書對共產主義和自由主義均大肆批判，但是對當時流行的法西斯主義卻未見批判，因此無法引起西方民主國家讀者的認同。[122]

1942 年年底至 1943 年年初，蔣介石忙於撰寫《中國之命運》一書之際，正好也是國府限價政策進行規劃和決策之時，[123] 根據陳克文的觀察，限價措施由於蔣介石無暇仔細研究，最後宣告失敗，各地糧價暴漲，而《中國之命運》的出版，也引發了一些負面的效果：

> 鑄秋〔按：端木愷，時任國家總動員會議副祕書長〕說，親耳聽到蔣委員長說：「限價到現在實在是失敗了。限價政策的規劃和決定的時候，我自己正在忙於寫書，沒有好好的研究。」限價到了現在不只沒有好成績，而且引發了許多惡果。各地方米價暴漲，糧食缺乏，大部分的原因，都是受限價的影響。委員長所說的書，即《中國之命運》。這書現在似乎也收了相反的效果。英文本翻譯好了，不敢發行，中文本在國內各方的觀感也不甚好。大家總覺得以蔣委員長現在的地位，許多事不應該直接負責，以免政策的執行發生困難，同時也可免他的威信尊嚴發生影響。限價政策的執行和《中國之命運》的出版，都犯了這個直接負責的錯誤。[124]

筆者以為，《中國之命運》一書所具有的濃厚民族主義和反自由主義（anti-liberal）色彩，在外交上確未帶來任何效益，在國內也無助於爭取少數民族和知識分子的支持，不過從長遠來看，此書的影響有以下兩項：

第一，強調血統論的中華民族論述。由於考古發掘的成果，中華民族起源於本土的說法，在戰前即已成立，而西來說則被揚棄。抗戰期間，由於學者傅斯年、顧頡剛等人的宣揚，本土說至少在漢人社會已廣泛流傳，

《中國之命運》一書的出版，更有助於中華民族論述的傳布。1944 年徐文珊在其所撰〈抗戰以來中國史學之趨向〉一文中即已觀察到此一趨勢：

> 由於中國的地廣人稠，分布在各地的同胞，受自然條件的限制，有時又加以人謀之不臧，遂致在心理上有此疆彼界的隔膜。又加敵人之挑撥離間，乃真像有甚麼種族上的界線。但這明明是白晝見鬼，在七七以前不久（若寬泛一點，也可以納入抗戰以後了），傅斯年先生已有「中華民族是一個」，載天津大公報。抗戰初起，又有顧頡剛師「中華民族不可分」載昆明益世報，用熱烈的情緒，正確的事實，喚醒同胞，以劃除團結抗戰的心理障礙。從此以後，史學界的研究方向，更朝這方面努力。等到三十二年　蔣主席撰著《中國之命運》，只輕描淡寫，用「宗族」二字稱謂國內各民族，無形中便把大家心理上隔膜打破，立時覺得親近起來。隨著便被普遍使用，不待解釋而大家都覺得彼此是一家人了。這一舉動，影響歷史學術，也影響民族心理，關係非常之大。[125]

徐文珊的說法固然未能考慮到少數民族的心理，且未免有誇大之處，不過「中華民族」一詞經由《中國之命運》一書，得以定型和流傳，殆無疑問。第二，近代中國的受害者論述（victim discourse 或稱悲情論述）。此二種論述，在戰後台海兩岸，經由教科書的傳播，影響深遠，直至今日。

指導官方媒體

陳布雷由於係記者出身，擁有豐富的媒體經驗和人脈，蔣介石甚早即欲借重其專長。1931 年任其為中宣部副部長（部長劉蘆隱），負責宣傳方針的制定和國內宣傳的指導，另一位副部長程天放則負責國外宣傳。[126] 1933 年 3 月，國民黨中常委于右任、陳果夫、葉楚傖以該黨宣傳委員會應有一在新聞界有指導資格而又能專心主持的人，蔣介石一度曾有意請陳主持。[127] 1935 年侍從室成立，陳任侍二處主任，順理成章的負起指導宣傳的責任。

《中央日報》為國民黨中央的機關報，在組織上隸屬於中宣部，但是其新聞言論方針實際上是按照侍從室第二處主任陳布雷的指示辦事。[128] 蔣介石本人也十分重視《中央日報》，不僅親自決定其負責人選，而且經常有所指示，均由陳布雷負責轉達，[129] 因此十分難辦，動輒得咎，[130]《中央日報》在重慶七年期間，即改組有五次之多。侍從室也每捲入其中，或在言論上代蔣進行把關動作，或直接派員進駐報社，扮演「救火隊」的工作，現舉數例加以說明。

太平洋戰爭爆發後，美國和英國鑒於中國在同盟國戰場的重要性，主動表示願意放棄在華特權，並與國民政府展開締結新約的談判。[131]

在英、美進行溝通期間，國民政府已略有所知，並已進行若干準備工作。1942 年 10 月 5 日，蔣介石曾指示侍二處主任陳布雷撰擬盼美率先自動放棄對華不平等條約的新聞稿。[132] 12 月 25 日，侍二處第五組組長陶希聖代表侍從室出席中宣部的黨報社論委員會，[133] 會議由中宣部長張道藩主持，會中討論翌（1943）年 1 月 1 日中美與中英平等新約公布的準備工作，並且擬定宣傳工作大綱。陶希聖在會中再三要求在元旦之前務必保守祕密，不料 27 日《中央日報》仍然刊出一則標題為〈中美、中英新約明年元旦正式公布〉的新聞。[134] 此事令蔣介石十分痛憤。適值侍二處主任陳布雷在成都養病，[135] 蔣介石於是自行展開調查，[136] 結果發現消息係陶希聖所傳出，[137] 不過根據陶希聖的說法，25 日的會議陶到會稍遲，到時與會人員已在討論中美及中英平等新約的準備工作，且會場曾有委員表示《新蜀報》已披露過此一消息，因此似非為陶所洩露。[138]

1943 年 1 月 11 日，中國政府與美、英兩國分別在華盛頓與重慶正式簽訂〈中美新約〉[139] 與〈中英新約〉。[140] 1 月 12 日，蔣介石發表〈中美、中英平等新約告成告全國軍民書〉，[141] 同日，《中央日報》刊出社評〈中美、中英新約成立〉均係侍五組組長陶希聖所撰。[142] 此次簽約延期的原因，並非是由於中方的洩密，而是出於美方的要求，俾得更多時間譯校條約的文字。[143] 雖然如此，顧維鈞仍然認為中方的洩密，不利於當時還在進行的中英九龍問題交涉：

> 九龍問題未能解決，中英條約對中國來說是一次失敗。他把失敗歸咎於《中央日報》12 月 27 日透露的那條消息。委員長還告訴與會

者，他已下令對責任者予以應有的懲處。（我認為委員長的這種看法可能是正確的，即把可能簽約的日期公諸於世對此事不利，因為這給英國人提供了信息，從這個信息中他們完全可以斷定，中國政府只是為更有利的條款而討價還價，實際上已經決定簽署條約。[144]

1月下旬，國民黨中央黨部公布《中央日報》洩露外交機密案處理結果，總編輯袁業裕交付軍法審判，採訪主任卜少夫罰薪二個月。袁旋經中央黨部祕書長葉楚傖保釋，不了了之。11月，《中央日報》在陳布雷和陶希聖等人的研究下進行了改組，社長陶百川辭職照准，由浙江《東南日報》社社長胡健中接任。[145]

胡健中本不願接辦，婉轉推辭，終未獲准，乃請陳訓悆（香港《國民日報》社社長，陳布雷六弟）任總編輯，陶希聖任總主筆，陳寶驊任總經理。陳訓悆為陳布雷所推薦，陶希聖係自告奮勇，以侍五組組長身分兼副總主筆（後升總主筆）。[146] 主筆室所寫的評論，受蔣及陳的指揮，蔣甚至連社評及編輯的重點，均親予指示。[147] 陳訓悆和陶希聖均住在侍二處，與陳布雷朝夕相見，有任何問題可隨時向陳布雷請示，蔣介石如有任何重要新聞和措施，陳布雷也可事先指點二人應注意之處，加上陳寶驊為陳果夫、陳立夫的堂弟，經理部有了問題，自有二陳解決，因此《中央日報》自胡健中出任社長後，得以安穩了一段時間。[148]

蔣介石對於《中央日報》，不僅在人事和內容上直接掌控，對於其發行，也十分關心，1940年8月7日甚至手令陳布雷，要求《中央日報》必須能於每日上午7時以前發行，8時以前各訂戶均能見報。[149]

或許有人認為蔣介石居然連此種小事也要親自下手令，不過事實證明蔣還確有必要過問此事，因為國民黨內普遍認為長於文字及編輯者，即是宣傳人才，即可主持宣傳工作，而忽略了經營管理的重要性。根據陳布雷的觀察，國民黨內的宣傳機構主管中，兼擅報業經營與編輯者，僅有邵力子一人而已。[150] 著名的報人潘公弼 (1895–1961) 即曾勸陳布雷不要只知盡力寫文章而不重視行銷和讀者反應：「君只知殫盡心力作論文，余滋為君可惜。若報紙銷行不廣遠，只供自賞耳。司編輯論者，非調查發行狀況，不能知讀者之成分與反應，非促進報紙之銷行，不足以收普及言論之效果。」[151] 不過陳布雷似乎不但沒有採納潘公弼的建議，即使是蔣介石所下

的手令，也未能督促《中央日報》貫徹執行，因為直至 1945 年 1 月，重慶衛戍總司令部所做一項情報報告依然指出，《新華日報》由於報價低廉、出版時間較早，且運報均派專人負責，故其他報紙尚未全部印妥，而該報已送達訂戶及沿街叫賣；學生、工人並均可免費送閱。由於以上各項原因，該報的行銷數目日有增加，已達 22,000 份。[152] 一項資料顯示，在重慶地區，《新華日報》的銷路僅次於《大公報》，而位居第二大報。[153] 另一項資料更指出，在成都附近地區，1939 年 4 月時，《新華日報》的發行量，甚至超過《中央日報》、《黨軍日報》和《掃蕩報》。[154]

　　相對的，《中央日報》的發行量則始終無法和民間大報相比。根據《申報年鑑》(1933 年）的一項統計數字，《中央日報》的發行數量次於《申報》、《新聞報》、《時事新報》、《大公報》、《益世報》，位居全國第六位，其發行量更僅為《申報》的十分之一。[155] 據另一項統計，1937 年國民黨所辦的各種黨報每日共有 23 萬的銷路，僅占全國總報份的 6.6%，而且訂戶中有三分之一以上為免費的黨政機關。抗戰爆發後，通訊社和廣播事業耗資甚鉅民辦不易，《中央日報》因得中央通訊社和中央廣播電台的配合，黨營新聞事業大為擴張，自沿海內遷的各報發行量均較戰前縮減，《中央日報》與民營報紙發行量的差距，得以縮小。1940 年時，《中央日報》在重慶的發行量僅次於《大公報》、《時事新報》和《新民報》，位居第四位，和《新華日報》不相上下。[156]

　　從讀者群來看，《新華日報》在創刊二週年時（1940 年）時，曾進行讀者成分調查，發現工人占 70%，學生、公教人員占 30%，[157] 顯示其讀者群的重點所在。而《中央日報》的讀者群，根據 1947 年該報的訂戶資料統計，機關、團體和公教軍警即超過半數（機關、團體占 24%，公務員、自由職業者占 11%，學校占 19%，軍隊、警察占 9%、工商業者占 31%、學生占 5%、其他占 1%），[158] 顯示其開拓讀者市場的成績，無法和《新華日報》相比。

　　值得注意的是，蔣介石及負責督導宣傳業務的侍二處，對於基層宣傳工作的成效，從未見到特別注意追蹤考核，和中共對此的重視，形成強烈的對比。如 1926 年中共中央即曾要求各地方黨部每月報告中央各刊物在各地的影響，以及當地思想輿論的調查結果。[159] 無怪一位記者至蘇

區採訪後，對共產黨在當地宣傳工作的成功，留下深刻的印象，認為「蘇維埃化」過的地方，「一般民眾的談吐，多半帶些赤色的意味：他們竟都知道甚麼叫做『敵軍』，甚麼叫做『土劣』，甚麼叫做『列寧主義』，赤匪的〈國際歌〉是人人會唱的。」[160] 蔣介石於 1938 年也警覺到國民黨的宣傳工作已虛耗了十年，因此中共才有發展的機會。他曾於一次演講中公開痛斥黨政幹部：

> 假使我們真已盡到了黨員的責任，在這十年很長的時間以內，很可以把我們的主義，宣傳到窮鄉僻壤，深入人心，也早就應該把我們的主義和總理遺教，全部實施，當然不會再有別的主義存在，也不會再有別的黨派活動的餘地了。[161]

不過直至 1945 年 9 月 5 日，蔣介石仍手諭陳布雷：「今後如何闡揚本黨之政治理論，使之深入民間，及貫徹本黨之政治策略使之充分實施，希研擬具體辦法報核為要。」[162] 可見此時國民黨的宣傳依然未能深入民間。

國民黨在鄉村宣傳能力的薄弱，原因之一在於其宣傳方式執著於菁英辦報，而中共則能發動群眾（特別是工、農群眾）成為通訊員，參與投稿。據一項統計，1945 年抗戰勝利時，新華社已擁有近 30,000 名通訊員參與工作；又能發動群眾，利用個人身邊的黑板和牆壁，興辦黑板報和牆報。[163] 原因之二在於國民黨的宣傳係以文字宣傳為主。相對的，中共則能廣泛的利用其他各種民眾最易接受的文藝活動，進行宣傳。例如 1942 年毛澤東〈在延安文藝座談會上的講話〉發表後，陝甘寧邊區即掀起了新秧歌劇運動，從 1943 年初到 1944 年上半年，延安的文藝工作者創作出了三百多個秧歌劇，觀眾達 800 萬人次。[164]

更有進者，國民黨雖然企圖掌控輿論，但是其宣傳工作缺乏組織動員一體的概念，因此甚難和中共相抗衡。對中共而言，宣傳並不僅是單純的散播觀念、政治教育或爭取政治同盟，尚需與組織、意識形態與黨的一元化配合。中共利用馬列主義與毛澤東思想推行整風及思想改造，提倡批評與自我批評，強調黨的利益高於一切，以此鍛鍊黨性，始得黨員惟黨的命令是從，形成一部上下一體的宣傳機器。[165] 相反的，國民黨的組織鬆散，宣傳機構則距離上下一體的目標甚遠。以《中央日報》為

例，其稿件即常遭軍方所掌控的軍委會戰時新聞檢查局「刪登」、「免登」、「緩登」的處分。[166] 報社內部的黨組織渙散，主管根本不知道社內那些人是黨員，因為從未作過調查；也從來未有過「組織生活」，甚至從未聽說有人過組織生活的事。《中央日報》除了在戰時重慶發行外，另有許多地方版，這些地方版不論是彼此之間的聯繫，或是與中央的聯繫均不足。一位曾任該報的高階主管，對此現象即有以下生動的描述：

> 這些地方版，除了在反對共產黨這一點是一致的外，編輯方針、新聞選擇，都是各吹各打，只是每星期同時接受國民黨中央宣傳部的所謂「宣傳指示」，並刊載中宣部社論委員會所寫的社論。當然對「指示」執行的程度仍然多憑自己的體會與興趣，效果如何，只有用「天曉得」來形容。[167]

創辦藝文研究會

侍從室於抗戰時期借用民間力量進行宣傳工作，除了蔣介石個人文稿的撰擬外，尚包括設立文宣社團，藝文研究會即為其中最具有代表性的社團。

中共於 1937 年 7 月 15 日提出「共赴國難宣言」，國民政府於 9 月 22 日宣布准許中共加入抗戰陣營後，中共即運用其擅長的文宣工作，在文化界建立統一戰線，進行全面總動員，書局與書刊有如雨後春筍般設立。當時國民黨中央宣傳部部長邵力子為左傾分子，自然是袖手旁觀，其副部長周佛海，[168] 徒呼無奈，因此引起蔣介石的不滿與焦慮，亟欲成立一個團結學術及文化界人士的團體，與中共文宣工作對抗，名稱擬定為「勵學社」，與既有團結軍人的團體「勵志社」併稱。經與侍二處主任陳布雷商議後，陳以為「勵學社」和「勵志社」並稱，恐有兩種疑慮：一是使社會人士誤以為又要成立一個半官方的機構，而不是一個學術團體；二是學術文化界人士會誤以為此團體是「御用工具」，因而不願意參加。蔣認為所言有理，於是在書架上翻閱書籍作取名參考。忽然發現《漢書‧藝文志》，便欲取名為「藝文社」，陳乃建議取名為「藝文研

究會」，獲蔣肯首。名稱既定，陳布雷乃與周佛海及北大教授陶希聖晤談，傳達蔣意，由二人出面組織。蔣因忙於前方戰事，且不宜曝光，以免中共反彈，故請汪兆銘就近指導，以加強國民黨對中共的文宣反攻。[169]

藝文研究會會址設於漢口，以周佛海為總務總幹事，陶希聖為研究總幹事，並由陶負責日常會務。下分總務、研究、出版等組，由侍四組祕書羅君強兼辦總務工作。另設有編輯委員會，網羅學術文化界人士及各黨派領導人，如前中共總書記陳獨秀，民社黨主席張君勱，青年黨領導人李璜、陳啟天、余家菊等，均為編輯委員。對於各黨各派領袖，藝文研究會均以其刊物（如民社黨的《再生》、青年黨的《醒獅》、陳獨秀的《抗戰嚮導》）名義致送一些生活費，其他的民間報刊，也做選擇性的資助。[170]

藝文研究會活動，主要包括：(1) 國際問題的研究：於香港和上海收集國際政治、經濟、軍事的資料，以及各國的主要報紙、雜誌，集中之後加以整理與分析，作成有系統的報告，供社會參考；(2) 於西北、西南進行社會、經濟考察；(3) 出版《藝文叢書》；(4) 出版學術性的刊物。[171]其中影響最大的學術活動，應為陶希聖、陳之邁和吳景超策劃的《藝文叢書》。根據筆者調查所得，《藝文叢書》共出版有以下十六種書籍：

作者	書名	出版地	出版者	出版年代
張含英	黃河水患之控制	長沙	藝文研究會	1938
章元善	合作與經濟建設	長沙	藝文研究會	1938
高叔康	戰時農村經濟動員	長沙	藝文研究會	1938
張彝鼎	我國國際關係與抗戰前途	長沙	藝文研究會	1938
陶希聖	歐洲均勢與太平洋問題：第二期抗戰之國際環境	長沙	藝文研究會	1938
阮毅成	戰時法律常識	長沙	藝文研究會	1938
蔣廷黻	中國近代史	長沙	藝文研究會	1938
吳景超	中國工業化的途徑	長沙	商務印書館	1938
陳之邁	中國政制建設的理論	長沙	商務印書館	1939
顧謙吉	中國的畜牧	長沙	商務印書館	1939
陳雪屏	謠言的心理	長沙	商務印書館	1939
沈惟泰	中英外交	長沙	商務印書館	1939

高叔康	戰時經濟建設	長沙	商務印書館	1939
陳之邁	政治教育引論	長沙	商務印書館	1939
方顯廷	中國工業資本問題	長沙	商務印書館	1939
孫輔世	揚子江之水利	長沙	商務印書館	1939

資料來源：上海圖書館編，《中國近代現代叢書目錄》（上海：編者印行，1979 年），
頁 156-157；Online Computer Library Center, Inc., WorldCat. http:www.worldcat.org.

上表顯示，參與寫作者，均為當時中國第一流的學者；《藝文叢書》
中所收錄的書籍，有一些至今甚至已成為經典著作，例如蔣廷黻所著《中
國近代史》一書，即係其 1938 年春卸任駐蘇大使職務返國後，應陳之
邁之邀而撰寫，不到二個月即寫完交稿，[172] 時年四十三歲。又如方顯廷
所著《中國工業資本問題》，則係其三十四歲所著 *Industrial Capital in
China* 一書 [173] 中文本，至今仍經常為中外學者所引用。[174]

此外，藝文研究會並資助幾十種報紙和刊物，包括《政論》（何茲
全主編）、《民意週刊》（葉溯中主編）、《半月文摘》（陶滌亞主編，
後易名為《星期文摘》、《文摘月報》），以及未辦出版登記的地下刊
物《游擊戰》（陶希聖主編，後易名為《觀察》、《前衛》）等，並成
立一青年出版社（後易名為獨立出版社），此一出版社曾出版數十種《抗
戰建國小叢書》，[175] 除了宣傳抗戰，並且闡揚三民主義及政府政策，與
中共宣傳相抗。此外，並成立中國文化服務社，作為發行機構。藝文研
究會一切活動、出版及發行的經費，均來自軍需署。

1939 年周佛海、陶希聖自渝出走，蔣介石立即下令停止該會經費，
由總務組長羅君強向陳布雷辦清交代手續。[176] 但獨立出版社仍繼續營運，
並加以擴充。擴充計畫係由陳布雷負責審查修改，蔣介石批准後實施。[177]

聯絡與扶持《大公報》

盡量避免正面宣傳而設法運用側面或中立的宣傳機構替自己發言，
這是陳布雷的重要宣傳理念，[178] 也是侍從室長期努力的方向。《大公報》
的發行數量雖比不上上海的《新聞報》和《申報》，但是其讀者群主要
集中於知識分子，因此堪稱近代中國影響力最大的報紙。這樣一份報紙

自然成為蔣與侍從室想要拉攏的首要對象。

　　長期主持《大公報》筆政的張季鸞和蔣介石的首次見面，是在 1928 夏天，蔣介石與馮玉祥、閻錫山、李宗仁聯合北伐、討伐張作霖。7 月 1 日蔣的專車至鄭州，張季鸞隨同馮玉祥在鄭州迎蔣，[179] 蔣的隨行幕僚包括邵力子、張群和陳布雷，均和張季鸞熟識，[180] 張季鸞並隨蔣至北京。[181] 在此次同行之前，張對蔣並無好感。國民黨清黨期間，張曾發表社論譴責；[182] 蔣與宋美齡結婚，張也發表社論譏諷。[183] 不料張在此次同行後，對蔣態度即有所不同。7 月 30 日，即在社論中稱蔣「大義大勇，不愧為革命英雄」。[184] 次年 12 月 28 日，蔣介石以國民政府主席身分發出「求言通電」，向全國各報徵求建言，電文起頭即為「大公報並轉全國各報館鈞鑒」，明顯的向《大公報》示好。[185]

　　1931 年 5 月 22 日，《大公報》慶祝發行一萬號，蔣介石特別致贈〈收穫與耕耘〉賀詞。[186] 此時正值政院人事改組，蔣並曾一度有意任命《大公報》社長兼《國聞週報》社長吳鼎昌為文官長。[187] 九一八事變後，《大公報》由於是民間報紙，可以暢所欲言，於是便在日本砲火下崛起，蔣介石更是看重《大公報》，每有重要決定，即暗示《大公報》，由其刊登。[188]

　　1932 年 3 月，三民主義力行社成立於南京，由賀衷寒、康澤、滕傑、鄧文儀、桂永清、酆悌、戴笠、胡宗南、曾擴情、鄭介民等人倡組，成員以黃埔學生為主，奉蔣介石為領袖，採嚴密組織形式，以復興社為下層組織，宗旨為「內求統一，外抗強權，擁護領袖，收復失地。」[189] 輿論風傳此為「法西斯蒂」運動團體，並有謂係蔣介石所支持者，頗引起社會大眾矚目。《大公報》以事關重大，乃致電蔣，詢其意見。蔣特於 7 月 9 日函覆，強調「中國革命只有中國國民黨的組織方法，完成革命使命。中正生為國民黨黨員，死為革命黨魂，不知有其他組織也。」[190] 蔣又於次（10）日發表談話，以正視聽，談話內容重申「中國革命的組織和方式，只有以中國國民黨孫總理所定之固有組織和方式，方能完成中國國民革命的使命，否則如欲強徵外國之革命方式，與中國民族性絕對相反之組織，用之於中國，則不惟革命不能成功，即國家民族亦不能允許有此試驗之時間。」[191] 此一談話內容經由中央通訊社發布，各大報均曾刊登，《中央日報》並以「蔣委員長嚴詞闢謠」、「電覆大公報關

於法西斯蒂之詢問」作為正、副標題，[192] 用意在凸顯《大公報》的地位，至為明顯。1933 年 6 月 10 日，蔣介石更寄張季鸞密碼電本，供直接聯繫之用，[193] 顯示蔣對張的重視。

1934 年 2 月 23 日，立法公布〈中華民國憲法草案初稿〉，正式徵求國人意見。定 3 月份為憲草初稿公開討論時期，之後再交院會討論。[194] 此一初稿在立法院長孫科主導下，對總統權力予以弱化，明顯的與蔣介石的意旨相左。[195]《大公報》乃於 3 月 3 日起，三度刊出社評，對此一憲草初稿猛烈抨擊，認為自由主義式的議會政治業已破產，要求效法「法西斯化」的憲法體系。[196] 蔣對於《大公報》的表現，甚為滿意，甚至於 3 月 27 日致電張季鸞，盼再作申論。[197] 張也於 3 月 30 日覆電表示日後尚請隨時指示，俾作言論上的呼應：

> 一般空氣對憲草批評不佳，弟個人感想，毋寧緩召國民大會，先實行一種過渡辦法，今後政治，應重實際，而不尚空名也。……吾儕業報紙者，亦亟欲知介公今後大計之概略，庶可就能力、智識所及，作言論上之切磋與呼應也。[198]

次（31）日，《大公報》果然又刊出一篇社評，批評憲草初稿所效法的權力分立政府論，本身即為一個錯誤；民治政體和君主專制一樣需要政治力量，甚至需要更大的政治力量。[199]

1936 年 12 月 4 日，蔣介石有鑒於東北軍軍心動搖，乃決定親赴西安，以資鎮懾。[200] 8 日起，蔣又接連數度電示航空委員會主任周至柔，運瓦斯彈及燒夷彈至陝備用。[201] 9 日，蔣並致函陝西省政府主席邵力子，令其密囑《大公報》駐陝記者，發表解除張學良、楊虎城兵權，並由蔣鼎文取代的消息，信函全文如下：

力子主席勛鑒：

> 可密囑駐陝《大公報》記者發表以下之消息：蔣鼎文、衛立煌先後皆到西安。聞蔣委員長已派蔣鼎文為西北剿匪軍前敵總司令，衛立煌為晉陝綏寧四省邊區總指揮。陳誠亦來陝謁蔣，聞將以軍政部次長名義指揮綏東中央軍各部隊云。但此消息不必交中央社及其他記者，西安各報亦不必要發表為要。[202]

12 日，《大公報》果然於第 3 版刊出一則新聞，標題為〈陳誠指揮綏東軍事／蔣鼎文負責剿共任西北剿匪軍前敵總司令／衛立煌為晉陝甘綏四省邊區總指揮〉，並註明此項消息係根據該報駐西安記者 10 日所發專電。[203] 此一獨家消息具有高度機密性質，蔣介石指定交由《大公報》發表，可見蔣對該報的信任。

又如 1938 年 12 月國民黨副總裁汪兆銘藉赴成都演講，搭機借道昆明，直飛河內，主張與日軍媾和。蔣介石得知汪確有背叛黨國計畫後，對於如何處置，徬徨不定。26 日蔣於中樞總理紀念週發表演講，嚴斥日本首相近衛文麿 22 日所發表的對華政策聲明，盼國民堅守立場，抗戰到底。[204] 顯示其內心仍徬徨未決。次 (27) 日，蔣就汪出走事令陳布雷擬發致雲南省政府主席龍雲及《大公報》總編輯張季鸞電。[205] 致龍的電文，重點在指出汪與日本謀和的謬妄，[206] 致張的電文，則指示對汪輿論，當寬留餘地。電曰：「近日港地各報論調何如，請兄注意運用，以期言論不致歧複。對汪先生務當為之寬留轉旋餘地，並本於愛人以德之義，從輿論上造成空氣，防止其萬一失足之憾，但不可出以攻擊語調。此中幾微，兄所明悉，務望鼎力主持為荷。」[207]

張季鸞對於蔣介石的此封電文是否曾回覆，由於史料所限，不得而知，不過根據晚近學者的研究，《大公報》對於汪出走事件的報導與評論，相對於其他報紙，不僅在數量上較少，言論上也較為溫和。[208] 1939 年 5 月，汪兆銘自河內抵上海，後赴日本。6 月 8 日，國民政府明令通緝汪兆銘。[209] 同日，陳布雷致電張季鸞，促其暫駐香港，並發動宣傳：

> 香港大公報張季鸞先生：近日香港對敵宣傳重要，請兄暫駐香港為宜，並將對敵宣傳之意見與文字請隨時賜寄。汪確到東京，政府當有處置，滬上對敵宣傳之組織甚重要，未知兄有相當之人否？請隨時物色。陳布雷。[210]

《大公報》對於國民政府的宣傳工作既然全力配合，蔣介石與侍從室對《大公報》自然也是刻意扶持，1940 年 1 月該報得以獨家發表汪兆銘賣國文件即為明證。

1940 年 1 月 22 日，《大公報》香港版頭版報頭旁，刊登了一則啟

事：「汪兆銘與日方所訂亡國條件揭露請閱本報第三版所載全文及第九版、第十版原件圖片。如有遺漏，請向送報人索取。」第三版頭條，則刊載了一則新聞，大標題為「高宗武陶希聖攜港發表，汪兆銘賣國條件全文」，小標題則為「極日閥多年夢想之大成！及中外歷史賣國之罪惡，從現在賣到將來，從物質賣到思想」，同時公開的尚有〈日支新關係調整要綱〉全文及附件，「新政府成立前所急望於日方者」、「關於華方邀望之我方答覆要旨」等資料，以外並刊登了一封高宗武與陶希聖致《大公報》記者的信，信中指出〈日支新關係調整要綱〉係 1939 年 11 月 5 日日本特務影佐禎昭於上海親交周佛海、梅思平、陶希聖等，汪兆銘並已於 12 月 31 日簽字。第二版並且刊出題為〈揭露亡國的《和平條約》日閥的毒辣汪兆銘的萬惡〉的社論。[211]

由於此批文件揭露了汪兆銘與日謀和的陰謀，公布後自然引起社會的轟動。當時盛傳此批文件係由杜月笙自香港送至重慶，經蔣介石決定交《大公報》香港版發表。[212] 近年公布的各種史料，則證實了此一傳言。1940 年 1 月 5 日，高宗武與陶希聖脫離汪組織，從上海抵達香港，立即發電報給重慶的陳布雷，並託杜月笙將「日汪協定」等文件帶至重慶。[213]

此次《大公報》的「獨家報導」事件，樹立了國民黨扶持《大公報》、黨報不與《大公報》爭新聞的宣傳策略。自此以後，中宣部要求各地黨報均遵此原則辦理。即便是國民黨召開的各項會議，中宣部也要將新聞讓《大公報》優先報導，目的在造成消息最為靈通迅速的地位。此項政策自然引起了黨報的反彈，但是依然維持，直至 1947 年，《大公報》一面倒向中共，才告結束。[214] 不過扶持在野大報的宣傳策略，在戰後台灣仍然繼續，直至今日。

另一方面，值得注意的是，在過去一些重大事件的新聞聯繫工作，陳布雷尚需以蔣介石的名義致函《大公報》的高層請託，至雙方關係密切後，一般性的新聞聯繫工作，即直接由陳布雷負責進行。例如 1941 年 4 月，日軍在閩浙沿海多處登陸。22 日，蔣介石認為日軍有意占領沿海各要港，以為其南進的部署，[215] 乃以電話指示陳布雷撰文揭穿日軍此一陰謀。陳寫成要點後，即前往《大公報》訪總編輯王芸生，囑其次日以社論發表。[216] 結果《大公報》接連刊出二篇社論，分析日軍在浙閩沿海

的行動，結論均呼籲英美各國應注意日軍的企圖，並制其先機。[217]

1941 年 9 月，張季鸞去世，《大公報》由王芸生主持筆政，與國府關係漸行疏遠，不過雙方互動，仍由陳布雷負責居中聯繫（詳見下節）。

無力扭轉負面形象

對日抗戰初期，國府以一「中古」國家，獨立與強敵日本作戰，其英勇表現，贏得了國際的好評。因此不論中國或中國人民在西方媒體中的形象均十分正面。至抗戰後期，中國的大國地位逐漸形成，但是國府的國際形象卻轉趨負面，其原因之一即是由於孔、宋弊案頻傳，在媒體大肆宣傳下，貪污腐敗幾乎成為國府的代名詞。侍從室既可指揮龐大的宣傳機器，此一單位對孔、宋的看法為何？對孔、宋弊案的作為為何？是否曾善盡其輔佐元首的職責？均值得做深入的探討。

早在戰前，即已有人對孔、宋的財經措施表示不滿，不過此種聲音常遭到壓制。例如 1934 年，上海《晨報》經常批評孔、宋財經措施，不久即奉令自動停刊。[218] 1940 年，馬寅初多次公開演講，批評孔、宋，甚至被押解至貴州息烽「休養」。唐縱於其日記中敘述此事經過，並對馬寄予同情，認為：

> 馬寅初迭次公開演講，指責孔、宋利用機會，大發國難財。因孔為一般人所不滿，故馬之演說，甚博得時人之好感與同情。但孔為今日之紅人，炙手可熱，對馬自然以去之為快，特向委座要求處分，委座乃手令衛戌總司令將其押解息烽修養。蓋欲以遮阻社會對孔不滿情節之煽動也。[219]

1940 年底，侍從室針對通貨膨脹問題，擬定平抑物價的辦法，但是卻遭到孔祥熙等人的反對。唐十分悲憤，認為任何違背孔等利益的方案，均無法實施，他曾在日記中有如下的評論：

> 分期平抑物價辦法，孔副院長、翁院長、張部長等均不同意，唯在表面上呈覆委座時，避重就輕、敷衍塞責，將來定無結果。平價購銷處的弊案，逮捕的人均一一釋放，此案亦將無結果。現在還

在資本家官僚者把持得勢之時，凡是違背他們利益時，任何主張意見，均無法實施。顧雖委座苦口婆心，痛哭流涕，終無效力。[220]

　　1940 年起，物價開始高漲，政府及民間經常有各種方案的提出，但是問題始終無法紓緩。財經部門對侍從室所提方案未表贊同，或有其專業考量，唐縱所說並非一定公允，不過卻充分顯示他們對孔、宋的惡劣印象已然形成。

　　1941 年 12 月 8 日，太平洋戰爭爆發，《大公報》總經理兼副總編輯胡霖陷於香港，該報總編輯王芸生乃赴侍從室，請陳布雷設法將胡救出。陳自張季鸞去世後，對王芸生即曲意聯絡，[221] 因此對其所請，自是當即允諾。不料次日由港飛渝的最後一班飛機降落後，機門打開，並未見到胡霖，卻見宋靄齡 (孔祥熙之妻) 及其女兒孔令儀大批行李、幾條洋狗和女傭從飛機上下來，由孔二小姐 (孔令偉) 接走。王芸生得報，甚為氣憤。適值國民黨此時舉行五屆九中全會，通過一項「增進行政效能，厲行法治制度，以修明政治案」，王芸生即借題發揮，寫了一篇題為〈擁護修明政治案〉的社論，發表於 12 月 22 日的《大公報》。社論強調整肅官箴的重要性，並直指「逃難的飛機竟裝來了箱籠、老媽與洋狗，而多少應該內渡的人尚危懸海外。善於持盈保泰者，本應該斂鋒謙退，現竟這樣不識大體。」[222]

　　是日夜間，蔣介石即以電話指示陳布雷糾正《大公報》的社論，為此陳特別致函王芸生。[223] 次日，五屆九中全會開幕，蔣召見陳布雷，於談話中詢問陳各界對此次大會的觀感。陳乃將中樞諸人及一般社會大眾對行政院此次改組的熱望詳細陳述，並提及「今日孔部長已為勞怨所叢，其原因亦有所自，惜彼年事已高，對缺點已難改正矣。」[224]

　　1941 年底，侍從室經辦的林世良舞弊案，也與孔、宋有關。林係中央信託局運輸處經理，被控勾結商家代運 3,000 萬元自仰光赴昆明，圖利 1,000 萬元以上，案發後輿論大譁，但林與孔家關係極為密切，孔竭力為其緩頰，導致軍法執行總監部僅判處無期徒刑。此案至侍從室後，侍從室各組組長均認為執法不公，乃附簽呈蔣陳明，最後蔣接納了侍從室的意見，批示林世良應處死刑，不許緩刑。[225]

　　1942 年元月 6 日，反孔學潮自重慶蔓延至昆明、貴州，到處均可見

到反孔標語，明顯是受到《大公報》的影響。陳布雷當日在他的日記中，以譏諷的口吻表示，「其實孔之誤國豈青年所能盡知，不過謂其專誣其貪而已，貪與專實尚非孔之罪也。」[226] 由於學潮愈鬧愈廣，蔣介石對此甚為震怒，曾命康澤赴昆明調查，結果斷定為國社黨分子受外來策動所致，乃囑陳布雷電雲南省主席龍雲說明此事內容。[227] 陳受命後即拜訪與龍極為親近的內政部長周鍾嶽，託其電龍，囑其下屬陸子安（滇省財政廳長）、繆雲台（滇省經濟委員會主任）勿與國社黨分子來往。[228] 國社黨領袖張君勱聞訊後，主動至侍從室拜訪陳布雷，力辯昆明學生遊行事非國社黨所指使。陳告以羅隆基絕非愛國之人，為達私欲，可以不擇手段。並告以國社黨今日死者已死，附敵附逆者則已為國人所不齒，尚有幾個黨員，實無存在之必要。勸其不如努力文化，放棄政治活動。但是張仍堅持己見，雙方未有交集。[229] 21 日，蔣召見陳，表示川、滇道上有反政府標語，要陳與《大公報》接洽撰文。[230]

由於報紙持續報導學潮消息未見歇止，陳布雷又為蔣起草了一份〈致各省政府黨部各大學揭破反動漢奸煽惑青年之陰謀電〉，電文中指控國社黨主要分子湯薌茗等，「接受納粹鉅款津貼，在南京、上海公開組織其黨部以供敵人驅策，在香港則其黨徒徐傅霖等，主辦《國家社會報》與倭寇漢奸狼狽合作，每月接受敵方津貼 5,000 元，其言論與在港敵偽所辦各報如出一轍，而其侮辱國體、污衊中央，狂妄謬論且猶過之，去冬該黨並向敵方領得活動費 60 萬元，專充策動西南抗戰根據地，反對中央之用，再昆明等地，亦有該黨黨徒混跡潛伏，與北平、上海、南京等地之奸偽互相策應，專作破壞抗戰之陰謀。此等文化敗類專以利用我青年之純潔心理，造作無稽謠言，煽動反對中央，破壞後方秩序為目的，同時不顧國家利益之共黨，最近頒發宣傳綱領有（一）必須以軍紀不良、士兵飢困等口號動搖國軍之根本；（二）必須以貪污腐敗之罪名，加諸政府軍事與財政當局，毀滅中央信用之語。則此次在昆明、遵義等地所發生而更圖蔓延及於各地學界之反中央陰謀，其發動之背景如何，從而擴大利用者為何人，更不可言而喻。……」[231]

事實上，學生對孔家不滿已久，「飛機載洋狗」事件只不過是導火線，陳布雷雖對孔不滿，但是為蔣草擬電文，也無法直接針對學生的訴

求回應，只能採「陰謀論」解釋，指控學潮有國社黨、中共等外力介入。不過，可以想見的是，即使電文所指控的各節確有其事，也無法消除學生心中的不滿。[232]

當時對於學潮問題應如何處理，侍從室內意見也不盡一致。唐縱認為孔之作為，人莫不痛恨，凡為孔辯護者，均將受責難，因此直接壓制學潮，不會有任何效果，最有效的方法莫若孔辭職。陳布雷則不以為然，認為孔不但不應辭職，反而應登報表示病癒視事。[233] 1 月 28 日，孔約見陳，盡述處理財政之辛苦，對於外界指責，則毫無自責之意。[234] 2 月 14日，孔再度約見陳，談美國借款及他事，又詢問陳家中經濟情況，並有所餽贈，為陳所堅拒。[235]

1942 年，孔祥熙涉及中央銀行美之公債舞弊案。部分中央銀行高層職員利用美國公債停售的機會，朋分剩餘美金公債。[236] 此種高官公然舞弊的行為，引起大後方輿論的強烈譴責，「倒孔」風潮再起。行政院副院長孔祥熙看到社會各界的責難，向蔣介石提出辭呈，蔣則囑侍二處主任陳布雷將原件退回並慰留。根據唐縱的日記，蔣、陳二人曾有以下的對話：

> 主席問布雷先生，究外間對孔之輿論如何？布云，普遍的批評，孔作生意。在北京政府時代買辦與官僚結合，南京政府時代買辦與官僚結合，盛有平津、京滬之距離；今者官僚、資本家、買辦都在重慶合而為一，黨內的批評，孔不了解黨的政策，違背政府政策行事。委座云，現在沒有適當的人接替。布代表慰留孔時，曾謂，不能因外間之非議而有所表示，愈表示反而增加社會的不安。止謗莫若自省，如果切實反省，改變作風，國家之福。布公所言，均甚得體，可惜未能接受也。布公云，委座沒有徹底改革決心！[237]

1945 年 3 月，有兩位民眾聯名檢舉美金公債弊案，檢舉者對涉案人員舞弊手段及經過均作極具體的陳述，自然引起高度重視。蔣介石接獲報告後，自 3 月 19 日開始研究弊案，28 日約侍從室第二處組長與財政部長俞鴻鈞聚餐，談中央銀行美金公債不清之數，並責成徹底追究。[238] 4月 8 日，俞向蔣提出一份查帳報告，蔣閱後發現其中顯有弊端，乃約陳布雷等，指示查帳手續。5 月 22 日，蔣認為孔涉嫌重大，電孔儘速回國。

此時國民參政會參政員陳賡雅、傅斯年等，也接到民眾對此案的檢舉資料，陳乃將資料彙整製成提案，擬於 1945 年 7 月參政會開會時提出，請政府徹查。依照國民參政會的議事規則，提出題案需有 5 位以上參政員的聯署，陳於是聯絡了傅斯年、顧頡剛等參政員，共同草擬了要求政府查辦美金公債舞弊案的議案。不料在聯絡的過程中，為參政會主席團主席、國民黨中宣部部長王世杰知悉，即加以勸阻。王表示此案如提出，恐被人借為口實，攻擊政府，影響抗戰前途，使仇者快意，親者痛心。同時提案內容若與事實有所出入，恐對提案人、連署人及參政會的信譽均會有損。因此，建議將提案撤銷，另行設法處理。陳賡雅則堅持此案證據確鑿，請不必代為顧慮。不久，侍從室主任陳布雷又以新聞界前輩身分，前往勸說，他表示陳賡雅對相關資料的蒐集，可為煞費苦心，於大會提出自然甚具價值，不過一旦經大會討論，公諸社會，恐使美、英、蘇等友邦，更認為中國是一個貪污舞弊的國家，因而不再支持中國抗戰，如此一來，其影響將不堪設想。基此理由，擬請將提案改為書面檢舉。由主席團負責人交主席（蔣介石）認真查辦，較為妥當。陳認為此項提案如不以公開方式提出，可能即會石沉大海，乃採傅斯年建議，由傅於行政院長張群在參政會作工作報告時，提出質詢。此項質詢最後雖然也轟動大會，但是原稿於會前已為侍從室人員取走，說是蔣介石要親自審閱，所以大會祕書處無從補印文件，加上新聞檢查封鎖，案情不得公布，致使社會大眾無從瞭解質詢的詳細內容。[239]

當陳布雷告知蔣介石已有人於參政會提出此一弊案後，蔣即數度召見剛返國的孔祥熙，示以此案調查結果及人證、物證，孔始默認，但是蔣仍囑其設法自全。7 月 17 日，蔣約見財政部長俞鴻鈞及侍從室祕書兼國民黨中央監察委員陳方，指示對於舞弊案的批駁要點。7 月 23 日，孔以身體欠佳為由，辭去中央銀行總裁一職獲准，其遺缺由財政部長俞鴻鈞接任，至此孔的所有職務幾乎完全解除。[240] 次日，蔣對孔下一手令，稱「呈報美金公債追繳實情已悉，該行經辦人員辦事顢頇不實，本應嚴懲。姑念抗戰以來努力金融，苦心維持不無微勞足錄，茲既將其經辦不合手續之款如數繳足，歸還國庫，特予從寬議處。唯將該行國庫局局長呂咸、業務局局長郭錦坤免職，以示懲戒為要。」[241]

陳賡雅、傅斯年等參政員雖然揭發了美金公債弊案，提出了一千一百餘萬美金債券去向不明的問題，但是並未掌握到此案的關鍵證據，即所謂預購客戶一千六百六十餘萬美元債券的買主為何人。面對陳、傅等人來勢洶洶的責難，侍從室特研究此案，提出以下建議：

> 此案在數字問題上雖不甚大，但恐參政會因此要求徹查全部美債帳目，或監察院亦聞風前往該行查閱帳冊，則認購戶之真相完全暴露，勢必難於應付，是實該案之嚴重困難所在（在事實本質上與國家信譽上，均較黃金案嚴重百倍），殊可考慮。[242]

侍從室所作研究，提出了此案可能引發的政治效應。黃金舞弊案不過是中央銀行一些職員竊取國家重要經濟資訊的案件，但是美金公債舞弊案卻直接涉及政府高層。陳、傅等參政員雖然尚未取得關鍵證據，但是如深入追查，真相必將大白，如此對於國家的信譽和蔣、宋家族的聲譽，均將是一重大的打擊。蔣介石經過考慮後，決定將此案迅速了結，不再讓其繼續擴大。以中央銀行為國府直轄銀行為由，將此案交國府主計局會同中央銀行新總裁負責密察具報。

主計長陳其采及中央銀行總裁俞鴻鈞於接到蔣的手令後，即於8月16日派員前往國庫局進行調查，所有的調查方向均集中於陳賡雅等人所提及的一千一百多萬美金債案。十天之後，調查報告完成呈蔣，報告的結論認為此案經辦人員業經蔣下令將此二項債案追繳，該行國庫局局長呂咸、業務局局長郭錦坤也已革職懲戒，此案應可就此了結。對於此案的關鍵問題，即預售客戶一千六百六十餘萬美元債券的流向，調查報告居然隻字未提。事實上，蔣早在8月16日的日記中檢討此案的處置方式，即已決定將此案迅速了結，以免夜長夢多，授人口實。[243]

由以上所述侍從室與孔、宋關係的演變，可以發現侍從室對孔、宋的印象始終不佳，因此刻意與他們保持距離，維持其自主性，對林世良案也能秉公處理，並適時將民間聲音反映給蔣。不過蔣由於顧及宋美齡，心中對孔雖痛恨至極，但仍遲遲不願對孔作積極處置，[244] 加上媒體的大肆宣傳，國府的貪腐形象普及國外，[245] 直至政權崩潰。而侍從室的幕僚人員每多將忠蔣視為愛國，將領袖利益置於黨國利益之上，未能對蔣忠言直諫，也難卸其責。

結論

綜前所述，可以發現戰時中國的侍從室在宣傳工作上，具有以下功能與特色：

第一，有助於整合各種宣傳機構。戰時國府各類宣傳(含新聞出版檢查)機構，數量極多，[246] 造成權責不清的現象，也降低了機構的主動性和效率。[247] 而侍從室的出現，有助於各宣傳機構之間的整合和蔣介石的指揮與控管。

第二，結合民間力量協助政府宣傳工作。侍從室從事宣傳不論是創辦社團或是發行刊物，均能廣泛結合民間力量，不僅可彌補政府人才之不足，尚可藉以聯繫社會各界菁英；與《大公報》長期維持良好關係，則對國府宣傳工作助益甚大。

第三，善盡輔佐之責，在宣傳決策過程中發揮「煞車」作用。

雖然如此，戰時侍從室的宣傳工作也有其侷限性。

第一，成員心態的限制。侍從室的幕僚人員，大致均有一些共同的特質，例如忠於黨國領袖、拘謹守成、缺乏團隊精神等。[248] 從事宣傳工作時，即每多不夠積極互動，未能針對一些宣傳上的流弊，如軍事消息作假、[249] 基層新聞出版檢查工作執行偏差等，作切實的矯正。他們雖然忠於黨國領袖，但是普遍將領袖利益置於黨國利益之上，對孔家弊案雖未同流合污，保持了高度的自主性，但是一味維護蔣介石，對孔、宋姑息，反使國府形象受損。1945 年，國民黨祕書長吳鐵城在該黨六全大會作黨務報告時，曾坦率指出國民黨在宣傳方面的缺點是「浮」，是「拙」：「空文標語的宣傳，季節的宣傳，多於事實行動的宣傳；城市的宣傳，多於鄉村的宣傳；季節的宣傳，多於日常的宣傳，弄得上級儘管『宣』，下級卻很少『傳』，一到中層，不免擱止。……尤其辦理宣傳工作者，未盡改變『例行公事』的態度，未盡具備『實事求是』的精神，一遇到什麼紀念日，或什麼運動，匆匆發出文告、標語或指示，便算大功告成，至於文告、標語、指示發出後，民間的反應如何？同志的倡率如何？收到的效果究竟有若干？……卻很少有人檢查過，考核過，反省過。因此之故，本黨種種宣傳，積極的未能充分發揮闡揚主義、政策、政令的作用，消極的未能完全克服一切惡勢

力的煽惑。」[250] 侍從室在宣傳方面的職掌雖然僅限於「關於宣傳之研究與宣傳業務之協助及傳達意旨」，[251] 不過以本章前述一紙簽呈即可令上海《晨報》自動停刊的例子，顯示其擁有極大的影響力。吳鐵城對宣傳工作所作批評，中宣部自是責無旁貸，應負主要責任，不過侍從室未能發揮其影響力督促宣傳系統改進，似乎也難辭其咎。

第二、政策搖擺不定。國民政府戰時反日宣傳的政策，固然是始終如一，對於中共的宣傳政策，則經常因應局勢的變化而有變動。例如1941 年元月皖南事變發生後，不但遭到了中共的反抗，而且引起了國內民主人士和國際輿論的抨擊。宋慶齡、陳友仁、章伯鈞、陳嘉庚等紛紛發表聲明或舉行抗戰活動，要求蔣介石和國民黨撤銷剿共部署，解決聯共方案，發展各種抗日實力，並推動民主改革。蘇、美、英各國也先後發表聲明，希望國共繼續合作抗日。美國政府表示，美國在國共紛爭未解決前，無法大量援華，中美間的經濟、財政等各種問題不可能有任何進展。在國內外強大輿論壓力下，蔣介石不得不屈服，保證以後絕再無剿共的軍事行動。[252] 既然宣傳的決策階層對中共的政策都軟硬不定，侍從室及其下的宣傳官員自然無法積極主動。

第三，外在環境的變化。抗戰初期由於國府堅苦卓絕，抵抗強權侵略，贏得國內外尊敬，宣傳工作自然較易推動，侍從室在《大公報》的配合之下，尚可掌握輿論。至抗戰後期，由於孔家弊案未能迅速處理，在媒體大肆宣傳下，國府貪污形象深植人心，侍從室及宣傳官員要想扭轉此一負面形象，已非易事，遑論掌握輿論。戰後此種情勢依然持續，直至政權易幟。

從長期觀點來看，戰時侍從室的宣傳工作尚有以下兩項深遠的影響：

第一，《中國之命運》所強調血統論的民族觀[253]與受害者論述(victim discourse)(或稱悲情論述)，在戰後海峽兩岸，經由教科書的傳播，影響深遠，直至今日。

第二，執政黨拉攏民間大報的宣傳政策，在戰後台灣仍舊持續，直至今日。

1. 蔣京，《蕭贊育先生訪談錄》(台北：近代中國出版社，1992 年)，頁 48-49。

2. 季灝、周世輔、王健民，《潘公展傳》(台北：台北市新聞記者公會，1976 年)，頁 1-20；陳布雷，《陳布雷回憶錄》(以下簡稱《回憶錄》)(台北：傳記文學出版社，1976 年)，頁 58-71；袁義勤，〈上海《晨報》瑣談〉，《新聞研究資料》，1991 年第 2 期。另一項資料顯示，《晨報》日、晚報銷數一度達 5 萬份，參閱：方漢奇編，《中國新聞事業編年史》(福州：福建人民出版社，2000 年)，頁 1210。

3. 陳布雷，《回憶錄》，頁 108。

4. 陳布雷，《陳布雷先生從政日記稿樣》(以下簡稱《日記》)(南京：東南印務出版社，未註時間)，1936 年 1 月 25 日。

5. 陳布雷，《日記》，1936 年 1 月 26 日。

6. 陳布雷，《日記》，1936 年 1 月 26 日。

7. 陳布雷，《日記》，1942 年 7 月 6 日。

8. 孫科，〈我們的最後勝利就在前面〉，《大公報》，1942 年 7 月 7 日。

9. 孫科，〈檢討過去展望未來，最後勝利就在前面〉，《中央日報》，1942 年 7 月 7 日。

10. 詳見高郁雅，《國民黨的新聞宣傳與戰後中國政局變動》(台北：國立台灣大學出版委員會，2005 年)，頁 78~79。

11. 劉維開，〈台灣地區蔣中正先生資料之典藏與整理：兼論「事略稿本」之史料價值〉，《檔案季刊》，第 7 卷第 3 期（2003 年 9 月），頁 32-53；Grace C. Huang, "Creating a Public Face for Posterity: the Making of Chiang Kai-shek's Shilüe Manuscripts," *Modern China* 36:5(September 2010), pp.617-643.

12. 張令澳，《蔣介石侍從的見聞》，《文史苑》，第 12 輯 (1994 年)，頁 18。

13. 〈錢大鈞陳布雷呈今後辦公方式與侍從室工作辦法 (1945 年 8 月 31 日)〉，收於：《國民政府檔案》，國史館藏，檔號 0421/6077.01-01；關於參事室，可參閱：張連紅，〈國民政府戰時外交決策機制初探〉，《近代史研究》，1997 年第 2 期；熊婧捐，〈略論國民政府軍事委員會參事室〉，《中國礦業大學學報（社會科學版）》，2009 年第 3 期；陳雁，《抗日戰爭時期中國外交制度研究》(上海：復旦大學出版社，2002)，頁 77~80。

14. 居亦僑，《跟隨蔣介石十二年》(長沙：湖南人民出版社，1988 年)，頁 210；曹聖芬，〈總統蔣公的著述〉，收於：曹聖芬，《懷恩感舊錄》(台北：中央日報社，1981 年)，頁 82；楊躍進，《蔣介石的幕僚》(北京：中國社會科學出版社，1997 年)，頁 111~112。

15. 蔣介石，〈努力完成訓政大業 (1931 年 5 月 17 日)〉，收於：秦孝儀主編，《先總統蔣公思想言論總集》(台北：中國國民黨中央黨史委員會，1984 年)，頁 463-467。

16. 蔣介石，〈新生活運動綱要（1934 年 5 月 15 日）〉，收於：秦孝儀主編，《先總統蔣公思想言論總集》，第 30 冊，頁 154-170；鄧元忠，〈新生活運動的政治意涵闡釋〉，收於：中央研究院近代史研究所編，《抗戰前十年國家建設史研討會論文集》（台北：編者印行，1984 年）。

17. 蔣介石，〈對於盧溝橋事件之嚴正表示 (1937 年 7 月 17 日)〉，收於：秦孝儀主編，《先總統蔣公思想言論總集》，第 14 卷，頁 582-585。

18. 蔣介石，《日記》，1937 年 7 月 17-19 日；陳布雷，《日記》，1937 年 7 月 17-19 日；程滄波，《蔣總統與我——撰寫文稿》，收於：程滄波，《滄波文存》(台北：傳記文學出版社 1983 年)，頁 229-230；劉維開，〈蔣中正委員長在廬山談訪會講話的新資料〉，《近代中國》，第 118 期 (1997 年 4 月)，頁 161-162。

19. 王芸生、曹谷冰，〈1926 年至 1949 年的舊大公報 (續二)〉，《文史資料選輯》，第 27 輯，頁 219。

20. 陳存恭等，《陶希聖先生訪問記錄》(台北，國防部史政編譯局，1994 年)，頁 630。

21. 陳存恭等，前引書，頁 770。

22. 希遯，〈布雷先生之馨歎〉，《申報》，1948 年 12 月 10 日。少數全會宣言非由陳布雷所撰擬的例子，可參閱：陳布雷，《回憶錄》，頁 131。1937 年 9 月，侍二處副主任周佛海上任後，遍讀國民黨歷年各種宣言，認為興中會成立宣言最為精簡有力，1912 年國民黨組黨及成立兩宣言，對於組黨理論及政策，陳述極有條理，為最近多種宣言所不能及。參閱：周佛海著，蔡德金編注，《周佛海日記》（北京：中國社會科學出版社，1986 年），1937 年 10 月 11 日。

23. 陳布雷，《回憶錄》，頁 107。根據侍五組祕書張彝鼎的回憶，此兩句係由陳布雷草擬，經黃郛看過。參閱：胡有瑞，〈陳布雷先生百年誕辰口述歷史座談會紀實〉，陳鵬仁主編，《百年憶述——先進先賢百年誕辰口述歷史合輯》（台北：近代中國出版社，1996 年），頁 236。

24. 陳布雷，《回憶錄》，頁 97；蔣介石，〈敵乎？友乎？——中日關係的檢討〉，收於：秦孝儀編，《先總統蔣公思想言論總集》，卷 4，頁 136-166。

25. 蔣介石，〈敵乎？友乎？——中日關係的檢討〉，頁 135。此文刊登於《外交評論》第 3 卷第 11、12 期合刊號，出版日期為 1934 年 12 月 20 日，實則延誤至 1935 年 1 月出版。參閱：劉維開，〈敵乎？友乎？——中日關係的檢討新探〉，《抗日戰爭研究》，2012 年第 1 期，頁 144。

26. 徐道鄰，《敵乎？友乎？：中日關係的檢討》（南京：外交評論社，1935 年）。

27. 〈敵乎？友乎？〉一文出版後在國內外所引起的討論，可參閱：周美華，〈輿論救亡之和戰抉擇〉，收於：呂芳上主編，《中國抗日戰爭史新編 ‧ 和戰抉擇》(台北：國史館，2015 年)，頁 355-360。

28. 蔣介石，《日記》，1950 年 9 月 18 日。

29. 汪榮祖，〈蔣介石《西安半月記》透視〉，《傳記文學》，第 64 卷第 3 期（1994 年 3 月），頁 44-50；劉維開，〈蔣中正《西安半月記》之研究〉，《政治大學歷史學報》，第 20 期（2003 年 5 月），頁 345-370；張天社，〈蔣介石《西安事變日記》與《西安半月記》的比較研究〉，《寶雞文理學院學報 (社會科學版)》，第 34 卷第 4 期（2014 年 8 月），頁 32-37；馮兵，〈西安事變後蔣介石對其形象的重塑——《西安半月記》的再研究〉，《廈門大學學報 (哲學社會科學版)》，2016 年第 6 期，頁 63-73。

30. 陳克文著，陳方正編，《陳克文日記 (1937-1952)》（以下簡稱《日記》）(台北：中央研究院近代史研究所，2012 年)，頁 39，1937 年 2 月 21 日。

31. 居亦僑，前引書，頁 200。

32. (南京：正中書局，1937 年)。此書的出版，係由葉溯中所接洽，經往返請示蔣介石數次，宋美齡也曾參與意見，最後談妥的條件為「10,000 元酬金許以正中書局，以三年內獨家經售之權，即將原本校對一過付之攜去，並擬草約，由委員長核定之。」參閱：陳布雷，《日記》，1937 年 4 月 11 日。

33. 馮兵，前引文，頁 67。

34. 楊步偉（趙元任之妻）對於西安事變結束蔣介石返回南京後的情景，曾有以下的回憶：「回到南京更覺像是大難來臨似的，各處戒嚴，人人舉動緊張得很。當時我心想從這一點上顯出人民是一致擁戴蔣為主要人物無疑了，即平日反對的人在那時也覺得西安之變為不應有的事，全國人心我想因此反一致起來擁護蔣委員長，而敢追隨他起來抗戰的力量影響很大，等於測驗一樣，否則大家還懷疑是不是可以領導全國人民起來抗戰呢。和以後日本人炸珍珠港似的，一樣因此而反鼓勵出美國人民的一致抗日。……大家對蔣委員長的安危關心如此可見了，二十四日蔣回南京真是人民歡呼震天，爆竹之盛也是從來沒有過的，而大家皆出於自然而不是警察往人家強迫的舉動。」參閱：楊步偉，《雜記趙家》（台北：傳記文學出版社，1972 年），頁 93-94。

35. 〈西安半月記暢銷達四十三萬冊〉，《申報》，1937 年 7 月 5 日。

36. 陳布雷，《回憶錄》，頁 128-129。

37. 有關三青團的歷史，可參閱：王良卿，《三民主義青年團與中國國民黨關係研究 (1938-1949)》（台北：近代中國出版社，1998 年）；馬烈，《蔣家父子與三青團》（北京：中國文史出版社，2007 年）；賈維，《三民主義青年團史稿》（北京：社會科學文獻出版社，2012 年）；Jianli Huang, *The Politics of Depoliticization in Republican China: Guomindang Policy Towards Student Political Activism, 1927-1949* (New York: Peter Lang, 1996), pp.99-184.

38. 陳布雷，《回憶錄》，頁 132；《周佛海日記》，頁 60-61，1937 年 11 月 12~14 日。

39. 《國民政府公報》，渝字第 63 號（1938 年 7 月 6 日），頁 1。

40. 陳布雷，《日記》，1938 年 6 月 28 日。

41. 陳布雷，《回憶錄》，頁 132。蔣介石通常會以諭或手令方式，指示書告內容要點，例如：〈蔣中正指示陳布雷告全國人民發表書內容要點 (1945 年 12 月 11 日)〉，國民政府檔案，典藏號；〈蔣中正致陳布雷電 (1935 年 3 月 13 日)〉，《蔣中正總統文物》，典藏號：002-010200-00130-024。

42. 蔣介石，〈抗戰建國週年紀念告全國軍民書 (1938 年 7 月 7 日)〉，秦孝儀主編，《先總統蔣公思想言論總集》，第 30 冊，頁 268。

43. 蔣介石，〈為實施國民精神總動員告全國同胞書 (1939 年 3 月 12 日)〉，秦孝儀主編，《先總統蔣公思想言論總集》，第 31 冊，頁 14。

44. 「國家至上，民族至上」、「意志集中，力量集中」，則直至戰後台灣，仍為軍中每日早晚集合時所必須振臂高呼的口號。參閱：陶恒生，《「高陶事件」始末》（武漢：湖北人民出版社，2004 年），頁 74。

45. 陳布雷，《日記》，1938 年 6 月 29 日。

46. 傅抱石，〈關於「胡風反革命集團材料的學習」個人書面總結的補充材料〉，江蘇省檔案館藏，傅抱石檔案。原文未見，轉引自：萬新華，〈關於傅抱石早年經歷的若干細節〉，《中國書畫》，2009 年第 6 期。陳布雷以為文稿係郭沫若所草擬，不確。參閱：陳布雷，《回憶錄》，頁 132。

47. 陳布雷，《日記》，1938 年 7 月 3 日。告日本國民書全文，可參閱：蔣介石，〈抗戰建國週年紀念告日本國民書 (1938 年 7 月 7 日)〉，秦孝儀主編，《先總統蔣公思想言論總集》，第 30 冊，頁 278-283。

48. 陳布雷，《回憶錄》，頁 132。

49. 陳布雷，《日記》，1938 年 6 月 30 日。

50. 書告全文，可參閱：蔣介石，〈抗戰建國週年紀念告世界友邦書 (1938 年 7 月 7 日)〉，秦孝儀主編，《先總統蔣公思想言論總集》，第 30 冊，頁 273-277。

51. 〈蔣委員長電慰死難軍民家屬並另呈報壯烈事蹟，俾便褒揚垂範後嗣〉，《中央日報》（長沙），1938 年 7 月 7 日第 3 版。

52. 陳布雷，《日記》，1938 年 7 月 4 日。

53. 陳布雷，《日記》，1942 年 6 月 6 日。

54. 蔣介石，《日記》，1942 年 6 月 22~25 日。

55. 蔣介石，《日記》，1942 年 7 月 4 日。

56. 陳布雷，《日記》，1942 年 7 月 5 日；蔣介石，《日記》，1942 年 7 月 5 日。七七告軍民同胞書全文可參閱：蔣介石，〈抗戰建國五週年紀念告全國軍民同胞書 (1942 年 7 月 7 日)〉，收於：秦孝儀主編，《先總統蔣公思想言論總集》，第 31 冊，頁 308-320。

57. 陳布雷，《日記》，1936 年 2 月 16 日。

58. 陳布雷，《日記》，1936 年 2 月 17 日。

59. 蔣介石，〈新生活運動二週年紀念告全國同胞書 (1936 年 2 月 19 日)〉，收於：秦孝儀主編，《先總統蔣公思想言論總集》，第 30 冊，頁 201-204。

60. 〈蔣中正致錢大鈞閻寶航手令 (1936 年 2 月 19 日)〉，《蔣中正總統文物》，典藏號：002-010200-00152-017。值得注意的是，新運總會遭蔣介石批評後，翌 (1937) 年即進行改組。參閱：段瑞聰，《蔣介石 新生活運動》（東京：慶應塾大學出版會，2006 年），頁 107。

61. 蔣介石，〈「八一三」三週年紀念告淪陷區民眾書 (1940 年 8 月 13 日)〉，收於：秦孝儀主編，《先總統蔣公思想言論總集》，第 31 冊，頁 199-205。

62. 陳布雷，《日記》，1940 年 8 月 2~11 日。

63. 陳布雷，《日記》，1940 年 8 月 13 日。

64. 陳存恭等，前引書，頁 162。

65. 陳布雷，《日記》。

66. 陳布雷即曾於日記中抱怨蕭自誠和曹聖芬兩位速記人員：「我近年來受蕭、曹二生之累，替他們東里子產實已費盡心力，不知減損若干夜之睡眠。今又在疲煩之中任此討厭之修改工作，若非感於士為知己者用之義，早應拂袖而行矣。」參閱：陳布雷，《日記》，1943 年 4 月 17 日。

67. Dahpon D. Ho, "Night Thoughts of a Hungry Ghostwriter: Chen Bulei and the Life of Service in Republican China," *Modern Chinese Literture and Culture*, 19:1(Spring 2007),pp.1-59.

68. 汪日章，〈追隨蔣介石夫婦六年瑣憶〉，《傳記文學》，第 53 卷第 2 期，頁 87。

69. 熊式輝，《海桑集》，頁 269；〈傅斯年與陳布雷筆談紀錄〉，收於：王汎森著，王曉冰譯，《傅斯年：中國近代歷史與政治中的個體生命》（台北：聯經，2013 年），頁 269。

70. 張治中，《張治中回憶錄》，頁 409。

71. 戴鴻超，《槍桿、筆桿和權術：蔣介石與毛澤東的治國之道》（台北：時報文化，2015 年），頁 133。

72. 汪日章，前引文，頁 87。

73. 陳存恭等，前引書，頁 262；顧維鈞，《顧維鈞回憶錄》，第 5 冊（北京：中華書局，1987 年），頁 208。

74. 蔣介石，《日記》，1942 年 10 月 24 日；陳布雷，《日記》，1942 年 10 月 24 日。

75. 陳布雷，《日記》，1942 年 10 月 26 日。陳心中對《國民革命風》的書名或不以為然，認為應可訂為《國民革命之回溯與前瞻》。參閱：陳布雷，《日記》，1942 年 10 月 26 日。

76. 蔣介石，《日記》，1942 年 10 月 27 日；陳布雷，《日記》，1942 年 10 月 27 日。

77. 陳布雷，《日記》，1942 年 10 月 28 日。

78. 蔣介石，《日記》，1942 年 10 月 28 日。

79. 蔣介石，《日記》，1942 年 11 月 1 日。

80. 蔣介石，《日記》，1942 年 11 月 7 日；陳布雷，《日記》，1942 年 11 月 7 日。

81. 陳布雷，《日記》，1942 年 11 月 7 日。

82. 蔣介石，《日記》，1942 年 11 月 9 日。

83. 陶希聖，〈八十自序〉，頁 25-26。

84. 蔣介石，《日記》，1942 年 12 月 31 日，〈本月反省錄〉；陶泰來，〈陶希聖年表〉。

85. 陳存恭等，前引書，頁 162。顧維鈞，《顧維鈞回憶錄》，第 5 冊，頁 208。

86. 陶希聖，〈八十自序〉，收於：《陶希聖先生八秩榮慶論文集》，頁 25。

87. 陳存恭等，前引書，頁 162；顧維鈞，《顧維鈞回憶錄》，第 5 冊，頁 208。

88. 蔣介石，《中國之命運》（台北：中央文物供應社，1952），散見各頁。

89. 何成濬，《日記》，頁 244-245，1943 年 4 月 8-9 日。

90. 陳克文，《日記》，1943 年 4 月 3 日；徐永昌，《日記》，1943 年 4 月 8 日。

91. 何成濬著，沈雲龍註，《何成濬將軍戰時日記》（台北：傳記文學出版社，1986 年），
    頁 244-245，1943 年 4 月 9 日。關於《中國之命運》一書在國府官員間的反應，可參
    閱：鄧野，〈蔣介石關於《中國之命運》的命題與國共的兩個口號〉，《歷史研究》，
    2008 年第 4 期，頁 93-94。

92. 陳克文，《日記》，1943 年 4 月 9 日。

93. 陳克文，《日記》，1943 年 4 月 3 日。

94. 陳克文，《日記》，1943 年 4 月 29 日。

95. 陳克文，《日記》，1943 年 4 月 13 日。

96. 《事略稿本》，第 53 冊，頁 178-179，1943 年 4 月 5 日。

97. 孫武，〈國民政府教育部經辦 1943 年度蔣介石手令與訓話情形報告〉，《民國檔案》，
    2013 年第 3 期，頁 33。

98. 葉再生，《中國近代現代出版通史》（北京：華文出版社，2002 年），頁 424。

99. 李楊，〈陶希聖與《中國之命運》的歷史與解讀〉，收於：《黃埔軍校研究》，第 4 輯，
    頁 220。

100. 蔣介石，《日記》，1943 年 12 月 31 日〈本年反省錄〉。

101. 陳存恭等，前引書，頁 165。

102. 筆者曾訪問數位抗戰時期的大、中學生，詢問他們對於《中國之命運》的印象，受訪
     者認為此書寫得不錯，不過影響不大。

103. 政學系領袖張群對書中指責英、美、俄過去對華政策部分，曾深以有傷友邦感情為
     慮。參閱：王世杰著，林美莉校註，《王世杰日記》（以下簡稱《日記》）（台北：
     中央研究院近代史研究所，2012 年），頁 496，1943 年 3 月 24 日；李楊，前引文，頁
     220。

104. 張治中，《張治中回憶錄》(台北：未刊出版時地)，頁 409。

105. 聞黎明，《聞一多傳》(北京：人民出版社，1992 年)，頁 213。

106. 陳布雷，《日記》，1943 年 5 月 22 日。

107. 王世杰，《王世杰日記》，1943 年 5 月 25 日。

108. 中共中央文獻研究室編，《毛澤東年譜 (1893-1949)》（ 北京：中央文獻出版社，2013 年)，中卷，頁 458。

109. 中共中央文獻研究室編，《毛澤東年譜 (1893-1949)》，中卷，頁 458-459。

110. 李楊，前引文，頁 240~241。

111. 馬勇，〈中國之命運：基於思想史的解讀〉，《北京黨史》，2016 年第 2 期，頁 32。

112. 蔣介石，《日記》，1943 年 10 月 7 日。

113. 陶希聖，《潮流與點滴》(台北：傳記文學出版社，1970 年)，頁 206。

114. 陳永發，《中國共產革命七十年》（ 台北：聯經，1998 年)，頁 380-381；Raymond F. Wylie, *The Emergence of Maoism: Mao Tse-tung, Ch'en Po-ta, and the Search for Chinese Theory, 1935-1945* (Stanford: Stanford University Press, 1980), pp.126-127; Daniel Leese, *Mao Cult: Rhetoric and Ritual in China's Cultural Revolution* (Cambridge: Cambridge University Press, 2011), p.11. 晚近有的學者注意到，《中國之命運》一書對淪陷區汪精衛的個人崇拜運動也有所影響。參閱：Jeremy E. Taylor, "Republican Personality Cults in Wartime China: Contradistinction and Collaboration," *Comparative Studies in Society and History* 57:3(July 2015), pp.665-693.

115. 趙銘，〈《中國之命運》英譯本出版記〉，《中央日報》，1947 年 3 月 7 日；Alexander V. Pantsov，"Mao Zedong's 'New Democracy' and Chiang Kai-shek's 'New Authoritarianism': Two Paradigms of Social Changes during the Sino-Japanese War,"，收於：呂芳上主編，《戰爭的歷史與記憶》(台北：國史館，2015 年)，頁 334。英國外交檔案也顯示《中國之命運》一書出版後，英國人即將此書摘譯，並與美國人分享。參閱：Robert Bickers, *Out of China: How the Chinese Ended the Era of Western Domination* (London: Penguin, 2017), p.242.

116. 王世杰，《日記》，1943 年 4 月 9 日。

117. 王世杰，《日記》，1943 年 4 月 9 日。

118. 陶希聖，〈總裁手著《中國之命運》的經過〉，《近代中國》，第 1 期（ 1980 年 3 月)，頁 33。

119. 浦薛鳳（1900-1997），江蘇長熟人，早歲畢業於清華學校，後赴美留學獲翰墨林大學 (Hamlin University) 博士，歷任雲南東陸大學、浙江大學、清華大學、西南聯大教授，國防最高委員會參事，重慶《中央日報》總主筆，行政院副祕書長，台灣省政府祕書長，教育部政務次長，政治大學教授，晚年任教於美國橋港大學 (University of

Bridgeport)。參閱：徐友春主編，《民國人物大辭典》（增訂版）（石家莊：河北人民出版社，2007年），頁1137。

120. 浦薛鳳，《太虛空裏一遊塵》（台北：商務，1979年），頁193。

121. Xiaoyuan Liu, *A partnership for Disorder: China, the United States, and Their Policies for the Postwar Disposition of the Japanese Empire,1941~1945*(Cambridge: Cambridge University Press 1996), pp.23&74.

122. Wesley Martin Bagby, *The Eagle—Dragon Alliance: America's Relations with China in World War II* (Newark: University of Delaware Press, 1992), p.40.

123. 林美莉，〈蔣中正與抗戰後期的物價決策——以侍從室的活動為中心〉，收於：黃自進編，《蔣中正與近代中日關係》（台北：稻香出版社，2006年），頁285-312。

124. 陳克文，《日記》，1943年5月16日。

125. 徐文珊，〈抗戰以來中國史學之趨向〉，收於：孫本文等，《中國戰時學術》（重慶：正中書局，1946年），頁127-128。

126. 陳布雷，《回憶錄》，頁84。

127. 〈陳果夫等致蔣中正電(1933年5月14日)〉，《蔣中正總統文物》，典藏號：002-080200-00086-046。

128. 王掄楷，〈重慶談判期間的《中央日報》〉，收於：中共重慶市委黨史工作委員會等編，《重慶談判紀實》（重慶：重慶出版社，1983年），頁416。

129. 陳約文曾對其二伯父陳布雷有以下的回憶：「往往一大早，官邸有人送來蔣委員長用紅藍鉛筆勾劃過的《中央日報》，也許愛之深，責之切，不是這裏不對，就是那裏不妥，或者這方面尚待加強。他看後就要設法與社長、總編輯、總主筆聯繫，委婉地解釋、指示；當然也有受誇讚的時候，他的臉上也會浮起難得的笑容。」參閱：陳約文，〈對二伯父陳布雷先生的一些追憶和懷念〉，《近代中國》，第74期（1989年12月），頁187。

130. 例如：王世杰1942年11月8日日記：「蔣先生欲以陶百川主持《中央日報》，一時不易得適當之人，於今日與布雷商定以陶代陳博生，《中央日報》為本黨中央言論機關，執筆者懼受各方干涉與指謫，不易發揮自己見解，群以為苦。」王世杰，《日記》，1942年11月8日；陶百川，《困勉強狷八十年》（台北：東大圖書公司，1986年），頁172。

131. 林泉，〈中美、中英新約之研究(1942-1943)〉，收於：中央研究院近代史研究所編，《抗戰建國史研討會論文集》（台北：編者印行，1985年）；陳立文，《宋子文與戰時外交》（台北：國史館，1991年），頁155-182；陳立文，〈顧維鈞與中英平等新約〉，收於：金光耀編，《顧維鈞與中國外交》（上海：上海古籍出版社，2001年）；陳進金，〈蔣介石對中英新約的態度(1942-1943)〉，《東華人文學報》，第7期(2005年7月)，

頁 123-150；張龍林，《美國在華治外法權的終結——1943 年中美新約的研究》（廣州：中山大學出版社，2012 年）；K.C. Chan, "The Abrogation of British Extraterritoriality in China, 1942-43: A Study of Anglo-American-Chinese Relations." *Modern Asian Studies* 11:2 (April 1977), pp. 257-291; Stephen G. Craft, *V.K. Wellington Koo and the Emergence of Modern China* (Lexington: University Press of Kentucky, 2004), pp.156-158; Dong Wang, *China's Unequal Treaties: Narrating National History* (Lanham, Md.: Lexington Books, 2005), p.93; Nobchulee (Dawn) Maleenont, "Empire versus Nation: Hong Kong between Allies," in Joseph W. Esherick and Matthew T. Comb, eds., *1943: China at the Crossroads* (Ithaca, New York: Cornell University East Asia Program, 2015), pp.135-167.

132. 〈軍事委員會侍從室第二處主任陳布雷授命擬撰希望美國率先自動表示放棄對華不平等條約新聞稿 (1942 年 10 月 5 日)〉，收於：秦孝儀編，《戰時外交 (三)》，頁 710-711。

133. 黨報社論委員會係中宣部為統一言論，於 1939 年 5 月所創設，由中宣部長任主任委員，中宣部副部長、《中央日報》社長、中央通訊社社長、中央通訊社總編輯等人組成，每週集會一次，商計下一週的社論題目與重點。參閱：王凌霄，《中國國民黨新聞政策之研究 (1928-1945)》(台北：中國國民黨中央委員會黨史委員會，1996 年)，頁 193。

134. 〈中美中英新約明年元旦正式公布〉，《中央日報》，1942 年 12 月 27 日，第 2 版；陶希聖，〈記陳布雷先生 (中)〉，《傳記文學》，第 4 卷第 6 期 (1964 年 6 月)，頁 11。

135. 陳布雷於 1942 年 12 月 16 日赴成都養病，1943 年 2 月 17 日返渝。參閱：陳布雷，《日記》，1942 年 12 月 16 日~1943 年 2 月 17 日。

136. 陶百川，《困勉強狷八十年》，頁 178-180；卜少夫，〈布雷先生對一個新聞界後輩的關顧〉，《傳記文學》，第 28 卷第 4 期 (1976 年 4 月)，頁 22。

137. 蔣介石曾於 28 日日記自記：「為《中央日報》昨日發表新約定元旦發布消息，泄漏機密，破壞國信，痛憤無已。而今日查明來由，為侍從室陶希聖所傳出，更覺可惡，此種神經不健全之文人，萬不能用也。」參閱：蔣介石，《日記》，1942 年 12 月 28 日。

138. 陶希聖，〈記陳布雷先生 (中)〉，頁 11。

139. 外交部編，《中外條約輯編》(台北：商務，1958 年)，頁 660。

140. 外交部編，《中外條約輯編》，頁 589-594。

141. 蔣介石，〈中美、中英平等新約告成告全國軍民書 (1943 年 1 月 12 日)〉，收於：秦孝儀編，〈先總統蔣公思想言論總集〉，第 32 冊，頁 4-8。

142. 〈中美、中英新約成立〉，《中央日報》，1943 年 1 月 12 日，第 2 版。陳布雷稱此社評「詞意深遠，然恐讀者未易明其微旨所在耳。」參閱：陳布雷，《日記》，1942 年 1 月 13 日。

143. 顧維鈞，《顧維鈞回憶錄》，第 5 冊，頁 181；U.S. Department of State, *Foreign Rela-*

tions of the United States: Diplomatic Papers, 1942: China (Washington D.C.: Government Printing Office, 1956), p.416.

144. 顧維鈞，《顧維鈞回憶錄》，第 5 冊，頁 179-180。

145. 陳布雷，《日記》，1943 年 10 月 15 日；陶百川，前引書，頁 168-181；卜少夫，〈布雷先生對一個新聞界後輩的關顧〉，頁 33。

146. 陳布雷，《日記》，1943 年 10 月 17 日；陶希聖，〈記陳布雷先生 (下)〉，頁 22；胡健中，前引文，頁 33。

147. 蔣介石曾於 1943 年 10 月 23 日手諭《中央日報》社長胡健中及副總編輯陶希聖：「《中央日報》之最大任務厥為宣揚黨國政策，除竭力宣揚黨國重要之決策外，對於中央各種法令應注意督促與說明，使能家喻戶曉，推行無阻。至於今後該報之社評與編輯，應置重點於：(1) 世界戰局；(2) 國際問題；(3) 太平洋問題；(4) 經濟與教育建設問題；(5) 實施憲政問題；及 (6) 地方自治與黨政考核等，希即照此方針切實進行為要。」參閱：高素蘭編，《蔣中正總統檔案：事略稿本》（以下簡稱《事略稿本》），第 55 冊 (台北：國史館，2011 年)，頁 196-197，1943 年 10 月 23 日。根據陶希聖的回憶，他於 1943 年夏季至 1945 年秋季間，共為《中央日報》撰寫社論 330 篇以上，署名的專論尚不在此數。參閱：陶希聖，《潮流與點滴》，頁 213。

148. 陳布雷，《日記》，1943 年 10 月 17 日；陶希聖，〈記陳布雷先生 (下)〉，頁 22；胡健中，前引文，頁 33；王掄楦，〈重慶談判期間的《中央日報》〉，收於：中共重慶市委黨史工作委員會等編，《重慶談判紀實》（重慶：重慶出版社，1983 年），頁 416-417；方秋葦，〈陶希聖與「低調俱樂部」、「藝文研究會」〉，《民國檔案》，1992 年第 3 期，頁 132。

149. 〈蔣中正電令陳布雷整頓中央日報每日七時前發行八時前訂戶見報 (1940 年 8 月 7 日)〉，《蔣中正總統文物》，典藏號：002-010300-00037-008。

150. 陳布雷，〈一個新聞界舊人之自身經驗談〉，《讀書通訊》，第 21 期 (1941 年)，頁 9。

151. 陳布雷，前引文，頁 9。

152. 〈重慶衛戍總司令部會報祕書處關於該報發行數量增加的情報〉，收於：重慶市檔案館、中國第二歷史檔案館編，《白色恐怖下的新華日報》，頁 588。關於《新華日報》在抗戰期間的發行份數，各家說法不一，有估計最高發行數達 50,000 份者。參閱：重慶日報社，《抗戰時期的重慶新聞界》（重慶：新華書店，1995 年），頁 53。最近一項研究引用國民黨中宣部的檔案資料指出，《新華日報》每日總銷數約為 15,000 餘份，其中在重慶地區銷售者，約為 10,000 餘份，派報公會每日僅銷 2,000 份以上。參閱：張瑾等，《中國共產黨在重慶的輿論話語權研究》（重慶：重慶出版社，2015 年），頁 245。

153. 朱語今，〈回憶皖南事變後周恩來同志在南方局的幾次談話〉，《革命回憶錄》，第

4 輯 (1982 年 2 月)，頁 144。

154. 楊繼干，〈關於《新華日報》在成都——1938 年 4 月～1940 年 3 月〉，收於：新華日報學會成都分會編寫小組編，《新華日報成都營業分處史稿》（成都：成都出版社，1991 年），頁 124。

155. 申報年鑑社編，《申報年鑑 (1933)》（上海：申報年鑑社，1933 年），頁 26。

156. 高郁雅，〈戰後國民黨新聞機構的企業化嘗試 (1945-1949)〉，《輔仁歷史學報》，第 16 期 (2005 年 7 月)，頁 221-222。一項資料顯示抗戰時期重慶《中央日報》銷路極佳，每日可達 40,000 至 50,000 份。參閱：〈陶希聖是報界奇才〉，《新聞快報週刊》，1949 年 9 月，頁 7。

157. 廖永祥，《新華日報史新著：紀念周恩來誕辰 100 週年》（重慶：重慶出版社，1998 年），頁 73。

158. 〈南京中央日報社股份有限公司創立會記錄 (1947 年 5 月 30 日)〉，中央通訊社檔案，中國第二歷史檔案館藏，原文未見，轉引自：中村元哉，〈國民黨政權と南京・重慶『中央日報』〉，收於：中央大學人文科學研究所編，《民國後期中國國民黨政權の研究》（東京：中央大學出版部，2005 年），頁 177。

159. 盧毅，〈民主革命時期國共宣傳工作比較研究〉，《中共黨史研究》，2016 年第 8 期，頁 27-28。

160. 米夫，〈只有蘇維埃才能救中國 (1934 年 4 月)〉，收於：中國社會科學院近代史研究所現代史研究室譯，《米夫關於中國革命言論》，（北京：人民出版社，1986 年），頁 406。

161. 蔣介石，〈對日抗戰與本黨前途 (1938 年 4 月 1 日)〉，收於：秦孝儀主編，《總統蔣公思想言論總集》，第 15 冊，頁 200。

162. 《事略稿本》第 58 冊，頁 280-281，1945 年 9 月 5 日。

163. 熊忠輝，〈群眾辦報：延安時期馬克斯主義大眾化的新聞實踐〉，《長安大學學報 (社會科學版)》，第 18 卷第 1 期（2016 年 1 月 ），頁 66-74。

164. 晚近學界對於新秧歌運動的研究甚多，代表性的著作包括：潘麗，〈國民與政治認同的新秧歌運動〉，《北京舞蹈學院學報》，2004 年第 2 期；郭玉琼，〈發現秧歌：狂歡與規訓——論二十世紀四十年代延安新秧歌運動〉，《中國現代文學研究叢刊》，2006 年第 1 期；韓偉，〈革命文藝與社會治理：以延安時期新秧歌運動為中心〉，《人文雜誌》，2016 年第 5 期；David Holm, *Art and Ideology in Revolutionary China* (Oxford: Oxford University Press, 1991).

165. 余敏玲，〈〈「偉大領袖」v.s.「人民公敵」：蔣介石形象塑造與國共宣傳戰 (1945-1949)〉，收於：黃自進、潘光哲主編，《蔣介石與現代中國的型塑》（台北：中央研究院近代史研究所，2013 年 ），頁 87-125。

166. 根據軍委會戰時新聞檢查局重慶處自成立後至 1942 年 11 月的統計，《中央日報》的稿件共放行 5,364 篇，刪登 256 篇，緩登 70 篇，免登 120 篇，未送審 43 篇，逾期刊登 28 篇。參閱：〈軍委會戰時新聞檢查局重慶處關於成立以來的工作報告書 (1942 年 11 月 28 日)〉，收於：《中華民國史檔案資料匯編》，第 5 輯第 2 篇《文化 (一)》，頁 473。

167. 陸鏗，〈南京《中央日報》的回憶〉，收於：中國人民政治協商會議全國委員會文史資料委員會編，《文史資料存稿選編‧文化》(北京：中國文史出版社，2002 年)，頁 131。

168. 關於中宣部副部長時期的周佛海，可參閱：Brian G. Martin, "The Dilemma of A Civilian Politican in Time of War: Zhou Fohai and the First Stage of the Sino-Japanese War, July-December 1937," *Twentieth-Century China* 39:2(May 2014), pp.144-165.

169. 陶滌亞，〈歷史不容留白：談談藝文研究會——並談汪精衛、周佛海、陶希聖之間的錯綜關係〉，《傳記文學》，第 73 卷第 1 期 (1998 年 7 月)，頁 22。

170. 羅君強，〈細說汪偽 (上)〉，《傳記文學》，第 62 卷第 1 期 (1993 年 1 月)，頁 88。

171. 編者，〈陶希聖先生會談記〉，《政論半月刊》，第 1 卷第 6 期 (1938 年)，頁 6-7。

172. 陳之邁，〈蔣廷黻其人其事〉，《傳記文學》，第 7 卷第 6 期 (1965 年 12 月)，頁 13。關於蔣廷黻《中國近代史》一書的流傳及影響，可參閱：林志宏，〈蔣廷黻、羅家倫、郭廷以：建立「科學的中國近代史」及其詮釋〉，《思與言》，第 42 卷第 4 期（2004 年 12 月），頁 41-81；馬勇，〈蔣廷黻：學術史上的失蹤者〉，《中國文化》，2016 年第 2 期；湯宴，《蔣廷黻與蔣介石》（台北：大塊文化，2017 年），第 11 章；Huaiyin Li, *Reinventing Modern China: Imagination and Authenticity in Chinese Historical Writing* (Honolulu: University of Hawai'I Press, 2013), pp. 44-52.

173. H. D. Fong, *Industrial Capital in China* (Tientsin: Nankai Institute of Economics, Nankai University, 1936).

174. 關於方顯廷在中國經濟學史上的地位，可參閱：Paul B. Trescott,"H. D. Fong and the Study of Chinese Economic Development," *History of Political Economy* 34:4(Winter 2002), pp. 789-809; Idem, *Jingji Xue: The History of the Introduction of Western Economic Ideas into China, 1850-1950* (Hong Kong: Chinese University Press, 2007), pp.277-280.

175. 書單可參閱：上海圖書館編，《中國近代現代叢書目錄》(上海：編者印行，1979 年)，頁 515。

176. 羅君強，前引文，頁 89。

177. 陳布雷，《日記》，1939 年 4 月 7 日、12 日。

178. 蔣君章，〈布雷先生最後主持的一個小機構——為紀念先生逝世二十週年而作〉，《傳

記文學》，第 13 卷第 6 期 (1968 年 12 月)，頁 18。值得注意的是，戴笠也曾建議蔣介石在宣傳上扶持表面上中立的報紙，以對付中共的《新華日報》，參閱：〈戴笠、葉秀峯、張鎮呈蔣介石共黨徐水、王若飛、毛澤東、張瀾對國共談判宣傳匯報〉，《蔣中正總統文物》，檔號：002-080200-00302-036。

179. 《事略稿本》，1928 年 7 月 1 日。

180. 陳布雷和張季鸞訂交於 1921 年。當時陳在上海《商報》，以某案與張季鸞所主持的《中華新報》進行筆戰七、八次，因此訂交。參閱：陳布雷，〈追念張季鸞先生〉，收錄於：王泰棟，《尋找真實的陳布雷——陳布雷日記解讀》(北京：作家出版社，2010 年)，頁 122。

181. 王芸生、曹谷冰，前引文，頁 27。

182. 〈黨禍〉，《大公報》，1927 年 4 月 29 日。

183. 張季鸞在社論中說：「纍纍河邊之骨，淒淒夢裡之人，兵士殉生，將帥談愛，人生不平，至此極矣。」參閱：〈蔣介石之人生觀〉，《大公報》，1927 年 1 月 23 日。

184. 〈歡迎與期待〉，《大公報》，1928 年 7 月 30 日。

185. 〈蔣通電喚起輿論〉，《大公報》，1923 年 12 月 28 日，第 3 版。

186. 〈收穫與耕耘——國民政府主席蔣中正先生為大公報一萬號紀念作〉，《大公報》，1931 年 5 月 22 日，第 3 版。

187. 蔣介石，《日記》，1931 年 5 月 25 日。

188. 陶希聖，〈難忘的回憶〉，收於：胡有瑞編，《六十年來的中央日報》（台北：中央日報社，1988 年)，頁 50。

189. 鄧元忠，《國民黨核心組織真相：力行社、復興社暨所謂「藍衣社」的演變與成長》（台北：聯經出版事業公司，2000 年)；Maria Hsia Chang, *The Chinese Blue Shirt Society: Fascism and Developmental Nationalism* (Berkeley: Institute of East Asian Studies, University of California, 1985).

190. 蔣介石，《日記》，1932 年 7 月 9 日。

191. 《大公報》，1932 年 7 月 11 日，第 3 版。根據學者張俠的看法，力行社並非法西斯主義的（fascist）團體，而僅是具有法西斯風格的（fascistic）團體。參閱：Maria Chang, "China," in Cyprian Blamires, ed., *World Fascism: A Historical Encyclopedia* (Santa Barbara, Calif.: ABC-CLIO, 5th ed., 2006), vol.1, p.128.

192. 《中央日報》（南京），1932 年 7 月 11 日，第 2 版。

193. 〈張季鸞致楊永泰函 (1933 年 6 月 10 日)〉，《蔣中正總統文物》，典藏號：002-080200-00097-085。

194. 《中央日報》1934 年 2 月 24 日。

195. 詳見本書第 5 章。

196.〈論憲法草案初稿〉,《大公報》,1934 年 3 月 3 日;〈憲法初編之思想體系〉,《大公報》,1934 年 3 月 13 日,第 2 版。

197.〈蔣中正致張季鸞電 (1934 年 3 月 27 日)〉,《蔣中正總統文物》,典藏號 002-010200-00110-019。

198.〈張季鸞致蔣中正電 (1934 年 3 月 30 日)〉,《蔣中正總統文物》,典藏號,002-080200-00434-047。

199.〈錯誤的民治觀念與立憲〉,《大公報》,1934 年 3 月 31 日,第 2 版。

200. 蔣介石,《日記》,1936 年 12 月 2~4 日。

201. 蔣介石後以陝甘氣溫偏低,未能達到瓦斯彈熔點,而電周至柔暫緩運陝使用,僅要求運燒夷彈 1,500 枚存西安備用。參閱:《事略稿本》,第 39 冊,頁 397-407。

202. 蔣介石 1936 年 12 月 9 日致邵力子函影本,收於:楊奎松,《西安事變新探——張學良與中共關係之謎》(台北:東大圖書公司,1995 年),頁 299。

203.《大公報》,1936 年 12 月 12 日,第 3 版。

204. 蔣介石,〈揭發敵國陰謀闡明抗戰國策 (1938 年 12 月 26 日)〉,收於:秦孝儀編,《先總統蔣公思想言論總集》,第 15 冊,頁 570-583。

205. 陳布雷,《日記》,1938 年 12 月 27 日。

206. 蔣介石,〈電示龍雲主席指出汪兆銘與敵謀和之謬妄 (1938 年 12 月 27 日)〉,收於:秦孝儀編,《先總統蔣公思想言論總集》,第 37 冊,頁 182。

207.《事略稿本》,第 42 冊,頁 710-711,1938 年 12 月 27 日。

208. 根據學者俞凡的統計,1938 年 12 月 24 日至 1939 年 1 月 5 日之間,全國各主要報紙對汪事件的報導與評論篇數,以《文匯報》為最多(26 篇);《新民報》次之(22 篇),《申報》(香港)(18 篇)、《申報》(上海)(16 篇)又次之,《大公報》最少 (9 篇)。參閱:俞凡,〈論新記《大公報》與蔣政府之關係〉,《新聞與傳播研究》,2013 年第 5 期,頁 104。

209.《國民政府公報》,渝字第 160 號 (1939 年 6 月 10 日),頁 4。

210.〈陳布雷電張季鸞香港對日宣傳重要請暫駐港及汪兆銘確到東京 (1939 年 6 月 8 日)〉,《蔣中正總統文物》,典藏號:002-020300-00003-026。

211.《大公報》(香港),1940 年 1 月 22 日;周雨,《大公報》(南京:江蘇古籍出版社,1993),頁 113。

212. 周雨,前引書,頁 113。

213. 陶恒生,〈一面之緣的陳布雷與女兒陳璉〉,《傳記文學》,第 78 卷第 1 期 (2001 年 1 月),頁 20。

214. 王新命,《新聞圈裡四十年》(台北:海天出版社,1957 年),頁 459~460。

215. 蔣介石,《日記》,1941 年 4 月 22 日。王世杰 23 日也有相同的觀察,參閱:王世杰,

《日記》，1941 年 4 月 23 日。

216. 陳布雷，《日記》，1941 年 4 月 23 日。

217. 〈敵軍在浙閩沿海的行動〉，《大公報》，1941 年 4 月 24 日，第 2 版；〈再論浙閩沿海軍事〉，《大公報》1941 年 4 月 25 日，第 2 版。

218. 蔣京，《蕭贊育先生訪談錄》，頁 48~49。

219. 唐縱，《日記》，1940 年 12 月 8 日。

220. 唐縱，《日記》，1941 年 1 月 7 日。

221. 陳訓慈，〈先兄畏壘雜記〉，收於：浙江省政協文史資料委員會編，《從名記者到幕僚長──陳布雷》(杭州：浙江文藝出版社，1988 年)，頁 18。

222. 〈擁護修明政治案〉，《大公報》，1941 年 12 月 22 日。

223. 陳布雷，《日記》，1941 年 12 月 22 日。次日，王芸生致函向陳布雷道歉，保證今後立言當力求謹慎，並「萬望先生斟酌轉陳，倘邀涵宥，則感悚不盡矣」。參閱：〈王芸生致陳布雷函 (1941 年 12 月 23 日)〉，《蔣中正總統文物》，典藏號：002-080103-00055-005。

224. 陳布雷，《日記》，1941 年 12 月 24 日。

225. 唐縱，《日記》，1941 年 12 月 23 日。

226. 陳布雷，《日記》，1942 年 1 月 8 日。

227. 陳布雷，《日記》，1942 年 1 月 11 日；唐縱，《日記》，1942 年 1 月 27 日。

228. 陳布雷，《日記》，1942 年 1 月 11 日。

229. 陳布雷，《日記》，1942 年 1 月 16 日。

230. 陳布雷，《日記》，1942 年 1 月 21 日。

231. 〈致各省政府黨部各大學揭破反動漢奸煽惑青年之陰謀電〉，全文收錄於：沈建德，〈蔣介石的幕僚長：陳布雷與民國政治 (1927-1948)〉，未刊碩士論文，東海大學歷史系，2008 年，頁 115~116。

232. 根據易社強 (John Israel) 的研究，「飛機搶運洋狗」事件，實為《大公報》的不實報導，最近楊天石的研究更指出國社黨與中共並未介入昆明學潮。參閱：John Israel, *Lianda: A Chinese University in War and Revolution* (Stanford: Stanford University Press, 1998), p.299；楊天石，〈「飛機搶運洋狗」事件與打倒孔祥熙運動──一份不實報導引起的學潮〉，收於：《尋找真實的蔣介石──蔣介石日記解讀 (二)》(香港：三聯書局，2010)，頁 345~373。

233. 唐縱，《日記》，1942 年 1 月 28 日。

234. 陳布雷，《日記》，1942 年 1 月 28 日。

235. 陳布雷，《日記》，1942 年 2 月 14 日。

236. 關於此一弊案，晚近的研究包括劉呂紅，〈「從五億美元借款」的使用看國民黨政府

的腐敗〉,《四川師範大學學報》,1996 年第 3 期;馬亮寬,〈傅斯年揭露美金公債舞弊案述論〉,《聊城大學學報》,2005 年第 2 期;楊天石,〈且看蔣介石如何腐敗—蔣介石日記解密系列〉,《同舟共濟》,2008 年第 8 期,頁 38~41;2008 年第 9 期,頁 40~43;楊天石,〈蔣介石親自查處孔祥熙等人的美金公債案〉,收於:楊天石,《尋找真實的蔣介石:蔣介石日記解讀》(太原:山西人民出版社,2008 年),頁 449~466;鄭會欣,〈美金公債舞弊案的發生及處理經過〉,《歷史研究》,2009 年第 4 期,頁 99~123。以上各文中以鄭文使用資料最為豐富,本文有關此案的史實,主要係根據此文。

237. 唐縱,《日記》,1944 年 5 月 21 日。

238. 蔣介石,《日記》,1945 年 3 月 19 日、3 月 29 日。

239. 陳賡雅,〈孔祥熙鯨吞美金公債的內幕〉,收於:壽充一編,《孔祥熙其人其事》(北京:中國文史出版社,1987 年),頁 147~148;王汎森,《傅斯年:中國近代歷史與政治中的個體生命》,頁 215-216。

240. 鄭會欣,〈美金公債舞弊案的發生與處理經過〉,《歷史研究》,2009 年第 4 期,頁 188~120。

241.〈蔣介石致孔祥熙手令 (1945 年 7 月 24 日)〉,蔣中正總統檔案,特交檔案,檔號 2080.109,28/05;鄭會欣,前引文,頁 120。

242.〈侍從室關於陳、傅參政員等提案之研究 (1945 年 7 月)〉,蔣中正總統檔案,特交檔案,檔號 2080.109,28/04;鄭會欣,前引文,頁 121。

243. 鄭會欣,前引文,頁 122。

244. 馮啟宏,〈《唐縱日記》中的孔宋〉,收於:胡春惠、陳紅民主編,《宋美齡及其時代國際學術研究會論文集》(香港:香港書海書院亞洲統計中心,2009 年),頁 597-608。

245. 1949 年 9 月,行政院新聞局長董顯光也承認,「兩年以來,國際輿論對我政府時肆抨擊,美國輿論界除了少數報紙、雜誌以外,無論左傾、右傾,或東部、西部,幾異口同聲誣我政府為不民主、貪污與無能。」參閱:〈董顯光關於擬訂改善國際宣傳辦法簽呈 (1947 年 9 月 16 日)〉,《中華民國史檔案資料匯編》,第五輯,第 3 篇,文化,頁 15。

246. 根據一項 1944 年的統計,國民政府的出版審查機關即有八種之多,包括軍事委員會戰時新聞檢查局、行政院圖書雜誌審查委員會、中央宣傳部國際宣傳處、軍令部戰訊發布處、行政院非常時期新聞檢查所、內政部地圖審查委員會、教育部審查教科書、各地警察局審查壁報、傳單、標語。參閱:吳怡萍,《抗戰時期中國國民黨的文藝政策及其運作》(台北:政治大學歷史系,2012 年),頁 260。

247. 根據戰時一位美國駐華官員的觀察,「中國人傾向於增加許多組織,而又不限制其功

能或加以統一管理。我們發現，幾乎政府中的每個部會及黨的重要部門內均有其自己的宣傳機構。儘管原有的黨政體系已非常複雜，隨著戰爭的緊張和新情勢的產生，又傾向於在現有架構下增設界定不清的新組織。例如最近成立的國家總動員會議即有一文化組，以推動並統籌全國動員的宣傳工作。官僚機構的不斷成長，經常增加了混亂、分散了責任，而減少了主動性和效率。」參閱：Joseph W. Esherick, ed., *Lost Chance in China: The World War II Despatches of John S. Service*(New York: Random House, 1974), p.65.

248. 詳見本書第二章。

249. 1943 年 7 月，宋子文即曾於一封致蔣的電文中表示：「竊查我方軍事宣傳之幼稚，已非一日，往往以兒戲視之。且其報告損害政府之威信，甚於敵人宣傳。……文代表鈞座駐外三年之間，工作受其影響殊深。」參閱：〈宋子文致蔣介石，告以我方軍事宣傳幼稚，懇請切實調整電〉，收於吳景平、郭岱君編，《宋子文駐美時期電報選(1940~1943)》(上海：復旦大學出版社，2008 年)，頁 206。

250. 吳鐵城，〈黨務檢討報告〉，《革命文獻》，第 76 輯，頁 477。關於吳鐵城於國民黨中央執行委員會祕書長任內的表現，可參閱：劉維開，〈一九四〇年代的吳鐵城〉，《廣東社會科學》，2012 年第 6 期，頁 149-152。

251. 〈錢大鈞陳布雷呈今後辦公方式與侍從室工作辦法（1945 年 8 月 31 日）〉，《國民政府檔案》，檔號：0421/6077.01-01。

252. 蔡銘澤，《中國國民黨黨報歷史研究》(北京：團結出版社，1998 年)，頁 228~229。

253. 吳啟納，〈中華民族宗族論與中華民國的邊疆自治實踐〉，收於：黃自進、潘光哲編，〈蔣介石與現代中國的形塑〉(台北：中央研究院近代史研究所，2013 年)，頁 161-212；黃克武，〈民族主義的再發現：抗戰時期中國朝野對「中華民族」的討論〉，《近代史研究》，第 214 期（2016 年 7 月），頁 4-26。

1936 年 11 月，蔣介石曾於日記中自析其七大缺點，其中之一為「衝動性大，繼續性少，手令多而變更性繁，此乃思慮不周，行動輕率之過也。」[1] 事實上，蔣介石曾多次發了手令後，又在日記中表示後悔，並自我警惕切忌再犯，不過他的此項缺點始終未改，直至政權易幟。

　　蔣介石一生頒布過的手令，數量極多，據一曾長期任職於軍事委員會委員長侍從室（以下簡稱侍從室）人士的估計，自 1936 年 1 月起，至 1948 年 4 月止，侍從室積累收藏蔣的手令，即有一百二十餘箱之多。[2] 晚近中外學界對於蔣頒布手令的看法，大致說來不外兩種：第一種（以 Lloyd Eastman 為代表）認為蔣以手令越級指揮，是破壞體制的表現。[3] 第二種（以黃仁宇為代表）則認為蔣的以手令越級指揮，乃是其「人身政治」的延長，企圖以士氣、人心取代制度。「只有經過他（指蔣）的耳提面命，對方才覺得責無旁貸，很多超越常理以外的任務，能否確實執行不說，首先也只有委員長的手諭或面諭才能派的過去。」[4] 以上兩種說法，立場雖然截然不同，但是也有一些共同之處：第一，均認為蔣施行人治，未能尊重制度。第二，均將手令等同於越級指揮。第三，均忽略了一些歷史上的偶然因素。

　　筆者在查閱過二千餘件收藏於台海兩岸的蔣氏手令後，發現以上三點均有可以質疑或修正之處：第一，蔣的大量頒布手令，僅為戰爭時期的權宜措施，1950 年以後所頒布的手令即大為減少；即使在 1950 年以前，蔣也再三督促所屬儘量不以手令形式頒布命令，因此實難謂蔣無尊重體制之心。其次，蔣所頒布手令的內容包括極廣，越級指揮者並不多見，少數越級指揮且出現弊端較為嚴重者，僅為有關作戰方面的手令。第三，將領喜好越級指揮作戰，乃是在長期指揮小兵團的環境中所養成的習慣，加以缺乏指揮大兵團作戰的訓練與經驗所致，因此好越級指揮作戰者，絕非僅限於蔣一人，而是一種普遍現象。更有進者，如將蔣的大量頒布手令放在戰時中國艱困的物質環境下觀察，可以發現除此之外，似乎也沒有其他更好的選擇。凡此種種，均顯示蔣的手令，不論是其性質、運作與影響，均值得重新加以檢討與評價。

手令制度的運作

自秦代以至於清代,皇帝的下行文書統稱為詔敕、諭旨。皇帝的制敕通常由內廷發至中樞機構,以正式公文加蓋朱印緘封頒下。漢代係通過宰相、三公府;唐宋係通過中書、門下和尚書三省;明清係通過內閣或軍機處。凡不經正式機構程序,而由皇帝以個人名義直接發下的命令,唐代稱為墨敕或手敕。皇帝所下墨敕,因用墨筆書寫,未經正式議定,係個人意見,三省也可以不執行。如武則天時,宰相劉禕之即曾對武則天所下墨敕說過「不經鳳閣(中書省)、鸞台(門下省),何謂之敕?」[5] 但是一般說來,手書墨敕仍具有與正式文書同等的效力,接受者不得不奉行。明清兩代,諭成為皇帝常用的一種詔令文書,凡皇帝對臣僚有所訓示和委任,稱為敕諭,亦稱為諭旨。清制規定,京部院大臣及各省督撫要員所上奏摺,凡奉批硃發還後,該摺無論是蒙上批圈還是書寫,一律均須按時匯繳,不得私自保留。

民國時期國家領導人的文書制度大致上沿襲前代,但是也有許多不同之處。以現存史料較多的蔣介石為例,其所批閱的文件或是下達的手令,係通過侍從祕書,分別送交侍從室第二、第四組,兩組根據蔣的批示或手令、命令,大致可分為幾類:第一類係蔣直接交機要室翻譯發出者,具名常是「中正」二字;第二類係交由侍從室各處發出,具名相同,但各處均有代號,例如經陳布雷之手發出者,則其具名之下加註「體祕二」字樣;第三類為帶有通令性質的重要文書或指示,常由各處起草,以奉諭方式發出,在具名之下加註「侍祕二」字樣者,也被視同為手諭。[6]

隨著頒布的手令日益增多,蔣介石為了避免下屬機關執行不力,曾於抗戰後期對手令的處理予以嚴密的監管,重點有以下幾項:

(一)**限期辦理**。1942 年蔣介石發現有些機關對於手令,或因循拖延,日久不覆,或竟具文搪塞,藉圖了案,影響行政效率,乃發電申誡,日後各主管對手令,除有特殊原因一時未能呈覆者,仍應先行聲明理由,並自擬定呈覆期限外,其餘無論如何辦理,均應迅速具報,最多不得超過一個月。尤其對於明定期限的手令,更不得逾期不覆。倘有延誤情勢或所報不實及執行不力者,一經查明屬實,應由各主官負責,並

對承辦人員嚴加處分。[7] 翌（1943）年12月，蔣介石對此項規定又作了修正，要求各機關接到手令後，如遇較為繁重的飭辦案件，無法於一個月內辦理的特殊情形時，也須先行陳述理由，請准展限，切實按時呈報，俾免稽延。

（二）專冊登記。各機關對於手令，需以專冊登記，以與一般公文登記有所區別。1942年底，國防最高委員會下屬的黨政工作考核委員會並曾規定，對於蔣介石所頒布的手令、電、代電、訓令、指令，均應備有專冊記載執行程度，以求命令之貫徹，並備考核。該專冊由主管長官指定高級幕僚一人負責，作為密件保管，空襲時應隨身攜帶，不得散失。

（三）專人負責。1942年，國民黨中央執行委員會祕書處曾發文各機關，要求於接奉蔣介石手令時，應指定主管長官為負責主持人員，隨時負責檢討督促，並與中央祕書處及國防最高委員會祕書處保持聯絡，每月將執行情形報告一次。

（四）年終匯報。1939年12月31日，蔣介石曾致電行政院副院長孔祥熙，要求將過去一年所接手令及手啟電，已辦及未辦之件，分別列表，於翌年1月以前詳報。自此每屆年終，匯報該年度辦理手令情形，成為國府各機關定制。

（五）實地考察。例如1943年11月蔣介石曾以兼行政院長的名義要求院方對於各部會署，應經常派員會同侍從室所派人員，實地考察具報。並派行政院祕書胡夢華，會同侍從室所派參事沈宗濂、祕書李白虹前往各部會署考查。翌(1944)年12月，蔣介石又命行政院祕書謝耿民，會同侍從室祕書陳漢平，分赴各機關考察執行手令情形。

（六）回繳歸檔。自1936年侍從室成立後，手令即由侍從室負責傳遞並回繳歸檔。[8]

從蔣介石所發手令的種類來看，有的學者認為可以分為訓誡、決策、部署、協調、糾弊、任免、遙制七種。[9] 根據筆者的觀察，大致上軍事類的手令較政治類為多（政治類中又以人事方面為多），黨務、文教、經濟類較少。從手令的內容，可以反映出蔣本人的關懷所在，也可以反映出國民政府的問題所在。筆者於瀏覽過二千餘件手令後，得到下列幾點印象：

第一，手令的範圍極廣。例如蔣 1948 年曾令中央銀行總裁俞鴻鈞呈報該行過去三年外匯公私購戶的名單及其用途，又曾多次下令於每保設置公廁，以重衛生。對於軍公教人員及學生的服飾及行為，也不厭其煩的予以規範。例如他曾要行政院祕書長陳儀與內政部長研擬公務員規定制服、制帽，並分三等九級的可行性。又曾下手令要求研究女學生的標準髮型；對於大、中學不守紀律的學生，則要求不可以開革了事，應先送入青年團的勞動營受訓，然後再派至部隊入伍。[10]

第二，蔣極為重視政令是否能貫徹至各基層。例如 1942 年蔣曾兩度以手令致國民黨祕書長吳鐵城，指出「目前縣以下各級黨部皆銷聲沉寂，無所事事」，而要求健全區黨部的組織。蔣又曾下令要求各級地方政府政績的考核，「應以保甲戶口的虛實為標準」，並曾多次督促重慶市政府徹底清查戶口，整頓市民身分證。[11]

第三，蔣極重視宣傳。1942 年，蔣曾兩度下令擴充無線電傳真機器及各縣鄉鎮公所收音機，並加強編製壁報。1945 年 12 月，蔣曾以手令致行政院祕書長蔣夢麟，表示各省市政府內可設新聞組。在宣傳內容方面，1941 年蔣曾兩度下令對中共在美宣傳方法、研究對策；1945 年 3 月，蔣曾以手令致外交部長王世杰與侍從室主任陳布雷，要求對於反蘇言論應一律禁止。同年 7 月，蔣更曾以《中央日報》編輯、社論與「小評」的水準「幼稚拙劣，雖中學生猶不如也」，要求將編輯與評論者儘速調換。[12]

對手令制度的各種批評

蔣介石的手令制度最為人所詬病的，即為手令過多，使得各軍政首長只知忙於應付手令，無暇處理一般正常的業務。[13] 其次，蔣以手令越級指揮，也破壞了體制。

李宗仁即認為，抗戰時期軍事指揮系統的最大缺點，即為蔣介石的越級親自指揮。他常在統帥部中，直接指揮前方的作戰。抗戰時他常直接指揮最前線的師長，內戰時期甚至直接指揮至團長。[14] 指揮的方法為直接打電話或電報，故往往中央主管軍令和作戰的部門以及戰區司令長官、集團軍總司令、軍長均一無所知，事後方由侍從室主任通知軍令部。

[15] 使得中央作戰部門和前線高級指揮官嚴重脫節，小則引起誤會，大則誤事。例如 1937 年在晉北進行的忻口會戰前夕，歸第二戰區司令長官閻錫山管轄，駐紮於萬壽山的部隊在作調防時，由閻錫山「轉下之命令早發遲到」，而第一戰區司令長官蔣介石「逕下之命令遲發早到」，使得該部隊不知所措，幾乎錯移位置。[16] 內戰末期擔任青島綏靖區司令官的劉安祺，即曾表示，除了閻錫山外，「其他像廣州的幾個人，台灣的幾個人，還有國防部，都要指揮我，所以我要伺候三、四個婆婆。但對我而言，地位最高的婆婆還是老先生（指蔣）。」，「戡亂末期從東北戰場到青島撤退，老先生都是直接和我通電話，必要時派飛機把我接到他那兒去，即使下野回到溪口也是如此。」[17] 如陳誠、薛岳之類的將領們對於蔣直接調動他們的部隊，雖然心存不滿，但是尚不敢非議，[18] 第一次緬甸戰役時，蔣介石派史迪威（General Joseph Stilwell）為總指揮，又直接指揮杜聿明和羅卓英，則使得史迪威動怒。[19]

蔣介石除了越級指揮，決策又往往一夕數變，經常是尚未考慮成熟即下達命令，等到軍隊調動到一半，他忽然又改變主意，更動自己剛下達不久的命令，弄得上下無所適從。究其原因，李宗仁以為是蔣未作過中、下級軍官，缺乏戰場上的實際經驗所致，[20] 徐永昌則以為是蔣「用兵不慎深思，且與僚佐聲氣不一，所以軍隊百苦於更調之煩」。[21]

針對各方的批評，蔣介石也有所解釋。對於手令過多使得各軍政首長只知應付手令的質疑，蔣表示其實並沒有好多手令，有時想到的意見交給各首長參考則有之，正式的手令甚少。[22]

其次，蔣指出他只有在部屬的能力不足時，才會越級指揮。1942 年6 月，他曾向史迪威抱怨軍中將領的無能：

> 在晚上，我必須醒著躺在床上，想他們可能會作些什麼愚蠢的事，然後寫下來並且告訴他們不要作這些事情。但是他們實在太笨了，除非你凡事先替他們想好，否則他們就會作許多蠢事。這就是帶他們的祕訣——你必須先想到他們所可能會作的一切錯事，然後預先警告他們。[23]

至於將領如何無能，蔣曾在同年一篇名為〈抗戰形勢之綜合檢討〉

的演講中指出，日會戰任務不能達成，並非全是由於裝備，指揮官自行破壞會戰秩序，使指揮系統紊亂，致任務不能達成者，也所在多有。原因在於實戰時有少數指揮官於接受上級命令時，不能依據上級企圖、所負任務及當前狀況，下達自己的命令，僅照例承轉，因而不適時機、不合狀況，使得下級無所適從。另一方面，中間司令部對於下級的報告，仍有不依據當時情況並根據知識，判明真偽，而一律向上級司令部呈轉，使高級司令部徒為低級司令部的文電所堆積。這些文電由於缺乏中間司令部的審核或判斷，因此價值甚低。總之，由於中間司令部不作審查判斷，加上越級報告等原因，使得高級司令部為求適機而越級指揮，因而造成指揮系統的紊亂，會戰秩序也因而破壞。[24]

蔣介石對於軍事將領的批評，每多出於家長式的求全管教，因此言辭不免激切，且常以偏概全。事實上，抗戰期間的高級將領大多出身黃埔軍校前幾期。早期黃埔的訓練時間甚短，所學有限，不過由於連年作戰，因此升遷迅速。據統計，1944 年時一般高級將領，年齡大多在五十歲以下，有些總司令、軍長、師長的年齡，甚至只有三、四十歲，[25] 缺乏大兵團作戰經驗。蔣介石對於這些學生在心理上總視之為小孩，「老是覺得這些毛頭小子會出亂子而不放心。……什麼事情都不能放心他們去做，而事事干預他們，而且干預得很厲害。」[26]

蔣介石不僅看不起他的黃埔學生，對於李宗仁、陳誠、薛岳等老一批將領的用兵，也常有不滿而採取介入指揮作戰的行動。例如 1938 年武漢會戰時，蔣介石親任總指揮，以第五戰區李宗仁部負責長江以北防務，第九戰區陳誠部負責武漢以東的長江以南防務。9 月，蔣介石對李宗仁的用兵消極「殊為痛心」，乃親赴鄂東督戰；對於陳誠的「怯懦無識」，用兵「不知輕重緩急」，十分意外，深感將才之不易得。[27] 又如 1935 年元月，毛澤東在貴州遵義會議上被選為中共中央政治局常委，掌握了中共中央和紅軍的領導權，紅軍長征進入了第二階段。3 月 31 日，毛澤東、朱德南渡貴州烏江，紅軍此一行動使得蔣介石驚慌失措，緊急採取應變措施。根據侍從室主任晏道剛的回憶，「從得悉紅軍渡烏江之日起，蔣實際上就以戰場指揮官自任，撇開了薛岳的貴州綏靖公署和前敵總指揮部，親自打電話調動部隊。薛岳變成了一個侍從參謀，等於一個高級傳

令軍官，蔣有時還耳紅臉赤罵個不停。每一道調動指揮部隊的電令，薛岳非經請示不敢作主。」[28]

此外，蔣介石也採用以下的一些方法改變大家對手令過多破壞體制的印象：

第一，各機關不得照錄手令轉行。蔣介石1942年元月曾通令各部會機關，於接到手令後，應照令中意旨切實施行，凡主管部轉飭所屬的下級機關，即應以各該本部的名義行之，不應照錄手令轉行，或逕以布告軍民。[29]例如財政部限制購置食鹽一案，該部在致各岸鹽務辦事處的通電中，居然有奉委員長手令，後方各省對購買食鹽應加限制，以後每人每月只准購買八兩等字樣，實在有失體統，應予糾正。[30]

第二，更改「手令」名稱。1941年12月，曾有侍從室幕僚向蔣介石建議，手令不下則已，既下非實行不可，以免失手令威信。近年各部門常不論事情大小，均以手令下達，應予以規範。凡遇特別重要的緊急事項，應下手令，次要事項則應用命令。[31]1942年12月4日，蔣更進一步指示侍從室兩位主任賀耀組和陳布雷，以後發交各機關的手啟各案，不可用「手令」的名稱。[32]陳曾建議蔣，對於直屬各單位，得用「手諭」字樣代替；對於非直屬單位，可用「手啟便函」或「手條」等字樣，絕不可用「手令」或「手諭」。[33]此項建議未見蔣批示，不過「手令」一詞以後仍經常出現。

蔣介石好發手令的原因（一）

蔣介石的好發手令，與其軍事統帥部的集權指揮方式，有著極為密切的關係。

軍事統帥部的指揮節度，較為集權化。各地區的作戰構想及指導，往往由統帥部基於上層人員的判斷而制定，與戰場狀況難免有所隔閡。尤其以國共內戰（1945-1949）初期的作戰為然。原因在於各部隊指揮官的軍事思想不統一，個性不同，作風亦異，有求穩妥者，也有喜冒險者。以致統帥部不得不越級指揮，以求統合發揮戰力。因此，統帥部除直接指揮綏靖公署及戰區外，經常指揮戰區、綏署以下至綏區、整編軍或軍

團，甚至有的指揮至整編師。不過到了國共內戰後期，統帥部的威信不足，此種情形則轉變為各地剿匪總部反有擅自變更戰略構想或不聽指揮者，如東北、華北及華中均是如此，造成指揮節度紊亂，這也是導致蔣介石軍事上迅速失敗的主要原因。[34]

統帥部集權指揮方式的優劣點如下：

（一）優點：

第一：能使所有軍隊在統一指揮下向同一戰略目標進行作戰，意志集中、力量集中。

第二：能使各種背景不同、素質各異的軍隊，在統帥部的指揮下，齊一行動，不至於形成各自為戰，力量分散。

第三：當統帥部具有充分威信時，可激勵戰志，增強士氣，促進部隊上下的團結精神。

（二）缺點：

第一：過分干預下級，使得下級無從發揮其自身的指揮能力。長此以往，易使下級逐漸失去自主及應變能力，難以成為有為的將領，甚至養成「不求有功，但求無過」的依賴心理。[35]

第二：各地區的戰略構想及指導，由統帥部決定，不易切合戰場狀況變化。故易陷於被動，尤其重要會戰或決戰的指導，戰機稍縱即逝，如等上級決定後再採行動易失戰機。[36] 一位當年的軍事將領對此曾有生動的描述，並認為這是當年軍事指揮上的一大弊病：

> 打仗是瞬息萬變的事，前面一個情況，一直到師長曉得，起碼已經過了十二小時，最快、最近的也要兩小時才曉得。無線電的操作有一定時間的。師長得到一個情況後，再由參謀長作報告，也要一天。擬電報、譯電報，再去拍，拍到侍從室再譯給蔣委員長看，已經過了幾天了。加上又逢委員長休息、開會啦，等到他下命令，情況早變了。不是他的命令錯，而是情況不同了，照他的指示做，必定打敗仗，這是必然的，我們指揮系統的大毛病就在此。軍隊無法獨立作戰，力量受到本身的束縛無從發揮，這是革命軍積習很深的習慣，也是一個大病。[37]

第三：一個地區內常有數個戰場同時進行作戰，在缺乏健全的參謀人員輔佐下，[38] 如每一戰場均聽從統帥部的指示，將使得統帥部無暇應付。

第四：統帥權集中的指揮形式，必須在統帥部先有充分威信時方得實施，如統帥部的威信不足，則必造成各自為戰的分裂狀態。

統帥部的這種集權指揮方式適與中共軍隊相反。中共中央軍事委員會與下級部隊的指揮關係，初期較為鬆弛，及至 1947 年夏，也逐漸趨於集中，但是對於下級各地區野戰軍內的各部隊，則自始至終甚少干涉；同時，重要決策或計畫，多先徵詢下級意見，甚至往返數次的研商，最後才由中央軍委會作成定案。如遼瀋戰役、淮海戰役等，均是如此。此外，中共軍隊下級部隊的獨斷權責較大，上級賦予下級的任務較具彈性，有時僅以作戰目標給予下級，並不作細部指示，因此下級部隊，尤其各野戰軍，即可按照自己的判斷與戰場現況，指揮作戰。故其戰略可以充分取得戰術的支持，部隊特性也可以因應敵情的不同，而作充分的發揮。[39] 1948 年初，徐復觀（曾任侍從室參謀）即曾在蔣介石面前，將國共兩方的指揮方式作了以下的對比：

> 有不少人認為總裁（按：指蔣）直接指揮作戰的方式不太妥當。……匪軍特性之一，是他們的機動能力特別強。由前線的團長、師長，把情況逐級報到總裁這裡來，再由總裁指示下去，中間經過的時間，匪情已經有了變化，再適當的指示，也成為不適當的了。尤其是養成他們遇事請示的倚賴習慣，缺乏積極地責任心；失敗後，把責任都向總裁身上推；這種風氣應矯正過來。[40]

蔣聽後一言不發，可見對於徐所提意見也知道得十分清楚。[41]

不過值得進一步討論的是，既然集權式指揮方式為一項特色，則好越級指揮者，即應不限於蔣介石一人。事實上，確實是如此，如閻錫山[42]、陳誠[43]、胡宗南[44]等，普遍均有此傾向。軍界人士以為，將領的喜好直接指揮，乃是自長久指揮小兵團的經驗中養成的習慣，而缺乏指揮大兵團作戰的訓練及經驗所致。[45] 但是筆者以為，這些將領喜好直接指揮的習慣，乃是其個人經驗與軍隊「集權式指揮文化」兩者之間交互作用的結果。1941 年起，國防最高委員會於各級行政機關推行分

層負責制度，[46] 1945 年 1 月，蔣介石也曾指示參謀總長程潛及軍事委員會各部部長，應即於所屬部會實施分層負責制，[47] 但是成效似乎有限。

蔣介石好發手令的原因（二）

蔣介石的好發手令，除了與統帥部的集權指揮方式有關，同時也是當時時代的產物。當時的中國社會，基本上仍為一個農業社會，所賴以聯繫者，主要是血緣、地緣、業緣等「關係」，而非制度。軍隊為社會的產物，自然也反映其作風。抗戰期間，尤其是抗戰後期物質環境艱苦時，武器裝備不良、待遇微薄、營養不良，升遷管道不順暢，各種人事制度均無法發揮功能，在這種情況下，所能仰賴者，只有反日情緒和官兵之間的情感。因此，蔣介石除了強調人身政治，以士氣取代組織，似乎也沒有其他更好的選擇。於是他除了組織各種幹部訓練團、班，經常自己出面外，尚須兼任中央軍校及各分校校長，團長以上人員的任命，也須他親自召見圈定。因此，他的好發手令和越級指揮，「也還是他人身政治的延長，只有經過他的耳提面命，對方才覺得責無旁貸，很多超過常理以外的任務，能否確實執行不說，首先也只有委員長手諭或面諭才能指派得過去。」[48] 事實上，長官越級籠絡幹部，在當時是普遍的現象，如軍長越級籠絡團長、師長越級籠絡營長等。在胡宗南的部隊中，胡不僅常越過兵團籠絡軍長，甚至常越過軍長籠絡師長；[49] 又如在薛岳的第四軍中，團長以上的人事調動，也非經他本人的批准不可。[50]

手令既然扮演如此重要的角色，內容和格式即必須講究。在稱謂上，對一般部屬，當然可以直稱下屬的姓名與官銜，對關係較為密切者，則使用別號，甚至稱兄道弟，如對馮玉祥稱「煥章大哥」或「煥章如兄」，對閻錫山稱「百川兄」，對李宗仁稱「德鄰兄」，甚至對比自己小十四歲的張學良，也稱「漢卿兄」，下面稱弟署名。對寧夏省主席馬鴻逵，因其為拜盟兄弟馬福祥之子，故稱「少雲世兄」。對林森，為表示尊敬稱「林主席」，下署蔣中正。對黃埔學生，本可直呼其名或僅稱其職務加姓名，但蔣為了籠絡人心，也常對其稱兄道弟，如對胡宗南稱「宗南弟」，對康澤稱「兆民弟」。[51]

至於手令的內容與敘述方式，則視性質與時機的不同，而有所差異。現試舉以下二例加以說明。

1944 年 5 月 5 日，日軍進犯洛陽，與第一戰區部隊戰於龍門。[52] 蔣介石於戰況激烈之際，發出一電示，所書收件人除了第十四集團軍總司令劉茂恩、副總司令劉戡，更包括下屬各軍長、副軍長、師長、副師長等二十餘人，內容除了以感性的言詞鼓舞士氣外，也重申「連坐法」的懲罰方法，以加重各級幹部的責任感：

> 特急。洛陽。蔣長官，轉第十四集團軍劉總司令茂恩、劉副總司令戡、張軍長際鵬、武軍長庭麟、謝軍長輔三，並轉陳副軍長鴻遠、陳軍長武、張副軍長信成、劉師長獻捷、李師長紀雲、馬師長雄飛、范師長龍章、沈師長向奎、王師長連慶、張師長世光、李師長振清、王副師長文材、尹副師長作幹、王副師長輔成、李副師長松崑、陳副師長德明、梅副師長展翼、趙副師長天興暨各團長鈞鑒：此次洛陽、龍門之會戰，實為我抗戰成敗之最大關鍵，正我全體官兵殲敵報國成功成仁完成革命之職責，用慰我　國父及陣亡先烈在天之靈，凡我忠勇將士，務須抱定必勝信念，死守陣地，發揮城存與存、城亡與亡之決心，上下一致，共生同死，服從命令，嚴守紀律，重申連坐法，如有怕死、後退傷害我全軍之榮譽者，必斬無赦，望我各級官長尤應身先士卒，嚴督勤教，完成此重大之使命。我軍榮辱，主義成敗，國家存亡，民族盛衰，全在此舉，希共奮勉，爭取勝利，勿使長沙與常德戰績獨美於前也。蔣中正手令。辰歌申。印。[53]

至於 1948 年 7 月 13 日蔣介石寫給康澤一通手令式的電報，則屬於另一種類型。1948 年，康澤任第十五綏靖區司令官，駐襄陽。是年 6 月，中共部署在華中展開攻擊戰，至 7 月上旬，中共已推進至襄陽城外，雙方展開激烈的攻防戰。蔣介石 7 月 13 日給康澤一通手令式的電報，指示他退守襄陽城內，苦撐待援：

> 康司令官：真（十一）電悉，南北兩方援軍，最遲必於哿（二十）日前趕到襄陽，中正負責督促勿念。……此次如我決心退守城內，

集中全力防禦匪部來攻之辦法，則必能擊退匪部，確保安全，有時且可乘機轉為攻勢，殲滅疲乏之殘匪，何況有我空軍晝夜前來助戰，非匪之所能及也。惟此全視主將之智勇與決心而定。歷來革命苦戰之役，當軍民驚惶失措之際，獨賴主將指揮若定，則過一時期自必轉危為安，一般軍民亦不知其所以然也。吾弟經過此番風浪，渡過此一難關，以後不惟膽識可以因之大為長進，而且立名成業，亦起於此矣。只要信賴余言，堅忍鎮定，匪雖兇猛，其如之何？弟以為如何？中正手啟御機元印。[54]

這封電報不僅對戰局作了具體指示，同時對於康澤個人未來的成名立業，也能因切寄以厚望其愛護關切之情，似有如家人父子，與前一封電文採恩威並施方式激勵士氣大為不同。

手令制度的影響

蔣介石所發的手令，大多數均被奉為「聖旨」般貫徹執行，因此具有提高效率及鼓舞士氣的功能，不過也有部分的手令未被貫徹執行。1945 年 3 月，陳布雷整理蔣介石 1943 年以後所頒手令，發現「其中有一半確實窒礙難通」，[55] 不過根據現有的資料顯示，軍政要員對於不合理的手令或是越級指揮，也並非是全盤照收，他們所採取的對策。大致可分為以下幾類：

第一，拒收。有些地方軍系領袖對於蔣的越級指揮，根本直接予以拒絕，最有名的例子即為李宗仁。1937 年 10 月，蔣任李為第五戰區司令長官時，李即向蔣表示不希望蔣打電報直接指揮第五戰區的部隊，獲蔣同意。蔣也真守此諾言，終李六年之任，蔣從未直接指揮過第五戰區的部隊。[56] 對於白崇禧，蔣也有所顧忌，即使干預，也不敢堅持己見。例如1939 年 10 月 10 日，蔣致電時任桂林行營主任的白崇禧，對江南各戰區的處置，作了兩項指示，文末仍需加上「以上兩項之處置，自信不致錯誤，請先在前方斟酌實情，並與墨三（顧祝同，時任第三戰區司令長官）、辭修（陳誠，時任第九戰區司令長官）切計從速斷行為盼」[57] 的字句。

第二，**不主動請示**。1938年台兒莊會戰後，李宗仁與白崇禧的部隊撤至渦河，對於是否渡河，一時無法決定，有人建議請示蔣介石，李宗仁不表贊同，他說：「為什麼要請示？請示，他同意我們的做法，還不是一樣；如果他不同意，硬叫我們打，那時，打，就要完；不打，違抗命令，也要完。從現在起，電台不和他（蔣介石）聯絡，待突圍成功後，再打電報給他。」[58] 這句話同時也反映出部分軍政領袖的心態。

　　第三，**躲避**。1944年第四次長沙會戰時，第九戰區司令長官薛岳本來打得很好，不料在作戰正緊張時，蔣介石一個電話將軍隊調亂，薛岳一時無法補救，被打得大敗，失了長沙。薛岳在一氣之下，竟不聽統帥部要求將部隊撤往湘西的命令，反將部隊撤至江西，後來薛幾乎因此受到處分。有人問薛何以要如此做，薛說：「跑遠一點，他（指蔣）電話便打不通了！」這是抗戰期間軍中高級將領眾人皆知的趣事。[59]

　　第四，**陽奉陰違**。1944年春，日軍發動「一號作戰」，當衡陽受到日軍圍攻時，蔣介石在重慶，以軍用電話指揮衡陽作戰，命令衡陽附近各部隊，增援衡陽守軍。但是這些部隊，有的避不受命，有的敷衍應付，不積極行動。黃濤的第六十二軍當時在衡陽以東，他為了躲避蔣介石的命令，告訴部下，如蔣來電話即說軍長公出。第二十四集團軍總司令王耀武則採取口頭應付，實際上按兵不動的態度。某日，戴笠傳達蔣介石命令，要王耀武派一個加強營，攻擊日軍側背，救援衡陽第十軍（軍長方先覺）。王耀武復電戴笠說戴判斷如神，實際上依然按兵不動，虛偽應付了事。[60] 事實上，這種陽奉陰違的作風並非只限於軍中，在黨政各界也是在所多有。根據侍從室1940年所作的一次定期檢查顯示，各機關主官對於手令飭辦事項，仍有未能徹底遵辦者，甚至有延至數月始覆者，其中專以文字敷衍與事實全不相符，或並不照所擬辦法施行，如重慶市府呈復電力節約辦法事實上並未照辦之類，尤屬所在多有。[61]

　　第五，**拖延緩辦**。蔣介石親自部署一事，往往一夕數變，經常是尚未考慮成熟，即下達命令，不多久又更動剛下達的命令，弄得上下均無所適依。後來一些前線的高級將領瞭解蔣的習慣，於是每當接到蔣的手令或電令，並不馬上處理，等到蔣的決心確定後再處理。

　　蔣介石所發的手令，大多數具有貫徹命令、提高效率及鼓舞士氣的

效果，但是其中也有少數越級指揮的手令，從長期來看，造成了一些負面的影響。

　　首先，越級指揮作戰的手令，造成下屬缺乏主動精神。蔣介石有時以手令干預機微，使得下層機關缺乏主動精神，凡事均仰賴蔣的裁示。此種習性一旦養成，對於黨政軍一般事務的影響尚小，如遇戰事，則影響甚大。中央軍的將領都知道，「奉行蔣先生的命令，往往要吃敗仗，但是如不聽他的命令，出了亂子，便更不得了。所以大家索性自己不出主意，讓委員長直接指揮，吃了敗仗由最高統帥自己負責，大家落得沒有責任。」[63] 如果每派一兵、移一步均需聽於千里外的統帥，未有不違時失機自取潰退者。

　　其次，親自指揮破壞體制。蔣介石所採取的集權式部隊指揮模式，使得各部隊養成一種習慣，於接到上級函電時，先看公文末端，如有「中正手啟」字樣，即需特別注意；如為「中正侍參」（即由侍從室主辦），也還重視，但是如果是其他部門主辦的電報，即需看情形來決定遵行的程度。因此，軍令部、軍政部，甚至後方勤務部，有時為求命令有效，也要用「中正手啟」名義發電。此種以個人權威取代機構權威的運作方式，雖然有其效果，但是無法持久。[64]

　　自 1940 年下半年起，蔣介石即以靠下達手令維持其統治的威信。1947 年夏季以後，在軍事上居於守勢，但他依然依賴手令，並責成軍務局對手令加強檢查催辦的制度，隔數日即向受令者（單位）發出通知書，查詢辦理情況。[65] 但是，隨著國共軍事勢力的消長，蔣的威信逐漸喪失，他的手令也因而喪失效力。1948 年 12 月，第十二兵團的一位軍長楊伯濤對於該兵團官兵接到蔣手令後的反應，有以下生動的描述：

　　　　第十二兵團被解放軍包圍了十幾天之後，官兵極度疲憊，對解放軍的夜間攻擊非常恐懼。各個陣地守軍與友好通電話時，互相道別，未卜明朝能否相見。當晨星熒熒、東方放明的時候，我們都兩眼望天，看天氣好不好，期盼從天上掉下糧食和彈藥來。但是這天南京飛機投下的糧彈微不足道，卻投下一袋文件，其中是蔣委員長給黃維和各軍軍長的親筆信，另外從飛機上灑下一張張傳單，是蔣

委員長對第十二兵團全體官兵所頒發的嘉慰令。親筆信和嘉慰令的內容，無非是為國民黨軍官兵打氣，說這次戰役官兵如何英勇，解放軍已遭到嚴重打擊，傷亡慘重，崩潰在即，只要再堅持下去，就一定取得最後勝利，對官兵的忠勇表示無比的欣慰關懷，黨國前途實深利賴等等。這些不僅沒有收到預期的效果，相反的激起了所有官兵對蔣介石的怨憤，大家要的就是糧食、彈藥、援軍，開空頭支票抵什麼用，實際是一道催命符。大家意識到催命符一到我們就快完了。[66]

以上的文字係完成於 1950 年以後的中國大陸，因此對於蔣介石和該軍長所在第十二兵團的官兵情緒自然不易有客觀的評估，不過仍可從中看出手令效力的侷限性。

結論

綜前所述，可以得到以下幾點觀察：

第一，蔣介石所頒手令，如依種類區分，以軍事類為最多，政治類次之，黨務類較少。從手令的內容上觀察，顯示出蔣介石治理的幅度極廣，與傳統帝制時期的統治者並無太大的不同；他重視宣傳，也與北洋時期的統治者類似；不過蔣重視政令是否能貫徹至縣以下的基層組織，則與過去的統治者不同。

第二，蔣介石所頒布的手令雖多，但是僅為戰爭時期的權宜措施，1950 年以後所頒布的手令即大為減少；即使是在 1950 年以前，蔣也再三督促所屬，盡量不以手令形式頒布命令；一些越級指揮的手令，大多限於作戰指揮方面，[67] 在一般黨政事務的手令中，越級指揮者極為罕見，因此實難謂蔣無尊重體制之心。

第三，蔣於指揮作戰時，好發手令越級指揮，一方面與統帥部的集權指揮方式有關，另一方面也與蔣個人缺乏大兵團作戰的訓練與經驗有關，因此好越級指揮作戰者，絕非僅限於蔣一人，而是存在於當時軍事將領之間的普遍現象。

第四，蔣好發手令，也是長官籠絡部屬的一種手段。抗戰時期，尤其是抗戰後期物質環境艱困，軍隊的武器裝備不良，待遇微薄，營養不良，各種人事制度均無法發揮作用，在這種情況下，所能仰賴者，只有反日情緒和官兵之間的情感。因此，長官越級籠絡部屬，在當時實為普遍的現象。

第五，蔣好以手令越級指揮作戰，所造成的禍害，似未如前人所想像的為大，其原因在於國府軍政要員對於不合理的手令或越級指揮，每多採取各種方法予以抵制，甚至拒不執行。

第六，蔣所頒手令，大多數具有貫徹命令、提高效率與鼓舞士氣的效果，不過同時也造成下屬缺乏主動精神及破壞體制等負面影響。國共內戰後期，隨著國共軍事勢力的消長，蔣的威信逐漸喪失，其手令也因而喪失效力。

1. 蔣介石，《日記》，1937 年雜錄。

2. 秋宗鼎，〈蔣介石的侍從室紀實〉，收於：全國政協文史資料委員會編，《中華文史資料文庫》，第 8 卷（北京：中國文史出版社，1996 年），頁 955。

3. Lloyd E. Eastman, *Seeds of Destruction: Nationalist China in War and Revolution, 1937-1949* (Stanford: Stanford University Press, 1984), p.146.

4. 黃仁宇，〈張學良、孫立人和大歷史〉，收於：黃仁宇，《地北天南敘古今》（台北：時報文化，1991 年），頁 123。

5. 《新唐書》，卷 117，〈劉禕之傳〉。

6. 蔣君章，《傷逝集》（台北：德馨室出版社，1979 年），頁 148。

7. 〈蔣介石戌陽侍祕代電（1942 年 11 月 7 日）〉，收於：中國第二歷史檔案館編，《民國時期文書工作和檔案工作資料選編》（北京：檔案出版社，1987 年），頁 379-380。

8. 孫武，〈蔣介石手令處理規程考略〉，《民國檔案》，2004 年第 2 期，頁 137-139。

9. 秋浦，〈抗戰時期蔣介石手令制度評析〉，《南京大學學報（哲學‧人文科學‧社會科學）》，2010 年第 3 期，頁 59-64。

10. 〈夏新霈陳侍從室第二處承發之二十九至三十五各年度手令清檢表〉，國民政府檔案，國史館藏，檔號 0431/3720.01-01，縮影 415/700-842；〈三十一年度經發手諭及承辦情形簡報表〉，特交檔案，軍事類，〈中央軍事報告及建議〉，檔號 043/6；蔣京訪問與紀錄，《蕭贊育先生訪問紀錄》（台北：近代中國出版社，1992 年），頁 41。

11. 〈夏新霈陳侍從室第二處承發之二十九至三十五各年度手令清檢表〉；〈三十一年度經發手諭及辦理情形簡報表〉。

12. 同前註。

13. 唐縱，《唐縱失落在大陸的日記》（台北：傳記文學出版社，1998 年），頁 290。

14. 李宗仁，《李宗仁回憶錄》（香港：南粵出版社，1986 年），頁 549。

15. 王正元，《為蔣介石接電話十二年見聞》（南京：江蘇文史資料編輯部，1991 年），頁 30。

16. 徐永昌，《徐永昌日記》（台北：中央研究院近代史研究所，1971 年），頁 115-164。

17. 張玉法、陳存恭訪問，黃銘明紀錄，《劉安祺先生訪問紀錄》（台北：中央研究院近代史研究所，1991 年），頁 96。

18. 王正元，前引書，頁 30-31。

19. 黃仁宇，〈張學良、孫立人和大歷史〉，頁 121。

20. 李宗仁，前引書，頁 549。

21. 徐永昌，前引書，頁 135。

22. 唐縱，《日記》，頁 289-290。

23. Theodore H. White, ed. , *The Stilwell Papers* (New York: Schocken Books, 1948) ,p.125.

24. 蔣中正，〈抗戰形勢之綜合檢討〉，收於：秦孝儀主編，《先總統蔣公思想言論總集》（台北：中國國民黨中央委員會黨史委員會，1984 年），卷 19，頁 210。

25. 而當時日軍一般將官的年齡，則大多在五十歲以上，參閱：張瑞德，《抗戰時期的國軍人事》（台北：中央研究院近代史研究所，1993 年），頁 11。

26. 劉鳳翰、張力訪問，毛金陵紀錄，《丁治磐先生訪問紀錄》（台北；中央研究院近代史研究所，1991 年），頁 106。

27. 楊維真，〈再造革命──蔣中正復職前後對台灣的軍事布置與重建（1949－1950）〉，《中華軍史會刊》，第 7 期（2002 年 4 月），頁 363-364。

28. 晏道剛，〈蔣介石追堵長征紅軍的部署及其失敗〉，收於：全國政協文史資料委員會編，《中華文史資料文庫》（北京：中國文史出版社，1966 年），第 3 卷，頁 313。

29. 〈1942 年元月 7 日中央執行委員會祕書處呈文〉，收於：〈通令中央各院部會不得以蔣中正手令為通令，應依手令意旨實行〉，國民政府檔案，檔號 0431/3720.02-01。

30. 〈1941 年 12 月 30 日蔣介石致孔祥熙函〉，收於：〈通令中央各院部會不得以蔣中正手令為通令，應依手令意旨實行〉，國民政府檔案，檔號 0431/3720.02-01。

31. 同前註。

32. 〈蔣中正指示，陳布雷以後發各機關之手啟各條不可用手令名稱〉，國民政府檔案，檔號 0161.42/4450.01-01。

33. 同前註

34. 三軍大學編，《國民革命軍戰役史第五部──戡亂》，第 9 冊（台北：國防部史政編譯局，1989 年），頁 142-143。

35. 傅紹傑，〈戰鬥力與戰術的成就〉，《現代軍事》第 3 卷第 3 期（1948 年 3 月），頁 15。

36. 抗戰中期，軍令部也曾抱怨「部隊調動，統帥部干涉過嚴，有失前方機動性。」，參閱：軍令部，《軍令部審查檢閱各部隊參謀報告書決議案》，油印本，1941 年，頁 5。收於：軍令部檔案，中國第二歷史檔案館藏，檔號 769/2217。

37. 張朋園、林泉、張俊宏訪問，張俊宏紀錄，《於達先生訪問紀錄》（台北：中央研究院近代史研究所，1989 年），頁 121-122。

38. 張瑞德〈抗戰時期國軍的參謀人員〉，收於：張瑞德，《山河動：抗戰時期國民政府的軍隊戰力》（北京：社會科學文獻出版社，2015 年），第 4 章。

39. 值得注意的是，中共軍隊中央軍委會與下級部隊指揮關係的優缺點，適與前述國軍的優缺點相反。因此，中共軍隊上層的指揮方式，適用於建國前的發展階段，其缺點在於易形成山頭，中共軍隊日後的內部矛盾，即與此有密切關係。參閱：三軍大學編，前引書，頁 146-147；Odd Arne Westad, *Decisive Encounters: The Chinese Civil War, 1946-*

1950 (Stanford: Stanford University Press, 2003), p. 9-10.

40. 徐復觀，〈垃圾箱外〉，收於：徐復觀，《徐復觀雜文——憶往事》（台北：時報文化，1980 年），頁 39。

41. 徐復觀，前引文，頁 39-40。

42. Donald G. Gillin, *Warlord: Yen Hsi-shan in Shansi Province 1911-1949*（Princeton: Princeton University Press, 1967），pp.258-259.

43. 張玉法、陳存恭訪問，黃銘明紀錄，《劉安祺先生訪問紀錄》（台北：中央研究院近代史研究所，1991 年），頁 97。

44. 張朋園、林泉、張俊宏訪問，張俊宏紀錄，《王微先生訪問紀錄》（台北：中央研究院近代史研究所，1996 年），頁 155-156；桂崇基，《中國現代史料拾遺》（台北：臺灣中華書局，1989 年），頁 622。

45. 《王微先生訪問紀錄》，頁 155-156。

46. 蔣煥文，《戰時政治建設》（重慶：國民圖書出版社，1942 年）頁 180；國防最高委員會祕書處編，《行政三聯制檢討會議輯要》（重慶：編者印行，1943 年），頁 119-122。「分層負責」一詞，係由行政院政務處長蔣廷黻所創，參閱：蔣廷黻口述，謝鍾璉記，《蔣廷黻回憶錄》（台北：傳記文學出版社，1979 年），頁 225-226。

47. 〈蔣委員長致代參謀總長程潛及軍委會各部部長為署屬各部會及應實施分層負責制條示〉，收於：李雲漢主編，《蔣委員長中正抗戰方策手稿彙輯（二）》（台北：中國國民黨中央委員會黨史委員會，1992 年）頁 146。

48. 黃仁宇，〈張學良、孫立人和大歷史〉，頁 122-123。

49. 施有仁，〈第三十八軍守備秦嶺和撤退入川經過〉，收於：全國政協文史資料委員會編，《中華文史資料文庫》，第 7 卷，頁 632-633。

50. 故有人諷刺第四軍為「薛家軍」，參閱：羅平野，〈鎮江江防第四軍的覆滅〉，收於：全國政協文史資料委員會編，《中華文史資料文庫》，第 7 卷，頁 672。作者曾任第四軍參謀長。

51. 秋宗鼎，〈蔣介石的侍從室紀實〉，頁 953。

52. 郭廷以編，《中華民國史事日誌》，第 4 冊（台北：中央研究院近代史研究所，1985 年），頁 280。

53. 〈蔣委員長致第一戰區長官蔣鼎文轉第十四集團軍總司令劉茂恩、副總司令劉戡及各軍師團長等所屬奮起爭取勝利電示〉，收於，李雲漢主編，《蔣委員長中正抗戰方冊手稿彙輯（二）》，頁 253-254。

54. 局外人，〈從襄陽失陷說到康澤被俘〉，《春秋雜誌》（香港）第 101 期（1961 年 9 月），頁 10。

55. 陳布雷，《日記》，1945 年 3 月 4 日。

56. 李宗仁，前引書，頁 550。

57. 〈蔣委員長致桂林行營主任白崇禧對江南各戰區之處置電示〉，收於：李雲漢主編，《蔣委員長中正抗戰方策手稿彙輯（一）》（台北：中國國民黨中央委員會黨史委員會，1992），頁 129。

58. 賴慧鵬，〈台兒莊之戰和徐州突圍親歷記〉，《廣西文史資料選輯》，第 6 輯（1964年 4 月），頁 139。

59. 李宗仁，《李宗仁回憶錄》，頁 550。這則趣事，後來更為 Barbara W. Tuchman 的暢銷著作引用。參閱：Tuchman, *Stilwell and American Experience in China, 1911-45*（N.Y.: Macmillan Co.,1970）, p.357.

60. 鮑志鴻，〈抗戰後期的豫湘桂戰役——在軍統局的所見所聞〉，《武漢文史資料》，第 2 輯（1987 年 6 月），頁 91。

61. 〈夏新霈陳侍從室第二處承發之二十九至三十五各年度手令清檢表〉，國民政府檔案，檔號 0431/3720.01-01。

62. 例如有一次蔣介石打長途電話給陳誠，要他和第九戰區代司令長官薛岳研究，將李玉堂的部隊抽出一個師填補某地。隔了約二小時，蔣又電陳，要他將李玉堂集團軍全部移駐某地。陳誠兩次接到蔣的電令，均按兵不動，直到晚間才打電話給侍從室主任林蔚，林表示蔣仍未下達最後決心。次日，蔣果然直接打電話給薛岳，表示李玉堂的部隊暫時不要調動。詳見：王正元，前引書，頁 31-32。

63. 李宗仁，前引書，頁 549。徐永昌也有類似的觀察：「委員長每好親擬電，親書信或親自電話細碎指示，往往一團一營如何位置等均為詳及，及各司令長官或部隊長既不敢違背，亦樂於奉行，致責任有所諉謝。」參閱：徐永昌，《徐永昌日記》，第 7 冊，332。

64. 張治中，《張治中回憶錄》，出版時地不詳，頁 299-300。

65. 秋宗鼎，前引文，頁 951。

66. 楊伯濤，〈第十八軍從進攻到被殲滅〉，收於：全國政協文史資料委員會編，《中華文史資料文庫》，第 7 卷，頁 140。

67. 蔣介石於戰事進行期間所頒手令，大致可分為五類：(1) 進行前方人事的調動與調整；(2) 指示如何準備工事；(3) 將情報告知當地指揮官，令其注意防範；(4) 指導如何部署和作戰；(5) 指示部隊撤退或轉進。參閱：林桶法，〈淞滬會戰期間的決策與指揮權之問題〉，《政大歷史學報》，第 45 期（2016 年 5 月），頁 167。

第九章 「特使」

1943 年 10 月，國民政府發表侍從室祕書沈宗濂 (1898-1978) 為蒙藏委員會駐藏辦事處處長。任命公布後，蔣介石即召見沈作了一次長談。在談話中，蔣特別強調沈此次去藏，使命重大，要求沈在不引起英印當局疑慮的前提下，完成以下各項任務：

　　第一，宣揚中央的實力和統一中國的決心。中、美、英、蘇已結成同盟，抗戰必勝，中國成為世界四強之一。可在此基礎上，向西藏當局說明蔣統一全國的堅定意志與信心。

　　第二，強調中央對藏民一貫的友善與尊重態度。應向藏人說明英國正受印度獨立運動的困擾，今後必然再無力援助西藏，西藏只有加強同內地的聯繫，才能有光明的前途。

　　第三，要求西藏當局同意履行前經由中央政府派員勘查康藏公路的修築路線。一旦戰爭結束，即行動工修築，以便迅速打開內地和西藏之間交通隔絕的局面。

　　第四，盡力為藏胞謀福利。計畫在拉薩設立電報局、銀行、醫院等機構，增加或充實拉薩原有小學的數量和規模。

　　此外，蔣介石允諾撥發第一筆臨時費印幣 48 萬盾，作為沈宗濂此行的活動經費。沈在行前可編列預算計畫，並列入藏所需要各項開支，包括禮金、禮物等。沈並可直接遴選辦事處大、小職員，由蒙藏委員會任用，也可調回他認為不適任的在藏人員。凡遇重要機密事宜，沈可直接致電蔣請示，不必再經過蒙藏委員會，為此侍從室機要組還專門發給沈密碼，供其使用。[1]

　　沈宗濂出使西藏的規格，儼然是位特派大員，可以看出此次任命的非比尋常。根據重慶政壇人士的觀察，沈的出使西藏，名義上之所以仍然沿用過去駐藏辦事處處長的頭銜，主要是擔心如果使用特派員的稱謂，恐會引起英印當局和西藏地方政府的疑慮，才以處長新舊交替形式出現。[2]西藏攝政達札在接到蒙藏委員會此一人事異動的通知後，在拍給該會委員長吳忠信的覆電中，則表示沈「資深望重，素為蔣委員長所倚畀，該員到藏，中、藏必能照舊恢復感情如意，深慰欣謝。因中、藏和好起見，藏境迎護藏兵等，業經派往，並飭沿途營官，所有烏拉（差役）及一切隆重支應，不得臨時周章，已由噶廈（行政部）飭辦之。」[3]當時英國駐拉薩官

員的觀察也指出，蔣希望藉著任命其親信沈宗濂入藏，修補與拉薩之間的關係。[4]

有關沈宗濂駐藏期間的表現，晚近學界中外文的相關著作中，大多僅略微提及，[5]尚乏專門性的研究。國府軍政人士以為，蔣介石除了好頒手令，好派侍從室人員出任「特使」也是他行使權力的一大特色。本書第四章所曾提及蔣介石任命的侍從室祕書邵毓麟，協助處理戰後受降與接收事宜，即為蔣任命「特使」的一個案例，[6]本章則擬根據蒙藏委員會及相關機構檔案，與回憶錄性質文字，對沈宗濂任命、上任經過，及其任內表現進行全面的研究，盼能經由此一個案明瞭蔣介石以「特使」方式解決問題的利弊得失。

臨危受命

蔣介石之所以會有如此令人矚目的人事異動，並非無的放矢，而是有著以下的歷史背景：

一、**西藏政局的變動**。1941年元月，親漢的西藏攝政熱振呼圖克圖辭職，改由親英的達札呼圖克圖掌權，阻撓中印公路（康藏線）的修築，設置外交局迫使駐藏辦事處與其往來，甚至停運所有從印度經西藏運往中國西南的物資，使得漢藏關係陷入僵局。[7]

二、**國際形勢的變化**。二次大戰期間，部分印度在野的國大黨 (the Congress Party) 人士與日本暗通款曲，而日軍在東南亞勢如破竹的攻勢，恐對尼泊爾、不丹 (Bhutan)、錫金 (Sikkim) 和西藏造成骨牌效應，並使中國西南省分的安全受到威脅。如此種種均促使蔣介石夫婦於1942年訪問印度，試圖說服當時與英印政府水火不容的國大黨領袖，如甘地 (Mahatma Gandhi) 和尼赫魯 (Jawaharlal Nehru) 等，不為日本所分化利用，並參加同盟國陣營。[8]蔣在訪印歸國後，覺得英國在亞洲應付印度獨立運動，尚無暇顧及、更無力干涉西藏事務，乃就援印之便，趁機修築康藏公路，便利調遣軍隊，運輸物資，對外可以援助盟邦，對內可以拉回西藏，同時也可以安定抗戰後方。

三、**駐藏辦事處原任處長孔慶宗 (1896—1981) 的表現不佳**。孔早年

任職外交界，曾於駐比利時期間至布魯塞爾大學進修，獲博士學位，[9]
返國後任中央大學教授，後入蒙藏委員會任職，曾任參事。[10]孔自1940
年3月抵拉薩後，即以中央大員自居，一心想要恢復過去清朝駐藏大臣
的各種權力，其傲慢態度與大漢沙文主義引起西藏地方官員的反感。
[11]不過由於當時西藏的攝政熱振與中央關係良好，辦事處推動各項工作
尚稱順利。至達札掌權後，改採親英路線，孔對達札的不友善措施，如
1941年9月拒築中印公路、1942年7月設置外交局、1943年4月關閉
馱運路線，一概主張由國府派兵入藏，以武力制裁方式解決。此種強硬
態度，不僅與國府對藏以政治為主、軍事為輔的政策相違，同時也引起
西藏當局的反感，導致辦事處所推動的各項工作受阻。[12]

　　四、**1942年9月的藏警糾紛案**。事件的起因為一漢人因口角打傷一
居住於西藏的尼泊爾人，與當地警方發生糾紛。漢人逃往駐藏辦事處，
辦事處警察竟將尾隨而至追捕漢人的當地警察扣留，經地方政府交涉請
其釋放不允，歷時五個月仍未能解決。西藏當局遂致電劉文輝，稱藏方
並無反對中央之舉，因孔矇蔽中央，破壞中藏感情，致起糾紛，請速召
回，此後一切直接由藏方駐渝代表與中央交涉。[13]西藏當局最後甚至停
止供應辦事處的日用物資，以示抗議。蒙藏委員會聞訊後，先是假定整
起事件為西藏當局所主導的政治陰謀，目的在測試國府對於藏獨運動的
底線，因此堅持不應讓步，如對藏方屈服，將孔撤換召回，難保新任處
長不會遭同一命運。[14]不過蔣否決此項提議，決定對藏妥協，蒙藏會乃
呈請將孔慶宗調回，另請以侍從室第三處主任祕書羅時實充任駐藏處處
長，但蔣批示暫緩。此時，軍令部接獲各方情報顯示，辦事處有帳目不
清、人事紛爭等弊端，軍令部長徐永昌乃建議蔣介石派員入藏，以查辦
藏警糾紛案為名，即以之充駐藏辦事處處長，稍後再伺機將孔調回，以
不失中央威信。[15]

　　蔣介石最後不用蒙藏委員會提名的羅時實，應是受到外交系統的影
響。1943年3月初，駐英大使顧維鈞在一次與蔣會談時，曾建議改派一
位資深且望重的外交官駐藏，如此對英國與西藏均有好處。蔣連聲表示
贊同，並說他一直在物色稱職的人選。[16]此時蔣對於接任人選，雖尚未
確定於外交圈內尋找，但是已決定不用軍人。3月下旬，侍從室第一處

對駐藏人員一事簽報蔣稱：中央派駐大員甚有必要，惟以軍事大員為宜。一處主任林蔚加註：「賀市長（指重慶市長賀耀組）似頗相宜。」蔣則批示「似以方覺慧為宜，軍事大員不可派。」[17] 不過蔣隨即又改變主意，接受黨國元老戴季陶所推薦的沈宗濂。[18] 8月，外交部轉陳侍從室、蒙藏委員會等單位一件該部駐加爾各答總領事報告，其中也建議派駐西藏人選，「應不但能應付藏方，且應能應付英方者。」[19]

蔣最後起用沈宗濂，顯然與其具備外交部的經歷有關。沈宗濂早年畢業於清華學校，曾留學美國，獲哈佛大學經濟碩士，為人精明幹練，富有謀略，曾在郭泰祺外交部長任內擔任總務司長。[20] 1941年末，郭因官風不正遭蔣介石免職，外交部長一度由蔣介石親自兼任，但實際上政務卻由侍從室第二處主任陳布雷主持。陳為了掌握外交部的實際狀況，簽准由侍從室的祕書中，抽調李惟果任總務司長、邵毓麟任情報司長，沈宗濂則調入侍從室第四組為祕書。[21] 沈進入侍從室後，潛心研究各類問題，並經常提出建言。一次建議蔣利用時機加強與西藏的關係，曾獲蔣欣賞。此外，沈宗濂於外交部任職時，曾隨同戴季陶出訪緬甸與印度，對印度情況相當熟悉。戴曾在蔣面前稱讚沈宗濂思慮周密，有膽有識，給蔣留下了良好的印象。[22] 因此沈最後能夠出線，應是蔣親自所做決定。

1943年10月18日，蒙藏委員會吳忠信將駐藏辦事處的人事異動通知西藏攝政達札，獲達札覆電表示歡迎。

招兵買馬

沈宗濂於接受任命後，即開始組織赴藏工作的團隊。他調外交部總務司的會計主任陳錫璋擔任主任祕書兼第一科科長（掌理總務、文書、人事等），[23] 以雲南大學社會系教授李有義擔任第二科科長（掌理政治、宗教、教育、建設等），又增設第三科，職司宣傳、調查事項，由孔慶宗任內舊人左仁極留任，另留任藏人祕書李國霖，調教育部蒙藏教育司具藏文專長的康剛民任顧問，負責編輯藏文日報，調經濟部中央地質調查所一位技士任專員，負責調查西藏的地質礦產。又自重慶聘請兩位醫生，負責醫療所看診業務（見表一）。

此外，沈宗濂還邀請二位川康公路管理局的工程師，以專員名義赴藏，策劃勘測康藏公路的修築計畫，另有一名專員則係由中央信託局委派，擬赴拉薩調查設立金融機構的可行性。[24] 最後，沈宗濂又物色了一批必要的隨員，分別從事英文祕書、庶務、譯電、謄寫等工作，加上廚師、僕役等，共二十餘人。上述人員均依照外交人員出國辦法，可以攜帶妻小赴任，薪資較一般公務人員優厚，且以外幣支付，得以不受內地法幣貶值的影響。[25]

表一　　駐藏辦事處新任職員名單

職別	姓名	年齡	學　　歷	經　　　歷	備考
處長	沈宗濂	46	美哈佛大學經濟學碩士	外交部司長；國防最高委員會參事；軍事委員會委員長侍從室參事	
主任祕書	陳錫璋	54	北平譯學館畢業	駐巴達維亞副領事；外交部會計主任	
祕書	李國霖				
祕書	黃師華	39	東北陸軍講武學堂第五期，陸軍大學第八期畢業	軍令部高級參謀兼邊務研究所副主任	
祕書	丁武始	39	上海滬江大學文學士	中國航空公司駐香港專員及駐緬甸代表	
祕書	柳陞祺	35	上海光華大學文學士	光華大學英文系副教授；財政部鹽務稽核所英文祕書	
第一科科長	陳錫璋兼				
第二科科長	李有義	32	燕京大學法學士、文學碩士	燕京大學法學院研究助理；雲南大學社會系講師、教授兼研究室幹事	
第三科科長	左仁極				
科員	劉甲華	25	中央大學師範學院國文系畢業		
顧問	康剛民			教育部蒙藏教育司科員	

辦事員	周志強	26	華英中學高中部肄業，無線電夜校畢業	軍政部第一軍用電台事務員	
專員	劉毓琪	55	北平譯學館畢業	外交部科長兼海參崴、伯力等處副領事	
專員	廖魯薌	43	上海中國國語專科學校畢業	國防部最高委員會速記專員	
專員	余敬德	34	倫敦工學院土木工程系畢業，印度工專電機系及無線電系畢業	曾於印度任營造工程師六年	旅印華僑係戴傳賢介紹
專員	李兆銘	35	菲律賓大學農科學士		
專員	曾鼎乾	31	北京大學地質系畢業	經濟部中央地質調查所技士	
醫療所主任	葛成之	43	法國波道大學醫學博士	上海清心醫院鐳電院院長；紅十字會醫院醫師	
醫師	嚴家騮	29	西北醫學院畢	重慶市民醫院住院醫師	
專員	李唐晏	41	美耶魯大學碩士	南開大學教授；中央銀行及中央信託局襄理	以上各員不在辦事處支薪
專員	李茂郁			蒙藏委員會專員	
專員	吳善多			川康公路管理局副總工程師	
專員	劉霄			川康公路管理局正工程師	
專員	張瑞之	49		澄和企業公司總經理	

資料來源：〈沈宗濂呈吳忠信陳報該處新任職員（1944 年 1 月）〉，收入《蒙藏委員會駐藏辦事處檔案選編》（台北：蒙藏委員會，2007；以下簡稱《檔案選編》），冊 4，頁 499-501；〈沈宗濂呈吳忠信該處新任職員名單重新開列請鑒核（1944年 4 月 27 日）〉，收入《檔案選編》，冊 4，頁 536-538；陳錫璋，〈西藏從政紀略〉，收入《文史資料選輯》，第 79 輯，頁 118-120；劉國銘編，《中國國民黨百年人物全書》（北京：團結出版社，2005）。

如果將沈宗濂的工作團隊和前任處長孔慶宗作一比較，可以發現前者的編制擴大（增設第三科及醫療所），員額也有所增加。值得注意的

是這些改變，均與辦事處原有組織章程的規定不符，而係先由沈便宜行事，再由蒙藏委員會修改章程予以追認。[26] 更有進者，根據 1944 年修訂通過的辦事處章程，辦事處處長「綜理全辦事處，並監督、指揮所屬職員及中央駐藏各機關」，職權較孔慶宗時代大為擴大，[27] 凡此種種，均顯示沈能獲得最高當局的充分支持。

準備禮物也是行前的一件大事，因為需要送的對象眾多，不但達賴、攝政、活佛、噶倫等西藏高層僧侶和官吏均需顧及，即便是達賴的生身父母，身邊的經師、侍讀，也不能遺漏。因此，沈宗濂派遣多人至成都等地，購買了一百多份的綾羅綢緞、金銀珠玉等，又專門至福建、江西採購一些漆器與瓷器。[28] 後來到了加爾各答，沈又以美金在當地購買了許多歐美製造的電動玩具火車和小型電影放映機等，作為覲見尚未成年之達賴的禮物。[29] 沈曾在侍從室同仁為他餞行的餐會上坦率說道：「我此行花錢如流水，不是不懂得節約，只是同落後又專制封閉的西藏政教上層人物打交道，不但要施之以威，還要誘之以利，在器量和魄力上都壓過他們，否則是會被他們小看的。」[30]

沈宗濂一行決定分兩批由重慶搭機至印度，採辦物資，兼作短期訪問，再經錫金入藏。因此備妥了護照，向英國駐華大使館申請簽證。沈宗濂和他的第一批隨行人員迅速取得了簽證，不過當英印政府和英國駐拉薩人員得知沈宗濂赴拉薩就職，恐將不利於英藏關係，遂通知英國駐華使館不要發給沈的第二批隨行人員簽證，英印政府又要求西藏當局限制沈隨行官員的人數。[31]

身手不凡

1944 年 4 月中旬，沈宗濂一行由重慶飛抵加爾各答，轉道拉薩就任。[32] 在加爾各答停留期間，沈宗濂曾應印度政府之邀，於 5 月 6 日至 14 日前往德里訪問。期間除一般應酬活動外，曾與其外交部長（Indian Foreign Secretary）卡羅爵士（Sir Olaf Caroe）晤談五次。卡羅向沈表示，英國政策在維持帝國現有的疆土，對西藏並無領土野心，經濟關係也淺，但是由於西藏為印度屏障，英盼能維持其自主地位，成為強國之

間的緩衝區。卡羅又說，在西藏人的觀念中，西藏為一獨立的國家，事實上三十年來也的確是如此；而在中國人看來，西藏為中國的一部分。此兩種觀念差距過大，不易融合。至於英國人的態度，一方面不願令藏人感覺不快，一方面也一直承認中國的「宗主權」（suzerainty），此實為一種折衷的辦法。[33] 沈宗濂則強調中國對西藏行使的是領土主權而非宗主權，雙方在宗主權和領土主權的見解上出現了歧異。卡羅於是請沈一起查閱《大英百科全書》，查到宗主權的定義時，發現該詞有很大的伸縮性，看不出與主權有何明顯的區別；最後卡羅說：「依我的理解，當一個國家強大時，宗主權可以就是主權的同義詞，並無區別；但是如果國家當實力不逮時，則此主權自另當別論。」[34]

卡羅對於「宗主權」的解釋，引發了沈宗濂樂觀的聯想，他在寫回國內的報告中指出，「由卡氏對『宗主權』之解釋，可知中藏關係端在吾人之努力，如吾人實力上能加強對西藏之統治，英方似亦難作有力的阻撓，至相當時機，根據『宗主權』，中央將藏地外交權完全收回，似亦非不可能。」[35] 此種樂觀的信念，日後也成為他推動藏務工作的動力。英方資料則顯示，卡羅對沈宗濂的印象頗佳，稱他為「一個和藹並極為明理的人」（"a pleasant and eminently reasonable individual"）。[36]

7月1日，沈宗濂應英印政府駐錫金行政專員古德爵士（Sir Basil Gould）之邀，前往錫金首都崗多 (Gartok) 訪問三天，並獲錫金君主招宴。在崗多期間，曾與古德作私人談話數次。古德認為解決西藏問題，1914年的《西姆拉協定》（Simla Convention）已有良好的基礎；沈則指出所謂的《西姆拉協定》，中國政府並未批准，自然不能作為談判的基礎。古德認為討論西藏問題，應有西藏代表參加，如無西藏代表參加，藏方必然不能同意，1907年中英俄會議的失敗，即為一例；沈宗濂則表示中國為西藏的宗主國，當然可以代表西藏。古德希望西藏問題能在印度政潮再度爆發前，得以解決；沈則以此係私人談話，不便逸出範圍為由，未與其繼續討論。[37]

英方資料顯示，古德在與沈宗濂的談話中，對他的幹練印象深刻，認為他的態度坦率，身段柔軟。晚近學者認為，英印政府高級官員對中國官員的印象普遍不佳，因此古德稱讚沈宗濂的情況，可謂十分罕見。

不過古德也暗示沈的到來，或將對英國在西藏的利益極為不利。[38]

　　沈宗濂在印度停留期間，國府外交部曾多次針對沈宗濂第二批隨行人員的過境簽證問題，與英國駐華使館交涉，但是英國和西藏政府相同，均反對中國在西藏有一強大辦事處，並懷疑一旦讓這些中國官員入藏，即很難再將他們請走。同時英國政府曾承諾西藏當局在外交上支持其獨立自主，印度也希望與西藏保持友好的關係，因此仍拒發過境簽證。[39]在此情況下，辦事處第二批工作人員的入藏計畫只能取消。不過沈宗濂雖然受此挫折，他改善漢藏關係的企圖心似乎依然強烈。

　　沈宗濂於 8 月 8 日抵達拉薩，西藏官員及軍士 200 名列隊歡迎，駐藏的英國、尼泊爾、不丹官員也各派員歡迎。[40] 他一上任，即由辦事處在藏多年的藏文祕書李國霖陪同，逐日分別拜訪了西藏地方政府的主要官員，三大寺（哲蚌寺、色拉寺、噶丹寺）和上、下密院的僧官，大小活佛等，贈送他們禮物，有些並個別邀宴。此外，並定期對三大寺院和兩密院的僧眾佈施。沈身手確實不凡，頗令拉薩上層人士刮目相看，漢藏關係頗有改善。[41]

　　不久，又適逢雙十國慶日，沈邀請戲班演出京劇三天，並擺開了隆重的筵席，除招待西藏各界人士外，連在拉薩的錫金行政專員古德、英印政府駐拉薩代表西列夫（George Sheriff）、尼泊爾王國駐拉薩代表等，也在受邀之列。以上兩次活動，雖然所費不貲，但是營造了浩大的聲勢。尤其是佈施，前後藏四大寺及上、下密院喇嘛 28,300 人，孔慶宗時代每人佈施藏銀 2.5 兩，另施茶飲；至沈宗濂任處長時期，則以藏銀匯價高漲，增為每喇嘛佈施藏銀 2 兩、茶飲費 1 兩，共 3 兩。[42] 沈除了以辦事處的經費佈施，也大力鼓吹在藏的內地商人佈施，使得沒有佈施習慣的英國人相形見絀。根據英國駐拉薩人員的報告，即有藏僧表示：「只有英國人沒有做任何的佈施。」[43]

　　沈宗濂到任後的第二年，漢藏關係更加融洽。1945 年 8 月 14 日，電台傳出了中國抗戰勝利的消息，辦事處頓時鞭炮齊發，屋頂升起了國旗，四周則滿綴各色彩旗和萬國旗。留居拉薩的漢回同胞約四百餘人，奔相走告，自動聚集於辦事處大院，歡呼祝賀，夜間並舉行火炬遊行，環繞大昭寺一周，直至深夜才解散。次日，沈宗濂舉辦慶祝宴會，西藏

僧俗各界領袖無不前來參加，駐拉薩的英印、尼泊爾代表，也率員趕來參加祝賀。在一片歡慶的氣氛中，中國的聲望大振。[44]

雖然如此，以上各項活動所產生的影響，主要仍侷限於拉薩一地的漢、回同胞，對於藏人的影響十分有限。根據英政府駐拉薩官員的報告，8月14日拉薩漢人舉行的慶祝活動由於過分喧譁，甚至激起一些藏人的反感。當天藏方外交局長即召見沈宗濂，要求沈立即撤下所有的中國旗幟、海報和元首照片。至沈宗濂舉行慶祝宴會當天，拉薩前一日全市漫天飛揚的旗幟均已消失，僅剩懸掛在駐藏辦事處屋頂的一幅中華民國國旗。[45]

中英競逐

由於沈宗濂抵拉薩後，積極加強漢藏關係，在西藏所造成的影響頗大，使得在印度的英國人產生了疑慮。英印駐錫金的政治專員古德即建議英印政府派遣使團赴西藏，反制中國在藏的宣傳活動，並強化印藏之間的關係。他還建議印度接受一位西藏的代表常駐英印，並鼓勵西藏當局派遣一位特使，攜帶禮物赴美拜訪羅斯福總統，以增加西藏在國際上的能見度。英印政府接受了古德的建議，將建議轉呈英政府，但卻未獲倫敦方面的支持。英外務部反對加強西藏與美國及英印的外交關係，並命令古德不得對西藏當局作出過於強烈的承諾，因為英國不願在軍事上保護西藏而和中國對抗，也不會直接支持藏人的獨立願望。[46]古德1944年8月的拉薩行，即是在此種政治氛圍下展開。

古德在拉薩期間的活動，國府駐加爾各答總領事陳質平曾對外交部作過以下的報告：

> 查蒙藏委員會駐藏辦事處沈處長宗濂於8月8日抵拉薩，錫金政治顧問古德則於8月31日到達。此次我政府改派沈處長駐藏，謀調整漢藏關係，至為英方所疑慮，除指使藏政府限制駐藏辦事處人員入藏外，復由古德入藏活動。渠此去攜有大批禮物分贈藏方政要，並有煽動西藏獨立及要求在鄰近不丹之門打（即門達旺）地方駐軍

之說。古德駐錫金二十餘載，為英人心目中之西藏通，去年已屬退休之年，特延長任期。此人思想陳腐，言行不能與時代適合。英印政府對藏因有其預定政策，但一切挑撥阻攔之事，皆其從中作祟與策劃。沈處長入藏，攜有我政府頒贈達賴等禮物暨在辦事處組設醫院。而古德亦齎厚禮前往。英方在拉薩之診所原極簡陋，近亦大加改良，配以最新設備。種種布置無不與我方針鋒相對，漢藏感情好轉，英方活動亦愈積極，頗為藏務前途之隱憂。[47]

英國檔案資料所披露古德在拉薩的活動，則不僅止於此。英方的資料顯示，古德除了向西藏政府高層解釋英印當局決心增強其在麥克馬洪線 (McMahon Line) 以南地區的統治之外，並提出一系列財政和外交援助方案，其中包括英屬印度政府向西藏政府及各寺院提供財政上的援助，以補償日後在麥克馬洪線以南地區將失去的稅收，以增強西藏當局的實力，用以對抗國民政府在中國西南地區已逐漸增強的影響力。[48]

英國政府雖然主張西藏維持現狀，古德仍在西藏鼓吹西藏獨立。他對西藏當局表示，沈宗濂試圖將西藏變為中國的一個行省，而依國際慣例，凡一國具有二十五年自主歷史，即具備獨立的資格。西藏已自主近三十年，自然可以成為獨立國家。在他的授意之下，西藏當局致函英印政府，表明期盼英國支持西藏獨立的願望。然而英國外交部方面則以中國當前為英國盟友，拒絕給西藏任何獨立的承諾。英印政府乃命令古德轉告西藏當局，英印政府僅能利用外交手段協助西藏維持其自治，但無法作出給予軍事支持的保證。[49] 此項結果對於藏獨派無異是一個沉重的打擊。

中、英兩國在二次大戰期間雖為同盟國，但是兩國在西藏，卻為了爭取西藏當局的友誼而相互競爭。1945 年，當英國駐拉薩的一位電報人員福特（Robert W. Ford）抵達拉薩時，即為當地英國人和中國人之間的互不信任和敵意所震驚。他幾乎不敢相信英國人和中國人在拉薩居然一直處於冷戰的狀態。[50]

由於中、英兩國在西藏的競爭日益激烈，使得雙方逐漸採用最直接的「金錢外交」方式。英國方面，自古德以後，直接對重要人物送錢逐漸成為英國駐藏人員影響藏人的重要手段；至 1940 年代，英駐拉薩官

員開始有定期的詳細捐贈賬目。至於中國方面，自 1934 年黃慕松入藏後，逐漸重視佈施。[51] 1943 年，國府對拉薩各大寺佈施的金錢，即達印幣 39,900 盾。[52] 1945 年，捐修西藏寺院及贈送高僧費，預算更增為印幣 50,000 盾。[53] 有些學者認為，國府在藏捐贈的金額較英人為多，1930 與 1940 年代中、英兩國對西藏個人的捐贈均已逾越傳統的道德界線 (ethical limits)。由於均非正式的外援，獲利者均為個人，西藏政府依然缺乏經費。[54] 不過就國民政府而言，對西藏寺院佈施為歷代慣例，並無不妥之處；相反地，英國長期對藏方進行武器販售，[55] 形同對中國主權的挑戰。

英國人在西藏從事「金錢外交」的手筆雖比不上中國，但是他們後來能夠提供一些中國人和西藏人所缺乏的物資，如煤油 (kerosene) 和糖，並給予經由印度進口貨物的免稅優待，可讓那些仰賴中、印進口貨的西藏貴族省下不少的錢。[56]

壯志未酬

根據蒙藏委員會 1945 年 7 月向國民參政會第四屆第一次大會所作工作報告以及其他史料，駐藏辦事處的工作成果，包括以下各項：

一、**政治方面**。自蒙藏委員會派沈宗濂接替駐藏辦事處長任命發表後，西藏當局即來電表示歡迎，中央與西藏關係漸趨好轉。沈抵藏，藏當局隆重招待，立即對該處恢復一度停止的正常供應。藏政府新設的外事局，原為抵制該處接洽公務之用，現中央與西藏日常事務，仍由沈與攝政及噶廈等直接商洽，不再經由外事局；1944 年國慶日，拉薩官民曾經發起一縣一機運動，共捐獻飛機 25 架，價值 500 萬元。[57]

二、**教育方面**。國府於拉薩設有拉薩小學，由於師資與經費不足，僅能勉強維持，許多漢、回子弟因為失望而改入藏文學校，至 1945 年底時，實際在學人數僅 50–60 名。1946 年初，經由沈宗濂的介紹，獲得教育部邊疆教育司的鉅額經費補助，師資和設備均大有提升，至 1946 年秋時，學生人數增為 206 人。[58]

三、**衛生方面**。駐藏辦事處附設有民眾診療所，為拉薩市民診治疾病。沈宗濂入藏時，更帶有醫官及護士同行，並在印度購辦藥品及器材，

以資充實。每日就診民眾增多,約達 50 名,與英印駐藏代表處醫療所的情況大致相同。[59]

　　四、司法方面。蒙藏會與司法行政部會商,制訂駐藏辦事處兼理司法案件辦法,以解決藏、回、漢人民訴訟糾紛,奉行政院核准,轉立法院審議。

　　五、宗教方面。自達札掌權後,西藏當局對中央所核定的班禪轉世辦法,兩年避不答覆,至 1945 年始來電表示願照中央指示,依從舊例辦理。三大寺中的色拉寺,自 1912 年與駐軍衝突後,素以反對國府著稱,至沈宗濂駐藏後也向中央貢獻法物,表示擁護。[60]

　　沈宗濂迅速贏得了拉薩僧俗各界菁英,包括那些對中國素無好感者的尊敬。他儘量小心,不介入西藏內政,以避免衝突,例如將有關漢回混血藏人的司法案件,交由藏方處理。[61] 以往國府派駐西藏的官員,常喜歡對藏人提滿清的舊事,以為藏人喜歡滿清的統治,結果反而引起藏人的反感。[62] 沈宗濂則常將清代對藏的專橫粗暴政策與民國時期作比較,他對藏人表示,當時不僅是藏人受滿清政府壓迫,漢人也是如此。對於蔣介石《中國之命運》(1943)一書中藏族為黃帝後代的說法,[63] 沈則避重就輕,僅強調如今民國成立,五族共和,一律平等,西藏和中國的友誼應可恢復。康藏邊界問題之所以產生,全是由於少數官員的無知所致。只要藏人與中央政府談,一切問題均容易解決。[64]

　　沈宗濂在西藏除了推動一般增進漢藏關係的措施,也進行藏情蒐集的工作。國民政府時期,在西藏從事情報蒐集工作的機構,除了駐藏辦事處外,尚包括軍統局、軍令部、國民黨組織部、三青團等。[65] 一般說來,這些機構對於漢、回族民眾的情報蒐集較為成功,對於英人在藏活動,則掌握不足。[66] 例如,對英藏間軍火貿易的情況,所能掌握的資訊即十分有限。[67] 更有進者,這些駐藏的情報人員彼此之間,互不往來,各行其是。沈宗濂初至拉薩時,原想援引駐藏辦事處組織法,對各特務機構駐藏人員施行指揮及監督之權,但是受到大家一致的抵制,沈也無可奈何。[68]

　　沈宗濂主持駐藏辦事處時期,所從事的藏情蒐集工作主要包括偵查日本利用滿蒙喇嘛在西藏的活動、英人在藏活動,以及調查西藏各地民情。其中以最後一項工作較具成效,所調查的範圍包括政治、軍事、文

化、宗教，以至地方風土民情，先後完成〈昌都系列報告〉、〈塞地亞至察隅一路情況〉、〈三十九族內向情況報告〉等，甚至沈宗濂本人，也和其祕書柳陞祺合作編纂一份有關藏情的報告書，名為〈現時之西藏〉。[69]

值得注意的是，辦事處的工作人員從事藏情蒐集工作所獲成果，除分送各相關單位參考外，甚至更進一步將之改寫出版於中外的報章雜誌，以發揮其影響力。在辦事處的工作人員中，以柳陞祺對藏情研究用力最勤，在駐藏期間曾撰寫三篇關於中、英、西藏關係的英文評論及一篇關於拉薩熱振事件的中文報導，完成後均刊登於上海的報刊。[70] 他和沈宗濂合作撰寫的〈現時之西藏〉報告，經過不斷修訂，最後於 1952 年以 *Tibet and the Tibetans* 為名，由美國史丹佛大學出版社出版，[71] 1949 年以後他甚至成為著名的「西藏通」。[72]

礙於交通及通訊的不便，近代中國對西藏的瞭解極少，不僅民間如此，即使政府機構也不例外。一位駐藏辦事處人員即發現，直至 1948 年，國民政府函送西藏的公文，信封封面所寫寄交單位，有寄交「西藏省政府」者，有寄交「西藏市參議會」者，即使是專司邊務的教育部邊疆教育司，也有將寄送後藏一小學的公文寄至綏遠者。[73] 在此種不利的環境下，駐藏辦事處在沈宗濂的領導下，業務推動得以較前任處長孔慶宗時期順利，漢藏關係有所好轉，已非易事，但是他並不以此自滿，更想在西藏問題上有所突破。經過一番深思熟慮，他草擬了一份建議書，直接以密電方式發往重慶的侍從室轉呈蔣介石。

沈宗濂在電文中大膽地提出了兩點建議：第一，為加強和西藏的聯繫，使之不傾向於英印，首要的工作應為迅速修築康藏公路。而要進行此項重大的工程，必先消除劉文輝割據西康的局面，並徹底地改組四川省政府，將西康併入四川。派中央大員（如吳忠信）率一支中央軍（建議可使用胡宗南的部分兵力），坐鎮成都、西昌、康定一帶，再借用該部隊力量加速修通康藏公路。第二，利用蔣介石訪印的影響，在聯合國支持印度獨立。同時由國民黨中央派員和印度國大黨會談，訂定君子協定，承認西藏為中國領土的一部分。[74] 蔣介石閱畢後，將電文交給陳布雷，要陳會同宋子文、戴季陶、陳果夫、張群等仔細研究。後來宋子文赴倫

敦參加四國外交會議時，曾探詢英國對西藏問題的態度，而英國僅表示其目前所面對的主要問題為印度獨立問題，西藏問題已無暇兼顧。[75]

　　事實上，當時已無暇兼顧西藏問題的反而是蔣介石。抗戰勝利後，蔣介石一面依靠美國調停國共內戰，一面計畫重新剿共，東北、新疆、內蒙問題也日益突出，如何還能兼顧西藏？加上劉文輝割據西康的局面也不易改變，[76] 因此蔣只能交代陳布雷覆電沈宗濂，表示目前國內局勢複雜，西藏問題只能維持現狀，不宜多事更張，只能「以無事為大事，以無功為大功」。沈接此覆電，知事已不可為，乃萌生退意。[77]

國民大會

　　此時，西藏當局為了推動西藏獨立，組織了一個「慰問同盟國代表團」，赴中、英、美三國進行活動。代表團的團長為札薩喇嘛絨伯倫・土登桑培，副團長為札薩凱墨・索朗旺堆，其他成員包括凱墨・次旺頓珠、強俄巴・多吉歐珠與一名翻譯員。而南京的國民政府也決定於1945年召開國民大會，蒙藏委員會駐藏辦事處通知西藏當局派代表出席，並表示此次西藏代表前往南京出席國民大會，可以提出各種要求，政府將盡力解決。西藏當局認為，既然國府有此誠意，或許有機可乘，可以提升西藏地位，於是決定在慰問同盟國代表團的基礎上再增加若干人，作為同時出席國民大會的代表團。新增加的成員包括達賴駐南京辦事處處長曾淳・土丹參列、新任處長堪窮・土丹桑布、曾淳・土丹次旦、強巴阿旺與一位翻譯員。[78] 計畫先至印度，向英美政府表示慰問，再赴南京向國民政府致敬，並參加國民大會。

　　為了出席國民大會，西藏當局特別召開了全藏會議，擬定了一份提交大會的「西藏全體僧俗民眾會議報告書」，並蓋有噶廈和三大寺的印章。報告書的內容主要包括：中國與西藏的關係一直是施主與「福田」（受施者）的關係，盼能繼續維持；西藏是一個獨立的國家，日後也將獨立運作；過去中國以武力方式奪取一些在語言上和文化上明顯屬於西藏的領土，如青海、西康等地，違反國際規定，應交還西藏；西藏一直是獨立的國家，自己管理自身的內政、外交、軍事事務。十四世達賴喇

嘛有權選任各寺院的各級轉世活佛、任免各級官員、對傳統進行改革，中國或其他國家均不應介入；中國人進入西藏前，應經由中國政府向西藏政府申請入境簽證；當今世界上有許多大國已取得了空前的財富和權力，但是只有一個國家致力於世界人類的幸福，那即是實施政教合一制度的西藏，因此西藏對於世界的和平與福祉至為重要；如有任何外國政府以軍事力量入侵西藏，西藏將要求中國政府本著兩國之間歷史上的檀越關係給予支持。[79] 藏方當局的計畫是，如果蔣介石在國民大會開會前，能對此報告書迅速作出回應，西藏代表團即離開中國；如果不能，代表團即以觀察員而非正式代表的身分參加會議。

此時英國駐錫金政治專員古德已退休卸任，由霍普金森（A. J. Hopkinson）接任，他從中國方面得知西藏的慰問同盟國代表團計畫參加中國的國民大會後，即於 1945 年 12 月聯繫西藏當局，指出此種行動將與西姆拉協定的第 4 條發生牴觸，並會對西藏的自主造成傷害。藏方當局則重申代表團並無此種計畫。[80] 為了保守祕密不讓英人事前知道內容，報告書不由代表團隨身攜帶，而是由西藏當局派人經由西康至重慶直接交給代表團。[81] 計畫由代表團遞交國民政府後，再通過廣泛的私人活動，力爭批准。[82]

1946 年初，代表團啟程前夕，首席噶倫喇嘛指示代表團團員，對於此次出訪，「對外只能說是去慰問漢、英、美同盟國的勝利，對參加國民代表大會和全藏會議報告書等事項，一定要嚴守機密。每個團員一定要服從團長的指揮，不得擅自行動。」[83] 根據蔣介石所獲得的情報顯示，西藏攝政達札於代表團啟程前曾召集要員集會，決議要求出席國民大會代表，此行應以保持現有特殊地位為原則，不可任意發言，引起國府對藏用武的決心；如國府仍採懷柔政策，則要求獨立，最低限度應要求完全自治；如獲准獨立，中、藏地界的劃分，需依西姆拉會議的條款。[84]

1946 年元月底，代表團正式成員 8 人騎乘出發，經過了三星期，抵達錫金首府，受到錫金國王和英國駐錫金政治專員霍普金森的熱烈歡迎，在正式接見後並舉行豐盛的宴會款待。會後，霍普金森親自陪同代表團成員，經加爾各答抵達新德里。在新德里停留的兩個星期中，代表團曾獲英駐印度總督維瓦（Lord Wavell）暨夫人的接見。代表團向他們遞交

了達賴和攝政王達札的信件，並致贈了禮物，包括繡有佛像的畫軸、銀器和西藏地毯等。交談結束後，總督暨夫人在宮廷花園中與代表團成員合影留念並設宴款待，如此即完成了對英國政府表示慰問的活動。

至於對美國政府表示慰問團的儀式，則是在新德里的美國駐印大使館內舉行。代表團拜會了美國駐印臨時代辦（Chargé d'Affaires ad interim）麥克芮爾（George R. Merrell），遞交了達賴和攝政王達札寫給美國總統杜魯門（Harry S. Truman）的信及達賴的照片，雙方並進行晤談。儀式完畢後，大使館設宴招待，並放映電影。[85]霍普金森在知道代表團赴南京慰問國民政府一事後，並未明顯表態，但是對他們參加國民政府召開的國民大會，則明顯地表示不滿。[86]霍普金森於是想盡辦法拖延，先是建議代表團由海路前往中國；又利用代表團成員因氣候溼熱生了痱子，故意說是患了傳染病，必須儘速治療。為了擺脫霍普金森的干擾，代表團乃向國府駐藏辦事處求助。辦事處人員於是協助代表團成員搬往國府駐加爾各答的領事館。領館人員對西藏當局派遣代表團赴南京參加國民大會顯現出高度熱情，為代表團赴內地作好了一切安排，並表示歡迎代表團成員的親友、傭人陪同前往。於是代表團成員增加了一位副團長的夫人、一位英語翻譯和一位祕書。[87]

辦事處方面，則早由沈宗濂說服達賴的胞兄嘉洛頓珠與達賴的姊夫平措札西前往南京訪問，並先期祕密赴印。沈布置妥當後，發電報告中央，說明西藏決定派兩名大員前往中央慶賀勝利，並參加國大會議。由於事關重要，應由他陪同照料，旋得覆電批准。1946 年 4 月 4 日，代表團成員及隨行人員和達賴家屬等一行近三十人，在沈宗濂的陪同下，搭機經昆明前往南京。消息傳到拉薩，引起親英之當權派達札的震驚，英人則認為是沈宗濂的政治勝利。[88]

4 月 7 日，一行人抵達南京，受到蒙藏委員會的歡迎接待。當時國民政府正忙於由重慶遷往南京，蔣介石於一個月後抵達南京，國民政府舉行抗戰勝利慶賀儀式。儀式結束後，蔣介石夫婦設宴款待代表團成員與嘉洛頓珠、平措札西，並合影留念。[89]當慰問同盟國代表團的活動全部結束後，西藏代表即將報告書（業經西藏駐京辦事處譯為中文）送交國民政府（先是送外交部，外交部以西藏非外國堅持拒收，西藏代表只

得轉往蒙藏委員會遞送），並盼能於國大會議開會前獲得回應。蒙藏委員會則表示茲事體大，需仔細討論，建議他們參加國民大會，並於會場表明他們的意見。[90]

軟硬兼施

國民代表大會於 1946 年 11 月 15 日開幕，由於此次大會的主要任務是制定憲法，因此又被稱為「制憲國大」。參加的藏方當局代表包括僧俗官員 5 人，達賴南京辦事處新任官員 3 人和原辦事處官員 2 人，共 10 人；班禪堪廳的代表 6 人，甘南、青海、西康藏族代表各 1 人。[91]

代表團由於未接到國民政府對於報告書的回應，報到時乃依原藏方指示不領取代表證，宣稱只是奉達賴之命前來參觀，並非正式代表。中央要熟悉邊疆事務的白崇禧處理此事。白遂邀請代表們至其寓所，發表了以下的談話：

> 你們不肯接受代表證，說是來參觀的，這不好。西藏是中華民國領土之一，現在我們抗戰勝利後，全國各地都有代表來參加，西藏不能例外。我們是五族共和，你們有份，為什麼不參加？你們雖是邊疆地區，也應參加。你們要知道過去清末民初西藏和中央政府搞得不愉快，這是受英國人的挑撥，對雙方都不利；民初尹昌衡曾用過兵，失敗過，那時補給困難，而且息事寧人，沒用全力，採懷柔政策，現在時代不同了，二十七年達賴〔按：係指藏方當局〕不給中央設的辦事處升旗，我奉命到青海玉樹開機場，你們便接受了，轟炸機去拉薩一轟完了，中央不得已時會採這種政策的。趕快打電報回去，改過來，不可自己鬧家務，如果要求以參觀代表身分參觀，大會不會接受，大會〔會〕場進不去，你們要吃虧的，不要受英國人教唆，好好與中央合作，對你們的開發和教育都有好處，無害處，為什麼要鬧分離呢？快打電報回去，這是愛護你們。[92]

西藏代表聽了白崇禧的報告後，拍電報回藏請示，獲藏方當局回電同意他們以國大代表身分參加。代表團團長圖丹桑波並當選為主席團成

員，土丹參列等當選為憲法草案審查委員會委員。[93]

　　整個會議期間，西藏代表均遵守西藏當局事前的指示。為請示工作，代表們曾兩度拍發電報給藏方當局，獲電示：在會場上不要鼓掌，議案進行表決時，不要舉手；在決議文中，力爭不寫有關西藏事宜。[94] 在分組討論中，西藏和內蒙被劃為一個小組，由白崇禧主持。對憲法逐條進行討論時，有一條是關於西藏、內蒙實行自治問題，由於西藏當局事前已有指示，西藏代表乃採沉默態度。散會後，代表們經過討論，決定直接向白崇禧表達「憲法中不能寫進西藏問題」的意見，白重複「五族共和」的說法，答覆說：「我們的國家是一個大國，就像一個大公司，有漢、滿、蒙、回、藏各族人民，大家都是這個大公司的主人。我們是五族共和，這樣寫沒有關係。」西藏代表對此再沒有提出異議。[95] 會議結束後，西藏代表原以為會有簽字儀式，乃離會赴上海旅遊七日，藉以迴避簽字手續，未料最後並未有簽字一項程序。

　　大會最後通過的《中華民國憲法》，明確規定了西藏的地位，規定國民大會、立法院、監察院等機構中，均需有西藏代表參加。第 168 條規定：「國家對於邊疆地區各民族之地位，應予以合法之保障，並於其地方自治事業，特別予以扶持。」[96] 會議結束後，蔣介石夫婦特別宴請全體西藏代表、達賴的親屬及隨員共 22 人。蒙藏委員會並安排西藏地方代表至各地參觀，翌年五月才離京經由海道返回西藏。

　　至於西藏全體僧俗民眾會議的報告書，由蒙藏委員會轉呈國民政府，事隔半年，未見下文，經西藏代表數度詢問，獲覆「政府已成立了以蒙藏委員會為首的小組，專門調查解決此事。」代表團的兩位團員曾派人在南京購買相當數量的金條、金鐲，試圖通過行賄的手段，促成報告書能夠獲得批准。[97] 最後，終於由蒙藏委員會委員長羅良鑒奉蔣介石命函覆，表示報告書中要求國府歸還原西藏領土部分，事關重大，應請西藏政府派高級官員赴京會商。[98] 代表團也認為茲事體大，在南京談不可能會有什麼結果，日後如能在拉薩協商，客觀條件有利於西藏政府，或能有所進展。經代表團向藏方當局發電報請示，獲覆電同意以後再議。[99] 1947 年 4 月，蒙藏委員會改組，由許世英出任主任委員，許上任後查閱檔案，發現報告書中有「西藏乃佛法勝地，自治自主之國」字句，如未

經駁斥，即等於承認其為一「國」。[100] 經請示蔣介石後，獲蔣同意予以駁覆。[101] 國民大會事件至此才真正宣告落幕。

國民大會事件，對西藏當局來說，自是一大挫敗，原有的政治地位未獲提升，領土問題未獲解決，也未能擺脫國府憲法的約束，參加國大會議及制憲期間被媒體大幅報導，更成為國府在 1950 年聯合國大會討論西藏問題時有利的宣傳資料。[102] 對於國民政府來說，成功地說服西藏當局派出代表出席國大並參加制憲，強化了國府政權的合法性，並將西藏納入憲法的架構下，自是打了一場勝仗。對於沈宗濂來說，此次事件則毫無疑問地讓他再度揚眉吐氣。

沈宗濂在南京期間，曾陪同西藏代表及嘉洛頓珠晉謁蔣介石，並獲蔣的嘉勉。在此之前，沈並拜訪了戴季陶和陳布雷，詳談在藏一年多的情況以及他對西藏問題的看法。沈表示，既然目前藏事不能有所作為，自己又患有心臟病，不宜久住高寒地帶，故請陳布雷代為表達辭意。蔣同意沈不妨暫時休息，以後將另有任用。1947 年初，上海市長吳國楨邀沈任市府祕書長，此項任命自然是出自蔣的授意。

某日，一些原服務於侍從室的同事聚會，沈宗濂在談到西藏時，喟然嘆道：「國力不逮，內部分裂，我們對西藏是無能為力的了。」[103] 以此作為他西藏經驗的總結。

無法突破

沈宗濂駐藏時期，西藏當局、攝政達札以及一般藏官對國府的態度均有好轉，其原因固然是由於抗戰勝利，中國躍於強國之林，藏人目睹印人反英浪潮澎湃，對於英人在印勢力是否能持久產生疑慮，而沈宗濂在藏期間的表現優異，[104] 也是原因之一。沈宗濂及其工作團隊，一反前任處長孔慶宗的官僚心態和大漢沙文主義，對西藏問題抱持著承認現狀的務實態度，[105] 加上他們的身段柔軟，因此能夠迅速獲得藏人的好感。更重要的是，沈宗濂由於出身侍從室，能獲得蔣的充分信任與支持，以致於他所掌管的駐藏辦事處，不論是編制、人員或經費，均較前任處長孔慶宗時期為寬裕，並且用人自主，遇有問題尚可直接致電侍從室，而

不需層層請示，「特使」的性質至為明顯。雖然如此，沈終其任內，在西藏問題上仍無法有所突破，推其原因，大致有以下幾項：

第一，國民政府的邊政未上軌道，對藏情認識不足。[106] 國府時期邊政的最大缺點為事權不統一，蒙藏委員會雖為專司邊政的機關，但是實際上並無權力，各有關部會又無配合行動，往往各行其是，互無關聯（各單位派駐拉薩特務人員缺乏整合即為一例）。如此不僅減低行政效率，也令邊民無所適從。其次，邊政人事制度也不健全。英印的駐藏人員大多係長期任職，他們對當地情況的熟悉與工作之熟練，均使國府駐藏人員驚異，反觀國府駐藏人員則二、三年即異動一次，永遠無法產生專門人才。此外，中國內地對西藏情況的隔閡，遠勝於任何外國。[107] 如一位藏務官員戰前所著《康藏》一書，其中對藏人的描述即為「人民素性慓悍，好勇善戰；其後受佛教之感化，迷信報應之說，相沿日久，故民族天性一變而為純良。天性慈善，誠實不欺，恪守紀律，不尚華美。惟言行粗率，思想幼稚，素抱閉關主義，依戀故土，不喜遠遊；又無定志，每易盲從。」[108] 藏政官員對藏人尚有這些刻板印象，一般社會大眾媒體出現「所有藏族俗人都患有梅毒病，而淋病更是普通的」、「（此次國民大會開會）西藏代表札薩凱墨・索朗旺堆的夫人德央在飯店進餐時，竟把掉在桌子上的點心渣用舌頭舔著吃了」之類的歧視報導，[109] 也就不足為奇了。整體而論，中國內地不分朝野上下，對藏人的印象即是愚昧無知、貪婪懶惰、閉關自守、文明落後，[110] 亟待接受「文明教化的方案」（"civilizing projects"），以「提升」其經濟、教育、文化水準至漢人的水平。[111]

第二，西藏堅守自主的原則。根據晚近學者的研究，自民國成立後，西藏人雖已擁有實質的獨立，但並未能建立一個國家（nation）。他們並未努力推動一個想像的共同體（imagined community），也未出現公民身分（citizenship）的概念，因為如此將會改變原有的寺院、貴族和一般民眾的關係。[112] 雖然如此，西藏自民初撤除駐藏大臣及駐軍，實行完全自治後，其政府機構依第五世達賴所訂「以教領政」的制度，另由十三世達賴充實完備。至十四世達賴，因年幼不能執政，乃以攝政代行職權，其下以噶廈（行政部）為最高政務機構，由大臣大會執行。政府統治權

力甚強，只是平民多被貴族貪索奴役，加以篤信佛教，對寺院供養過多，以致人民經濟多感艱困。十三世達賴統治西藏二十餘年，其生前的對外政策及圓寂前所頒遺訓，均為在維持西藏固有完整自主原則之下，與中、英兩國保持平衡親善，因此對於國府及英印方面均採不即不離的態度。在對國府方面，兩次歡迎派大員參加舊達賴圓寂新達賴登座典禮，並接受國府在拉薩設辦事處、電台、醫院、小學，也派有代表常駐內地，戰後更派中、下級官員 8 名為國民大會代表。此舉應可視為對國府最大的親善表現，也可以說是沈宗濂對藏工作的最大收穫。但是另一方面，西藏當局對於沿邊藏境依舊不許任何漢人入境，在抗戰期間所新設的外交局仍然存在，對國府所提若干有關邊地事件也多未接受。對於英印政府方面，也同樣接受其在拉薩設立辦事處、電台、醫院、學校；拉薩每遇需要武器、金錢或物資，莫不由英方售貸。但是另一方面，西藏當局對於英方所提要求許可經濟、政治上的較大權力，也均未接受，平時也不允諾英人自由入境，其態度由此可見一斑。[113]

第三，中、英雙方均堅守其國家利益，互不相讓。英國自 1913 年西姆拉會議起，直至 1947 年印度獨立前，外交政策在維持帝國現有的疆土，並不支持西藏獨立，但是由於西藏為印度的屏藩，英盼能維持其自主地位，成為中、俄之間的緩衝區。[114] 1942 年初，美、英、蘇、中四國領銜簽署二十六國共同宣言，中國成為「四強」之一，開始積極介入亞洲地區事務，包括援助韓國獨立運動、扶助越南獨立運動、派遣遠征軍出征緬甸、介入英印事務等。[115] 這些行動雖然展現出中國對周邊國家的責任感，但是卻引起了英印及英國的疑慮。在英印政府的眼中，戰時中國對英國在亞洲殖民統治所帶來的威脅，或許並不亞於日本軍國主義之於遠東地區及希特勒之於歐洲地區。英國政府也認為「中國帝國主義」（Chinese imperialism）在南亞的迅速滋長，以及未來一個強大統一並具有國際地位的中國，在戰後對於英國在印度和東南亞的殖民統治，將帶來巨大的威脅和挑戰，因此在西藏與中印邊境等問題上，對中國採取反制措施。當時英國外交決策圈中，甚至普遍認為若蔣介石希望英國允許印度獨立，則國民政府也應同意西藏脫離中國獨立。[116] 中國方面，則始終堅持西藏為其領土的一部分。1933 年內蒙德王在日本的支持下，要求

1. 〈軍委會為面示沈宗濂入藏工作方針及照准所擬工作計畫並撥經費等事致蒙藏委員會代電（1943 年 12 月 29 日）〉，收入張羽新、張雙志編，《民國藏事史料彙編》（北京：學苑出版社，2005；以下簡稱《史料彙編》），冊 1，頁 213；張令澳，《我在蔣介石侍從室的日子》（台北：周知文化事業股份有限公司，1995），頁 142。

2. 陳錫璋，〈西藏從政紀略〉，收入中國人民政治協商會議全國委員會文史資料研究委員會文史資料選輯編輯部編，《文史資料選輯》（北京：文史資料出版社，1981），第 79 輯，頁 116-117；張令澳，《我在蔣介石侍從室的日子》，頁 142。

3. 〈達札攝政歡迎沈宗濂駐藏致蒙藏委員會電（1943 年藏曆 9 月 21 日）〉，收入《史料彙編》，冊 7，頁 188。

4. British Mission in Lhasa to the Political Office in Sikkim, 26 November 1944, in IOR, L/P&S/12/4218, cited in Hsiao-ting Lin, *Tibet and Nationalist China's Frontier: Intrigues and Ethnopolitics, 1928-49* (Vancouver: UBC Press, 2006), p. 148.

5. 代表性的專書包括：Alastair Lamb, *Tibet, China and India, 1914-1950: A History of Imperial Diplomacy* (Hertfordshire: Roxford Books, 1989), pp. 328-336, 493-497；周偉洲編，《英國、俄國與中國西藏》（北京：中國藏學出版社，2000），頁 553-560；呂昭義，《英帝國與中國西南邊疆 (1911-1947)》（北京：中國藏學出版社，2001），頁 465-467；陳謙平，《抗戰前後之中英西藏交涉 (1935-1947)》（北京：生活・讀書・新知三聯書店，2003），頁 185-193；黎裕權，〈駐藏辦事處的設置、功能與影響—兼論國民政府的西藏政策〉（台北：中國文化大學史學研究所碩士論文，2004），頁 22-25，114-115；鄧銳齡等著，多杰才旦編，《元以來西藏地方與中央政府關係研究》（北京：中國藏學出版社，2005），頁 1207-1222；喜饒尼瑪、蘇發祥，《蒙藏委員會檔案中的西藏事務》（北京：中央民族大學出版社，2006），頁 42-43；Hsiao-ting Lin, *Tibet and Nationalist China's Frontier*, pp. 148-151；張永攀，《英帝國與中國西藏 (1937-1947)》（北京：中國社會科學出版社，2007），頁 138-156；郭卿友，《民國藏事通鑑》（北京：中國藏學出版社，2008），頁 205-206；朱麗雙，《民國政府的西藏專使 (1912-1949)》（香港：中文大學出版社，2016 年），第 11 章。

6. 例如徐永昌即曾於日記中記載：「午前為章〔劉斐〕來述其消極意念，略謂委員長感嘆無人負責辦事，實由委員長自己造成，將領驕不受命，必委員長手令，才有幾分的效率，派出人員必侍從參謀，此全係不運用組織，自毀機構能力。」參閱：徐永昌，《日記》，1944 年 4 月 23 日。

7. 孫子和，〈西藏攝政熱振呼圖克圖與中央之關係 (1934-1947)〉，收入氏著，《西藏研究論集》（台北：商務印書館，1989），頁 188-193；張永攀，《英帝國與中國西藏 (1937-1947)》，頁 191-204。

8. 林孝庭，〈二戰時期中英關係再探討：以南亞問題為中心〉，《近代史研究》，2005 年第 4 期，頁 39。

9. Tung-li Yuan, "A Guide to Doctoral Dissertations by Chinese Students in Continental Europe, 1907-1962 (I)," *Chinese Culture* (Taipei) 5:3 (March 1964), p. 149.

10. 劉國銘編，《中國國民黨百年人物全書》（北京：團結出版社，2005），頁 300。

11. 邢肅芝 (洛桑珍珠) 口述，張健飛、楊念群筆述，《雪域求法記：一個漢人喇嘛的口述歷史》（北京：生活 · 讀書 · 新知三聯書局，2003），頁 232；Hsiao-ting Lin, *Tibet and Nationalist China's Frontier*, p. 148. 關於孔慶宗於駐藏辦事處處長任內的表現，尚可參閱：王川，〈孔慶宗時期蒙藏委員會駐藏辦事處對在藏漢人的管轄及其意義〉，《上海大學學報（社會科學版）》，2010 年第 4 期；王川，〈民國中期孔慶宗負責時代駐藏辦事處內部人事設置及其影響（1940-1944）〉，《西藏大學學報（社會科學版）》，2012 年第 3 期；魏少輝，〈孔慶宗駐藏任內為維護中央對藏治權的努力研究〉，《中共貴州省委黨校學報》，2013 年第 2 期；朱麗雙，《民國政府的西藏專使（1912-1949）》，第 10 章。

12. 黎裕權，〈駐藏辦事處的設置、功能與影響——兼論國民政府的西藏政策〉（台北：中國文化大學史學研究所碩士論文，2004），頁 113-114。

13. 軍事委員會委員長侍從室 1943 年 3 月 4 日致蒙藏委員會委員長吳忠信函，收入〈軍令部長徐永昌彙摘各方面情報並抒調整蒙藏會駐藏辦事處意見〉，國民政府檔案，國史館藏，檔號：0592/4410.01-15。

14. Hsiao-ting Lin, *Tibet and Nationalist China's Frontier*, p. 148.

15. 軍令部部長徐永昌 1943 年 2 月 22 日呈蔣介石文，收入〈軍令部長徐永昌彙摘各方面情報並抒調整蒙藏會駐藏辦事處意見〉，檔號：0592/4410.01-05。孔慶宗為四川人，任命的辦事處職員多為川人，形成「川幫」，而吳忠信為安徽人，帶一批「徽幫」至西藏。兩幫人馬互不相讓，造成辦事處內部的分裂。參閱邢肅芝口述，《雪域求法記：一個漢人喇嘛的口述歷史》，頁 232。英方駐拉薩人員的報告，也指出孔慶宗與國府其他駐藏人員不合的事實。參閱 Hsiao-ting Lin, *Tibet and Nationalist China's Frontier*, p. 242。

16. 顧維鈞著，中國社會科學院近代史研究所譯，《顧維鈞回憶錄》（北京：中華書局，1987），冊 5，頁 232。有關顧維鈞對西藏問題的看法，可參閱 Stephen G. Craft, *V.K.Wellington Koo and the Emergence of Modern China* (Lexington: University of Kentucky Press, 2004), pp. 156, 163.

17. 唐縱，《唐縱失落在大陸的日記》（台北：傳記文學出版社，1998），頁 310；方覺慧 (1886-1958)，日本早稻田大學畢業，曾任軍事委員會政治訓練部副主任、中國國民黨中央黨部訓練部部長、中央黨政委員會黨務組組長、中央黨政考核委員會陝

豫區考核團團長等職，為 CC 系成員。參閱劉國銘，《中國國民黨百年人物全書》，頁 95；濱田峰太郎，《現代支那の政治機構とその構成分子》（東京：學藝社，1936），頁 139。

18. 邢肅芝口述，《雪域求法記：一個漢人喇嘛的口述歷史》，頁 233；戴季陶為九世班禪的佛門弟子，1936 年班禪在南京主持一場法會，戴以考試院長的身分，公開對班禪頂禮膜拜，頗不理會社會議論，且以此包攬邊事。當時的蒙藏委員會委員長吳忠信，與戴為陳其美時代的革命夥伴，由於係初上任，凡事常請教戴，故當時有人戲稱戴為蒙藏委員會的「太上委員長」，吳也不以為忤。參閱金紹先，〈憶述國民黨元老吳忠信〉，收入全國政協文史資料委員會編，《中華文史資料文庫：軍政人物編》（北京：中國文史出版社，1996），卷 9，頁 939。

19. 〈外交部致經濟部電（1943 年 8 月 12 日）〉，收入《史料彙編》，冊 7，頁 190。

20. 〈夏晉麟等任外部顧問沈宗濂為總務司長〉，《中央日報》，1941 年 7 月 4 日；一位外交人士指出，當時外交部總務司長的職位，甚至超越次長。全部各司，除地域司外，幾乎全為總務司職掌。參閱周旋華，《財政與外交的工作回憶》（台北：作者印行，2006），頁 65-66。

21. 張令澳，《我在蔣介石侍從室的日子》，頁 139；陳布雷，〈陳布雷先生從政日記稿樣〉，未刊稿，國史館藏，1942 年 12 月 13 日。

22. 張令澳，《我在蔣介石侍從室的日子》，頁 140-141。

23. 陳錫璋與沈宗濂結識經過，可參閱陳錫璋，〈西藏從政紀略〉，收入《文史資料選輯》，第 79 輯，頁 117；張令澳，《我在蔣介石侍從室的日子》，頁 142-143；黎裕權，〈駐藏辦事處的設置、功能與影響—兼論國民政府的西藏政策〉（台北：中國文化大學史學研究所碩士論文，2004），頁 25。

24. 陳錫璋，〈西藏從政紀略〉，收入《文史資料選輯》，第 79 輯，頁 120-121。

25. 張令澳，《我在蔣介石侍從室的日子》，頁 142-143；周旋華，《財政與外交的工作回憶》，頁 69。

26. 〈蒙藏會電沈宗濂行政院修正通過該處組織規程（1944 年 3 月 24 日）〉，收入《檔案選編》，冊 3，頁 17-21。

27. 〈蒙藏會令駐藏辦事處抄發修正組織規程（1941 年 9 月 18 日）〉，收入《檔案選編》，冊 3，頁 11-15。

28. 禮物共分為三等：(1) 甲等：贈送西藏最高級人員達賴、攝政、噶倫、錫金國王等禮物共 8 份，為金錶、細毛皮袍、湘繡、玉器之類，每份約需國幣 50,000 元，共計 400,000 元。(2) 乙等：贈送較高級人員禮物 40 份，為繡貨、川綢、掛錶、茶晶眼鏡之類，每份約需國幣 20,000 元，共計 800,000 元。(3) 丙等：贈送次高級人員禮物 60 份，為衣料、茶葉之類，每份約需國幣 5,000 元，共計 300,000 元。以上共計 108 份，共需

1,500,000 元。參閱〈沈宗濂呈吳忠信擬分地購買緞綢等貨品以省運費請准以國幣六十萬元結購印幣以九十萬撥給國幣俾便應用（1944 年 2 月）〉，收入《檔案選編》，冊 13，頁 371-374。

29. 有趣的是，英國駐拉薩官員送達賴的禮物則包括小孩騎的小腳踏車、圖畫書和自行車。參閱 Alex McKay, *Tibet and British Raj: The Frontier Cadre, 1904-1947* (London: Curzon Press, 1997), p. 157.

30. 張令澳，《我在蔣介石侍從室的日子》，頁 143。

31. Melvyn C. Goldstien, *A History of Modern Tibet, 1913-1951: Demise of the Lamaist State* (Berkeley: University of California Press, 1989), p. 524.

32. 《中央日報》（重慶），1944 年 4 月 16 日。

33. 〈沈宗濂與印度外交部長卡羅談話記錄（1944 年 5 月）〉，收入《史料彙編》，冊 7，頁 231-232。

34. 陳錫璋，〈西藏從政紀略〉，收入《文史資料選輯》，第 79 輯，頁 119；張令澳，《我在蔣介石侍從室的日子》，頁 144：柳陞祺，〈我進藏的第一課〉，收入西藏自治區政協文史資料研究委員會編，《西藏文史資料選輯》（拉薩：西藏人民出版社，1985），第 4 輯，頁 73。

35. 〈沈宗濂與印度外交部長卡羅談話記錄（1944 年 5 月）〉，收入《史料彙編》，冊 7，頁 232。

36. Alastair Lamb, *Tibet, China and India, 1914-1950*, p. 328.

37. 〈沈宗濂關於與古德交談西藏問題情況致吳忠信函（1844 年 7 月 8 日）〉，收入《史料彙編》，冊 7，頁 243-244。

38. Alastair Lamb, *Tibet, China and India, 1914-1950*, p. 329. 古德在他退休後所出版的回憶錄中，也對沈宗濂頗有好評，稱他為「一位擁有寬廣視野的愛國者」(a patriot with wide views)。參閱 B. J. Gould, *The Jewel in the Lotus: Recollections of an Indian Political* (London: Chatto & Windus, 1957), p. 241.

39. Melvyn C. Goldstien, *A History of Modern Tibet, 1913-1951*, p. 528；張永攀，《英帝國與中國西藏 (1937-1947)》，頁 141-143。

40. 〈沈宗濂等行抵拉薩〉，《中央日報》（重慶），1944 年 8 月 13 日。

41. 〈沈宗濂上電委員長報告八日到拉薩後之活動及藏情（1944 年 8 月 29 日）〉，收入《檔案匯編》，冊 12，頁 250；張令澳，《我在蔣介石侍從室的日子》，頁 145。

42. 〈沈宗濂呈吳忠信報告入藏員工安家治裝各費及旅途必須費用轉請撥付（1944 年 2 月 19 日）〉，收入《檔案選編》，冊 13，頁 378-382。

43. Melvyn C. Goldstien, *A History of Modern Tibet, 1913-1951*, pp. 530-531.

44. 張令澳，《我在蔣介石侍從室的日子》，頁 145。

45. Hsiao-ting Lin, *Tibet and Nationalist China's Frontier*, p. 170.

46. Melvyn C. Goldstien, *A History of Modern Tibet, 1913-1951*, pp. 406-407.

47. 陳謙平，《抗戰前後之中英西藏交涉 (1935-1947)》，頁 187。

48. Sir B. Gould to the Government of India, November 1, 1944; Government of India to India Office, November 15, 1944, OIOC, L/P & S/12/4217. 轉引自林孝庭，〈二戰時期中英關係再探討：以南亞問題為中心〉，《近代史研究》，2005 年第 4 期，頁 53。

49. 詳見馮明珠，〈國民政府外交部對英印侵入康藏境域之回應 (1943-1947)〉，收入馮明珠編，《文獻與史學──恭賀陳捷先教授七十嵩壽論文集》（台北：遠流出版社，2002），頁 253-259；陳謙平，《抗戰前後之中英西藏交涉 (1935-1947)》，頁 188-189。

50. Robert Ford, *Capture in Tibet* (London: Harrap, 1957), p. 215.

51. Alex McKay, *Tibet and British Raj*, pp. 155-156.

52. 〈蒙藏會電沈宗濂請查覆三十二年度經費及拉薩三大寺佈施經費等五項決算數字（1944 年 2 月 7 日）〉，收入《檔案選編》，冊 13，頁 327。

53. 參閱〈沈宗濂呈羅良鑑擬具三十四年度臨時費詳細之費計畫請鑒核備案（附計畫）（1945 年 8 月 12 日）〉，收入《檔案選編》，冊 13，頁 428-429。

54. Alex McKay, *Tibet and British Raj*, pp. 155-157.

55. 徐百永，〈試論民國時期英國對中國西藏的武器供應〉，《中國邊疆史地研究》，2007 年 3 月，頁 72-81。

56. Alex McKay, *Tibet and British Raj*, p. 157.

57. 〈蒙藏委員會國民參政會第四屆第一次大會所作工作報告〉，收入《史料彙編》，冊 7，頁 273。

58. 常希武，〈國民黨在拉薩辦學簡介 (1939-1949)〉，收入西藏自治區政協文史資料研究委員會編，《西藏文史資料選輯》（拉薩：西藏人民出版社，1985），第 5 輯，頁 85-92；徐百永、薩仁娜，〈國民政府時期的國立拉薩小學及其創辦之意義〉，《西藏研究》，2008 年第 1 期，頁 1-9。

59. 陳錫璋，〈西藏從政紀略〉，收入《文史資料選輯》，第 79 輯，頁 122。

60. 〈蒙藏委員會國民參政會第四屆第一次大會所作工作報告〉，收入《史料彙編》，冊 7，頁 273-275。

61. Melvyn C. Goldstien, *A History of Modern Tibet, 1913-1951*, p. 530.

62. 李有義，〈西藏問題之分析〉，《邊政公論》，卷 7 期 3（1948 年 9 月），頁 1。

63. 蔣介石，《中國之命運》（台北：中央文物供應社，1965），頁 7。

64. H. E. Richardson, *Tibet and It's History* (London: Oxford University Press, 1962), p. 166.

65. 〈孔慶宗呈吳忠信編報該處卅二年度行政計畫（1942 年 12 月 26 日）〉，收入《檔案

選編》，冊 5，頁 564；常希武，〈國民黨特工人員在西藏〉，收入西藏自治區政協文史資料研究委員會編，《西藏文史資料選輯》（拉薩：西藏人民出版社，1984），第 3 輯，頁 45-85。

66. 陳錫璋，〈西藏從政紀略〉，收入《文史資料選輯》，第 79 輯，頁 125-128。

67. 黎裕權，〈駐藏辦事處的設置、功能與影響──兼論國民政府的西藏政策〉（台北：中國文化大學史學研究所碩士論文，2004），頁 35。

68. 陳錫璋，〈西藏從政紀略〉，收入《文史資料選輯》，第 79 輯，頁 128。

69. 黎裕權，〈駐藏辦事處的設置、功能與影響──兼論國民政府的西藏政策〉，頁 58。

70. 柳陞祺，〈我學習藏族史的經過〉，《中國西藏》，2002 年第 3 期，頁 48；柳陞祺，〈熱振事件見聞記〉，《中國藏學》，1996 年第 4 期，頁 84-100。

71. Tsung-lien Shen and Shen-chi Liu, *Tibet and the Tibetans* (Stanford: Stanford University Press, 1953). 本書中譯本，2006 年於北京出版。參閱沈宗濂、柳陞祺著，柳曉青譯，《西藏與西藏人》（北京：中國藏學出版社，2006）。

72. A. Tom Grunfeld, "Developments in Tibetan Studies in China Today,"*The China Quarterly 115* (September 1988), p. 462.;Adam Cathcart, "Tethering Tibet: Recent Chinese Historiography and Liu Shengqi in Lhasa, 1945-1949,"*Asian Affairs* 48:1(2017), pp.75-89.

73. 李有義，〈西藏問題之分析〉，《邊政公論》，卷 7 期 3，頁 4。

74. 張令澳，《我在蔣介石侍從室的日子》，頁 746。

75. 張令澳，《我在蔣介石侍從室的日子》，頁 746。

76. 1944 年冬，蔣介石曾試圖安排楊森和潘文華，以武力解決劉文輝。楊聽命積極準備，潘則不從，並對蔣表示，中央如掌握劉通敵叛國罪證，應公諸國人裁判，不必興師動眾，更不宜加以襲取。雖經蔣、楊多次去電催問，潘均拖延不理，最後蔣只好作罷。參閱楊續雲，〈潘文華生平及起義經過〉，《成都文史資料》，1988 年第 4 輯（總第 21 輯），頁 200-201。

77. 張令澳，《我在蔣介石侍從室的日子》，頁 147；韓敬山，〈戴傳賢與民國藏事（1912-1949）〉，未刊博士論文，中央民族大學，2015 年，頁 258。

78. 〈陳錫璋呈羅良鑒報送國民大會西藏代表處名單（1946 年 1 月 21 日）〉，收入《檔案選編》，冊 6，頁 308。

79. Melvyn C. Goldstien, *A History of Modern Tibet, 1913-1951*, pp. 538-543.

80. Melvyn C. Goldstien, *A History of Modern Tibet, 1913-1951*, pp. 544.

81. 〈沈宗濂為報陪同西藏代表前來參加國民大會途經印度等情事致羅良鑒函（1946 年 2 月 8 日）〉，收入《史料彙編》，冊 7，頁 299-300。

82. 強俄巴・多吉歐珠，〈西藏地方政府派「代表團慰問同盟國和出席南京國民代表大會」內幕〉，收入西藏自治區政協文史資料研究委員會編，《西藏文史資料選輯》（拉

薩：西藏人民出版社，1984），第 2 輯，頁 1-3；Alastair Lamb, *Tibet, China and India, 1914-1950*, p. 459. 達賴和攝政達札致美國總統杜魯門函件的內容，可參閱 United States, Department of State, *Foreign Relations of the United States 1947*. VII, The Far East: China (Washington, D.C.: Government Printing Office, 1972), pp. 592-593.

83. 強俄巴・多吉歐珠，〈西藏地方政府派「代表團慰問同盟國和出席南京國民代表大會」內幕〉，收入《西藏文史資料選輯》，第 2 輯，頁 3。

84. 〈蔣介石對西藏出席國大代表將在會上提出提案內容致蒙藏委員會代電（1946 年 1 月 29 日）〉，收入《史料彙編》，冊 7，頁 298-299。

85. 強俄巴・多吉歐珠，〈西藏地方政府派「代表團慰問同盟國和出席南京國民代表大會」內幕〉，收入《西藏文史資料選輯》，第 2 輯，頁 3-4。

86. 強俄巴・多吉歐珠，〈西藏地方政府派「代表團慰問同盟國和出席南京國民代表大會」內幕〉，收入《西藏文史資料選輯》，第 2 輯，頁 4。

87. 強俄巴・多吉歐珠，〈西藏地方政府派「代表團慰問同盟國和出席南京國民代表大會」內幕〉，收入《西藏文史資料選輯》，第 2 輯，頁 4。

88. 陳錫璋，〈西藏從政紀略〉，收入《文史資料選輯》，第 79 輯，頁 131。

89. 強俄巴・多吉歐珠，〈西藏地方政府派「代表團慰問同盟國和出席南京國民代表大會」內幕〉，收入《西藏文史資料選輯》，第 2 輯，頁 6。

90. Melvyn C. Goldstien, *A History of Modern Tibet, 1913-1951*, p.554.

91. 強俄巴・多吉歐珠，〈西藏地方政府派「代表團慰問同盟國和出席南京國民代表大會」內幕〉，收入《西藏文史資料選輯》，第 2 輯，頁 7。

92. 賈廷詩、馬天綱、陳三井、陳存恭訪問兼紀錄，《白崇禧先生訪問紀錄》（台北：中央研究院近代史研究所，1984），下冊，頁 851-852。

93. 國民大會祕書處編，《國民大會實錄》（南京：編者印行，1946），頁 368，415。

94. 強俄巴・多吉歐珠，〈西藏地方政府派「代表團慰問同盟國和出席南京國民代表大會」內幕〉，收入《西藏文史資料選輯》，第 2 輯，頁 7-8；葉錦鴻，〈從國府檔案看西藏歸屬問題〉，收入黃翔瑜編，《戰後檔案與歷史研究：第九屆中華民國史專題論文集》（台北：國史館，2008），頁 130。

95. 強俄巴・多吉歐珠，〈西藏地方政府派「代表團慰問同盟國和出席南京國民代表大會」內幕〉，收入《西藏文史資料選輯》，第 2 輯，頁 7；國民大會祕書處編，《國民大會實錄》，頁 460-461；阮毅成，《制憲日記》（台北：商務印書館，1970），頁 66。

96. 《中華民國憲法》（台北：行政院新聞局，1993），第 168 條。

97. 強俄巴・多吉歐珠，〈西藏地方政府派「代表團慰問同盟國和出席南京國民代表大會」內幕〉，收入《西藏文史資料選輯》，第 2 輯，頁 9。

98. 〈國民政府蒙藏委員會一九四七年度重要工作報告（藏事部分）〉，收入西藏社會科

學院西藏學漢文文獻編輯室編，《民國藏事工作報告》（北京：中國藏學出版社，1995），頁14；〈噶廈為新選總統證書西藏代表不必簽字事致蒙藏委員會電（1948年5月17日）〉，收入《史料彙編》，冊7，頁402。

99. 強俄巴‧多吉歐珠，〈西藏地方政府派「代表團慰問同盟國和出席南京國民代表大會」內幕〉，收入《西藏文史資料選輯》，第2輯，頁9。

100.〈蒙藏委員會為擬駁覆噶廈稱西藏為自治自主之國意見事致國民政府呈文（1948年5月25日）〉，收入《史料彙編》，冊7，頁403。

101.〈蔣介石為西藏代表拒簽當選證書不必再與交涉對其稱「國」自屬可令行事致蒙藏委員會代電（1948年6月7日）〉，收入《史料彙編》，冊7，頁405。

102. Melvyn C. Goldstien, *A History of Modern Tibet, 1913-1951*, p. 558-559。

103. 張令澳，《我在蔣介石侍從室的日子》，頁149。

104. 例如學者 Alastair Lamb 即認為沈宗濂及其工作團隊均極為能幹，外交手腕與英國駐拉薩代表西列夫 (George Sheriff) 和黎吉生 (Hugh Richardson) 相當。參閱 Alastair Lamb, *Tibet, China and India, 1914-1950*, p. 347.

105. 沈宗濂及其同事認為，「自1911年以後，拉薩實際上擁有完全的獨立，它擁有自己的貨幣和海關，它擁有自己的電報局和郵政，它擁有與中國內地不同的文官系統，它甚至擁有自己的軍隊」、「憑我們滿口滿嘴的主權與宗主權，而西藏當局的行為、言論，可說只差一點就是獨立」。參閱 Tsung-lien Shen and Shen-chi Liu, *Tibet and the Tibetans*, p. 62；柳陞祺，〈熱振事件見聞記〉，《中國藏學》，1996年第4期，頁94。

106. 1948年，蒙藏委員會藏籍的副委員長喜饒嘉措即曾表示，「西藏問題不能得到完滿解決，主要原因是中央不了解西藏內情，而自以為非常了解，便鑄成今日之局面。」參閱楊效平，〈喜饒嘉措大師生平事略〉，收入中國人民政治協商會議全國委員會文史資料研究委員會文史資料選輯編輯部編，《文史資料選輯》（北京：文史資料出版社，1984），第92輯，頁152-153。

107. 李有義，〈西藏問題之分析〉，《邊政公論》，卷7期3，頁34。

108. 劉家駒，《康藏》（上海：新亞細亞月刊社，1932），頁24。

109. 強俄巴‧多吉歐珠，〈西藏地方政府派「代表團慰問同盟國和出席南京國民代表大會」內幕〉，收入《西藏文史資料選輯》，第2輯，頁10。

110. 晚近學界對於西方人的西藏觀研究甚多，代表性的著作包括：Peter Bishop, *The Myth of Shangri-La: Tibet, Travel Writing, and the Western Creation of a Sacred Landscape* (Bekeley and Los Angeles: University of California Press, 1989); Alex McKay, *Tibet and British Raj: The Frontier Cadre, 1904-1947*; Thierry Dodin and Heinz Räther, eds, *Imaging Tibet: Realities, Projections, and Fantasies* (Boston: Wisdom Publications, 2001); Laurie Howell

McMillin, *English in Tibet, Tibet in English: Self-Presentation in Tibet and the Diaspora* (New York: Palgrave Macmillan , 2001); Martin Brauen, *Dreamworld Tibet: Western Illusions* (Bangkok: Orchid Press, 2004); Dibyesh Anand, *Geopolitical Exotica: Tibet in Western Imagination* (Minneapolis: University of Minnesota Press, 2007); Gordon T. Stewart, *Journeys to Empire: Enlightment, Imperialism, and the British Encounter with Tibet, 1774-1904* (Cambridge: Cambridge University Press, 2009)。有關近代漢人的西藏觀,則僅有二篇論文:Martin Slobodnik, "The Perception of Tibet in China: Between Disdain and Fascination."《輔仁歷史學報》,期 17(2006 年 11 月),頁 71-109;簡金生,〈近代漢人的西藏觀 (1912-1949)〉,未刊博士論文,台灣師範大學歷史研究所,2014 年。

111. Stevan Harrell, "Introduction: Civilizing Projects and the Reactions to Them," in Stevan Harrell, ed., *Cultural Encounters on China's Ethnic Frontiers* (Seattle: University of Washington Press, 1995), pp. 3-36; Idem, "L'état c'est nous, or We have Met the Oppressor and He Is Us: The Predicament of Minority Cadres in the PRC," in Diana Lary, ed., *The Chinese State at the Border* (Vancouver: UBC Press, 2007), p. 223.

112. Gray Tuttle, *Tibetan Buddhists in the Making of Modern China* (New York: Columbia University Press, 2005), pp. 51-52.

113. 格桑澤仁,〈藏族現狀之報告〉,收入氏著,《邊人芻言》(重慶:西藏文化促進會,1946),頁 100-101。

114. Dibyesh Anand, "Strategic Hypocrisy: The British Imperial Scripting of Tibet's Geopolitical Identity," *The Journal of Asian Studies* 68:1 (February 2009), pp. 227-252.

115. 王建朗,〈大國意識與大國作為—抗戰後期的中國國際角色定位與外交努力〉,《歷史研究》,2008 年第 6 期,頁 130。

116. 林孝庭,〈二戰時期中英關係再探討:以南亞問題為中心〉,《近代史研究》,2005 年第 4 期,頁 47-55。

117. Sechin Jagchid, *The Last Mongol Prince: The Life and Times of Demchugdongrob, 1902-1966* (Bellingham, Washington: Center for East Asian Studies, Western Washington University, 1999), p. 68; Justin Tighe, *Constructing Suiyuan: The Politics of Northwestern Territory and Development in Early Twentieth-Century China* (Leiden: Brill, 2005), p. 229; Xiaoyuan Liu, *Reins of Liberation: An Entangled History of Mongolian Independence, Chinese Territoriality, and Great Power Hegemony, 1911-1950* (Stanford: Stanford University Press, 2006), p. 74.

118. 蔣介石,〈中國邊疆問題(1934 年 3 月 7 日)〉,收入秦孝儀主編,《總統蔣公思想言論總集》(台北:中央文物供應社,1984),卷 12,頁 108-109;周美華編,《蔣中正總統檔案:事略稿本》(台北:國史館,2006),冊 25,頁 72-82;本書第一章。

第十章

成敗

1943 年 5 月 28 日，行政院參事陳克文和另一位參事孫希文聊天，聊到蔣委員長和時局。孫希文將蔣比之為明代的崇禎皇帝，認為他不能用人，致使各種政策無法推行。陳克文當天的日記，對於此次談話曾留有以下的記錄：

> 與希老又談到目前的政局。大家都同意，目前髣髴已屬魚爛之局，任乎任何問題都不能得解決之術。希老甚至以蔣委員長比之崇禎皇帝，以為人過於精明、能幹，不能用人，為目前政治不能進步的大原因。目前英首相、美總統正在華府忙於討論進攻軸心的政略和戰略，國內湖北、湖南的戰事形勢也日見不好，但我們的最高統帥蔣委員長卻忙於三聯制的討論會，作長篇的演講，作行政技術的研究和改良。希老說這和南宋時代，敵已渡河，宋之朝臣正忙於爭辯孔門弟子配享問題一樣，實可為太息。

> 蔣委員長現時在法律上、事實上均已享有絕大的權力，黨政軍最高權力均在他一人手裏。希老說中國歷史上除秦始皇外，並無第二人可與比並。但近一二年來他的威信卻常常不能和他的權力相稱，他所下的命令，常常不能貫徹。例如去冬他下令裁減政府人員四分之一，裁減軍事人員三分之一，至今已半年多，始終未嘗執行，並有再也不能執行之勢。限價政策的失敗，也與他的威信有關，這政策可以說是他直接執行的。[1]

陳、孫二人此時的職位都是被視為「閒差」的參事，因此觀點或許不免略嫌偏激，不過對於現狀的不滿，則為當時社會的普遍現象。侍從室第六組組長唐縱，雖然也認為蔣的作為有限，但是他認為主因在於大環境的不佳，加上外國輿論和「敵人、漢奸、異黨」的中傷：

> 為何近來大家不安，議論甚多？我以為幾個原因：一、因物價高漲，生活困苦，煩惱之情充溢；二、因風氣日壞，貪污之多，政治弱點日益暴露；三、因委座之權力在形式上、事務上日見集中，而在實質上（如對大員顧應多而不能加以法律）日見降低；四、因外國輿論批評日見不利；五、因敵人、漢奸、異黨從中挑剔、破壞、中傷。[2]

至於蔣介石自己，則認為他的困境在於始終缺乏得力的助手。1945年8月7日，蔣介石翻閱往日日記，感歎十餘年來基本組織與核心幹部依舊空虛如故，他在日記中自記：

> 二十二年三、四月之間日記，猶注重於整理基本組織，選定基本幹部為急務，及基本部隊、基本地區、基本組織與核心幹部為革命之基石，而今時逾十二年猶依然故我，空虛如故，安得其不敗亡耶。[3]

此時的蔣介石，正如同陳克文所說的，「黨政軍最高權力均在他一人手裏」，和他1933年時的情況，[4]已大有不同，但是為何仍有此感歎？蔣介石在此段時間內又做了那些努力？均值得細加探究。

蔣介石此時所擁有的，是一部體積龐大但內容空虛的黨國機器。抗戰前夕國府預算約為12億元，僅相當於當時美國一個中級公司或二流大學的規模；在軍事上，至抗戰時尚有東北軍、西北軍、桂系、粵系、晉系、四川的劉湘、劉文輝、楊森，雲南的龍雲和盧漢，以及西北馬家等地方勢力的存在，蔣介石的處境，仍是十分的艱難。[5]依照孫文的訓政理論，被賦與重任的國民黨，自北伐成功後即已逐漸組織鬆懈、革命精神渙散，無法擔任「發動機」的角色。蔣介石的解決之道，除了繼續在體制內進行改革外，他曾經嘗試成立一些核心組織，並培養基本幹部，用以推動各項改革。1931年12月，蔣介石第二次下野時，總結其失敗的原因為「無幹部、無組織、無情報」，才會「陷於內外挾攻之境，此皆無人之所致也」。[6]當時蔣除了加強情報組織，並成立三民主義力行社，組織嚴密並強調對領袖的絕對服從，希望藉此能夠刺激「國民黨原來的組織，使其積極整頓，相互競爭」。[7]不料這批黃埔學生幼稚蠻橫，成事不足，敗事有餘。蔣不但在日記中經常抱怨，認為自己遲早會被這批人害死，但又深陷其中無法自拔。[8]1938年2月，他甚至在一次公開場合痛斥該社幹部：

> 自從抗戰以來，我們團體究竟表現了甚麼力量，能夠輔助領袖，匡濟時艱？……實際上現在甚麼事情時時刻刻都要領袖親自督促指導，才能夠推動一下，否則不是鬆懈廢弛，便是壞了事情，這是我

們力行社社員，特別是你們這些幹部最大的一個缺點。[9]

看到力行社已不堪造就，蔣介石於是想到以三青團取代力行社，扮演核心團體的角色，刺激並推動老舊的國民黨。蔣曾於一次演講中公開說明何以要在黨之外再設一個青年團，「就是因為我們國民黨這近年來消沉散漫，成為積重難返的局面，不論精神、紀律都是異常衰頹，可以說黨部都已變成了衙門，而黨員已成了官僚，無論如何設法改造，都不能徹底改造過來！」[10]

青年團在成立之初，蔣對其尚寄以厚望，力求避免為國民黨的不良習氣所汙染。他曾告誡三青團的幹部：「我們要革除遺留在本黨以內這種官僚政客的習氣，才來另外成立這個青年團，一方面繼續培養革命力量，同時也使黨員有所觀摩，力求進步。要是我們把這種壞的習氣，傳染到青年團來，這個青年團還要他做甚麼？」[11]不料三青團成立後，由於成員與國民黨相疊，工作重複，久之漸成競爭之局，且有越演越烈之勢。[12]再者，至1945年時團員已逾百萬，官僚化的現象也頗為嚴重，實已無法擔任刺激並推動黨機器的核心組織角色，加上因應憲政的需要，蔣乃決定將黨團合併。[13]

在力行社和三青團之外，蔣介石其實尚曾有一個核心組織，用以推動黨國機器，那即是侍從室。侍從室最初僅為一負責蔣個人書告擬撰及公文承轉的幕僚組織，由於侍從室人員均為蔣的親信，深獲其信賴，加以進出函電、文件數量的日益增多，非經幕僚簽擬提供建議，實無從審擇決定，[14]侍從室所扮演的角色遂日漸廣泛，其重要性也絕非力行社或三青團所能相比。根據筆者的研究，侍從室的功能，除了為蔣介石草擬書告及黨政軍各部門文件的呈轉與審擬外，共有以下幾項：

第一，以極為精簡的人力，處理各方送呈的大量情報資料，使其成為有價值的情報，有利於蔣介石及相關機構參考運用，如戰前及抗戰初期蔣介石對於川局的成功因應，固然有賴於中央的斡旋與妥協，而侍從室情報體系所提供的情報，及侍從室幕僚根據各方情報所做的分析與建議，有助於蔣介石清楚的全盤掌握川局，制定出妥善的對策，殆無疑問。不過在情報處理的過程中，所牽涉的環節甚多，不論是情報

的取得、分析與運用，其中任何一個環節稍有失誤，即可能前功盡棄，如西安事變及珍珠港事件前的情報系統失靈，未能事先產生預警作用，均為具體例證。

在對各情報機關的管理與考核方面，侍六組在成立初期，由於唐縱個人的職位低微，面對強勢的各大情報機構，實無法作實質有效的管理與考核。不過在戴笠的坐大引起蔣介石的疑忌，而對其做出有效的控制後，唐縱也得以開始建立各種檔案及統計數字，以「科學化」的方式，對各情報機關進行考核與管理，不過侍從室考核的盲點，在於不重視各情報機關的反情報能力，以致洩密的情況嚴重，始終未能改善。

侍一處的參事室，主要任務為派視察人員至各戰區視察中統、軍統人員和國軍部隊主要將領的活動，掌握中共駐渝辦事處的活動情況，隨時匯整為情報，交由侍一處主任直接呈送蔣介石。如遇重大貪汙舞弊案件，或特工人員行動踰矩遭地方投訴事件，蔣介石每多批交參事室簽辦，因此該室在當時被視為「特工之特工」或「監察之監察」。侍二處第四組（主管財經事務）也曾設立經濟情報組，利用查帳的方式對侍從室視為不甚可靠的軍政領袖進行監控。

第二，協助蔣介石作出決策，並執行一些具有機密性質的任務。由於國民政府的決策機構眾多，包括行政院、國民黨中常會、國防最高委員會等，各自均參與部分的決策制定，而侍從室在其中往往扮演最後「把關者」的角色。例如在戰前「五五憲草」審查的過程中，貫徹蔣介石的意旨，將內閣制的憲法草案轉換為大權集中於總統的憲法草案；又如在年度政府預算案的審查過程中，協助蔣執行最後把關的工作。至於政策研究方面，侍從室最重要的成果，即為國民黨六全大會政綱的研擬。侍從室彙整黨內各派立場各異的政策意見，整合為大多數人均能接受的政綱，將國民黨的經濟政策，由傾向統制經濟（計畫經濟）轉型為計畫自由經濟，並且嘗試建立社會安全體系，對於日後台灣的經濟發展與社會福利建設，產生深遠的影響。

在外交方面，侍從室第五組和國防設計委員會在戰前為蔣介石最重要的諮詢機構。1938 年蔣介石在陳布雷的建議下設立參事室，1941 年蔣又命陳布雷和王寵惠在國防最高委員會內設置國際問題討論會，專門研

究戰後國際問題。此二機構出現後，侍從室在外交決策過程中所扮演的角色即大為縮簡，無法與其在黨政決策上的重要性相比，不過仍積極介入中日祕密外交、韓國獨立運動等活動，並出席重要國際會議，協助蔣介石進行「元首外交」。

在軍事上，侍從室除了經常協助蔣介石指揮作戰，另在國軍重要人事案的核定過程中，負責審核並簽註意見，供蔣參考。張治中在侍一處主任任內發現，團長以上（特種兵營長以上）的任命均需蔣介石的核准方可正式任命，耗費蔣過多的時間和精力，乃與何應欽商量，凡由軍委會銓敘廳所呈報的人事案，僅將少將以上的任免呈蔣親批，其餘均由張簽名，批上「奉諭照准」即可，此舉減輕了蔣的負擔。在編制和裝備的分配上，侍從室也有一定的影響力，1940年桂南會戰結束後，侍從室積極建議撤銷桂林、天水二行營即為一例。抗戰後期，一些地方部隊甚至賄賂侍從室人員，以期獲得武器彈藥，該室的重要性由此可見一斑。

侍從室由於深獲蔣介石的信任，因此曾負責策劃一些祕密的軍事活動，例如1936年的策劃空軍出征日本（所謂的「人道飛行」行動）、建議於花園口決堤阻絕日軍，以及1943年的策劃突擊延安行動。這些祕密軍事行動的成效不一，功過一時也難有定論，不過侍從室在其中扮有重要角色，則殆無疑問。1944年起，侍從室負責中美聯合參謀業務，改善了史迪威在華期間中美兩國參謀人員的工作關係，則有助於中美雙方的軍事交流。

第三，強化對黨政軍機構及外界的聯繫，有助於黨國機器的順利運轉。

（一）內部橫向的溝通與整合

戰時中國政治上的最大矛盾，在於僅做到黨政軍大權高度集中的「領袖集權」，而中央的政治機構仍是重複凌亂，未能做到「行政集權」」。戰前中央的行政權，係為行政院、軍事委員會及中央黨部所分割，軍事行政屬於軍委會，其餘則屬於行政院及中央黨部，由於此三大機關俱為蔣介石一人所主持，故機關雖分立，而統帥大權仍然得以集中。不過未能做到「行政集權」的最大問題在於，一旦蔣無法視事（如西安事變），政局立即陷入群龍無首的混亂局面。至抗戰爆發後，為適應軍事的需要，

於軍委會之下，又增設若干部會，其職掌不僅與行政院各部會重複，而且與中央黨部各部門相混合。1939 年國防最高委員會成立後，中常會、行政院及軍委會仍然分別為黨政軍的最高指揮機關，由於此三大機關的聯繫混亂，政出多門的弊病始終未能革除，[15] 三者之間的溝通與協調，主要即有賴於侍從室。1944 年底，蔣介石更指示侍從室定期需和黨政軍各界人士以電報方式聯絡：侍一處對於各戰區司令長官，應每週用電報聯絡一次，各集團軍總司令，軍長等，每月用電報聯絡一次，詢問對於兵員、經費、訓練及其有否困難等情事，分別按期整理報核。侍二處對各省府、省黨部首長，也應每半月用電報聯絡一次。[16] 此外蔣介石自治軍時起，即以兼職方式貫通權力，並沿用至治理政務、黨務，[17] 侍從室成立後，更以各主管兼任黨、政、特職務，希望經由人事關係，彌補政制上的缺陷。

侍從室除了試圖協調黨政軍三大系統，並有助於整合各情報與宣傳機構。戰時國府各類情報及宣傳（含新聞出版檢查）機構，數量眾多，造成各自為政甚至惡性競爭的情況，而侍從室的出現，則有助於各情報與宣傳機構之間的溝通與整合和蔣介石的指揮與控管。

（二）內部縱向的貫徹

國民政府的中央政制，在橫的方面，機關重複，以致權責不專，再縱的方面，則是層次過繁，以致效率遲鈍。根據一項估計，在戰前中央將一份統計表分發至各縣，中間需經過五十餘道手續，費一年半載才可以收回少許，行政院院會遇到涉及兩個部會以上的事件，則需三個月方能解決。[18]

例如經濟部欲新設一局，組織條例需經行政院院會、國防最高委員會、立法院通過，而後再由立法院經國防最高委員會、國民政府、行政院以至經濟部，始能著手組織；又如中央防疫處欲舉辦某種事業，需呈由衛生署，轉呈內政部、行政院、國民政府，再轉國防最高委員會核定，核定後再沿此系統而下。上經五級，下又經五級，以每級核辦需三日計算，至少需一個月中央防疫處始能得知此事已得國防最高委員會核准，而後著手舉辦。[19] 侍從室成立後，蔣的命令得以經由手諭的方式，穿越一般行政體系公文層轉的流程，迅速下達。例如 1937 年 7 月 7 日夜間盧

溝橋事變爆發後，翌（8）日行政院祕書長魏道明對此事尚毫無所知，宣傳部部長邵力子接到通知，但不知如何發布此項消息，[20] 但是蔣介石卻早已接到事變的詳細報告，並下令給前線的冀察政務委員會委員長兼冀察綏靖主任、第二十九軍軍長宋哲元固守宛平城，[21] 又電轉軍委會辦公廳主任徐永昌、參謀總長程潛，[22] 向華北增援，以防事態擴大，充分展現了侍從室危機處理的能力，但是正如同何廉所說，「這再一次證明，真正的實權只落在一個人身上，那就是委員長以及他的侍從室，而不是行政院的辦公室，理論上說，這不是政府的主要執行機構啊。」[23]

（三）對外聯繫

侍從室人員由於業務常涉機密，故被要求儘量斷絕社會關係，不過在工作上對學界及新聞界的聯繫則為例外。

侍從室和學界的聯繫，主要包括邀請學者為蔣介石草擬書告，參與法案、政策的研擬，或執行政策性的研究。侍從室並曾成立藝文研究會，贊助數十種報紙及刊物，並出版《藝文叢書》；協助著名學者馬浮創辦復性書院，又協助哲學界恢復中國哲學會，不僅擴大知識分子的參與，也強化了國民政府政權的合法性。也有少數學者接受蔣介石個人的委託，協助辦理元首外交，杭立武即為一例。杭立武，倫敦大學博士，曾任考試院編纂，中央大學政治系主任，國民參政會參政員，中英文化協會祕書長。[24] 1940 年 7 月，英國與日本在東京簽定協定，封閉滇緬公路運輸三個月，使得中國對外國際路線完全斷絕，影響抗戰甚大。[25] 蔣介石除致電邱吉爾，為中英雙方利益計，從速恢復滇緬運輸路線外，[26] 另派杭立武以其私人特使的身分赴英，面見邱吉爾，談判重開滇緬路。邱吉爾表示封閉滇緬路僅為拖延之計，三個月之後一定重開滇緬路。杭立武得此承諾後返回重慶，10 月英國果然重開滇緬路。[27] 蔣、邱來往函電均由侍從室負責辦理，避免了一般行政體系公文層轉耗時的弊病。

侍從室和新聞界的聯繫，除了指導官方媒體之外，主要為扶植《大公報》。扶植在野大報的政策，一直延續至戰後台灣，甚至為在野的民進黨執政後所仿傚。

戰前至抗戰中期，侍從室和民間學界及新聞界的聯繫尚稱順利，五五憲草在審議過程中，侍從室運用學者和媒體的力量，成功的將原傾

向於內閣制的憲草調整為傾向集權制，充分貫徹蔣介石的意志，即為一例。至抗戰後期，由於孔家弊案未能迅速處理，在媒體大肆宣傳下，國府貪腐形象深植人心，侍從室及宣傳官員要想扭轉此一負面形象，已非易事，遑論掌握輿論，學界也無人願意為國府辯護。戰後此種情勢依然持續，直至政權易幟。

第四，為黨國考察、選拔及考核人才。1939 年成立的侍三處，主管全國重要人事業務，負責為黨國考察、選拔及考核人才。該處花費了大量的人力，對全國各類人才進行調查，建立起人事檔案，不過這些辛苦建立起來的檔案資料，僅在人事考核及遴選中央訓練團黨政高級班學員上，發揮若干作用，各重要人事任命案在決定過程中，均甚少先請侍三處提供意見；在工作分配上，成效也十分有限。主要原因在於各單位每多存有門戶之見，如有職位出缺，大多自行補充，而不願報請侍三處推薦，加以蔣介石用人來源多元，並不侷限於侍從室此一管道所致。

侍從室雖然作出了上述各項貢獻，但是在運作的過程中，也產生了一些負面的功能。

第一，破壞正常體制運作。在黨方面，中常會、中政會名義上為國民黨的最高決策機關，不過早在戰前其功能即已喪失殆盡，蔣介石對於一些黨國元老更是深惡痛絕，一度甚至有意成立一「樞密院」專門收納，認為「不使元老與資深者，負行政直接之責，實為安固國本之要道」。[28]王子壯 1935 年即注意到中常會已無任何重要性：「如蔣之主席事實上不能分身來主持黨務，至常務委員會多為老先生，除開會外，亦均不到黨部，事實上並不能負若何之責任也。」[29]至於中政會，由於蔣介石及許多封疆大吏的委員均不出席，一些學者也認為「遂成為追認備案之機關」，甚至是一個「清議與譴罵的機關」。[30]至 1938 年臨時全代會確立總裁制後，黨內民主的氣氛，益見消沉，一切惟總裁蔣介石是賴，各重要事務均先經總裁批准而後提交中常會，而蔣一般仍不出席會議，各委員僅能照案通過，而無表達意見的機會。以致中常會喪失以黨治國的領導權威，直等於事務性的會報。[31]

又如國防最高委員會，原為統一黨政軍的指揮而設置，為戰時以黨領政的總樞紐，[32]並代行中政會職權，地位重要。不過蔣介石身為該

會主席，卻甚少出席會議，直至 1944 年 3 月以後，出席次數才明顯的增加。[33] 使得會議原本應有的功能降低，其重要性反而不如蔣在官邸所主持的官邸會談、黨政幹部會談、參事會談等。[34] 中央監察委員會祕書長王子壯即曾對此提出批評：「國防最高委員會係應戰時需要，處理一切軍政問題者，亦因總裁雖任該會委員長，亦不常出席之故，致黨政諸大問題，切決之於會議之外，實為目前之大問題。總裁責任繁重，絕不能對各方面之問題作周密之考慮，遂形成近日少數人上簽呈之政治，負責討論大計之中樞機構形同虛設矣。」[35]

筆者則以為王子壯的批評，有倒果為因之嫌。其實並非如王所說，是由於蔣不出席會議才導致「黨政諸大問題，切決之於會議之外」、「負責討論大計之中樞機構形同虛設」，反而是獲蔣器重（含侍從室）的「少數人上簽呈之政治」，導致「黨政諸大問題，切決之於會議之外」，所以蔣才不出席會議。再者，對蔣來說，前述的中央執行會議和國防最高委員會的常務會議，不是大而無當，缺乏效率，僅具儀式功能，即是會議成員中有許多是不得不納入的「老朽」分子，這批人只知空談誤國或是爭權索利，根本無助於解決問題。他曾多次在日記中表達對此類會議的厭惡之感，茲舉 1933 年的兩則日記為例：

> 本日常會通過臨時全國代表大會案。討論提早開國民大會案。余對會議之感想，會員仍不知前方敵寇壓境緊急之北，其從容逸雅，糊塗複雜，燕雀處堂，見之憂悶悲痛，不堪言狀。[36]

> 中央委員非老朽即貪污，不知國事急迫，煩瑣延緩，爭權奪利，令人起亡國之懼。宋明之末，其士大夫亦不過如是耳。民國十八年，明知應與俄復交，而老朽阻礙；倭欲東一省之商租權，余欲以此而暫緩其侵略野心，老朽目短無識如番人，強持反對，乃至蘇俄進攻吉林，張民屈服，則倭寇野心益熾，致成今日內外交迫之局。及至胡朽事出，子文弄權，則國益紛亂，是皆余自無主宰之所致也。何怨何尤，惟自承當耳。[37]

因此，只要蔣介石一旦充分掌握黨政軍大權，自然傾向於依賴他主動召集的官邸會談、黨政幹部會談、參事會談，參加人員精簡，效率高，且

真正能幫他解決問題。至於國防最高委員會，祕書長王寵惠平日多處理蔣手諭交辦事項，一般業務主要由副祕書長陳布雷（侍二處主任兼）負責，蔣可隨時掌握狀況，自然無需經常出席常務會議。何廉認為蔣「辦起事來首先靠人和個人的接觸以及關係等等，而不是靠制度」，[38] 事實上，蔣介石辦事並非完全不靠制度，而是要看制度是否能為他用。

蔣介石不僅偏好經由非正式體制的決策模式，在政策實施時也常透過頒布手令的方式越級指揮，引發爭議，如王子壯即曾於日記中抱怨蔣「事無鉅細，躬自為之，故手諭紛紛，年數千條」，此種作為「非政之善者，未能提綱挈領，由制度上督促全國共同向上也……此種方法極不經濟，而無普遍之成就。」[39] 熊式輝更曾當面提醒蔣介石：「總裁用兵及用人行政，每喜用直接指揮辦法，如言組織之運用，在縱的方面破壞法則，莫此為甚。」[40] 1945 年 2 月，行政院長宋子文也曾面諭各部會首長，不得以公事率呈蔣。不過侍二處主任陳布雷在聽說此事後的反應，卻是認為蔣不可能改變其習慣：「此係當然之理，然與委座向來理事之習慣不同。」[41]

第二，造成下屬的疏離感。

蔣介石不重視正式制度而僅讓少數人參與的決策模式，造成的另一負面影響為使下屬普遍存在疏離感。例如 1936 年國民黨五全大會，曾任南京市政府祕書長、財政局長及連雲市市長的賴璉，選上中央執行委員，原本抱著滿腔熱血，想要為黨服務，不料他發現過了許久居然沒有實際工作，成了所謂的「閒散」中委：

> 我當選中委以後，很久沒有實際工作。我除以中委資格，參加中央黨部紀念週和幾個不重要的會議外，並不能過問政府內政和外交的決策；連比較重要一點的政治消息，我也只能依靠每天必看的報紙。當時飛黃騰達的中委固多，而像我那樣無事可做的中委亦不少。
>
> 事實上，所謂「閒散」中委，除幾個失意政客外，大多數是年富力強的後進黨員。他們都有一點理想和抱負，並不是個個想把中委頭銜作為做官的橋梁。當時我就很願意參加那些和我所學的工程有關聯的建設部門，可是，我立刻發現一個人如無特殊的奧援，一

切政治上的大門，都是對他關閉的。站在政治的邊緣，而摸不著政
治的頭腦，甚至找不著一個和他志趣適合的工作；這不能不說是一
種精神的虐待。[42]

賴璉日後成為 CC 系的革新分子，對於蔣介石一人主導國民黨內各
項政策的領導方式不以為然，他曾在 1944 年五屆十二中全會中發言主張
「言論自由，要表現於大會，不宜把一切問題都集中到總裁身上。」[43]
不過有疏離感的幹部，最後走向改革之路的畢竟屬於少數。

1943 年，張治中和熊式輝曾不約而同的對此向蔣介石提供建言。
張認為一般幹部產生疏離感之後，「尤乏勇敢任事之精神，往往如隔
岸觀火，袖手旁觀，遇有重大問題，惟以聽候鈞座裁決為唯一解決方
式。」[44] 熊則曾當面向蔣介石建議，認為為政有如捕魚，巧者以網羅，
其次以鉤釣，拙者乃以手捕。善者運用組織，其次利用每個人，不善
者只知用其一己之力。蔣介石聽了之後表示，中國人才太少，委以事
權，類不能達成，言下憤然。熊式輝則答，因材器使，毋責備以求全，
則天下人皆可作育以成才。[45] 1944 年，徐永昌也指出蔣介石老是感嘆
無人辦事，其實均為他自己所造成，不知運用正常體制，實自毀組織
功能：

> 午前為章來述其消極意念，略謂委員長感嘆無人負責辦事，實
> 由委員長自己造成，將領驕不受命，必委員長手令，才有幾分幾的
> 效率，派出人員必侍從參謀，此全係不運用組織，自毀機構能力。[46]

黨政幹部的消極被動，對機構尚不致產生立即的傷害，高級將領的疏離
感，則每多造成作戰被動。徐永昌即認為蔣介石好直接指揮的結果，使
得國軍將領完全倚賴蔣的命令，令打則打，令退則退，無令則一昧觀望，
友軍雖敗不救，遂喪失不知有多少有利機會。[47]

雖然侍從室在推動黨國機器時，產生了上述的一些負面效應，但是
蔣介石對之仍是寄望甚深，多次希望侍從室能夠擴大職能，不過均遭陳
布雷婉拒。蔣介石不得已，1945 年曾一度考慮另外成立幕僚長會議作為
「核心組織」，取代侍從室既有的功能。

1945 年元月 10 日，蔣介石手諭侍一處主任錢大鈞、侍二處主任陳布雷：「前曾迭令侍從室第一、二兩處，應特別注重對黨政軍各界人士取得密切聯繫，惟辦理以來，尚鮮成效，今年應加緊實施，對於此項工作應指派專人辦理，以專責任。又平日隨侍出席中央各重要會議及接待賓客等事項，可添設侍從祕書一員。此外對侍從室所有之業務與工作人員之分配等，望統加檢討，舉凡應興革、應簡汰者，分別研擬改進意見呈核。以上各點希即遵照辦理為要。」[48] 23 日，蔣介石又約集侍從室組長以上同仁會餐，席間指示：侍從室各單位處事謹慎細密，守成有餘，而開展不足，今後應積極推展業務，並汲取人才，加強對各方聯繫。陳布雷聽蔣介石舊話重提，心中甚感不怡，乃興起引退的念頭。[49] 蔣 2 月初又以手諭飭令侍從室進行業務檢討。[50] 陳見無法再作閃躲，只得於 6 日上午向蔣面呈自身衰弱不堪任事的情形，並報告處務概況。不料蔣當日晚間於官邸會餐時，將其對於侍從室業務的全盤構想作出具體指示：

　　1. 減少公文，統歸各主管機構處理。

　　2. 以徹底考核手令實施之程度與培養人才為主要任務之一。

　　3. 聯繫與選擇各方人才，尤以中央儲才機關之現成者為第一步。

　　4. 查訪時局與國情，研究局勢。

　　5. 運用政策與研究重要方案。

　　6. 主持戰略與政略之擬定。

　　7. 工業與科學之促成。[51]

　　蔣介石一方面對侍從室施加壓力，一方面又提出最高幕僚會議的構想，命中央設計局祕書長熊式輝研究。[52] 2 月 7 日，蔣、熊二人曾作了一次長談。熊以為此一會議作為一種會報，隨時可召集，不宜有何組織。蔣則抱怨侍從室諸人只宜辦文書，對於人才的鑑別與聯繫及政令的是否貫徹，政策的如何決定，均不能辦，擬即改組，或將其併入軍委會辦公廳，如何？熊則答道：(1) 侍從室當然只宜辦文書，它不是中書門下省。對人才的登庸，國家有其一定政策，論學術有考試，評審資格有銓敘，記功過有各主官，總裁所應留意者，只在物色少數人，即所謂一等人才，可獨當一方面責任者，此亦不可責諸侍從室。(2) 侍從室的名稱，在今日已是民國的情境下，原本即不甚適宜，再作任何的改組或擴充，均屬徒

費。政策的擬定，為各院、部、會主管應盡之責，如這些人只知埋頭事務，要待總裁親自來作，則上勞下逸，即使侍從室萬有萬能，國政也將廢而莫舉。軍事委員會屬於國民政府，顧名思義，不宜干政，也不能問黨，其辦公廳何能擔此等重任。(3) 今日的要務在於各院（尤其行政院）院長得人，而以國防最高委員會為最高決策機關，充實其祕書處，相信如此即可減輕總裁宵旰之勞。

蔣介石對熊式輝的觀點不以為然，他指出關於人才登庸事，銓敘部、廳及侍三處，各有機關，關於政策的擬定，也各有院、部、會，但是均不能達此任務，必須有一最高中心，為之領導，使漸上軌道，望即研究辦法，決然進行組織。至於國防最高委員會祕書處，王寵惠不能有為，但要改變也只能等六全大會之後，不過在此之前，應即準備，不必避嫌。熊則再作建言，說明凡是機構不能達成任務，恐多係運用者的未得法或領導者的未得人，甚少是由於其本身組織章制上有任何缺點。所謂運用未得法者，即如不給當給之權，不問當問之責。所謂領導未得人者，即如原本即不是為事而用的人，既知其不能勝任，而又不為之更調，一個機關不行，另組一個以代替；一些人不行，另加一些為領導，此種實近於疊床架屋。如果為其本身組織章制上有缺點，當即應修改章制，甚至可以裁併其機關，絕不可容許一個有名無實的機關存在作點綴，此事應請重加考慮。

不過蔣的心意已決，翌（8）日即召開幕僚長會議，討論對各黨派問題，[53] 並決議由侍從室三位主任合擬對於該室業務的檢討及改進意見。[54] 在接下來的一個月，蔣介石積極研究核心組織方案的實施辦法，並審核其人選。[55] 3 月 7 日，蔣手擬黨政幕僚長會議的任務及辦法要點，並擬定各界聯絡專員名單交陳布雷，囑其就商吳鼎昌及熊式輝。[56] 不過至此之後即再無相關史料出現，不禁令人懷疑此一組織似已胎死腹中。1945 年 8 月，日本投降，侍從室奉蔣介石之命研擬日後辦公辦法，其中即包括第一、二兩處主任與黨政軍幕僚長及各部會主管聯繫辦法，計畫侍從室兩主任每兩週分別約集黨政軍幕僚長及有關部會主官或重要人員聚餐一次，溝通意見並瞭解各機關奉行手令事項的進度。[57] 顯示幕僚長會議的功能仍由侍從室承擔，侍從室所扮演的「核心組織」角色，仍未被取代。

至此，我們可以將戰時國府的決策模式與中共作一比較。第一，國

府的決策，除了相對自主，不受外力干預（中共 1943 年前受共產國際，1943 年以後受蘇聯共產黨所影響）外，與中共均有決策權逐漸高度集中（集中於蔣介石與毛澤東）的現象。第二，兩者均為協商式決策，不過兩者之間仍有所不同。國府的協商式決策模式，主要為蔣介石在作出決策前，傾向於在不同領域上與不同的意見領袖分別協商，如在黨政事務上諮詢 CC 系與政學系菁英的意見，在軍事上諮詢何應欽、陳誠等軍界領袖的意見，如遇重大決策，蔣則經常召集業務相關主管，甚至五院首長和黨國元老參與，不過會中一般仍為蔣強勢主導，甚少採用表決方式作出決議。至於重要決策機構的定期性集會，往往流於形式，成為事務性的會報，蔣甚至不常出席。在此決策過程中，重要決策機構的職權均被弱化，侍從室在制度上所擁有的權力雖然十分有限，但是由於獲得蔣介石的高度信任，擁有極大的權威與影響力，其決策權主要為蔣所授與。至於中共則採取民主集中制的集體領導，重視集體協商和會議決定，決策常採取舉手表決，少數服從多數決方式，在此種決策過程中，中共中央書記處為決策機構之一，擁有制度上的決策權。

　　第三，決策的執行力不同。中共的決策體制高度集中，黨政軍高度一元化，幹部具有強烈的政治信仰，因此決策的執行力強，中共中央所作決策，下級機構基本上均能做到令行禁止，對於不執行者，中共也能加以強力的紀律執行。至於國府則由於黨政軍未能一體化，幹部每多缺乏中心思想，加上地方軍系勢力仍大，因此政令經常無法貫徹執行，不少甚至成為具文。理論上，侍從室應有助於政策的貫徹執行，不過實際上由於缺乏指揮各部會的實質權力，因此想要賴以推動黨國機器，實非易事。以戰後接收工作為例，日本於 1945 年 8 月 10 日宣布投降，侍從室於次日即完成〈日本投降後我方處置之意見具申〉報告，並且大部分建議均為蔣所採用，不過報告的內容僅為簡單的一些原則，細部的接收方案仍需由各部會自行研擬及執行。而各部會缺乏有效聯繫，再加上其他一些問題，[58] 導致接收工作一團混亂。等到九月底侍從室的邵毓麟發現事態嚴重向蔣報告，蔣才命其前往京滬二地協調肅奸與治安工作，並督導情報相關的紀律問題，等到這位「欽差大臣」趕到京滬地區，一方面為時已晚，人心早已喪失，另一方面又無「尚方寶劍」可以運用，因

此面對經濟混亂、物價飛漲和政治失序的局面，根本無能為力。

第四、均缺乏糾錯機制。戰時國共高度集中的決策機制，如做出錯誤決策時，均甚難有外在力量加以制約，儘速改變錯誤決策，只能依賴決策者在歷經重大教訓後，發現問題加以調整。

國共戰時的決策模式，在戰後一直在海峽兩岸延續，影響至為深遠；[59] 侍從室的影響力，在戰後機構被裁撤，業務被併入軍務局和政務局後，也仍然持續。

1946 年 1 月，政治協商會議在南京舉行。會期中，陳布雷有一天剛好與北大代理校長傅斯年對坐，席間二人曾利用一張大會所提供的便簽紙進行筆談，就蔣介石的性格相互交換了意見。此張便簽紙幸運的被保存了下來，至今收藏於中央研究院歷史語言所的傅斯年檔案中，全文如下：

> **傅斯年：** 蔣先生對上海市民言：「明禮義、知廉恥、負責任、守紀律。」此乃國家元首所以責其公務員而負責做到者，非對人民之言也。
>
> **陳布雷：** 此語我一大半同意。蔣先生向來總是以「作之師」的精神講話，其講話之對象，都認為他的學生，不問官、民也。亦嘗進言，但他看了不感十分興趣，知之而亦不能行。譬如他常說「綜核名實」，但只責成考核機關為止；常說「信賞必罰」，但罰不多，而賞則往往失之濫（他的罰亦只口頭訓斥而已，仍是作之師，此乃其個性及早年認識之故也）。他是做參謀出身的人，所以顧慮多（只是對國家大事是十分有決斷的）；又是當過多年校長的人，所以教育家的意味多於政治家。[60]

在筆談中，陳布雷說他長期追隨蔣介石，雖曾多次對蔣進言，但蔣看了「不感十分興趣，知之而亦不能行」，實為一針見血的觀察。因此，直至國共內戰時期，蔣介石在面對內耗問題時的解決方式，仍是經由組織新的「核心團體」，以為救國救黨之道；[61] 用兵及用人行政，也還是不喜運用正式組織而喜直接指揮，甚至曾引發國防部長何應欽的公開反彈。1948 年 7 月，康澤於襄樊戰役中重傷被俘，華中剿匪總司令白崇禧以襄陽作戰失敗為蔣電令康固守城垣所致。國防部長何應欽更於 8 月 2 日國

民黨中央政治會議中特別提出蔣介石指揮部隊未經國防部轉行手續,並稱團長以上人事,均由總統決定,不經過人評會手續,因此軍事失敗責任,應由總統一人負責,並有鼓動委員提出軍事指揮與人事職權重新轉於國防部長之議。[62] 蔣介石聽了十分痛心,[63] 第二天他在何應欽所主持的軍事檢討會議上致詞,指責高級將領精神頹廢,信心動搖,為對中共作戰的最大隱憂,應加反省。[64] 蔣致詞時由於十分痛心,故語帶憤激,事後自覺失言有愧,[65] 不過他仍然覺得白崇禧是有意要詆毀他,而何應欽則是推過爭功,機巧已極;被人利用,愚拙可痛。[66]

　　1949 年大陸易幟,國民黨總裁蔣介石於 5 月下旬飛抵台灣高雄,隨即於 7 月 1 日於台北草山設立總裁辦公室,其內部組織共分為兩部分,一為協助蔣決策者,初名顧問委員會,後易名為設計委員會;二為處理業務者,初分七組,分掌黨政、軍事、新聞、警衛、研究、人事及總務,後增加經濟、祕書二組,人事組則改為資料(情報)組。8 月 1 日正式開始辦公。[67] 以上設計委員會及各業務組負責人得加入設計委員下所設的黨務、政治、財經、軍事、外交及文化宣傳組,共同討論各類問題。其中尤以黨務改造案討論最多,從思想路線、政治改革綱要、革命理論提綱,到黨實質改造等議題,均曾廣泛觸及,是為總裁辦公室的最大貢獻。[68]

　　總裁辦公室的組織和制度,甚至文化,多係沿襲軍委會的侍從室,例如用人精簡(每組平均不到 10 人),均聚居一處,聯繫密切,運用靈活;蔣手訂辦公人員服務守則,要求成員嚴守祕密、實行新生活規條、每日需寫日記等。[69] 人員方面,也甚多出身於侍從室。[70] 無怪有的侍從室人員稱新成立的總裁辦公室「實際上是新的侍從室」。[71] 不過總裁辦公室和侍從室明顯不同之處有二:一為蔣介石曾指示「辦公室工作同志應與台灣各界人士接觸,每人至少應認識十人」,[72] 二為總裁辦公室僅為臨時性的組織。蔣介石於翌(1950)年復職後,以所有軍政幕僚工作均有專管機關承辦,總裁辦公室已無繼續存在的必要,乃於 3 月底結束,所有業務與人員,均分別歸併調遣至相關機構。

　　以上兩點差異,顯示蔣介石對於幕僚機構的運用,已和過去有所不同,而總裁辦公室所醞釀出的黨務改造案,也使台灣歷史的發展進入了一個新的局面。

1. 陳克文著，陳方正編，《陳克文日記》（以下簡稱《日記》）（台北：中央研究院近代史研究所，2012 年），頁 757。

2. 公安部檔案館編注，《在蔣介石身邊八年——侍從室高級幕僚日記》（以下簡稱《日記》）（北京：群眾出版社，1991 年），頁 429，1944 年 5 月 7 日。

3. 蔣介石，《日記》，1945 年 8 月 7 日。

4. 汪朝光、王奇生、金以林，《天下得失：蔣介石的人生》（香港：中和出版公司，2012 年），第 2 章。

5. 黃仁宇，〈蔣介石的歷史地位〉，收於：黃仁宇，《放寬歷史的視野》（台北：允晨，1988 年），頁 265-266。

6. 蔣介石，《日記》，1931 年 12 月 24 日。

7. 鄧元忠，《國民黨核心組織真相：力行社、復興社暨所謂「藍衣社」的演變與成長》（台北：聯經，2000 年），頁 527。

8. 蔣介石 1933 年 7 月 17 日日記：「近日為黃埔力行社諸生，幼稚無能，宣傳荒唐。……所用之人，所有機關，幾無一如意，生今之世，明知為彼輩陷死，而無法自拔，奈何！然亦余不勤教之過也。」1937 年 5 月 24 日日記：「聞天翼（熊式輝）談黃埔生幼稚與蠻橫情形，又不能安眠也。」參閱：蔣介石，《日記》，1933 年 7 月 17 日、1937 年 5 月 24 日。

9. 蔣介石，〈對高級幹部的期望（1938 年 2 月 5 日）〉，收於：秦孝儀編，《先總統蔣公思想言論總集》，第 15 冊，頁 110。一個月之後，國民黨召開全國臨代會，會後力行社果然以「發展過於龐大，而失去其以暗配明的作用」而遭解散，比力行社稍晚成立的青白團，也同時宣布取消。參閱：鄧元忠，《國民黨核心組織真相：力行社、復興社暨所謂「藍衣社」的演變與成長》，頁 529；王奇生，《黨員、黨權與黨爭》（修訂本）（北京：華文出版社，2010 年），頁 292。

10. 蔣介石，〈對於青年團工作的檢討和感想 (1938 年 9 月 5 日)〉，收於：秦孝儀編，《先總統蔣公思想言論總集》，第 15 冊，頁 474。

11. 蔣介石，〈今後發展團務的指導方針（1939 年 7 月 19 日）〉，收於：秦孝儀編，《先總統蔣公思想言論總集》，第 16 冊，頁 343。

12. 蔣介石 1941 年 8 月曾手令國民黨中央黨部祕書長吳鐵城：「黨團不許有派別之爭，如再發現鬧爭，應嚴厲處置，並希擬具查察與考核辦法。」參閱〈總裁致吳鐵城手令(1941 年 8 月 8 日)〉，中國國民黨黨史館藏，《特種檔案》，檔號：特 25/2.18。

13. 王良卿，《三民主義青年團與中國國民黨關係研究（1938-1949）》，（台北：近代中國出版社，1998 年）。

14. 陳布雷，《回憶錄》，頁 127。

15. 王贛愚，〈當前的中樞政制〉，《當代評論》第 2 卷第 4 期（1942 年），頁 52-53。

16. 《事略稿本》，第 59 冊，頁 339-340，440-441；1944 年 12 月 28 日、1945 年 1 月 10 日。

17. 張治中，《張治中回憶錄》（北京：中國文史出版社，1993 年），頁 299。

18. 甘乃光，〈行政效率研究會設立之旨趣〉，《行政效率》，第 1 期（1934 年 7 月），頁 5。

19. 林紀東，〈現行中央政制之缺陷與其初步改革〉，《新政治月刊》，第 2 卷第 4 期（1938 年），頁 83-84，劉大禹，《國民政府行政院的制度變遷研究 (1928-1937)》（北京：社會科學文獻出版社，2012 年），頁 212。

20. 何廉著，謝鍾璉譯，〈抗戰初期政府機構的變更〉，《傳記文學》，第 41 卷第 1 期（1982 年 7 月），頁 67。

21. 〈蔣介石致宋哲元電（1937 年 7 月 8 日）〉，《蔣中正總統文物》，典藏號：002-020300-00001-004。

22. 〈蔣介石電徐永昌、程潛電（1937 年 7 月 8 日）〉，典藏號：002-020300-00001-004；〈蔣介石致徐永昌、程潛電（1937 年 7 月 8 日）〉，《蔣中正總統文物》，典藏號：002-020300-00001-009。

23. 何廉，《何廉回憶錄》（北京：中國文史出版社，1988 年），頁 127。

24. 徐友春編，《民國人物大辭典》（石家莊：河北人民出版社，1991 年），頁 481。

25. 蔣永敬，《抗戰史論》（台北：東大圖書公司，1995 年），頁 69-70；Peter Lowe, *Great Britain and the Origins of the Pacific War: A Study of British Policy in East Asia, 1937-1941*(Oxford: Clarendon Press, 1977), chapter V.

26. 〈蔣介石致邱吉爾電（1940 年 7 月 28 日）〉，《蔣中正總統文物》，典藏號：002-020300-00039-036。

27. 王萍訪問，官曼莉紀錄，《杭立武先生訪問記錄》（台北：中央研究院近代史研究所，1990 年），頁 19-20。

28. 蔣介石，《日記》，1936 年 5 月 31 日，〈自記本月反省錄〉。

29. 王子壯，《日記》，1935 年 12 月 17 日；王奇生，《黨員、黨權與黨爭》（修訂本），頁 205-207。

30. 陳之邁，〈國民黨的政治委員會〉，《社會科學》，第 2 卷第 4 期（1937 年 7 月）；魯學瀛，〈論黨政關係〉，《行政研究》，第 2 卷第 6 期（1937 年 6 月）；王奇生，《黨員、黨權與黨爭》（修訂本），頁 202-203。

31. 王子壯，《日記》，1944 年 5 月 21 日；張治中，《張治中回憶錄》（北京：中國文史出版社，1985 年），頁 404-405。

32. 李雲漢，〈抗戰期間的黨政關係（1937-1945）〉，《慶祝抗戰勝利五十週年兩岸學術研討會論文集》（台北：中國近代史學會、聯合報系文化基金會，1996 年），頁 1-19。

33. 根據學者劉維開的統計，國防最高委員會 1939 年共舉行常務會議二十二次，蔣介石親

自主持 6 次；1940 年舉行 27 次，蔣親自主持 3 次；1941 年舉行 25 次，蔣親自主持 2 次；1942 年舉行 25 次，蔣親自主持 4 次；1943 年舉行 27 次，蔣親自主持 2 次；1944 年舉行 25 次，蔣親自舉行 16 次；1945 年舉行 29 次，蔣親自舉行 12 次；1946 年舉行 22 次，蔣親自舉行 8 次，另外親自主持一次談話會；1947 年舉行 18 次，蔣親自主持 9 次。參閱：劉維開，〈國防最高委員會的組織與運作〉，《國立政治大學歷史學報》，第 21 期（2004 年 5 月），頁 143。

34. 劉維開，〈國防最高委員會的組織與運作〉，頁 146。

35. 王子壯，《王子壯日記》（台北：中央研究院近代史研究所，2001 年），第 9 冊，頁 204。

36. 蔣介石，《日記》，1933 年 3 月 30 日。

37. 蔣介石，《日記》，1933 年 4 月 3 日。

38. 何廉，《何廉回憶錄》，頁 117。

39. 王子壯，《日記》，頁 292，1944 年 7 月〈第四星期反省錄〉。

40. 熊式輝，《海桑集》，頁 413-414。

41. 陳布雷，《日記》，1945 年 2 月 3 日。

42. 賴景瑚，〈辦黨、辦報、辦學〉，《傳記文學》，第 23 卷第 1 期，（1973 年 7 月），頁 61。

43. 〈中國國民黨第五屆十二中全會提案研究會紀要，第一次（1944 年 4 月 24 日）〉，中國國民黨黨史館藏，檔號：5.2/144.1。原文未見，轉引自：周維朋，〈戰後中國國民黨派系關係之研究 —— 以黨政革新運動為中心的探討〉，未刊碩士論文，政治大學歷史系，頁 74。

44. 張治中，《張治中回憶錄》，頁 388。

45. 熊式輝，《海桑集》，頁 267。

46. 徐永昌，《日記》，1944 年 4 月 23 日。

47. 徐永昌，《日記》，1938 年 6 月 7 日。

48. 〈蔣介石致陳布雷等手諭（1945 年 1 月 10 日）〉，《蔣中正總統文物》，典藏號：002-070200-00021-058。

49. 陳布雷，《日記》，1945 年 1 月 23-24 日。

50. 陳布雷，《日記》，1945 年 2 月 2 日。

51. 《事略稿本》，第 59 冊，頁 625；陳布雷，《日記》，1945 年 2 月 6 日。

52. 熊式輝，《海桑集》，頁 460。

53. 熊式輝，《海桑集》，頁 462-463。

54. 陳布雷，《日記》，1945 年 2 月 8 日、11 日。

55. 蔣介石，《日記》，1945 年 2 月 10 日–3 月 5 日。

56. 《事略稿本》，1945 年 3 月 7 日；陳布雷，《日記》，1945 年 3 月 7 日。

57. 〈錢大鈞陳布雷呈今後辦公方法與侍從室工作辦法〉，國民政府檔案，檔號：0421/6077.01-01。

58. 林桶法，〈抗戰期間國民政府的復員工作 —— 以京滬地區為例〉，收於：《紀念七七抗戰六十週年學術研討會論文集》（台北：近代史學會，1997 年），頁 1033-1038。

59. 陳永發，《延安的陰影》（台北：中央研究院近代史研究所，1990 年），頁 13-14；沈傳亮，〈中共高層決策模式變化及其特點探析（1921-1949）：以共產國際與中共中央互動為中心的考察〉，《晉陽學刊》，2016 年第 3 期，頁 60-69。

60. 全文收錄於：王汎森，《傅斯年：中國近代歷史與政治中的個體生命》（台北：聯經，2012 年），頁 269。

61. 1948 年 3 月，蔣介石即曾在一次對幹部的演講中，懷念過去的力行社：「民國二十一年時，力行社沒有幾個人，工作成績很好，一個人發生十個人的力量。精神上的影響力是無形的，足以振奮人心，社會為之恐懼。革命就是這個做法，而按部就班是不行的。」參閱：黃杰，《中央訓練團工作紀要》（台北：國防部史政編譯局，1984 年），頁 285。值得注意的是，有此種想法的，絕非僅有蔣介石一人而已。自 1947 年起，蔣經國、陳誠、熊式輝、張厲生、張宗良等，均曾進行籌組各種小團體。參閱：王良卿，《改造的誕生》（台北：政大歷史系，2010 年），頁 257-265；任育德，〈從黨工看黨務：以 1941-1945 年《王子壯日記》為例〉，收於：《一九四〇年代的中國》（北京：中國社會科學文獻出版社，2009 年），頁 46。

62. 蔣介石，《日記》，1948 年 8 月 2 日。

63. 蔣介石曾於 8 月 2 日日記中自記：「此誠可歎之事。彼不知負責，不知立信，而反乘此時局嚴重人心徬徨之時，竟有此意，是誠萬料所不及也。」參閱：蔣介石，《日記》，1948 年 8 月 2 日。

64. 蔣介石，〈改造官兵心理加強精神武裝（1948 年 8 月 3 日）〉，收於：秦孝儀編，《先總統蔣公思想言論集》，第 22 冊，頁 565。

65. 蔣介石，《日記》，1948 年 8 月 3 日。

66. 蔣介石，《日記》，1948 年 8 月 3 日~4 日。

67. 唐振楚，《總裁辦公室工作紀要》（台北：中央文物供應社，1952 年），頁 1-18；呂芳上，〈痛定思痛：戰後中國國民黨改造的醞釀（1947-1950）〉，何智霖編，《一九四九：中國的關鍵年代學術討論會論文集》（台北：國史館，2000 年），頁 569-598；張玉法，〈兩頭馬車：總裁蔣介石與代總統李宗仁的權力運作（1949）〉，收於：呂芳上編，《蔣中正日記與民國史研究》（台北：世界大同出版社，2011 年），頁 7-52。

68. 呂芳上，〈痛定思痛：戰後中國國民黨改造的醞釀（1947-1950）〉，頁 581-582。

69. 唐振楚，前引書，頁 18-19。

70. 根據學者呂芳上的統計，1949年10月時，總裁辦公室設計委員會委員及各業務組負責人，共有34人，其中有12位係出身於侍從室；祕書組20人中，有12人係出身侍從室或原總統府機要室。參閱：呂芳上，〈痛定思痛：戰後中國國民黨改造的醞釀（1947-1950）〉，頁578-598。

71. 沈重寧，〈蔣介石親信謀士與情報總管——唐縱〉，《江蘇文史資料》，第24輯，頁181。

72. 唐振楚，前引書，頁20。

徵引書目

一、檔案

◎國史館

〈1941 年 12 月 30 日蔣介石致孔祥熙函〉，收於：〈通令中央各院部會不得以蔣中正手令
　　為通令，應依手令意旨實行〉，《國民政府檔案》，檔號 0431/3720.02-01。

〈1942 年元月 7 日中央執行委員會祕書處呈文〉，收於：〈通令中央各院部會不得以蔣中
　　正手令為通令，應依手令意旨實行〉，《國民政府檔案》，檔號 0431/3720.02-01。

〈三十一年度經發手諭及承辦情形簡報表〉，《蔣中正總統文物》，特交檔案，軍事類，
　　〈中央軍事報告及建議〉，檔號 043/6

〈中央軍事機關人事〉，《蔣中正總統文物》，特交檔案，019 卷，號次 4。

〈王芃生情報摘要（1938 年 3 月 17 日）〉，《蔣中正總統文物》，典藏號：002-080200-
　　00282-015。

〈王芃生情報摘要（1938 年 4 月 17 日）〉，《蔣中正總統文物》，典藏號：002-080200-
　　00510-047。

〈王芸生致陳布雷函 (1941 年 12 月 23 日)〉，《蔣中正總統文物》，典藏號：002-
　　080103-00055-005。

王世杰，〈為擬具關於太平洋學會會議事件之指示祈鑒核〉，檔號 001-060200-007-083。

〈各省政府分設考銓處案 (1944 年)〉，《行政院檔案》，典藏號：014-000101-0034。

朱世明，〈太平洋學會會議性質重要似宜指定軍委會參事室負責籌備由 (1944 年 3 月 26
　　日)〉，《太平洋國際學會會議》，《國民政府檔案》，檔號 001-060200007034。

〈余漢謀致粵中各將領電（1936 年 7 月 9 日）〉，《蔣中正總統文物》，典藏號：002-
　　020200-00028-027。

〈宋希濂電林蔚轉呈蔣中正告以調整作戰部署建議三點〉，《蔣中正總統文物》，典藏號：
　　002-090105-00009-064。

〈侍從室第二處主任陳布雷簽呈委員長蔣中正前奉諭詢楊幼炯諶小岑並列舉中國國民黨內
　　能文字而在報刊撰述較有成就者與陶希聖開列名單（1943 年 12 月 12 日）〉，《蔣
　　中正總統文物》，典藏號：002-080300-00013-005-010。

〈侍從室關於陳、傅參政員等提案之研究(1945 年 7 月)〉，《蔣中正總統文物》，特交檔案，
　　檔號 2080.109,28/04。

〈軍令部長徐永昌呈蔣中正中戰場策應常德會戰意見（1943 年 12 月 3 日）〉，《蔣中正
　　總統文物》，典藏號：002-010300-00014-077。

〈軍令部長徐永昌彙摘各方面情報並抒調整蒙藏會駐藏辦事處意見〉，《國民政府檔案》，
　　檔號：0592/4410.01-15。

〈軍事委員會電馬鴻逵各省黨政軍聯席會報組織辦法請查照〉，《蔣中正總統文物》，〈領袖指示補編（二）〉，典藏號 002-090106-00002-059。

〈軍事委員會電蔣鼎文為處理中共問題各省應訪中央成立黨政軍聯席會報以商討問題交換並分配業務此會議對外絕對祕密除不得以聯席會議名義行文外所有文書往返應妥審處理以免洩露等〉，《蔣中正總統文物》，〈領袖指示補編（二）〉，典藏號 002-090106-00002-065。

〈軍事委員會電韓德勤等防制奸偽事宜為求步驟統一應即組織該省及戰區黨政軍聯席會報其職權為商討特種問題對策交換情報並分配任務等請查照〉，《蔣中正總統文物》，〈領袖指示補編（二）〉，典藏號 002-090106-00002-060。

〈軍事委員會調查統計局考核報告書〉，《蔣中正總統文物》，典藏號 002-080102-00034-009。

〈軍事委員會調查統計局會計規程審查報告〉，〈特種情報——軍統（一）〉，《蔣中正總統文物》，典藏號 002-080102-00034-009。

施太乃斯，〈侍從室警衛勤務組織〉，《蔣中正總統文物》，典藏號：001-011321-0001。

〈夏新霈陳侍從室第二處承發之二十九至三十五各年度手令清檢表〉，《國民政府檔案》，檔號 0431/3720.01-01。

〈夏新霈陳侍從室第二處承發之二十九至三十五各年度手令清檢表〉，《國民政府檔案》，檔號 0431/3720.01-01。

〈孫越崎呈蔣介石遵諭推舉採礦鋼鐵機器電工等項建設人才湯子珍等十人（1942 年 12 月 30 日）〉，《蔣中正總統文物》，典藏號：002-080108-00009-005。

〈國家總預算軍事委員會侍從室主任陳布雷呈 33 年度總預算編審經過及負責主管姓名〉，《國民政府檔案》。檔號：0210/603003_01，總卷號：416/1828-1847。

唐縱，〈第六組三十年度工作總報告〉，《國民政府檔案》，〈蔣中正手令及批示（六）〉，典藏號 001-016142-0013。

〈張季鸞函蔣中正遵舉雷寶華等陝西行政人才〉，《蔣中正總統文物》，典藏號：002-080101-00009-002。

〈張季鸞致楊永泰函 (1933 年 6 月 10 日)〉，《蔣中正總統文物》，典藏號：002-080200-00097-085。

〈張季鸞致蔣中正電 (1934 年 3 月 30 日)〉，《蔣中正總統文物》，典藏號，002-080200-00434-047。

〈張嘉璈呈蔣中正密保經濟建設人才顧振等二十三員，專門人才周仁等現職能力附摺〉，《蔣中正總統文物》，典藏號：002-080101-00008-004。

〈第五屆三中全會對蔣中正提報陝變經過情形之決議案（1937 年 2 月 19 日）〉，《蔣中正總統文物》，典藏號：002-020200-00031-050。

〈莫德惠致陳果夫函 (1944 年 9 月 24 日)〉，檔號 001-060200-0070-49。

〈莫德惠請派甯恩承同志充任太平洋學會代表〉，檔號 001-060200-0070-48。

〈處理敵我關係之基本綱領〉，《蔣中正總統特交檔案》，檔號 002-08010300030002。

〈陳布雷函蔣中正職未及隨侍疢戾實深等語〉，1930 年 12 月 13 日，《蔣中正總統檔案》，
　　〈革命文獻〉，檔號：002020200031004。

〈陳布雷報告銓敍部及黨職等重要人事案〉，《蔣中正總統文物》，典藏號：002-080101-
　　000009-007。

〈陳布雷電張季鸞香港對日宣傳重要請暫駐港及汪兆銘確到東京 (1939 年 6 月 8 日)〉，《蔣
　　中正總統文物》，典藏號：002-020300-00003-026。

〈陳果夫呈蔣中正請鑒核侍從室第三處三年半工作簡報及三十一年度檢討報告（1942 年
　　12 月 31 日）〉，《蔣中正總統文物》，典藏號：002-080102-00019-010。

〈陳果夫等致蔣中正電 (1933 年 5 月 14 日)〉，《蔣中正總統文物》，典藏號：002-
　　080200-00086-046。

陳布雷、王世杰，〈為擬請以楊雲竹、邵毓麟參加太平洋學會之裁核由 (1944 年 11 月 14
　　日)〉，檔號 001060200007064。

陳誠，〈對外記者講述日寇炸毀黃河堤經過〉（1938 年 6 月 13 日），《總統副總統文物》，
　　典藏號 008-010301-00083-034。

〈最高調查委員會組織規程及最高調查委員會處務通則草案〉，《蔣中正總統文物》，〈特
　　種情報一軍統（一）〉，典藏號 002-080102-00034-004。

〈程潛電蔣中正黃河決口情形及預擬宣傳方案〉（1938 年 6 月 10 日），《蔣中正總統文物》，
　　典藏號 002-080200-00283-022。

〈賀耀組等呈蔣中正查侍從室第二組參謀已超過編制定額請示是否改請委段鹿鳴為上校侍
　　從參謀等文電日報表（1938 年 1 月 20 日）〉，《蔣中正總統文物》，典藏號：002-
　　080200-00513-072。

〈賀耀組戴笠呈蔣中正由於堅壁清野焦土抗戰政策未能貫徹以致資敵利用於籠絡九江市
　　民〉（1938 年 10 月 13 日），《蔣中正總統文物》，典藏號：002-080200-00285-
　　045。

〈熊式輝致蔣介石函 (1944 年 10 月 11 日)〉，典藏號 001-060200-0070-45。

〈蔡文治電林蔚轉呈蔣中正報告入緬作戰之英軍兵力分析〉，《蔣中正總統文物》，典藏號：
　　002-090105-00006-058。

〈蔣中正向五屆三中全會報告陝變情形及張學良妄提八項主張被拒經過（1937 年 2 月 18
　　日）〉，《蔣中正總統文物》，典藏號：002-020200-00031-049。

〈蔣中正電何應欽請軍政部頒發葉肇、李漢魂二部經費〉（1938 年 11 月 1 日），《蔣
　　正總統文物》，典藏號：002-010300-00018-001。

〈蔣中正指示，陳布雷以後發各機關之手啟各條不可用手令名稱〉，《國民政府檔案》，
　　檔號 0161.42/4450.01-01。

〈蔣中正指示陳布雷告全國人民發表書內容要點(1945 年 12 月 11 日)〉，《國民政府檔案》，
　　典藏號：　　　　　　　　。

〈蔣中正致何應欽、朱培德電（1936 年 7 月 19 日）〉《蔣中正總統文物》，典藏號：
　　002-020200-00028-042。

〈蔣中正致桂永清電（1936 年 7 月 22 日）〉，《蔣中正總統文物》，典藏號：002-
　　080200-00267-075。

〈蔣中正致余漢謀電（1937 年 3 月 20 日）〉，《蔣中正總統文物》，典藏號：002-
　　010200-00173-036。

〈蔣中正致李宗仁、韓復榘電（1937 年 12 月 31 日）〉，《蔣中正總統文物》，典藏號：
　　002-020300-00010-002。

〈蔣中正致張季鸞電(1934 年 3 月 27 日)〉，《蔣中正總統文物》，典藏號 002-010200-
　　00110-019。

〈蔣中正致陳布雷電(1935 年 3 月 13 日)〉，《蔣中正總統文物》，典藏號：002-010200-
　　00130-024。

〈蔣中正致陳布雷電（1942 年 6 月 20 日）〉，《蔣中正總統文物》，典藏號：002-
　　010300-00049-015。

〈蔣中正致程潛電（1940 年 4 月 21 日）〉，《蔣中正總統文物》，典藏號：002-020300-
　　00006-094。

〈蔣中正致蔣鼎文、毛邦初電（1936 年 7 月 2 日）〉，《蔣中正總統文物》，典藏號 002-
　　020200-00028-026。

〈蔣中正致錢大鈞閻寶航手令(1936 年 2 月 19 日)〉，《蔣中正總統文物》，典藏號：
　　002-010200-00152-017。

〈蔣中正訓示高級幹部切實檢討此次桂南作戰失敗原因〉（1940 年 2 月 22 日），《蔣中
　　正總統文物》，典藏號：002-020300-00012-116。

〈蔣中正電令陳布雷整頓中央日報每日七時前發行八時前訂戶見報(1940 年 8 月 7 日)〉，
　　《蔣中正總統文物》，典藏號：002-010300-00037-008。

〈蔣中正電令賀耀組等關於戴笠、王芃生、王季弼等情報應派專人研究統計〉，《蔣中正
　　總統檔案》，典藏號 002-010300-00019-041。

〈蔣中正電示張群、陳立夫、翁文灝速制定技術人才統制分配具體辦法（1939 年 12 月 12
　　日）〉，《蔣中正總統文物》，典藏號：002-010300-00030-002。

〈蔣中正電各戰區司令長官及各將領分別處罰桂南作戰不力高級將領〉（1940 年 2 月 27
　　日），《蔣中正總統文物》，典藏號：002-020300-00012-117。

〈蔣中正電吳鼎昌、張嘉璈經濟建設人才凡在政府與社會已有能力與成績表現者而於設計
　　與管理專才更為重要請物色密保（1937年6月1日）〉，《蔣中正總統文物》，典藏號：
　　002-080200-00279-027。

〈蔣中正電孫越崎隨時詳告建設鋼鐵電工器材等專業之計畫及各種人才之物色（1942年9
　　月21日）〉，《蔣中正總統文物》，典藏號：002-070200-00015-081。

〈蔣中正電陳果夫各省黨部代表尚希留南京鎮江間另謀擴大組織盼速解決〉，1934年2月
　　4日，《蔣中正總統文物》，檔號：籌筆／統一時期／07778。

〈蔣中正電楊永泰開設計委員會研究經濟文化幣制關稅等問題〉，1934年月日不詳，《蔣
　　中正總統文物》，檔號：籌筆／訓政時期／08171。

〈蔣中正電詢吳鼎昌林森逝世後國民政府主席人選（1943年8月2日）〉，《蔣中正總統
　　文物》，典藏號：002-010300-00052-001。

〈蔣中正電戴笠查辦五、六月份公務員及部隊不法行為等事(1935年7月19日)〉，《國
　　民政府檔案》，檔號0510/2770.01-01。

〈蔣介石指示行營設計委員會組織架構擬具政治計畫及專門人才聘任〉，《蔣中正總統文
　　物》，檔號：籌筆／統一時期／08172。

〈蔣介石致孔祥熙手令(1945年7月24日)〉，《蔣中正總統文物》，特交檔案，檔號
　　2080.109,28/05。

〈蔣介石致宋哲元電（1937年7月8日）〉，《蔣中正總統文物》，典藏號：002-020300-
　　00001-004。

〈蔣介石致林雲陔電（1936年7月28日）〉，《蔣中正總統文物》，典藏號：002-
　　020200-00028-055。

〈蔣介石致林蔚手諭〉（1939年2月28日），《蔣中正總統文物》，典藏號：002-
　　010300-00020-064。

〈蔣介石致林蔚手諭〉（1943年6月15日），《蔣中正總統文物》，典藏號：002-
　　070200-00018-053。

〈蔣介石致邱吉爾電（1940年7月28日）〉，《蔣中正總統文物》，典藏號：002-
　　020300-00039-036。

〈蔣介石致徐永昌程潛電（1937年7月8日）〉，《蔣中正總統文物》，典藏號：002-
　　020300-00001-009。

〈蔣介石致張群電（1939年3月23日）〉，《蔣中正總統文物》，典藏號：002-010300-
　　00021-046。

〈蔣介石致陳布雷等手諭（1945年1月10日）〉，《蔣中正總統文物》，典藏號：002-
　　070200-00021-058。

〈蔣介石致陳誠電〉，《蔣中正總統文物》，典藏號：002-010300-00051-010。

〈蔣介石致賀耀組、陳布雷電（1939 年 1 月 13 日）〉，《蔣中正總統文物》，典藏號：
　　002-010300-00019-021。

〈蔣介石致黃紹紘電〉（1937 年 8 月 18 日），《蔣中正總統文物》，典藏號：002-
　　010300-00003-031。

〈蔣介石致黃紹紘電〉（1937 年 8 月 19 日），《蔣中正總統文物》，典藏號：002-
　　010300-00009-041。

〈蔣介石致黃紹紘電〉（1937 年 8 月 22 日），《蔣中正總統文物》，典藏號：002-
　　010300-00003-001。

〈蔣介石致黃紹紘電〉（1937 年 8 月 31 日），《蔣中正總統文物》，典藏號：002-
　　010300-00009-066。

〈蔣介石致錢大鈞戴笠電（1937 年 5 月 20 日）〉，《蔣中正總統文物》，典藏號：002-
　　010200-00175-059。

〈蔣介石電宋子文前施太乃斯顧問擬定組織游擊隊照原計畫經辦(1939 年 1 月 19 日)〉，《蔣
　　中正總統文物》，典藏號：002-070200-00008-021-001。

〈蔣介石電陳立夫推薦各省市優秀黨委來行營任祕書名單履歷先電告（1933 年 6 月 1
　　日）〉，《蔣中正總統文物》，檔號：籌筆／統一時期／06405。

〈蔣介石電熊式輝令設計會或漢儒代撰歷史典故解釋禮義廉恥〉，1934 年 3 月 28 日，《蔣
　　中正總統檔案》，籌筆／統一時期／08139。

〈蔣介石電熊式輝行營擬設政治設計委員會研究辦法延攬教育經濟人才（1933 年 6 月 21
　　日）〉，《蔣中正總統文物》，檔號：籌筆／統一時期／06497。

〈蔣介石電錢昌照國防設計委員會應與中央政校交通同濟等大學切實合作〉，1933 年 8 月
　　24 日，《蔣中正總統文物》，檔號：籌筆／統一時期／06861。

〈蔣介石電錢昌照聘丁文江楊端六任處長職並以特任職薪俸遇〉，1933 年 7 月 7 日，《蔣
　　中正總統文物》：籌筆／統一時期／16620。

〈蔣介石電錢昌照請翁文灝等代聘丁文江楊端六主持行營設計審核兩處〉，1933 年 7 月 6
　　日，《蔣中正總統檔案》，檔號：籌筆／統一時期／16610。

〈蔣夢麟呈文〉，檔號 001060200007061。

〈蔣夢麟致陳布雷函（1944 年 10 月 25 日）〉，檔號 001060200007070。

〈蔣夢麟致蔣介石簽呈（1943 年 12 月 3 日）〉，太平洋國際學會會議，《國民政府檔案》，
　　典藏號 001-060200-0007。

〈整軍參考資料（六）〉，《總統副總統文物》，典藏號：008-010704-00012-007。

〈錢大鈞、陳布雷呈今後辦公辦法與侍從室工作辦法（1945 年 8 月 31 日）〉，〈國民政
　　府組織編制〉，《國民政府檔案》，檔號 0421/0077.01-01。

〈錢大鈞陳布雷呈今後辦公方式與侍從室工作辦法(1945 年 8 月 31 日)〉，收於：《國民

政府檔案〉，檔號 0421/6077.01-01。

〈戴笠、葉秀峯、張鎮呈蔣介石共黨徐水、王若飛、毛澤東、張瀾對國共談判宣傳匯報〉，
　　《蔣中正總統文物》，檔號：002-080200-00302-036。

〈戴笠呈蔣中正報告（1937 年）〉，〈特種情報──軍統（一）〉，《蔣中正總統檔案》，
　　典藏號 002-080102-00034-006。

〈戴笠呈蔣中正調查統計局考核報告書及會計章程〉，〈特種情報──軍統(一)〉，《蔣
　　中正總統文物》，典藏號 002-080102-00034-009。

〈戴笠呈蔣中正請於林蔚、賀耀組擇一任調查統計局長並予職為副局長等人事調動及組織
　　工作、經費運用等關於特務組織建議〉，《蔣中正總統文物》，〈特種情報──軍統
　　（一）〉，典藏號 002-080102-00034-003。

〈戴笠關於遴選工作人員保送中央政校人事行政訓練班受訓之事批示此係侍從室第三處圖
　　掌握各公開機關之人事本局職責特殊不必保送對人事處理辦法之改進應於實際工作之
　　經驗中研究〉，《戴笠史料》，典藏號：144-010107-0003-050。

〈薛岳等呈蔣中正請飭軍政部仍照前規每月發給二萬元以維持現狀等文電日報表〉（1938
　　年 9 月 14 日），《蔣中正總統文物》，典藏號：002-080200-00502-104。

〈魏道明致蔣介石電(1945 年 1 月 16 日)〉，《蔣中正總統文物》，〈一般資料──民國
　　34 年（一）〉，檔號 00208020000301005。

戴笠，〈川情機密報告與徹底安川建議〉，《蔣中正總統文物》，典藏號 002-080101-
　　00038-010。

◎中國第二歷史檔案館

〈1940 年各情報機關報告本室處理結果比較圖〉，侍從室檔案。

〈中央黨政軍聯席會報祕書處組織規程（1945 年 11 月 15 日）〉，國民黨中宣部檔案，檔
　　號 718/967。

〈中央黨政軍聯席會報祕書處編制表〉，國民黨中宣部檔案，檔號 718/967。

〈侍從室官佐簡歷及動態表〉，侍從室檔案，檔號 762/874。

〈侍從室第六組辦事規程（1943 年 9 月 23 日）〉，侍從室檔案。

〈侍從室督戰參謀有關桂南會戰文電〉（1940 年 2-3 月），戰史編纂委員會檔案，檔號
　　787 ／ 8868。

〈該部選送陸大第十四、十六期畢業生入侍從參謀訓練班人員名冊、簡歷、「侍從參謀實
　　習訓練辦法」〉，軍令部檔案，檔號 769/82。

軍令部，《軍令部審查檢閱各部隊參謀報告書決議案》，油印本，1941 年，軍令部檔案，
　　檔號 769/2217。

〈軍委會侍從室關於淞滬戰場的情報與部署文電〉（1937 年 8 月），戰史編纂委員會檔案，

檔號：787 ／ 7457。

〈軍事委員會委員長侍從室第一處召集有關機關商討改革密本會議記錄（1943 年 6 月 15
　　日）〉，經濟部檔案，檔號：4/14524。

〈陳果夫呈蔣中正請鑒核侍從室第三處三年半工作簡報及三十一年度檢討報告〉。

〈陶希聖對蔣介石關於孔子正統思想問題之手諭的理解致陳布雷函及蔣介石在孔學會上的
　　演講稿〉，侍從室檔案，檔號：762/1610。

〈第六組 1944 年度情報處理比較表〉，侍從室檔案。

〈夏新霈陳侍從室第二處承發之二十九至三十五各年度手令清檢表〉；〈三十一年度經發
　　手諭及辦理情形簡報表〉。

〈國民政府軍事委員會民國 30 年 12 月 13 日快郵代電〉，收於：《該部選送陸大第十四、
　　十六期畢業生入侍從室參謀訓練班人員名冊、簡歷、「侍從參謀實習訓練辦法」》，
　　軍令部檔案，檔號 769/82。

〈蔣志澄報告劉湘以為抗戰是中央消滅雜色部隊方法並縱容政客文人入川活動〉，侍從室
　　檔案，檔號 762/1576。

◎中國國民黨黨史館

〈乙種會報第三次會議紀錄 (1943 年 9 月 8 日)〉，《特種檔案》，檔號：特 5/3.15。

〈中國國民黨中央監察委員張默君呈總裁蔣介石文 (1950 年 4 月 25 日)〉，《大溪檔案黨
　　務類》，檔號：大黨 015/018。

〈各情報機關第五次甲種會報決議案（1943 年 6 月 23 日)〉，《特種檔案》，檔號：特
　　5/3.13。

〈中國國民黨第五屆十二中全會提案研究會紀要，第一次（1944 年 4 月 24 日)〉，檔號：
　　5.2/144.1。

〈全面調整特種宣傳方案 (1944 年 8 月)〉，《特種檔案》，檔號：特 5/30.5。

〈總裁致吳鐵城手令 (1941 年 8 月 8 日)〉，《特種檔案》，檔號：特 25/2.18。

◎中央研究院近代史研究所

〈中央訓練團黨政訓練班（一）：教職學員名冊〉，朱家驊檔案，編號：123-(1)。

◎美國史丹佛大學胡佛研檔案館

蔣介石，《日記》。

◎重慶市檔案館

〈市政評論社及其他團體補助費〉，《重慶市政府檔案》，全宗號 0053，目錄號 19，卷
　號 3069。

二、史料

Henry D. Smyth 原著，章康道譯，《軍用原子能》，上海：中國科學圖書儀器公司，
　1946。

〈二二八七十週年前夕文化部修法推動中正紀念堂轉型〉，《自由時報》，2017 年 2 月 25 日。

卜少夫，〈布雷先生對一個新聞界後輩的關顧〉，《傳記文學》，第 28 卷第 4 期 (1976 年
　4 月)。

上海圖書館編，《中國近代現代叢書目錄》，上海：編者印行，1979 年。

士心，〈侍從室生活記往補遺之二〉，《春秋》，期 133（1963 年 1 月）。

《大公報》，1936 年 12 月 12 日，第 3 版。

《大公報》（漢口），1938 年 1 月 25 日，第 2 版。

干國勳，《三民主義力行社與民族復興運動》，台北：干芩芩，1986 年。

〈六全代會重要決議・制定政綱政策〉，《大公報》，1945 年 5 月 19 日，第 1 版。

《中央日報》（南京），1932 年 7 月 11 日。

《中央日報》1934 年 2 月 24 日。

《中央日報》（重慶），1944 年 4 月 16 日。

中央研究院近代史研究所編，《國民政府與韓國獨立運動史料》，台北：編者印行，1988 年。

〈中美、中英新約成立〉，《中央日報》，1943 年 1 月 12 日，第 2 版。

〈中美中英新約明年元旦正式公布〉，《中央日報》，1942 年 12 月 27 日，第 2 版

《中華民國憲法》，台北：行政院新聞局，1993 年。

中國人民政治協商會議全國委員會文史資料委員會編，《文史資料存稿選編》，北京：中
　國文史出版社，2002 年，26 冊。

中國社會科學院近代史研究所譯，《顧維鈞回憶錄》，北京：中華書局，1987 年。

中國國民黨中央委員會黨史委員會編，《中國國民黨歷屆歷次中全會重要決議案彙編》，
　臺北：編者印行，1979 年。

中國國民黨中央委員會黨史委員會編，《中華民國重要史料初編——對日抗戰時期》，台
　北：編者印行，1981 年。

中國國民黨中央委員會黨史委員會編，《國防最高委員會常務會議記錄》，台北：近代中
　國出版社，1995 年。

中國第二歷史檔案館、海峽兩岸出版交流中心編，《中央通訊社參考消息匯編》，北京：
　　九州出版社，2010 年。

中國第二歷史檔案館編，《民國時期文書工作和檔案工作資料選編》，北京：檔案出版社，
　　1987 年。

中國第二歷史檔案館編，《中華民國史檔案資料匯編》，南京：江蘇古籍出版社，1991 年。

中國第二歷史檔案館編，《馮玉祥日記》，南京：江蘇古籍出版社，1992 年。

公安部檔案館編注，《在蔣介石身邊八年——侍從室高級幕僚日記》，北京：群眾出版社，
　　1991 年。

文淵，〈復興中華民族與新生活運動〉，《黑白半月刊》，第 1 卷第 10 期（1934 年）。

方秋葦，〈抗戰時期的兵役法和兵役署〉，《民國檔案》，1996 年第 1 期。

方覺慧、祝世康，《民生主義經濟制度之研究》，出版地點不詳，1941 年。

王又庸，〈關於「新政學系」及其主要人物〉，收於：《中華文史資料文庫》，卷 8，北京：
　　中國文史出版社，1996 年。

王子壯，《王子壯日記》，台北：中央研究院近代史研究所，2001 年。

王世杰著，林美莉校註，《王世杰日記》，台北：中央研究院近代史研究所，2012 年。

王正元，《為蔣介石接電話十二年見聞》，南京：江蘇文史資料編輯部，1991 年。

王芸生、曹谷冰，〈1926 年至 1949 年的舊大公報（續二）〉，《文史資料選輯》，第 27 輯。

王掄楦，〈重慶談判期間的《中央日報》〉，收於：中共重慶市委黨史工作委員會等編，《重
　　慶談判紀實》，重慶：重慶出版社，1983 年。

王掄楦，〈重慶蔣宋舊居〉，收於：《重慶抗戰紀事》，重慶：重慶出版社，1985 年。

王祥法，〈我在官邸半世紀〉，收於：感恩與懷德編輯小組編，《感恩與懷德集：我們常
　　在蔣公左右》，台北：應舜仁，2001 年。

王萍訪問，官曼莉紀錄，《杭立武先生訪問記錄》，台北：中央研究院近代史研究所，
　　1990 年。

王新命，《新聞圈裡四十年》，台北：海天出版社，1957 年。

王贛愚，〈當前的中樞政制〉，《當代評論》第 2 卷第 4 期（1942 年）。

右軍，〈整個華北變色的前因後果（二）〉，《春秋》（香港），第 181 期（1965 年 1 月）。

外交部編，《中外條約輯編》，台北：商務，1958 年。

左東樞，〈我所知道的國民黨中央通訊社〉，收於：《文史資料存稿選編‧文化》。

左舜生，《近三十年見聞雜記》，未註出版時地。

本刊記者，〈「官邸派」與幣制改革〉，《新聞雜誌》，第 8 期（1948 年）。

甘乃光，〈行政效率研究會設立之旨趣〉，《行政效率》，第 1 期（1934 年 7 月）。

田一平，〈以劉湘為中心的反蔣祕密組織——武德勵進會〉，《四川文史資料選輯》，第
　　33 輯（1985 年）。

申報年鑑社編，《申報年鑑 (1933)》，上海：申報年鑑社，1933 年。

伍杰編，《中國期刊大詞典》，北京：北京大學出版社，2000 年。

〈再論浙閩沿海軍事〉，《大公報》1941 年 4 月 25 日，第 2 版。

〈再辭綏靖主任〉，《申報》，1936 年 8 月 22 日。

〈收穫與耕耘——國民政府主席蔣中正先生為大公報一萬號紀念作〉，《大公報》，1931 年 5 月 22 日，第 3 版。

朱永堃，〈我在侍從室及「總統府」的見聞〉，收於：《中華文史資料文庫》，第 8 卷，政治軍事篇，北京：中國文史出版社，1996 年。

朱家驊〈國立中央研究院簡說（1953 年 12 月 23 日）〉，收於：中國國民黨中央委員會黨史委員會編，《革命文獻》，輯 59，台北：中央黨史會編印，1988 年。

朱語今，〈回憶皖南事變後周恩來同志在南方局的幾次談話〉，《革命回憶錄》，第 4 輯 (1982 年 2 月)。

米夫，〈只有蘇維埃才能救中國 (1934 年 4 月)〉，收於：中國社會科學院近代史研究所現代史研究室譯，《米夫關於中國革命言論》，北京：人民出版社，1986 年。

〈西安半月記暢銷達四十三萬冊〉，《申報》，1937 年 7 月 5 日。

西藏社會科學院西藏學漢文文獻編輯室編，《民國藏事工作報告》，北京：中國藏學出版社，1995。

何世庸口述，何達整理，〈花園口決堤見聞〉，《百年潮》，2002 年 10 期。

何成濬著，沈雲龍註，《何成濬將軍戰時日記》，台北：傳記文學出版社，1986 年。

何作柏，〈白崇禧當參謀總長兼軍訓部長〉，《廣西文史資料》，第 30 輯。

何幸之，〈二十餘年來叱吒風雲滄桑多變：黃埔系軍人的今昔觀〉，《合眾新聞》，輯 2（1949 年 2 月)。

何智霖編，《陳誠先生回憶錄：抗日戰爭》，臺北：國史館，2004 年。

何智霖編，《陳誠先生書信集：與蔣中正先生往來函電》，臺北：國史館，2007 年。

何智霖編，《陳誠先生書信集：與友人書》，臺北：國史館，2009 年。

何廉，《何廉回憶錄》，北京：中國文史出版社，1988 年。

何廉著，謝鍾璉譯，〈抗戰初期政府機構的變更〉，《傳記文學》，第 41 卷第 1 期（1982 年 7 月)。

何鳳山，《外交生涯四十年》，香港：中文大學出版社，1990 年。

何應欽，《八年抗戰的經過》，南京：國防部，1946 年。

何應欽，《日軍侵華八年抗戰史》，台北：國防部史政編譯局，1982 年。

克勞塞維茨（Carl von Clausewitz）著，陶希聖、杜衡譯，《克勞塞維茨戰爭原理》，重慶：南方印書館，1945 年。

吳大猷，〈抗戰期中之回憶〉，《傳記文學》，卷 5 期 3（1968 年 12 月)。

吳大猷，〈華羅庚係軍政部遴派赴美研究〉，《傳記文學》，卷 47 期 3（1985 年 9 月）。

吳思瀛，〈國民黨時期的軍需雜談〉，《文史資料存稿選編》。

吳國楨著，吳修垣譯，《從上海市長到台灣省主席：吳國楨口述回憶》，上海：上海人民
　　出版社，1999 年。

吳景平、郭岱君編，《宋子文駐美時期電報選 (1940~1943)》，上海：復旦大學出版社，
　　2008 年。

吳鑄人，〈花谿六年〉，收於：《花谿結緣三十年》，未註明出版時地。

呂芳上、黃克武訪問，王景玲紀錄，《覽盡滄桑八十年——楚崧秋先生訪問紀錄》，台北：
　　中央研究院近代史研究所，2001 年。

宋思一，〈我所了解的何應欽〉，《中華文史資料存稿選編・軍政人物（上）》。

宋晞，〈寧靜致遠，淡泊明志——陳布雷先生〉，《近代中國》，第 47 期（1985 年 6 月）。

局外人，〈從襄陽失陷說到康澤被俘〉，《春秋雜誌》（香港）第 101 期（1961 年 9 月）。

希遏，〈布雷先生之馨欬〉，《申報》，1948 年 12 月 10 日。

李有義，〈西藏問題之分析〉，《邊政公論》，卷 7 期 3（1948 年 9 月）。

李宗仁，《李宗仁回憶錄》，香港：南粵出版社，1986 年。

李春初，〈徐復觀的一生〉，《武漢文史資料》，第 2 輯（1990 年）。

李約勒，〈難產的中央黨員通訊局〉，《江蘇文史資料選輯》，第 23 輯（1987 年 8 月）。

李英，〈中統在成都的「祕宣」內情〉，收於：《文史資料存稿選編 ・ 特工組織（上）》。

李英，〈在重慶期間的中統局本部〉，收於：《文史資料存稿選編 ・ 特工組織（上）》。

李雲漢主編，《蔣委員長中正抗戰方策手稿彙輯》，台北：中國國民黨中央委員會黨史委
　　員會，2 冊。

汪日章，〈我在侍從室的點滴生活〉，《浙江文史資料選輯》，輯 16（1980 年 6 月）。

汪日章，〈追隨蔣介石夫婦六年瑣憶〉，《傳記文學》，第 53 卷第 2 期（1988 年 8 月）。

汪日章，〈我隨蔣介石在杭州的一段回憶〉，收於：《杭州文史叢編 ・ 政治軍事卷（上）》，
　　杭州：杭州出版社，2002 年。

〈決潰黃河堤防為黨軍計畫的行為〉，《盛京時報》，1938 年 6 月 16 日。

沈宗濂、柳陞祺著，柳曉青譯，《西藏與西藏人》，北京：中國藏學出版社，2006 年。

〈沈宗濂等行抵拉薩〉，《中央日報》（重慶），1944 年 8 月 13 日。

沈定，〈軍委會參謀團與滇緬抗戰〉，收於杜聿明、宋希濂等著，《遠征印緬抗戰原國民
　　黨將領抗日戰爭親歷記》，北京：中國文史出版社，1990 年。

沈重宇，〈蔣介石親信謀士與情報總管——唐縱〉，《江蘇文史資料》，第 24 輯。

沈乘龍，《中國現行政治制度》，重慶：正中書局，1943 年。

沈雲龍、謝文孫訪問，謝文孫紀錄，〈征戰西北：陝西省主席熊斌將軍訪問紀錄〉，《口
　　述歷史》，期 2（1991 年 2 月）。

沈醉，〈我所知道的戴笠〉，《文史資料選輯》，第 22 輯。

沈醉、文強，《戴笠其人》，北京：文史資料出版社，修訂本，1984 年。

邢肅芝(洛桑珍珠)口述，張健飛、楊念群筆述，《雪域求法記：一個漢人喇嘛的口述歷史》，
　　北京：生活・讀書・新知三聯書局，2003 年。

阮毅成，《制憲日記》，台北：商務印書館，1970 年。

周佛海著，蔡德金編注，《周佛海日記》，北京：中國社會科學出版社，1986 年。

周谷，〈高宗武笑談當年事〉，《傳記文學》，第 66 卷第 4 期（1995 年第 4 期）。

周美華編，《國民政府軍政組織史料》，第 1 冊，臺北：國史館，1996 年。

周旋華，《財政與外交的工作回憶》，台北：作者印行，2006 年。

周策縱，《棄園文粹》，上海：上海文藝出版社，1997 年。

周震東，〈戴笠特務「渝三課」、「蓉組」及「西康組」在軍事方面的活動（1935 年～
　　1936 年）〉，《四川文史資料選輯》，第 22 輯。

居亦僑，《跟隨蔣介石十二年》，長沙：湖南人民出版社，1988 年。

林和成，〈民元來我國農業金融〉，收於：上海銀行學會編，《民國經濟史》，上海：編
　　者印行，1947 年。

林紀東，〈現行中央政制之缺陷與其初步改革〉，《新政治月刊》，第 2 卷第 4 期（1938 年）。

〈社評：六全代會之觀感〉，《大公報》，1945 年 5 月 19 日，第 2 版。

〈社評：收復失土不要失去人心〉，《大公報》，1945 年 9 月 14 日、27 日。

〈社評：空軍夜襲日本九州〉，《大公報》，1938 年 5 月 21 日，版 2。

〈空軍襲日攝成影片〉，《大公報》，1938 年 5 月 21 日，版 2。

邱沈鈞，〈國防第二廳的前身——軍令部第二廳〉，《文史資料選輯》，第 141 輯。

邵毓麟，《勝利前後》，台北：傳記文學出版社，1967 年。

邵毓麟，〈布雷先生的無私與積極〉，《傳記文學》，第 28 卷第 4 期（1976 年 4 月）。

邵毓麟，《使韓回憶錄》，台北：傳記文學出版社，1980 年。

邵毓麟，〈追念一個大平凡的國民黨員〉，收於：陳爾靖編，《王芃生與台灣抗日志士》，
　　臺北：海峽學術出版社，2005 年。

金立，〈陳布雷自殺的血淚文章〉，《內幕新聞》，第 3 期（1948 年）。

金紹先，〈憶述國民黨元老吳忠信〉，收於：全國政協文史資料委員會編，《中華文史資
　　料文庫：軍政人物編》，北京：中國文史出版社，1996 年，卷 9。

侯梅，〈第一五七師參加衡陽戰役紀實〉，收於：全國政協《湖南四大會戰》編寫組編，《湖
　　南四大會戰：原國民黨將領抗日戰爭親歷記》，北京：中國文史出版社，1995 年。

俞國華口述，王駿紀錄，《財經巨擘——俞國華生涯行腳》，台北：商智文化，1999 年。

政協江蘇省委員會文史資料研究委員會編，《中統內幕》，南京：江蘇古籍出版社，1987 年。

施有仁，〈第三十八軍守備秦嶺和撤退入川經過〉，收於：全國政協文史資料委員會編，《中

華文史資料文庫》，第 7 卷。

柳陞祺，〈我進藏的第一課〉，收於：西藏自治區政協文史資料研究委員會編，《西藏文
　　史資料選輯》，拉薩：西藏人民出版社，1985 年。

柳陞祺，〈熱振事件見聞記〉，《中國藏學》，1996 年第 4 期。

柳陞祺，〈我學習藏族史的經過〉，《中國西藏》，2002 年第 3 期。

秋宗鼎，〈蔣介石的侍從室紀實〉，收於：全國政協文史資料委員會編，《中華文史資料
　　文庫》，第 8 卷，北京：中國文史出版社，1996 年。

胡有瑞，〈陳布雷先生百年誕辰口述歷史座談會紀實〉，陳鵬仁主編，《百年憶述 —— 先
　　進先賢百年誕辰口述歷史合輯》，台北：近代中國出版社，1996 年。

胡羽高，《共匪西竄記》，貴陽：羽高書店，1946 年。

胡宗南，《胡宗南先生日記》，臺北：國史館，2015 年。

胡性階，〈中統特務機構在重慶的活動〉，收於：《文史資料存稿選編・特工組織（上）》。

胡喬木，《胡喬木回憶毛澤東》，北京：人民出版社，1994 年。

范苑聲，《民生主義經濟政策之理論體系》，重慶：正中書局，1940 年。

軍事委員會法制處編，《軍事委員會軍事機構調整計畫》，重慶：軍事委員會辦公廳，
　　1945 年。

重慶日報社，《抗戰時期的重慶新聞界》，重慶：新華書店，1995 年。

重慶市檔案館、中國第二歷史檔案館編，《白色恐怖下的新華日報》，重慶：重慶出版社，
　　1987 年。

凌其翰，〈沈昌煥其人〉，收於中國人民政治協商會議全國委員會文史資料委員會編，《文
　　史資料存稿選編・軍政人物（上）》，北京：中國文史出版社，2002 年。

唐振楚，《總裁辦公室工作紀要》，台北：中央文物供應社，1952 年。

唐縱，〈從兩件往事看布雷先生〉，《傳記文學》，第 28 卷第 4 期。

唐縱著，公安部檔案館編注，《在蔣介石身邊八年侍從室高級幕僚唐縱日記》，北京：群
　　眾出版社，1991 年。

〈夏晉麟等任外部顧問沈宗濂為總務司長〉，《中央日報》，1941 年 7 月 4 日

夏繼誠，《打入蔣介石侍從室》，南京：南京出版社，2000 年。

孫科，〈我們的最後勝利就在前面〉，《大公報》，1942 年 7 月 7 日。

孫科，〈檢討過去展望未來，最後勝利就在前面〉，《中央日報》，1942 年 7 月 7 日。

孫越崎，〈回憶我與蔣介石接觸二三事〉，收於：《孫越崎文選》，北京：團結出版社，
　　1992 年。

徐友春主編，《民國人物大辭典》(增訂版)，石家莊：河北人民出版社，2007 年。

徐文山，〈國民黨兵役署中將署長程沛民之死〉，收於：《文史資料存稿選編・軍政人
　　物（上）》。

徐文珊，〈抗戰以來中國史學之趨向〉，收於：孫本文等，《中國戰時學術》，重慶：正中書局，1946 年。

徐永昌，《徐永昌日記》，台北：中央研究院近代史研究所，1971 年。

徐復觀，〈垃圾箱外〉，收於：徐復觀，《徐復觀雜文——憶往事》，台北：時報文化，1980 年。

徐復觀，〈悼念唐乃建兄〉，收於：私立台南家政專科學校編，《唐乃建先生紀念集》，台南：編者印行，1982 年。

徐復觀，〈中共最近動態〉，收於：黎漢超、李明輝合編，《徐復觀雜文補編》，第 5 冊。

徐道鄰，《敵乎？友乎？：中日關係的檢討》，南京：外交評論社，1935 年。

徐遠舉等，〈軍統局、保密局、中美合作特種技術合作所內幕〉，收於：《文史資料存稿選編‧特工組織（上）》。

晏勛甫，〈紀錄東戰役及黃河決堤〉，《文史資料選輯》，輯 54。

晏道剛，〈蔣介石追堵長征紅軍的部署及其失敗〉，收於：全國政協文史資料委員會編，《中華文史資料文庫》，北京：中國文史出版社，1966 年，第 3 卷。

格桑澤仁，〈藏族現狀之報告〉，收於：氏著，《邊人芻言》，重慶：西藏文化促進會，1946。

桂崇基，《中國現代史料拾遺》，台北：臺灣中華書局，1989 年。

浦薛鳳，《太虛空裏一遊塵》，台北：商務印書館，1979 年。

秦孝儀主編，《總統蔣公大事長編初稿》，臺北：中國國民黨中央委員會黨史委員會，1978 年。

秦孝儀主編，《中華民國重要史料初編：對日抗戰時期》，台北：中央文物供應社，1981 年。

秦豐川，〈軍統局的經濟情報機構〉，收於：文聞編，《我所知道的軍統》，北京：中國文史出版社，2004 年。

翁文灝，《翁文灝日記》，北京：中華書局，2010 年。

翁澤永，〈我的舅父陳布雷〉，收於：浙江省政協文史資料委員會編，《從名記者到幕僚長——陳布雷》，浙江：人民出版社，1988 年。

袁義勤，〈上海《晨報》瑣談〉，《新聞研究資料》，1991 年第 2 期。

郝柏村，《郝柏村解讀蔣公八年抗戰日記：1937-1945》，台北：遠見天下文化，2013 年，2 冊。

馬五先生，〈悼念故人陳芷町〉，收於：馬五先生，《人鑑及新官僚的嘴臉》，臺北：自由太平洋文化事業公司，1964 年。

馬五先生，〈閑話賀耀組〉，收於：馬五先生，《人鑑及新官僚的嘴臉》。

馬樹禮，〈懷念外交戰友沈昌煥〉，收於：石之瑜編，《寧靜致遠‧美麗人生——沈昌煥先生紀念文集》，台北：沈大川，2001 年。

國父實業計畫研究會編，《國父實業計畫研究報告》，重慶：編者印行，1943 年。

國父實業計畫研究會編，《復興關懷念集》，台北：編者印行，1981 年。

國民大會祕書處編，《國民大會實錄》，南京：編者印行，1946 年。

《國民政府公報》，1936 年 9 月 7 日，號 2145，頁 4。

《國民政府軍事委員會委員長行營職員錄》，未註出版地點，1935 年。

《國民政府軍事委員會委員長桂林行營業務紀要》，出版者不詳，1940 年。

國防部史政編譯局編，《抗日戰史》，臺北：編者印行，1967 年。

國防部情報局編，《國防部情報局史要彙編》，臺北：編者印行，1962 年。

國防部情報局編，《戴雨農先生年譜》，臺北：編者印行，1966 年。

國防部情報局編，《戴雨農先生全集》，臺北：編者印行，1979 年。

國防最高委員會祕書處編，《行政三聯制檢討會議輯要》，重慶：編者印行，1943 年。

常希武，〈國民黨特工人員在西藏〉，收入西藏自治區政協文史資料研究委員會編，《西藏文史資料選輯》，拉薩：西藏人民出版社，第 3 輯 (1984 年)。

常希武，〈國民黨在拉薩辦學簡介 (1939-1949)〉，收於：西藏自治區政協文史資料研究委員會編，《西藏文史資料選輯》，拉薩：西藏人民出版社，1985 年，第 5 輯。

康澤，《康澤自述及其下場》，台北：傳記文學出版社，1988 年。

張文，〈中統二十年〉，《江蘇文史資料選輯》，第 23 輯，1987 年 8 月。

張令澳，《侍從室迴夢錄》，上海：上海書店出版社，1998 年。

張令澳，《蔣介石侍從室見聞》，上海：中國人民政治協商會議上海市虹口區委員會文史資料委員會，1994 年。

張令澳，《我在蔣介石侍從室的日子》，台北：周知文化事業股份有限公司，1995 年。

張玉法、陳存恭訪問，黃銘明紀錄，《劉安祺先生訪問紀錄》，台北：中央研究院近代史研究所，1991 年。

張羽新、張雙志編，《民國藏事史料彙編》，北京：學苑出版社，2005 年。

張季鸞，〈給西安軍界的公開信〉，《大公報》（上海），1936 年 12 月 18 日。

張朋園、沈懷玉，《國民政府職官年表》，台北：中央研究院近代史研究所，1987 年。

張朋園、林泉、張俊宏訪問，張俊宏紀錄，《王微先生訪問紀錄》，台北：中央研究院近代史研究所，1996 年。

張朋園、林泉、張俊宏訪問，張俊宏紀錄，《於達先生訪問紀錄》，臺北：中央研究院近代史研究所，1989 年。

張治中，《張治中回憶錄》，北京：中國文史出版社，1985 年。

張國疆口述，郭冠英筆記，〈張國疆回憶錄〉，《傳記文學》，第 62 卷第 1 期，（1993 年 1 月）。

張發奎，《張發奎將軍抗日戰爭回憶記》，香港：蔡國楨，1981 年。

張發奎，《蔣介石與我：張發奎上將回憶錄》，香港：香港文化藝術出版社，2008年。

張道藩，〈陳布雷先生逝世三週年悼詞〉，《中央日報》，1951年11月13日，第2版。

張彝鼎，《鑑秋憶往錄》，未註出版時地。

強俄巴・多吉歐珠，〈西藏地方政府派「代表團慰問同盟國和出席南京國民代表大會」內幕〉，收於：西藏自治區政協文史資料研究委員會編，《西藏文史資料選輯》，拉薩：西藏人民出版社，1984年，第2輯。

戚厚杰編選，〈德國總顧問法肯豪森呈於中國抗日戰備之兩份建議書〉，《民國檔案》，1991年2期。

戚厚杰，〈抗戰爆發後南京國民政府國防聯席會議記錄〉，《民國檔案》，1996年1期，頁28-32。

戚厚杰、徐志敏選輯，〈德國軍事總顧問法肯豪森演講紀要（上）〉，《民國檔案》，2005年1期，頁38。

敖倫，〈我參加廣東空軍倒陳投蔣〉，收於廣州市政府政協文史資料研究委員會編，《南天歲月：陳濟棠主粵時期見聞實錄》，廣州：廣東人民出版社，1987年。

曹永洋，〈徐復觀教授年表〉，《中華雜誌》，227期（1982年6月）。

曹聖芬，〈陳布雷先生的風格〉，《中國一周》，第30期（1950年11月），頁13。

曹聖芬，〈總統蔣公的著述〉，收於：曹聖芬，《懷恩感舊錄》，台北：中央日報社，1981年。

曹翼遠，〈懷雙谿〉，收於：《花谿結緣三十年》，臺北：自印，1969年。

盛世驤口述，歐播佳整理，《蔣介石的封疆大吏——我家大哥盛世才》，臺北：萬卷樓，2000年。

〈第六七三次行政院會議羅良鑑代表蒙藏委員會金問泗兼挪比捷大使〉，《中央日報》，1944年9月13日第3版。

莊文亞編，《全國文化機關一覽》，台北：中國出版社，重印本，1973年。

許承璽，《帷幄長才許朗軒》，臺北：黎明文化，2007年。

郭旭，〈我所知道的戴笠〉。

郭廷以，《中華民國史事日誌》，臺北：中央研究院近代史研究所，1984年。

陳之邁，〈評憲草修正稿的行政立法體制〉，《東方雜誌》，第31卷第19期（1934年10月）。

陳之邁，〈國民黨的政治委員會〉，《社會科學》，第2卷第4期（1937年7月）。

陳之邁，〈蔣廷黻其人其事〉，《傳記文學》，第7卷第6期(1965年12月)。

陳布雷，〈一個新聞界舊人之自身經驗談〉，《讀書通訊》，第21期(1941年)。

陳布雷，《陳布雷先生從政日記稿樣》，臺北：東南印務出版社，出版年不明。

陳布雷，《陳布雷回憶錄》，台北：傳記文學出版社，1967年。

陳立夫，《成敗之鑑：陳立夫回憶錄》，台北：正中書局，1994年。

陳存恭等訪問，《陶希聖先生訪問記錄》，台北：國防部史政編譯局，1994年。

陳克文著，陳方正編，《陳克文日記 (1937-1952)》，台北：中央研究院近代史研究所，
　　2012 年。

陳果夫，〈序（一）〉，收於：國民政府軍事委員會委員長侍從室第三處編，《淪陷區收
　　復後之重要問題暨其解決辦法》，重慶：編者印行，1945 年。

〈陳果夫建議在武涉掘提〉，《鄭州文史資料》，輯 2（1986 年 10 月）。

陳紀瀅，《報人張季鸞》，臺北：重光文藝出版社，1957 年。

陳約文，〈對二伯父陳布雷先生的一些追憶和懷念〉，《近代中國》，第 74 期（1989 年
　　12 月）。

陳訓慈，〈先兄畏壘雜記〉，收於：浙江省政協文史資料委員會編，《從名記者到幕僚長——
　　陳布雷》，杭州：浙江文藝出版社，1988 年。

陳盛智，〈在軍統特務組之中的一般經歷〉，收於：《文史資料存稿選編 · 特工組織
　　（下）》。

〈陳誠的兩個知己長官〉，《中國內幕》，期 5（1948 年），頁 27。

陳誠著，林秋敏、葉惠芬、蘇聖雄編輯校訂，《陳誠先生日記》，臺北：國史館、中央研
　　究院近代史研究所，2015 年。

陳慰儒，〈黃河花園口掘堤經過〉，《河南文史資料》，輯 4。

陳賡雅，〈孔祥熙鯨吞美金公債的內幕〉，收於：壽充一編，《孔祥熙其人其事》，北京：
　　中國文史出版社，1987 年。

陳錫璋，〈西藏從政紀略〉，收於：《文史資料選輯》，第 79 輯 (1981 年)。

陳謙平編，《翁文灝與抗戰檔案史料匯編》，北京：社會科學文獻出版社，2017 年。

陶百川，《困勉強狷八十年》，台北：東大圖書公司，1986 年。

陶希聖，〈記陳布雷先生（上）〉，《傳記文學》，第 4 卷第 5 期（1964 年 5 月）。

陶希聖，〈記陳布雷先生 (中)〉，《傳記文學》，第 4 卷第 6 期 (1964 年 6 月)。

陶希聖，《潮流與點滴》，台北：傳記文學出版社，1970 年。

陶希聖，〈八十自序〉，收於：食貨月刊社編輯委員會編，《陶希聖先生八秩榮慶論文集》，
　　臺北：食貨出版社，1979 年。

陶希聖，〈總裁手著《中國之命運》的經過〉，《近代中國》，第 1 期（1984 年 3 月）。

陶希聖，〈難忘的回憶〉，收於：胡有瑞編，《六十年來的中央日報》，台北：中央日報社，
　　1988 年。

〈陶希聖是報界奇才〉，《新聞快報週刊》，1949 年 9 月，頁 7。

陶希聖輯譯，《拿破崙兵法語錄》，重慶：南方印書館，1945 年。

陶恒生，〈一面之緣的陳布雷與女兒陳璉〉，《傳記文學》，第 78 卷第 1 期 (2001 年 1 月)。

陶滌亞，〈歷史不容留白：談談藝文研究會——並談汪精衛、周佛海、陶希聖之間的錯綜
　　關係〉，《傳記文學》，第 73 卷第 1 期 (1998 年 7 月)。

陸鏗，〈南京《中央日報》的回憶〉，收於：中國人民政治協商會議全國委員會文史資料
　　委員會編，《文史資料存稿選編・文化》，北京：中國文史出版社，2002年。

傅秉常，〈中華民國憲法草案起草經過〉，收於：立法院中華民國憲法草案宣傳委員會編，
　　《中華民國憲法草案說明書》，未註明出版地點，1940年。

傅紹傑，〈戰鬥力與戰術的成就〉，《現代軍事》第3卷第3期（1948年3月）。

彭象賢，〈回憶南京政訓研究班〉，收於：全國政協文史資料委員會編，《文史資料存稿
　　選編・軍事機構（上）》，北京：中國文史出版社，2002年。

彭樂善，〈回憶珍珠港被偷襲那一天〉，《傳記文學》，第39卷第6期(1981年12月)。

〈復性書院籌募基金〉，《中央日報》，1947年3月25日。

程世傑，〈回首三十年〉，收於：《花谿結緣三十年》。

程孝剛，《三民主義計畫經濟》，出版地點不詳，1941年。

程思遠，《政壇回憶》，南寧：廣西人民出版社，1983年。

程滄波，〈蔣總統與我——撰寫文稿〉，收於：程滄波，《滄波文存》，台北：傳記文學
　　出版社，1983年。

華覺明，〈我對何成濬的回顧〉，《湖北文史資料》，輯25（1998）。

賀昌群，《賀昌群文集》，北京：商務，2003年。

賀國光，《八十自述》，台北：警察畫報，1964年。

〈開封車站激戰中〉，《申報》，1938年6月7日。

馮友蘭，《三松堂自序》，北京：三聯書店，1984年。

黃天邁，〈魏道明、唐縱——民國風雲人物印象記之五〉，《中外雜誌》，第32卷第2
　　期（1982年8月）。

黃宇人，《我的小故事》，多倫多：作者自印，1982年。

黃自進、潘光哲編，《蔣中正總統五記：困勉記》，臺北：國史館，2011年。

黃卓群口述，《吳國楨傳》，台北：自由時報，1995年。

黃杰，《中央訓練團工作紀要》，台北：國防部史政編譯局，1984年。

黃康永，〈軍統特務組織的發展和演變〉，收於：中國人民政治協商會議全國委員會文史
　　資料委員會編，《文史資料存稿選編・特工組織（上）》，北京：中國文史出版社，
　　2002年。

黃紹紘，《五十回憶》，杭州：雲風出版社，1945年。

黃濤、林偉鑄、張大華，〈第六十二軍參加衡陽戰役的經過〉，收於：《湖南四大會戰——
　　原國民黨將領抗日戰爭親歷記》。

新生活運動促進總會編，《民國二十三年新生活運動總報告》，南昌：編者印行，1935年。

《新唐書》，卷117，〈劉禪之傳〉。

楊玉清，〈我所知道的陳布雷〉，《文史資料選輯》，第81輯（1982年）。

楊伯濤，〈第十八軍從進攻到被殲滅〉，收於：全國政協文史資料委員會編，《中華文史資料文庫》，第 7 卷。

楊步偉，《雜憶趙家》，台北：傳記文學出版社，1972 年。

楊效平，〈喜饒嘉措大師生平事略〉，收於：中國人民政治協商會議全國委員會文史資料研究委員會文史資料選輯編輯部編，《文史資料選輯》，北京：文史資料出版社，1984 年，第 92 輯。

楊續雲，〈潘文華生平及起義經過〉，《成都文史資料》，1988 年第 4 輯（總第 21 輯）。

感恩與懷德集編輯小組編，《感恩與懷德集》，臺北：應舜仁，2001 年。

感恩與懷德續集編輯小組編，《感恩與懷德續集》，臺北：應舜仁，2006 年。

感恩與懷德第三集編輯小組編，《感恩與懷德第三集》，臺北：漢雅資訊，2011 年。

瑞昇（錢端升），〈評立憲運動及憲草修正案〉，《東方雜誌》，第 31 卷第 19 期（1934 年 10 月）。

萬亞剛，〈從平江事件到昆明事件──「聯祕處」成立的經過〉收於：萬亞剛，《國共鬥爭的見聞》，臺北：李敖出版社，1995 年。

萬耀煌，《萬耀煌將軍日記》，臺北：湖北文獻社，1978 年。

董蔚翹，〈玉門油礦的發現與開採〉，《傳記文學》，第 21 卷第 2 期。

裘軫，《軌跡尋痕錄》，台北：嵊訊雜誌社，1993 年。

賈廷詩、馬天綱、陳三井、陳存恭訪問兼紀錄，《白崇禧先生訪問紀錄》，台北：中央研究院近代史研究所，1984 年。

熊十力，《十力語要》，台北：廣文，1985 年。

熊向暉，《我的情報與外交生涯（增訂本）》，北京：中共黨史出版社，1999 年。

熊式輝，《海桑集──熊式輝回憶錄》，香港：明鏡出版社，2008 年。

熊復光，〈馬浮先生與復性書院〉，《傳記文學》，第 24 卷第 3 期（1974 年 3 月）。

蒙藏委員會編輯室編，《蒙藏委員會駐藏辦事處檔案選編》，台北：蒙藏委員會，2007 年。

裴斐、韋慕庭訪問，吳修垣譯，《從上海市長到台灣省主席（1946-1953）：吳國楨口述回憶》，上海：人民出版社，1999 年。

趙毓麟，〈國民政府軍事委員會委員長侍從室人事內幕〉，收於：《文史資料存稿匯編 ‧ 軍事機構（上）》，北京：中國文史出版社，2002 年。

趙銘，〈《中國之命運》英譯本出版記〉，《中央日報》，1947 年 3 月 7 日

趙廣青，〈民國軍政、政要們的來往書信〉，《收藏拍賣》，2015 年第 8 期。

劉勁持，〈陸軍大學第十一期內幕〉，收於：《文史資料存稿選編 ‧ 軍事機構（下）》。

劉家駒，《康藏》，上海：新亞細亞月刊社，1932 年。

劉國銘主編，《中國國民黨九千將領》，蘭州：中華工商聯合出版社，1993 年。

劉國銘編，《中國國民黨百年人物全書》，北京：團結出版社，2005 年。

劉國銘編，《民國人物大辭典》，石家莊：河北人民出版社，2007 年。

劉鳳翰、張力訪問，毛金陵紀錄，《丁治磐先生訪問紀錄》，台北：中央研究院近代史研究所，1991 年。

劉鳳翰訪問，劉海若紀錄，《尹國祥先生訪問記錄》，臺北：中央研究院近代史研究所，1993 年。

〈敵軍在浙閩沿海的行動〉，《大公報》，1941 年 4 月 24 日，第 2 版

潘世憲，〈回憶王芃生與國際問題研究所〉，收於：陳爾靖編，《王芃生與台灣抗日志士》，台北：海峽學術出版社，2005 年。

蔡之華譯，《英國社會安全計畫綱要》，重慶：交通銀行總管理處，1943 年。

蔡孟堅，〈悼念知友唐縱先生〉，《大成》，第 97 期（1981 年 12 月）。

蔡孟堅，《蔡孟堅傳真集續集》，台北：傳記文學出版社，1990 年。

《蔣中正總統檔案・事略稿本》，台北：國史館，2011~2015 年。

蔣介石，〈「八一三」三週年紀念告淪陷區民眾書(1940 年 8 月 13 日)〉，收於：秦孝儀主編，《先總統蔣公思想言論總集》，第 31 冊。

蔣介石，〈中美、中英平等新約告成告全國軍民書(1943 年 1 月 12 日)〉，收於：秦孝儀主編，〈先總統蔣公思想言論總集〉，第 32 冊。

蔣介石，〈中國邊疆問題（1934 年 3 月 7 日）〉，收於：秦孝儀主編，《總統蔣公思想言論總集》，台北：中央文物供應社，1984 年，第 12 冊。

蔣介石，〈今後發展團務的指導方針（1939 年 7 月 19 日）〉，收於：秦孝儀主編，《先總統蔣公思想言論總集》，第 16 冊。

蔣介石，〈外交人員的修養〉，收於：秦孝儀主編，《先總統蔣公思想言論總集》，第 18 冊。

蔣介石，〈努力完成訓政大業（1931 年 5 月 17 日）〉，收於：秦孝儀主編，《先總統蔣公思想言論總集》。

蔣介石，〈完成民族主義維護國際和平（1945 年 8 月 24 日）〉，秦孝儀主編，《總統蔣公思想言論總集》第 21 冊。

蔣介石，〈抗戰形勢之綜合檢討〉，收於：秦孝儀主編，《先總統蔣公思想言論總集》第 19 冊。

蔣介石，〈抗戰建國五週年紀念告全國軍民同胞書(1942 年 7 月 7 日)〉，收於：秦孝儀主編，《先總統蔣公思想言論總集》，第 31 冊。

蔣介石，〈抗戰建國週年紀念告世界友邦書 (1938 年 7 月 7 日)〉，收於：秦孝儀主編，《先總統蔣公思想言論總集》，第 30 冊。

蔣介石，〈抗戰建國週年紀念告全國軍民書 (1938 年 7 月 7 日)〉，收於：秦孝儀主編，《先總統蔣公思想言論總集》，第 30 冊。

蔣介石，〈抗戰檢討與必勝要訣〉（1938 年 1 月 11 日），收於秦孝儀主編，《先總統蔣

公思想言論總集》，第 15 冊。

蔣介石，〈改造官兵心理加強精神武裝（1948 年 8 月 3 日）〉，收於：秦孝儀主編，《先
　　總統蔣公思想言論集》，第 22 冊。

蔣介石，〈侍從人員訓條〉，收於：感恩與懷德集編輯小組編，《感恩與懷德集：我們常
　　在蔣公左右》，頁 3。

蔣介石，〈為實施國民精神總動員告全國同胞書 (1939 年 3 月 12 日)〉，秦孝儀主編，《先
　　總統蔣公思想言論總集》，第 31 冊。

蔣介石，〈革命成敗的機勢和建設工作的方法（1933 年 11 月 14 日）〉，收於：秦孝儀主
　　編，《總統蔣公思想言論總集》第 11 冊。

蔣介石，〈國民經濟建設運動之意義及其實施（1935 年 10 月 14 日）〉，收於：秦孝儀主
　　編，《先總統蔣公思想言論總集》，第 5 冊。

蔣介石，〈揭發敵國陰謀闡明抗戰國策 (1938 年 12 月 26 日)〉，收於：秦孝儀主編，《先
　　總統蔣公思想言論總集》，第 15 冊。

蔣介石，〈發起國民經濟建設運動發表通電（1935 年 4 月 1 日）〉，收於：秦孝儀主編，
　　《總統蔣公思想言論總集》，第 37 冊，別錄。

蔣介石，〈新生活運動二週年紀念告全國同胞書 (1936 年 2 月 19 日)〉，收於：秦孝儀主編，
　　《先總統蔣公思想言論總集》，第 30 冊。

蔣介石，〈新生活運動之要義（1934 年 2 月 19 日）〉，收於：秦孝儀主編，《總統蔣公
　　思想言論總集》，第 12 冊。

蔣介石，〈電示龍雲主席指出汪兆銘與敵謀和之謬妄 (1938 年 12 月 27 日)〉，收於：秦
　　孝儀主編，《先總統蔣公思想言論總集》，第 37 冊。

蔣介石，〈對日抗戰與本黨前途 (1938 年 4 月 1 日)〉，收於：秦孝儀主編，《總統蔣公
　　思想言論總集》，第 15 冊。

蔣介石，〈對於青年團工作的檢討和感想 (1938 年 9 月 5 日)〉，收於：秦孝儀主編，《先
　　總統蔣公思想言論總集》，第 15 冊。

蔣介石，〈對於盧溝橋事件之嚴正表示 (1937 年 7 月 17 日)〉，收於：秦孝儀主編，《先
　　總統蔣公思想言論總集》，第 14 冊。

蔣介石，《中國之命運》，台北：中央文物供應社，1952 年。

蔣介石，《中國經濟學說》，收於：秦孝儀主編，《總統蔣公思想言論總集》，第 5 冊。

蔣介石，《中國經濟學說》，重慶：國民政府軍事委員會委員長侍從室，1943 年。

〈蔣介石之人生觀〉，《大公報》，1927 年 1 月 23 日。

〈蔣介石先於黃河決堤後指示需向民眾宣傳敵飛機炸毀黃河堤等情密電〉（1938 年 6 月
　　11 日），《鄭州文史資料》，輯 2（1986）。

蔣公侍從人員史編纂小組編，《蔣公侍從見聞錄》，台北：國防部史政編譯局，1996 年。

蔣君章，〈布雷先生最後主持的一個小機構——為紀念先生逝世二十週年而作〉，《傳記文學》，第 13 卷第 6 期 (1968 年 12 月)。

蔣君章，〈布雷先生的風範——「寧靜致遠‧淡泊明志」〉，《傳記文學》，第 28 卷第 4 期（1976 年 4 月）。

蔣君章，《傷逝集》，台北：德馨室出版社，1979 年。

蔣廷黻口述，謝鍾璉記，《蔣廷黻回憶錄》，台北：傳記文學出版社，1979 年。

蔣京訪問與紀錄，《蕭贊育先生訪問紀錄》，台北：近代中國出版社，1992 年。

蔣京訪問與紀錄，《滕傑先生訪問紀錄》，台北：近代中國出版社，1993 年。

〈蔣委員長電慰死難軍民家屬並另呈報壯烈事蹟，俾便褒揚垂範後嗣〉，《中央日報》（長沙），1938 年 7 月 7 日第 3 版。

〈蔣通電喚起輿論〉，《大公報》，1923 年 12 月 28 日，第 3 版。

蔣煥文，《戰時政治建設》，重慶：國民圖書出版社，1942 年。

談瀛，〈我所知道的徐復觀〉，《武漢文史資料》，第 2 輯（1990 年）。

〈論憲法草案初稿〉，《大公報》，1934 年 3 月 3 日。

〈憲法初編之思想體系〉，《大公報》，1934 年 3 月 13 日，第 2 版。

鄧文儀，〈新生活運動綱要（初稿）〉，收於：新生活運動促進會編，《民國二十三年新生活運動總報告》。

鄧文儀，《冒險犯難記》，台北：學生書局，1973 年。

魯炳炎等編，《感恩與懷德第四集：衛護蔣公七十年》，臺北：漢雅資訊，2016 年。

魯學瀛，〈論黨政關係〉，《行政研究》，第 2 卷第 6 期（1937 年 6 月）。

黎天榮，〈我在蔣介石侍從室工作的片段回憶〉，收於全國政協文史資料委員會編，《中華文史資料文庫》，卷 8：政治軍事篇。

〈擁護修明政治案〉，《大公報》，1941 年 12 月 22 日。

蕭自誠，〈戰時回憶（一）〉，《傳記文學》，第 45 卷第 2 期（1984 年 8 月）。

蕭作霖，〈「復興社」述略〉，收於：龐鏡塘等編，《蔣家天下陳家黨：CC 和復興社》，香港：中原出版社，1989 年。

蕭贊育，《梅園文存》，台北：黎明文化，1985 年。

賴景瑚，〈辦黨、辦報、辦學〉，《傳記文學》，第 23 卷第 1 期，（1973 年 7 月）。

賴慧鵬，〈台兒莊之戰和徐州突圍親歷記〉，《廣西文史資料選輯》，第 6 輯（1964 年 4 月）。

錢大鈞，《錢大鈞上將八十自傳》，臺北：國防部史政編譯局，1979 年。

錢世澤編，《千鈞重負錢大鈞將軍民國日記摘要》，臺北：中華出版公司，2015 年。

錢昌祚，《浮生百記》，臺北：傳記文學出版社，1975 年。

錢昌照，《錢昌照回憶錄》，北京：中國文史出版社，1998 年。

〈錯誤的民治觀念與立憲〉，《大公報》，1934 年 3 月 31 日，第 2 版。

霍實子、丁緒曾，〈國民政府軍事委員會密電檢譯所〉，收於：《文史資料存稿選編‧
　　特工組織（下）》。

鮑志鴻，〈抗戰後期的豫湘桂戰役——軍統局的所見所聞〉，《武漢文史資料》，第 2 輯
　　（1987 年 6 月）。

濮孟九，〈谿邊閒話〉，收於：《花谿結緣三十年》。

濱田峰太郎，《現代支那の政治機構とその構成分子》，東京：學藝社，1936 年。

謝伯元，〈我所了解的何應欽〉，《中華文史資料存稿選編‧軍政人物（上）》。

謝藻生，〈蔣介石與劉湘的勾心鬥角〉，《湖北文史》，2007 年第 1 期。

韓啟桐，《黃泛區的損害與善後救濟》，出版地不詳：行政院善後救濟總署，1948 年。

魏大銘，〈珍珠港事變之研究（一）〉，《傳記文學》，第 39 卷第 6 期（1981 年 12 月）。

魏大銘、黃遠峰，《魏大銘自傳》，台北：學生書局，2016 年。

魏汝霖，〈重慶國防研究院成立及辦理經過〉，收於：《復興關紀念集》。

魏尚武，〈中央軍校政訓研究班與復興社〉，收於：中國人民政治協商會議全國委員會文
　　史資料委員會編，《文史資料存稿選編（軍事機構下）》。

魏錫熙，〈我通過經濟情報活動監視張治中之內幕〉，《文史資料選輯》，第 81 輯。

羅平野，〈鎮江江防第四軍的覆滅〉，收於：全國政協文史資料委員會編，《中華文史資
　　料文庫》，第 7 卷。

羅君強，〈細說汪偽 (上)〉，《傳記文學》，第 62 卷第 1 期 (1993 年 1 月)。

羅時實，〈花谿憶語〉，收於：《花谿結緣三十年》。

龐鏡塘，〈CC 系反對楊永泰的一幕〉，收於：中國人民政治協商會議全國委員會文史資
　　料委員會編，《文史資料存稿選編（政府‧政黨）》，北京：中國文史出版社，2002 年。

〈黨禍〉，《大公報》，1927 年 4 月 29 日。

顧祝同，《墨三九十自述》，臺北：國防部史政編譯局，1981 年。

顧維鈞著，中國社會科學院近代史研究所譯，《顧維鈞回憶錄》，北京：中華書局，1987 年。

〈歡迎與期待〉，《大公報》，1928 年 7 月 30 日。

龔學遂，《中國戰時交通史》，上海：商務印書館，1947 年。

龔曉，〈馬一浮主持復性書院始末〉，《樂山師範學院學報》，第 22 卷第 2 期（2007 年 2 月）。

三、中、日文論著

中央研究院八十年院史編纂委員會主編，《追求卓越：中央研究院八十年》，台北：中央
　　研究院，2008 年。

中共中央文獻研究室編，《毛澤東年譜 (1893-1949)》，北京：中央文獻出版社，2013 年。

中共中央文獻研究室編，《朱德年譜》，北京：人民出版社，1986 年。

中村元哉，〈國民黨政權と南京・重慶『中央日報』〉，收於：中央大學人文科學研究所編，《民國後期中國國民黨政權の研究》，東京：中央大學出版部，2005 年。

方秋葦，〈陶希聖與「低調俱樂部」、「藝文研究會」〉，《民國檔案》，1992 年第 3 期，頁 132。

方漢奇編，《中國新聞事業編年史》，福州：福建人民出版社，2000 年。

王川，〈孔慶宗時期蒙藏委員會駐藏辦事處對在藏漢人的管轄及其意義〉，《上海大學學報（社會科學版）》，2010 年第 4 期。

王川，〈民國中期孔慶宗負責時代駐藏辦事處內部人事設置及其影響（1940-1944）〉，《西藏大學學報（社會科學版）》，2012 年第 3 期。

王成勉，〈魏德邁與戰時中國（1944 年 10 月~1945 年 8 月）——魏德邁與蔣介石關係之研究〉，《中華軍史學會會刊》，期 13（2008 年 9 月），頁 121-150。

王汎森著，王曉冰譯，《傅斯年：中國近代歷史與政治中的個體生命》，台北：聯經，2013 年。

王良卿，〈派系政治與國民黨第六次全國代表大會——以第六屆中央執行、監察委員選舉為中心的探討〉，《國史館館刊》，復刊第 21 期（1996 年 12 月）。

王良卿，《三民主義青年團與中國國民黨關係研究（1938-1949）》，台北：近代中國出版社，1998 年。

王良卿，《改造的誕生》，台北：國立政治大學歷史系，2010 年。

王奇生，〈蔣介石的閱讀史〉，《中國圖書評論》，2001 年第 4 期。

王奇生，〈國民黨中央委員的權力嬗蛻與派系競逐〉，《近代史研究》，2003 年第 5 期。

王奇生，《黨員、黨權與黨爭》（修訂本），北京：華文出版社，2010 年。

王建朗，〈大國意識與大國作為——抗戰後期的中國國際角色定位與外交努力〉，《歷史研究》，2008 年第 6 期。

王建朗，〈信任的流失：從蔣介石日記看抗戰後期的中美關係〉，收於：中國社會科學院近代史研究所編，《民國人物與民國政治》，北京：社會科學文獻出版社，2009 年。

王凌霄，《中國國民黨新聞政策之研究 (1928-1945)》台北：中國國民黨中央委員會黨史委員會，1996 年。

王泰棟，《尋找真實的陳布雷——陳布雷日記解讀》，北京：作家出版社，2010 年。

王震邦，〈閱讀《中國之命運》〉，收於：黃自進編，《國共關係與中日戰爭》，台北：稻香，2016 年。

王衛星，〈國防設計委員會活動評述〉，《學海》，1994 年第 5 期。

左玉河，〈中國哲學會成立緣由及其首次年會〉，《北京科技大學學報（社會科學版）》，第 18 卷第 3 期（2002 年 9 月）。

左雙文，〈西安事變後的南京討伐派——以戴季陶、何應欽為中心的再探討〉，《近代史研究》，2006 年第 6 期。

申曉雲，〈留學歸國人才與國防設計委員會的創設〉，《近代史研究》，1996 年第 3 期。

任育德，〈從黨工看黨務：以 1941-1945 年《王子壯日記》為例〉，收於：《一九四〇年代的中國》，北京：中國社會科學文獻出版社，2009 年。

朱維錚，〈馬一浮在一九三九：葉聖陶所見復性書院創業史〉，《書城》，2009 年 4 月。

朱麗雙，《民國政府的西藏專使 (1912-1949)》，香港：中文大學出版社，2016 年。

何卓恩、李周峰，〈實處與窄處：民族復興運動時論中的新生活運動〉，《安徽史學》，2015 年第 2 期，頁 20。

余敏玲，〈「偉大領袖」v.s.「人民公敵」：蔣介石形象塑造與國共宣傳戰 (1945-1949)〉，收於：黃自進、潘光哲編，《蔣介石與現代中國的形塑》，臺北：中央研究院近代史研究所，2013 年。

何智霖，〈抗戰時期蔣中正痛斥陳誠請辭遠征軍司令官書函解析〉，《國史研究通訊》，期 3（2012 年 12 月），頁 120-123

何智霖、蘇聖雄，〈後期重要戰役〉，收於：呂芳上主編，《中國抗日戰爭史新編》，台北：國史館，2016 年。

何智霖編，《一九四九：中國的關鍵年代學術討論會論文集》，台北：國史館，2000 年。

吳怡萍，《抗戰時期中國國民黨的文藝政策及其運作》，台北：政治大學歷史系所，2012 年。

吳啟訥，〈中華民族宗族論與中華民國的邊疆自治實踐〉，收於：黃自進、潘光哲編，《蔣介石與現代中國的形塑》，台北：中央研究院近代史研究所，2013 年。

吳淑鳳，〈抗戰勝利前後國民政府處置日本態度的轉變〉，《國史館館刊》第 38 期（2013 年 12 月）。

吳景平編，《民國人物的再研究與再評價》，上海：復旦大學出版社，2013 年。

呂芳上，〈抗戰前的中央與地方：以蔣介石先生與廣東陳濟棠關係為例（一九二九─一九三六）〉，《近代中國》，期 144（2001 年 8 月），頁 170-198。

呂芳上，〈痛定思痛：戰後中國國民黨改造的醞釀（1947-1950）〉，收於：何智霖編，《一九四九：中國的關鍵年代學術討論會論文集》。

呂芳上主編，《蔣中正先生年譜長編》，臺北：國史館，2014 年。

呂芳上主編，《戰爭的歷史與記憶》。臺北：國史館，2015 年。

呂昭義，《英帝國與中國西南邊疆 (1911-1947)》，北京：中國藏學出版社，2001 年。

宋祖良、范進編，《會通集：賀麟生平與學術》，北京：三聯書局，1993 年。

宋連生，《蔣介石與西安事變》，北京：團結出版社，2008 年。

李元平，《俞大維傳》，台中：台灣日報社，1992 年。

李文翔，《真相辨微：西安事變的台前幕後》，北京：九州出版社，2012 年。

李宜春，《新政學述論》，北京：社會科學文獻出版社，2015 年。

李仲明，《何應欽大傳》，北京：團結出版社，2008 年。

李君山，《為政略殉：論抗戰初期京滬地區作戰》，臺北：臺灣大學文學院，1992 年。

李海生、完顏紹元，《幕僚政治》，上海：上海人民出版社，1993 年。

李敖、汪榮祖合著，《蔣介石評傳》，臺北：商周文化，1995 年。

李雲漢，《西安事變始末之研究》，台北：近代中國出版社，1982 年。

李雲漢，〈張岳軍與抗戰初期之政府決策（1937-1940）〉，中華民國史料研究中心編，《中國現代史專題研究報告》，第 15 輯（1993 年 4 月）。

李雲漢，〈抗戰期間的黨政關係（1937-1945）〉，《慶祝抗戰勝利五十週年兩岸學術研討會論文集》，台北：中國近代史學會、聯合報系文化基金會，1996 年。

李楊，〈陶希聖與《中國之命運》的歷史與解讀〉，收於：《黃埔軍校研究》，第 4 輯。

李楊，《重說陶希聖》，臺北：秀威，2006 年。

李學通，《書生從政—翁文灝》，蘭州：蘭州大學出版社，1996 年。

汪朝光，《1945-1949：國共政爭與中國命運》，北京：社會科學文獻出版社，2010 年。

汪朝光，〈抗戰勝利後的喜悅與對日處置的糾結——蔣介石日記觀其戰後對日處置的兩面性〉，《抗日戰爭研究》，2013 年第 3 期。

汪朝光、王奇生、金以林，《天下得失：蔣介石的人生》，香港：中和出版公司，2012 年。

汪新、王相坤，《1936：歷史在這裏拐彎——西安事變始末紀實》，北京：華文出版社，2007 年。

汪榮祖，〈蔣介石《西安半月記》透視〉，《傳記文學》，第 64 卷第 3 期（1994 年 3 月）。

汪榮祖、李敖，《蔣介石評傳》，台北：商周文化，1995 年。

沈松平，《陳訓正評傳》，杭州：浙江大學出版社，2015 年。

沈建德，〈蔣介石的幕僚長：陳布雷與民國政治 (1927-1948)〉，未刊碩士論文，東海大學歷史系，2008 年。

沈傳亮，〈中共高層決策模式變化及其特點探析（1921-1949）：以共產國際與中共中央互動為中心的考察〉，《晉陽學刊》，2016 年第 3 期。

周雨，《大公報》，南京：江蘇古籍出版社，1993。

周美華，〈輿論救亡之和戰抉擇〉，收於：呂芳上主編，《中國抗日戰爭史新編 · 和戰抉擇》，台北：國史館，2015 年。

周偉洲編，《英國、俄國與中國西藏》，北京：中國藏學出版社，2000 年。

周維朋，〈戰後中國國民黨派系關係之研究——以黨政革新運動為中心的探討〉，未刊碩士論文，政治大學歷史系，1997 年。

季灝、周世輔、王健民，《潘公展傳》，台北：台北市新聞記者公會，1976 年。

岩谷將，〈蔣介石、共產黨、日本軍：二十世紀前半葉中國國民黨情報組織的成立與展開〉，收於：黃自進、潘光哲編，《蔣介石與現代中國形塑》，台北：中央研究院近代史研究所，2013 年。

林孝庭，〈二戰時期中英關係再探討：以南亞問題為中心〉，《近代史研究》，2005 年第 4 期。

林志宏，〈蔣廷黻、羅家倫、郭廷以：建立「科學的中國近代史」及其詮釋〉，《思與言》，第 42 卷第 4 期（2004 年 12 月）。

林泉，〈中美、中英新約之研究 (1942-1943)〉，收於：中央研究院近代史研究所編，《抗戰建國史研討會論文集》，台北：編者印行，1985 年。

林美莉，〈抗戰勝利後國民政府收兌汪偽中儲券問題〉，收於：《一九四九年：中國的關鍵年代學術討論會論文集》，台北：國史館，2000 年。

林美莉，〈蔣中正與抗戰後期的物價決策──以侍從室的活動為中心〉，收於：黃自進編，《蔣中正與近代中日關係》，台北：稻香出版社，2006 年。

林能士，〈國民黨派系政治與韓國獨立運動〉，《韓國研究論叢》，第 4 輯。

林桶法，〈抗戰期間國民政府的復員工作──以京滬地區為例〉，收於：《紀念七七抗戰六十週年學術研討會論文集》，台北：近代史學會，1997 年。

林桶法，〈淞滬會戰期間的決策與指揮權之問題〉，《國立政治大學歷史學報》，期 45（2016 年 5 月），頁 179-181。

林緒武，《由政學會到新政學系──國民黨體制內的資產階級自由派研究》，天津：天津人民出版社，2009 年。

邵銘煌，〈為抗戰勝利而綢繆：中國國民黨第六次全國代表大會之召開與時代意義〉，收於：中國

邵銘煌，《錢大鈞隨從蔣介石的日子：解讀蔣介石抗戰前後之密令手諭》，台北：羲之堂文化，2014 年。

邵銘煌，〈錢大鈞西安事變生死劫〉，稿本，2015 年。

社會科學院近代史研究所編《劃時代的歷史轉折──1949 年的中國國際學術討論會論文集》，成都：四川人民出版社，2002 年。

金以林，〈蔣介石的用人與選才〉，收於：呂芳上編，《蔣介石的親情、愛情與友情》，台北：時報出版社，2011 年。

金以林，〈蔣介石與政學系〉，《近代史研究》，2014 年第 6 期。

金以林，〈流產的毛蔣會晤：1942-1943 年國共關係在考察〉，《抗日戰爭研究》，期 2（2015 年）。

金沖及〈抗戰期間國共合作中的聯合與鬥爭〉，《中共黨史研究》期 7-9（2015）。

俞凡，〈論新記《大公報》與蔣政府之關係〉，《新聞與傳播研究》，2013 年第 5 期。

俞凡、孫曉麗，〈再論新記《大公報》與蔣政府之關係──以吳鼎昌與蔣介石的交往為中心的考察〉，《新聞與傳播研究》，2015 年第 1 期。

施家順，《兩廣事變之研究》，高雄：復文圖書出版社，1992 年。

段瑞聰，《蔣介石と新生活運動》，東京：慶應義塾大學出版會，2006 年。

洪小夏，〈出席舊金山聯合國制憲會議的中國代表團組成情況述略〉，《武漢大學學報（人文科學報）》，第 55 卷第 3 期 (2002 年 5 月)。

秋浦，〈抗戰時期蔣介石手令制度評析〉，《南京大學學報（哲學‧人文科學‧社會科學）》，2010 年第 3 期。

奚慶慶，〈抗戰時期黃河南泛與豫東黃泛區生態環境的變遷〉，《河南大學學報（社會系學報版）》，卷 51 期 2（2011 年 3 月）。

孫子和，〈西藏攝政熱振呼圖克圖與中央之關係 (1934-1947)〉，收於：氏著，《西藏研究論集》，台北：商務印書館，1989 年。

孫宅巍，〈論抗日戰爭時期的陳誠〉，《民國檔案》，2015 年第 4 期。

孫武，〈蔣介石手令處理規程考略〉，《民國檔案》，2004 年第 2 期。

孫武，〈國民政府教育部經辦 1943 年度蔣介石手令與訓話情形報告〉，《民國檔案》，2013 年第 3 期。

孫彩霞，《新舊政學系》，北京：華夏文化出版社，1997 年。

孫艷玲，〈抗日軍餉與國共關係（1937-1941）〉，《中共黨史研究》，2015 年第 1 期。

家近亮子，《蔣介石の外交戰略と日中戰爭》，東京：岩波書店，2012 年。

徐有禮、朱蘭蘭，〈略論花園口決堤與泛區生態環境的惡化〉，《抗日戰爭研究》，期 2（2005 年）。

徐百永，〈試論民國時期英國對中國西藏的武器供應〉，《中國邊疆史地研究》，2007 年 3 月。

徐百永、薩仁娜，〈國民政府時期的國立拉薩小學及其創辦之意義〉，《西藏研究》，2008 年第 1 期。

徐振國，〈從何廉的口述歷史看「計畫自由經濟」概念在大陸時代的萌芽與發展〉，收於：國父建黨一百週年學術討論集編輯委員會編，《國父建黨一百週年學術討論集》，第 4 冊，臺北：近代中國出版社，1995 年。

袁成毅，〈戰後蔣介石對日「以德抱怨」政策的幾個問題〉，《抗日戰爭研究》，2006 年第 1 期

馬仲廉，〈花園口決堤的軍事意義〉，《抗日戰爭研究》，1999 年 4 期。

馬亮寬，〈傅斯年揭露美金公債舞弊案述論〉，《聊城大學學報》，2005 年第 2 期。

馬勇，〈中國之命運：基於思想史的解讀〉，《北京黨史》，2016 年第 2 期。

馬勇，〈蔣廷黻：學術史上的失蹤者〉，《中國文化》，2016 年第 2 期。

馬振犢、邱錦，〈抗戰時期國民黨中統特工的對英合作〉，《抗日戰爭研究》，2006 年第 3 期。

馬振犢，《國民黨特務活動史》，北京：九州出版社，2008 年。

馬烈，《蔣家父子與三青團》，北京：中國文史出版社，2007 年。

高郁雅，〈戰後國民黨新聞機構的企業化嘗試 (1945-1949)〉，《輔仁歷史學報》，第 16 期 (2005 年 7 月)。

高郁雅，《國民黨的新聞宣傳與戰後中國政局變動》，台北：國立台灣大學出版委員會，2005 年。

商金林編，《葉聖陶年譜長編》，北京：人民教育出版社，2004 年。

張天社，〈蔣介石《西安事變日記》與《西安半月記》的比較研究〉，《寶雞文理學院學報(社會科學版)》，第 34 卷第 4 期（2014 年 8 月）。

張世瑛，〈從常德會戰看國軍統帥部的政略與戰略〉，《中華軍史學會會刊》，期 18（2013 年 8 月）。

張永攀，《英帝國與中國西藏 (1937-1947)》，北京：中國社會科學出版社，2007 年。

張玉法，〈兩頭馬車：總裁蔣介石與代總統李宗仁的權力運作（1949）〉，收於：呂芳上編，《蔣中正日記與民國史研究》，台北：世界大同出版社，2011 年。

張連紅，〈國民政府戰時外交決策機制初探〉，《近代史研究》，1997 年第 2 期。

張瑞德，《抗戰時期的國軍人事》，臺北：中央研究院近代史研究所，1993 年。

張瑞德，〈抗戰時期國軍的參謀人員〉，收於：張瑞德，《山河動：抗戰時期國民政府的軍隊戰力》，北京：社會科學文獻出版社，2015 年。

張瑾等，《中國共產黨在重慶的輿論話語權研究》，重慶：重慶出版社，2015 年。

張龍林，《美國在華治外法權的終結──1943 年中美新約的研究》，廣州：中山大學出版社，2012 年。

戚厚杰等編，《國民革命軍沿革實錄》，石家莊：河北人民出版社，2011 年。

曹伯一，《江西蘇維埃之建立及其崩潰（1931-1934）》，台北：國立政治大學東亞研究所，1969 年。

深町英夫，《身体を躾ける政治：中國國民黨の新生活運動》，東京：岩波書店，2013 年。

郭玉琼，〈發現秧歌：狂歡與規訓──論二十世紀四十年代延安新秧歌運動〉，《中國現代文學研究叢刊》，2006 年第 1 期。

郭卿友，《民國藏事通鑑》，北京：中國藏學出版社，2008 年。

陳永發，《延安的陰影》，台北：中央研究院近代史研究所，1990 年。

陳永發，《中國共產革命七十年》，台北：聯經，1998 年。

陳永發，〈關鍵的一年──蔣中正與豫湘桂大潰敗〉，收於：劉翠溶編，《中國歷史的再思考》，台北：聯經出版社，2015 年。

陳立文，《宋子文與戰時外交》，台北：國史館，1991 年。

陳立文，〈顧維鈞與中英平等新約〉，收於：金光耀編，《顧維鈞與中國外交》，上海：上海古籍出版社，2001 年。

陳存恭，〈現代專業軍人的典範徐永昌〉，收於中央研究院近代史研究所編，《近代中國歷史人物論文集》，臺北：中央研究院近代史研究所，1993 年。

陳郴，〈德國在華軍事情報機關 (1941-1945)〉，《台大歷史學報》，第 44 期（2009 年 12 月）。

陳進金，〈蔣介石對中英新約的態度 (1942-1943)〉，《東華人文學報》，第 7 期 (2005 年 7 月)。

陳雁，《抗日戰爭時期中國外交制度研究》，上海：復旦大學出版社，2002 年。

陳默，〈抗戰時期國軍的戰區／集團軍體系研究〉，北京：北京大學博士論文，2012 年。

陳謙平，《抗戰前後之中英西藏交涉 (1935-1947)》，北京：生活‧讀書‧新知三聯書店，2003 年。

陶希聖，《中國政治思想史》，重慶：南方印書館，1942-1944 年。

陶恒生，《「高陶事件」始末》，武漢：湖北人民出版社，2004 年。

陶泰來、陶晉生，《陶希聖年表》，臺北：聯經，2017 年。

傅虹霖著，王海晨等譯，《張學良與西安事變》，台北：時報文化，1989 年。

喜饒尼瑪、蘇發祥，《蒙藏委員會檔案中的西藏事務》，北京：中央民族大學出版社，2006 年。

彭宗誠，〈劉湘的崛起及其與國民政府的關係〉，未刊碩士論文，國立政治大學歷史系，1999 年。

彭敦文，〈蔣介石奉化故里演講考析〉，《近代史研究》，2001 年第 6 期。

渠長根，《功罪千秋：花園口事件研究》，蘭州：蘭州大學出版社，2003 年。

渠長根，〈1938 年花園口決堤的決策過程述評〉，《江海學刊》，2005 年 3 期。

湯宴，《蔣廷黻與蔣介石》，台北：大塊文化，2017 年。

賀江楓，〈蔣介石、胡宗南與 1943 年閃擊延安計畫〉《抗日戰爭研究》期 3（2016 年）。

馮兵，〈西安事變後蔣介石對其形象的重塑──《西安半月記》的再研究〉，《廈門大學學報 (哲學社會科學版)》，2016 年第 6 期。

馮明珠，〈國民政府外交部對英印侵入康藏境域之回應 (1943-1947)〉，收於：馮明珠編，《文獻與史學──恭賀陳捷先教授七十嵩壽論文集》，台北：遠流出版社，2002。

馮啟宏，〈陳果夫與侍從室第三處的組建〉，《國史館學術集刊》，第 10 期 (2006 年 12 月)。

馮啟宏，〈花黼論英雄：侍從室第三處的人事工作析探〉，《中央研究院近代史研究所集刊》，第 57 期（2007 年 9 月）。

馮啟宏，〈《唐縱日記》中的孔宋〉，收於：胡春惠、陳紅民主編，《宋美齡及其時代國際學術研究會論文集》，香港：香港書海書院亞洲統計中心，2009 年。

馮啟宏，《從講習所到研究院：國民黨的幹部訓練》，台北：金琅學術出版社，2015 年。

黃仁宇，〈蔣介石的歷史地位〉，收於：黃仁宇，《放寬歷史的視野》，台北：允晨，1988 年。

黃仁宇，〈張學良、孫立人和大歷史〉，收於：黃仁宇，《地北天南敍古今》，台北：時報文化，1991 年。

黃兆強，〈偉大史家眼中的偉大歷史人物〉，《東吳歷史學報》，第 30 期（2013 年 12 月）。

黃自進，《蔣介石與日本》，台北：中央研究院近代史研究所，2012 年。

黃自進、潘光哲編，《蔣介石與現代中國的形塑》，臺北：中央研究院近代史研究所，2013 年。

黃克武，〈蔣介石與賀麟〉，《中央研究院近代史研究所集刊》，第 67 期（2010 年 3 月）。

黃克武，〈民族主義的再發現：抗戰時期中國朝野對「中華民族」的討論〉，《近代史研究》，第 214 期（2016 年 7 月）。

黃建華，《國民黨政府統治新疆的政策》，北京：民族出版社，2003 年。

楊天石，〈蔣介石與韓國獨立運動〉，《抗日戰爭研究》，2000 年，第 4 期。

楊天石，〈且看蔣介石如何腐敗—蔣介石日記解密系列〉，《同舟共濟》，2008 年第 8 期。

楊天石，〈蔣介石親自查處孔祥熙等人的美金公債案〉，收於：楊天石，《尋找真實的蔣介石：蔣介石日記解讀》，太原：山西人民出版社，2008 年。

楊天石，〈「飛機搶運洋狗」事件與打倒孔祥熙運動——一份不實報導引起的學潮〉，收於：《尋找真實的蔣介石——蔣介石日記解讀（二）》，香港：三聯書局，2010 年。

楊者聖，《國民黨教父陳果夫》，成都：四川人民出版社，1996 年。

楊奎松，《西安事變新探——張學良與中共關係之謎》，台北：東大圖書公司，1995 年。

楊煥鵬、王潤虎，〈西安事變期間何應欽「武力討伐」策略簡析〉，《西北第二民族學院學報（哲學社會科學報）》，第 83 期（2008 年第 5 期）。

楊維真，《從合作到決裂——論龍雲與中央的關係（1927-1949）》，台北：國史館，2000 年。

楊維真，〈再造革命——蔣中正復職前後對台灣的軍事布置與重建（1949－1950）〉，《中華軍史會刊》，第 7 期（2002 年 4 月）。

楊維真，〈1938 年四川省政府改組風潮始末〉，《國史館學術集刊》，第 4 期（2004 年 9 月）。

楊維真，〈1938 年長沙大火事件的調查與檢討〉，收於吳淑鳳等編，《不可忽視的戰場：抗戰時期的軍統局》，臺北：國史館，2012 年。

楊繼干，〈關於《新華日報》在成都——1938 年 4 月～ 1940 年 3 月〉，收於：新華日報學會成都分會編寫小組編，《新華日報成都營業分處史稿》，成都：成都出版社，1991 年。

楊躍進，《蔣介石的幕僚》，北京：中國社會科學出版社，1997 年。

楊躍進，《蔣介石幕僚思想的研究》，北京：華文出版社，2002 年。

溫波，《重建合法性：南昌市新生活運動研究（1934-1935）》，北京：學苑出版社，2006 年。

萬新華，〈關於傅抱石早年經歷的若干細節〉，《中國書畫》，2009 年第 6 期。

葉再生，《中國近代現代出版通史》，北京：華文出版社，2002 年。

葉錦鴻，〈從國府檔案看西藏歸屬問題〉，收於：黃翔瑜編，《戰後檔案與歷史研究：第九屆中華民國史專題論文集》，台北：國史館，2008 年。

賈維，《三民主義青年團史稿》，北京：社會科學文獻出版社，2012 年。

廖永祥，《新華日報史新著：紀念周恩來誕辰 100 週年》，重慶：重慶出版社，1998 年。

熊宗仁，〈西安事變研究中的重大缺失——論何應欽主「討伐」之動機及「親日派」問題〉，《貴州社會科學》，第 220 期（2008 年 4 月）。

熊忠輝，〈群眾辦報：延安時期馬克斯主義大眾化的新聞實踐〉，《長安大學學報 (社會科學版)》，第 18 卷第 1 期（2016 年 1 月）。

熊婧娟，〈略論國民政府軍事委員會參事室〉，《中國礦業大學學報 (社會科學版)》，2008 年第 3 期（2008 年 9 月）。

翟志成，《馮友蘭學思生命前傳》，台北：中央研究院近代史研究所，2007 年。

聞黎明，《聞一多傳》，北京：人民出版社，1992 年。

裴京漢，〈抗戰後期的「中韓互助」——以國際共管問題為中心〉，收於：呂芳上編，《戰爭的歷史與記憶》，台北：國史館，2016 年。

趙正楷，《徐永昌傳》，臺北：山西文獻社，1989 年。

齊錫生，《劍拔弩張的盟友：太平洋戰爭期間的中美軍事合作關係 (1941-1945)》，台北：中央研究院 · 聯經出版公司，修訂版，2012 年。

齊錫生，《從舞台邊緣走向中央：美國在中國抗戰初期外交視野中的轉變 (1937-1941)》，台北：聯經出版公司，2017。

劉又銘，〈馬浮生平與成學歷程考述〉，《中華學苑》，第 31 期（1985 年 6 月）。

劉大禹，《國民政府行政院的制度變遷研究 (1928-1937)》，北京：社會科學文獻出版社，2012 年。

劉方富，《西安事變實錄》，桂林：廣西師範大學出版社，2009 年。

劉呂紅，〈「從五億美元借款」的使用看國民黨政府的腐敗〉，《四川師範大學學報》，1996 年第 3 期。

劉傳暘，〈王世杰與中國外交——學人從政個案研究〉，未刊博士論文，中國文化大學史學研究所，2006 年。

劉熙明，〈蔣中正與蔣經國在戒嚴時期「不當審判」中的角色〉，《台灣史研究》，第 6 卷第 2 期（1990 年 10 月）。

劉熙明，《偽軍：強權競逐下的卒子 (1937-1949)》，台北：稻鄉出版社，2002 年。

劉維開，〈蔣中正委員長在廬山談訪會講話的新資料〉，《近代中國》，第 118 期 (1997 年 4 月)。

劉維開，〈蔣中正《西安半月記》之研究〉，《政治大學歷史學報》，第 20 期（2003 年 5 月）。

劉維開，〈台灣地區蔣中正先生資料之典藏與整理：兼論「事略稿本」之史料價值〉，《檔案季刊》，第 7 卷第 3 期（2003 年 9 月）。

劉維開，〈國防最高委員會的組織與運作〉，《國立政治大學歷史學報》，第 21 期（2004 年 5 月）。

劉維開，〈國防會議與國防聯席會議之召開與影響〉，《近代中國》，期 163（2005 年 12 月）。

劉維開，〈敵乎？友乎？——中日關係的檢討新探〉，《抗日戰爭研究》，2012 年第 1 期。

劉維開，〈一九四〇年代的吳鐵城〉，《廣東社會科學》，2012 年第 6 期。

劉維開，〈張群與蔣中正的人事布局〉，收於：《民國人物的再研究與再評價》，上海：復旦大學出版社，2013 年。

劉曉鵬，〈敵前養士：「國際關係研究中心」前傳（1937-1945）〉，《中央研究院近代史研究所集刊》，第 82 期（2013 年 12 月）。

潘麗，〈國民與政治認同的新秧歌運動〉，《北京舞蹈學院學報》，2004 年第 2 期。

蔡仲德編，《馮友蘭先生年譜初編》，鄭州：河南人民出版社，2001 年。

蔡淵洯，〈抗戰前國民黨之中國本位的文化建設運動〉，未刊博士論文，台北：國立臺灣師範大學歷史研究所，1991 年。

蔡銘澤，《中國國民黨黨報歷史研究》，北京：團結出版社，1998 年。

鄧元忠，〈新生活運動的政治意涵闡釋〉，收於：中央研究院近代史研究所編，《抗戰前十年國家建設史研討會論文集》，台北：編者印行，1984 年。

鄧元忠，《國民黨核心組織真相：力行社、復興社暨所謂「藍衣社」的演變與成長》，台北：聯經出版事業公司，2000 年。

鄧野，〈日蘇關系與國共的戰略利益——1943 年蔣介石制裁中共的策劃與取消〉，《近代史研究》期 6（2007 年）。

鄧野，〈蔣介石關於《中國之命運》的命題與國共的兩個口號〉，《歷史研究》，2008 年第 4 期。

鄧銳齡等著，多杰才旦編，《元以來西藏地方與中央政府關係研究》，北京：中國藏學出版社，2005 年。

鄭會欣，〈美金公債舞弊案的發生及處理經過〉，《歷史研究》，2009 年第 4 期。

黎裕權，〈駐藏辦事處的設置、功能與影響——兼論國民政府的西藏政策〉，台北：中國文化大學史學研究所碩士論文，2004 年。

盧毅，〈民主革命時期國共宣傳工作比較研究〉，《中共黨史研究》，2016 年第 8 期。

蕭如平，〈蔣介石對黃埔嫡系陳誠的培植〉，《近代史研究》，2013 年第 2 期。

蕭李居，〈戴笠與特務處情報工作組織的開展〉，收於：吳淑鳳、張世瑛、蕭李居編，《不可忽視的戰場：抗戰時期的軍統局》，台北：國史館，2012 年。

蕭李居，〈由「五五憲草」的制定看戰前蔣中正對民主憲政的理解〉，稿本，2014 年。

戴建兵、王建云，〈從貝弗里報告看我國社會保障制度的統一〉，《北京交通大學學報（社會科學報）》，第 12 卷第 3 期（2013 年 7 月）。

戴美政，《曾昭掄評傳》，昆明：雲南人民出版社，2010 年。

戴鴻超，《槍桿、筆桿和權術：蔣介石與毛澤東的治國之道》，台北：時報文化，2015 年。

繆期坤，〈林蔚（1889-1955）〉，收於：劉紹唐主編，《民國人物小傳》，第 3 冊。

薛毅，《工礦泰斗──孫越崎》，北京：中國文史出版社，1997 年。

薛毅，《王世杰傳》，武漢：武漢大學出版社，2010 年。

韓偉，〈革命文藝與社會治理：以延安時期新秧歌運動為中心〉，《人文雜誌》，2016 年第 5 期

韓敬山，〈戴傳賢與民國藏事（1912-1949）〉，未刊博士論文，中央民族大學，2015 年。

簡金生，〈近代漢人的西藏觀 (1912-1949)〉，未刊博士論文，台灣師範大學歷史研究所，2014 年。

魏少輝，〈孔慶宗駐藏任內為維護中央對藏治權的努力研究〉，《中共貴州委黨校學報》，2013 年第 2 期。

魏良才，〈國民黨最後的美國諍友：魏德邁將軍與中美關係〉，《歐美研究》，卷 32 期 2（2002 年 6 月）。

羅久蓉，〈從軍統局到保密局〉，收於：吳淑鳳、張世瑛、蕭李居編，《不可忽視的戰場》。

羅玉明，《西安事變新論》，北京：中央文獻出版社，2000 年。

羅卓安，《陳濟棠》，廣州：廣東省地圖出版社，1999 年。

羅敏，《走向統一：西南與中央關係研究（1931-1936）》，北京：社會科學文獻出版社，2014 年。

藤井元博著，姚以丹譯，〈重慶國民政府在廣西的強化控制和軍事機構：以桂南會戰為中心〉，《抗戰史料研究》，2015 年 1 期。

關志鋼，《新生活運動研究》，深圳：海天出版社，1999 年。

蘇聖雄，〈陳誠離任遠征軍司令長官之謎：以《陳誠先生日記》為中心的探討〉，《國史研究通訊》，期 8（2015 年 6 月）。

蘇聖雄，〈國軍統帥部與抗日作戰：以徐州會戰為中心〉，臺北：國立台灣大學歷史學系博士論文，2016 年。

蔣永敬，《抗戰史論》，台北：東大圖書公司，1995 年。

四、英文資料

Achkasov, V. I. and M. F. Iur'ev. "China's War of National Liberation and the Defeat of

Imperialist Japan: the Soviet Role." *Soviet Studies in History* 24:3(1985).

Akami, Tomoko. *Internationalizing the Pacific: The United States, Japan, and the Institute of Pacific Relations in War and Peace*, 1919-45. London & New York: Routledge, 2002.

Aldrich, Richard J. *Intelligence and the War against Japan: Britain, America and the Politics of Secret Service*. Cambridge: Cambridge University Press, 2000.

Anand, Dibyesh. *Geopolitical Exotica: Tibet in Western Imagination*. Minneapolis: University of Minnesota Press, 2007.

Anand, Dibyesh. "Strategic Hypocrisy: The British Imperial Scripting of Tibet's Geopolitical Identity." *The Journal of Asian Studies* 68:1 (February 2009).

Bagby, Wesley Martin, *The Eagle—Dragon Alliance: America's Relations with China in World War II*. Newark: University of Delaware Press, 1992.

Beveridge, William. *Social Insurance and Allies Services: the Beveridge Report in Brief.* London: H.M.S.O., 1942.

Bishop, Peter. *The Myth of Shangri-La: Tibet, Travel Writing, and the Western Creation of a Sacred Landscape*. Bekeley and Los Angeles: University of California Press, 1989.

Brauen, Martin. *Dreamworld Tibet: Western Illusions*. Bangkok: Orchid Press, 2004.

Cathcart, Adam. "Tethering Tibet: Recent Chinese Historiography and Liu Shenqi in Lhasa, 1945-1949." *Asian Affairs* 48:1 (2017).

Chambers, David Ian. "The Past and Present State of Chinese Intelligence Historiography." *Studies in Intelligence* 56:3(September 2012).

Chan, K.C. "The Abrogation of British Extraterritoriality in China, 1942-43: A Study of Anglo-American-Chinese Relations." *Modern Asian Studies* 11:2 (April 1977).

Chang, Maria Hsia. *The Chinese Blue Shirt Society: Fascism and Developmental Nationalism.* Berkeley: Institute of East Asian Studies, University of California, 1985.

Chang, Maria. "China." in Cyprian Blamires, ed. *World Fascism: A Historical Encyclopedia*. Santa Barbara, Calif.: ABC-CLIO, 5th ed., 2006, vol.1.

Chang, Yi-ting. *The Interpretation of Treaties by Judicial Tribunals*. New York：Columbia University Press, 1933.

Ch'i, His-sheng. *Nationalist China at War: Military Defeats and Political Collapse, 1937-45*. Ann Arbor: University of Michigan Press, 1982.

Chiang, Yung-chen. "Chinese Students Educated in the United States and the Emergence of Chinese Orientalism in the Early Twentieth Century." *Taiwan Journal of East Asian Studies* 1:2 (December 2004).

"Chinese Resigned to Flood Sacrifice to Check Invaders." *New York Times*, 17 June 1938, p. 1.

Clinton, Maggie. *Revolutionary Nativism: Fascism and Culture in China, 1925-1937*. Durham, N.C.: Duke University Press, 2017.

Coble, Parks. *Facing Japan: Chinese Politics and Janpanese Imperialism*. Cambridge, Mass.: Harvard University Press, 1990.

Craft, Stephen G. *V.K. Wellington Koo and the Emergence of Modern China*. Lexington: University Press of Kentucky, 2004.

Dahl, Erik J. *Intelligence and Surprise Attack: Failure and Success from Pearl Harbor to 9/11 and Beyond*. Washington, D.C.: Georgetown University Press, 2013.

DeHoog, Ruth Hoogland. "Bureaupathology." in Jay M. Shafritz, ed., *International Encyclopedia of Public Policy and Administration*. Boulder, Co.: Westview Press, 1998.

Dillon, Nara. *Radical Inequalities: China's Revolutionary Welfare State in Comparative Perspective*. Cambridge, Mass.: Harvard University Press, 2015.

Dodin, Thierry and Heinz Räther, eds. *Imaging Tibet: Realities, Projections, and Fantasies*. Boston: Wisdom Publications, 2001.

Dutch, Steven I. "The Longest Act of Environmental Warfare in History." *Environment and Engineering Geoscience* 15:4 (2009).

Eastman, Lloyd E. *Seeds of Destruction: Nationalist China in War and Revolution, 1937-1949*. Stanford: Stanford University Press, 1984.

Esherick, Joseph W. ed. *Lost Chance in China: The World War II Despatches of John S. Service*. New York: Random House, 1974.

Fairbank, John K. *The United States and China*. Cambridge, Mass.: Harvard University Press, 1948.

Fong, H. D. *Industrial Capital in China*. Tientsin: Nankai Institute of Economics, Nankai University, 1936.

Ford, Robert. *Capture in Tibet*. London: Harrap, 1957.

Garver, John W. *Chinese-Soviet Relations, 1937-1945: the Diplomacy of Chinese Nationalism*. New York: Oxford University Press, 1988.

Gillin, Donald G. *Warlord: Yen Hsi-shan in Shansi Province 1911-1949*. Princeton: Princeton University Press, 1967.

Goldstien, Melvyn C. *A History of Modern Tibet, 1913-1951: Demise of the Lamaist State*. Berkeley: University of California Press, 1989.

Gould, B. J. *The Jewel in the Lotus: Recollections of an Indian Political*. London: Chatto & Windus, 1957.

Gregor, A. James. *Ideology and Development: Sun Yat-sen and the Economic History of Taiwan*.

Berkeley: Institute of East Asian Studies, University of California, 1981.

Grunfeld, A. Tom. "Developments in Tibetan Studies in China Today."*The China Quarterly* 115 (September 1988).

Hagiwara Mitsuru. "The Japanese Air Campaigns in China, 1937-1945." in Mark Peattie, Edward Drea & Hans van de Ven, eds. *The Battle for China: Essays on the Military History of the Sino-Japanese War of 1937-1945*. Stanford: Stanford University Press, 2011.

Harrell, Stevan. "Introduction: Civilizing Projects and the Reactions to Them." in Stevan Harrell, ed. *Cultural Encounters on China's Ethnic Frontiers*. Seattle: University of Washington Press, 1995.

Harrell, Stevan. "L'état c'est nous, or We have Met the Oppressor and He Is Us: The Predicament of Minority Cadres in the PRC." in Diana Lary, ed., *The Chinese State at the Border*. Vancouver: UBC Press, 2007.

Heinrichs, Waldo. *Threshold of War: Franklin D. Roosevelt and American Entry into World War II*. New York: Oxford University Press, 1989.

Hills, John, John Ditch, and Howard Glennerster, eds., *Beveridge and Social Security: An International Retrospective*. Oxford: Oxford University Press, 1994.

Ho, Dahpon D. "Night Thoughts of a Hungry Ghostwriter: Chen Bulei and the Life of Service in Republican China." *Modern Chinese Literture and Culture* 19:1(Spring 2007).

Holm, David. *Art and Ideology in Revolutionary China*. Oxford: Oxford University Press, 1991.

Hu Aigun. *China's Social Insurance in the Twentieth Century: A Global Historical Perspective*. Leiden: Brill, 2015.

Huang, Grace C. "Creating a Public Face for Posterity: the Making of Chiang Kai-shek's Shilüe Manuscripts." *Modern China* 36:5(September 2010).

Huang Jianli. *The Politics of Depoliticization in Republican China: Guomindang Policy Towards Student Political Activism, 1927-1949*. New York: Peter Lang, 1996.

Institute of Pacific Relations. *Security in the Pacific: A Preliminary Report of Ninth Conference of the Institute of Pacific Relations*. New York: Institute of Pacific Relations, 1945.

Israel, John. *Lianda: A Chinese University in War and Revolution*. Stanford: Stanford University Press, 1998.

Jagchid, Sechin. *The Last Mongol Prince: The Life and Times of Demchugdongrob, 1902-1966*. Bellingham, Washington: Center for East Asian Studies, Western Washington University, 1999.

Jones, Vincent. *Manhattan : The Army and the Atomic Bomb*. Washington, D. C.: United States Army Center of Military History, 1985.

Kahn, David. "Roosevelt, Magic, and Ultra." in Cipher ADeavours, et al. eds, *Selections from Cryptologia: History, People, and Technology*. Boston: Artech House, 1998.

Kimura, Masami. "American Asia Experts, Liberal Internationalism, and the Occupation of Japan." *Journal of American- East Asian Relations* 21 (2014).

Kirby,William C. *Germany and Republican China*. Stanford: Stanford University Press, 1984.

Kirby, William C. "Continuity and Change in Modern China: Economic Planning on the Mainland and on Taiwan, 1943-58." *Australian Journal of Chinese Affairs* 24 (July 1990).

Kirby,William C. "The Chinese War Economy," in James C. Hsiung and Steven I. Levine, eds. *China's Bitter Victory: The War with Japan, 1937-1945*. Armonk, New York: M. E. Sharpe, Inc., 1992.

Kolb, Robert. *The Law of Treaties: An Introduction*. Cheltenham: Edward Elgar Publishing Inc., 2016.

Lamb, Alastair. *Tibet, China and India, 1914-1950: A History of Imperial Diplomacy*. Hertfordshire: Roxford Books, 1989.

Lary, Diana. "Drowned Earth: The Strategic Breaching of the Yellow River Dyke,1938." *War in History* 8:2(2001).

Lary, Diana. ed. *Chinese State of the Borders*. Vancouver: UBC Press, 2007.

Leese, Daniel. *Mao Cult: Rhetoric and Ritual in China's Cultural Revolution*. Cambridge: Cambridge University Press, 2011.

Li, Huaiyin. *Reinventing Modern China: Imagination and Authenticity in Chinese Historical Writing*. Honolulu: University of Hawai'I Press, 2013.

Liang, Hsi-huey. *The Sino-German Connection: Alexander von Falkenhausen between China and Germany, 1900-1941*. Amsterdam: Van Gorcum& Company, 1977.

Lin, Hsiao-ting. *Tibet and Nationalist China's Frontier: Intrigues and Ethnopolitics, 1928-49*. Vancouver: UBC Press, 2006.

Liu, F. F. *A Military History of Modern China, 1924-1949*. Princeton: Princeton University Press, 1956.

Liu, Xiaoyuan. *A Partnership for Disorder: China, the United States, and their Policies for the Postwar Disposition of the Japanese Empire, 1941-1945*. Cambridge: Cambridge University Press, 1996.

Liu, Xiaoyuan. *Reins of Liberation: An Entangled History of Mongolian Independence, Chinese Territoriality, and Great Power Hegemony, 1911-1950*. Stanford: Stanford University Press, 2006.

Lowe, Peter. *Great Britain and the Origins of the Pacific War: A Study of British Policy in East*

Asia, 1937-1941. Oxford: Clarendon Press, 1977.

Ma, Tehyun. "A Chinese Beveridge Plan: The Discourse of Social Security and the Post-War Reconstruction of China." *European Journal of East Asian Studies* 11(2012).

Ma, Tehyun." 'The Common Aim of the Allied Powers': Social Policy and International Legitimacy in Wartime China, 1940-47." *Journal of Global History* 9:2(2014).

Macri, Franed David. *Clash of Empire in South China: The Allied Nations' Proxy War with Japan, 1935-1941*. Lawrence: University Press of Kansas, 2012.

Maleenony, Nobchulee (Dawn) "Empire versus Nation: Hong Kong between Allies." in Joseph W. Esherick and Matthew T. Comb, eds. *1943: China at the Crossroads*. Ithaca, New York: Cornell University East Asia Program, 2015.

Martin, Brian G. "The Dilemma of A Civilian Politican in Time of War: Zhou Fohai and the First Stage of the Sino-Japanese War, July-December 1937." *Twentieth-Century China* 39:2(May 2014).

McKay, Alex. *Tibet and British Raj: The Frontier Cadre, 1904-1947*. London: Curzon Press, 1997.

McMillin, Laurie Howell. *English in Tibet, Tibet in English: Self-Presentation in Tibet and the Diaspora*. New York: Palgrave Macmillan, 2001.

Melby, John F. *Mandate of Heaven: Record of a Civil War, China 1945-49*. Toronto: Toronto University Press, 1968.

Moore, Harriet L. *Soviet Far Eastern Policy, 1931-1945*. Princeton: Princeton University Press, 1945.

Muscolino, Micch S. *The Ecology of War in China: Henan Province, the Yellow River, and Beyond, 1938-1950.* New York: Cambridge University Press, 2015.

O'Halpin, Eunan. "British Cryptanalysis and China, 1937–1945: An Underused Source for Recent Chinese History?." *Twentieth-Century China* 42.2 (2017).

Pantsov, Alexander V."Mao Zedong's 'New Democracy' and Chiang Kai-shek's 'New Authoritarianism': Two Paradigms of Social Changes during the Sino-Japanese War." ，收於：呂芳上主編，《戰爭的歷史與記憶》，台北：國史館，2015 年。

"Prospects in China", *The Times*, June 21, 1938, p. 16.

Relyea, Harold C. *The Executive Office of the President: An Historical Overview*. Washington D. C.: Congressional Research Service, 2008.

Richardson, H. E. *Tibet and It`s History*. London: Oxford University Press, 1962.

Romanus, Charles F. and Riley Sunderland. *Stilwell's Mission to China*. Washington D.C.: Office of the Chief of Military History, Department of the Army, 1953.

Romanus, Charles & Riley Sunderland. *Time Runs Out in CBI*. Washington: Office of the Chief of Military History, Department of the Army, 1959.

Schlesinger, Stephen E. *Act of Creation: the Founding of the United Nations: A Story of Superpowers, Secret Agents, Wartime Allies and Enemies, and Their Quest for a Peaceful World*. Cambridge, Mass.: Westview, 2004.

Schonberger, Howard B. *Aftermath of War: Americans and the Remaking of Japan, 1945-1952*. Kent: The Kent University Press, 1989.

Shai, Aron. *Zhang Xueliang: The General Who Never Fought*. Basingstoke: Palgrave Macmillam, 2012.

Shen Tsung-lien and Shen-chi Liu. *Tibet and the Tibetans*. Stanford: Stanford University Press, 1953.

Slobodnik, Martin. "The Perception of Tibet in China: Between Disdain and Fascination."《輔仁歷史學報》，期 17（2006 年 11 月）。

Smith, Datus C. "The Publishing History of the 'Smyth Report'." *The Princeton University Library Chronicle* 37 : 3(Spring 1976).

Stewart, Gordon T. *Journeys to Empire: Enlightment, Imperialism, and the British Encounter with Tibet, 1774-1904*. Cambridge: Cambridge University Press, 2009.

Taylor, Jeremy E. "*QuJianghua*: Disposing of and Reappraising the Remnants of Chiang Kai-skek's Reign in Taiwan." *Journal of Coutemporary History* 45:1(Jan. 2010).

Taylor, Jeremy E. "Republican Personality Cults in Wartime China: Contradistinction and Collaboration." *Comparative Studies in Society and History* 57:3(July 2015).

Tien, Hung-mao. *Government and Politics in Kuomintang China, 1927-1937*. Stanford: Stanford University Press, 1972.

Tighe, Justin. *Constructing Suiyuan: The Politics of Northwestern Territory and Developmnet in Early Twentieth-Century China*. Leiden: Brill, 2005.

Tong, Hollington K. *China and the World Press*. n. p., 1948.

Trescott, Paul B. "H. D. Fong and the Study of Chinese Economic Development." *History of Political Economy* 34:4(Winter 2002).

Trescott, Paul B. *Jingji Xue: The History of the Introduction of Western Economic Ideas into China, 1850-1950*. Hong Kong: Chinese University Press, 2007.

Tuchman, Barbara. *Stilwell and American Experience in China, 1911-45*. N.Y.: Macmillan Co.,1970.

Tuttle, Gray. *Tibetan Buddhists in the Making of Modern China*. New York: Columbia University Press, 2005.

United States Department of State. *Foreign Relations of the United States: Diplomatic Papers, 1942: China*. Washington D.C.: Government Printing Office, 1956.

United States Department of State. *Foreign Relations of the United States: Diplomatic Papers, 1944*, Vol. VI, *China*. Washington, D. C.: Government Printing Office, 1967.

United States Degartment of States. *Foreign Relations of the United States: Diplomatic Papers 1945*, vol. VII, *The Far East*. Washington D. C.: United States Government Printing Office, 1969.

United States Department of State. *Foreign Relations of the United States 1947*. VII, *The Far East: China*. Washington, D.C.: Government Printing Office, 1972.

van de Ven, Hans. "New States of War: Communist and Nationalist Warfare and State Building, 1928-1934." in Hans van de Ven, ed. *Warfare in Chinese History*. Leiden: Brill, 2000.

van Slyke, Lyman. *The Chinese Communist Movement: A Report of the United State War Department, July 1945*. Stanford: Stanford University Press, 1968.

Wakeman, Frederic. *Spymaster: Dai Li and the Chinese Secret Service*. Berkeley: University of California Press, 2003.

Wang, Dong. *China's Unequal Treaties: Narrating National History*. Lanham, Md.: Lexington Books, 2005.

Wang, Hsien-chun. "From Seepages to Oilfields: Technology, Institution Building, and China's Petroleum Enterprises, 1914-1945." *Tsing Hua Journal* 46:2(June 2016).

Wedemeyer, Albert C. *Wedmeyer Report*. New York: Henry Holt and Co., 1958.

Wei, William. *Counterrevolution in China: The Nationalists in Jiangxi during the Soviet Period*. Ann Arbor: University of Michigan Press, 1985.

Westad, Odd Arne. *Decisive Encounters: The Chinese Civil War, 1946-1950*. Stanford: Stanford University Press, 2003.

White, Theodore H. ed. *The Stilwell Papers*. New York: Schocken Books, 1948.

Wohlstetter, Roberta. *Pearl Harbor: Warning and Decision*. Stanford: Stanford University Press, 1962.

Worthing, Peter. *General He Yingqin, The Rise and Fall of Nationalist China*. Cambridge: Cambridge University Press, 2016.

Wu, Tien-wei. *The Sian Incident: A Pivotal Point in Modern Chinese History*. Ann Arbor, MI: University of Michigan Press, 1976.

Wylie, Raymond F. *The Emergence of Maoism: Mao Tse-tung, Ch'en Po-ta, and the Search for Chinese Theory, 1935-1945*. Stanford: Stanford University Press, 1980.

Yu, Maochun. *The Dragon's War: Allied Operations and the Fate of China, 1937-1947*.

Annapolis, Maryland: Naval Institute Press, 2006.

Yuan, T'ung-li. *A Guide to Doctoral Dissertations by Chinese Students in America, 1905-1960.* Washington, D.C.: Sino-American Cultural Society, 1961.

Yuan, T'ung-li. "A Guide to Doctoral Dissertations by Chinese Students in Continental Europe, 1907-1962 (I)." *Chinese Culture* (Taipei) 5:3 (March 1964).

Zha, Wen. *Individual Choice and State-Led Mobilization in China: Self-Patriots.* Berlin: Springer, 2015.

人名索引

吳鼎昌　042,083,145,146,189,324,422,436
吳壽彭　018,019,021,022
吳鐵城　078,109,110,146,147,162,238,272,
　　281,282,314,334,335,352,357,426,439,
　　465
吳鑄人　174,175,191,197,198,443
呂咸　332,333
呂振羽　312,313
宋子文　039,070,129,157,208,214,224,
　　233,235,237,240,266,271,283,289,291,
　　343,352,389,419,437,443,461
宋美齡　039,045,157~159,208,212,214,
　　224,291,307,324,333,338,351,462
宋哲元　208,416,427,436
宋靄齡　329
希特勒　087,397
李中襄　301
李白虹　006,051,052,067,068,356
李石曾　291
李兆銘　381
李有義　379,380,403,404,406,443
李良榮　040
李辰冬　149
李卓敏　285,286
李卓然　127
李始榮　279
李宗仁　157,204,205,209,219~223,255,
　　257,324,357~359,363,365,366,370,
　　373,429,435,443,461
李宗黃　139,141
李延年　036,063,167
李承晚　280,288
李青天　281,282
李厚澂　020
李政道　243,244
李茂郁　381
李唐晏　381
李家鈺　095
李泰華　174

李國霖　379,380,384
李基鴻　139,140,141
李惟果　058,061,123,124,144,173,174,
　　197,270,289,292,379
李斯特（Georg Friedrich List）　176
李滋羅斯（Sir Frederick Leith-Ross）　268
李超英　280
李毓九　021,173,267,268,269
李煥之　019,020
李嘉圖（David Ricardo）　176
李榦　283
李漢魂　217,221,255,434
李寰　095
李璜　300,322
李濟深　157,202
李黨　161
李權時　010
杜月笙　327
杜聿明　246,251,358,443
杜魯門（Harry S. Truman）　242,246,392,
　　405
杜鎮遠　140
汪日章　033,039,128,188,270,340,443
汪兆銘（精衛）　147,173,192,272,303,322,
　　326,327,349,434,453
汪逢杞　204
沈尹默　179
沈宗濂　058,356,376~390,392,395,397~
　　404,406,443,445
沈昌煥　006,039,058,061,064,292,445,446
沈惟泰　322
沈敬仲　179
沈錡　006
沈鴻烈　140
狄膺　140
谷正倫　147
谷正鼎　109,110
谷正綱　140,167
阮肇昌　110

後　記

　　本書的源起，可以追溯到十四年前（2003）的一個研究計畫，這是一項中央研究院所資助的二年期主題研究計畫，名為〈侍從室與戰時中國〉，拖延至今才出版，全書三十餘萬字，還不到梁任公平均年產量的八成，實在慚愧。

　　我的興趣，主要是閱讀，而非研究。研究所帶給我的樂趣雖然也有，但是遠不能和閱讀相比。年輕時驅使自己寫作的動機，與其說是求知慾，不如說是事業心。加上同輩的同事中，我最敬重的幾位，都是自我要求極高，「慢工出細活」型的學者，在他們面前，總覺得自己讀得太少，寫得太多。因此升到研究員之後，已無後顧之憂，自應多讀少寫，與其獻醜，不如藏拙。但是名利之心，仍然始終未泯，於是要讀還是要寫，心理上經常面臨掙扎。後來發現歐洲有幾位經濟學者曾經研究此一現象，稱之為 the "read or write" dilemma，可見此一兩難並非為我一人所獨有。

　　這種情形一直到我轉到文化大學任教，才有所改變。一方面大學校園中的生活與中研院的一成不變相比，顯得較有變化，過得也較快；另一方面，人到中年之後，體力開始走下坡，日子也過得越來越快。感覺好像才離開學校沒多久，基本訓練才剛剛完成，可以開始做一點像樣的研究，居然退休年齡轉眼將至。這時我才開始下定決心，不再申請新的計畫，專心把這本書完成。

　　本書的寫作，由於並非一氣呵成，寫到後面，前面寫的已經過時，必須再作修改。在修改的過程中，發現近年大量利用新出檔案史料的研究，竟如排山倒海而來，且大多為大陸學界的作品，與十餘年前的情況已大為不同，顯示大陸學界民國史研究的突飛猛進。如今兩岸學者的觀點日趨接近，中文世界的學術社群也已然成形，今後應如何分工合作，值得大家思考。本書部分的檔案史料係於十多年前所收集，如今出版時本應改用今天的著錄方式，不過由於有些原本開放的檔案，今日反被列

為不開放；有些原本即未詳細著錄，如今無法補全；有些甚至無法考察其來源，造成無法覆按的情形，在此必須向讀者致歉！

去（2016）年，我的一本論文集《山河動：抗戰時期國民政府的軍隊戰力》在大陸出版（其中百分之四十的篇幅是 1993 年台灣出版的《抗戰時期的國軍人事》，其餘則收錄六篇相關的論文），承蒙漢唐陽光的厚愛，為我在北京安排了幾場演講，介紹我的新書。我到現場才發現，聽眾極少是學界人士，更令我意外的是，銷售的成績還不算太差，初版八千冊居然在一年不到的時間內即已銷售近百分之九十，讓我深受鼓舞。

長久以來，我始終相信，好的歷史著作不應該只能幫助我們瞭解過去，而是應該也能幫助我們瞭解現在；不應該只能幫助我們瞭解古人，同時也應該能幫助我們瞭解自己。我過去的作品一直以此作為目標要求自己。大陸的幾場新書發表會，則讓我反省到自己過去在寫作時，居然從未考慮過學界以外讀者的需求。在慚愧之餘，我在寫這本書的最後階段，作了一次這輩子從未有過的嘗試——在維持「無一字無來處」的原則下，試圖打破實證史學的冰冷框架，儘量把這本書寫成一部傳記，而不是一本博士論文。雖然自己的才氣有限，無法擺脫所受「專業訓練」的束縛，讓這本書難免會招來「小腳放大」之譏，不過至少在我再次面對那些非學界的讀者大眾時，可以無愧於心。

我自幼即跑不快（後來服兵役前作體檢時才知道是扁平足的緣故），每次賽跑時，幾乎總是最後一、二名跑到終點的。這本書的寫作過程，一如學生時代的賽跑，也是在眾人的加油聲中完成的，在此必須一一申謝。

首先必須感謝張玉法、王吉林、王綱領、韓桂華等師友的鼓勵和生活上的照顧，陳永發、林桶法和劉維開教授對本書初稿所提供的寶貴意見，呂芳上、黃自進、林桶法、陳立文，大陸張憲文、王建朗、汪朝光、高士華、王奇生、金以林、李玉、張瑾，海外山田辰雄、戴安娜（Diana Lary）、麥金農（Stephen R. Mackinnon）、方德萬（Hans van de Ven）等教授所提供的發表機會。坦白說，這本書如果沒有他們的督促，完成的日期或許還會遲上幾年。我也要感謝臺灣商務印書館王窈姿女士、北京漢唐陽光李占苂先生所提供的專業建議，以及兼職助理盤惠秦同學任

勞任怨的協助，得以讓本書能夠順利出版。

　　年輕時總相信勤能補拙，上了年紀之後才瞭解到勤奮其實並不能彌補魯鈍笨拙的不足。多年來不但學問沒作好，而且對親朋疏遠，對家庭也未善盡責任，在此必須感謝他們的包容，雖然他們始終不能理解，為什麼我好像永遠都在趕文章。

　　為了寫這本書，雖然不敢說是用了「洪荒之力」，但是一旦交稿，如釋重負倒是事實。整理抽屜，發現整抽屜的古典音樂 CD 居然已有十多年沒聽了；放眼窗外，只見又是一年春草綠。

張瑞德　2017 年 4 月於華岡山居

無聲的要角：蔣介石的侍從室與戰時中國 ／ 張瑞德
著 -- 初版.--新北市：臺灣商務, 2017. 12
面 ； 公分 . -- （歷史 中國史）

ISBN 978-957-05-3117-6（平裝）

1. 國民政府 2. 政府組織 3. 民國史

628.3 106019942

歷史 中國史

無聲的要角
蔣介石的侍從室與戰時中國

作　　者—張瑞德
發 行 人—王春申
總 編 輯—李進文
編輯指導—林明昌
責任編輯—徐平
校　　對—趙蓓芬
美術設計—吳郁婷

營業經理—陳英哲
業務組長—高玉龍
行銷企劃—葉宜如
出版發行—臺灣商務印書館股份有限公司
　　　　　23141 新北市新店區民權路 108-3 號 5 樓（同門市地址）
電話：(02)8667-3712　傳真：(02)8667-3709
讀者服務專線：0800056196
郵撥：0000165-1
E-mail：ecptw@cptw.com.tw
網路書店網址：www.cptw.com.tw
Facebook：facebook.com.tw/ecptw

局版北市業字第 993 號
初版一刷：2017 年 12 月
初版二刷：2018 年 04 月
定價：新台幣 400 元
法律顧問—何一芃律師事務所